U1015955

目　录

第一章　导　论

第一节　研究背景与研究意义

一、研究背景

（一）突发事件频繁发生

随着经济社会的高速发展，中国已经进入经济转轨和社会转型的特殊时期，社会变革和经济结构调整使社会生活更加多元化和复杂化，人民日益增长的美好生活需要和不平衡不充分的发展之间的矛盾日益凸显，社会不稳定、不安全、不确定的因素日趋增加，致使我国各类突发事件频发。

1. 从突发事件发生的总量情况上看：事故灾难居多且逐年下降

《中华人民共和国突发事件应对法》将事故灾难、自然灾害、社会安全事件以及公共卫生事件等四大类突发事件根据其社会影响范围和危害程度划分为四个等级：一般、较大、重大和特别重大。根据中国应急服务网的统计数据，2016 年 4 月—2020 年 2 月我国共发生突发事件 6541 起。其中，自然灾害 993 起、事故灾难 4569 起、公共卫生事件 192 起、社会安全事件 787 起，分别占突发事件总量的比例为 15%、70%、3% 和 12%（如图 1－1所示）。根据《国家突发事件预警信息发布情况月报》2016 年第 1 期—2020 年第 1 期（共 47 期）统计，全国各部门通过国家预警发布系统共发布预警信息 1083343 条，其中，2016 年 313182 条、2017 年 213025 条、2018 年 265901 条、2019 年 271429 条、2020 年（第 1 期）19806 条；国家级预警信息 4873 条、省级预警信息 60004 条、地市级预警信息 187276 条以及县级预警信息 831190 条（如图 1－2所示）。由上述数据分析可知，从总体上看，近 3 年来我国突发事件发生的总量较大，并且呈现逐年下降的趋势。事故灾难和自然灾害突发事件居多、社会安全

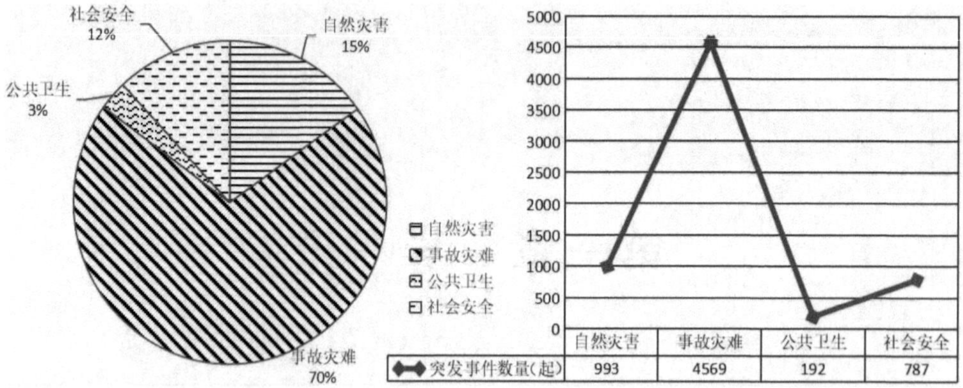

图 1-1　2016 年 4 月—2020 年 2 月中国突发事件统计（单位：起）

事件和公共卫生事件相对较少，县级和地市级突发事件居多、国家级和省级突发事件相对较少。究其原因，从自然的角度上看，我国幅员辽阔、地貌复杂，有些地区过度追求经济与社会发展，忽视生态环境保护，使得自然环境遭到严重破坏，导致安全隐患增多，容易引发自然灾害和事故灾难。从社会的角度上看，目前我国正处于社会转型与经济转轨的关键时期，各种矛盾凸显，使得突发事件频繁发生。同时，我国城市化进程加快，由此引发的一系列问题使得地市级和县级各类突发性社会事件极易发生。

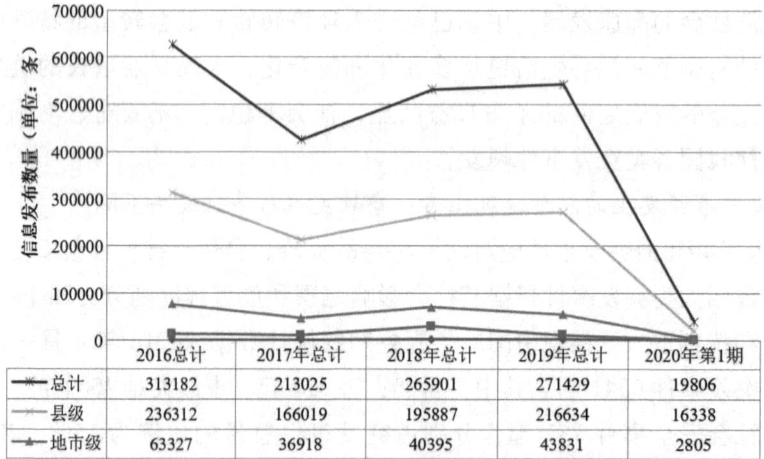

图 1-2　2016 年 3 月—2020 年 2 月国家突发事件预警信息发布情况（单位：条）

2. 从突发事件造成的社会损失上看：损失严重且逐年减轻

突发事件给国家和社会带来了严重的损失，影响着人民群众的生命健康、国家社会的安全与和谐稳定。以突发事件自然灾害为例，根据 2010—2019 年全国自然灾害基本情况的有关数据统计（如表 1－1 所示）①，从人口受灾情况看，2010 年 1 月—2019 年 12 月我国自然灾害受灾人口累计达 256474.3 万人次、死亡人口累计 18337 人，其中，受灾人口最多为 2011 年 43290 万人次，其次为 2010 年 42610.2 万人次，随后整体呈现降低的趋势；死亡人口最多是 2010 年，共 6541 人，2011 年死亡人口急剧下降至 1014 人。从灾害造成的直接经济损失情况看，2010 年 1 月—2019 年 12 月我国自然灾害造成的直接经济损失累计达 38475.2 亿元，并有着明显的波动。其中，直接经济损失最高的年份是 2013 年（5808.4 亿元），其次为 2010 年（5339.9 亿元），最少的年份为 2018 年（2644.3 亿元）。由上述数据分析可见（如图 1－3 和 1－4 所示），虽然我国突发事件频繁发生，但是总体灾情较往年偏轻，受灾人口和经济损失均呈现下降趋势。这与我国突发事件应急管理工作日臻成熟，应急管理机制日趋完善，应急管理能力日益提升等密切相关。应急管理效果明显增强，有关部门能够积极主动地预防、及时有效地处置和最大限度地减少各类突发事件造成的损失。

表 1－1　2010 年 1 月—2019 年 12 月自然灾害损失情况数据统计一览表

年度	人口受灾		直接经济损失（亿元）
	受灾人口（万人次）	死亡人口（人）	
2010 年	42610.2	6541	5339.9
2011 年	43290	1014	3096.4
2012 年	29421.7	1530	4185.5
2013 年	38818.7	2284	5808.4
2014 年	24353.7	1818	3373.8
2015 年	18620.3	967	2704.1
2016 年	18911.7	1706	5032.9
2017 年	14448	979	3018.7
2018 年	13000	589	2644.6
2019 年	13000	909	3270.9
合计	256474.3	18337	38475.2

① 统计数据分别来源三个地方：（1）2010—2017 年的数据来源于中华人民共和国国家统计局国家数据网（自然灾害年度数据查询）。（2）2018 年的数据来源于中华人民共和国应急管理部：《应急管理部、国家减灾委办公室发布 2018 年全国自然灾害基本情况》，2019 年 1 月 8 日。（3）2019 年的数据来源于中华人民共和国应急管理部：《应急管理部发布 2019 年全国自然灾害基本情况》，2020 年 1 月 16 日。

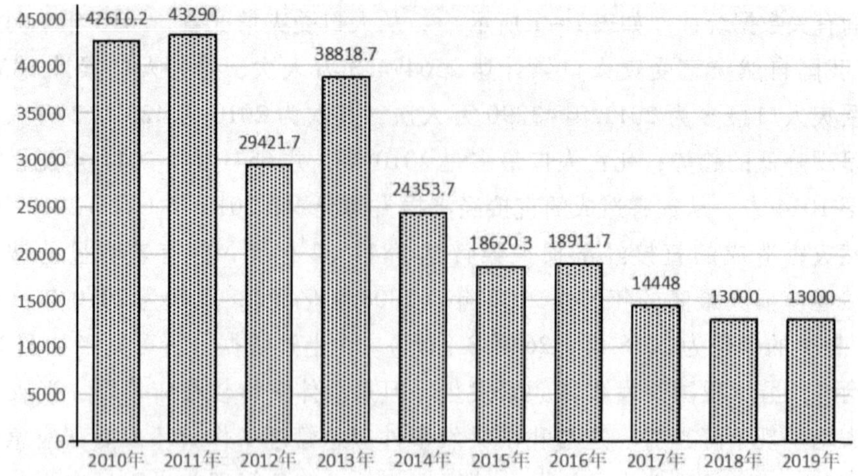

图 1－3　2010 年 1 月—2019 年 12 月我国自然灾害受灾人口年度累计数（单位：万人次）

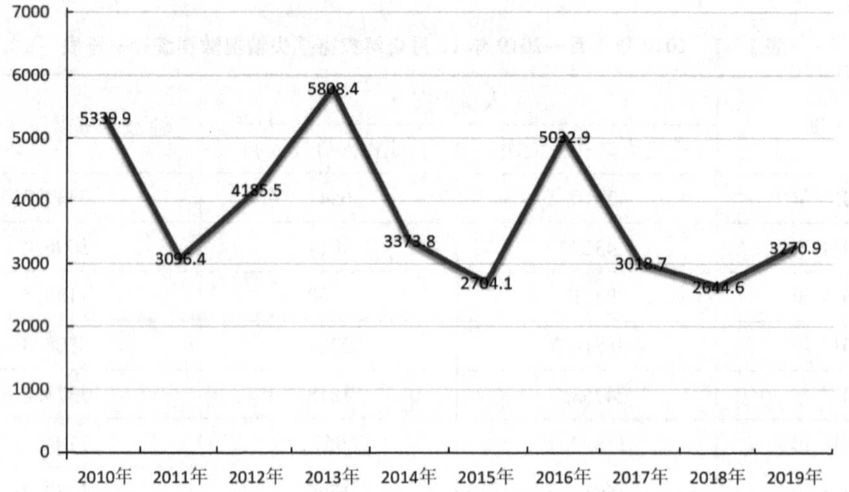

图 1－4　2010 年 1 月—2019 年 12 月我国自然灾害经济损失年度累计数（单位：亿元）

3. 从突发事件涉及的省域分布上看：分布广泛且东部居多

我国突发事件涉及的省域比较广泛，根据 2016 年全国突发事件分析报告数据，在 2016 年全国发生的突发事件中，东部和中部居多，西北部较少。其中，年度突发事件大于 2662 起的省（市）有广东、福建、浙江、江苏、山东、安徽、河南、陕西、四川等，介于 1385 起和 2662 起之间的省份有湖北、湖南、江西、贵州、广西、云南、河北、天津、北京、辽宁等，介于 713 起和 1385 起之间的省（市）有黑龙江、吉林、山西、内蒙古、甘肃、重庆、海南等，小于 713 起的省（市）有新疆、青海、西藏等。根据国家突发事件预警信息发布情况月报数据分析，如图 1－5 和表 1－2 所示，2016 年 3 月—2020 年 1 月国家突发事件预警信息发布系统共发布省级及省级以下预警信息 956338 条，其中，突发事件预警信息发布最多的省份是福建，共有76046条。其次是河南、河北、广东、湖北、云南、江西、四川、贵州、山东等省（市），宁夏、海南、北京、上海、天津等省（市）发布的突发事件预警信息相对较少，预警信息发布最少的省份是西藏。由上述数据分析可知，突发事件的发生频率与地区的经济发展、经贸活动、人员流动、自然环境、社会矛盾等因素息息相关，经济发展速度越快、经贸活动越频繁、人员流动越快、自然环境越复杂以及社会矛盾越多，突发事件发生的概率就越大。

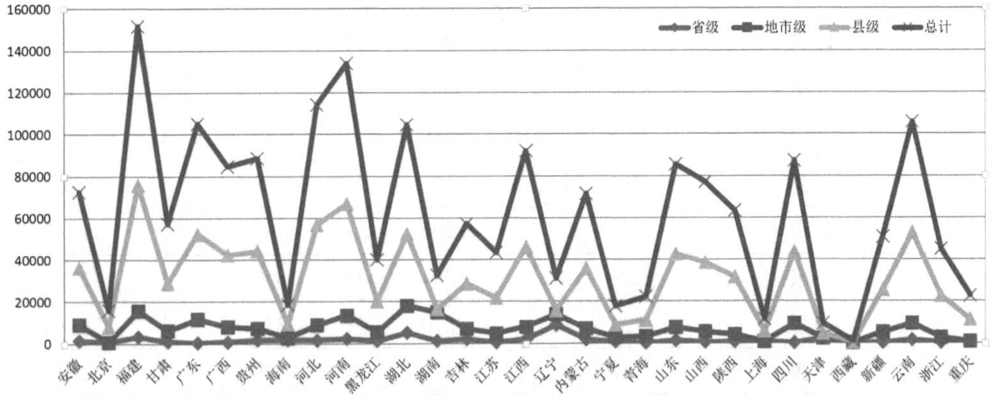

图1－5　2016—2019年全国突发事件省域分布图①

表1－2　2016—2019年全国突发事件预警信息省域分布统计表（单位：条）

序号	省（市）	省级	地市级	县级	总计
1	安徽	1603	7459	27378	36150
2	北京	743	10	7224	7957
3	福建	3457	12281	60047	76046
4	甘肃	1118	5230	22435	28509
5	广东	595	11177	40739	52511
6	广西	869	7119	34359	42347
7	贵州	1752	5459	37124	44335
8	海南	1798	917	6636	9233
9	河北	1661	7113	48103	57334
10	河南	2356	11098	53450	66904

① 我国共34个省级行政区域，包括23个省，5个自治区，4个直辖市，2个特别行政区。此图只包含31个省级行政区域的数据，未统计台湾省以及香港和澳门的数据。

续表

序号	省份	省级	地市级	县级	总计
11	黑龙江	1311	4060	14873	19890
12	湖北	5082	12991	34243	52316
13	湖南	1173	13614	1751	15914
14	吉林	2078	5074	21464	28616
15	江苏	580	4219	16907	21706
16	江西	1945	6010	38023	45978
17	辽宁	8768	5034	2011	15405
18	内蒙古	1818	5225	28713	35756
19	宁夏	714	2129	6006	8849
20	青海	214	3200	7688	11102
21	山东	1250	6394	35057	42701
22	山西	528	4870	33114	38512
23	陕西	767	3471	27445	31683
24	上海	721	5	5053	5769
25	四川	200	9279	34277	43434
26	天津	2354	12	2373	4715
27	西藏	96	100	253	449
28	新疆	306	4915	20204	25425
29	云南	1450	8005	43463	52918
30	浙江	174	2520	19866	22560
31	重庆	844	3	10473	11314

（二）社会舆情备受关注

近年来发生的突发事件突发力强、影响面广、危害力大，逐渐引起了社会各界的广泛关注，人们在事件发生后对于事件发生原因、事件伤亡真相、事件进展情况、事件主要责任人等一系列问题进行反复讨论，由此引发社会舆情。尤其是近年来发生的如3·1昆明火车站暴力恐怖案件、3·8马航MH370失联事件、江苏昆山中荣金属制品有限公司8·2特别重大爆炸事故、12·31上海外滩拥挤踩踏事件、6·1“东方之星”沉船事件、“长春长生疫苗事件”以及“新型冠状病毒感染”等重大突发事件给国家和人民带来了严重的损失，并极大地影响到社会安全与和谐稳定，已经成为社会舆情高度关注的焦点。

1. 从舆情热点事件的时间分布上看：先升后降且初夏和年底热度最高

根据中国社会舆情年度报告的统计数据①，从年度分布上看，如图 1－6 所示，2009—2016 年舆情热点事件总共为 2797 个，其中 2009 年 248 个、2010 年 274 个、2011 年 348 个、2012 年 455 个、2013 年 413 个、2014 年 381 个、2015 年 358 个、2016 年为 320 个。我国舆情热点事件 2009—2012 年连续 4 年呈现出逐年上升趋势，2012—2016 年连续 5 年呈现明显的逐年下降趋势，其中 2012 年是舆情事件的整个峰值。这些现象的出现，一方面是由于 2009 年“微博”等新社交媒体的快速发展促使社会话语权格局迅速发生了变化，新兴媒体信息传播速度快、覆盖范围广、可操作性强、互动性好以及不受时空限制，使得社会“草根”阶层拥有了更多的社会话语权，任何突发事件都可以在“微博”等新媒体的“聚光灯”下得以展示和放大，进而促使社会舆情热点事件呈现上升趋势。另一方面，2013 年以来政府加大了对互联网的监管力度，开展了打击网络谣言专项行动，民众的社会讨论开始由开放性的社会化公共话题讨论“微博平台”转向更加隐匿、相对比较封闭、适合小话题讨论的“微信平台”，社会话题的爆发性降低，致使 2013—2016 年社会舆情热点事件呈现明显的下滑趋势。从月度分布上看，如图 1－7 和图 1－8 所示，2009—2016 年的 1 月份 198 个、2 月份 174 个、3 月份 207 个、4 月份 239 个、5 月份 254 个、6 月份 259 个、7 月份 259 个、8 月份 238 个、9 月份 225 个、10 月份 236 个、11 月份 253 个、12 月份 255 个。虽然社会舆情热点事件的分布在每个年度的每个月份并未呈现明显的分布规律，但是对 8 年来的舆情事件进行汇总，则可见全年呈现 M 形的双高峰分布，即初夏和年底，这两个高峰都具有社会心理深层次的原因。初夏时出现的季节交替和年底时各种社会矛盾交织更容易带来社会情绪的极端化。相对而言，1、2 月则是全年的最低位，主要与春节具有很大的关联效应，新春佳节期间，合家团聚、走亲访友，民众的工作和生活等不满情绪会相对减少，社会舆情事件的发生概率和数量也相应减少。

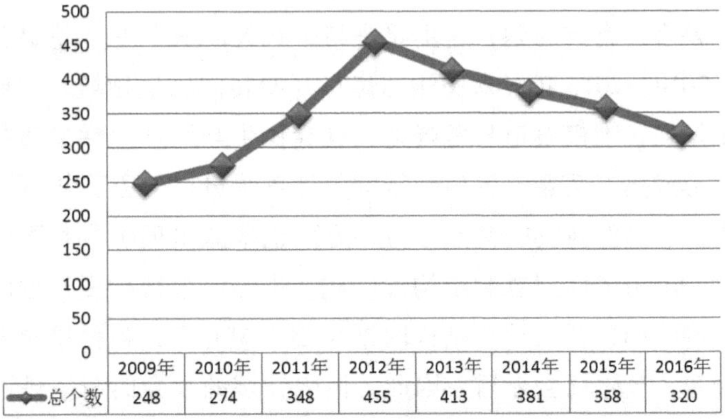

图 1－6　2009—2016 年舆情事件年度分布图（单位：个）

① 喻国明、李彪：《中国社会舆情年度报告（2016—2017）》，人民日报出版社 2017 年版，第 51—53 页。

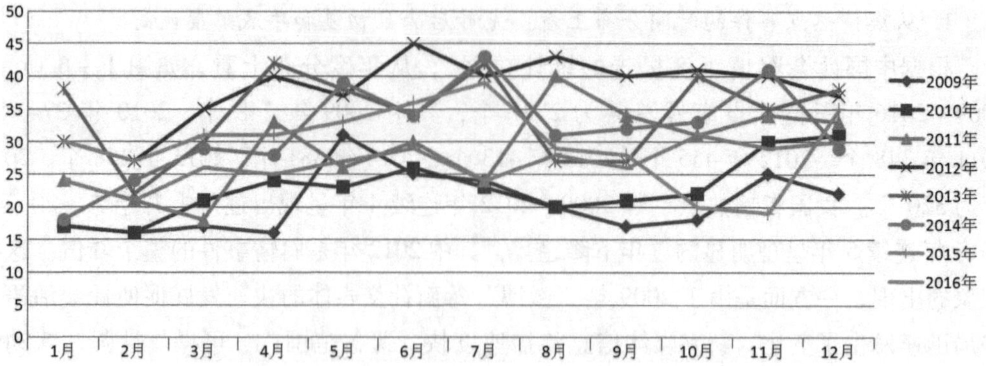

图 1－7　2009—2016 年月度舆情事件个数分布（单位：个）

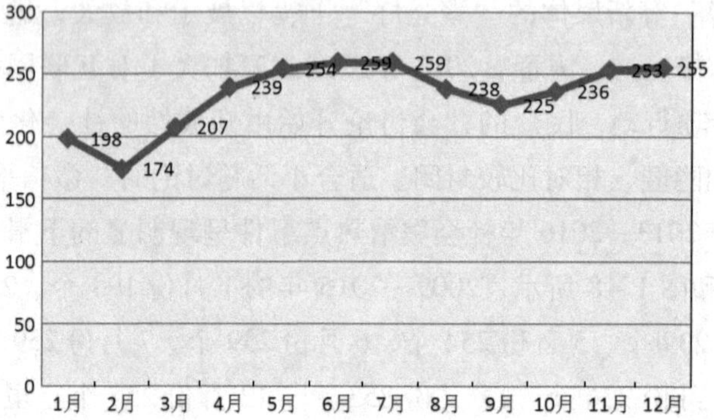

图 1－8　2009—2016 年舆情事件月度分布（单位：个）

2. 从舆情热点事件的集中领域上看：分布广泛且民生舆情事件居多

根据中国社会舆情年度报告的统计数据①，如图 1－9 和 1－10 所示，舆情热点事件主要分布在民生领域、政府行为不当、明星事件、社会公平和贫富分化事件、官员和学者不当言论、政府出台的政策、网络文化潮流事件、网络商业事件、国际事件、重大突发事件、涉及国家利益事件、涉及垄断的央企等。从总体上看，2010—2013 年民众关心最多的是官员腐败问题，这主要是与十八大以来中央“苍蝇老虎一起打”的高压态势有关。2014—2016 年民众关注的焦点开始转向民生领域，主要原因是，民众的权益意识日渐增强，维权渠道日益畅通，社会民生与民众生活息息相关，更容易获取民众的关注，形成热点话题。民生领域的关注度提升，一方面体现了民生话题具有爆发力强、燃点低、易发高发的特点，另一方面也暴露出现阶段我国民生问题仍然比较突出，这既是一个历史性问题和结构性问题，也是一个社会变迁性问题。我国正处于社会转型的关键时期，新旧社会结构因素长期交织并存，各种思想激烈交锋，容易引起社会的不稳定，产生社会矛盾，因此，民生领域的社会舆情事件可能在未来一段

① 数据来源于两个地方：（1）2010—2014 年的数据来源于喻国明、李彪：《中国社会舆情年度报告（2015 年）》，人民日报出版社 2015 年版，第 37—38 页。（2）2015—2016 年数据来源于喻国明、李彪：《中国社会舆情年度报告（2016——2017 年）》，人民日报出版社 2017 年版，第 62—63 页。

时间内继续成为大家关注的焦点。

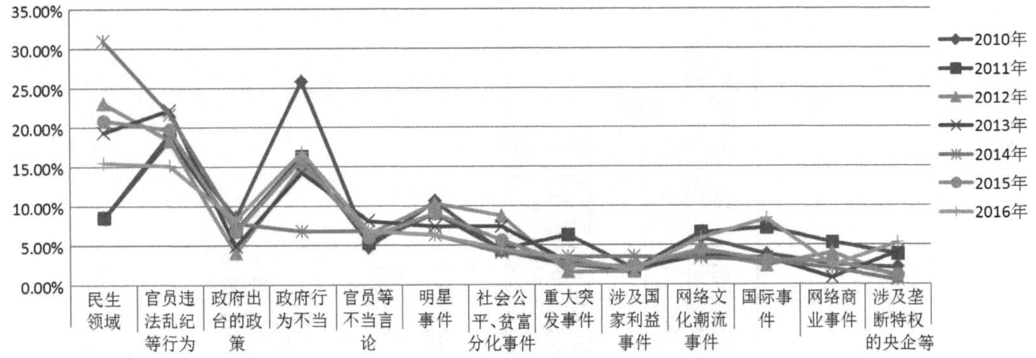

图 1－9　2010—2016 年舆情热点事件集中领域分布

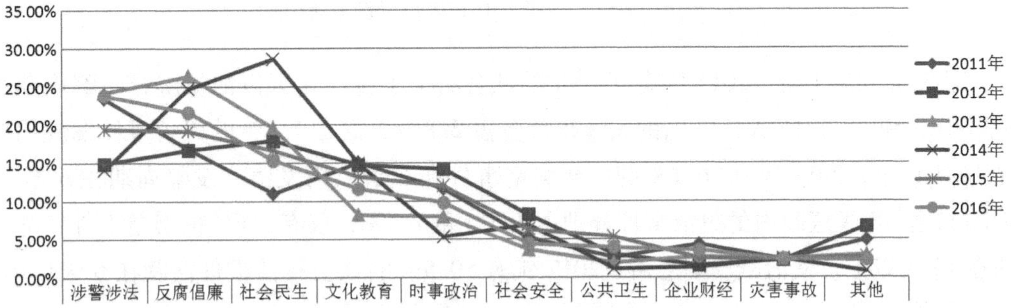

图 1－10　2011—2016 年社会舆情事件的分布领域

3. 从舆情热点事件的生命周期上看：发酵周期和活跃周期普遍较短

根据 2017 年度和 2018 年度的社会舆情事件生命周期数据统计①，如图 1－11 和图 1－12所示，我国社会舆情事件发酵周期和活跃周期普遍较短，90% 左右的社会舆情事件发酵周期在 5 天以内，75% 左右的社会舆情事件活跃周期在 6 天以内。

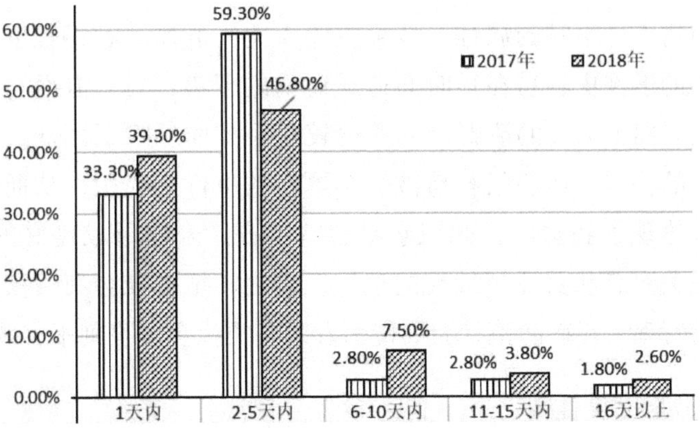

图 1－11　2017—2018 年社会舆情事件发酵周期

① 数据来源于两个地方：（1）2017 年度的数据来源于《2017 年度社会热点事件传播特点分析》。（2）2018 年度的数据来源于《2018 年度社会热点事件传播特点分析》。

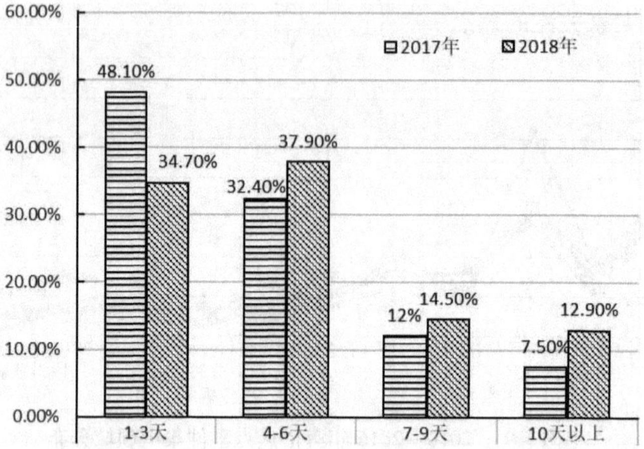

图 1－12 2017—2018 年社会舆情事件活跃周期

从发酵周期上看，2017 年有 93.6% 的社会舆情事件在 5 天以内发酵，发酵周期在 6 至 10 天和 11 至 15 天区间内的舆情事件各占 2.8%，仅有 1.8% 的舆情事件发酵周期在 16 天以上；2018 年有 86.1% 的社会舆情事件在 5 天以内发酵，发酵周期在 6 至 10 天和 11 至 15 天区间内的舆情事件分别占 7.5% 和 3.8%，仅有 2.6% 的舆情事件发酵周期在 16 天以上。从活跃周期上看，2017 年有 80.5% 的社会舆情事件活跃在 6 天以内，活跃周期在 7 至 10 天和 10 天以上区间内的舆情事件分别只占 12% 和 7.5%；2018 年有 72.6% 的社会舆情事件活跃在 6 天以内，活跃周期在 7 至 10 天和 10 天以上区间内的舆情事件分别占 14.5% 和 12.9%。由上述数据分析可知，每一个社会舆情事件都有自身的生成规律和演化规律，即有一个发酵、活跃和消亡的过程，并呈现出一定的周期性。在没有新的变化因素持续介入的情况下，绝大多数社会舆情事件的生命周期均较为短暂，发酵周期在 16 天以内，活跃周期在 10 天以内。究其原因，舆情事件在短时间迅速发酵一方面与舆情事件本身的属性、涉事主体、关注群体、敏感程度密切相关，跟民众利益息息相关的事件更容易在短时间造成舆情的聚集，另一方面与主流媒体的及时介入与传播有关。舆情事件的活跃周期普遍较短一方面反映了民众关注突发事件具有短期性和有限性的特点，他们很容易被一个更新的事件所吸引，从而引起兴趣点的转移，另一方面也体现了我国网民知识水平参差不齐，未能形成良好的媒介使用习惯，从而影响了网民关注点和关注持续性的选取。总之，把握社会舆情演化规律、加强突发事件社会舆情管理、正确防范社会舆情引发的各类社会风险刻不容缓。

（三）党和政府高度重视

正确引导和有效管理重大突发事件社会舆情，强化舆情预警预判、提高舆情应急处置能力，化解社会舆情危机，已经得到了各级政府部门的高度重视，并日益成为党和国家一项重要的战略任务。

1. 国家领导人高度关注并亲力亲为

（1）党的十八大以前国家领导人高度关注新闻舆论工作并作系列指示。譬如，2002年1月9日至11日，胡锦涛同志在全国宣传部长会议上强调，坚持新闻工作的党性原则，把握正确的舆论导向，尊重舆论宣传的规律，以正面宣传为主，充分发挥舆论宣传的重要导向作用，统一思想、凝聚力量，为党的十六大营造良好氛围，为改革发展稳定提供有力的思想和舆论保证。2004年3月，温家宝同志在政府工作报告中强调，要加强后勤建设和改革，提高后勤保障能力。进一步增强人民武装警察部队执勤和处置突发事件的能力……要加快建立健全各种突发事件应急机制，提高政府应对公共危机的能力。2007年1月，胡锦涛同志在第十六届中共中央政治局第三十八次集体学习时强调，要大力加强网络文化建设，弘扬社会正气。要重视网上思想舆论阵地建设，把握网上舆论主导权，及时进行正面宣传与引导，形成积极健康的主流舆论 。2008年6月，胡锦涛同志在考察人民日报社时提出，新闻宣传工作要把提高舆论引导能力摆在重要位置，坚持正确的舆论导向，增强舆论引导的针对性和有效性。加强新兴媒体建设，构建舆论引导新格局。2011年2月，胡锦涛同志在中央党校的省部级领导干部专题培训班上就如何抓好社会管理工作提出了八条意见，其中第七条强调要进一步强化网络管理工作和舆情引导工作，提高网络管理水平，健全舆论引导机制。

（2）党的十八大以后新一代国家领导人高度重视突发事件社会舆情工作并亲力亲为。譬如，党的十八大报告明确指出牢牢掌握意识形态工作领导权和主导权，坚持正确导向，提高引导能力，壮大主流思想舆论。2014年2月，习近平同志在中央网络安全和信息化领导小组成立大会上明确提出“把握好网上舆论引导的时、度、效，使网络空间清朗起来”。2015年5月29日，在第十八届中共中央政治局第二十三次集体学习时，习近平同志强调，要牢固树立安全发展理念，加强社会综合治理。坚持减灾和救灾相结合，全面提高灾害防治能力。及时进行社会心理干预，积极引导社会舆论和疏导公众情绪。2016年4月19日，习近平同志在网络安全和信息化工作座谈会上提出要“建设网络良好生态，发挥网络引导舆论、反映民意的作用”。在2016年10月31日的国务院常务会议上，李克强同志指出一些突发事件发生后，如果政府能即时全面发布信息，就能最大限度消除人们疑虑、赢得各界的理解。2018年4月20日，习近平同志在全国网络安全和信息化工作会议上的讲话中提出，要提高网络综合治理能力，形成多个主体参与、多种手段相结合的综合治网格局。要树立正确的网络安全观，加强网上正面宣传，强化网络安全事件应急管理，提高网络空间治理能力。以信息领域核心技术创新引领经济社会发展，推进网络强国建设。

2. 党中央国务院颁布系列规章政策

（1）党中央出台了系列规章政策。2004年9月19日，中国共产党第十六届中央委员会第四次全体会议通过了《中共中央关于加强党的执政能力建设的决定》，指出要把握正确的舆论导向。掌握舆论工作的主动权，坚持团结稳定鼓劲、正面宣传为主的方针，不断增强新闻媒体的社会责任感。重视社会热点问题和重大突发事件的舆情引导工作，完善新闻发布制度，开展舆论监督，并建立重大突发事件新闻报道快速响应机制。重视新兴媒体对舆情的影响，加快相关的管理体制建设。2006 年 10 月，党的十六届六中全会在构建社会主义和谐社会的部署中指出，各级政府要统筹协调各方面利益关系，完善应急管理体制机制，有效应对各类突发事件和社会危机，提高各级政府危机管理和风险抵御能力。2007 年 10 月，党的十七大报告要求建立完善的突发事件应急管理机制。2007 年 11 月《中华人民共和国突发事件应对法》开始实施，该法对突发事件的事前预防与预警、事中应急处置与救援、事后恢复与重建等相关应对活动做出了明确规定，提出要健全突发事件应急预案体系、建立突发事件信息系统、完善突发事件监测与预警制度。2009 年 9 月，党的十七届四中全会明确指出，要办好党务报刊和网站，党建工作要在网络时代与时俱进，继续推进党务公开，提高党组织工作的透明度。要注重分析网络舆情，严肃查办群体性事件，完善重大事件通报制度。2012 年 11 月 8 日，党的十八大工作报告提出，要关注网络空间安全，加强网络社会管理，坚持正确导向，掌握意识形态工作的主导权，壮大主流思想舆论。要建立健全重大决策社会稳定风险评估机制，遏制重特大安全事故。2013 年党的十八届三中全会在部署全面深化改革若干问题时指出，健全坚持正确舆论导向的体制机制。健全基础管理、内容管理、行业管理以及网络违法犯罪防范和打击等工作联动机制，健全网络突发事件处置机制，形成正面引导和依法管理相结合的网络舆论工作格局。整合新闻媒体资源，推动传统媒体和新兴媒体融合发展。推动新闻发布制度化。2014 年 10 月，党的十八届四中全会明确提出“加强舆论监督制度建设”。2017 年 10 月 18 日，习近平总书记在十九大报告中八次提及互联网，他充分肯定了互联网管理取得的成绩，同时强调，要推动网络强国战略，加强互联网内容建设，营造清朗的网络空间，实现互联网与实体经济的深度融合。要掌握意识形态的主导权，建立正确的舆论导向体制机制，健全网络突发事件处置机制，推动新闻发布制度化和规范化。2019 年 10 月 31 日，党的十九届四中全会明确提出，完善坚持正确导向的舆论引导工作机制。改进和创新正面宣传，完善舆论监督制度，健全重大舆情和突发事件舆论引导机制。

（2）国务院出台了系列规章政策。如表 1－3 所示，国务院出台的系列规章政策主要有：2004 年 5 月，国务院办公厅印发了《省（区、市）人民政府突发公共事件总体应急预案框架指南》，明确要求各省（区、市）人民政府在同年 9 月底向国务院办公厅提交突发公共事件总体应急预案方案备案。2006 年 1 月，《国家突发公共事件总体应急预案》正式发布，预案明确提出“形成统一指挥、反应灵敏、协调有序、运转高效的应急管理机制”。2006 年 6 月，《国务院关于全面加强应急管理工作的意见》出台，文件指出推进国家应急平台体系建设，推进地方人民政府综合应急平台建设。2014 年《关于加快应急产业发展的意见》出台，主要内容是确定监测预警、预防保护、处置救援、应急服务四个重点发展方向。2015 年 8 月国务院印发的《促进大数据发展行动纲要》中指出要通过大数据分析，对网络安全重大事件进行预警、研判和应对指挥，加强监测、预警、控制和应急处置能力建设。2016 年国务院办公厅印发的《国家综合防灾减灾规划（2016—2020 年）》提出要建立并完善多种综合监测预报预警信息发布平台、加强灾害监测预报预警与风险防范能力建设、加强灾害处置与恢复重建能力建设等。2016 年，国务院办公厅在《关于在政务公开工作中进一步做好政务舆情回应的通知》和《〈关于全面推进政务公开工作的意见〉实施细则》明确规定：要高度重视舆情政务回应工作，明确政务舆情回应责任；要把握需重点回应的政务舆情标准，对涉及政府重大政策部署、涉及突发事件处置、涉及自然灾害应对等方面的事件要进行重点回应；要掌握政务舆情回应的时效性，要在 24 小时之内回应特大或重大突发事件，48 小时之内回应其他政务舆情。2018 年 4 月，国务院办公厅印发了《2018 年政务公开工作要点》，强调要围绕社会重大关切加强舆情回应，增强舆情风险防控意识，密切监测收集苗头性舆情，做到及时预警预判，及时回应和有效处置。做好防灾减灾救灾、教育医疗、养老服务、住房保障等民生领域的社会舆情回应工作，坚持正确的舆论导向，提高舆情引导力。建立健全舆情快速响应机制和协同联动机制，完善舆情发布制度，及时发布权威信息。开展政务舆情应对工作评估工作，建立行政问责制度。2019 年 4 月，国务院办公厅印发的《2019 年政务公开工作要点》再次提出要积极回应社会关切，要求做好舆情风险评估与研判工作，制定相应的舆情应对处置预案。对政务舆情要进行及时回应，明确回应的主体责任。对民生领域的经济社会热点问题以及堵点痛点问题，要及时加强舆情监测与预判，并进行积极有效的回应。对于重大突发事件社会舆情，要坚持正确的舆论导向，认真做好风险源头研判工作，及时进行防范。

表 1-3 国务院颁布的应急管理规章政策汇总表

序号	文件名称	发文字号
1	电力安全事故应急处置和调查处理条例	国务院令第 599 号
2	重大动物疫情应急条例	国务院令第 450 号
3	突发公共卫生事件应急条例【2011 年修正】	国务院令第 588 号
4	破坏性地震应急条例【2011 年修正】	国务院令第 588 号
5	核电厂核事故应急管理条例【2011 年修正】	国务院令第 588 号
6	国务院办公厅关于成立国家核事故应急委员会的通知	国办发〔1995〕22 号
7	省（区、市）人民政府突发公共事件总体应急预案框架指南	国办函〔2004〕39 号
8	国务院有关部门和单位制定和修订突发公共事件应急预案框架指南	国办函〔2004〕33 号

续表

序号	文件名称	发文字号
9	国务院关于全面加强应急管理工作的意见	国发〔2006〕24 号
10	国务院办公厅关于加强基层应急管理工作的意见	国办发〔2007〕52 号
11	国务院办公厅转发安全监管总局等部门关于加强企业应急管理工作意见的通知	国办发〔2007〕13 号
12	国务院办公厅关于加强基层应急队伍建设的意见	国办发〔2009〕59 号
13	突发事件应急预案管理办法	国办发〔2013〕101 号
14	国务院办公厅关于加快应急产业发展的意见	国办发〔2014〕63 号
15	国家突发环境事件应急预案	国办函〔2014〕119 号
16	国务院关于印发促进大数据发展行动纲要的通知	国发〔2015〕50 号
17	国家城市轨道交通运营突发事件应急预案	国办函〔2015〕32 号
18	国家大面积停电事件应急预案	国办函〔2015〕134 号
19	国务院办公厅关于印发国家综合防灾减灾规划（2016—2020 年）的通知	国办发〔2016〕104 号
20	国务院办公厅关于在政务公开工作中进一步做好政务舆情回应的通知	国办发〔2016〕61 号
21	国务院办公厅印发《关于全面推进政务公开工作的意见》实施细则的通知	国办发〔2016〕80 号
22	国务院办公厅关于印发国家自然灾害救助应急预案的通知	国办函〔2016〕25 号
23	国务院办公厅关于加强中小学幼儿园安全风险防控体系建设的意见	国办发〔2017〕35 号
24	国务院办公厅关于印发 2018 年政务公开工作要点的通知	国办发〔2018〕23 号
25	国务院办公厅关于印发 2019 年政务公开工作要点的通知	国办发〔2019〕14 号
26	生产安全事故应急条例	国务院令第 708 号
27	自然灾害救助条例（2010 年版本）	国务院令第 577 号
28	自然灾害救助条例（2019 年修订版）	国务院令第 709 号

3. 各级政府部门狠抓落实并出台了相关政策

（1）中央政府各部门狠抓落实出台了系列政策规章。首先，中央政府各部门颁布了应急管理系列政策规章（如表 1－4 所示），主要包括：卫生部（现卫健委）、交通部（现交通运输部）出台了《突发公共卫生事件交通应急规定》，铁道部（现国家铁路局）出台了《铁路交通事故应急救援规则》，交通运输部出台了《交通运输突发事件应急管理规定》，中国民用航空总局出台了《民用航空器飞行事故应急反应和家属援助规定》，国家安全监管总局出台了《关于加强科学施救提高生产安全事故灾难应急救援水平的指导意见》《关于加强安全生产应急管理宣传教育工作的意见》，工信部出台了《突发事件工业产品保障应急预案》等。其次，中央政府各部门根据国家总体应急预案和部门职责为应对突发事件编制了一套完整的应急预案体系（如表 1 - 5 所示），主要包括六大类：国家总体应急预案、地方应急预案、部门应急预案、企事业单位应急预案、专项应急预案、重大活动应急预案等。每一个应急预案基本上都覆盖了组织指挥体系、沟通协调机制、预警预控机制、应急响应机制、突发事件后期处置与保障措施等相关内容。在突发事件发生时，及时启动应急预案，有利于提高各级政府部门的应急管理和突发事件紧急处置的能力，有利于提升全社会的风险防范意识，有助于及时化解突发事件引发的各类社会风险，能够最大程度地降低突发事件造成的经济损失和社会影响，从而保障国家安全和维护社会安定，促进经济社会全面协调可持续发展。

表 1 -4　中央政府各部门颁布的应急管理政策规章汇总表

序号	文件名称	发文字号
1	化学事故应急救援管理办法	化督发〔1994〕597 号
2	化工部关于化工企业急性中毒抢救应急措施规定	化工部〔86〕化生字第 1078 号
3	交通运输突发事件应急管理规定	交通运输部令 2011 年第 9 号
4	铁路交通事故应急救援规则	铁道部令第 32 号
5	突发公共卫生事件交通应急规定	卫生部、交通部令〔2004〕第 2 号
6	国境口岸突发公共卫生事件出入境检验检疫应急处理规定	国家质量监督检验检疫总局令第 57 号
7	民用航空器飞行事故应急反应和家属援助规定	中国民用航空总局令第 155 号
8	核事故辐射影响越境应急管理规定	国防科学技术工业委员会令第 11 号
9	中央企业应急管理暂行办法	国务院国有资产监督管理委员会令第 31 号
10	保险业重大突发事件应急处理规定	中国银行保险监督管理委员会第 3 号令
11	国家安全生产应急救援联络员会议制度	安委办〔2009〕11 号
12	生产安全事故应急处置评估暂行办法	安监总厅应急〔2014〕95 号
13	煤矿安全监察机构应急预案框架指南	安监总厅应急〔2013〕1 号
14	国家安全监管总局关于加强科学施救提高生产安全事故灾难应急救援水平的指导意见	安监总应急〔2012〕147 号

续表

序号	文件名称	发文字号
15	国家安全监管总局关于进一步加强安全生产应急平台体系建设的意见	安监总应急〔2012〕114号
16	国家安全监管总局关于加快推进国家和区域矿山应急救援队建设的意见	安监总应急〔2012〕50号
17	国家安全监管总局关于矿山危险化学品应急救援队伍开展预防性安全检查工作的指导意见	安监总应急〔2010〕145号
18	国家安全监管总局关于加强基层安全生产应急队伍建设的意见	安监总应急〔2010〕13号
19	国家安全监管总局关于加强安全生产应急管理宣传教育工作的意见	安监总应急〔2009〕217号
20	生产经营单位生产安全事故应急预案评审指南（试行）	安监总厅应急〔2009〕73号
21	国土资源部地质灾害应急专家管理暂行办法	国土资发〔2010〕105号
22	国土资源部突发地质灾害应急响应工作方案	国土资厅发〔2009〕49号
23	环境保护部办公厅关于同意核与辐射事故应急现场监督实施程序的函	环办函〔2015〕1361号
24	尾矿库环境应急预案编制指南	环办〔2015〕48号
25	企业事业单位突发环境事件应急预案备案管理办法（试行）	环发〔2015〕4号
26	突发环境事件应急处置阶段污染损害评估工作程序规定	环发〔2013〕85号
27	全国环保部门环境应急能力标准化建设达标验收暂行办法	环办〔2012〕89号
28	全国环保部门环境应急能力建设标准	环发〔2010〕146号
29	尾矿库环境应急管理工作指南（试行）	环办〔2010〕138号
30	石油化工企业环境应急预案编制指南	环办〔2010〕10号
31	环境监察局和环境应急与事故调查中心机构建设方案	环办〔2006〕80号
32	城市轨道交通建设工程质量安全事故应急预案管理办法	建质〔2014〕34号
33	电梯应急指南	建住房〔2006〕3号
34	中华人民共和国船舶污染海洋环境应急防备和应急处置管理规定【2015年修正】	交通运输部令2015年第6号
35	交通运输部办公厅关于道路运输应急保障车队建设的指导意见	交运发〔2011〕682号
36	交通运输部关于加强水上污染应急工作的指导意见	交海发〔2010〕366号
37	交通运输安全生产和应急双基建设活动方案	交安监发〔2010〕301号
38	交通运输部关于加强基层交通运输应急队伍建设的指导意见	交应急发〔2010〕165号

续表

序号	文件名称	发文字号
39	全国公路网管理与应急处置平台建设指导意见	交公路发〔2009〕713 号
40	外国籍商船违法逃逸应急处置规定	海通航〔2009〕692 号
41	公路交通突发事件应急预案【2009 年修订】	交公路发〔2009〕226 号
42	农业部关于加强农机事故应急管理工作的意见	农机发〔2011〕1 号
43	全国草原火灾应急预案【2010 年修订】	农牧发〔2010〕12 号
44	农业部关于加强草原防火基层应急队伍建设的意见	农牧发〔2010〕10 号
45	农业部关于贯彻落实《渔业船舶水上安全突发事件应急预案》的实施意见	农渔发〔2006〕9 号
46	关于农业部第 1201 号公告、《农业部门人感染猪流感应急预案》《猪感染甲型 H1N1 流感应急预案（试行）》废止的公告	农业部公告第 1663 号
47	卫生部、发展改革委关于加快突发公共事件卫生应急体系建设和发展的指导意见	卫应急发〔2010〕57 号
48	突发公共卫生事件社区（乡镇）应急预案编制指南（试行）	卫办应急发〔2006〕215 号
49	应急管理标准化工作管理办法	应急〔2019〕68 号
50	国务院安委会办公室、国家减灾委办公室、应急管理部关于加强应急基础信息管理的通知	安委办〔2019〕8 号
51	交通运输部、应急管理部关于做好社会力量车辆跨省抢险救灾公路通行服务保障工作的通知	交公路发〔2019〕3 号

表 1－5　中央政府各部门颁布的应急管理预案汇总表

序号	应急管理预案名称
1	国家地震应急预案【2012 年修订】
2	国家突发重大动物疫情应急预案
3	国家突发公共事件医疗卫生救援应急预案
4	国家突发公共卫生事件应急预案
5	国家海上搜救应急预案
6	国家安全生产事故灾难应急预案
7	国家处置铁路行车事故应急预案
8	国家处置民用航空器飞行事故应急预案
9	国家突发地质灾害应急预案

续表

序号	应急管理预案名称
10	国家处置重、特大森林火灾应急预案
11	国家防汛抗旱应急预案
12	国家核应急预案【2013 年修订】
13	国家森林火灾应急预案
14	国家通信保障应急预案【2011 年修订】
15	尾矿库事故灾难应急预案
16	矿山事故灾难应急预案
17	危险化学品事故灾难应急预案
18	陆上石油天然气储运事故灾难应急预案
19	陆上石油天然气开采事故灾难应急预案
20	海洋石油天然气作业事故灾难应急预案
21	冶金事故灾难应急预案
22	突发事件工业产品保障应急预案
23	司法行政系统突发事件应急预案
24	国家环保总局核事故应急预案
25	国家环保总局辐射事故应急预案
26	水路原油运输保障应急预案
27	水路粮食运输保障应急预案
28	水路交通突发事件应急预案
29	农药使用安全事故应急预案
30	农业部草原畜牧业寒潮冰雪灾害应急预案
31	农业部门应对人间发生高致病性禽流感疫情应急预案
32	文化市场突发事件应急预案（试行）
33	卫生部突发中毒事件卫生应急预案
34	卫生部核事故和辐射事故卫生应急预案【2009 年修订】
35	全国自然灾害卫生应急预案（试行）
36	高温中暑事件卫生应急预案
37	非职业性一氧化碳中毒事件应急预案
38	人感染高致病性禽流感应急预案
39	卫生部应对流感大流行准备计划与应急预案（试行）

续表

序号	应急管理预案名称
40	工商行政管理系统市场监管应急预案
41	特种设备特大事故应急预案
42	口岸人感染高致病性禽流感卫生检疫应急预案
43	口岸鼠疫控制应急预案
44	中国公民出境旅游突发事件应急预案（简本）
45	中国气象局气象灾害应急预案
46	风暴潮、海浪、海啸和海冰灾害应急预案【2015 年修订】
47	国家海洋局海洋石油勘探开发溢油应急预案
48	赤潮灾害应急预案
49	联网核查公民身份信息系统突发事件应急预案（试行）
50	南水北调工程建设重特大安全事故应急预案

（2）地方政府各部门狠抓落实出台了系列政策规章。首先，地方政府的应急管理组织机构体系建设日益健全，中央成立了应急管理部，各省市成立了应急管理厅（局）、各市州成立了应急管理局，专门负责突发事件应急管理、综合协调、防灾减灾以及信息汇总等相关工作，其主要职能包括组织编制应急预案和规划、制定突发事件应急管理制度和政策、指导和指挥突发事件应急救援工作、统一调度应急力量和应急救援物资等。其次，各级地方政府部门基于分类管理和分级负责的原则制定了相应的突发事件应急预案，如表 1－6 所示。这些应急预案一方面明确了各级政府、各个部门以及各个组织在应急体系中的职能，使应急管理工作有章可循和有据可依，有利于统筹协调联动处理突发事件，保障事故处置工作有序进行。另一方面规范了相关部门的突发事件应对行为，为应急管理工作提供了正确指导，能够提升各级部门的风险防范意识，提高应急决策的科学性、及时性和有效性，有效降低事故损失。

表 1－6　地方政府应急预案汇总表

序号	应急预案名称
1	陕西省突发公共事件总体应急预案
2	陕西省水上交通突发事件应急预案
3	湖南省人民政府突发公共事件总体应急预案
4	湖南省自然灾害救助应急预案
5	湖南省突发环境事件应急预案
6	湖南省突发公共卫生事件医疗卫生救援应急预案

续表

序号	应急预案名称
7	新疆维吾尔自治区人民政府突发公共事件总体应急预案
8	新疆维吾尔自治区突发环境事件应急预案
9	新疆维吾尔自治区安全生产事故灾难应急预案
10	北京市沙尘暴灾害应急预案
11	北京市突发公共事件总体应急预案
12	北京市突发事件应急救助预案
13	广东省突发事件总体应急预案
14	广东省农业重大自然灾害突发事件应急预案
15	广东省突发事件医疗卫生救援应急预案
16	青海省人民政府突发公共事件总体应急预案
17	青海省地震应急预案
18	四川省突发公共事件总体应急预案
19	四川省突发公共卫生事件应急预案
20	江西省突发公共事件总体应急预案
21	江西省突发公共卫生事件应急预案
22	福建省人民政府突发公共事件总体应急预案
23	福建省自然灾害救助应急预案
24	安徽省人民政府突发公共事件总体应急预案
25	安徽省突发公共卫生事件总体应急预案
26	江苏省突发公共事件总体应急预案
27	江苏省突发公共事件总体应急预案
28	江苏省公路、水路交通突发公共事件总体应急预案
29	上海市突发公共事件总体应急预案
30	上海市处置火灾事故应急预案
31	上海市处置突发药品安全事件应急预案
32	上海市处置道路交通事故应急预案
33	黑龙江省人民政府突发公共事件总体应急预案
34	黑龙江省涉旅突发事件应急预案
35	黑龙江省火灾事故应急预案
36	吉林省突发公共事件总体应急预案

续表

序号	应急预案名称
37	吉林省旅游突发公共事件应急预案
38	内蒙古自治区突发公共事件总体应急预案
39	内蒙古自治区突发环境事件应急预案
40	内蒙古自治区突发公共事件总体应急预案
41	内蒙古自治区安全生产事故应急预案
42	内蒙古突发环境事件应急预案
43	天津市突发公共事件总体应急预案
44	天津市突发公共卫生事件应急预案
45	陕西省突发公共事件总体应急预案
46	陕西省突发公共卫生事件应急预案
47	海南省人民政府突发公共事件总体应急预案
48	海南省突发环境事件应急预案
49	广西壮族自治区突发事件总体应急预案
50	广西壮族自治区旅游突发事件应急预案
51	广西壮族自治区安全生产事故灾难应急预案
52	广西壮族自治区旅游突发事件应急预案
53	甘肃省人民政府突发公共事件总体应急预案
54	甘肃省突发环境事件应急预案
55	甘肃省辐射事故应急预案
56	甘肃省突发公共卫生事件应急预案
57	甘肃省重污染天气应急预案
58	湖北省突发公共事件总体应急预案
59	湖北省突发公共卫生事件应急预案
60	湖北省公路交通突发公共事件应急预案
61	湖北省食品安全突发事件应急预案
62	浙江省突发公共事件总体应急预案
63	浙江省金融突发公共事件应急预案
64	浙江省突发环境事件应急预案
65	浙江省海上突发公共事件应急预案
66	浙江省突发公共卫生事件应急预案

续表

序号	应急预案名称
67	辽宁省人民政府发布突发公共事件总体应急预案
68	河北省人民政府突发公共事件总体应急预案
69	山东省突发事件总体应急预案
70	山东省城市轨道交通运营突发事件应急预案
71	山西省突发事件总体应急预案
72	山西省突发公共卫生事件应急预案
73	山西省自然灾害救助应急预案
74	山西省辐射事故应急预案
75	重庆市突发公共事件总体预案
76	重庆市高速公路突发事件应急预案
77	重庆市公共密集场所突发事件应急预案
78	重庆市辐射事故应急预案
79	云南省突发公共事件总体应急预案
80	云南省突发环境应急预案
81	云南省突发公共事件医疗卫生救援应急预案
82	河南省突发公共事件总体应急预案
83	河南省突发重大动物疫情应急预案
84	河南省生产安全事故应急预案
85	河南省重污染天气应急预案

可见，我国各级党委和政府部门非常重视突发事件与社会舆情工作，坚持以人为本，始终将保障公众的生命财产安全置于首位，把加强社会舆情科学治理和引导社会舆情健康发展纳入党和政府工作的重中之重，并将其列为政府重大决策部署。把握突发事件社会舆情演化规律，加强突发事件社会舆情工作，是形势所迫、刻不容缓。

二、研究意义

近年来，我国政府积极开展社会舆情治理工作，积累了丰富的经验，虽然成效显著，但是仍然存在一些尚需加强的环节：对社会舆情的生成与演化规律把握不准、对社会舆情的引导能力与预防意识不强、对社会舆情的预警预控体系尚不健全、应对社会舆情的政府决策常常滞后、社会舆情引发的社会风险治理综合性措施和相关配套政策不够完善等等。切实加强突发事件社会舆情管理，提高突发事件的处置能力，是实现网络强国的必经之路，是全面深化改革的重要内容，是推进国家治理体系和治理能力现代化的战略选择。因此，“重大突发事件社会舆情演化规律及应对策略研究”论题的提出，在理论方面，通过深入开展重大突发事件社会舆情的理论研究，丰富和发展了灾害管理理论、风险决策理论、舆情风险管理理论、舆情演化理论等学术思想理论，进一步促进包括灾害社会学、风险管理学、灾害统计学等在内的应急管理学科体系建设，以期为重大突发事件社会舆情应对决策模式的提出与决策支持系统的构建提供理论参考。在实践方面，通过对重大突发事件社会舆情的应对实践进行探索，提出重大突发事件社会舆情精准预测与动态跟踪、快速响应与及时引导、协同治理与综合保障等方面的对策和策略，构建权威实用、科学高效、规范有序的重大突发事件社会舆情治理体系，提供一整套具有可操作性的重大突发事件社会舆情有效应对运行模式，这些有利于提升政府决策层和执行层的预防研判、引导预控、科学决策、快速反应、指挥协调等应急能力，以期为我国政府治理社会舆情提供政策建议和实践方案。

加强重大突发事件社会舆情演化规律与应对策略研究，科学有效地应对重大突发事件社会舆情，是贯彻落实习近平新时代中国特色社会主义思想的战略任务，是社会管理的一项重要内容，也是新形势下必须面对的一个时代课题，具有非常重要的理论意义和现实价值。主要体现在以下五个方面。

（一）有利于准确把握社会舆情态势并为舆情应对提供目标导向

加强重大突发事件社会舆情应对策略研究是深入贯彻党的十九大和十九届四中全会精神以及全面落实习近平治国理政新思想和新闻舆论观的一项重要战略任务，是推进我国应急管理体系和应急管理能力现代化的一项新的重要工作，对党和国家事业发展全局具有非常重要的影响。研究我国重大突发事件社会舆情呈现出的常态和应对现状，有利于从整体上准确把握重大突发事件社会舆情的总态势，便于形成总判断，从而为突发事件社会舆情应对提供可操作的实践指导和决策参考。当前，我国正处于社会转型期，各种矛盾复杂多变，各种灾害经常看似毫无征兆地爆发。特别是随着新媒体的广泛普及，社会更加开放自由，公民维权意识的不断增强，我国重大突发事件社会舆情在事件关注度、传播途径、影响范围和参与网民特征等方面呈现出许多新的特征，并逐渐发展成为新的常态。近年来，在党和国家的重视和关注下，在全社会力量的共同参与下，各级地方政府和相关职能部门纷纷采取了一系列有利于社会舆情应对工作的措施，虽然积累了很多经验，取得了一些成绩，但是目前我国在社会舆情应对方面仍存在一些失误事件，呈现出一些问题。总之，分析并归纳我国近年来重大突发事件社会舆情出现的新常态特征，全面总结社会舆情治理在意识、法治、机构、技术、经验等方面取得的成效，系统梳理政府社会舆情治理过程中存在的不足，揭示社会舆情治理问题在观念、体制、机制、监管能力等方面的原因，有利于科学认识我国现阶段社会舆情的总体发展态势，并为社会舆情应对工作的深入开展提供思路借鉴和目标导向。

（二）有利于为党和政府有效应对和控制社会舆情提供理论依据

研究并把握重大突发事件社会舆情生成演化规律，形成对突发事件社会舆情演化机理的科学认识和实践把握，有利于为重大灾害社会舆情的有效应对和及时控制提供理论依据。从目前来看，我国重大突发事件社会舆情应对能力还较薄弱，控制手段相对缺乏，其中一个重要原因就是对重大突发事件社会舆情的生成演化规律认识和把握不够，无法形成科学、有效的应对策略。因此，加强对重大突发事件社会舆情生成演化机理研究意义重大。一是研究重大突发事件社会舆情的生成条件，厘清重大突发事件的损害特征和涉事主体应对的行为特征，探索社会舆情深层次的生成规律，是成功把握社会舆情演化规律及其有效应对的前提。二是研究重大突发事件这种非常规状态下社会舆情的萌生、演变、扩散、衍生、放大损害的生成逻辑和演化规律，有利于从本质上科学地把握社会舆情的内在要素关联，丰富政府应急管理理论体系，并对政府应对管理实践提供理论支持。三是研究重大突发事件社会舆情的基本流程，探讨重大突发事件社会舆情演化机理所表现出来的几种典型演化效应如突变效应、蝴蝶效应、长尾效应、涟漪效应和群体效应等，构建重大突发事件社会舆情演化规律模型和损失控制模型，有利于进一步准确掌握重大突发事件社会舆情演化的内在机理和演化规律，从而为党和政府有效应对和控制社会舆情提供决策依据和理论支撑。

（三）有利于提升党和政府社会舆情治理的预警预控能力

加强重大突发事件社会舆情精准预测与动态跟踪策略研究，构建全方位、全时段警源分析、警兆监测、风险预报和警情预控运行机制，有利于提升党和政府对社会舆情的预警预控能力。重大突发事件社会舆情的生成演化虽然复杂多变，但还是有规律可循的，这需要时刻进行动态跟踪，进而开展预警预控。良好的动态跟踪与预警预控是重大突发事件社会舆情成功治理的前提。在我国的社会舆情应急实践中，各级党和政府普遍存在重应对、轻预防的现象，主要原因是社会舆情的预防存在难度：警源不易识别、警兆监测缺乏可靠技术支撑、舆情预报存在风险。通过社会舆情内生警源、外生警源、境外警源分析，对重大突发事件社会舆情警源研判，利用大数据技术和捕捉民间社会舆情信息相结合的办法对社会舆情警兆进行监测，运用风险雷达舆情监测系统、专家预报等方法进行社会舆情预警信息发布。通过上述全方位、全时段的警源分析、警兆监测和风险预报运行机制构建，能够为后续党和政府的社会舆情引导与预控提供清晰的思路与方法，为政府应对重大突发事件社会舆情提供理论支持和可操作的政策咨询方案，有利于提升政府社会舆情预警预控与精准治理能力。

（四）有利于提升党和政府在社会舆情治理中的紧急处置能力

探讨重大突发事件社会舆情快速响应与及时引导策略，运用新的信息技术对政府应对流程进行设计，不断优化完善重大突发事件社会舆情应对的预案启动机制、快速决策机制、指挥调度机制、联动协作机制以及信息发布机制，有利于提升我国政府在重大突发事件社会舆情治理中的正确引导与紧急处置能力。重大突发事件社会舆情一旦转化为现实，必须进行及时应对，这就需要政府相关部门快速响应与及时引导。快速响应与及时引导是重大突发事件社会舆情治理的关键环节。我国各级党和政府在应对重大突发事件社会舆情的应对处置实践中，存在预案启动不及时、应急决策不科学、指挥调度不协调、联动协作不到位、信息发布不规范等问题，严重影响政府应对社会舆情的紧急处置效果。借助于5G、大数据、人工智能、物联网、区块链、云计算等新一代信息技术，对政府应对重大突发事件社会舆情的流程进行优化设计，不断创新并完善社会舆情处置的预案启动、快速决策、指挥调度、联动协作和引导发布机制，有利于提升紧急处置的及时性、科学性和有效性。特别是研究重大突发事件社会舆情引导的及时性、正确性与有效性，能够及时引导社会舆论、化解社会风险、打破社会谣言以及消除社会恐慌，有助于提升党和政府的重大突发事件社会舆情应对能力。通过对重大突发事件社会舆情治理中的预案启动机制、快速决策机制、指挥调度机制、联动协作机制及信息发布机制等内容的研究，优化政府决策治理结构、完善政府治理流程，拟构建科学、高效的重大突发事件社会舆情快速响应与及时引导机制，为重大突发事件社会舆情的应对实践工作提供理论参考和决策方案。

（五）有利于提升党和政府在社会舆情治理中的综合保障能力

加强重大突发事件社会舆情协同治理与综合保障研究，健全治理平台建设体系，构建重大突发事件社会舆情应对绩效评估体系等，有利于提升党和政府应对重大突发事件社会舆情治理的综合保障能力。重大突发事件社会舆情在经历政府相关部门紧急处置后，并不意味着社会舆情应对结束，而是逐渐进入了消减状态，还需要进行相应的善后治理，并不断完善保障体系。完备的善后治理与保障体系是重大突发事件社会舆情治理的可靠保证。我国各级党委和政府在传统的社会舆情善后治理过程中，往往不注重事后的总结与学习，忽视舆情风波平息修复和政府公信力提升两个重要环节，责任管理体系、心理救助体系、应急平台体系和绩效评估体系建设均存在薄弱之处，导致相同的问题反复出现，政府疲于应付，治理效果常常大打折扣。通过对重大突发事件社会舆情治理中的风波平息修复路径、政府公信力提升策略、责任管理体系、心理救助体系、应急平台体系和绩效评估体系的研究，健全政府长效运行机制，完善政府治理工具手段，建设舆情治理应急平台和开展绩效评估，构建规范、有序的重大突发事件社会舆情协同治理和综合保障体系，为重大突发事件社会舆情治理提供理论依据和实践参考，有利于重大突发事件社会舆情应对科学化、规范化和制度化，并提升党和政府应对重大突发事件社会舆情治理的综合保障能力。

第二节　国内外研究综述

一、国外研究现状

（一）检索状况分析

国外相关研究成果的检索工作主要在 Science Direct 全文数据库进行，这是当前科研人员最常用的外文文献检索数据库，其收录的文献学术价值较高，大部分是被 SCI、SSCI、EI 收录的核心期刊。以“Emergency（突发事件）+ Opinion（舆情）”“Emergency（突发事件）+Public Opinion（社会舆情）”“Public Opinion（社会舆情）+Evolution（演化）”“Public Opinion（社会舆情）+Countermeasures（对策）”“Public Opinion（社会舆情）+Evolution（演化）+Countermeasures（对策）”等为检索词，分别在 Science Direct 全文期刊数据库进行了“Abstract or Keywords or Title（摘要或关键词或标题）”检索，数据检索截止时间为 2020 年 5 月 26 日，检索结果如表 1－7 所示，文献总量分析如图 1－13 和图 1－14 所示。

表 1－7　Science Direct 全文期刊数据库检索结果

Search term / Years	Emergency + Opinion（突发事件 + 舆情）	Emergency + Public Opinion（突发事件 + 社会舆情）	Public Opinion + Evolution（社会舆情 + 演化）	Public Opinion + Countermeasures（社会舆情 + 应对策略）	Public Opinion + Evolution + Countermeasures（社会舆情 + 演化 + 应对策略）
2020	18	4	4	2	0
2019	73	13	13	4	0
2018	54	11	8	4	1
2017	29	5	14	1	0
2016	50	9	11	0	0
2015	48	7	13	0	0
2014	38	10	9	0	0
2013	36	7	6	3	0

续表

Search term / Years	Emergency + Opinion (突发事件 + 舆情)	Emergency + Public Opinion (突发事件 + 社会舆情)	Public Opinion + Evolution (社会舆情 + 演化)	Public Opinion + Countermeasures (社会舆情 + 应对策略)	Public Opinion + Evolution + Countermeasures (社会舆情 + 演化 + 应对策略)
2012	39	6	7	0	0
2011	32	5	4	2	0
2010	32	7	10	0	0
2009	39	1	4	0	0
2008	20	1	2	0	0
2007	21	3	4	0	0
2006	25	4	3	0	0
2005	18	0	5	1	0
2004	22	4	2	0	0
2003	16	2	3	0	0
2002	13	1	5	0	0
2001	17	1	3	1	0
2000	17	2	2	1	0
1999	12	3	5	0	0
1998	11	1	0	0	0
1997	16	2	1	0	0
1996	9	1	1	0	0
1995	3	0	0	0	0
1994	0	0	0	0	0
1993	0	0	0	1	0
1992	0	1	3	1	0
1991	0	0	3	0	0
1990	0	1	0	0	0
Total	708	112	145	21	1

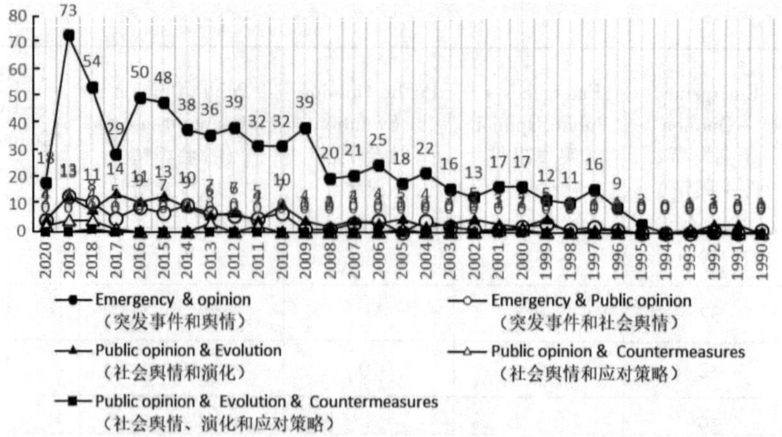

图 1－13　Science Direct 全文期刊数据库检索结果（年度文献分布图）

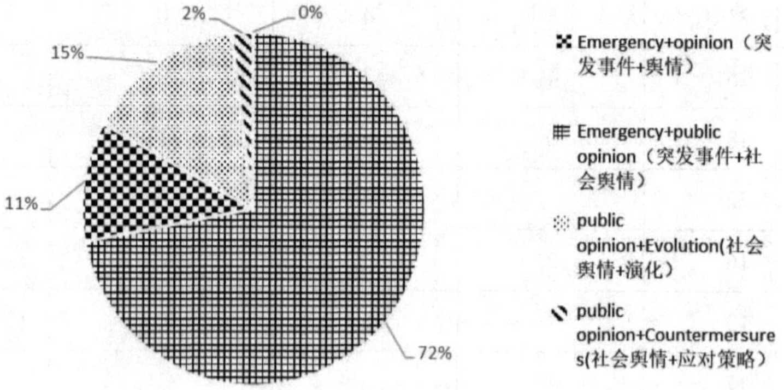

图 1－14　Science Direct 全文期刊数据库检索结果（文献总量分析图）

（二）国外研究现状

国外在社会舆论研究领域起步较早。1762 年，卢梭在政治学名著《社会契约论》中首次提出公共舆论，舆论成了学者的研究对象。随着 1922 年沃尔特·李普曼《公共舆论》一书的出版，关于社会舆论的研究日益繁盛。2001 年美国“9·11”事件的发生，掀起了国际社会研究突发事件应急管理的高潮。上述文献调研结果显示，国外相关研究主要表现在以下五个方面。

1. 突发事件理论研究

自古以来，突发事件就是危及社会安全和稳定的重要因素。近年来世界各国的突发事件频繁发生，由于其突发性强、种类多、分布范围广、危害性大，并且给人类社会带来了巨大的经济损失和造成了严重的社会影响，所以目前已成为全社会共同关注的焦点。国外学者对突发事件进行了一些理论探索，相关研究成果集中在三个方面：

（1）突发事件的相关社会影响研究。Maskrey（1989）、Mitchell（1999）、United

Nations（2005）从不同角度探讨了重大突发事件对经济和社会所造成的相关影响，国际社会开始对重大突发事件展开重点关注，重大突发事件日益成为学者们研究的共同主题和核心问题。2006 年，Reye 和 Jacobs 出版《国际灾难心理学手册》是灾难心理学产生的重要标志。近年来，国际上越来越关注从社会、经济、人文行为角度，对灾害的应对主体行为开展研究。Rosser（2011）通过对一次船灾中 27 个幸存者的长期跟踪考察，发现他们在后续生活中的系列特殊行为模式。Narayan 和 Masten（2012）分析了不同种类的自然灾害事件以及因不可抗力和社会暴力引发的重大突发事件对儿童的影响，并对儿童各自采取的应对行为进行了分析；Liter（2013）研究了事故灾难类重大突发事件对社会经济和政治的重大影响。

（2）突发事件的发生与演化规律研究。Wang 和 Colby（2002）从自然系统中的演化规律视角探讨了暴风雨洪水灾害发生与发展的内在机理和演化过程。Cooke（2003）运用系统动力学建模方法研究了加拿大新斯科舍地区的矿难情况，在对年度矿难统计数据进行模拟分析的基础上，探讨了矿难形成原因和发生规律。Ramezankhani（2008）对伊朗地震灾害发生与发展的内在机理，灾害演化的影响因素以及影响因素之间的因果关系等进行了深入分析，重点探讨了伊朗地震灾害所引起的严重危害。Heiko（2009）运用概率论方法对灾害发生与发展基本流程中的不确定性因素进行了研究。Hirsh（2011）运用系统动力学方法对受重大事故影响的医疗系统进行了探讨[①]。

（3）突发事件的应急管理研究。Kirstin Dow，Susan L Cutter（2000）以南卡罗来纳州的弗洛伊德历年来的飓风灾害为研究对象，探讨了突发事件发生时家庭疏散决策和官方应急管理实践之间的关系，他们认为飓风灾害发生时，公众和官员在飓风撤离的优先次序和偏好方面存在差异，公众需要更多关于飓风威胁的信息，官员们更重视规划疏散路线和公共安全措施[②]。Panos Panagiotopoulos，Julie Barnett 等（2016）在借鉴风险管理理论和应急通信理论的基础上，提出了一种新的突发事件应急管理社交媒体，它能够加强官方与公众的沟通，便于官方第一时间发布及时准确的突发事件信息，以多种方式向公众传达风险。他们认为突发事件应急管理面临的主要挑战之一是向公众传达风险，社交媒体在突发事件应急管理中可以发挥很大的作用，有利于增加应急管理机构处理突发事件的信心[③]。Xinyi Zhou（2017）提出了一种将 D 数理论与决策试验评价实验室（DMATEL）相结合的新方法，该方法用于确定应急管理中的关键成功因

① 张一文：《突发性公共危机事件与网络舆情作用机制研究》，北京邮电大学博士学位论文，2012。

② Kirstin Dow，Susan L Cutter：Public orders and personal opinions：household strategies for hurricane risk assessment，Global Environmental Change Part B：Environmental Hazards，2000，2（4），pp. 143—155.

③ Panos Panagiotopoulos，Julie Barnett，Alinaghi Ziaee Bigdeli，Steven Sams：Social media in emergency management：Twitter as a tool for communicating risks to the public，Technological Forecasting and Social Change，2016（111），pp. 86—96.

素（CSFS），较好地解决了语言评价中的模糊性和主观性问题，可以适用于识别具有固有的语言评估过程的应急管理中的CSFS。

2. 公共危机传播研究

公共危机传播作为传播学的一个分支，较之危机管理研究而言，其理论研究起步相对较晚。相关研究成果主要体现在三个方面：

（1）公共危机传播中网络媒体效能研究。Augustine（2000）对公共危机信息传播的媒介因素进行了探讨，指出媒体是公共危机信息传递与沟通的重要载体，也是未来公共危机传播研究的焦点问题①。Moreland（2003）以美联航在恐怖事件中的危机传播为例，探讨了互联网在公共危机传播中的地位和作用，明确指出互联网能够提升公司与受众之间的信息沟通效率，促进公司对事件进行快速响应与紧急处置②。Theodore（2001）主张通过构建多维信息传播体系来满足公众的信息需求，指出危机管理者要善用运用手机、互联网等多种不同渠道来进行信息传播③。Huertas 和 Xifra（2008）探讨了博客在危机沟通、信息传播以及获取舆情等方面的重要作用，认为博客在危机事件处理中具有劝导和信息提供功能④。

（2）公共危机传播策略研究。美国危机传播研究学者 Steven Fink（1986）提出危机传播的四阶段分析理论，并依此总结出潜伏期、爆发期、延续期、痊愈期四个阶段危机传播的应对策略。William Benoit（1995）提出形象战略理论，并分析了修复形象应对危机的否认、逃避责任、减少敌意、亡羊补牢和自责五大策略模式。Thomas Birkland（1997）基于传播学中的议程设置理论提出了焦点事件理论。美国危机管理大师 Robrt Heath（1998）在其《危机管理》一书中指出，媒体管理是进行危机管理的基本要素。Grunig（1992）提出了危机传播的新闻代理模型、公共信息模型、双向非对称模型和双向对称模型四种模型理论。Feam - Banks（1996）指出公共危机传播应具有四个与危机管理相关的功能，即信息收集、信息分析、信息处置以及信息沟通与传播。Coombs（2001）从危机传播策略理论对社会风险的事前预警、事中干预和事后处置流程进行了深入描述和分析，尤其是在危机信息的获取策略上，来实现危机的防范或避免。Carrell（2001）从危机信息传播视角分析了危机的传播路径与作用机制。Jonathan Bernstein（2003）主要从危机管理公共关系视角来分析危机传播理论。

（3）公共危机传播的社交网络研究。Leysia Palen（2010）等人研究了 Twitter 用户

① Augustine, N. N. R: Harvard Business Review on Crisis. Management, Boston: Harvard University Press, 2003.

② Moreland: United Airlines and American Airlines Online Crisis Communication Following the September 11 terrorist Attacks, Public Relations Review, 2003, 29 (4), pp. 427—441.

③ Theodore: Chaoslike states can be expected before and after logistic growth, Technological Forecasting&Social Change, 2001 (41), pp. 111—120.

④ Xifra, Huertas: Blogging PR: An Exploratory Analysis of Public Relations Weblogs, Public Relations Review, 2008, 34 (3), pp. 269—275.

上传网络舆情信息来评估危机状况，提出了一个含网络拓扑、内容分析和网络信息传播的机器学习框架。Marcelo Mendozay（2010）等人通过对Twitter的监测发现，谣言信息往往会引起更多的质疑和反对。另外，Amanda，Maria（2007）研究了美国“丽塔”和“卡特里娜”两次飓风危机的前、中、后阶段中危机信息所呈现出来的特征。Coombs（2009）等人研究了各种不同报道方式（报纸、视频）在公共危机事件中的传播路径以及对人们反应所造成的影响，认为报道方式不会带来明显影响。Friederike（2011）认为传播方式相比传播内容本身而言更为重要，不同媒体的公共危机传播表现出截然不同的传播效果。Taylor M，Kent M. L（2007）、Herrero A. G.，Smith S.（2008）、Mervyn（2009）、Schoenharl（2011）、Coombs W T，Holladay S J（2009）等众多学者从不同层面分析了危机反应的传播类型以及危机信息发出后对不同社会群体的影响。

3. 公共舆论演化研究

突发性灾害事件往往会引发一系列的社会风险，而社会风险总是与社会舆情形影不离。在一部分学者关注危机传播的同时，另一些学者开始研究社会舆情演化规律。代表性研究成果主要体现在三个方面：

（1）公共舆论演化规律研究。心理学和传播学是公共舆论演化规律研究的两大视角。基于心理学视角，Ginneken（2003）、Sznajd W K（2005）、Galam S（2008）、Malečková J，Stanišić D（2011）等学者从个人和群体的偏好角度研究了公共舆论的形成原因和演化规律，为突发事件社会舆情研究开辟了全新的研究视角；基于传播学视角，Singer，Endreny（1993）、Micoy（1996）、Tanner（1998）等学者从公共舆论传播的趋势分析了公共舆论的生成演化机理，特别是一些学者将研究视角投向了互联网在公共舆论传播中的作用机理和演化规律，为重大突发事件社会舆情演化规律的理论研究提供了基础。

（2）公共舆论演化过程研究。Redner S、Dornic I等（2001）运用投票者模型来分析舆论的生成与演化。Katarzyna Sznajd－Weron（2002）认为舆论观点是由内向外演化的。Sznajd W K（2005）认为个体态度的差异性对反映现实世界中的舆论演化过程具有重要作用。Galam S（2008）认为在舆论的演化过程中，初始状态的公共偏好对群体观点最终的极化方向有决定性的影响。

（3）公共舆论演化模拟研究。Daniel Gruhl（2004）等人在SIRS传染病模型的基础上，提出了一种计算博客页面之间信息相互影响作用概率的传播算法。Sznajd（2000）等人提出了舆论交互作用模型及其修正模型，从微观粒子间简单的交互规则模拟出社区内复杂的舆论交互现象。Deffuant（2000）等人在Sznajd等人的研究基础上提出了Deffuant模型，模拟个体对事件的态度。Krause和Hegselmann（2002）提出了KH模型，通过建模描述个体观点的形成过程。Galam（2002）提出了MR舆情演化模型，并对公众争论话题的演化过程、谣言传播和恐慌信息蔓延等现象进行了解释。

4. 社会舆情管理研究

国外社会舆情管理研究起步较早，大致可以分为四个阶段：第一阶段的研究视角主要由哲学本位研究向社会学研究转变（19 世纪中期）；第二阶段的研究视角主要由社会学研究向社会心理学研究转化（20 世纪初）；第三阶段则是由社会心理学研究向公共舆论研究转变（20 世纪中期）；第四阶段则主要研究社会舆论主客体互动关系（21 世纪）。代表性研究成果主要集中在三个方面：

（1）社会风险理论研究。桑博德（1983）、Arnold（1992）分析突发公共安全事件引起的社会风险形成与作用机理研究；Henry W. Fischer（1998）、Curt R. Bartol（2009）分析了自然灾害与犯罪的逻辑原因与逻辑规律问题；也有学者从突发事件的群体性理论的熵行为和聚集行为分析了社会风险的形成与演化；Shrivastava（1988）运用工业危机模型分析了危机形成的原因，认为公共危机演化是由组织内部和外部环境相互作用所引起的；Turner（1992）的灾害前阶段模型对突发事件的成因机理进行了探讨；Jeongwook Kim（2004）、M. S. Pishvaee（2008）等也试图通过计算机模拟来探讨社会风险演化机理具体内涵与特征模式问题。

（2）社会舆情治理研究。从 21 世纪开始，国外有关社会舆情治理的研究焦点开始慢慢从公共舆论本身过渡到社会舆论主客体互动关系。譬如，Bart（2000）主要分析了社会舆情治理的影响因素以及探讨了政府信息官提升舆论引导能力和舆情治理能力的对策策略①。Cochran（2004）和 Chamlin（2005）的基于“媒体－公众”双向视角的公共舆论相关研究、KamC. Wong（2006）的基于“国家政策－舆论－媒体”三者之间相互关系视角的有关研究以及 Robert Gellman（2013）的基于“政府－公众”双向视角的信息沟通与交流模式研究等。

（3）社会舆情环境研究。国外主要从经济管理学、信息工程学、新闻传播学等学科视角对这一问题展开了研究，取得了一些研究成果。譬如，Juan（2011）运用病毒多维结构模型分析了病毒性信息在网络环境中传播与扩散路径，并通过数据对比分析得出了病毒性信息的演化特征。Rui（2013）研究了 Internet of things（IOT）技术在网络环境中的运用，分析了当前 IOT 的基本内涵、显著特征、关键要素、核心技术以及影响因素等，探讨了 IOT 技术在网络环境中的智能选择功能，预测了未来这一技术在网络环境中的场景应用②。Pal（2016）基于过载网络平台上加载大文件的情况，分析了不同网络环境对民众的影响，指出民众在技术层面和生活层面都离不开网络③。

---

① Bart：The role of government information officers，Journal of Government Information，2000（23），pp. 455—469.

② Rui Hu，Yi Wang，Feng Wang：Environment Protection Based on Internet of Things，Applied Mechanics and Materials，2013，2488（340）.

③ Shantanu Pal：Evaluating the Impact of Network Loads and Message Size on Mobile Opportunistic Networks in Challenged Environments，Journal of Network and Computer Applications，2016.

5. 网络舆情治理研究

随着网络与新一代信息技术的迅速发展，国外对这一问题的研究主要集中在网络空间治理理论、网络民主理论等相关方面，主要研究成果体现在三个方面：

（1）网络舆情理论研究。Herbert Blumer（1947）对网络舆情的基本内涵进行了研究，指出网络舆情是在特定的公共网络环境中，以事件为核心，不受时间限制，民众集中进行意见、情绪、观点表达的一种行为。Noelle - Neumann（1993）主要利用沉默螺旋理论探讨了演化为群体性倾向的网络舆情。凯斯·桑斯坦（2003）也是以群体极化理论为视角，研究了群体极化现象。Brauchler Birgit（2004）运用对立理论研究了网络舆情的作用机理。Patricia Moy（2007）认为突发事件的应对和舆论引导不当，是突发事件网络舆情的最主要影响因素。Mceoy（2001）以美国“黑色联盟”为个案分析了“新闻修复”的权威地位。Carreil 与 DavidL. Sturges（2001）等人认为公众利益的冲突性和环境的作用是形成网络舆情的直接原因。Brooks B（1997）认为在网络舆情的引导中，“网络把关”十分重要，并要求要善于运用议程设置理论。

（2）网络舆情的技术模型研究。Katarzyna Sznajd - Weron 于 2002 年创建的 Sznajd 模型是学术理论界出现的首个舆论交互模型，该模型认为舆论观点是由内向外扩展。Elgazza（2001）采用 Watts 以及 Newman 的网络方法，创建了一个小世界网络模型，突出体现了领导者的观念。Hegselmalm（2002）等人提出一个全新的网络舆情模型，并基于观点距离考虑，提出“有限信任”的观点。Fortunat（2005）研究了全连通图、无标度网络、星型图、方格和随机图等五种网络技术模型。

（3）网络舆情监管的技术平台研究。Tsou（2005）等为网络舆情监管中对网络舆情进行主题分类和倾向性分析提供了技术支持。Gil - Garcia（2010）等认为，在网络舆情监管过程中，运用文本聚类等方法是发现、采集以及跟踪网络舆论热点话题并寻找最佳的网络舆情预警的实现途径。Antioine Naud（2007）提出采用基于聚类算法的文本主题分类等方法和技术，以此来实现网络舆情的预警、引导和监控。Vadrevus（2007）等人提出包括距离判别法、Fisher 判别法以及 Bayes 判别法在内的多种分类判别方法进行网络舆情分析。Murdockj W（2006）等人认为神经网络、遗传算法、朴素贝叶斯、组合分类器等是网络舆情监控的关键技术。Dobel（2010）认为在理想状态下，政府部门应该基于互联网建立联动的、受专业训练的危机应对网络，以高效应对层出不穷的危机事件下的环境秩序混乱①。

① J. Patrick Dobel: Mission Integrity in Disaster Management, Public Administration Review, 2010.

二、国内研究现状

（一）检索状况分析

国内相关研究成果主要来源于中国知网（CNKI）数据库，检索词为“突发事件+舆情”“突发事件+社会舆情”“社会舆情+演化”“社会舆情+应对”“社会舆情+演化+应对”等，以“总库文献”为检索范围，检索截止时间为2020年5月26日，检索结果如表1-8所示。同时，根据CNKI数据库对以“突发事件+舆情”为检索词、以“主题”为检索条件、以“CSSCI来源期刊”为检索范围，共检索到的668篇文献进行计量可视化分析，其文献发表年度分布总趋势情况（如图1-15所示）、关键词出现频次情况（如图1-16所示）、研究层次分布情况（如图1-17所示）、学科分布情况（如图1-18所示）等都可以清晰可见。

表1-8　中国知网（CNKI）数据库检索结果

检索词 / 数据库	突发事件+舆情		突发事件+社会舆情		社会舆情+演化		社会舆情+应对		社会舆情+演化+应对	
	篇名检索	关键词检索	篇名检索	关键词检索	篇名检索	关键词检索	篇名检索	关键词检索	篇名检索	关键词检索
中国期刊全文数据库	650	127	1	8	1	0	14	1	0	0
中国优秀硕士学位论文数据库	132	14	2	4	0	0	4	2	0	0
报纸	8	0	0	1	0	0	1	0	0	0
学术辑刊	7	0	0	0	0	0	0	0	0	0
国内会议	6	1	1	0	1	0	0	0	0	0
中国博士学位论文数据库	6	1	0	0	0	0	0	0	0	0
其他	77	45	3	5	1	1	3	2	0	0
合计	886	188	7	18	3	1	22	5	0	0

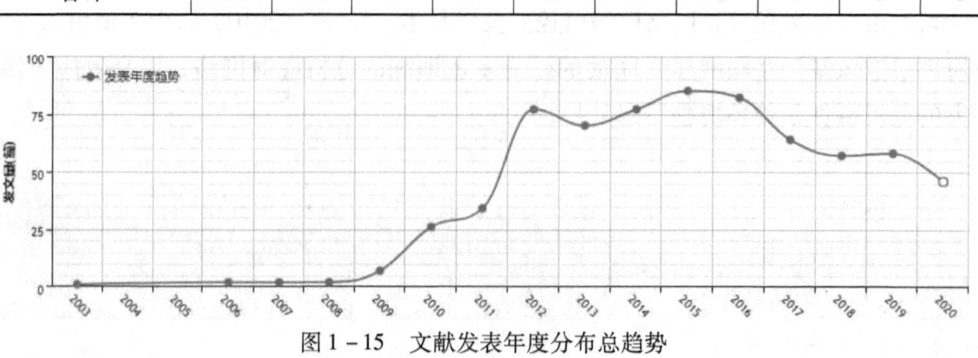

图1-15　文献发表年度分布总趋势

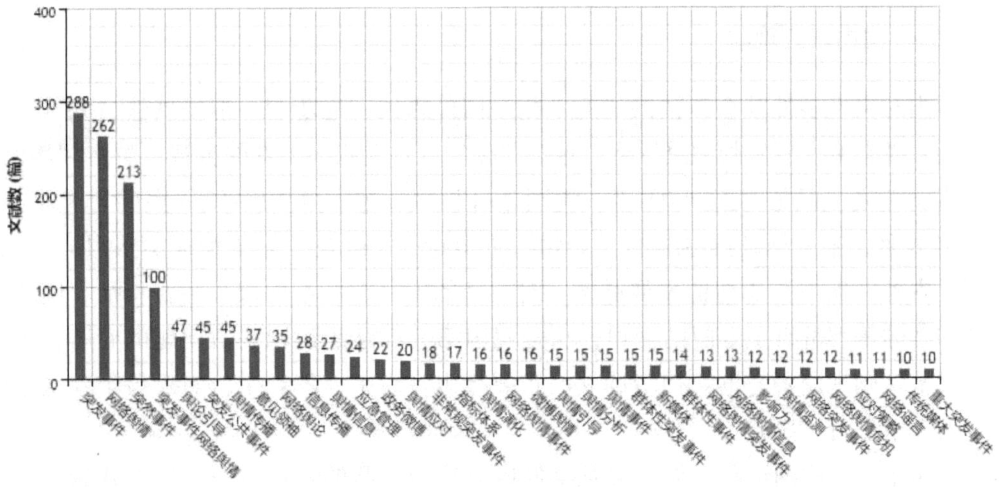

图 1－16　研究关键词分布图

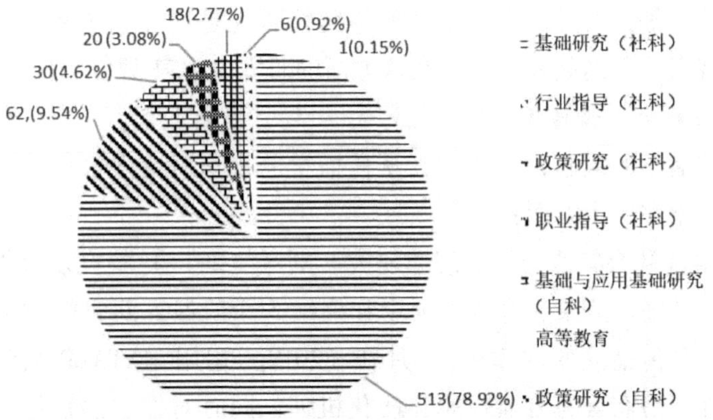

图 1－17　研究层次分布情况

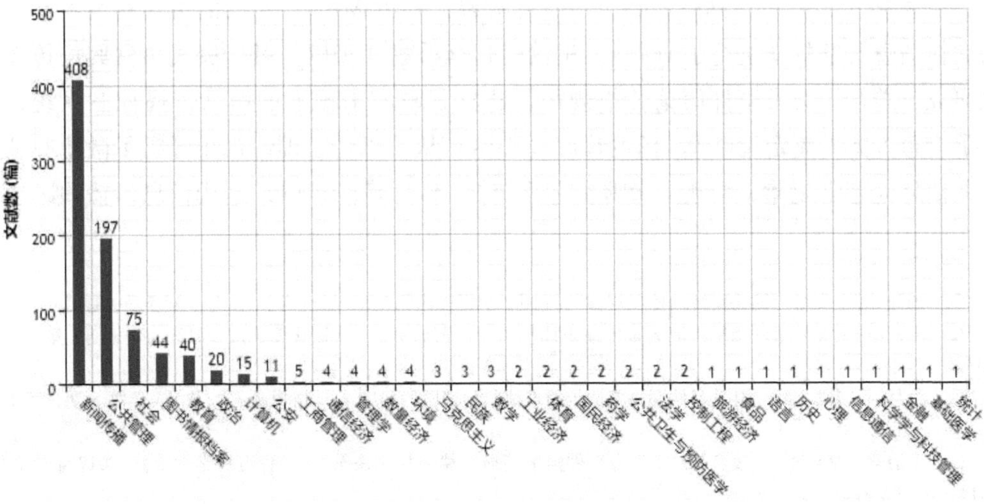

图 1－18　文献所在学科分布情况

（二）国内研究现状

国内对突发事件社会舆情的研究，相对国外来说，起步晚，但发展快。尤其近年来，随着各类突发事件的频繁发生，这一研究领域备受我国学者的重视。虽然“舆情”概念古已有之，但是直至2003年，我国才开展真正意义上的系统的舆情理论研究。2003年8月，王来华教授主编的《舆情研究概论——理论、方法和现实热点》一书，梳理了中外“舆情”思想的发展脉络，对舆情的定义、基本构成、主要特征、舆情的主体和客体等都进行了专门的探讨，这是我国第一部系统讨论舆情问题的专著，也是我国舆情基础理论研究框架初步确立的重要标志。后来，陈月生、刘毅等学者从不同角度对舆情进行了研究。

近年来，互联网迅猛发展，突发事件应对呈现出新的特点，一些学者开始关注突发事件与网络的联系，比如突发事件舆情的网络衍生、网络扩散、微博集群行为、网络舆情传播与演变等，可见，突发事件网络舆情研究是当前和今后一定时期备受国内学者关注的新视点。归纳起来，国内在这方面的研究主要表现在以下五个方面。

1. 突发事件社会舆情传播研究

随着现代传播学的兴起，一些学者从传播学的视角对突发事件社会舆情进行了研究。主要研究集中在三个方面：

（1）突发事件社会舆情的传播规律研究。刘洋（2011）将突发事件社会舆情从产生到终结归纳为散播、集聚、升华、延续和终结5个阶段，同时探讨了突发事件社会舆情的内在机理和传播演变规律①。兰月新（2012）运用MATALB数值仿真建模方法分析了突发事件网络谣言的传播规律和演化机理，同时对控制谣言传播的影响因素和解决对策进行了探索，为政府的网络谣言控制决策提供理论依据和合理建议②。兰月新，曾润喜（2013）以网络信息量为研究对象，利用MATALB数值仿真对突发事件网络舆情信息传播规律进行了研究③。王治莹，李勇建（2017）基于突发事件舆情传播案例研究，总结了突发事件舆情传播规律，建立了政府干预下的舆情传播控制系统，给出了应急方案的制定策略④。杨兰蓉等（2018）从信息生态理论视角分析了微博舆情传播的信息生态学规律，构建了微博生态系统⑤。赵丹等（2018）运用信息传播和区块链

---

① 刘洋：《突发事件网络舆情的传播规律》，《图书情报工作网刊》，2011年第12期，第54—59页。

② 兰月新：《突发事件网络舆情谣言传播规律模型及对策研究》，《情报科学》，2012年第9期，第1334—1338页。

③ 兰月新，曾润喜：《突发事件网络舆情传播规律与预警阶段研究》，《情报杂志》，2013年第5期，第16—19页。

④ 王治莹，李勇建：《政府干预下突发事件舆情传播规律与控制决策》，《管理科学学报》，2017年第2期，第43—52+62页。

⑤ 杨兰蓉，邓如梦，郜颖颖：《基于信息生态理论的政法事件微博舆情传播规律研究》，《现代情报》，2018年第8期，第51—60页。

理论分析了舆情传播的特征和规律，提出了区块链舆情信息传播概念模型①。邓建高等（2020）运用系统动力学方法构建了突发事件舆情传播的系统动力学模型，研究了突发事件社会舆情传播规律②。

（2）突发事件社会舆情的传播机制研究。周海灯，王国华，方付建（2012）以系统的方法划分了企业危机事件网络舆情传播机制生命周期的四个阶段，并阐述了酝酿阶段、蔓延阶段、动员阶段和衰变阶段的特点和作用机制③。李勇建，王治莹（2014）运用突发事件的结构化描述方法从属性层次分析了舆情的产生和传播的动力学机制，进而分别建立了传播主体的决策行为和博弈关系的结构化描述框架。然后，考虑传播主体的认知差异，运用演化博弈论方法分别对社会公众之间及社会公众与政府部门之间的博弈关系进行了研究④。胡吉明（2015）研究了社会网络环境下基于用户关系的信息传播机制，他认为社会网络环境下信息传播模式的变革包括基于用户关系的非线性传播、低门槛平等化传播、信息级联增值传播等模式，在此基础上提出了社会化信息传播模型并从用户关系传播、社会化媒体传播两种角度进行了阐述⑤。李根强，孟勇，刘人境（2016）基于社会网络理论从“个体－社群－网络”三个层次探究了网络舆情传播机制，构建了网络舆情传播的心理阈值模型⑥。

（3）突发事件社会舆情的传播特征研究。季丹等（2014）基于经济社会发展视角研究了社会舆情传播特征，指出我国经济社会发展中的区域性特征对突发事件社会舆情传播具有一定影响⑦。刘果（2015）基于心理学研究视角探讨了网络负面舆论的传播学特征⑧。陈海汉，陈婷（2015）运用舆情“计量模型”探讨了突发事件社会舆情所呈现出的时段特征：快速传播、多级衍生性、群体极化等，并针对各阶段的时段特征分析相应的舆情预警模式⑨。何跃，邓妹颖，马玉凤，雷挺（2016）以新浪微博为基础，结合标签传播算法、随机扩散模型、内容分析法等技术，提出了突发事件中用户动态关系的社群发现及舆情传播特征分析的研究思路，并以实际突发事件作为研究对

---

① 赵丹，王晰巍，韩洁平，杨文聪：《区块链环境下的网络舆情信息传播特征及规律研究》，《情报杂志》，2018 年第 9 期，第 127—133 + 105 页。

② 邓建高，张璇，傅柱，韦庆明：《基于系统动力学的突发事件网络舆情传播研究：以“江苏响水爆炸事故”为例》，《数据分析与知识发现》，2020 年第 Z1 期，第 110—121 页。

③ 周海灯，王国华，方付建：《企业危机事件网络舆情传播机制研究——以思念水饺“致病门”事件为例》，《电子政务》，2012 年第 10 期，第 56—63 页。

④ 李勇建，王治莹：《突发事件中舆情传播机制与演化博弈分析》，《中国管理科学》，2014 年第 11 期，第 87—96 页。

⑤ 胡吉明：《社会网络环境下的信息传播机制》，《情报科学》，2015 年第 1 期，第 15—18 + 34 页。

⑥ 李根强，孟勇，刘人境：《基于心理阈值模型的网络舆情传播机制仿真研究》，《情报科学》，2016 年第 10 期，第 152—157 页。

⑦ 季丹，谢耘耕：《社会舆情传播特征的区域差异研究》，《情报杂志》，2014 年第 1 期：108—113 页。

⑧ 刘果：《社会心理视角下网络负面舆论的传播学特征与引导策略》，《求索》，2015 年第 6 期，第 25—29 页。

⑨ 陈海汉，陈婷：《突发事件网络舆情传播时段特征和政府预警模式研究》，《图书馆学研究》，2015 年 1 期，第 24—30 页。

象进行了实证研究，分析了舆情传播的基本特征①。曹光煜（2018）通过对全媒体环境下的社会公共事件热点舆情传播特征进行分析，探索出了社会突发性公共事件热点舆情的传播态势和特点②。熊茵等（2018）运用文献梳理方法探讨了微信舆情的传播特征，并基于 SIR 传染病模型分析了微信舆情的传播机制③。龙玥等（2019）运用网络爬虫等文本挖掘技术研究了新媒体环境下负面舆情的传播特征和演化路径④。

2. 突发事件社会舆情演化研究

突发事件社会舆情的发展具有一定规律，我国学者对这一问题进行了相关研究。代表性研究成果主要体现在三个方面：

（1）突发事件社会舆情的演化过程研究。刘社瑞，唐双（2011）认为自媒体时代微博舆情的演化过程分为初试期、关注期、裂变期、高涨期、消解期五个阶段⑤。高承实等（2011）在综合分析主要网络舆情定义的基础上，对网络舆情演化过程进行了重新界定⑥。王朝霞等（2015）在分析群体性突发事件的基础上，将群体性突发事件社会舆情的演化过程划分为潜伏期、显现期、成长期、演变期、爆发期等五个阶段⑦。陈福集，黄江玲（2015）通过对舆情演化过程中的三个参与主体：网民、媒体、政府进行分析，构建了舆情演化的三方博弈模型⑧。宋宁，刘婵君（2016）基于过程与要素视角探讨了突发事件社会舆情的演化过程：形成期、发展期、消弥期⑨。倪明胜，钱彩平（2017）从宏观、中观和微观相结合的角度分析了公民网络抗争动员的博弈演化过程，将舆情演化过程分为诱发、扩展、深入、消弭等几个阶段⑩。

（2）突发事件社会舆情的演化模型研究。朱恒民（2010）从微观层面分析了舆情演化的影响因素和基本特征，在此基础上提出了舆情演化的动态网络模型⑪。刘小波

---

① 何跃，邓姝颖，马玉凤，雷挺：《突发事件中微博用户社群舆情传播特征研究》，《情报科学》，2016 年第 6 期，第 14—18 页。

② 曹光煜：《全媒体环境下社会公共事件热点舆情传播特征及处置对策》，《行政管理改革》，2018 年第 3 期，第 64—68 页。

③ 熊茵，江山，邢若南：《微信舆情的传播特征、机制及引导构想》，《情报科学》，2018 年第 11 期，第54—60 页。

④ 龙玥，刘译阳：《新媒体环境下高校负面网络舆情传播特征和路径研究》，《情报科学》，2019 年第 12 期，第 134—139 页。

⑤ 刘社瑞，唐双：《自媒体时代微博舆情演化与应对策略》，《求索》，2011 年第 10 期，第 86—87 +171 页。

⑥ 高承实，陈越，荣星，邬江兴：《网络舆情几个基本问题的探讨》，《情报杂志》，2011 年第 11 期，第52—56 页。

⑦ 王朝霞，等：《网络舆情“蝴蝶效应”的预警机制研究——以群体性突发事件为例》，《新闻界》，2015 年第 16 期，第 59—64 页。

⑧ 陈福集，黄江玲：《三方博弈视角下的网络舆情演化研究》，《情报科学》，2015 年第 9 期，第 22—26 页。

⑨ 宋宁，刘婵君：《过程与要素视角下的突发事件网络舆情演化规律研究综述》，《图书情报工作》，2016 年第 15 期，第 140—147 页。

⑩ 倪明胜，钱彩平：《公民网络抗争动员的演化过程及其内在机理——基于近年来典型网络抗争性行动为例的经验研究》，《理论探讨》，2017 年第 3 期，第 18—23 页。

⑪ 朱恒民，苏新宁，张相斌：《互联网舆情演化的动态网络模型研究》，《情报理论与实践》，2010 年第 10 期，第 75—78 页。

(2011)通过分析当前舆情建模的研究现状构建了以人际关系网络为基础的舆情演化模型[①]。王根生(2012)通过对舆情群体极化现象进行分析,构建了舆情群体极化动力学模型[②]。赵金楼,高宏玉(2015)运用随机 Petri 网建模方法对网络群体事件的演化过程进行探讨,建立了网络群体性事件演化过程模型[③]。吴鹏等(2015)基于 Agent 建模技术,对突发事件中网络舆情演变过程中网民群体行为进行建模与仿真,包括概念模型、Agent 属性、交互规则、博弈规则的设计,并基于 Net Logo 进行仿真与预测[④]。田世海等(2018)运用广义随机 Petri 网理论研究了突发事件舆情演化的关键属性并构建了突发事件社会舆情演化的 GSPN 模型[⑤]。马永军,杜禹阳(2018)对复杂网络中的舆情演化规律进行了研究,改进了 Deffuant 经典模型,建立复杂网络突发事件舆情演化模型[⑥]。迟钰雪,刘怡君(2019)在分析舆情不同空间演化过程和演化规律的基础上,构建基于超网络的"线上线下"舆情演化仿真模型[⑦]。吴孝灵等(2019)从公众认知与政府引导的角度构建了"公众-政府"邻避舆情演化模型,并对其进行数值模拟仿真研究[⑧]。

(3)突发事件社会舆情演化的实证研究。宾宁,杨树标,胡凤(2017)以茂名 PX 事件为例,构建博弈模型分析其网络舆情的演变规律,通过求解模型的演化稳定策略分析各作用主体在网络舆情演变过程中的博弈策略,指出各作用主体为有效引导网络舆情演变而应采取的策略。他们认为突发事件网络舆情的演变是各行为者共同作用的结果[⑨]。杜洪涛,王君泽,李婕(2017)以五个典型的突发事件为案例,通过比较分析这五个案例事件网络舆情在各阶段的表现及传播路径的异同,明确了不同演化模式的特征及其之间的区别与联系,分析了突发事件舆情演化的内在机理和影响因素[⑩]。姜金

---

① 刘小波:《基于人际关系网络的舆情演化建模研究》,《情报理论与实践》,2011 年第 9 期,第 100—103 页。

② 王根生:《网络舆情群体极化动力模型与仿真分析》,《情报杂志》,2012 年第 3 期,第 20—24 页。

③ 赵金楼,高宏玉:《基于随机 Petri 网的网络群体事件演化模型研究》,《情报学报》,2015 年第 10 期,第 1040—1047 页。

④ 吴鹏,杨爽,张晶晶,高庆宁:《突发事件网络舆情中网民群体行为演化的 Agent 建模与仿真研究》,《现代图书情报技术》,2015 年第 Z1 期,第 65—72 页。

⑤ 田世海,孙美琪,张家毓:《基于广义随机 Petri 网的突发事件网络舆情演化模型》,《情报科学》,2018 年第 8 期,第 106—111 页。

⑥ 马永军,杜禹阳:《基于复杂网络 Deffuant 模型的舆情演化规律研究》,《情报杂志》,2018 年第 6 期,第 91—95+159 页。

⑦ 迟钰雪,刘怡君:《基于超网络的线上线下舆情演化模型研究》,《系统工程理论与实践》,2019 年第 1 期,第 259—272 页。

⑧ 吴孝灵,刘小峰,周晶:《基于公众认知与政府引导的邻避舆情演化模型》,《系统工程理论与实践》,2019 年第 11 期,第 2865—2879 页。

⑨ 宾宁、杨树标、胡凤:《突发事件网络舆情演化的博弈分析——以茂名 PX 事件为例》,《情报探索》,2017 年第 1 期,第 32—39 页。

⑩ 杜洪涛,王君泽,李婕:《基于多案例的突发事件网络舆情演化模式研究》,《情报学报》,2017 年第 10 期,第 1038—1049 页。

贵，闫思琦（2018）以“红黄蓝虐童事件”为例对微博舆情的演化过程和影响因素进行了研究，认为主题和情绪相互作用对微博舆情各个阶段的演化具有重要影响①。张海涛等（2019）以“中美间贸易摩擦”话题为例对热点事件网络话题及网民的情感波动进行了研究，指出网民的情感变化、舆论衍生话题、话题讨论主题对突发事件演化具有很大的影响②。

3. 社会舆情监测预警与引导研究

现阶段，社会舆情监测、预警与疏导研究已经成为国内学者重点探讨的主题之一，也是一般社会舆情常见的应对之策。相关研究成果主要集中在三个方面：

（1）舆情监测研究。张廷（2013）在分析舆情传播现状与演化特点的基础上提出了完善舆情监测干预的对策和策略，认为舆情监测机制应包括舆情信息收集、研判分析、应急预警、引导干预等方面的内容③。方洁，龚立群（2013）运用利益相关者理论了分析了微博舆情的传播过程和演化路径，在此基础上提出要构建微博舆情监测指标体系④。崔丽（2014）以上海浦东图书馆为例从舆情采集分析机制、舆情监测保障机制等方面研究了公共图书馆媒体舆情监测机制的构建⑤。宋余超，陈福集（2016）从舆情主题、传播、受众三个维度上探讨了网络舆情监测指标体系的构建，并对49个热点舆情事件进行了实证分析⑥。罗嘉（2016）研究了突发事件网络舆情的监测环节和监测流程，认为舆情数据处理的有效性和人工主观判断的精准性对舆情监测均具有重要影响⑦。鄢睿（2017）分析了人工智能技术在网络舆情监测中的应用，提出了人工智能视域下的网络舆情分析与监测的新范式⑧。邢云菲等（2018）运用信息熵理论和模糊综合评价方法分析了新媒体环境下网络舆情监测指标体系，并对网络负面舆情监测模型进行了研究⑨。

（2）舆情预警研究。许鑫，张岚岚（2010）将信号分析运用于突发事件网络舆情

① 姜金贵，闫思琦：《基于主题和情绪相互作用的微博舆情演化研究——以“红黄蓝虐童事件”为例》，《情报杂志》，2018年第12期，第118—123页。

② 张海涛，刘雅姝，张枭慧，宋拓：《基于模块度的话题发现及网民情感波动研究——以新浪微博“中美间贸易摩擦”话题为例》，《图书情报工作》，2019年第4期，第6—14页。

③ 张廷：《涉腐网络舆情监测干预的现状与路径选择》，《情报杂志》，2013年第5期，第11—15+31页。

④ 方洁，龚立群：《利益相关者视角下的微博舆情监测指标体系研究》，《情报杂志》，2013年第9期，第29—33页。

⑤ 崔丽：《公共图书馆媒体舆情监测服务探讨——以上海浦东图书馆为例》，《图书馆杂志》，2014年第7期，第58—62+52页。

⑥ 宋余超，陈福集：《基于数据立方体的网络舆情监测指标体系构建》，《情报科学》，2016年第6期，第31—36页。

⑦ 罗嘉：《网络舆情监测的理论与实践研究》，《图书情报工作》，2016年第S1期，第163—166页。

⑧ 鄢睿：《人工智能视域下网络舆情监测的变革之道》，《传媒》，2017年第20期，第51—53页。

⑨ 邢云菲，王晰巍，王铎，韦雅楠：《基于信息熵的新媒体环境下负面网络舆情监测指标体系研究》，《现代情报》，2018年第9期，第41—47页。

预警，探讨了基于信息的突发事件网络预警模式，建立相应的预警机制①。张一文等（2012）运用贝叶斯网络建模方法构建了舆情态势评估模型，以此来实现对突发事件舆情态势进行科学评估和监测预警②。刘毅（2012）运用模糊德尔菲法、模糊层次分析法等对网络舆情预警指标体系构建进行了探讨，借助软件 MATLAB 筛选了网络舆情指标并确定了权重③。张家军（2013）认为舆情的预警机制应该由舆情收集、舆情分析、舆情研判、舆情疏导、舆情干预等五个方面组成④。董坚峰（2014）利用 Web 挖掘技术建立了包括舆情采集、挖掘、分析、研判等内容的突发事件舆情预警模型，以此来实现突发事件舆情的数据处理和预警预测⑤。王高飞，李明（2017）运用 AHP－模糊综合分析方法对移动社交网络舆情的基本特征与影响因子进行了分析，在此基础上构建了移动社交网络舆情预警模型⑥。储节旺，朱玲玲（2017）将大数据技术融入突发事件舆情预警研究中，提出要构建基于大数据分析技术的突发事件舆情预警机制⑦。武慧娟等（2018）基于舆情生命周期和演变过程构建了网络舆情预警模糊综合评价模型，设计了舆情预警综合评价指标体系⑧。连芷萱等（2019）对突发事件网络衍生舆情传播规律进行了分析，在此基础上构建了突发事件衍生舆情预警模型，并开展了相应的实证研究⑨。

（3）舆情引导研究。喻发胜，赵振宇（2010）提出了突发事件舆论引导机制构建的对策和策略⑩。林晓华（2011）认为要提升民族地区突发事件舆论引导能力，首先就要构建以政府为主导的“政府－媒体－公众”舆论引导联动机制⑪。赵振宇，焦俊波（2012）基于系统论研究视角对突发事件舆论引导的框架体系构建进行了相关探讨⑫。

---

① 许鑫、张岚岚：《基于信号分析的突发事件网络舆情预警研究》，《情报理论与实践》，2010 年第 12 期，第 97—100 页。

② 张一文，齐佳音，方滨兴，李欲晓：《基于贝叶斯网络建模的非常规危机事件网络舆情预警研究》，《图书情报工作》，2012 年第 2 期，第 76—81 页。

③ 刘毅：《基于三角模糊数的网络舆情预警指标体系构建》，《统计与决策》，2012 年第 2 期，第 12—15 页。

④ 张家军：《论教育舆情预警机制的建构》，《中国教育学刊》，2013 年第 8 期，第 19—22 页。

⑤ 董坚峰：《基于 Web 挖掘的突发事件网络舆情预警研究》，《现代情报》，2014 年第 2 期，第 43—47＋51 页。

⑥ 王高飞，李明：《基于 AHP－模糊综合分析的移动社交网络舆情预警模型研究》．《现代情报》，2017 年第 1 期，第 41—44＋65 页。

⑦ 储节旺，朱玲玲：《基于大数据分析的突发事件网络舆情预警研究》，《情报理论与实践》，2017 年第 8 期，第 61—66 页。

⑧ 武慧娟等：《基于熵权法的网络舆情预警模糊综合评价模型研究》，《情报科学》，2018 年第 7 期，第 58—61 页。

⑨ 连芷萱等：《面向突发事件的网络衍生舆情预警模型与实证研究》，《情报杂志》，2019 年第 3 期，第 133—140 页。

⑩ 喻发胜，赵振宇：《新形势下突发事件舆论引导机制的构建》，《新闻记者》，2010 年第 10 期，第 73—76 页。

⑪ 林晓华：《提升民族地区突发事件舆论引导能力的路径设想——以建立“政府－媒体－公众”联动制度为中心》，《西南民族大学学报（人文社会科学版）》，2011 年第 3 期，第 163—166 页。

⑫ 赵振宇，焦俊波：《系统论视野下的突发事件舆论引导框架构想》，《现代传播（中国传媒大学学报）》，2012 年第 10 期，第 41—45 页。

袁振龙，左袖阳（2013）对全媒体时代下的突发事件舆论引导能力提升对策进行研究，提出要重构政府与媒体的关系，以及重组政府与社会的关系①。袁赛男（2013）在分析突发事件舆论传播的特点的基础上提出了舆论引导的实现路径：建构预警机制、解构负面舆论场、重构政府公信力②。李烨（2016）研究了媒介融合时代下电视媒体提升突发事件舆论引导的对策和策略，指出在舆论引导过程中要善于把握舆情传播规律、树立正确的舆论引导思维以及创新舆论引导方法③。张贝（2017）提出传统的一元化舆论引导模式已经不适应时代的发展要求，现阶段要构建多元主体协同的突发事件舆论引导机制④。郭慧，雷智博（2019）提出要建立新时代突发事件舆论引导新格局，充分发挥政务新媒体优势，完善舆论引导和发布机制⑤。

4. 突发事件社会舆情应对处置研究

近年来，随着社会舆情的频发、高发，社会舆情危害愈发严重，越来越多学者们将研究的主题聚焦到社会舆情的应对处置上。相关研究成果主要集中在三个方面：

（1）地方政府应对公共突发事件社会舆情的处置研究。王国华等（2013）基于不同类型网络舆情提出了政府应对突发公共事件舆情的应对策略⑥。高航（2016）对政府舆情应对能力进行了建模分析和仿真研究，指出影响政府舆情应对处置总体能力的主要因素包括重视程度、应急能力、信息公开、软硬件配套情况等方面⑦。赵亿（2016）对突发性事件中地方政府舆情应对问题展开了研究，提出政府要从危机公关的视角构建突发事件舆情回应机制⑧。崔鹏等（2018）在研究突发公共事件舆情演化规律的基础上，提出了政府应对突发公共事件的路径选择⑨。张玉亮，贾传玲（2018）研究了突发公共事件网络舆情的应对启动问题，根据突发事件舆情的演化规模、危害程度等因素将舆情应对启动划分四个等级：一级为危机启动，二级为紧急启动、三级为快速启动、四级为初级启动⑩。

---

① 袁振龙，左袖阳：《全媒体时代突发事件舆论引导的策略选择》，《社会主义研究》，2013 年第 2 期，第 118—123 页。

② 袁赛男：《涉农突发事件舆论引导的路径选择》，《传媒》，2013 年第 11 期，第 71－73 页。

③ 李烨：《媒介融合背景下电视媒体如何做好突发事件舆论引导工作——以 2016 年抗洪抢险新闻报道为例》，《电视研究》，2016 年第 11 期，第 45—47 页。

④ 张贝：《突发事件舆论引导主体协同机制研究——以“山东疫苗案”为例》，《山东师范大学学报（人文社会科学版）》，2017 年第 6 期，第 114—120 页。

⑤ 郭慧，雷智博：《建立和完善突发事件舆论引导策略新格局》，《行政管理改革》，2019 年第 2 期，第 70—75 页。

⑥ 王国华，冯伟，王雅蕾：《基于网络舆情分类的舆情应对研究》，《情报杂志》，2013 年第 5 期，第 1—4 页。

⑦ 高航：《政府舆情应对能力系统动力学建模与仿真研究》，《情报科学》，2016 年第 2 期，第 133—138 页。

⑧ 赵亿：《突发性事件中地方政府舆情回应机制和构建》，《编辑学刊》，2016 年第 4 期，第 112—116 页。

⑨ 崔鹏，张巍，何毅，齐婧：《突发公共事件网络舆情演化及政府应对能力研究》，《现代情报》，2018 年第 2 期，第 75—95 页。

⑩ 张玉亮，贾传玲：《面向优化处置的突发事件网络舆情应对启动研究》，《情报理论与实践》，2018 年第 4 期，第 93—98 页。

（2）大数据背景下的突发事件社会舆情处置研究。刘继，李磊（2015）运用大数据挖掘技术对网络舆情信息集成进行了深入分析，提出要构建大数据时代的舆情信息集成机制，以此来实现舆情碎片化信息的集成[①]。蔡立辉，杨欣翥（2015）研究了大数据在社会舆情监测与决策中的应用，提出要将大数据广泛应用于舆情监测、预警、应急处置等方面[②]。张宁熙（2015）分析了大数据的概念、特性与关键技术指标，提出了大数据应用到突发事件舆情信息工作中的具体对策，为舆情信息工作提供技术支撑[③]。王曰芬（2016）提出大数据环境下社会舆情及演化呈现出新特征，目前运用传统研究方法对舆情信息进行获取、组织和分析的质量和效率有明显下降趋势[④]。夏一雪，兰月新（2016）分析了大数据环境下突发事件舆情信息风险管理的主要特征，在此基础上提出了风险管理策略，并构建了突发事件舆情信息管理的大数据应用模式[⑤]。张冬冬等（2017）提出了LBS大数据应用于大型聚集活动突发事件情报预警中的实现路径，分析了基于LBS大数据的应急情报体系，构建了大数据综合监测舆情平台[⑥]。郭春侠等（2018）在分析新媒体环境下舆情新特点基础上提出了舆情治理大数据能力提升的思路[⑦]。夏一雪等（2019）在分析舆情大数据特征的基础上对突发事件负面情感引导模式展开了研究，探讨了舆情大数据环境下负面情感引导的"时度效"标准[⑧]。

（3）高校应对突发事件社会舆情的处置研究。姚江龙，魏捷（2012）认为做好突发事件舆论引导工作将直接影响突发事件的处置效果，在分析高校突发事件舆情生成演变规律的基础上，提出要构建舆论引导管理体系[⑨]。李景升，黄华龙（2013）提出了高校舆情应对处置的"六位一体"机制，即采集机制、分析机制、预警机制、反馈机制、干预机制、防控机制[⑩]。方然（2013）对高校群体性突发事件的舆情应对处置进行了研究并构建了综合治理模型[⑪]。高珺，周虹（2014）分析了新媒体时代高校舆情应对

① 刘继，李磊：《大数据时代网络舆情信息集成机制研究》，《电子政务》，2015年第2期，第39—45页。

② 蔡立辉，杨欣翥：《大数据在社会舆情监测与决策制定中的应用研究》，《行政论坛》，2015年第2期，第1—10页。

③ 张宁熙：《大数据在突发公共事件网络舆情信息工作中的应用》，《现代情报》，2015年第6期,第38—42页。

④ 王曰芬：《大数据环境下社会舆情及其演化分析研究》，《情报资料工作》，2016年第3期，第5页。

⑤ 夏一雪，兰月新：《大数据环境下群体性事件舆情信息风险管理研究》，《电子政务》，2016年第11期，第31—39页。

⑥ 张冬冬，等：《LBS大数据在大型聚集活动中的情报预警应用》，《情报杂志》，2017年第7期，第28—33+51页。

⑦ 郭春侠，刘惠，储节旺：《新媒体环境下网络舆情治理大数据能力建设研究》，《情报理论与实践》，2018年第12期，第46—54页。

⑧ 夏一雪，等：《基于舆情大数据的突发事件负面情感引导"时度效"研究》，《图书与情报》，2019年第5期，第120—126页。

⑨ 姚江龙，魏捷：《高校突发事件舆论生成与引导》，《中国高教研究》，2012年第12期，第82—84页。

⑩ 李景升，黄华龙：《高校网络舆情六位一体应急处置机制初探》，《思想教育研究》，2013年第3期，第90—93页。

⑪ 方然：《政府教育部门应对网络舆情引发高校群体性事件的机制研究》，《电子政务》，2013年第2期，第40—48页。

的误区，并在此基础上提出了高校舆情应对的策略①。陈燕（2014）对自媒体环境下如何构建高校舆情引导体系进行了研究，提出构建全方位的高校舆情监控和引导平台②。张明平，吴奕（2015）认为突发事件处置与舆论引导是密切相关的，提出要建立健全新媒体语境下的突发事件舆论引导机制，以此来提升高校突发事件舆情应对能力③。封红旗（2016）结合突发事件舆情传播规律提出了建立高校突发事件应对机制的构想④。毛宇锋（2017）在研究突发事件舆情演化的“蝴蝶效应”的基础上提出了高校突发事件舆情监测预警、应对处置、善后修复的对策机制⑤。杨一帆，马少龙（2017）在探讨高校舆情现状的基础上，构建了基于“四个一”思路的高校突发事件舆情引导机制⑥。凌晨等（2019）基于SOAR模型和危机传播理论对高校网络舆情应急响应相关问题进行了实证研究⑦。

5. 突发事件网络舆情研究

近年来，国内学界对突发事件网络舆情掀起了研究热潮，相关研究主要包括四个方面：

（1）网络舆情生成缘起问题研究。毕宏音（2008）以群体极化理论为视角，分析了网络舆情生成的群体极化性⑧。张一文（2010）等则认为网络舆情的生成主要是因为在突发事件中政府、媒介和公众的相互作用的结果⑨。方付建，王国华等（2010）以网民为视角，分析了网民在舆情生成与传播中的个人行为特征，指出网民是促使网络舆情片面化的重要因素⑩。徐敬宏，李欲晓等（2010）分析了非常规突发事件网络舆情的生成条件和生命周期，认为海量的网络信息中隐藏着大量的非常规突发事件舆情信息⑪。张玉亮（2012）基于舆情主体心理视角，认为突发事件网络舆情的生成原因主要

① 高珺，周虹：《新媒体时代高校舆情应对的误区与对策》，《江苏高教》，2014年第5期，第55—56页。

② 陈燕：《自媒体环境下高校舆情引导体系的构建》，《黑龙江高教研究》，2014年第12期，第58—60页。

③ 张明平，吴奕：《新媒体语境中高校突发事件的舆论引导》，《中国高等教育》，2015年第8期，第48—50页。

④ 封红旗：《网络治理视域下高校突发事件应对机制研究》，《教育理论与实践》，2016年第6期，第25—26页。

⑤ 毛宇锋：《新媒体视阈下高校突发事件网络舆情“蝴蝶效应”机制研究》，《江苏高教》，2017年第12期，第82—85页。

⑥ 杨一帆，马少龙：《高校突发事件网络舆情引导机制探究》，《学校党建与思想教育》，2017年第24期，第60—62页。

⑦ 凌晨，冯俊文，吴鹏，张善飞：《基于SOAR模型的高校网络舆情应急响应研究》，《情报科学》，2019年第9期，第145—152页。

⑧ 毕宏音：《网民的网络舆情主体特征研究》，《广西社会科学》，2008年第7期，第166—169页。

⑨ 张一文，齐佳音，方滨兴，李欲晓：《非常规突发事件网络舆情指标体系建立初探——概念界定与基本维度》，《北京邮电大学学报（社会科学版）》，2010年第4期，第6—14页。

⑩ 方付建，王国华、徐晓林：《突发事件网络舆情“片面化呈现”的形成机理——基于网民的视角》，《情报杂志》，2010年第4期，第26—30页。

⑪ 徐敬宏，李欲晓，方滨兴，刘颖：《非常规突发事件中网络舆情的生成及管理》，《当代传播》，2010年第4期，第41—43页。

包括四个因素：主观焦虑强度、群体情绪渲染与个人理性迷失、政治不信任与表达机制失语、心理失衡与情感宣泄等①。

（2）突发事件网络舆情演化动力与机制研究。王子文（2011）从“网络推手”的利益机制、罗旭（2012）从“沉默的螺旋”效应、魏丽萍（2010）从“沉默的螺旋效应”和“蝴蝶效应”等不同视角探讨了突发事件网络舆情演变动力机制。姜胜洪（2008）、喻国明（2009）、曹劲松（2010）分析了突发事件网络舆情演变过程，将网络舆情发展划分为不同阶段。柳军（2013）舆情传播的微内容、宗利永（2010）多主体模型、朱恒民（2012）SIRS模型、陈富集（2011）引入的G模型等对突发事件网络舆情演变规律进行了研究。李晚莲（2015）在研究衍生型突发事件网络舆情的演变规律的基础上，提出了构建衍生型突发事件网络舆情引导机制的对策和策略②。叶琼元等（2019）运用系统动力学建模方法对突发事件民意演化的影响因素与内在逻辑关系进行了研究，通过数值模拟仿真发现了突发事件民意演化规律③。

（3）网络舆情监管技术和方法的研究。张亮（2009）探究了群体性事件舆情预警系统中的Web数据挖掘技术。马海兵（2007）研究了舆情观点分析、舆情倾向识别、舆情主体监测以及舆情主动自动跟踪等舆情信息识别与分析技术。黄晓斌（2009）研究了文本数据挖掘法在网络舆情中的作用。柳虹（2011）重点比较了均值聚类与支持向量机两种算法在网络舆情发现方面的作用。白雅琴（2014）分析了网络舆情监测系统在社会舆情分析中的作用。周莉，郝敏（2017）从个体网络情绪、社会网络情绪、群体网络情绪等方面构建了突发事件舆情管理理论模型④。赵蓉英，王旭（2018）用社会网络分析方法，结合具有典型代表意义的突发事件案例，对其产生的网络舆情数据加以采集与组织，并进行了定量化测量分析，试图挖掘与识别关键节点并解释其内在的结构特征与演变规律⑤。樊自甫等（2019）运用区间值模糊熵计算方法研究了突发事件网络舆情应急决策模型⑥。

（4）突发事件网络舆情的监管对策研究。蔡晓平及秦健（2011）提出增强主流舆论舆情引导能力，引导社会公众需求。王万军等（2012）提出建立网络舆情监控工作机构和舆情工作机制，强化协调沟通、实现对舆情的预测、预警和快速处理等。白树

---

① 张玉亮：《突发事件网络舆情的生成原因与导控策略——基于网络舆情主体心理的分析视阈》，《情报杂志》，2012年第4期，第54—57页。

② 李晚莲：《衍生型突发事件网络舆情引导机制研究》，《理论探讨》，2015年第6期，第149—152页。

③ 叶琼元，夏一雪，张鹏，兰月新，王强：《面向舆情大数据的突发事件民意系统演化机理与仿真研究》，《情报科学》，2019年第1期，第80—85+93页。

④ 周莉，郝敏：《网络情绪引导：突发事件舆情管理的新路径》，《今传媒》，2017年第6期，第51—53页。

⑤ 赵蓉英，王旭：《突发事件网络舆情关键节点识别及导控对策研究——以“大贤村遭洪灾事件”为例》，《现代情报》，2018年第1期，第19—24+30页。

⑥ 樊自甫，田苡毓，吕浪：《基于区间值模糊熵的网络舆情突发事件应急群决策模型》，《统计与决策》，2019年第13期，第40—43页。

亮（2010）、周文飞（2010）、谢永江（2013）提出强化网络舆情法律监控能力。李彪（2013）、李希光（2014）等分析了大数据时代社会舆情研究的作用，提出推动网络舆情监控技术创新措施。张玉亮（2015）在借鉴国内外相关研究成果的基础上，探索构建了突发事件网络舆情信息流风险的模糊综合评价模型，进而以湖南省临武县“邓正加事件”为例，进行风险实证评价研究，并对评价结果进行分析，进而提出相应的政策建议①。陈玲霞，易臣何（2015）指出我国突发事件网络舆情政府监控存在专门法律法规建设滞后、网络治理技术不成熟、网络舆情人才匮乏、网络舆情管理机制薄弱的问题，并从完善突发事件网络舆情监控的网络立法、构建突发事件网络舆情政府监控机制、创新突发事件网络舆情政府监控技术和手段、培育突发事件网络舆情政府监控人才队伍、强化突发事件网络舆情政府监控绩效评估保障五个方面构建网络舆情监控保障体系②。侯雷（2016）指出大数据作为提升政府治理能力的新途径，认为大数据时代突发事件网络舆情具有网络信息多元裂变、公众心理复杂、公众观点多元、公众参与行为多样等表征，对突发事件舆情管控可以从横向向度和纵向向度两方面进行③。赵蓉英，王旭（2018）通过对突发事件网络舆情关键节点进行分析，提出了突发事件网络舆情导控对策④。

三、国内外研究现状综述

（一）研究现状述评

从目前的研究现状来看，突发事件社会舆情已经逐渐成为国内外学者关注的焦点，并做了一定的理论研究和实践探索，取得了较为丰硕的研究成果。但是，从宏观上看，相关研究成果仍存在若干问题，主要表现在：

第一，从研究总体趋势上看，“突发事件舆情”研究已成为学界普遍关注的焦点，研究成果较为丰硕，但是专门针对“重大突发事件社会舆情”的理论研究较为缺乏。如前文所述，以“突发事件”&“舆情”为检索词，以“主题词”为检索条件，对中国知网 CNKI 数据库中收录的 CSSCI 期刊文献进行了检索，共检索到相关文献 668 篇。从文献总体趋势上看，我国有关突发事件舆情研究最早始于 2003 年，2003—2020 年文献总量呈现出逐年上升趋势，其中，2009—2012 年研究文献总量急剧上升，并于 2012 年到达峰值（共 77 篇文献）。从上述数据可以看出，我国学者自 2003 年开始对突发事

① 张玉亮：《突发事件网络舆情信息流风险模糊综合评价研究》，《情报科学》，2015 年第 11 期，第 100—106 页。

② 陈玲霞，易臣何：《突发事件网络舆情政府监控保障体系研究》，《情报探索》，2015 年第 8 期，第 20—23 页。

③ 侯雷：《大数据时代突发事件网络舆情管控机制研究》，《行政与法》，2016 年第 10 期，第 67—72 页。

④ 赵蓉英，王旭：《突发事件网络舆情关键节点识别及导控对策研究——以“大贤村遭洪灾事件”为例》，《现代情报》，2018 年第 1 期，第 19—24 +30 页。

件舆情进行了一些关注，并对此进行了相关探索和研究，目前已经取得了较为丰硕的理论成果。但是，专门研究“重大突发事件社会舆情”的文献相对较少，在中国知网CNKI数据库中采用上述同样的检索方式和检索条件却只能检索到“重大突发事件社会舆情”相关文献7篇，其中基础研究5篇、行业指导1篇、政策研究1篇。相比之下，国外已有的研究成果主要集中在突发事件社会舆情相关研究方面，鲜有学者对重大突发事件社会舆情进行专门的研究。

第二，从研究主题分布上看，有关“突发事件”“网络舆情”“突然事件”“突发事件网络舆情”“舆论引导”“突发公共事件”等主题研究较多，而“重大突发事件”“舆情应对策略”等主题相关研究较少。就国内而言，通过对前文已检索的668篇文献进行主题词分析可知，国内学界在突发事件舆情相关领域的研究主题较多，且较为分散，目前共有40个研究主题。其中，“突发事件”研究主题文献最多，共288篇，占文献总量的20.22%；“网络舆情”研究主题文献次之，共262篇，占文献总量的18.40%；“突然事件”研究主题文献排第三位，共213篇，占文献总量的14.96%。同比之下，专门针对“重大突发事件”“舆情应对策略”等主题的研究文献总量相对较少，其中，“重大突发事件”和“应对策略”研究主题文献分别为10篇和11篇，分别占文献总量的0.74%和0.68%。就国外而言，如前文所述，国外的研究主要集中在“Emergency（突发事件）”和“Public Opinion（舆情）”等主题上，其相关研究成果占文献总量的72%，而“Public Opinion（社会舆情） + Countermeasures（对策）”等相关主题的研究文献仅占文献总量的2%。

第三，从研究学科分布上看，已有研究成果学科分布覆盖面广且较为分散，单一学科研究较多，多学科综合性研究相对较少。基于学科布局视角分析，目前涉及“突发事件舆情”研究的学科较多，主要包括新闻传播学、公共管理学、社会学、图书情报档案学、教育学、政治学、计算机学、管理学、法学、数学、科学学与科技管理、数量经济学等相关学科。其中，研究成果最多的学科为新闻传播学，共407篇文献，占文献总量的47.22%；其次是公共管理学，共197篇，占文献总量的22.85%；再次是社会学，共74篇文献，占文献总量的8.58%；接下来，依次为图书情报档案学44篇，占比5.1%、教育学40篇，占比4.64%、政治学20篇，占比2.32%等。可见，“突发事件舆情”是一个综合性研究课题，其研究内容覆盖了多个学科和多个前沿领域。但是，就目前的研究状况来看，从多学科角度系统开展突发事件舆情综合研究仍然相对较少，未来的研究应该更加注重多学科和多角度综合研究。

第四，从研究层次分布上看，基础研究为主，行业指导和政策研究为辅；社科研究为主，自科研究为辅。虽然不同学科从不同层次对突发事件舆情这一主题进行了相关领域的探索和研究，积累了一些研究经验，取得了较为丰富的研究成果，但是，从总体上看，其研究层次分布不均，90%以上的研究成果集中在社会科学领域，而自然科学领域的研究成果相对较少，占比不到10%。同时，在社会科学领域的研究成果中，绝大部分为基础研究，共513篇文献，占文献总量的78.92%；其次是行业指导，共62篇文献，占文献总量的9.54%；再次是政策研究，共30篇文献，占文献总量的4.62%。可见，突发事件舆情的基础理论研究较多，技术研究和具体操作层面的研究相对较少。

具体而言，已有的研究还存在进一步扩展的空间，主要包括：

第一，对于重大突发事件社会舆情常态化及其应对现状的研究亟待加强。当前，随着信息技术的飞速发展和社会民主化程度加快，由突发事件引发的社会舆情呈现出更加复杂的常态化新特征。国内外许多研究聚焦一般性的灾害引发的社会舆情较多，专门针对重大突发事件引起的社会舆情研究较少；局限于对某一方面特征的描述、现象的分析和事例的描述较多，缺乏具有时效性的最新、全面、宏观、前沿问题的研究；突发事件社会舆情应对现状，特别是应对存在的问题及原因把握不够鲜明，相关研究也亟待加强。

第二，对于重大突发事件社会舆情成因及其演化机理研究需进一步深入。目前国内外对于重大突发事件社会舆情成因研究不够深入，较多地从经济社会发展宏观大环境进行分析，缺少对引发社会舆情的重大突发事件损失的类型、变化、特征等内容的全面系统研究，也缺少对灾害的损害状态变化以及各应对主体的行为模式与特征方面的研究。国内外对重大突发事件社会舆情演化进行了一定的研究，并且呈现发展之势，但总体上来说，现有的研究基本上还是零散的、定性的、描述性的。主要表现为“三多三少”：对广泛性的社会舆情关注较多，而对因重大突发事件所引起的或可能引起的特定社会舆情研究较少，更缺乏对重大突发事件的发生和社会舆情的形成两者间的内在关联的具体研究；对社会舆情发展过程与阶段研究较多，而对社会舆情的生成与演化内在的逻辑规律和演化机理研究较少，缺乏全面的、深入的本质性和规律性的探讨；对社会舆情宏观理论问题研究较多，而对社会舆情的生成和调控等微观实践操作性问题研究较少，尤其是缺乏具体的案例分析与经验总结。

第三，对于重大突发事件社会舆情跟踪导控的研究需进一步深化。国内外学者针对社会舆情事发后分析、信息汇集的研究较多，但缺乏对社会舆情的警源研判、警兆监测及风险预报源头上的跟踪关注；借鉴传播学理论进行分析的较多，对社会舆情爆发的临界点确定、风险动态跟踪预报、警情可控度的理论方法基础研究不多；研究使用传统手段进行警兆监测、预报的较多，利用大数据等现代数据挖掘、分析技术的较少。对社会舆情进行导控进行抽象说理的较多，针对具体的个案进行实证研究的很少；采用传统方式对主流媒体进行舆情引导的办法较多，针对新兴媒体进行舆情导控的有效措施不多。

第四，对于重大突发事件社会舆情决策处置的研究亟待加强。目前关于重大突发事件社会舆情应对决策处置的研究都是分散在危机应急管理和政府应对的一般性探讨当中，而专门的、系统化的社会舆情紧急处置研究还比较缺乏。已有研究对普通舆情的引导与管控关注较多，对于重大突发事件的预案启动机制、快速决策机制、指挥调度机制、联动协作机制和信息发布机制关注得很少；尤其是对于处于核心地位的快速决策机制，其中的政府决策流程设计、治理结构优化和协同决策模式研究，既涉及政府组织又关系到非政府组织，既涉及理论认知又关乎实践操作，需要进一步予以重点关注和探索。

第五，对于重大突发事件社会舆情修复保障的研究还比较少。目前的相关文献侧重社会舆情发生后应对处置的研究，缺乏针对重大突发事件引发的社会舆情事后治理修复与保障体系的研究，缺少社会舆情风波平息修复、政府公信力提升、责任管理体系和心理救助体系构建等多元角度事后综合的、系统化的关注，尤其是缺少社会舆情治理的应急平台和绩效评估体系研究。现有的社会舆情应急平台体系各系统之间模型与数据库相对独立，未能有效集成，模型参数更新不及时，系统智能化程度不高；微观技术与具体模型上的探讨较多，但以总体架构视角和基于云计算的开放式软件体系的研究较少；针对灾害信息收集、传送方面的研究较多，关于海量信息资源挖掘的研究少。近年来，虽然也有一些重应急管理的绩效评价研究，但仅限于一些初步的、浅层面的探讨，缺乏针对性的重大突发事件社会舆情治理绩效评估研究。

（二）研究趋势预测

总体来看，随着各类突发事件的频繁发生，国内外学术界对突发事件引发的社会舆情关注呈现出一些明显的发展态势：

第一，对个案的典型分析逐渐上升到规律抽象层面，未来的研究将更加注重对突发事件社会舆情演化规律的探讨。

第二，对突发事件社会舆情应对的经验介绍逐渐上升到政策建议层面，未来的研究将更加突出突发事件社会舆情应对的实践层面，注重突发事件应急决策研究和社会舆情风险防范对策研究。

第三，对社会舆情的定性分析逐渐上升到舆情应对的定量分析，今后将更加关注舆情预警预控模型、决策支持系统、协同决策模式等方面的研究。

第三节 研究思路与研究框架

一、研究思路

本书围绕重大突发事件社会舆情演化规律及应对策略展开研究，以问题为导向，按照“提出问题－分析问题－解决问题”的思路来设计行文和谋篇布局。从对重大突发事件社会舆情的应对现状把握入手，基于灾害学、管理学、社会学、系统科学等多学科视角，探讨重大灾害损害状态与应对主体行为特征，深入分析研究重大突发事件社会舆情的演化机理，重点提出重大突发事件社会舆情的动态跟踪与预警预控、快速决策与紧急处置、善后治理与保障体系的对策与策略。本书的研究思路图，如图1－19所示。

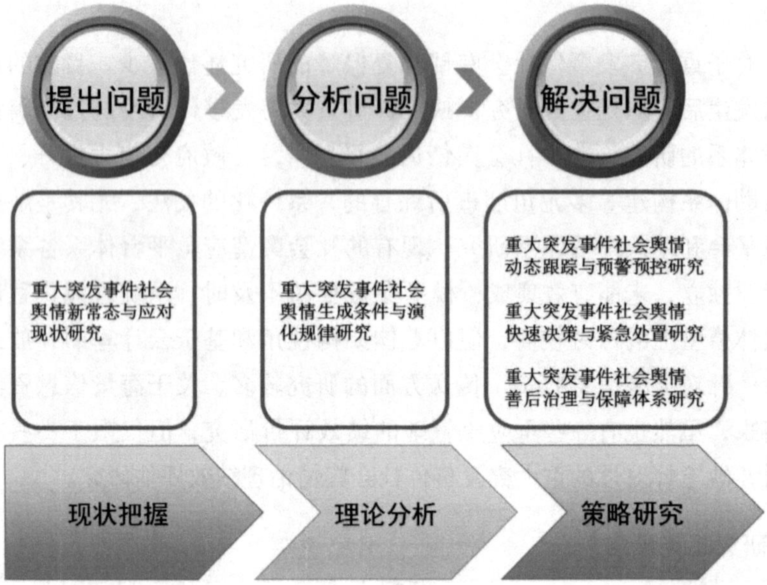

图1－19　本书研究思路图

二、研究框架

把握重大突发事件社会舆情生成演化规律，探索应对策略，提升公共安全管理和综合治理水平，是当今政府的主要职责之一，是搞好应急管理和社会治理工作的必然要求，也是推进我国治理体系和治理能力现代化急需破解的一个重大课题。本书的研究目标就是科学厘清重大突发事件社会舆情应对的新常态、新挑战，准确把握重大突发事件社会舆情形成、发展、扩散与消亡规律，深入思考重大突发事件社会舆情的动态跟踪与预警预控策略，重点优化重大突发事件社会舆情的快速决策与紧急处置策略，并系统提出重大突发事件社会舆情的善后治理与保障体系策略。本书的总体框架按三个层次的逻辑结构进行设计：第一个层次是问题现状把握，着重分析现阶段我国重大突发事件呈现的新常态、应对取得的成效、存在的问题及原因。第二个层次是理论原理分析，重点探讨重大突发事件的损害状态与应对主体行为特征，重大突发事件社会舆情的生成条件与演化机理。第三个层次是治理策略研究，系统提出重大突发事件社会舆情的动态跟踪与预警预控、快速决策与紧急处置、善后治理与保障体系的策略。本书的总体研究框架如图1－20所示。

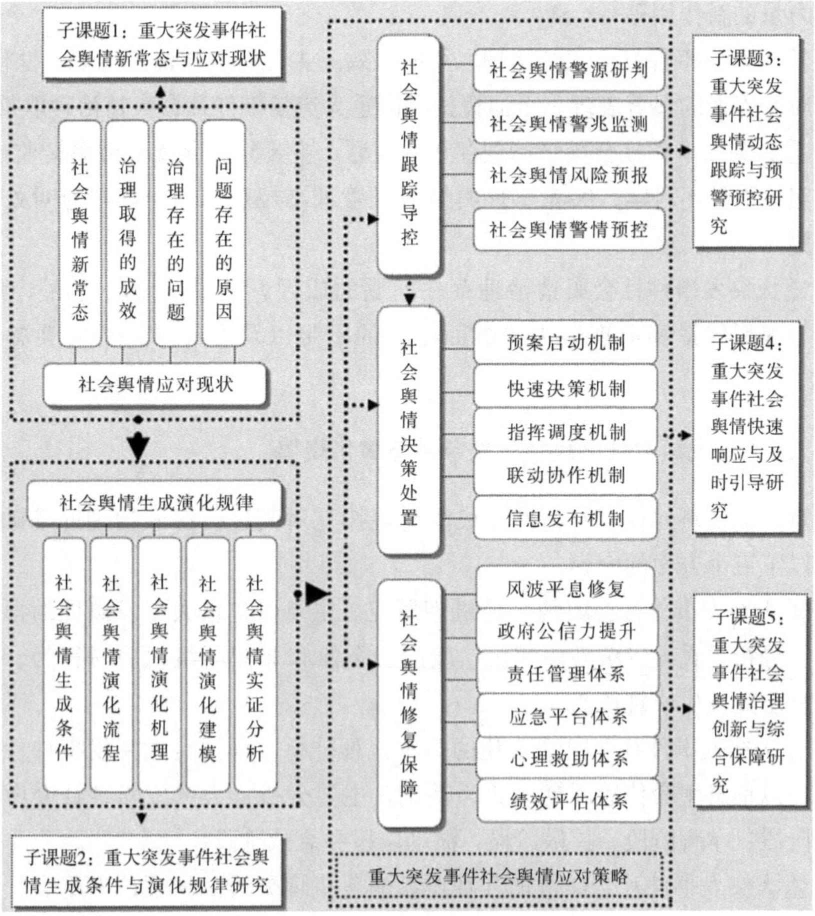

图1－20 本书整体框架图

第四节 研究内容与研究方法

一、研究内容

本书主要分为五个部分：

（一）重大突发事件社会舆情的新常态与应对现状

目前，我国重大突发事件社会舆情呈现出新的常态化存在，对现阶段我国重大突发事件社会舆情治理取得的成效和存在的问题进行分析，并找出其中的原因是本部分研究的主要内容。具体包括四个方面：

（1）我国重大突发事件社会舆情呈现的新常态。主要探讨现阶段社会舆情本身具有易发高发特征、媒介技术带来的新变化、舆情传播的新趋势、舆情事件链的新现象、社会民间力量的新作用等。

（2）重大突发事件社会舆情治理取得的成效。主要从舆情治理意识、法制、机构、技术和应对等方面的显著表现，全面概括我国重大突发事件社会舆情治理取得的成效。

（3）重大突发事件社会舆情治理存在的问题。主要分析突发事件舆情监控不到位、突发事件舆论引导不科学、突发事件舆情信息管理不规范、社会舆情应对处置能力不够强等问题。

（4）重大突发事件社会舆情治理存在问题的成因。主要探讨政府由于理念观念、体制机制、保障体系和治理能力等方面存在的不足以及由此导致的社会舆情治理的不力。

（二）重大突发事件社会舆情生成条件与演化规律

厘清重大突发事件社会舆情的生成演化规律是对其进行有效治理的基础。本部分主要研究以下五个方面的内容：

（1）重大突发事件社会舆情生成机理研究。主要研究重大突发事件的损害特征与社会影响，分析重大突发事件中灾民、政府、企业和非营利组织应对行为，探讨重大突发事件社会舆情生成规律。

（2）重大突发事件社会舆情演化的基本流程分析。根据重大突发事件社会舆情的生成机理，以信息生命传播周期理论为基础，主要分析重大突发事件社会舆情发展经历的四个阶段：孕育阶段、扩散阶段、波动阶段和衰减阶段。

（3）重大突发事件社会舆情的几种典型演化机理分析。从理论上重点分析重大突发事件社会舆情几种典型演化的“突变效应”“蝴蝶效应”“涟漪效应”“群体效应”“长尾效应”的基本原理、主要特征和具体表现。

（4）重大突发事件社会舆情演化模型构建及仿真。基于社会舆情的传播规律，利用SIS传染病模型中的动力学原理，综合考虑社会环境和各种影响因素，构建重大突发事件社会舆情传染演化的模型，利用MATLAB中的ODE45算法对已经建立的模型方程求解和数值仿真分析。

（5）突发事件社会舆情演化实证研究。以2018年7月发生的“长春长生疫苗事件”为例，基于“长春长生疫苗事件”社会舆情的形成和演化进行综合分析，归纳出突发事件的形成机理与演化规律，为突发事件社会舆情治理提供参考。

（三）重大突发事件社会舆情精准预测与动态跟踪

良好的动态跟踪与预警预控是重大突发事件社会舆情成功治理的前提。通过对重大突发事件社会舆情治理环节中的警源研判、警兆监测、风险预报、警情预控的优化，可以强化社会舆情源头跟踪治理，加强社会舆情引导预控。本部分主要研究以下四个方面内容：

（1）重大突发事件社会舆情警源研判。主要探讨运用系统动力学原理确定社会舆情爆发的临界点方法，分析社会舆情内生警源、外生警源及境外警源三种类别。

（2）重大突发事件社会舆情警兆监测。利用关联规则从理论上构建社会舆情警兆监测方法，分析社会舆情警兆的确定依据，探讨利用大数据技术和捕捉民间社会舆情信息对社会舆情警兆进行监测，并健全社会舆情警兆动态监测机制。

（3）重大突发事件社会舆情风险预报。运用动态贝叶斯网络（DBN）预报模型从理论上探讨社会舆情风险的动态预报方法，提出运用风险雷达舆情监测系统和专家预报方法预报舆情风险，并提出完善社会舆情预警信息发布的对策建议。

（4）重大突发事件社会舆情警情预控。主要研究通过把控社会舆情关键点，启动社会舆情干预阻动机制和调控疏导机制，对重大突发事件社会舆情进行警情预控，以达到将社会舆情控制在萌芽状态的效果。

（四）重大突发事件社会舆情快速响应与及时引导

快速响应与及时引导是重大突发事件社会舆情治理的关键环节。以优化政府决策治理结构、完善政府治理流程为主题，对重大突发事件社会舆情治理中的预案启动机制、快速决策机制、指挥调度机制、联动协作机制及引导发布机制进行优化设计。本部分主要研究以下五个方面内容：

（1）重大突发事件社会舆情应对的预案启动机制。主要探讨完善突发事件社会舆情预案分级响应机制、应急“双处置”机制、专项指挥部启动机制和应对资源集结机制策略。

（2）重大突发事件社会舆情应对的快速决策机制。重点从创新决策思维、完善政府舆情决策流程、优化政府舆情决策结构、处理好社会舆情相关者等方面提出了重大突发事件社会舆情快速决策机制的对策。

（3）重大突发事件社会舆情应对的指挥调度机制。主要从建立健全党委领导的舆情应急公共安全委员会、健全行政首长舆情应急指挥权责体系、抓实舆情应急管理办公室职能、实施“1+1+N”集中指挥机制等四个方面探讨加强指挥调度机制建设。

（4）重大突发事件社会舆情应对的联动协作机制。主要研究通过建立纵向维度“大联动”格局和横向维度“大协作”格局、构建基层社会舆情应对网络、强化多元主体参与机制四个角度构建全方位、多层面的重大突发事件社会舆情应对的联动协作机制。

（5）重大突发事件社会舆情应对的引导发布机制。主要研究从加强新闻媒体对突发事件社会舆情的正面引导发布、加大专家智库建设对突发事件社会舆情的科学引导、完善突发事件社会舆情引导发布的要求和标准、规范突发事件社会舆情引导发布的程序与内容和创新突发事件社会舆情引导发布的渠道和方式等五个方面，构建规范、有序的重大突发事件社会舆情应对的及时发布机制。

（五）重大突发事件社会舆情协同治理与综合保障

完备的协同治理与综合保障体系是重大突发事件社会舆情治理的可靠保证。以健全政府长效运行机制，完善政府治理工具手段为主题，对重大突发事件社会舆情治理中的风波平息修复路径、政府公信力提升策略进行优化，对治理中责任管理体系、心理救助体系、应急平台体系和绩效评估体系等保障体系进行完善。本部分主要研究以下六个方面内容：

（1）重大突发事件社会舆情风波平息机制。主要研究社会舆情风波平息机制、影响修复机制、后期跟踪机制和总结反思机制，探讨重大突发事件社会舆情风波平息修复路径。

（2）重大突发事件社会舆情政府公信力提升策略。主要研究重大突发事件后政府通过对话沟通、安抚补偿、彻查原因、披露真相、严肃追责、深刻反省等措施修复受损形象，提升政府公信力。

（3）重大突发事件社会舆情治理责任管理体系。主要研究通过界定社会舆情治理责任主体的权力与责任、明晰社会舆情治理责任管理的对象与范围、健全社会舆情治理的问责管理途径，构建重大突发事件社会舆情治理责任管理体系。

（4）重大突发事件社会舆情治理心理救助体系。主要包括完善重大突发事件的个体情绪宣泄体系、建立社区心理帮扶体系、构建群体心理危机干预服务体系和全社会舆情应对知识普及体系等。

（5）重大突发事件社会舆情治理应急平台体系。主要从明确重大突发事件社会舆情应急平台构建的基本要素与影响因素、夯实重大突发事件社会舆情应急平台基础支撑、抓实重大突发事件社会舆情应急平台建设的战略重点、完善重大突发事件社会舆情应急平台建设的具体策略等方面研究重大突发事件社会舆情治理应急平台体系。

（6）重大突发事件社会舆情治理绩效评估体系。主要研究社会舆情治理评估的框架与价值标准、绩效评估指标体系构建与完善、绩效评估方法模型改进、绩效评估实施机制改善及绩效评估实证研究。

二、研究方法

本书的主要研究方法如下：

（一）调查研究法

文献调查：在广泛收集国内外“重大突发事件社会舆情研究”相关文献资料的基础上，全面系统地分析了其研究现状并对此进行了简单述评。

抽样调查：运用问卷调查法对全国范围内不同地区且具有典型意义的一些地方政府部门和公众进行抽样调查，收集重大突发事件社会舆情演化与应对的相关数据。

典型调查：通过对典型的社会舆情管理机构进行实地调研，获取用于实证研究和数量分析的第一手数据资料和案例材料。

（二）定量分析法

数据统计：运用关联图、系统图、分层法等方法对我国10余个省份和若干市（县）开展重大突发事件社会舆情治理的调查数据进行统计分析，并参照相关评估指标基准对其现状进行多个维度的计量统筹。

模型分析：运用模型方法建立了重大突发事件社会舆情演化模型并对其进行了模拟仿真分析。

（三）系统方法

综合运用系统思维、系统科学、系统分析、系统理论、系统工程等方法，对重大突发事件社会舆情演化规律与应对策略进行综合研究，系统分析重大突发事件社会舆情的生成条件与演化规律，提出了重大突发事件社会舆情精准预测与动态跟踪、快速响应与及时引导、协同治理与综合保障等方面的对策和策略。

（四）实证分析法

实地考察：选取湖南、江苏、山西、江西、云南、重庆等地，分别就重大突发事件社会舆情演变情况、地方政府在应对重大灾害时的行为决策以及社会舆情应对处置进行了实地考察。

案例分析：以典型案例为数据支撑分析了重大突发事件社会舆情应对的经验与不足；以“长春长生疫苗事件”为例对突发事件社会舆情演化进行了专门的个案分析。

（五）跨学科移植法

本书综合运用管理学、灾害学、系统科学、传播学、社会学等多学科、跨学科研究法，进而全方位、多角度、深层次地认识和评价了重大突发事件社会舆情演化机理及应对策略中的基本问题。

第二章　重大突发事件社会舆情新常态与应对现状

重大突发事件给国家和人民造成了严重的损失，如果对日趋复杂的舆情事件处理不当，就会给国家安全、社会稳定及社会发展带来风险和挑战。因此，研究重大突发事件社会舆情新常态与应对现状是突发事件社会舆情治理的必要前提。

依据新时代的舆情特点，我国重大突发事件社会舆情新常态，包括舆情敏感度高、易发高发、舆论传播速度快、时效性高等显著特征。当前，我国在应对重大突发事件社会舆情的实践过程中，取得了一些初步成效，但由于舆情治理理念相对落后、舆情治理协同相对不足、舆情治理制度相对缺失和舆情治理保障相对滞后等，使得舆情应对中的监控监管力度、舆情信息沟通、舆情紧急处置和舆情善后工作等方面还存在着突出问题，舆情应对面临形势仍较严峻。因此，必须深入探讨我国社会舆情呈现的新常态，系统把握社会舆情应对取得的成效、存在的问题及其原因，以便进一步开展重大突发事件社会舆情生成演化机理的理论研究。

第一节　我国重大突发事件社会舆情新常态

当前我国处在社会转型时期，随着新媒体的广泛普及，社会更加开放自由，公民维权意识不断增强，我国重大突发事件社会舆情在事件关注度、传播途径、影响范围和参与网民特征等方面呈现出许多新的特征，给舆情治理带来了新的挑战。如何正确认识舆情新常态，是重大突发事件社会舆情应对的逻辑前提。

一、舆论信息敏感度高，社会舆情易发高发

重大突发事件发生之后，由于事件信息存在着复杂性和片面性，常常引发高密度、高压力、高能量的紧张舆情。当敏感的情绪、情感和观念淤积、汇聚在一起时，容易激起公众广泛而热烈的讨论，极易爆发舆情事件。

（一）舆情敏感度高

当前，我国社会矛盾较为突出，特别是突发事件发生之后，由之引发的矛盾有一个从量变到质变的发展过程，一旦其中的热点信息被爆料或者转载后，极易引起社会性的持续讨论。重大突发事件吸引公众的广泛关注，人们对事态的发展及真实性表现出强烈的关注，其中折射出人们对社会公平正义的诉求，此类行为常常激化社会矛盾，使舆情敏感度较高。

1. 对重大突发事件本身的关注引发的敏感程度较高

重大突发事件常常由于其突发性和破坏性，对利益主体造成不同程度的损害，引起人们特别是与之利益相关的群体高度重视，人们通过大量的网络评论发表自身的意见和看法，形成敏感的网络舆论信息。政府部门若未能及时处理重大突发事件，常常会对社会秩序和稳定发展造成较大的危害，甚至影响到人民生命财产安全与国家安全，造成严重的后果。人们对重大突发事件本身及政府如何处置都十分关注，容易围绕敏感话题不断讨论，引发舆情事件。以上海外滩踩踏事件为例，该事件是发生在2014年12月31日晚23时35分，位于上海市黄浦区的外滩陈毅广场的群众拥挤踩踏事故，致36人死亡，49人受伤。截至2015年1月1日，上海外滩踩踏事件微博舆论关注度达到80700条，1月2日达到100987条，1月3日达到113162条，直至1月7日，相关网络新闻已超过4万篇，相关新闻媒体报道超过3300篇，相关微博超过13万条，相关微信文章超过1000篇。这类事件充分说明重大突发事件本身造成的轰动，会引发人们高度持续的关注，形成极为敏感的舆论风暴，如图2－1：

（单位：条/篇）

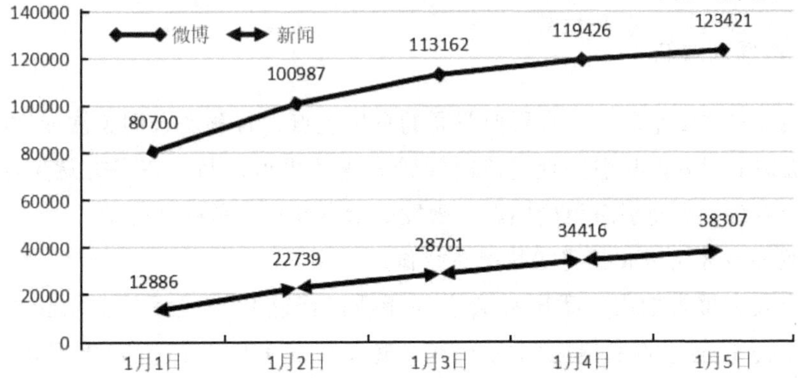

图2－1　上海外滩踩踏事件舆论关注度走势图

2. 对社会公平正义的诉求引发的敏感程度较高

一些重大突发事件可能引发一些关于社会公平正义的敏感问题，如“官商勾结”“权钱交易”，靠不正当、不合法的手段发家致富等，使得舆论高度聚焦。作为社会主义重要价值理念之一，社会公平正义正逐渐融入老百姓生活之中，日渐成为全民的强烈诉求。以李正源袭警事件为例，2012 年 10 月 13 日，山西省公安厅副厅长李亚力之子李正源醉驾越野车违反交通规则，被交警拦截。李正源因不满交警处罚，殴打值班交警，事后交警总队集体隐瞒并作伪证。事发后李亚力利用职权打击值班民警。2012 年 12 月，李亚力被停职调查。该事件充分说明突发事件一旦涉及社会公平正义，将引起社会舆论爆发，滥用公权、仗势欺人必将受到曝光与惩罚。

3. 重大突发事件的真实性程度引发的敏感度较高

由于网络的匿名性和突发事件的复杂性，舆论信息通常存在着不真实的情况，人们对事件的真相产生好奇和质疑，但传播事件的一些网络媒体为了博人眼球往往故意夸大、抹黑甚至颠倒事实真相。随着新媒体受众不断扩大，一些没有网络安全防范意识的民众转发毫无根据的消息，引起人们对重大突发事件真实性的探讨，由此引发的社会舆情事件敏感度相对较高。以南昌市新建县（现新建区）洗衣机绞童事件为例，2013 年 9 月 21 日，南昌市新建区樵舍镇一对年幼的小姐妹在家玩耍时，不幸爬进了洗衣机被绞死。此事经媒体报道后，持续发酵，引起了不少网友质疑与猜测，随即演变成一场轰动全国的社会舆论风波。南昌警方对此高度重视，成立了“9 · 21”工作调查组，专门邀请了公安部、江西省公安厅有关专家共同参与，经过调查访问、现场勘查、侦查实验、尸体检验一系列的调查后，发布了《关于新建县樵舍镇两女童死亡事件的警方调查情况通报》，排除两女童他杀，确认两女童因在洗衣机桶内高速旋转状态下受体位和旋转加速度作用致胸廓运动与心肺功能障碍而死亡，洗衣机绞童事件舆论风波才得以平息。突发事件一旦真相不明，就容易导致民众不断议论、猜测和质疑，甚至产生社会恐慌心理，由之引发的社会舆论在破除谣言之前将愈演愈烈，造成一系列负面影响。

（二）舆情燃点低

重大突发事件发生后，一个看似普通的意见观点，若触及人们关注或敏感的区域，往往会在极短的时间内吸引民众的广泛讨论和媒体报道，乃至在多方意见参与下形成巨大的舆论声势，进而引爆舆论燃点，激发舆情事件甚至是社会行动。

1. 突发事件矛盾激化使得舆情燃点较低

党的十九大报告指出，我国社会主要矛盾已经转化为人民日益增长的美好生活需要和不平衡不充分的发展之间的矛盾。重大突发事件往往折射出当代社会矛盾，特别是关于就业、教育、医疗、居住、养老等方面重大突发事件常引发敏感话题，如果政府未能及时有效干预，会激化社会矛盾，一经引爆舆情燃点，会使社会舆论进一步扩大。以临武县“7 · 17”事件为例。该事件发生在 2013 年 7 月 17 日上午，湖南临武县邓某与城管执法人员发生争执，导致最终邓某死亡。2014 年 5 月 15 日，郴州市中级人民法院对临武县“7 · 17”事件二审公开宣判，对被告人廖卫昌等 4 名城管驳回上诉维持原判，以故意伤害罪分别处 4 名被告 3 年 6 个月至 11 年有期徒刑。

截至7月24日，人民网舆情监测数据中心统计关于此事件的相关信息达152万条，自媒体平台从事发伊始便呈现出一种高温状态。瓜农死亡引发社会广泛关注，临武官方“抢尸行动”“殴打记者”等行为的一一曝光让事件进一步升级，从事件本身衍生出多种次生危机，网民基于暴力执法、公正调查和掩盖真相等方面展开了激烈发帖与讨论。

2. 突发事件触动网民情绪使得舆情燃点较低

重大突发事件引起的舆论常常聚焦于某一社会敏感问题，人们往往对这些敏感问题高度关注，并且产生强烈的共鸣而通过网络渠道共同发声，容易引爆舆情的燃点。关于突发事件的新闻或信息中，如果出现与网民的情感认知相符或者相悖的因素时，网民常常会由于情感价值受到牵动而发表言论，如实时跟帖、评论新闻或转发消息等。当重大突发事件的爆发在网络上不断触动网民情绪和观念时，常常形成“事件发生—情绪激发—事件扩大—情绪强化—舆情爆发”的循环作用路径。以昆山中荣金属制品有限公司爆炸事故为例：2014年8月2日上午7时37分，位于苏州昆山市开发区南河路189号的中荣金属制品有限公司发生爆炸事故，造成75人死亡，185人受伤。事件一经曝光即迅速形成了极大的舆论，8月2日至27日，关于本次事件的新闻报道达到176000多条，在此期间，网民关于“江苏昆山企业爆炸事故”的言论达到116.41万条，8月2日为最高峰，超过450000条，人们讨论的话题包括江苏昆山企业发生爆炸事故、伤亡情况、为爆炸事故中伤亡者哀悼以及公司高层因爆炸事件被刑拘等。昆山爆炸事件发生后，诸如“工厂调查：一直存在隐患从未停止生产”“工厂曾被举报但一直未整改”“不知粉尘会爆炸”等新闻不断地刺激着大众的敏感神经，愤怒和谴责瞬间变成一篇篇犀利的评论，如新华时评认为此次事件暴露出相关企业在生产安全方面仍然存在隐藏的风险。总之，对于涉及生命安全和生态环境的各类舆情事件，舆论的燃点十分低，在舆情处置过程中，相关部门和单位稍有不慎更易招致舆论的不断升温。

3. 突发事件引发群体诉求使得舆情燃点较低

在现实生活中，人们在与政府、企业或他人的互动中会产生权利或利益的关系，产生一些共同的权利或者利益诉求，当一些诉求未能得到政府或有关部门的回应时，人们会倾向于通过网络表达。随着网络技术的不断发展，越来越多的网民借助于突发事件的契机来传达内心的诉求，突发事件强大的影响力和广泛的关注度更容易使得具有共同诉求的人群共同发声，当这种呼喊声在网络上汇聚成强大舆情声势时，则更容易得到政府或相关部门的回应。以2015年沈阳出租车罢运事件为例，2015年1月4日，辽宁省沈阳市数千台出租车集体罢运，造成节后首个工作日不少上班族打不到车。1月13日，出租车罢运全面爆发，包括长春、济南、成都、南昌在内多个省会城市全线罢运。该事件引发了较大的公众关注和网络讨论，网民话题分析如图2-2所示：

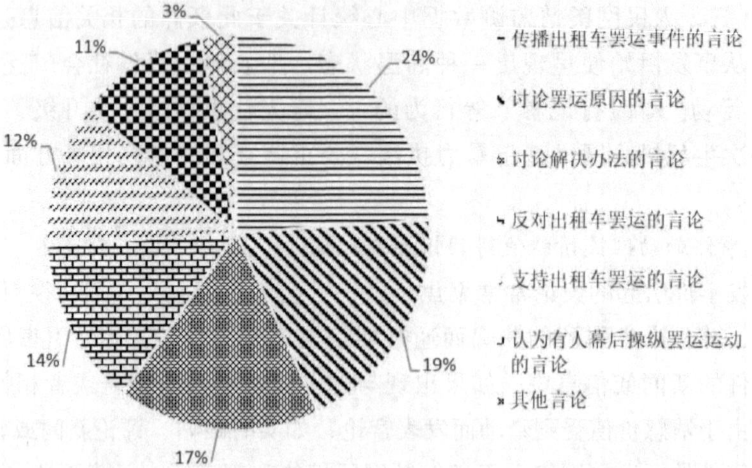

图2-2 “全国多地出租车罢运”网民话题分析图

2015年1月1日至1月14日，网民关于“全国多地出租车罢运”的言论有10.91万条。通过对这些信息进行关键词提取、主题聚类分析，可知人们主要传播罢车事件、讨论罢车原因和探讨解决办法，在现代生活中，出租车对于人们的出行生活必不可少，对于此次重大罢运事件，大部分网民在网上的跟帖和讨论表现出了较为强烈的利益诉求，引发了较为激烈的公众舆情。

（三）舆情易发高发

我国当前处于社会经济转型时期，社会压力较大，突发事件社会舆情容易爆发，并且，新兴媒体信息传播速度快、覆盖范围广、可操作性强、互动性强等，使社会大众更易于参与事件讨论，加快了舆情的升温与传播。

1. 信息网络化发展促使舆情易发高发

随着互联网的发展与普及，我国网民的人数不断增加。网民可以把网络上的某个话题进行无障碍的多维互动，这种多维互动可以是一个网站的内部网民之间的互动，还可以是不同网站之间网民的联动。① 人们通过网络能够进行面对面与点对点的交流，既可以是群体对群体的互动，也可以表现为个体对群体意见的评价与附和等。随着互联网的不断升级，我国信息网络化不断成熟，移动互联网接入流量不断提升（如图2-3所示）。人们通过网络新媒体对突发事件进行即时交流和互动，常常会因为某一个或多个主流意见将大多数人汇聚到一起，产生强烈的舆论导向，在这种情况下，有时还会引发新一轮的舆情事件等。网络传播的便捷性、快速性和匿名性等特征，造成重大突发事件社会舆情发生快、扩散快、强度大。

---

① 王天意：《网络舆论引导与和谐论坛建设》，人民出版社2008版，第73页。

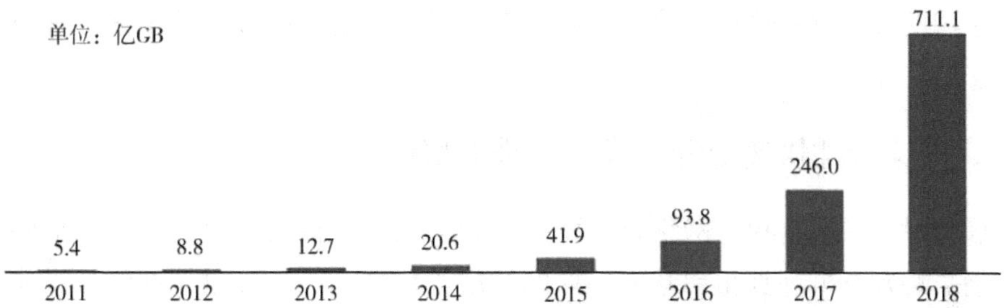

图 2－3　2011—2018 年中国移动互联网接入流量图①

2. 社会性压力较大促使舆情易发高发

随着经济社会的不断发展，人们的物质生活水平得到了提高，与此同时，人们的心理压力也随之增加。这主要是由于：一方面，当前社会的发展节奏迅速，社会各项竞争十分激烈，人们为了适应这种变化，心理上往往承担着一定程度的压力，包括经济、家庭和环境等。另一方面，人们享受着现代物质的同时，精神需求也随之增多，为了满足这种欲望和要求，人们心理变化也更加复杂和紧迫。由于面对社会矛盾和生活压力等多种因素，公众的内心较为敏感、脆弱，面对突发事件，人们更容易将一部分压力转化为一些负面情绪通过网络平台进行倾泻，以求得到响应和回复等。随着公共事务愈发受到人们的关注，突发事件涉及或关联的社会事件、社会问题、社会冲突、社会活动或社会运动成为舆情易发高发的重要诱因。

3. 社会话语权增强促使舆情易发高发

王来华认为舆情是在一定的社会空间内，聚焦于中介性事件的产生和发展，作为主体的民众对作为客体的社会管理者及其政治取向产生和持有的社会政治态度②。公众对于贪腐、贫富差距、公权力运行、民生等问题日趋敏感，突发事件若涉及弱势群体、社会边缘化人群所关心的利益，常常更容易引发群体性共鸣与发声，引起人们对当前社会的突出问题的讨论，从而导致舆情易发高发。以 2014 年昆明火车站暴徒砍人事件为例③，2014 年 3 月 1 日 21 时，昆明火车站广场发生蒙面暴徒砍人事件。截至 3 月 2 日 6 时，已造成 29 人死亡、140 余人受伤。该事件引起了国内社会强烈反响，截至 3 月 2 日 24 点，在天涯社区共监测到该话题帖文共计 3000 余条，引发 150 万次网友关注，1.2 万余条评论，相关话题网络新闻有 2400 余篇，相关微博共 460 万余条。网友通过微博、论坛、贴吧、微信等网络互动媒体第一时间传递出这起暴力事件的细节和进展，网络主流声音包括谴责暴徒、祭奠逝者、传递事件中的正能量、自媒体及时净化网络谣言以及部分情绪性言论等。该话题舆情热度从 3 月 1 日至 3 月 3 日处于急剧波动和升温的阶段，在网络上表现的言论较为激烈，事件的突发性、敏感性及残忍程度

---

① 中国互联网络信息中心：《中国互联网络发展状况统计报告》，2019 年 2 月 28 日。

② 王来华：《舆情研究概论：理论、方法和现实热点》，天津社会科学院出版社 2003 年版，第 32 页。

③ 新华网：《昆明 3·01 事件 警方制服暴徒视频公布》，2014 年 3 月 4 日。

引发了全国网友持续的关注和热议，多个舆论场的言论瞬间被释放出来，造成了巨大的社会影响。

二、舆论传播快速上升，媒介助推舆情演变

新媒体时代，数字化、网络化、即时化和互动化的特征，助推了突发事件关键信息的传播，特别是事件真相和政府采取的措施等信息，一旦传出，都将被媒体以极快的速度呈现于公众的视野之中，加速舆情的演变。

（一）新兴媒体传播舆情快速提升

以往突发事件发生后，政府常常第一时间公布事件发生的具体信息，或通过权威的传统媒体，将突发事件的信息传达给广大公众。随着新媒体的发展，传播主体更加趋向于多元化，舆论事件的传播更具广泛性及互动性，越来越多的公众参与其中，成为舆情传播的重要主体之一。

1. 新兴媒体曝光信息实时化

新兴媒体通过新的技术支撑体系衍生出多种媒体形态，如快递信封广告、数字杂志、数字报纸、数字广播、手机短信、移动电视、网络、桌面视窗、数字电视、数字电影和触摸媒体等。较之传统媒体，新兴媒体运用了现代技术，能够通过更快的速度曝光突发事件的信息，尽管这些信息不一定完全客观和真实，但新兴媒体具有跨时空、全息化、非线性的传播特征，人们能以更快的速度了解到突发事件的发展态势，也能即时发表自身的观点、态度和意见等。人们在新兴媒体的影响下，具有充分的主动选择权①。因此，与突发事件有关的一切敏感的内容、社会关注的焦点问题爆发后，往往在几小时内就会被各大网站公布或转载，形成热点话题。如 2010 年河北大学撞车门事件，一篇题为《惊！河北大学富二代校内驾车醉驾撞飞两名河大新区女生“有本事你们告去，我爸是李刚”》的帖文发布在天涯杂谈上，在短短 4 天内点击量达到 47 万，引起了公众的持续关注与热议。

2. 新兴媒体发布渠道多样化

由于网络信息技术的不断发展，大部分的网络媒介都相互连通，微信、微博、论坛等各个平台针对热点舆情都会有积极的响应，即便某些平台删除相关消息，也会被其他渠道所传播。近年来，以抖音、火山小视频、西瓜视频等为代表的小视频类软件迅速兴起，它能够让使用者方便快捷地发布各种小视频，并能够对其进行声音、图像和文字等方面的加工，这种火热的移动社交形态，具有传播快、连接快、互动强等方面的优势特征，满足了许多公众特别是年轻人的喜爱。这类小视频也有十分明显的缺点，如发布门槛低、优质内容少、信息真相不够权威等。但是不管如何，小视频传播

① 人民网：《新媒体给生活带来巨大变革 网络化数字化实时化》，2015 年 10 月 11 日。

满足了人们对于庞大信息、即时互动和碎片化阅读习惯的需求。因此，一些重大突发事件也通过这些渠道进行发布，使人们了解到相关事件，并在网络发布各种评论。

3. 新兴媒体传播记者大众化

新兴媒体对于公众具有极大的包容力和接受力，人人都有发言权，通过发布或转载文字、图片或视频，人们都能做到手持“麦克风”“摄影机”，使得各类新闻和消息以极快的速度传播，导致社会舆情进入鼎沸之势。新兴媒体对突发事件的传播过程一般如图 2－4 所示：

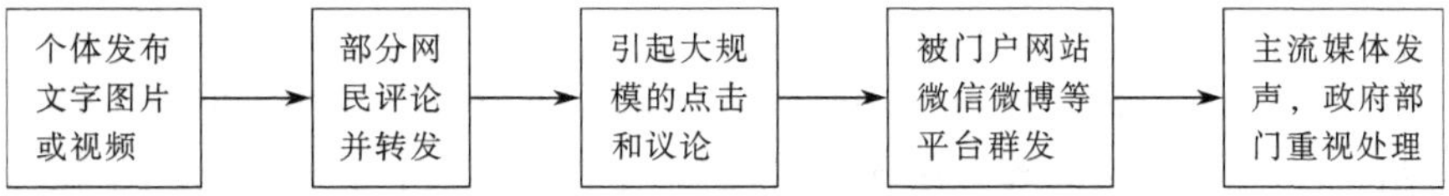

图 2-4　新兴媒体传播过程图

典型案例如“辽宁西丰最牛的县委书记”、云南“躲猫猫”事件、灵宝王帅网上发帖被拘等，都因新兴媒体的快速传播、扩散，导致舆情热度高度上升，相关政府部门介入。新兴媒体依靠巨大的数量传递信息，集聚巨大的社会群体性舆论，使得新媒体言论成为极大的舆论场，推动着突发事件向积极解决或者消极对抗的方向发展。近年来，许多重大事件都是网上先曝光，推动着舆情的演化不断升级，引起传统媒体的关注，最终促进实际问题的解决。

（二）传统媒体发挥舆论引导作用

传统媒体使用传统的大众传播方式，主要包括报纸、杂志、广播、电视等，相较于新兴媒体，由于其权威客观公正的特征，常常发挥舆论引导作用。

1. 传统媒体贯彻政府工作意志

传统媒体拥有丰富的资源和庞大的受众群，凭借真实性和权威性服务大众。突发事件发生后，传统媒体能够深入分析和探讨突发事件及相关热点话题，并用较为公正的态度，向人们传达关于事件真相的信息和政府对突发事件处置的客观看法等。传统媒体以其权威性、专业性，赢得公众的支持和信赖，成为社会舆论的引领者。在舆情传播过程中，传统媒体展现了新兴媒体不可替代的引导作用，如贯彻政府工作意志，传达社会正能量；针对突发事件进行客观公正的报道；对于突发事件社会舆论的产生、酝酿、爆发乃至沉淀过程中的详细事件和相关数据的统计，都具有真实性、客观性，体现出高度的社会责任感。

2. 传统媒体坚持正确舆论导向

传统媒体具有丰富的信息资源、星罗棋布的信息采集网、经验丰富的信息采集加工人才和丰富多彩的信息数据库，长久以来在舆论导向方面占据着最主要的作用。一些著名新闻机构在广大受众的心中早已树立了良好的传播形象。传统媒体坚持正确舆论导向，发扬群体意识，能够安抚人民情绪，稳定群众心理，传播社会正能量，维护社会稳定和谐。近年来，传统媒体开办了自己的微博、微信、新闻客户端等，突发事件发生后传统媒体对事件持续跟进，在后续的报道中对事件进行客观、真实与深度解读。在谣言、虚假信息横行的时候，传统媒体充当突发事件的探究者、问题的追问者，通过不断地发布权威的官方消息，发挥舆论引导作用。如近年来引发舆论热议的安徽六安教师维权事件和甘肃庆阳女生跳楼事件，受到网络匿名举报和恣意传播的影响，人们对这些事件的真相半信半疑，特别是在事发后的一段时间，缺乏传统媒体的舆论引导，引起了一部分网民极端和激进的心理。

3. 传统媒体坚持客观公正报道

近年来，网络在监督、建言和问政等方面起到了较好的作用，但是也伴随着网络暴力、网络谣言和网络造假等突出问题。[①] 突发事件发生后，新兴媒体为了快速抓住读者眼球，往往忽略事实的真相而发布一些不切实际的信息，甚至捏造谣言等引起公众的讨论。传统媒体在报道方面更加客观公正，表现出与新兴媒体较为明显的区别与特征。四大传统媒体，在舆情传播方面展现出不同的优缺点：

表 2－1　传统媒体优劣势比较

	优势	劣势
报纸	1. 可信度高，与党政机关联系紧密，对舆论的发声具有权威性 2. 具有非强制性传播的特点，读者有较大的主动性和选择权	1. 表现方式为平面静态，内容偏向理性，但信息传播的整体表现能力不高 2. 时效性差
杂志	1. 视觉表现能力强，颇具艺术美感 2. 针对性强，读者群稳定且明确 3. 关注领域较为固定，相对其他媒体更富有理性色彩	1. 杂志的重复阅读率及传阅率最高，同一广告能反复传播 2. 时效性差，广告安排不灵活，不适合做短期促销广告
电视	1. 视听兼备，有完善的介绍、演示功能，内容详细易懂，传播舆情偏向感性 2. 新闻传播有强制性，观众选择权相对报纸杂志偏小 3. 信息传播快，覆盖广，容量大	1. 受时间、场地等限制相对较大 2. 电视广告制作复杂，且投放费用更是惊人
广播	1. 信息传播简便快捷，不影响工作 2. 时效性强，机动灵活，有很强针对性 3. 信息较为感性，能较好感染听众情绪	1. 广播信息为时间线性传播，稍瞬即逝，保存性差 2. 权威性相对较弱

总的来说，四大传统媒体具备着各自不同的特点，以其丰富的经验和强大的人力物力资源在信息传播方面扮演着不可或缺的角色，相对新兴媒体而言，也更具有权威性和说服力。

（三）传统媒体与新媒体融合传播

经过多年的发展，传统媒体无论是在管理体制上，还是在实际的管理工作中，都相当严格。正是因为严格，使得其在资源配置上的灵活性、有效性都有所不足。而新

① 崔均鹏：《传统媒体不能沦为新媒体的“他者”》，《新闻实践》，2012 年第 3 期，第 12—13 页。

媒体虽然在资源配置上较为灵活，但是这种灵活却是不稳定、不成熟所导致的，这是由于当前整个新媒体行业的管理体制都不够健全，还没有一套科学有效的法律来对其进行约束。

1. 新兴媒体率先爆料事件信息

随着互联网的不断普及与飞速发展，新媒体的传播形式更加多样化，网络信息在发布和传播中表现出空前开放、迅速交替和爆炸性叠加的特点，一人一媒体的无边界传播的局面加速成型。重大突发事件发生后，公众通过新兴媒体能够快速地获取相关信息，这一类信息往往不仅是文字，还包括声音、图片和视频等，这种“一键搞定”式的发布和传播的便利性，使得突发事件的相关信息常常呈几何倍数的暴涨。同时，由于一些边缘自媒体在管控方面不严格，一些非理性的虚假信息也常常被迅速扩散。一方面，人们能方便快捷地获取这些爆料信息，满足自身的好奇心，依据自身需要达到情感宣泄和意见表达的目的。另一方面，新媒体所传达的信息，比起传统媒体来说缺乏客观公正性，因此，也更容易带来偏激和情绪化的声音，使得舆论信息更加容易通过新媒体而迅速传播到世界的每一个角落。

2. 传统媒体推动事件成为焦点

突发事件发生后，一些自媒体常常率先发布相关信息，人们开始对事件展开关注，但往往是在传统媒体正式进行事件的报道和追踪时，该事件才正式成为社会舆论焦点。众所周知，传统媒体所发布的信息必然经过过滤与筛选，在某些方面来说，也会导致信息失真，而舆情由于网络具备的匿名性特征，在还原事件真相和传达人们最直接最真实的看法等方面，更具有初始性和保真性，政府及有关部门能够从中了解民众的意见态度和政策反馈。传统媒体保持权威客观公正的态度还原事件真相，通过实事求是的调查，破除网络谣言和虚假信息，使人们了解到事件的起因、发展和结果的详细信息，将事件动态呈现于观众眼前，这也是传统媒体为百姓信服的可靠之处。传统媒体能够运用自身优势有效疏导民意，引导和引领舆论。如 2009 年罗彩霞事件，罗彩霞以第一人称方式在“天涯社区—天涯杂谈”发布题为《高中同班同学冒名顶替上大学，我的伤害谁给买单》的帖子，讲述了事件始末，并配发了相关证据。5 月 5 日，中国青年报（特别报道版）独家刊发“公安局政委女儿冒名顶替上大学”，报道了事件原委，在网络上引起轩然大波，随后，新华网、人民网、搜狐、新浪等传媒将这一报道放在显著位置，《中国青年报》《广州日报》《杭州日报》《三湘都市报》等发表评论并及时报道事件进展，积极跟进、深入报道事件全过程，该事件迅速升温，成为社会关注焦点，形成公共舆论事件。

3. 新旧媒体传播事件融合呼应

新兴媒体具有传播快、成本低和受众广的优点，但在还原事件真相和传达理性声音等方面有着明显的不足之处；传统媒体具备权威公正的特点，但也存在响应不够及时和新兴传播技术运用有待提升的短板。近年来，随着信息科技与媒介融合的不断发展，社会舆情热点常常是在传统媒体与新兴媒体的相互融合与呼应中形成的，这种互补的效应能带来极大的传播效果，推动新的社会舆论格局出现。如红网、芒果 TV、新湖南等就是典型的成功示例。成立于 2001 年的红网，是湖南省委、省政府重点新闻网站和综合网站，它以打造以湖南新闻门户网为旗帜的综合网络服务平台为目标，围绕党委和政府展开工作，发挥网络优势，提供新闻资讯发布、视频直播、论坛博客、框架传媒、英文频道、无线增值业务和舆情监控等业务，创造性地融合了传统媒体与新兴媒体共同发声传播，开展新闻宣传和经营工作，成为在全国乃至海外都颇具影响力的中国知名网站之一。

三、舆论传播时效性高，舆情影响范围更广

伴随着网络的不断发展，我国网民的数量飞速增加。人们更加便捷地使用各类社交网站、论坛、微博和微信等媒介进行信息接收和交流互动，加速了突发事件舆论信息传播的时效性，舆情影响的范围进一步扩大和蔓延。

（一）舆情传播时效性更高

现代社会的信息传播和舆论发展具有极强的开放性和互动性，媒介渠道繁杂且传播、评论速度很快，人们能够在第一时间获取突发事件舆情信息，并且由于网络传播的反复发酵，舆情往往会持续一段周期，才会逐渐走向平复期。

1. 现代网络发展加快传播

随着现代网络的不断发展，重大突发事件社会舆情的传播较之以往更加迅猛，很多热点信息在爆料后的极短时间，就会为公众所了解和转发，造成事件信息的进一步蔓延。人们运用网络的瞬时传播功能，不断改变和更新了新闻的时效观念。随着现代网络的飞速发展，人们投入互联网的时间不断增加，如图 2-5 所示，在 2018 年，我国网民平均每周上网时长达到了 27.6 小时，且这种增加的幅度还在不断上升，这意味在日常生活中，网民愿意花费更多的时间借助网络获取所需的各类信息，这也在一定程度上，推动了舆论信息的传播，加速了网络舆情的形成。

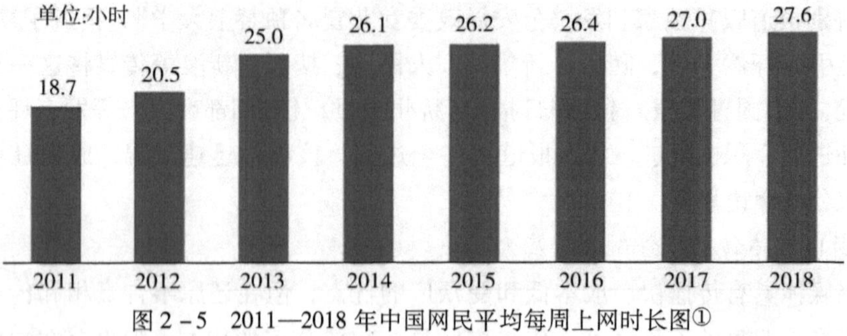

图 2-5 2011—2018 年中国网民平均每周上网时长图①

① 中国互联网络信息中心：《中国互联网络发展状况统计报告》，2019 年 2 月 28 日。

2. 新兴传媒增加拓宽传播

新媒体复杂多变的交流环境，使得公共危机发展态势的可控性降低。近年来，随着各类信息媒介的迅速兴起，重大突发事件从发生到被媒体曝光的间隔时间越来越短，通过抖音、火山小视频等平台，人们能够便捷地接收到社会重大事件信息，使得舆情传播时效性大大提高。“三微一端”的新媒体格局迅速形成和发展的同时，一些网络社群、网络电台、网络直播和各类网络弹幕也蓬勃兴起，成为传递舆情的新型载体。如近年来发展非常迅速的网络直播，通过腾讯、虎牙、斗鱼和西瓜等各类直播平台，主播在直播过程中有时会对突发事件进行讨论，一些未能了解事实真相的公众也会在听取直播的过程中，成为舆情传递的一分子。此外，一些影响力较为突出的网络社群如“知乎”“果壳”等平台，能够通过网络即时提问发表关于突发事件的各类疑惑，在较短的时间内，在热门主题下甚至会产生成百上千条回复和评论，这些答主由于自身专业素养较高，所发布的信息常常具备一定的思辨性，但也存在着许多偏激和情绪化的言论，整体来说，新兴传媒的传播渠道正在不断增加。

3. 网民数量增加推动传播

截至2022年6月，我国网民规模达10.51亿，手机网民规模达10.47亿，网民中使用手机上网人群的占比达99.6%。以2018年长春长生生物疫苗事件为例，2018年7月15日国家药品监督管理局发布通告指出，长春长生生物科技有限责任公司冻干人用狂犬病疫苗生产存在记录造假等行为。由于该事件敏感度高，影响面广，加上社会各界正义人士的愤慨、家长们的痛心焦虑等各种情绪终于引爆了此次舆情。国家药监局、中国证监会及公安机关对这一事件进行立案调查，2018年7月22日，李克强总理就疫苗事件做出批示，7月23日，习近平总书记对长春长生生物疫苗事件作出重要指示。7月24日吉林省纪委监委等开展严肃追责。人民网、新华网和《中国日报》等权威媒体、各类核心传播机构、媒体、微博和论坛等纷纷就此事发表意见，如图2－6：

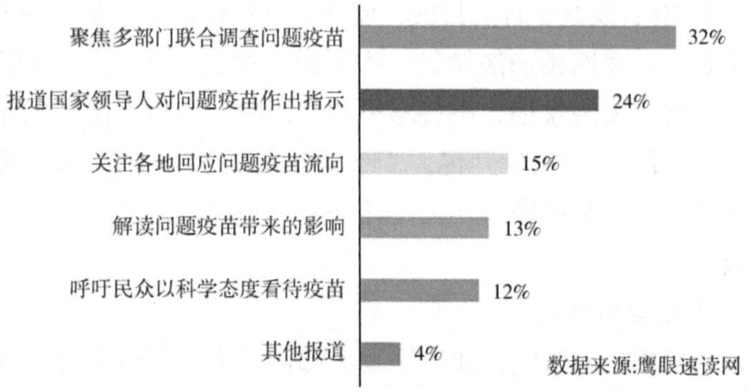

图2－6　长春长生生物疫苗事件媒体报道分析图

（二）舆情影响面更广

重大突发事件发生的后果往往较为严重，或造成重大经济损失，或造成人员伤亡，威胁社会和谐与稳定，由之引发的社会舆情造成的社会影响大且传播范围十分广泛。

1. 热点事件覆盖民生领域

近年来，社会热点事件主要涉及时事政治、民生权益、公共安全及医疗卫生等话题，人们对这类事件十分关注并常常通过手机转发、评论，扩大了舆情的影响面。以郑州空姐滴滴打车遇害事件为例，2018 年 5 月 5 日深夜，空姐李某珠因要回老家参加亲戚婚礼在河南郑州乘坐滴滴顺风车后失联，5 月 8 日，经警方证实，李某珠已遇害，凶手系滴滴司机刘某华。截至 5 月 11 日 22 时，微信公众平台与此相关的帖文共有 963 篇，其中大多是以报道此事件最新进展、滴滴公司道歉并整改、讨论今后乘坐网约车注意事项为内容进行评论。主流媒体及相关商业网站对此事进行了全方位报道与跟进，网易、新浪、腾讯、中华网、北青、搜狐、凤凰财经、《新京报》、澎湃新闻、《南方都市报》等 300 余家媒体网站进行报道。由于案件涉及网约车监管、女性安全、隐私侵权等话题，引起社会各界的广泛关注，网民通过微博、博客、微信和各大论坛关注该事件，对案件进展、滴滴公司在案发后采取的危机公关手段、滴滴平台存在的弊端、国民的法制安全教育等发表了系列言论。

2. 群体效应造成社会影响

重大突发事件发生后，网民在网络平台发表个人态度和意见，若信息数量极少时，其影响效果几乎可以忽略不计，一旦这些信息受到广泛认同而快速聚集时，将成为声势浩大的群体声音，甚至造成一定的社会影响。网民在上网时，围观即参与、转发即表态，“微传播”形“微”实“大”，若单位时间内信息发布量大、传播迅速，影响范围将十分广泛。舆情一旦在网络上传播起来，有时短短的几条消息就可以激起千层浪，造成很大的社会影响。如 2009 年邓玉娇事件，是指邓玉娇在野三关镇“雄风”宾馆做服务员时，于 5 月 10 日晚基于自卫目的，刺死、刺伤镇政府人员，案发后，有网友亲赴巴东帮助邓玉娇，一些网民和法律界人士组成“关注邓玉娇案及网络民意研讨会”和邓玉娇案公民司法正义观察团，声援邓玉娇，同时，网络上出现《玉娇曲》《浪淘沙·咏娇》《邓玉娇传》《邓玉娇列传》《烈女邓玉娇传》《侠女邓玉娇传》和《生女当如邓玉娇》等大量赞美她的作品，舆论几乎呈一边倒的趋势，表现出明显的群体效应，引起全国轰动。

3. 重大事件引起国际热议

社会舆论既能造成正面影响，如促进政府部门和人民群众对这些问题的改善，促进社会的和谐与发展，并且可以作为一种很好的监管手段，加强民主建设和法治建设。同时，也可能会造成负面影响，谣言、谬理等可能会带来意想不到的严重后果，当主流的新闻媒体无报道或者报道的事实不足以使人信服时，更容易激发民众的不满情绪，社会舆论则很可能会被某些流言蜚语所引导，造成不良的后果。如英国 BBC 发布《“疫苗门”下中国百姓的无奈与无助》以及美国纽约时报、法国国际广播等对疫苗事件的全面、高度关注，将舆论的影响推向了高点。

（三）负面舆情破坏性更强

舆论有正面和负面，理性和非理性之分。消极、负面的舆论如谣言、谬理等在社会中存在，将产生消极、负面的作用，特别在突发事件发生以后，常常造成较强的破坏性。

1. 网络谣言误导舆论走向

网络谣言是指通过网络介质（例如微博、微信、网络论坛、社交网站、聊天软件等）而传播的没有事实依据且带有攻击性、目的性的话语。“谣言提供了一种能供排解紧张情绪的口头发泄途径，他们通常能为这些情绪的存在作辩解”①，突发事件发生后，如果事实真相未能及时公之于众，或一些别有用心的肇事者造谣，极容易催生和推动网络谣言的传播。随着网络新媒体的不断发展，其广泛性、即时性、开放性、共享性、互动性等使得互联网日益成为意识形态的重要阵地，其破坏性也较之以前更大。由于网络舆论受信息来源的限制，特别是一些管控较为宽松的自媒体，有时会为了博取观众眼球而发布一些不切实际的消息，使得网络信息出现真假参半甚至颠倒事实的情形，若一些不明真相的人进行评论和转发，往往会加速谣言的传播，成为舆情的“助推器”和“放大器”。网络谣言常常偷换概念、以偏概全，从而让人防不胜防；同时，宁信其有、不信其无的从众心理也使谣言加速传播。突发事件发生之后，网络谣言尤其是网络政治谣言由于真伪难辨、蛊惑性强，容易误导舆论走向，带来严重社会问题，甚至引发社会动荡和政局失稳。

2. 片面信息破坏网络秩序

突发事件发生后，常有许多网友发表看法进行跟帖。跟帖评论，看似小事，却有着大文章，无论是新闻后面的跟帖，还是微博、朋友圈等评论，以及视频时代的弹幕，都是网民参与网络空间讨论最重要的方式之一，也是最活跃的互动手段之一。但是，长期以来，因为网络水军、垃圾信息机器人以及缺乏自律的网民随意制造的各种不良信息，这个领域变成了最无序、最混乱、信息质量最差的一个领地。某些别有用心的人往往利用网络舆论散播虚假信息，或对社会热点和敏感新闻进行炒作，造成网络群体理解差异，进而形成谣言，误导甚至欺骗网民。一些网民面对此类消息，容易受到情绪影响，表现出一种群体的盲从与冲动，大部分网民也很容易将个人情绪和倾向带入言论。此外，网络言论常常带有情绪性、非理性、偏激性、粗俗化、盲从性，而攻击、批判、谩骂性质的言论则占据了网络舆论的主要部分。

---

① 奥尔波特著、刘水平等译：《谣言心理学》，辽宁教育出版社 2003 年版，第 20—21 页。

3. 负面言论引发社会行动

突发事件发生后，各利益主体以及政府、媒体和公众等会依据自身权益和观感来接收和筛选信息，形成较为独特的态度和意见，不同的主体会表达与自身利益相关的观点或言论，其中，不当言论容易造成许多不良的后果。如 2009 年 5 月网民关注的杭州飙车案，人们质疑“70 码”的同时也记住了散布“被告人胡斌是替身”的谣言的熊忠俊。熊忠俊利用互联网捏造、散布谣言，引发网民猜疑，误导了公众舆论，扰乱了公共秩序，造成了较为严重的恶意传播。再如 2014 年 4 月 14 日青海玉树发生地震后，北京、内蒙古包头、河北廊坊、邢台四地陆续出现了本地区将发生地震的谣言，引发了上万民众的不安和恐慌。谣言在网上传播往往具有一呼百应的效果，特别是政治类的谣言则更具煽动性和破坏性，大多数网民缺乏理智判断，无形中推动了负向舆论的扩大，对社会造成恶劣影响。

四、网民参与热情高涨，草根力量愈发强大

近年来，我国网民的数量逐年增多，人们每天接触到的信息来源多、传播渠道多、信息庞杂多样、各种思潮相互激荡，人们更加主动热情地参与议论、评价热点突发事件，并集结成庞大的社会民间力量。

（一）网民人数空前庞大，参与更加便捷

随着网络媒体的不断发展与普及，更多的社会普通民众也可以借助网络论坛、微博、微信和各类博客等网络媒体，对人们关心的社会问题直接发表意见。公众进行社会意见表达的能力和积极性不断增加。

1. 网民数量逐年不断增多

目前国内已经进入了互联网时代，网络逐渐成为人们生活中越来越不可缺少的一环，在移动互联网时代到来之后，这种现象似乎愈加的明显。2019 年 2 月 28 日，中国互联网络信息中心（CNNIC）发布第 43 次《中国互联网络发展状况统计报告》（以下简称《报告》），根据《报告》，截至 2018 年 12 月，我国网民规模达 8.29 亿，普及率为 59.6%；手机网民规模达 8.17 亿，网民中使用手机上网人群的占比达 98.6%①。同时，中国互联网年度报告指出，国内的新增网民达到了 5000 万人，网民的增长速度位居全球的第二位，由此可以看出国内对于互联网的需求与日俱增。《报告》显示，全球每秒新增网民大约是 11 人，每天新增网民大约有 100 万人。中国网民平均每日的上网时间大约是 5 个小时，而全球平均上网时间为 6 小时 49 分。受到新兴媒体迅速发展的影响，手机和互联网走入千家万户，我国网民在网上查看、接收、转发和评论消息具有便捷性、即时性和互动性特征。

---

① 中国互联网络信息中心：《中国互联网络发展状况统计报告》，2019 年 2 月 28 日。

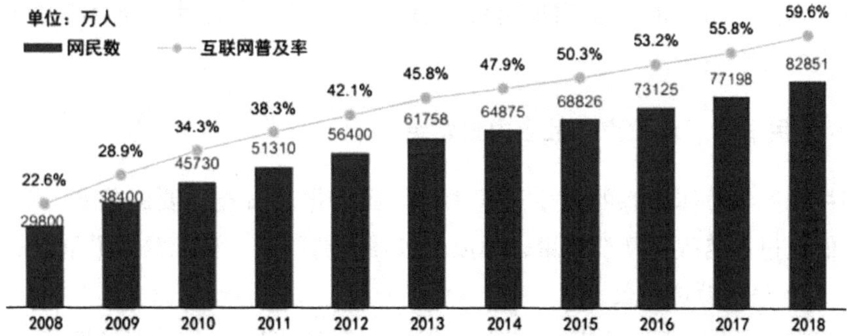

图 2－7　2008—2018 年中国网民规模和互联网普及率图

2. 群众民生意识普遍加强

传播社会学中的“社会参与论”理论认为，随着时代的发展和变化，公众常常不局限于成为网络媒体的接收者，一部分群众甚至会产生积极参与事件过程并根据事态发展传达自身独特的观点和态度的欲望。人们在网络接收到的他人的信息，如果不是由权威媒体发布，其真实性往往有待考证。但若自身参与其中甚至是主要发布人员，这些信息将在人们的脑海中根深蒂固，形成不易改变的固有观念。由于当前我国社会正处在转型期，社会舆论的关切点更加集中于时政、教育和公共安全等方面。如 2018 年发生在宁夏灵武市白头岗乡的高闸煤矿井下坍塌的一起突发事故。该事故造成 3 人死亡，2 人受伤，事故发生后，当地政府、安监、消防等相关部门负责人第一时间到达现场组织救援工作，现场成立救援组、善后处理组、事故调查组全力开展被困人员搜救和伤者救助工作。对于此次事故，网民通过微博平台发表评论，希望有关部门继续加大煤矿的核查力度，扩大核查范围，全面进行排查核实，表达了对事故安全隐患风险的高度关注，显示出人们民生意识得到了普遍的加强。

3. 现代媒介推动广泛传播

时下最热门的社交平台微信，在舆情传播中扮演着重要的角色。首先，微信传播的信息速度快、信息量大。当突发事件发生时，通过微信好友的朋友圈，可以最快了解到这些事件，同时，由于好友不同、所关注方向不同，用户可以看到多元化的信息。针对突发事件的不同观点文章、视频等都能轻易地在朋友圈、微信群和好友之间传播，微信成为产生突发事件社会舆论的重要平台。其次，微信传播具有一定程度的倾向性。微信好友多是亲人、同学或同事关系，具备“去匿名化”的特质，散布传播的舆论信息对于信息接收者来说可信度更高、影响面更广。最后，微信公众号信息分类明确且具备较为丰富的资源。突发事件发生后，一些相关公众号往往会发布有关信息，其中夹杂着部分公众号主体的意见和态度，这影响着公众对于突发事件的认知和判断等。人们将这些信息进行转发、评论从而广为散布与集结，庞大的民间力量依托微信平台，将舆情渗透到家家户户。如 2018 年“1·10”南京出租车停运事件，是由于一封微信倡议书通过微信及其他平台的大量传播，造成南京尧化门等区域发生多起打砸出租车、殴打司机、阻挠出租车正常运营的事件。微信平台加速了停运事件的不断激化和爆发，引发了强大的社会舆论。

（二）网民联合互动发声，社会力量集结

中国社会舆情整体生态的演变过程中，网民占据着日益重要的位置，突发事件发生后，人们通过网络跟帖乃至集聚，形成一股强大的舆论力量，发挥了重要的作用。

1. 重大事件推动群众聚合

重大突发事件发生后，政府在资源配置和社会话语场中占据主导地位，发挥最主要作用进行紧急处置。随着媒介的多样化发展，其对于突发事件社会舆论引导的作用也在不断增加。同时，公众也成为舆论引导的重要主体之一，一旦发生突发性公共事件，特别是遭遇人员伤亡或巨大损失等情况，通过传统媒体和网络媒体的实时报道，人们常常在线上和线下呈现出抱团性聚集，展开一系列救援或声援行动等。如 2015 年 6 月 1 日东方之星沉船事件后，监利县许多人民迅速聚合，展开了救援服务，民间力量瞬时爆发，许多出租车司机在车上系上黄丝带，免费为家属、救援人员服务。监利县人民医院设置了乘客家属登记点分流引导，接待家属、对其进行安抚。“蓝天下”妇女儿童维权中心 73 名志愿者成为重要力量，还有超过 600 名志愿者接收捐赠物资再分送，在官兵驻扎点洗菜、做饭、送饮用水，参与酒店接待、发放雨伞等。随着各方救援力量、游轮乘客家属大量涌入，这个小县城体现出了大量群众聚合互助的力量，表现出了小城大爱。

2. 公民维权意识不断提高

当前公民主体性意识不断增强，主体性意识不仅是理性公民法律意识的重要特征，而且是其精髓所在。公民主体意识包括权利意识，同时还包括自由追求意识、自律意识、平等意识、自主参与意识等意识，他们相互之间密切相关、相辅相成。近年来，我国公民维权意识不断提高，在突发事件发生后，一些公民为维护正当权益而聚集共同发声，形成强大的社会舆论力量。如“奔驰女车主哭诉维权”事件，2019 年 4 月 17 日，某奔驰女主购买了价值 60 余万元的全新进口奔驰车，还没开出大门就发生发动机漏油故障。女车主指出涉事 4S 店有利用国家三包政策逃避责任的嫌疑，同时自己在不知情的情况下被要求支付一笔 15200 余元的“奔驰金融服务费”，认为“这是欺骗行为”等。该事件传到网络后，引发了大量网民的评论和转发，造成该事件的持续发酵，引出从三包售后、金融服务费到消费者维权等的一系列网络集体讨论问题。各界对奔驰品牌、主机厂的指责不断，奔驰车一直以来存在的问题也在不断地被放大，甚至牵扯出汽车 4S 店的销售潜规则问题和乱收费现象等。这类维权事件由于关系到自身基本权益，常常引爆网络，造成巨大的社会反响。

3. 网络传播凝聚团结力量

2008 年汶川地震发生后，牵动着所有国人的心。人们通过新闻、微博、微信或

其他媒体获取灾区信息，开始凝聚力量，统一战线，展开救灾救援行动，不同阶层的社会力量得以集结，中国民间力量得到了高度释放。2017 年的九寨沟地震事件也是典型的案例。据阿坝州人民政府网报道，2017 年 8 月 8 日 21 时 19 分，四川阿坝州九寨沟发生 7.0 级地震，截至 8 月 12 日，九寨沟 7.0 级地震已致 24 人死亡，493 人受伤（重伤 45 人），转移疏散游客、外来务工人员共计 61500 余人，临时安置群众 23477 人。九寨沟地震发生后，各部门充分发挥一方有难、八方支援的精神，迅速采取应对措施。四川省水利厅、成都交通运输部门、国家紧急医学救援队、兰州公安消防以及军队等纷纷连夜赶赴灾区，投入救援当中。地震发生当晚，微博、微信等社交媒体上就出现了很多关于此事的讨论，从相关文章数量来看，8 月 8 日已经有 525 篇，8 月 9 日到达峰值，有 30872 篇。围绕该事件出现的热词有“九寨沟”“遇难”“安息”“表演”等。截至 8 月 11 日 15 时，“九寨沟地震救援”相关微博约有 107.75 万条，从事件发展趋势来看，8 月 9 日 10 时至 11 时微博数量最多，接近 10 万条，如图 2－8 所示：

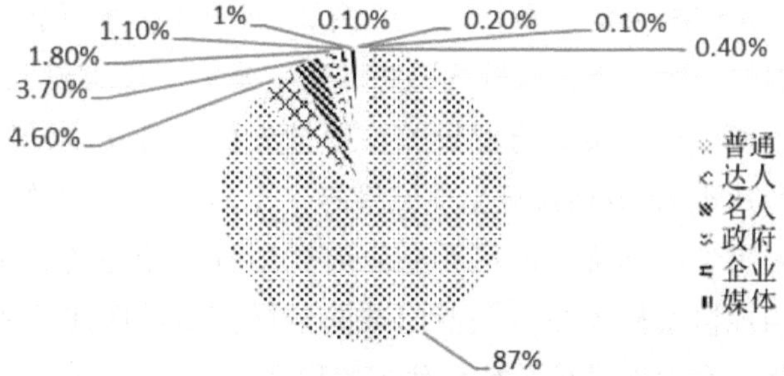

图 2－8　九寨沟地震 8 月 8 日至 11 日微博关注人群性质分析图

九寨沟地震事件微博关注人群中普通群众、达人、名人占据 90% 以上，成为该事件的社会舆情场的主要力量。地震发生几小时后，各地关于地震的谣言也纷纷在社交网络上发酵。但是，这次九寨沟地震辟谣非常及时，有力地遏制了谣言的传播。畅通的信息传播渠道使九寨沟地震未产生因谣言而起的舆情事件，舆论场中事实占了上风。在舆情的生态变化中，社会民间力量高度集结，不仅发挥社会监督作用，也为社会舆情事件滋生了更多“始作俑者”。

（三）网民网上走到网下，影响政府决策

随着互联网的迅速发展与我国公民维权意识的不断增强，人民群众通过在网上反馈意见和发表评论，助力政府调整决策的内容与实施方案。

1. 网民言论传达公共心声

突发事件常常折射出许多社会现实问题，如政府权力、贫富问题、贪污腐化和分配不公等，这类话题通常具有极大的舆情爆点，这些深刻而现实的矛盾问题最能牵动广大公众的内心，引发群体的强烈共鸣，推动分散的网络个体通过互联网集结发声，

表达共同意愿，形成公共舆论。近年来，随着我国网民数量的急剧增多，网络成为信息发布与传播的主要渠道，成为社会舆情的发酵场。随着新媒体技术的不断细化，从网站、微博、论坛等平台所传达的网络民意，基本能够代表现实社会广大人民群众的心声，政府部门的许多举措和决策是否正确，是否符合民心所向，在实施之后的一段时间，就能很快得出结论。由此可见，网络已成为政府决策的一枚重要的试金石，网民的言论常常传达了大众心声，政府、企业或其他社会组织对于这些言论的应对态度或行为，都将深刻地影响网络舆论的走向。

2. 网民行动影响政府行为

随着网络的不断发展和我国网民数量的大幅度增加，突发事件信息会经由网络媒介迅速蔓延和传播，一旦政府未能及时反应做出行动，可能造成较大的公共危机，影响社会的和谐与稳定。如2013年10月25日，温岭市某医院发生的一起患者刺伤医生的事件。主任医师王云杰经抢救无效去世，年仅47岁；副主任医师江某心包刺伤加膈肌穿透，被捅成重伤；主治医师王某右上胸皮肤被刺伤。这次事件造成了社会轰动性的影响，甚至集结了声势浩大的线下行动。10月28日上午，数百名来自温岭医疗系统的医务人员在浙江温岭市第一人民医院内，举着医疗暴力“零容忍”、维护正常医疗秩序等牌子进行抗议，期望当地市政府领导关注医护人员人身安全，杜绝医院内出现医疗暴力。大量现场照片于25日通过微信朋友圈被广泛转发，引起政府有关部门的高度关注，也激起了网络舆论的高涨。网民希望政府严厉打击涉医违法犯罪活动，发表了大量的网络帖文。当地检察机关与有关部门共同开展打击涉医违法犯罪专项行动，严惩暴力伤医犯罪行为，有力地维护了社会秩序的稳定。

3. 政府决策更加科学民主

政府部门通过网络搜集网民发表的信息，这些意见或建议常常代表着公众的内心想法。在应对突发事件和处理社会公共事务等方面，倾听广大人民的声音，对于政府决策的科学民主化起到十分重要的作用。近年来，许多官方的网络媒体和大众媒体都对国家重要会议进行全程的网络直播，人们通过直播平台能够发送弹幕，传达自己的所想所感，这些信息会由政府相关部门进行收集、筛选和整理，并得到政府部门的接收及反馈，其他的一些经济、文化等会议，也经常能看到许多网络媒体的身影。一些政府部门也开通了官方微博，将新的政策、建议发布到动态，通过网络平台与民众交流互动，网民也越来越客观地表达自己的看法，其中不乏有一些建设性、突破性的建议及意见。网民的力量不断增强，对我国政府决策的影响也越来越大，促使政府的决策向网络化与多元化发展。

第二节　重大突发事件社会舆情治理取得的成效

重大突发事件社会舆情呈现出的新常态，为新时期社会舆情的治理指明了方向。近年来，各级政府部门对突发事件社会舆情的治理越来越重视，并在意识、法制、机构、技术、应对等方面取得了一定成绩，总体来说，舆情治理意识普遍增强，舆情治理法制逐步完善，舆情治理机构日益增多，舆情治理技术逐步成熟，舆情治理经验不断丰富，应对重大突发事件社会舆情的综合治理能力明显增强。

一、舆情治理意识普遍增强

目前，我国各级党政机关对舆情治理给予了高度重视，舆情治理意识普遍增强，尤其是风险防控意识、积极应对意识、协同治理意识等，及时化解了危机，避免了社会矛盾的扩大化，有利于社会稳定和经济发展。

（一）风险防控意识日益提升

增强风险防控意识、提高风险防控能力是检验我国各级政府执政能力的一项重要指标，各级党政机关及其工作人员的风险防控意识在切实做好突发事件应急准备、预警预测以及风险评估等各项工作中得到了普遍提升，及时防范化解了舆情风险。

1. 应急准备

近年来，我国政府部门在突发事件社会舆情应急准备工作方面踊跃探索，成绩突出。主要成绩有：

第一，国务院出台应急政策。国办函〔2004〕33 号文件《国务院办公厅关于印发〈国务院有关部门和单位制定和修订突发公共事件应急预案框架指南〉的函》、国办函〔2004〕39 号文件《国务院办公厅关于印发〈省（区、市）人民政府突发公共事件总体应急预案框架指南〉的函》等一系列文件都针对应急救援管理及装备物资保障等工作提出了具体要求（如表 2－2 所示）。

第二，2005 年 1 月通过的《国家突发公共事件总体应急预案》，于 2006 年 1 月 8 日公布并实施。另外，我国还针对各类突发公共事件制定了专项应急预案（如表 2－3 所示）。

第三，1998 年，根据张北地震后的灾害救援活动要求，财政部与民政部出台了《关于建立中央级救灾物资储备制度的通知》，现在，10 个中央级救灾储备物资代储单位已经陆续在天津、哈尔滨等地创建。

第四，国家行政学院应急管理培训中心（中欧应急管理学院）自成立以来，不断推进风险管理等应急准备工作（如表 2－4 所示），积极为应急准备工作提供相关指导。

表2-2 国务院应急管理政策汇总（仅列20条）

序号	文件名称	发文字号
1	中华人民共和国突发事件应对法	主席令第69号
2	电力安全事故应急处置和调查处理条例	国务院令第599号
3	重大动物疫情应急条例	国务院令第450号
4	中华人民共和国搜寻援救民用航空器规定	中国民航局令第29号
5	突发公共卫生事件应急条例【2011年修正】	国务院令第376号
6	破坏性地震应急条例【2011年修正】	国务院令第172号
7	核电厂核事故应急管理条例【2011年修正】	国务院令第174号
8	国务院关于全面加强应急管理工作的意见	国发〔2006〕24号
9	国家城市轨道交通运营突发事件应急预案	国办函〔2015〕32号
10	国务院办公厅关于加快应急产业发展的意见	国办发〔2014〕63号
11	国家突发环境事件应急预案【2014年修订】	国办函〔2014〕119号
12	突发事件应急预案管理办法	国办发〔2013〕101号
13	国务院办公厅关于加强基层应急队伍建设的意见	国办发〔2009〕59号
14	国务院办公厅关于加强基层应急管理工作的意见	国办发〔2007〕52号
15	国务院办公厅转发安全监管总局等部门关于加强企业应急管理工作意见的通知	国办发〔2007〕13号
16	省（区、市）人民政府突发公共事件总体应急预案框架指南	国办函〔2004〕39号
17	国务院有关部门和单位制定和修订突发公共事件应急预案框架指南	国办函〔2004〕33号
18	国务院办公厅关于成立国家核事故应急协调委员会的通知	国办发〔1995〕22号
19	国务院安委会关于进一步加强生产安全事故应急处置工作的通知	安委〔2013〕8号
20	国家安全生产应急救援联络员会议制度	安委办〔2017〕37号

表2-3 自然灾害类、事故灾害类、公共卫生事件类突发公共事件专项应急预案

类别	突发公共事件应急预案
自然灾害类	国家处置重、特大森林火灾应急预案 国家突发地质灾害应急预案 国家地震应急预案 国家防汛抗旱应急预案 国家自然灾害救助应急预案

续表

类别	突发公共事件应急预案
事故灾害类	国家核应急预案 国家通信保障应急预案 国家处置电网大面积停电事件应急预案 国家处置城市地铁事故灾难应急预案 国家海上搜救应急预案 国家处置铁路行车事故应急预案 国家安全生产事故灾难应急预案 国家处置民用航空器飞行事故应急预案
公共卫生事件类	国家突发重大动物疫情应急预案

表 2-4　2019 年 3 月以来国家行政学院应急管理培训中心主要工作内容

时间	工作内容
2020 年 1 月 10 日	中央党校（国家行政学院）7 位专家谈应急管理
2019 年 12 月 2 日	应急管理培训中心（中欧应急管理学院）组织学习习近平总书记在中央政治局第十九次集体学习上的重要讲话精神
2019 年 11 月 11 日至 15 日	“推进‘一带一路’建设安全发展与应急管理国际交流培训班”在福建成功举办
2019 年 10 月 25 日	应急管理培训中心（中欧应急管理学院）组织开展精品课程集体备课
2019 年 9 月 29 日	应急管理培训中心（中欧应急管理学院）举办第 53 期应急管理双周论坛
2019 年 6 月 14 日	应急管理培训中心（中欧应急管理学院）组织开展应急决策模拟演练集体备课活动
2019 年 6 月 3 日	应急管理培训中心为安远县举办“重点扶贫县风险防控与应急管理培训班（第三期）”
2019 年 5 月 8 日	应急管理培训中心（应急管理教研部）组织开展“众志成城—2019”特别重大自然灾害风险决策模拟演练
2019 年 4 月 16 日	应急管理培训中心（中欧应急管理学院）赴贵州就“瓮安‘6·28’事件”调研交流
2019 年 4 月 4 日	应急管理培训中心（中欧应急管理学院）组织举办第 50 期“应急管理双周论坛”
2019 年 3 月 28 日	应急管理培训中心（应急管理教研部）组织“洪涝灾害应急处置——交通抢通保通”模拟演练集体备课会

2. 预警预测

我国各类突发事件频发高发，一旦预警预测工作没做好，则很有可能演变成重大社会舆情事件，从而引起社会动荡。舆情预警预测是整个舆情应对工作的关键环节，我国各级政府部门也充分认识到了舆情预警预测的重要性和紧迫性，为此采取了一系列的措施，成效显著。具体包括：

第一，全面及时搜集预警信息。借助舆情分析软件和舆情监测系统，采用手持移动通信器等专用工具、GPS 卫星定位系统等多种专业方法，全方位搜集舆情信息，及时预警，对各种危机苗头早发现、早应对。

第二，精准划分预警等级。《中华人民共和国突发事件应对法》第四十二条明确规定国家建立健全突发事件预警制度。根据突发事件发生的紧急程度、发展势态和可能造成的危害程度分为一级、二级、三级和四级，分别用红色、橙色、黄色和蓝色标示，一级为最高级别。

第三，科学研判舆情走向。当前，我国各级政府部门从各类舆情事件的传播焦点扩散、各主体观点倾向变化、部门介入情况以及舆情环境变化等多方面着手，科学分析研判舆情走向，为后续舆情应对提供较为科学的支撑。

第四，2015 年 2 月，国家预警信息发布中心正式运行，为国务院及时发布预警信息提供了更加科学的发布渠道，标志着我国在突发事件舆情预警信息发布方面进入了常态化运行阶段。

目前，国家预警发布中心已建立了国家、省、市、县四级综合预警信息发布业务，具备对四大类突发事件预警信息的接受、处理和及时发布能力，且现已与气象、海洋、地质灾害等各类预警信息发布平台开展对接，未来将陆续推进相关部委预警信息发布业务统一接入①，为舆情工作的开展提供了更加有利的条件。

2018 年 8 月，四川九寨沟发生 7.0 级地震，阿坝州防震减灾局和成都高新减灾研究所联合建设的地震预警系统成功提早 40 秒给汶川预警，提早 71 秒为成都预警。2019 年 6 月，四川宜宾市长宁县发生了 6.0 级地震并多次余震。地震发生时，大陆地震预警网同步向政府和应急部门、场镇、社区、学校、电视、手机和媒体等不特定群体发出地震预警信息，提早 10 秒向宜宾预警，提早 61 秒向成都预警，多地群众因提前收到地震预警得以安全避险。目前，我国地震预警系统覆盖面积已经突破 40 万平方千米，成为目前世界上覆盖区域最广的地震预警系统，为减灾工作争分夺秒，获舆论肯定，有效鼓舞了公众减少自然灾害损失的信心。

3. 风险评估

风险评估工作是舆情事件应对处理的重要环节，是及时发现、精确识别和科学评估舆情事件风险、稳步控制事件发展的重要手段。《中华人民共和国突发事件应对法》等系列法律法规都对建立健全重大突发事件舆情风险评估体系提出了要求，对舆情事件发生的可能性及可能造成的影响进行评估，在重大突发事件舆情风险评估方面成效突出。

---

① 新华网：《国家预警信息发布中心正式运行（2015 年）》，2015 年 5 月 19 日。

第一，按照各地区的实践工作来看，四川省遂宁市于2005年首先推行重大工程项目社会稳定风险评估预测化解机制，在2008年出台了《重大事项社会稳定风险评估综合评价办法》，进一步完善了重大事项社会稳定风险评估体系，为舆情事件风险评估提供了更加科学的支撑。江苏淮安市、浙江平阳县也逐渐进行尝试。

第二，国务院于2011年11月公布了《国务院关于加强法治政府建设的意见》，明确提出建立重大行政决策风险评估机制，对我国重大行政决策领域舆情风险的防范起到至关重要的作用。

第三，2011年，国家行政学院发布了我国首个《突发事件风险评估指南》（讨论稿），该指南由风险评估准备、风险识别、风险处置、风险沟通与监测等八个部分组成，其目的是在事前通过识别和分析风险发生的可能性和后果，确定相应的风险级别，为突发事件带来的舆情事件采取相应处置措施提供依据①。

（二）积极应对意识明显增强

近年来，我国各级政府密切关注社情民意，格外重视舆情应对工作，第一时间进行回应，坚持舆论正面引导，并针对舆情处理治理工作不断完善问责制度，有效防止了舆情发酵升温，确保了舆情态势平稳发展。

1. 及时回应

2016年，国务院办公厅发布《关于在政务公开工作中进一步做好政务舆情回应的通知》，将舆情回应部门分为四类（如表2-5所示），规定以舆情涉事部门为第一责任主体，相关宣传部门为辅，不同的突发事件涉及部门不同，其舆情应对部门也不同。提高政务舆情回应实效。对涉及特别重大、重大突发事件的政务舆情，要快速反应、及时发声，最迟应在24小时内举行新闻发布会，对其他政务舆情应在48小时内予以回应，并根据工作进展情况，持续发布权威信息②。

表2-5 按照舆情涉及内容舆情回应部门分类

政务舆情	回应主体
涉及国务院重大政策、重要决策部署	国务院相关部门是第一责任主体
涉及地方的政务舆情	1. 按照属地管理、分级负责、谁主管谁负责的原则进行回应，涉事责任部门是第一责任主体，本级政府办公厅（室）会同宣传部门做好组织协调工作； 2. 涉事责任部门实行垂直管理的，上级部门办公厅（室）会同宣传部门做好组织协调工作

① 光明网：《我国发布首个〈突发事件风险评估指南〉》，2011年5月29日。

② 中华人民共和国中央人民政府网：《24小时！48小时！政务舆情回应有时限》，2016年8月13日。

续表

政务舆情	回应主体
涉及多个地方的政务舆情	上级政府主管部门是舆情回应的第一责任主体，相关地方按照属地管理原则进行回应
涉及多个部门的政务舆情	1. 相关部门按照职责分工做好回应工作，确保回应的信息准确一致，本级政府办公厅（室）会同宣传部门做好组织协调、督促指导工作； 2. 对特别重大的政务舆情，本级政府主要负责同志要指导、协调、督促相关部门做好舆情回应工作

2. 正面引导

2019 年，习近平总书记在十九届中央政治局第十二次集体学习中发表了《加快推动媒体融合发展 构建全媒体传播格局》的重要讲话，多次强调舆论引导工作与各媒介发展的关系，明确提出“让主流媒体借助移动传播，牢牢占据舆论引导、思想引领、文化传承、服务人民的传播制高点”“用主流价值导向驾驭‘算法’，全面提高舆论引导能力”①。近年来，我国政府不断完善与健全舆情应对机制，发挥权威媒体和意见领袖的引导作用，及时把握舆情引导的主动权，建立健全信息公开制度，实现舆情事态稳定正向发展。

以 2009 年杭州飙车案为例。2009 年 5 月，驾驶拼装三菱跑车飞速行驶的肇事者孙斌在杭州市文二路将大学生谭卓撞飞，后谭卓经抢救无效死亡。该事件多次引发舆论热潮，针对该事件，人民网强国论坛及时出面正向引导，对舆论引导起到了积极的推动作用。

3. 科学处置

当突发事件发生后，如何高效、科学地处置事件引发的社会舆情成为舆情治理的主要工作。近年来，重大突发事件呈现多发趋势，我国在舆情处置方面也取得了不少成功经验。

第一，领导批示有作为，及时稳定舆情发展趋势。2017 年 12 月，天津市城市大厦 38 层发生火灾，事后，《新京报》发表文章直指“消防隐患猛于火”，揭露出城市大厦存在的安全隐患，天津市委书记李鸿忠就此专门批示：要把这句话作为做好消防工作的工作理念和警鉴警戒②。李鸿忠在此次舆情事件的处理中妥当拿捏“分寸”，体现了政府勇于担当的品质，获得了舆论的广泛认可。

第二，兼顾全局统筹协调，科学引导舆论。各类舆情事件繁杂，决策工作部署和组织协调的难度较大，必须建立科学高效、责权分明的舆论引导指挥体系。在 2017 年 7 月 18 日的深圳滑坡事故处置中，宣传部门高度配合处置工作，在信息公开、新闻宣

① 人民网：《移动优先，让主流媒体牢牢占据制高点》，2019 年 1 月 30 日。

② 中国共产党新闻网：《李鸿忠作出批示把“消防隐患猛于火”作为消防工作理念和警鉴》，2017 年 12 月 3 日。

传、舆情发布等方面全方位统筹协调，整体把握工作基调，进一步确保了事故处置与舆论引导协调推进、良性互动，为后期的舆论引导工作提供了强有力的保障。

第三，主流媒体领衔发声，发挥舆论阵地作用。如今，主流媒体尤其是核心媒体在稳定舆情态势中发挥着不可小觑的作用，担起了舆论主导工作重担，搭建起了政府职能部门与社会公众沟通交流的桥梁。2015 年 6 月的“东方之星”沉船事件将首场新闻发布会定性为“救援新闻发布会”，顺应了公众心理，同时，《人民日报》、新华社、中央电视台等核心主流媒体统一口径推送信息，充分发挥核心主流媒体主发布渠道、主舆论阵地、主基调引领的作用，信息发布权威、针对性强，以理性和深度牢固占据了舆论制高点。

（三）协同治理意识逐渐提高

如今，突发事件社会治理活动的参与者既有各级政府部门，也有各企业和非政府组织，各要素处于一种互相协同的状态。在重大突发事件社会舆情的治理上，我国逐渐形成了跨层级协同、跨部门协同、跨地区协同的治理模式，取得了一定成效。

1. *跨层级协同*

当前，我国多元化、层次化的舆情治理格局已逐步形成。在横向层面，涵盖了党和政府等意识形态主管部门和权力机关、新闻媒体及其从业人员、社会组织和意见领袖；纵向层面，覆盖了从中央到地方各级党委政府、新闻媒体的舆论引导，逐步形成了跨层级协同治理的机制。

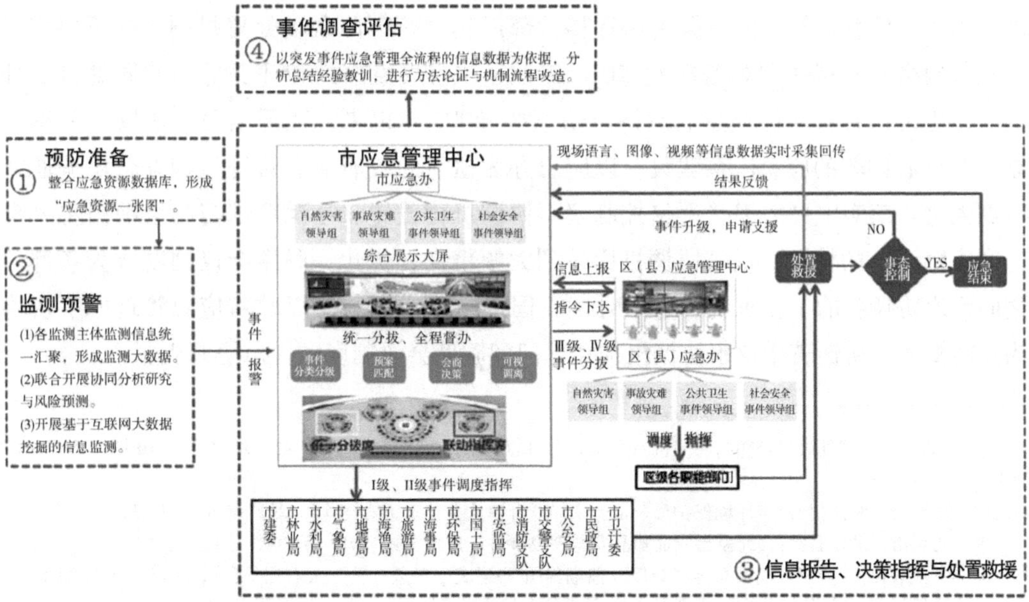

图 2－9　福州应急管理运行机制提升的建设方案

以福州市为例，福州应急管理的建设从运行机制出发，对福州城市突发事件跨层级联动性进行了优化提升。在市级建设市应急管理中心作为市级统一的应急管理指挥平台。同时，在区级建设区应急管理中心作为区级统一的应急管理指挥平台，区应急办是区应急管理中心的决策领导层。图 2－9 示意了以预防准备、监测预警、信息报告、决策指挥与处置救援、调查评估等环节组成的应急管理流程为牵引的市、区两级应急管理中心的联动工作场景模式，并引入了基于大数据的措施内容实现应急管理事前、事中、事后全流程优化。

2. 跨部门协同

面对我国舆情治理和政府管理的迫切需要，党的十七大报告提出要“健全部门间协调配合机制”，新一轮行政体制改革强调要“紧紧围绕转变职能和理顺职责关系，稳步推进大部制改革”①。在此基础上，我国恰当借鉴国外跨部门协同治理的理论及成功经验，构建了适合我国国情的中国特色跨部门协同机制，不断增强了舆情事件跨部门协同治理意识。

2009 年，山西省环保厅（现生态环境厅）与公安厅共同成立联合执法办公室②。2015 年，北京市构建了由市食品药品监管局牵头，市公安局、市农业农村局、市卫健委、市园林绿化局及北京出入境检验检疫局共同参与的食品药品安全跨部门应急协作与协调联动工作机制，并建立了应急信息沟通共享机制、应急信息通报机制、应急联合处置工作机制、应急技术人才交流机制、跨部门联合应急演练机制、联席会议和联络员制度③。2015 年，贵州省气象局与浪潮集团开展战略合作，汇集省内 18 个横向部门行业数据，创新气象应用服务④。2017 年 6 月，国家成立网络安全应急办，与公安部、工业和信息化部、国家保密局等相关部门建立跨部门联动处置机制，统筹协调组织国家网络安全事件应对工作⑤。2018 年，宁波市气象部门和环保部门共同签订了部门合作协议，共享环保部门监测站点信息⑥。2003 年以来，我国全面推进以“一案三制”为核心内容的应急体系建设，以应急办为枢纽的政府应急管理机构综合协调职能得到强化。落实中央关于“严格控制议事协调机构设置、涉及跨部门的事项由主办部门牵头协调”的精神，议事协调机构得到大幅精简、优化，联席会议制度成为各部门之间沟通协调新的工作机制。这一时期我国逐渐形成了一个以政府应急管理办事机构为运转枢纽、协调若干议事协调机构和部门间联席会议制度的应急协调机制⑦。

---

① 孙迎春：《国外政府跨部门协同机制及其对中国的启示》，《行政管理改革》，2013 年第 10 期，第 63—67 页。

② 黄河新闻网：《长治市环境保护局、市公安局联合执法办公室正式挂牌》，2017 年 4 月 29 日。

③ 北京市人民政府网：《北京市食品药品安全突发事件应急预案》，2015 年。

④ 中国数谷：《贵州省气象局再“会面”浪潮集团 将建成“气象万千”大数据平台》，2016 年 8 月 24 日。

⑤ 搜狐新闻：《国家网络安全应急办成立 负责跨部门跨地区协调》，2017 年 6 月 28 日。

⑥ 成都市人民政府网：《市环保与气象部门共同签署合作框架协议》，2018 年 11 月 30 日。

⑦ 钟开斌：《从强制到自主：中国应急协调机制的发展与演变》，《中国行政管理》，2014 年第 8 期，第114—119 页。

3. 跨区域协同

我国正处于社会经济发展转型的关键时期，各种突发性因素较多，并集中体现为跨区域社会舆情事件的频繁发生。近年来，我国为高效科学治理舆情逐步开展了区域应急合作的实践，总体而言，跨区域合作机制目前尚处于起步阶段，但各地区已经就此开始了积极的探索，其中泛珠三角区域的合作成绩突出。泛珠三角内地九省（区）从 2008 年开始策划开展应急管理区域合作。2009 年 9 月 2 日，泛珠三角区域内地九省（区）应急管理合作联席会议在南宁市召开。会议讨论通过《泛珠三角区城内地九省（区）应急管理合作协议》①，正式建立了我国第一个省际区域性应急管理联动机制，高效利用不同地区、部门的社会资源实施救援，使舆情事件带来的损失尽量降到最低。

泛珠三角区域内地九省区签署应急管理合作协议

中央政府门户网站 www.gov.cn 2009年09月02日 来源：新华社

【字体：大 中 小】【E-mail推荐 发送 】 打印本页 关闭窗口

新华社南宁9月2日电（记者刘晓莉）泛珠三角区域内地9省区2日召开应急管理合作联席会议第一次会议，各方代表共同签署了《泛珠三角区域内地九省区应急管理合作协议》，开展应急管理区域合作，共同提高应急管理水平。

根据合作协议要求，泛珠各方建立合作协调机制，建立泛珠三角区域内地9省区应急管理联席会议制度，建立专题工作小组和应急管理工作交流制度。各方重点在应急管理工作交流、理论研究、科技攻关、人才交流、平台建设等方面开展合作和交流。

合作协议的合作宗旨是，加强沟通与协调，采取平等自愿的原则，充分发挥各方的优势和特色，以促进合作、增进友谊、优势互补、共同提高为目的，相互尊重，平等互利，共同推进区域应急管理合作，提高突发事件处置能力，促进区域内应急管理工作水平的提升，实现应急管理资源的有效利用和合理共享。

图 2－10 泛珠三角洲区域内地九省区签署应急管理合作协议

二、舆情治理法制逐步完善

习近平总书记在党的十九届四中全会上提到“法治体系是国家治理体系的骨干工程”。近年来，我国高度重视重大突发事件社会舆情治理法治体系建设，统筹兼顾、把握重点、整体谋划，在国家法律法规、部门行政规章和地方规范性文件制定等方面都取得了一定成效，进一步推进了舆情治理现代化，为我国突发事件舆情治理相关工作提供了法律支持，使我国突发事件社会舆情治理工作有法可依。

（一）国家法律法规更加健全

当前，我国正处于社会转型的关键时期，舆情治理的国家法律法规体系日趋丰富

① 中华人民共和国中央人民政府网：《泛珠三角区域内地九省区签署应急管理合作协议（2009 年）》，2009 年 9 月 2 日。

和完善，突发事件相关法律逐渐增多，社会舆情相关法律初步成形，应急管理相关法律日益完善，从而更好地维护了舆情发展态势和社会公共利益，使舆情治理工作踏上了科学发展之路。

1. 突发事件相关法律法规

近年来，面对我国突发事件频发的社会现状，各级政府逐步提高了对突发事件相关法制工作的认识，自 2003 年非典事件发生以后，国家立法机关立足于解决现实需求，相继制定了一系列突发事件法律法规，为政府高效应对突发事件舆情治理工作开辟了新路径。根据中国法律检索系统——法律之星检索平台统计，2005 年至 2018 年我国共出台与突发事件相关的法律 72 部。其中，2009 年之前相关政策较少，受到 2008 年汶川地震等重大突发事件的影响，2009 年相关法律政策量达到 11 条，总体保持持续上升趋势（如图 2 – 11 所示）。

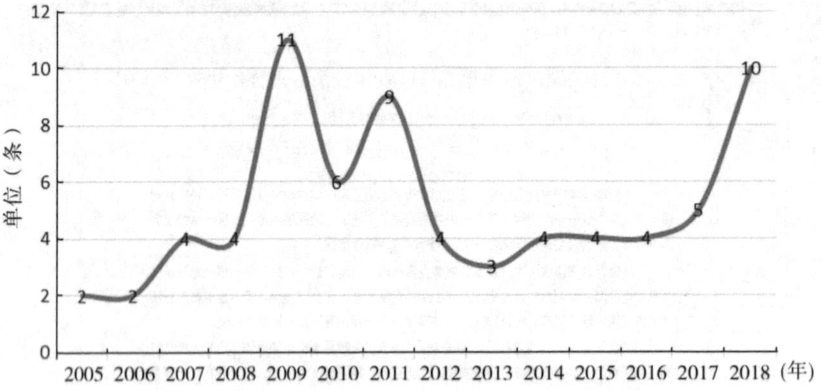

图 2 – 11　2005—2018 年“突发事件”法律数量统计

目前，我国法律层面已出台《中华人民共和国突发事件应对法》，其中共涉及预防与应急准备、监测与预警、应急处置与救援、事后恢复与重建等 7 章 70 条内容，并与宪法制定的紧急状态制度和有关突发事件的其他规定做了相应衔接。此外，国家层面相继出台了《中华人民共和国海洋环境保护法（2017 年修正）》《中华人民共和国水污染防治法》等法律文件，如表 2 – 6 所示。

表 2 – 6　“突发事件”主要法律法规

序号	法律文件	具体规定
1	《中华人民海洋环境保护法（2017 年修正）》	第十七条：因发生事故或者其他突发性事件，造成或者可能造成海洋环境污染事故的单位和个人，必须立即采取有效措施，及时向可能受到危害者通报，并向依照本法规定行使海洋环境监督管理权的部门报告，接受调查处理 第七十三条：（三）未取得海洋倾倒许可证，向海洋倾倒废弃物的；（四）因发生事故或者其他突发性事件，造成海洋环境污染事故，不立即采取处理措施的

续表

序号	法律文件	具体规定
2	《中华人民共和国水污染防治法》	第七十六条：各级人民政府及其有关部门，可能发生水污染事故的企业事业单位，应当依照《中华人民共和国突发事件应对法》的规定，做好突发水污染事故的应急准备、应急处置和事后恢复等工作 第七十八条：企业事业单位发生事故或者其他突发性事件，造成或者可能造成水污染事故的，应当立即启动本单位的应急方案，采取隔离等应急措施，防止水污染物进入水体，并向事故发生地的县级以上地方人民政府或者环境保护主管部门报告
3	《中华人民共和国红十字会法》	第十一条：（一）开展救援、救灾的相关工作，建立红十字应急救援体系。在战争、武装冲突和自然灾害、事故灾难、公共卫生事件等突发事件中，对伤病人员和其他受害者提供紧急救援和人道救助 第十二条：在战争、武装冲突和自然灾害、事故灾难、公共卫生事件等突发事件中，执行救援、救助任务并标有红十字标志的人员、物资和交通工具有优先通行的权利
4	《中华人民共和国国家安全法》	第二十九条：国家健全有效预防和化解社会矛盾的体制机制，健全公共安全体系，积极预防、减少和化解社会矛盾，妥善处置公共卫生、社会安全等影响国际安全和社会稳定的突发事件，促进社会和谐，维护公共安全和社会安定
5	《中华人民共和国银行业监督管理法》	第二十八条：国务院银行业监督管理机构应当建立银行业突发事件的发现、报告岗位责任制度 第二十九条：国务院银行业监督管理机构应当会同中国人民银行、国务院财政部门等有关部门建立银行业突发事件处置预案，制定银行业突发事件处置预案，明确处置机构和人员及其职责、处置措施和处置程序，及时、有效地处置银行业突发事件

2. 社会舆论相关法律法规

社会舆论与法制建设是现代社会舆情治理的两股重要力量。在信息高速发展的时代，社会舆论对舆情治理工作发挥着越来越大的作用，各级立法、司法、执法部门高度配合，逐步健全完善了社会舆论相关法律法规。根据中国法律检索系统——法律之星检索平台统计，2005 年以来，提及舆论、舆情的相关法律政策共计 42 条。2008 年及 2012 年“舆情”相关法律数量为 0，总体提及舆情的法律数量较少，呈现上升趋势（如图 2－12 所示）。

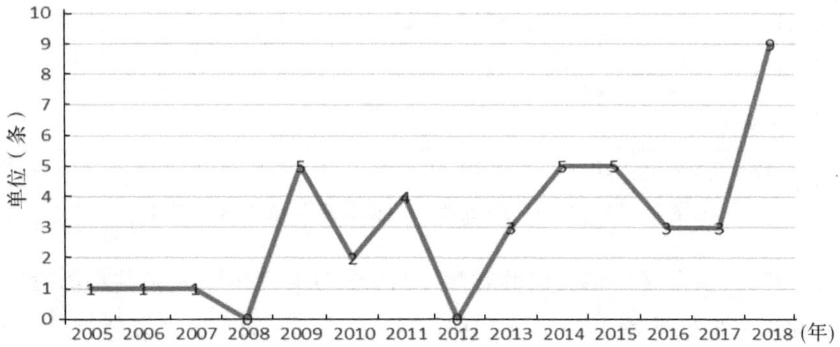

图 2－12　2005—2018 年“舆论”法律数量统计

目前，我国法律层面已出台《中华人民共和国监察法》《中华人民共和国慈善法》《中华人民共和国食品安全法》《中华人民共和国环境保护法（2014 年修订）》等 42 部“舆论”相关法律（如表 2 –7 所示）。

表 2 –7 “舆论”相关法律法规

序号	法律文件	具体规定
1	《中华人民共和国监察法》	第五十四条：监察机关应当依法公开监察工作信息，接受民主监督、社会监督、舆论监督
2	《中华人民共和国公共文化服务保障法》	第五十七条：各级人民政府及有关部门应当及时公开公共文化服务信息，主动接受社会监督。新闻媒体应当积极开展公共文化服务的宣传报道，并加强舆论监督
3	《中华人民共和国安全生产法》	第七十四条：新闻、出版、广播、电影、电视等单位有进行安全生产公益宣传教育的义务，有对违反安全生产法律、法规的行为进行舆论监督的权利
4	《中华人民共和国消费者权益保护法》	第七条：保护消费者的合法权益是全社会的共同责任。国家鼓励、支持一切组织和个人对损害消费者合法权益的行为进行社会监督。大众传播媒介应当做好维护消费者合法权益的宣传，对损害消费者合法权益的行为进行舆论监督

3. 应急管理相关法律法规

2008 年汶川特大地震的发生给我国应急管理工作带来了严峻挑战。2008—2018 年，我国应急管理在法律法规建设方面取得了长足进步，尤其是党的十八大以来，随着全面依法治国战略的深入实施，应急管理工作已经全面步入法治轨道。根据中国法律检索系统——法律之星检索平台统计，2005 年至 2018 年，应急管理的相关法律政策共计 129 部，体现出我国对应急管理工作的重视（如图 2 –13 所示）。

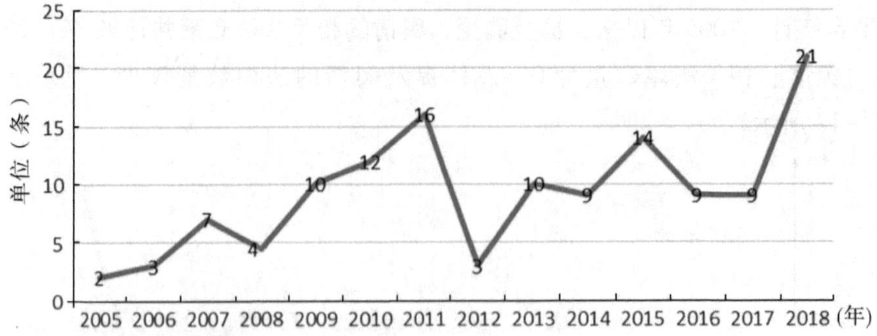

图 2 –13 2005—2018 年“应急管理”法律数量统计

目前，我国已出台《中华人民共和国疫苗管理法》《中华人民共和国食品安全法》《中华人民共和国野生动物保护法（2018 年修正）》等 129 部“应急管理”相关法律（如表 2 –8 所示）。

表 2－8　“应急管理”相关法律法规

序号	文件名称	具体规定
1	《中华人民共和国海洋环境保护法（2017 年修正本）》	第十八条：国家根据防止海洋环境污染的需要，制定国家重大海上污染事故应急计划 国家海洋行政主管部门负责制定全国海洋石油勘探开发重大海上溢油应急计划，报国务院环境保护行政主管部门备案
2	《中华人民共和国核安全法》	第五十四条：国家设立核事故应急协调委员会，组织、协调全国的核事故应急管理工作 第五十七条：国家建立核事故应急准备金制度，保障核事故应急准备与响应工作所需经费。核事故应急准备金管理办法，由国务院制定
3	《中华人民共和国水污染防治法》	第七十条：单一水源供水城市的人民政府应当建设应急水源或者备用水源，有条件的地区可以开展区域联网供水 第七十六条：各级人民政府及其有关部门，可能发生水污染事故的企业事业单位，应当依照《中华人民共和国突发事件应对法》的规定，做好突发水污染事故的应急准备、应急处置和事后恢复等工作 第七十七条：可能发生水污染事故的企业事业单位，应当制定有关水污染事故的应急方案，做好应急准备，并定期进行演练
4	《中华人民共和国网络安全法》	第二十五条：网络运营者应当制定网络安全事件应急预案，及时处置系统漏洞、计算机病毒、网络攻击、网络侵入等安全风险；在发生危害网络安全的事件时，立即启动应急预案，采取相应的补救措施，并按照规定向有关主管部门报告
5	《中华人民共和国海洋环境保护法》	第十八条：国家根据防止海洋环境污染的需要，制定国家重大海上污染事故应急计划

（二）部门行政规章更加完善

国家层面法律法规的颁布，使得公众可以更加便捷地获取政府的相关信息。与此同时，国务院各有关部门，依法按照部门规章制定程序制定发布了一系列行政规章。从目前我国重大突发事件舆情治理的实践来看，我国在突发事件舆情治理方面的部门行政法规更加完善，加速推进了我国重大突发事件舆情治理的法制化进程。

1. 舆情应对部门行政规章

如今，各类重大突发事件借助互联网等媒介迅速传播，互联网成为信息集散地和社会舆情放大器。为了及时、高效控制舆情的进一步蔓延和扩张，我国不断建章立制，加强管理，强化舆情应对体系建设。根据中国法律检索系统——法律之星检索平台统计，2005 年至 2018 年，我国舆情应对的相关行政规章共计 29 条。2016 年之前数量较少，此后逐渐增多，表明我国对舆情应对工作的重视程度不断增强。

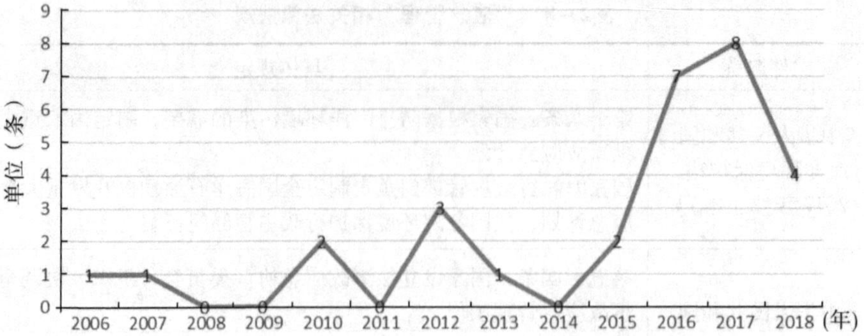

图 2－14　2006—2018 年"舆情应对"行政规章数量统计

我国已经出台了《重大行政决策程序暂行条例》《国务院关于落实〈政府工作报告〉重点工作分工的意见》《国务院关于加强困境儿童保障工作的意见》《国务院第三次全国国土调查领导小组办公室关于印发〈第三次全国国土调查实施方案〉的通知》《国务院教育督导委员会办公室关于进一步加强中小学（幼儿园）安全工作的紧急通知》等"舆情应对"相关的行政法规（如表 2－9 所示）。

表 2－9　"舆情应对"主要行政规章

序号	文件名称	具体规定
1	《重大行政决策程序暂行条例》	第二十三条：开展风险评估，可以通过舆情跟踪、重点走访、会商分析等方式，运用定性分析与定量分析等方法，对决策实施的风险进行科学预测、综合研判
2	《国务院关于加强困境儿童保障工作的意见》	第四点第三条：强化宣传引导。大力弘扬社会主义核心价值观和中华民族恤孤慈幼的传统美德，鼓励、倡导、表彰邻里守望和社区互助行为，宣传报道先进典型，发挥示范带动作用。建立健全舆情监测预警和应对机制，及时妥善回应社会关切
3	《国务院关于加强食品安全工作的决定》	第二点第五条：健全食品安全工作机制。规范食品安全信息报告和信息公布程序，重视舆情反映，增强分析处置能力，及时回应社会关切。加大对食品安全的督促检查和考核评价力度，完善食品安全工作奖惩约束机制
4	《国务院关于进一步加强防震减灾工作的意见》	第七点第二十六条：做好信息发布和舆论引导。完善地震信息发布制度，加强信息发布、新闻报道工作的组织协调。建立健全重大地震灾害舆情收集和分析机制，提高主要新闻单位地震突发新闻报道快速反应能力。建立地震谣言应对机制，及时澄清不实报道和传闻

2. 突发事件部门行政规章

近年来，各类突发公共事件的频繁发生给突发事件舆情的应对处理提供了丰富的经验，我国要高度重视突发事件法制体系的建立，提高应急效能。根据中国法律检索系统——法律之星检索平台统计，2005 年至 2018 年，我国共出台"突发事件"相关部门行政规章 167 条。2006 年和 2012 年出台文件数量较多（如图 2－15 所示）。

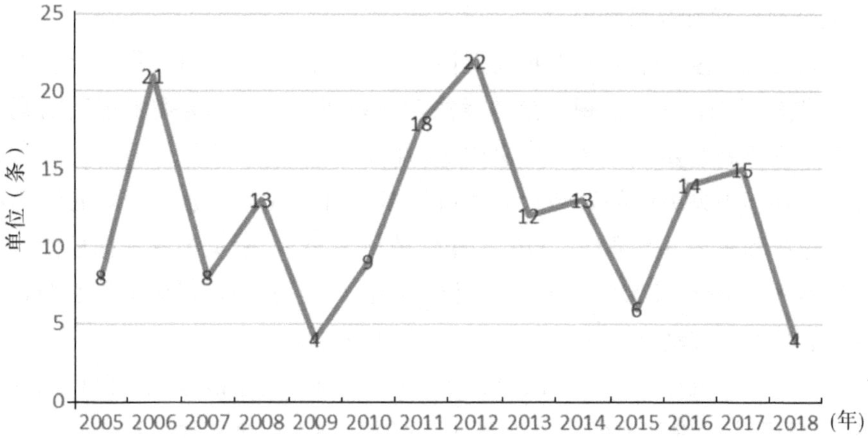

图 2－15　2005—2018 年“突发事件”部门行政规章数量统计

我国已经出台了《生产安全事故应急条例》《国内水路运输管理条例（2017 年修订）》《中央储备粮管理条例（2016 年修订）》《城镇排水与污水处理条例》《长江三峡水利枢纽安全保卫条例》《铁路安全管理条例》等“突发事件”相关行政法规（如表 2－10 所示）。

表 2－10　“突发事件”主要部门行政规章

序号	文件名称	具体规定
1	《国务院关于修改〈烈士褒扬条例〉的决定》	第八条：公民牺牲符合下列情形之一的，评定为烈士： （一）在依法查处违法犯罪行为、执行国家安全工作任务、执行反恐怖任务和处置突发事件中牺牲的
2	《生产安全事故应急条例》	第三十一条：生产经营单位未对应急救援器材、设备和物资进行经常性维护、保养，导致发生严重生产安全事故或者生产安全事故危害扩大，或者在本单位发生生产安全事故后未立即采取相应的应急救援措施，造成严重后果的，由县级以上人民政府负有安全生产监督管理职责的部门依照《中华人民共和国突发事件应对法》有关规定追究法律责任
3	《国内水路运输管理条例（2017 年修订）》	第二十三条：水路运输经营者应当依照法律、行政法规和国家有关规定，优先运送处置突发事件所需的物资、设备、工具、应急救援人员和受到突发事件危害的人员，重点保障紧急、重要的军事运输
4	《中央储备粮管理条例（2016 年修订）》	第三十八条：出现下列情况之一的，可以动用中央储备粮： （一）全国或者部分地区粮食明显供不应求或者市场价格异常波动； （二）发生重大自然灾害或者其他突发事件需要动用中央储备粮
5	《城镇排水与污水处理条例》	第四十条：排水户因发生事故或者其他突发事件，排放的污水可能危及城镇排水与污水处理设施安全运行的，应当立即采取措施消除危害，并及时向城镇排水主管部门和环境保护主管部门等有关部门报告

3. 应急救援部门行政规章

重大事故应急救援工作是关乎我国舆情治理工作的重要方面。我国应急管理部自2018 年 3 月组建以来，高度重视应急救援法律体系建设，原部党委书记黄明同志明确指出，要适应新体制新要求，必须加快创建新的制度，把习近平总书记关于应急管理方面的重要论述和中央决策部署转化为系统完备、科学规范、运行有效的法律制度体系，以法治思维和法治方式推动应急管理事业改革发展①。根据中国法律检索系统——法律之星检索平台统计，2005 年以来，我国共出台“应急”相关部门行政规章 407 条。总量较多，总体呈现波动上升趋势（如图 2－16 所示）。

我国已经出台了《生产安全事故应急条例》《铁路交通事故应急救援和调查处理条例（2012 年修订）》《国家地震应急预案（2012 修订）》《国家食品安全事故应急预案（2011 修订）》《电力安全事故应急处置和调查处理条例》《核电厂核事故应急管理条例（2011 年修订）》《破坏性地震应急条例（2011 年修订）》《突发公共卫生事件应急条例（2011 年修订）》等“应急管理”相关行政规章（如表 2－11 所示）。

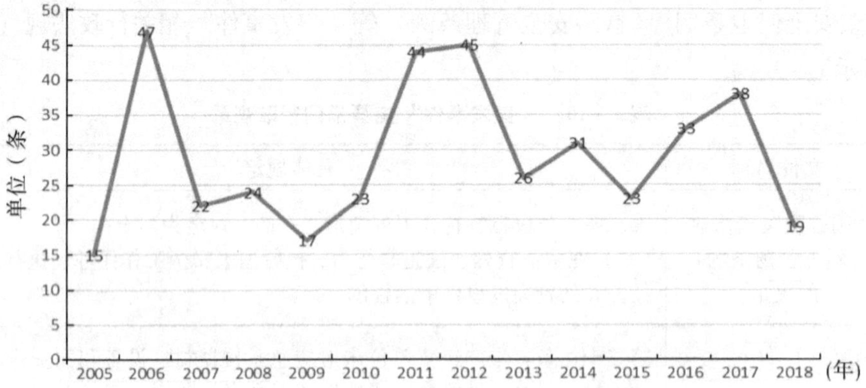

图 2－16　2005—2018 年“应急救援”部门行政规章数量统计

表 2－11　“应急救援”主要部门行政规章

序号	文件名称	具体规定
1	《生产安全事故应急条例》	第六条：生产安全事故应急救援预案应当符合有关法律、法规、规章和标准的规定，具有科学性、针对性和可操作性，明确规定应急组织体系、职责分工以及应急救援程序和措施
2	《铁路交通事故应急救援和调查处理条例（2012 年修订）》	第二十条：事故发生后，国务院铁路主管部门、铁路管理机构、事故发生地县级以上地方人民政府或者铁路运输企业应当根据事故等级启动相应的应急预案；必要时，成立现场应急救援机构 第二十一条：现场应急救援机构根据事故应急救援工作的实际需要，可以借用有关单位和个人的设施、设备和其他物资

① 中国政府网：《〈条例〉是应急管理法律体系中安全生产领域的配套法规》，2019 年 3 月 1 日。

续表

序号	文件名称	具体规定
3	《国家地震应急预案（2012 修订）》	1.4：抗震救灾工作坚持统一领导、军地联动，分级负责、属地为主，资源共享、快速反应的工作原则。地震灾害发生后，地方人民政府和有关部门立即自动按照职责分工和相关预案开展前期处置工作。省级人民政府是应对本行政区域特别重大、重大地震灾害的主体。视省级人民政府地震应急的需求，国家地震应急给予必要的协调和支持
4	《国家食品安全事故应急预案（2011 修订）》	2.4：指挥部办公室承担指挥部的日常工作，主要负责贯彻落实指挥部的各项部署，组织实施事故应急处置工作；检查督促相关地区和部门做好各项应急处置工作，及时有效地控制事故，防止事态蔓延扩大；研究协调解决事故应急处理工作中的具体问题；向国务院、指挥部及其成员单位报告、通报事故应急处置的工作情况；组织信息发布。指挥部办公室建立会商、发文、信息发布和督查等制度，确保快速反应、高效处置
5	《电力安全事故应急处置和调查处理条例》	第十三条：电力企业应当按照国家有关规定，制定本企业事故应急预案。电力监管机构应当指导电力企业加强电力应急救援队伍建设，完善应急物资储备制度

（三）地方规范文件逐步增多

为了进一步响应上级重大突发事件治理工作的实施，地方政府在舆情应对规范文件、突发事件规范文件和应急管理规范文件的制定方面也有了长足的发展，坚持走正确引导舆情、传递法制正能量的科学治理道路。

1. 舆情应对地方规范文件

面对近年来舆情危机频发的现状，作为舆情应对核心主体的各行政部门高度关注，与过去传统应对效度相比，舆情应对在法制建设、处理态度和反应速度方面都有大大的提高。根据中国法律检索系统——法律之星检索平台统计，2005 年至 2018 年，我国共出台“舆情应对”地方性范性文件 14198 条。

图 2－17　2005—2018 年“舆情应对”地方规范性文件数量统计

我国已经出台了《上海保监局关于加强上海地区舆情风险监管的通知》《陕西省生态环境厅办公室关于印发〈陕西省生态环境厅舆情管理处置办法〉的通知》《淄博市水利与渔业局关于进一步做好舆情工作的通知》《山东省人民政府办公厅关于进一步做好政务舆情工作的通知》《南昌市教育局关于印发〈南昌市教育局市委巡察组巡察期间信访舆情工作实施方案〉的通知》《宁夏回族自治区统计局办公室关于印发〈自治区统计局统计舆情监测与应对实施方案〉的通知》等"舆情"相关地方规范性文件（如表2－12所示）。

表2－12　"舆情"主要地方规范性文件

序号	文件名称	具体规定
1	《上海保监局关于加强上海地区舆情风险监管的通知》	舆情风险及其分级：舆情风险是指由保险机构的经营管理或外部事件原因导致产生负面舆情，从而造成损失的风险
2	《北京市人民政府办公厅关于做好政务舆情信息报送和管理工作的意见》	三、建立健全政务舆情信息常态化管理工作机制 1. 建立政务舆情信息收集机制。2. 建立政务舆情信息分析机制。3. 建立政务舆情信息分类归口报送机制。4. 建立政务舆情信息内部管理制度
3	《陕西省生态环境厅办公室关于印发〈陕西省生态环境厅舆情管理处置办法〉的通知》	第1条：为加强对全省生态环境保护系统舆情收集处置管理，确保妥善处理媒体和群众反映的环境问题，有效引导社会舆论 第2条：舆情收集与处置是为了营造良好的生态环境舆论氛围，增加了解社情民意的桥梁和纽带，推进政府信息公开和阳光政务，听取人民群众意见和建议、同时接受人民群众监督。舆情收集与处置必须坚持"及时响应、为民服务、树立形象"原则
4	《淄博市水利与渔业局关于进一步做好舆情工作的通知》	各单位应明确分管责任人、相关科室和人员负责舆情工作。对涉及市级重要水利行政决策的政务舆情，局属有关单位、局机关有关科室是第一责任主体。 对特别重大的政务舆情，由市局成立由相关领导为组长的工作组直接领导相关单位做好舆情处置工作。涉及区县水务部门的政务舆情，按"属地管理、分级负责"的原则进行回应，涉事责任单位是第一责任主体
5	《山东省人民政府办公厅关于进一步做好政务舆情工作的通知》	省政府办公厅将对各市、各部门政务舆情工作开展情况进行评估，开展不定期检查，按照既有工作机制做好考核工作。视情不定期对政务舆情回应、处置情况进行通报。对重大政务舆情处置不得力、回应不妥当、报告不及时的涉事单位及相关人员，予以通报批评或约谈整改

2. 突发事件地方规范文件

鉴于一些法律法规虽然不是直接针对突发事件的预防和紧急应对的，但也与紧急应对有一定的关系，这些法规中也需要地方政府建立健全各项配套文件规定，因此，此处也将这部分文件规定统计在内。根据中国法律检索系统——法律之星检索平台统计，2005 年至 2018 年，我国共出台“突发事件”相关地方规范文件 50412 条。（如图 2－18 所示）。

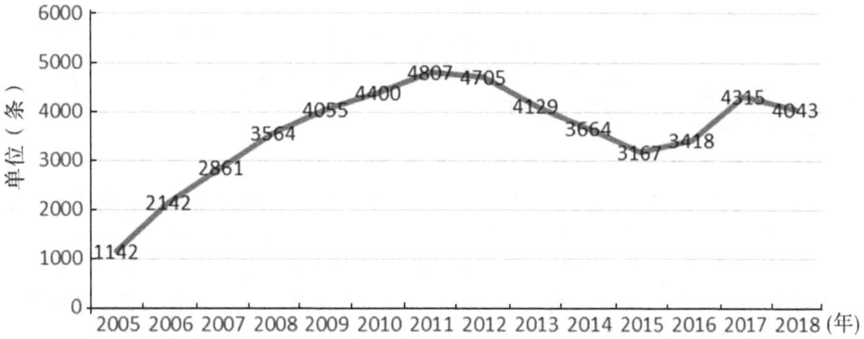

图 2－18　2005—2018 年“突发事件”地方规范性文件数量统计

我国已经出台了《上海市质量技术监督局计量突发事件应急预案》《北京市突发事件应急委员会关于印发〈北京西站地区突发事件总体应急预案（2018 年修订)〉的通知》《深圳市人民政府应急管理办公室关于印发〈深圳市突发事件应急管理专家组管理办法〉的通知》《上海市交通委员会关于发布〈上海交通行业生产安全突发事件信息报告规定〉的通知》等“突发事件”地方规范性文件（如表 2－13 所示）。

表 2－13　“突发事件”主要地方规范性文件

序号	文件名称	具体规定
1	《上海市质量技术监督局计量突发事件应急预案》	2. 2 办事机构 市局计量应急工作组下设办公室（简称市局计量应急办），设在市局计量处，办公室主任由市局计量处处长担任，副主任由市局办公室、市局政策法规处、市稽查总队和市计测院等负责同志以及市局计量处分管处长担任。成员由市局计量处、市局办公室、市局法规处等处室及市稽查总队、市计测院等技术机构相关工作人员组成
2	《北京市突发事件应急委员会关于印发〈北京西站地区突发事件总体应急预案（2018 年修订)〉的通知》	1. 1. 3 制定本预案，对于积极防范和处置各类突发事件，增强北京西站地区应急处置能力，确保北京西站地区公共安全，提高城市现代化管理水平具有重要意义
3	《深圳市人民政府应急管理办公室关于印发〈深圳市突发事件应急管理专家组管理办法〉的通知》	专家组工作主要包括以下内容： 接受委托，参与突发事件风险评估、会商，提出防范对策，健全城市安全运行风险评价机制； 应邀参与对特别重大或者重大突发事件进行分析，研判和应急处置，参与突发事件事后评估工作以及总结应对突发事件工作经验

续表

序号	文件名称	具体规定
4	《上海市交通委员会关于印发〈上海交通行业生产安全突发事件信息报告规定〉的通知》	第九条：（报告程序） （二）相关行业管理部门接报信息后，应在规定时间内填写《上海交通行业生产安全突发事件信息报送稿》（见附件3）报委指挥中心，并做好续报工作
5	《上海市人民政府办公厅关于印发〈上海市突发事件信息报告工作管理办法〉的通知》	第七条：区县政府、市政府部门和市级基层应急管理单元、市级专项应急指挥部办公室是向市政府报告突发事件信息的责任主体，其值守应急机构是负责本单位突发事件信息报告的责任部门，值守应急机构负责人是负责本单位突发事件信息收集、分析、报告等综合管理工作的第一责任人

3. 应急管理地方规范性文件

我国城市发展已进入快速增长时期，有效的突发事件应急管理法制体系既是舆情治理保障体系的重要组成部分，也是衡量政府舆情应急管理系统有效性的重要指标。根据中国法律检索系统——法律之星检索平台统计，2005 年至 2014 年，我国共出台“应急管理”相关地方规范性文件 92428 条（如图 2－19 所示）。

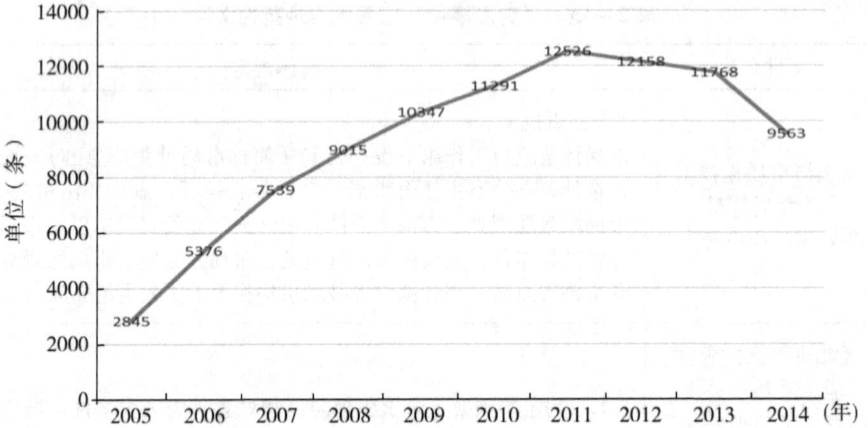

图 2－19 2005—2014 年“应急管理”地方规范性文件数量统计

我国已经出台了《上海市卫生和计划生育委员会关于开展 2014 年度疾病预防控制、妇幼保健（计划生育基层指导）、食品安全标准和风险监测评估、卫生应急管理等工作联合考核的通知》《北京市安全生产监督管理局关于结合企业安全生产标准化建设强化安全生产应急管理工作的通知》《北京市旅游发展委员会关于开展北京市旅游安全与应急管理系统填报工作的通知》《河北煤矿安全监察局关于印发 2015 年安全生产应急管理工作要点的通知》等“应急管理”地方规范性文件（如表 2－14 所示）。

表 2－14　“应急管理”主要地方规范性文件

序号	文件名称	具体规定
1	《上海市卫生和计划生育委员会关于开展 2014 年度疾病预防控制、妇幼保健（计划生育基层指导）、食品安全标准和风险监测评估、卫生应急管理等工作联合考核的通知》	邀请疾病预防控制、妇幼保健、食品安全、应急管理等领域专家，听取现场汇报并提问。提问交流时间 5 分钟
2	《北京市安全生产监督管理局关于结合企业安全生产标准化建设强化安全生产应急管理工作的通知》	要加大对标准化评审和考评环节的监督，按照《北京市安全生产监督管理局关于开展生产经营单位安全生产应急管理专项检查工作的指导意见》（京安监发〔2014〕21 号）要求，依法加强企业安全生产应急管理工作的监管监察，针对达标企业在安全生产标准化建设中存在的没有开展风险评估、应急资源调查登记、应急能力评估等工作，以及停机员体系不全、专项应急预案和现场处置方案种类不全、应急预案实用性和针对性不强、应急响应不及时、应急资源准备不足、应急队伍管理不规范等突出问题，要督促企业整改到位
3	《北京市旅游发展委员会关于开展北京市旅游安全与应急管理系统填报工作的通知》	高度重视基础信息采集工作。采集信息将作为本市旅游行业安全与应急管理重要工作依据以及北京市旅游产业运行监测指挥调度中心建设和应用的重要依据，请各区县旅游委切实担负起组织和督促责任，认真开展专题部署和信息审核工作。
4	《新疆维吾尔自治区人民政府办公厅关于印发新疆维吾尔自治区 2015 年应急管理工作要点的通知》	应急管理工作涵盖突发事件的预防与应急准备、监测与预警、应急处理与救援、事后恢复与重建四个阶段，涉及 60 多个成员单位和部门，业务系统庞大而复杂，仅靠一级政府一个部门难以形成合力，各地、各部门要主动作为、凝心聚力、合力攻关，成熟一项出台一项，不断健全和完善应急管理工作的保障体系。
5	《河北煤矿安全监察局关于印发 2015 年安全生产应急管理工作要点的通知》	探索新形势下做好应急管理工作的新思路、新方法、新措施。积极与国家应急救援指挥中心联系，依托国家基地（国家应急救援开滦队），加强应急管理基础理论和应用理论研究，加大与高校及科研院所合作，构建具有我省煤矿特色的应急管理理论体系，指导工作实践。

三、舆情组织机构日渐增多

组织机构是我国应急管理体系的重要组成主体，它既是应急管理职能和应急指挥权的物质载体，也是应急管理体制机制的重要组成部分①。我国高度重视舆情组织机构

① 蔡立辉，董慧明：《论机构改革与我国应急管理事业的发展》，《行政论坛》，2018 年第 5 期，第 17—23 页。

建设，使得应急组织机制更加高效、舆情组织机构日益健全、舆情应对部门更加系统、舆情监测机构更加丰富。

（一）应急管理机构继续完善

突发事件舆情应急管理是突发事件处置的一部分，舆情组织建设离不开健全的应急组织机制。中华人民共和国成立以来，我国逐步扩大应急管理范围，目前已涵盖自然灾害、事故灾害、公共卫生事件、社会安全事件等多个方面，自 2008 年起，我国应急管理工作进入到综合应急管理模式。

1. 中央组建应急管理部

2018 年 3 月，应急管理部干部大会在北京召开，会议通过了《国务院机构改革方案》，将国家安全生产监督总局的职责，国务院办公厅的应急管理职责，公安部的消防管理职责，民政部的救灾职责，国土资源部（现自然资源部）的地质灾害防治、水利部的水旱灾害防治、农业部（现农业农村部）的草原防火、国家林业局的森林防火相关职责，中国地震局的震灾应急救援职责以及国家防汛抗旱总指挥部、国家减灾委员会、国务院抗震救灾指挥部、国家森林防火指挥部的职责整合，组建应急管理部（如图 2 – 20 所示）。作为国务院组成部门，应急管理部整合多部门公共安全职能，领导分工明确，是我国在国家公共安全领域治理能力和治理体系现代化的又一重大成就，标志着我们国家的安全生产应急管理进入了一个新阶段，使得突发事件舆情应对更为迅速高效①。

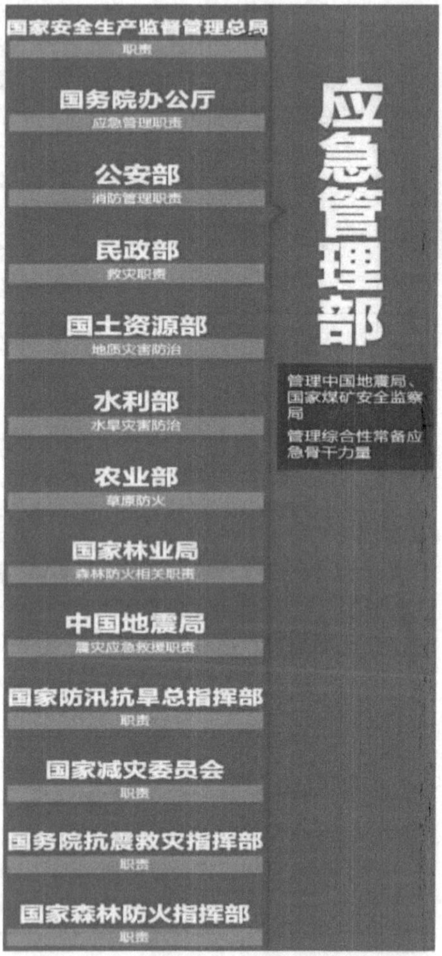

图 2 – 20　国务院组成部门调整——应急管理部调整结构图

2. 各省组建应急管理厅

继中华人民共和国应急管理部成立后，各省也在此基础上逐步建立起应急管理厅，总体上对应应急管理部的职责划分，将相关部门职责进行整合。截至 2018 年 11 月 30 日，我国已有 27 个省（自治区）组建了应急管理厅（如表 2 – 15 所示）。

① 光明网：《中共中央印发〈深化党和国家机构改革方案〉（2018 年）》，2018 年 3 月 21 日。

表 2-15　我国 27 省（自治区）应急管理厅

省应急管理厅	成立时间
海南省应急管理厅	2018 年 9 月 29 日
吉林省应急管理厅	2018 年 10 月 18 日
山西省应急管理厅	2018 年 10 月 25 日
黑龙江省应急管理厅	2018 年 10 月 25 日
云南省应急管理厅	2018 年 10 月 25 日
浙江省应急管理厅	2018 年 10 月 25 日
江苏省应急管理厅	2018 年 10 月 26 日
广东省应急管理厅	2018 年 10 月 27 日
湖南省应急管理厅	2018 年 10 月 29 日
山东省应急管理厅	2018 年 10 月 30 日
甘肃省应急管理厅	2018 年 10 月 30 日
江西省应急管理厅	2018 年 11 月 3 日
河北省应急管理厅	2018 年 11 月 4 日
福建省应急管理厅	2018 年 11 月 6 日
辽宁省应急管理厅	2018 年 11 月 6 日
四川省应急管理厅	2018 年 11 月 7 日
内蒙古自治区应急管理厅	2018 年 11 月 12 日
陕西省应急管理厅	2018 年 11 月 13 日
湖北省应急管理厅	2018 年 11 月 13 日
广西壮族自治区应急管理厅	2018 年 11 月 13 日
宁夏回族自治区应急管理厅	2018 年 11 月 14 日
西藏自治区应急管理厅	2018 年 11 月 18 日
贵州省应急管理厅	2018 年 11 月 20 日
安徽省应急管理厅	2018 年 11 月 27 日
青海省应急管理厅	2018 年 11 月 29 日
河南省应急管理厅	2018 年 11 月 29 日
新疆维吾尔自治区应急管理厅	2018 年 11 月 30 日

最先挂牌成立的是海南省应急管理厅。《海南省机构改革实施方案》规定，省应急管理厅将承担省安全生产监督管理局的安全生产、省政府办公厅的应急管理、省公安厅的消防管理、省民政厅的救灾、省国土资源厅的地质灾害防治、省林业厅的森林防火、省水务厅的防汛防风防旱、省海洋与渔业厅的海洋预报减灾等职责，是海南省机构改革中牵连面较广、改革力度较大的部门。此后，吉林、山西、黑龙江、浙江、云南、江苏、广东、湖南、山东、甘肃、江西、河北、辽宁、福建、四川等27个省（自治区）的应急管理厅相继挂牌成立。

3. 各市组建应急管理局

2018年10月，重庆市应急管理局首先挂牌成立，将市安全生产监督管理局的职责以及市政府办公厅的应急管理职责，市公安局的消防管理职责，市民政局的救灾职责，市煤炭工业管理局的煤矿安全监管职责，市国土资源和房屋管理局的地质灾害防治、市水利局的水旱灾害防治、市农业委员会的草原防火、市林业局的森林防火相关职责，市自然灾害应急指挥部的职责，市防汛抗旱指挥部、市地质灾害抢险救援指挥部、市抗震救灾指挥部、市森林防火指挥部的职责等整合，组建市应急管理局，作为市政府组成部门，按中央有关改革部署实施①。

表2－16　直辖市应急管理局

应急管理局	成立时间
重庆市应急管理局	2018年10月25日
北京市应急管理局	2018年11月16日
上海市应急管理局	2018年11月29日
天津市应急管理局	2018年11月30日

我国大多数市（区）已顺利组建应急管理局，进一步扩大了我国舆情应急管理队伍。

（二）舆情监测机构开始设立

在互联网环境下，舆情发展变幻莫测，亟须加强舆情监测。我国不断建立健全以主流媒体、高校机构、公司企业为主的舆情监测机构，取得了一定成绩。

1. 主流媒体的舆情监测机构

在信息爆发的互联网时代，各主流媒体纷纷利用其专业优势参与舆情治理，为政府部门提出应对之策。当前，主流媒体的舆情监测机构主要有人民网舆情数据中心、新华网“舆情在线”、正义网舆情监控系统等（如表2－17所示）。

---

① 重庆市应急管理局：《重庆市应急管理局挂牌》，2018年10月26日。

表 2－17　主要主流媒体的舆情监测机构

监测机构	主要介绍
人民网舆情数据中心	人民网舆情数据中心成立于 2008 年 7 月，目前已逐步建立起完备的舆情监测网络。通常以各类社会热点突发事件及舆情话题为切入点邀请事件当事人、领域专家、政府新闻发言人等多方主体，通过“舆情会商室”与网友在线交流，理清事件脉络，总结舆情事件处理的经验教训，定性定量相结合反映社情民意，为突发事件和舆情治理工作提供指导
新华网“舆情在线”	新华网“舆情在线”是我国领先从事网络舆情监测分析服务的机构之一，自 2003 年以来，持续为中央有关部门提供舆情报告。“舆情在线”涵盖网络监测和微博监测两大核心系统，利用客户端服务、手机服务、PC 端服务等平台，对网络媒体、电视媒体等范围实时监测。目前已推出全国乃至全球网络舆情、电视台舆情监测研判业务、危机公关和舆论引导等系列产品及服务
正义网舆情监控系统	正义网舆情监控系统通过监测分析政法领域相关数据，能够精确抓取海量网络信息中的政府领域舆情信息，同时进行技术层面的初级舆情趋势研判

除人民网舆情监测室、新华网“舆情在线”、正义网舆情监控系统外，还有法制网舆情监测平台、中国警察网舆情监测平台等主流媒体舆情监测系统。这些舆情监测系统效率高、专业性强、发展迅速，定量反映分析社情民意，对时事热点和受众心理变化的敏感度高，持续为政府部门舆情治理工作提供较为专业的指导。

2. 高校的舆情监测机构

高校或学术机构专业学术能力更为突出，相对其他类型舆情监测机构而言，在舆情事件变化和发展方面总结归纳与梳理研判能力更强。当前，高校舆情监测机构主要有中国传媒大学网络舆情研究所、中国人民大学舆论研究所、上海交通大学舆情研究实验室、复旦大学舆情研究实验室（如表 2－18 所示）。

表 2－18　主要高校的舆情监测机构

监测机构	主要介绍
中国传媒大学网络舆情研究所	中国传媒大学网络舆情研究所成立于 2005 年 12 月，是我国领先的致力于为政府机构和企事业单位提供舆情信息咨询的机构之一。其研究领域覆盖了舆情危机预警、社会舆论分析、舆情公关活动等，并且不定期出版舆情信息报告，举办交流论坛，为科教单位、企事业单位、政府等相关组织持续提供公关舆情咨询
中国人民大学舆论研究所	中国人民大学舆论研究所成立于 1986 年 10 月，是我国首家舆论调查与研究机构，于 2008 年 12 月正式踏足舆情监测领域。其工作基于人大—方正舆情监测平台开展，实时采集新闻网站、论坛等平台信息，对抓取的舆情数据进行分析，通过构建热点舆情事件的网络舆情指数，可在一个测量工具和测量层面上测量每个网络事件的影响力系数，并在此基础上对事件进行加权运算，进而得出中国社会的舆情运行整体态势

续表

监测机构	主要介绍
上海交通大学舆情研究实验室	上海交通大学舆情研究实验室以上海交通大学强大的信息安全技术优势和跨学科、多层次的研究团队为支撑，研发出了一套先进的舆情监测分析系统，通过运用多种高性能的海量数据分析技术，能够对全国20万个主流网络社区、网络媒体、博客、微博网站进行实时监控。24小时不间断搜集舆情信息，将有效消息遗漏率降至最低
复旦大学舆情研究实验室	复旦大学舆情研究实验室在舆情生成规律和传播机制领域成绩突出，其主办的中国舆情网是国内最大的专业化舆情研究与舆情监测数据平台，覆盖舆情事件监测、舆情研究频道、舆情分析报告下载等多档项目，其首推的中国地方舆情排行榜，是国内唯一按照地方来进行的专业舆情排行的榜首，在业内影响较大，是舆情预警、监测分析与研判的重要平台

除此之外，国内高校较为著名的舆情研究机构还包括北京交通大学网络舆情安全研究中心、南京大学谷尼舆情分析研究实验室、华中科技大学舆情信息研究中心、北京理工大学网络与分布式计算实验室等。

3. 公司企业的舆情监测机构

公司企业的舆情监测机构资金支持相对雄厚，技术发展实力强，基本上都具备了舆情分析和预警功能，致力于帮助政府或企业掌控舆情信息、预警舆情危机、妥善治理舆情。这些监测软件在舆情分析和预警上各有优势，如表2－19所示。

表2－19　主要公司企业的舆情监测机构

监测机构	主要介绍
红麦软件	红麦软件针对舆情发展态势，结合用户需求，研发出包括舆情监测、微博监测、微博营销、境外舆情监测、红麦舆情手机客户端等一系列舆情产品，同时支持用户的个性化要求，以更好地满足客户需求
西盈网络信息雷达系统	西盈网络信息雷达系统结合定向搜索和全网信息采集的方式，全方位获取新闻、微博等舆情信息，存储到舆情数据库中，通过西盈舆情搜索引擎对海量的舆情数据进行实时索引
军犬网络舆情监测系统	军犬网络舆情监测系统是当前业内较为成熟的网络舆情监测研判系统，从海量数据中稳准狠地抓取舆情信息，一站式服务，现已为400多家客户提供有效网络舆情监测服务

（三）舆情应对机构初步建立

为了进一步做好重大突发事件舆情的应对工作，我国不断推进组织机构改革，舆情信息发布机构、舆情联动处置机构、舆情监督管理机构建设更加完善，为我国舆情治理提供了重要保障。

1. 舆情信息发布机构

2006 年，国务院发布《国家突发公共事件总体应急预案》，要求突发公共事件的信息发布应当及时、准确、客观、全面。事件发生的第一时间要向社会发布简要信息，随后发布初步核实情况、政府应对措施和公众防范措施等，并根据舆情事件处置情况做好后续发布工作。信息发布形式主要包括授权发布、散发新闻稿、组织报道、接受记者采访、举行新闻发布会等①。

以江苏省响水爆炸事故为例，2019 年 3 月 21 日，江苏省盐城市响水县陈家港镇天嘉宜化工有限公司发生爆炸，随后，市应急管理、卫生健康等多部门接连发声，成立新闻发布团队。盐城市多次举办新闻发布会并第一时间及时发布伤亡情况统计数据、案件发展进程、后续救援措施等大众最为关注的实质性信息，顺应了公众心理需求，为公众获取事件发展信息提供了权威路径，避免了谣言扩散，也避免了次生舆情的滋生。

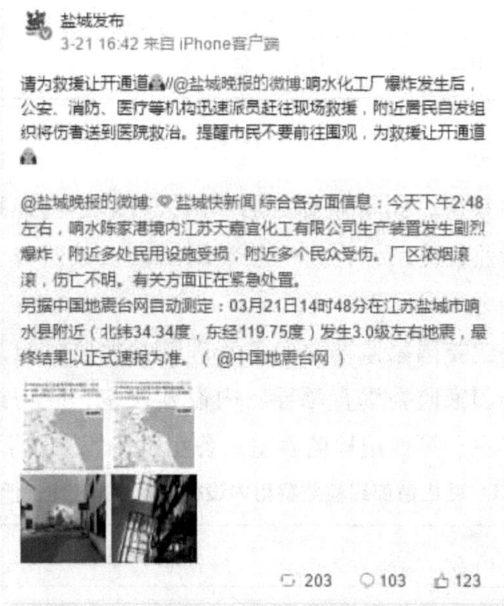

图 2-21 “盐城发布”第一时间发布信息

2. 舆情联动处置机构

舆情协调联动是重大突发事件社会舆情管理工作得以高效有序开展的一种重要形式。2007 年 7 月，国务院发布《关于加强基层应急管理工作的意见》，提出要建立健全应急联动机制，实现预案联动、信息联动、队伍联动、物资联动，形成基层应急管理的合力②。

---

① 中国政府网：《国务院发布〈国家突发公共事件总体应急预案〉》，2006 年 1 月 8 日。

② 中国政府网：《国务院办公厅关于加强基层应急管理工作的意见》，2007 年 7 月 31 日。

2018 年，中华人民共和国应急管理部成立，在体制方面为舆情事件应急管理的协调联动工作指明了方向，一定程度上推动了我国舆情事件应急管理的统筹发展。目前我国已经初步形成了由议事机构、机关司局、部属单位辅助的应急体制。

表 2－20　联动处置机构（2018 年）

组织机构	具体机构
议事机构	国家防汛抗旱总指挥部、国务院抗震救灾指挥部、国务院安全生产委员会、国家森林草原防灭火指挥部、国家减灾委员会
机关司局	办公厅、应急指挥中心、人事司、教育训练司、风险监测和综合减灾司、救援协调和预案管理局、火灾防治管理司、防汛抗旱司、地震和地质灾害救援司、危险化学品安全监督管理司、安全生产基础司、安全生产执法局、安全生产综合协调司、救灾和物资保障司、政策法规司、国际合作和救援司、规划财务司、调查评估和统计司、新闻宣传司、科技和信息化司、机关党委、离退休干部局
部属单位	中国地震局、国家煤矿安全监察局、消防救援局、森林消防局、国家安全生产应急救援中心、中国消防救援学院招生就业网

3. 舆情监督管理机构

相对其他监督体系来讲，舆情监督更加广泛公开。当前，我国已逐步构建起统筹兼顾、科学高效的舆情监督体系，将舆情监督同国家机关监督、民主监督、司法监督深度融合，增强监督合力。

在国家层面，中央纪委国家监委驻应急管理部纪检监察组是我国舆情监督的重要组成部分，由中央纪委国家监委垂直领导，内设办公室、第一纪检监察室、第二纪检监察室、第三纪检监察室、第四纪检监察室。各室工作职责如下：

表 2－21　驻应急部纪检监察组内设机构及监督范围（2018 年）

纪检监察室	监督范围
第一纪检监察室	应急管理部党组及其机关、直属单位、社会组织，消防、森警系统
第二纪检监察室	中国地震局、国家煤监局党组及其机关、直属单位、社会组织，省级地震局、省级煤监局及其所属单位
第三纪检监察室	主要履行执纪审查和依法调查处置的职责
第四纪检监察室	主要承担信访、案件监督管理、案件审理和党风政风监督等职责

在社会层面，随着互联网、新媒体等的发展，媒体舆情监督成为我国舆情监督体系中的特殊组成部分，这既是反映社情民意的重要形式，也是新闻媒体工作者的职责所在。

四、舆情治理技术逐步成熟

随着科学技术的不断发展，舆情预警技术、舆情分析技术、舆情跟踪技术等也在逐步成熟，致力于以技术助力舆情治理能力提升。

（一）舆情预警技术普遍提高

舆情的影响体现在社会生活中的各个方面，舆情预警工作很大程度上关系到社会的和谐稳定。目前，我国大力加强舆情信息采集技术、舆情数据预处理技术和舆情多维度分析技术，确保舆情预警工作的顺利开展。

1. 舆情信息采集技术

随着我国社会的不断转型和科学技术的进一步发展，重大突发事件在发展的过程中滋生了大规模的舆情信息，为了方便政府及相关部门科学、有效地应对重大突发事件，信息采集技术显得尤为重要。目前常用的舆情信息采集技术主要有网络爬虫、页面搜索算法、网页相似算法等。

表 2-22 主要舆情信息采集技术及介绍

网络信息采集技术	技术介绍
网络爬虫	负责抓取特定群体性突发事件舆情信息所在相关网页、图片及文档等内容，网络爬虫程序结合了网络爬虫技术和搜索引擎技术，将网络文本数据采集过程与采集方法结合起来，然后将页面中的文本信息存储到本地文件中，并进行文本数据格式的标准化处理
页面搜索算法	页面搜索算法主要包括基于链接结构评价的搜索算法和基于网页内容评价的搜索算法。采用 PageRank 算法来搜索网页链接结构，采用 Fish - Search 算法来搜索网页内容评价结构
网页相似计算	采用向量空间模型来计算网页相似度。向量空间模型的基本思想：把预设文档和待爬文档均看成文本，分别对其向量化得到预设文档向量和待爬文档向量；采用一定的相似度计算方法计算相似值后对两者进行排序，进一步反馈排序结果

2. 舆情数据预处理技术

舆情数据预处理的目的是将违规识别系统和互联网采集系统收集的复杂不规则文本数据进行结构化清洗，结构化后的文本数据以词作为最小的语义单位，对海量文本中的舆情要素进行提取，为后续的舆情判别提供依据，并帮助分析引擎更高效准确地分析和检索舆情。预处理的手段主要有中文分词、命名实体识别和词性标注三种。

表 2-23 主要数据预处理技术及介绍

数据预处理技术	技术介绍
中文分词	中文分词就是对中文句子的切分技术，其具体的过程是通过特定的语言使用规范，将多个邻近汉字之间的依赖关系映射到分词模型中，以求解出最符合使用规范的词语结构
命名实体识别	命名实体识别是准确理解文本的基础，能够在海量舆情数据中提取出感兴趣的完整摘要。相较于传统摘要的关键词匹配法，命名实体识别能够提取出更为完整的对象词
词性标注	词性标注面向的对象是基于分词和命名实体识别的名词结果之上的所有字和词属性标注，目的是将句子中的名词、动词、助词、定冠词等词属性标注出来，帮助识别引擎理解句子中的层级属性关系，使得舆情分析能够对句子和文章的主题和摘要进行提取

3. 舆情多维度分析技术

经过舆情预处理后，舆情数据在语义上分割成词及词属性标注输入舆情分析引擎，多维度分析一方面是从采集内容中获取相关数据来完成社评事件主体分析、主题聚类、多维文本索引等分析；另一方面是通过获取相关数据结构的非结构化数据采集结构非结构化数据内容提取完成后，摘要、取证、语义理解等。

（二）舆情分析技术逐步提升

舆情分析是多种技术的综合运用。互联网数据庞大且复杂，要想对网络数据进行分析利用，首先需要快速、全面地从互联网上获取信息，并对这些复杂的信息进行初步的处理并存储在本地以便于后期的分析。在获取互联网数据后才能进一步利用自然语言处理技术、数据分析与挖掘技术、机器学习技术等职能处理技术根据需求对总量巨大的舆情数据进行多种分析，从中发现关于重点、热点和事件的各种特征、知识及发展趋势，辅助舆情分析人员快速生成舆情分析报告。

1. 舆情分析核心方法

近年来我国不断创新舆情分析方法，致力于强化舆情分析和研判能力，准确把握舆情发展规律并对其进行有效管控。目前，主要舆情分析方法有视频信息分析法、音频信息分析法、图像信息分析法及文本分析法。

表 2－24　主要舆情分析方法及介绍

方法	方法介绍
视频信息分析	当前短视频发展迅速，其制作流程简单、门槛低、民众参与性强、传播度高。对短视频进行舆情分析时侧重于对视频中人物动作表情和文字信息的识别提取。基于 LSTM 的网络模型处理复杂的视频序列，从传统的视觉特征或深度特征中把握动态时序信息，识别视频序列中的行为，并自动生成不定长度的语句来正确地描述视频内容
音频信息分析简化	在网络舆情研究中，声音信息的特征提取分为人类语音信息与其他环境音，利用梅尔频谱倒谱系数能够准确地对语音信号进行特征提取，对于其他环境音利用模态分解较为优秀。在声音识别相关任务中，大数据技术在音频转换方面通常使用自动语音识别技术和相关算法，将其中的语音内容转换为计算机可以识别的文本字符信息，更为准确高效地将语音传译为文字信息
图像信息分析简化	如今，互联网图像信息多以文章插图、截屏图片、表情包等形式存在，内容多为人物、文字对话。图像信息的分析识别主要在于图像分割：通过对单个像素点或整个像素区域的分析提取出图像的局部特征
文本信息分析	在文本舆情分析方面，可以将舆情分析的数据与外部数据联系，如将食品安全问题舆情数据与相关食品的销售数据相联系，就能反映出舆情对企业经营的巨大影响。将网络谣言传播与造成的社会后果数据相联系，可以反映谣言的巨大破坏力；辟谣的引导性舆论发布后，再动态监测相关社会数据，可以看出舆论引导的效果

2. 舆情分析关键技术

为了进一步提升舆情分析效能，发挥舆情治理作用，我国致力于强化舆情分析关键技术，在舆情文本聚类技术、舆情文本分类技术、话题检测与跟踪技术等方面取得了一定成绩。

表 2－25　舆情分析关键技术及介绍

技术	技术介绍
舆情文本聚类技术	1. 划分聚类算法 采用特定的目标函数，通过不停地迭代循环，改变簇的个数，在此基础上不断优化，达到最优分类效果。典型的划分聚类算法有 K－MEANS 算法、K 中心点算法和 CLARANS 算法等 2. 层次聚类算法 典型的层次聚类算法有 BIRCH 算法、CURE 算法、ARHP 算法和 PDDP 算法等 3. 基于密度的聚类算法 典型的密度聚类算法有 DBSCAN 算法、OPTICS 算法等

续表

技术	技术介绍
舆情文本分类技术	1. K 近邻算法 首先通过计算测试数据与各训练样本数据之间的距离，按照距离递增排序，然后选取距高最小的 K 个点，计算 K 个点所在类别的出现频率，按照最高出现频率对测试数据分类 2. 决策树算法 通过对样本数据的学习，选定判断节点，构造出合适的决策树模型，算法主要有 ID3、C4.5 和 CART 等 3. 贝叶斯算法 以贝叶斯定理为基础，利用概率统计知识进行分类，依据某些特征条件独立假设，计算出相似概率，确定被分析文本是否属于已知的文本类中
话题检测与跟踪技术	话题检测与跟踪可以精确察觉舆情热点话题，跟踪话题的动态演化过程，从而分析整个舆情事件的起因、发展和消亡的全过程。话题特征包括话题的时间聚集性、特征词、生命演变特征以及命名实体等，可以利用话题的各种特征来寻找和控制话题阈值，从而改进话题检测效果

3. 舆情分析专业系统

互联网的快速发展开辟了新的信息传播途径，其爆发性的传播模式、随意性的发布特点促使生成了海量的舆情数据，给传统舆情分析带来了巨大挑战，当前，主要通过基于 Hadoop 的舆情分析系统以及基于数据挖掘技术的舆情分析系统进行舆情专业分析。

表 2－26　主要舆情分析专业系统及介绍

舆情分析专业系统	系统介绍
基于 Hadoop 的舆情分析系统	系统主要分为五部分。1. 网页采集：对用户主页和用户个人信息页面分析系统进行爬取，获得基础信息。2. 用户提取：对用户个人信息页面进行提取，提取用户 ID、昵称、性别等信息。3. 话题提取：提取用户主页面微博信息，抽取出带有话题标记的微博及该微博的发布时间等信息。4. 数据清洗：数据清洗主要是删除原始数据集中的各种噪声和不一致数据的过程。5. 中文分词：借助分词算法自动给中文断句，使其能够正确表达所要表达的意思
基于数据挖掘技术的舆情分析系统	主要包括以下四个功能组件：数据收集、数据预处理、数据分析、预测评价。1. 数据收集。为数据分析提供广泛素材和依据。2. 数据预处理。有助于提高其后的挖掘过程的准确率和效率。3. 数据分析。通过充分利用数据挖掘分析工具，从海量多变的舆情数据中发现舆论演变的内在原因和规律，准确地把握可以预见的舆情发展方向。4. 预测评价。将分析的结果可视化，向管理者提供有针对性的可行性评估报告

（三）舆情跟踪技术日益成熟

为了及时、准确地掌握网络舆论的导向，发挥政府的舆论引导作用，当舆情事件发生后，还需要及时进行舆情跟踪，把控舆情发展势头。当前，舆情跟踪技术逐步成熟，主要有基于文本的舆情跟踪技术、基于主题词的舆情跟踪技术、基于链接网络图的跟踪技术。

1. 基于文本的舆情跟踪技术

随着网络的快速发展，人们可以自由地表达观点，网络渐渐成为舆情产生和传播的重要发源地。通过基于文本的舆情跟踪技术，可以跟踪汇总相关舆情主题信息，以便快速方便地获取想要的信息，推动舆情工作的开展。

表 2－27　基于文本的舆情跟踪技术及介绍

基于文本的舆情跟踪技术	介绍
传统话题跟踪	对给定训练样本集中文本进行特征选择、权重计算的预处理，构造出话题模型，计算话题模型与报道模型间的相似度，然后将之与系统中所设定的阈值进行比较，判断报道是否与话题相关
自适应话题跟踪	相对传统算法中话题的固定，它使用更新话题模型的方法来丰富话题，以提高后续的跟踪效果。该算法主要基于内容和统计方法做研究
基于时间信息的自适应话题跟踪	基于话题更新的自适应话题跟踪算法对话题跟踪性能有一定提升，但是提升的程度有限。在话题模型的更新中也可能引入噪声，发生话题漂移现象

2. 基于主题的舆情跟踪技术

基于主题的技术是与舆情跟踪技术密切相关的研究领域，根据舆情跟踪的统计数据可以判断不同主题在互联网上的关注度，整合舆情资源，使舆情治理工作更加便利、高效。

表 2－28　基于主题的舆情跟踪技术及介绍

基于主题的舆情跟踪技术	技术介绍
基于主题的 Rocchio 方法	该方法的核心思想是根据待分类文档向量与每个舆情类别中心向量的距离来判断文档的类别属性。 1. 设定舆情跟踪主题，形成舆情类别主题词表。2. 计算每个舆情类别文本对应的中心向量。3. 依次选取信息流集合中的一篇文本。4. 将新文本表示为特征向量，直接将新文本映射到文档特征空间上。5. 计算新文本的特征向量与每个舆情主题类别文本中心向量之间的相似度。6. 比较相似度值，找出其中的最大值，将新文本划分到最大相似度所对应的舆情类别中
基于 KNN 的跟踪分类方法	KNN 是实现分类常用的方法，在给定新文本后，考察在训练文本集中与该新文本距离最相似的 K 篇文本，根据这 K 篇文本所属的舆情主题类别来进一步判定新文本所属的主题类别

3. 基于链接网络图的跟踪技术

在当前技术条件下，超链接是互联网网络结构组成中较为关键的要素之一，通过基于链接网络图的跟踪技术，可将分散在物理地域及空间范围内的舆情信息数据实现有机且密切的结合，从而使舆情信息使用者能够灵活且自主地在互联网网络中进行相关信息的浏览与获取。

表 2-29 基于链接网络图的跟踪技术及介绍

基于链接网络图的跟踪技术	技术介绍
链接网络图中节点话题相关度的调整方式	在当前技术条件下，应用于链接网络图中节点话题相关度的调整策略在于，为最大限度地确保有关链接网络图节点话题相关度调整处理时间效率的有效性，仅应当针对链接网络图当中新增节点所链接指向节点的话题相关度进行必要的调整处理
基于链接网络图的互联网舆情话题跟踪方法的实现	互联网舆情话题跟踪方式从本质上来说是一种借助于增量式话题所实现的挖掘方法。在链接网络图当中已保存有经过读取操作的互联网舆情报道话题相对应的挖掘结果基础之上，能够借助于与对以构建链接网络图的计算获取新兴互联网舆情报道话题内容相关性程度，从而省去了传统意义上需要针对整个链接网络图当中所有已完成读取操作互联网舆情话题报道进行重新开启的动作

五、舆情治理经验不断丰富

随着我国社会主义发展进程的加快，近年来，我国政府积极参与舆情治理、及时处置舆情事件、动员社会各方力量、不断完善参与机制，取得了巨大成效，舆情治理经验不断丰富。

（一）积极处置突发事件舆情

面对频繁发生的事故灾难类舆情事件、公共卫生类舆情事件、社会安全类舆情事件等，我国政府快速反应、积极应对、有效处置，取得了一系列成效。

1. 事故灾难类社会舆情

随着我国城市化进程逐渐加快，事故灾难类突发事件层出不穷。经过多年来政府相关部门的不断努力，我国在事故灾难类突发事件舆情的风险治理中摸索出了相应治理方法，取得了不菲成效。第一，总体来说，我国事故灾难类突发事件的数量呈逐年下降趋势，如图 2-22 所示。第二，我国事故灾难类突发事件的舆情风险管理体系、舆情法制体系、舆情保障机制逐步发展完善。全国性的舆情风险管理平台已经初具规模，预测预警信息发布系统初步建立。第三，各级政府关于事故灾难类突发事件舆情的风险监测、预警机制不断完善，防范水平也有所提高。

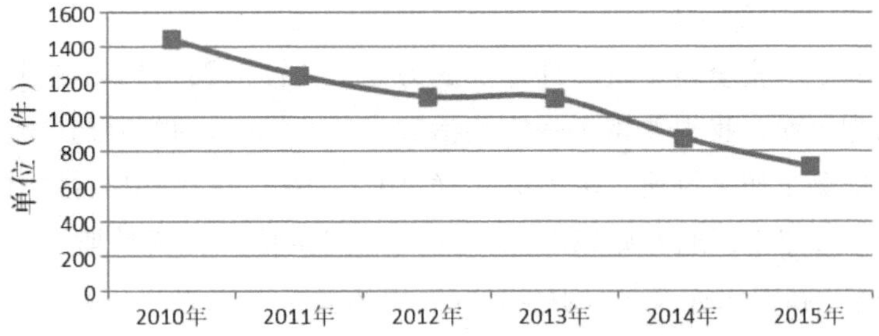

图 2－22　2010—2015 年安全生产和交通运输类突发事件统计图

以龙郓煤业“10·20”冲击地压事故为例。2018 年 10 月，山东菏泽龙郓煤业有限公司发生冲击地压事故。事故发生后，相关政府部门高度重视，积极开展救援工作。第一，全力应对，态度决定重视度。在事故发生 2 个多小时后，应急管理部立刻派出工作组赶赴现场，从中央到省级多级政府同时介入，舆论焦点被集中于救援行动上，为后续舆论走势奠定了良好基础。第二，持续发布，透明度决定信任度。在事件处理过程中，通过多家主流新闻对外正式发布相关信息，不瞒不捂。随后，持续就公众最为关切的伤亡情况、救援情况、调查情况等进行第一时间的滚动式发布。借助新闻发布会等形式，统一口径处理舆情。第三，惩治谣言，力度决定法治度。如图 2－23 所示，郓城县公安局宣传科直面问题，严厉打击造谣者，提升了政府部门的权威性和公信力，使得该事件得到妥善解决。

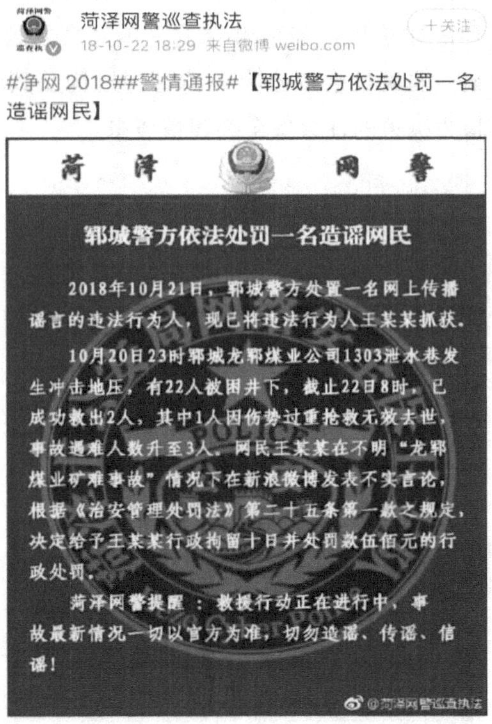

图 2－23　菏泽网警巡查执法官方微博及时发布信息

2. 公共卫生类社会舆情

如今，公共卫生安全类突发事件逐步成为大众关注的舆情热点领域。在公共卫生类社会舆情治理方面，我国取得了一定的治理经验。第一，我国已在全国范围内展开公共卫生舆情监测工作。目前，国家级的有中国疾病预防控制中心推出的《全国卫生信息化舆情监测周报》；地方则以北京市《北京卫生信息化舆情监测月报》、四川省《每日疾控网摘》和湖北省《每日卫生新闻热点选摘》为代表①。第二，国家出台《国家突发公共卫生事件应急预案》，进一步提高了对公共卫生类社会舆情事件的重视程度。

以江苏省"塑胶跑道"事件为例。第一，地方政府部门大力健全舆情预警应对机制，实时跟进舆情动态，紧密关注公众诉求，防范负面舆情滋生。第二，江苏省教育厅在事发后持续发布事件处理进展情况，发布了《江苏省教育厅关于推进学校塑胶场地建设及近期督查情况的通报》，公示了媒体报道的江苏省部分地区个别学校塑胶跑道问题的核查和处置情况，很大程度上缓解了负面舆论，及时平息了不断发酵的舆情事态。

3. 社会安全类社会舆情

面对频发的社会安全类突发事件，我国政府秉承以人为本的理念，立足及时化解、审慎处理、当地领导负责的原则迅速控制事态、提出整体方案和对策、主导舆论导向，取得了较大成果。目前我国制定、修订了包括国防、治安、信访、民族关系、行为规范和各行业在内的一系列法律法规，陆续出台了《国家突发公共事件总体应急预案》和各部门行业的应急预案。明确社会安全类舆情管理机构及其职责，各地建立了联动系统，加强信息收集和指挥决策的社会安全类舆情体系。

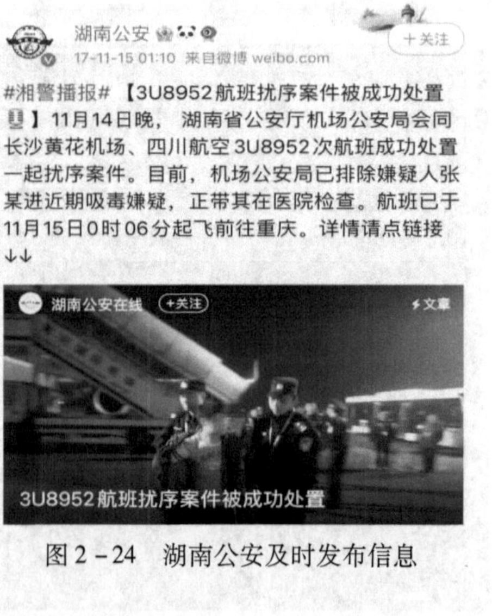

图2-24　湖南公安及时发布信息

① 徐夏娟：《公共卫生舆情监测与风险研究综述》，《公共卫生与预防医学》，2011年第5期，第72—74+77页。

以“四川航空扰序案”为例。2017年11月，四川航空3U8952厦门飞长沙航班“疑似被吸毒人员劫机”引发网络热议。事发不到4小时，湖南公安微博第一时间辟谣。15日，湖南公安在线再次发布通报，向社会公布了整个事件的来龙去脉，起到了稳定人心、消除恐慌的作用，阻止了谣言的传播。

（二）动员社会力量广泛参与

为了进一步提升重大突发事件社会舆情的治理能力，我国在政府主导治理的状态下，动员社会各方力量广泛参与重大突发事件舆情治理，既提高了重大突发事件社会舆情的治理效率，又降低了危机管理成本。

1. 丰富参与主体

重大突发事件社会舆情的发展速度快、管理难度大。当前，我国实行多元化主体共同治理的机制，主要包括政府、公众、媒体等社会主体。政府在突发事件社会舆情的发展过程中始终扮演着把关人的角色，为了防止网络舆情危机事件的发生，及时监测和预警舆情事件。在舆情发展过程中，通过各种途径把控舆情，使舆情事件得以高效、科学、稳步解决。媒体在突发事件社会舆情治理过程中始终承担着重要任务。媒体可以利用自身的技术优势搜集和整合海量信息，形成数据库；还可以对舆情信息进行传播，成为突发事件舆情信息传播的枢纽。因此，媒体有时也会成为政府的“发声者”，发布准确权威的事件信息，厘清真相，引导舆情良性发展。公众是重大突发事件舆情发展过程中不可或缺的一部分。随着公众对自身权利的保护越来越重视，其参与社会舆情治理的积极性也得到了普遍提升。

2. 明确参与内容

根据国务院办公厅印发的《2016年政务公开工作要点》要求，遇到重大突发事件时，政府主要负责人要当好“第一新闻发言人”，快速反应，及时发声①。舆情事件发生后，政府要及时回应，把握干预时效。此外，信息发布是政府引导舆情的重要方式，对事件发展和政府回应效果有直接影响，体现了政府的舆情管理能力和水平。

媒体也是重大突发事件社会舆情治理中极为重要的组成部分。在舆情治理中，媒体的立场是引导舆论走向的重要因素，是政府与公众沟通交流的桥梁，媒体要将真实完整的事件传递给公众。此外，在社会舆情治理中，新旧媒体实现了优势互补，传统媒体深入剖析事件原因，利用新媒体平台及时将分析结果传递给民众，促使政府与公众以平等的方式进行交流，让问题得到合理解决。

随着近年来全面依法治国、全面从严治党的深入推进，社会民众的法治意识不断增强，社会公众更加乐于发表自己的意见，参与舆情治理，促使政府科学处理舆情

---

① 中国政府网：《容错机制让舆情应对更自信》，2016年8月16日。

事件。

3. 完善参与机制

2016 年 12 月，中共中央、国务院印发了《关于推进防灾减灾救灾体制机制改革的意见》，明确提出健全社会力量参与机制。当前，我国主要通过建立健全组织动员机制、沟通协调机制及考核激励机制，不断完善了公众参与机制，促进了社会和谐发展。

表 2－31　主要参与机制及内容

公众参与机制	机制内容
组织动员机制	通过制度、政策引导社会力量参与应急管理，明确社会力量在应急管理中的行为边界和权责，避免资源冲突和权力冲突。结合社会主义核心价值体系建设，运用各种手段培育社会力量的爱国意识、奉献意识、集体意识、协作意识等，推动社会力量积极参与应急管理事务，增强社会责任感。完善征用补偿机制。政府在平时给予企业经济补贴
沟通协调机制	建立常设的社会力量参与应急管理协调机构。学习欧美国家经验，深化中德城市搜索救援“第一响应者”培训，逐步建立政府资助的第一响应者制度，培训一批在自然灾害和大规模紧急事件时能够携带信点和资源、有准备、有装备、首先赶到现场实施救助的人
考核激励机制	应急活动取得初步成效后，应组成专门考核部门，设置科学的考核指标。分类对社会力量参与应急管理的积极性、时效性、合理性和有效性等进行考核，避免“出工不出力”“邀功抢功”等行为的出现。重视考核结果的运用，以政府名义发布考核结果，提出对考核优秀的志愿者奖励晋升建议

（三）做好舆情治理相关工作

当前，为了及时把控社会舆情的发展趋势，我国从推进信息公开、回应社会关切、加强舆情队伍建设等方面入手，致力于做好舆情治理相关工作。

1. 及时进行信息公开

早在 1987 年党的十三大报告中就曾提出，要提高领导机关的开放程度，重大情况让人民知道，重大问题经人民讨论。随后，我国加快推进政务信息公开进程，取得了一定进步。上到中央，下到各级人民政府，都陆续实施了公开信息、公开政务、公开办事、公开决策等一系列措施。

表 2－32　信息公开相关文件

信息公开文件名称	发布日期
国务院办公厅政府信息与政务公开办公室关于机构改革后政府信息公开申请办理问题的解释	2019 年 2 月 11 日
国务院办公厅关于推进政务新媒体健康有序发展的意见	2018 年 12 月 27 日
国务院办公厅关于调整全国政务公开领导小组组成人员的通知	2018 年 10 月 17 日
国务院办公厅关于印发 2018 年政务公开工作要点的通知	2018 年 4 月 24 日
国务院办公厅关于推进社会公益事业建设领域政府信息公开的意见	2018 年 2 月 26 日
国分院办公厅关于推进公共资源配置领域政府信息公开的意见	2017 年 12 月 2 日
国务院办公厅关于推进重大建设项目批准和实施领域政府信息公开的意见	2017 年 12 月 15 日
国务院办公厅关于印发政府网站发展指引的通知	2017 年 6 月 8 日
国务院办公厅关于印发开展基层政务公开标准化规范化试点工作方案的通知	2017 年 5 月 22 日
国务院办公厅关于印发政务信息系统整合共享实施方案的通知	2017 年 5 月 18 日
国务院办公厅关于印发 2017 年政务公开工作要点的通知	2017 年 3 月 23 日
国务院办公厅关于调整全国政务公开领导小组的通知	2017 年 2 月 17 日
国务院办公厅关于印发“互联网＋政务服务”技术体系建设指南的通知	2017 年 1 月 12 日
国务院办公厅印发《〈关于全面推进政务公开工作的意见〉实施细则》	2016 年 11 月 15 日
国务院印发《关于加快推进“互联网＋政务服务”工作的指导意见》	2016 年 9 月 29 日
国务院办公厅关于在政务公开工作中进一步做好政务舆情回应的通知	2016 年 8 月 18 日
中共中央办公厅 国务院办公厅印发《关于全面推进政务公开工作的意见》	2016 年 2 月 17 日
中华人民共和国政府信息公开条例	2008 年 3 月 28 日

以“4 · 10”兰州自来水苯超标事件为例。事件爆发后兰州市政府及时举行新闻发布会公布事件发展情况，并提出每两个小时通过电视、广播、手机、政府网站、政务微博等方式向广大市民和全社会公布出厂水苯含量检测结果和事故应急处置的进展情况，以兰州市政府政务微博兰州发布的信息为例进行内容分析，兰州市自来水苯污染事件发生后，4 月 11 日 12 时至 18 日 12 时，政务微博共发布相关信息 327 条，如表 2－33所示，最大限度地满足了市民对一手信息的需求，有效地抑制了舆情的发酵和谣言的传播。

表 2－33 信息公开相关文件

信息内容分类	信息量	所占比例
公布自来水质监测结果的信息	130 条	39.76%
介绍应急处置有关工作的信息	100 条	30.58%
对市民提出呼吁建议的信息	61 条	18.65%
与调查事件有关的信息	17 条	5.20%
与事件责任认定、处置有关的信息	8 条	2.45%
对事件处理中的集体、个人进行表扬等的信息	11 条	3.36%

2. *积极回应社会关切*

政府在突发事件发生后，通过官方渠道及时公布信息，回应社会关切，维护公众的知情权，正确引导了公众情绪和舆情发展，推动事件迅速解决。2016 年国务院办公厅出台的《关于进一步在政务公开工作中做好政务舆情回应的通知》中也进一步明确了重大突发事件社会舆情回应时限。

例如，因强奸罪被判刑却未被收监执行，被判死刑却能“死里逃生”，更凭借发明专利“重大立功”获减刑的云南“孙小果”案的背后，是扫黑除恶的大背景。舆论对“孙小果”案等大案要案的关切和质疑，就是对法治、正义的追问，也是对扫黑除恶行动的期待。及时回应舆情关切，是尊重人民群众知情权、发挥舆论监督作用的体现，及时澄清传闻、公布调查进展情况，有利于赢得群众的理解，凝聚社会共识，增进社会信任，形成建设法治中国、法治社会的合力。

3. *加强舆情队伍建设*

为了使政府部门正确掌控舆论导向，促进社会稳定发展，我国进一步加强舆情队伍建设，取得了相应的成效。第一，加强舆情监督和新闻队伍建设。近年来，我国新闻发言人制度迅速发展，不断完善，关于社会重大突发事件的新闻发布工作取得了突破性的进展。2004 年 9 月，党的十六届四中全会就提出要完善新闻发布制度和重大突发事件新闻报道快速反应机制，拉开了建立我国党委新闻发言人制度的序幕。根据国务院新闻办公室的新闻发言人名单，截至 2019 年 1 月 15 日，中共中央有关部门新闻发言人共 23 人，各人民团体新闻发言人共 5 人，最高人民法院、最高人民检察院新闻发言人共 3 人，国务院各有关部门新闻发言人共 120 人，各省（区、市）和新疆生产建设兵团党委发言人共 45 人，各省（区、市）人民政府新闻发言人共 47 人，总计 243 人。2017—2019 年国务院各有关部门新闻发言人和各省（区、市）人民政府新闻发言人数量变化如图 2－25 所示。第二，强化舆情人才队伍建设。我国政府不断将舆情人才建设作为政府舆情事件治理的重要环节，逐步建立起专业化舆情人才组织结构。

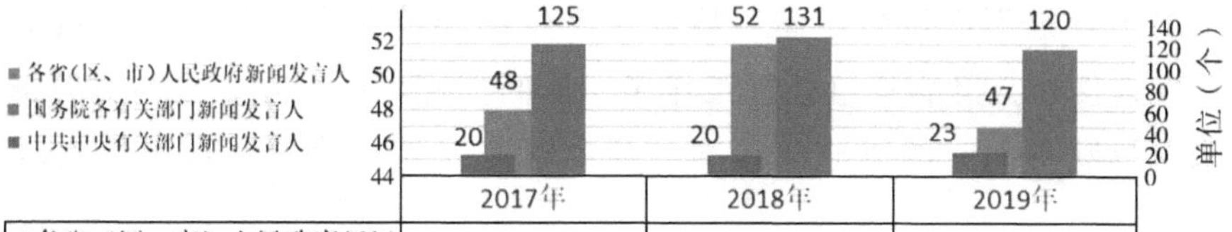

	2017年	2018年	2019年
■各省（区、市）人民政府新闻发言人	48	52	47
■中共中央有关部门新闻发言人	20	20	23
■国务院各有关部门新闻发言人	125	131	120

图2－25　2017—2019年中共中央、国务院及各省（区、市）人民政府新闻发言人人数变化情况

第三节　重大突发事件社会舆情治理存在的问题

近年来，我国政府在突发事件社会舆情治理上取得了一定成效，但是，相对于社会发展公共安全的要求来说，总体上还有很大差距。特别是由于网络通信技术的迅猛发展，给政府突发事件社会治理带来了诸多挑战，也暴露出诸多问题，譬如，突发事件舆情监控不到位、突发事件舆论引导不科学、突发事件舆情信息管理不规范、社会舆情应对处置能力不够强等，这些都在一定程度上制约了政府应对重大突发事件社会舆情综合治理能力的提升，并严重影响了我国重大突发事件社会舆情治理的效果。

一、突发事件社会舆情监控不到位

对突发事件所引发的社会舆情展开有效治理的首要工作便是对舆情进行监控，以便于后续舆情引导、处置工作的开展。我国在舆情监控工作方面已经积累了大量经验，但目前在舆情监控管理、舆情监控范围以及事件真相公布等方面仍存在一些问题，亟待加强和改善。

（一）舆情监控管理不科学

对突发事件引发的社会舆情进行有效监控是社会舆情成功治理的前提。但是由于目前在舆情监管工作中还存在着部分地方政府对舆情监控重视不足、舆情监控技术的相对滞后、相关部门职责分工不明确等问题，导致了社会舆情监管工作的不科学，制约了舆情监控工作的开展，也影响了舆情治理工作的成效。

1. 部分地方政府重视不足

虽然目前我国政府对加强舆情监管的态度已经十分明确，但却还存在着这样一种现象，即部分地方政府对舆情监管的重视程度不够。这部分地方政府在面对舆情时，既不想了解也不愿意去了解，甚至对产生的舆情存在狭隘和片面的看法。因此，在突发事件社会舆情紧急处置工作中，他们往往无所行动，也不对舆情进行监控，还采取沉默不回应的方式来应对，任由事态发展，致使错过舆情治理的绝佳时机。

▶▶▶案例 2－1：四川民工讨薪事件

2011 年 1 月，网络上出现一篇标题为《河北遵化无良开发商恶意欠薪百名四川农民工求政府做主》的文章，该文章引发大量的点击、评论和转发，其中“工人们在低于零摄氏度的环境下，跪在遵化市政府大楼前，而被政府无视”的内容和照片引发了网友们的广泛关注，据腾讯微博数据统计，网民对于该事件的关注从 1 月 19 日开始，于 23 日达到舆情高峰，舆论强度大幅度升级，但是河北省遵化市的相关部门在此时期内却是不闻不问，既没有进行有效监控，也没有及时对舆情进行治理，严重影响政府公信力。

在案例 2－1 中，当地政府是有条件、有时间来应对舆情的，完全可以及时展开对舆情的监控，进而引导和控制舆情发展，避免事件不良影响扩大。但是，由于当地政府对舆情监管的重视程度不够，没有及时采取相应措施，导致了舆情爆发。由此可见，若是政府部门缺乏对于舆情监管的重视，往往会使得舆论大规模爆发，负面影响持续。

2. 舆情监控手段较为滞后

当前，我国舆情治理的工作重心主要集中在对舆情的宏观管理和舆情爆发后的应对策略上，对舆情的应对机制以及舆情管理策略等内容的研究较多，而对于舆情监控和研判技术的研究相对较少。因此，我国的舆情监测技术还处于相对滞后的状态，智能化的监测系统也尚未完全从国家安全部门、公安部门这类特殊部门普及到一般舆情应对部门中来。舆情监测技术的研判能力和研发速度落后于舆情快速发展的现状，导致相关部门在面对重大突发事件时的舆情实时监测和预警能力不足。

▶▶▶案例 2－2：丁香园网站对医疗事故舆情处理的调查问卷分析

医疗事故产生的舆情往往会引发社会的广泛关注，因为医疗事故的涉事内容往往与人民密切关注的生命健康问题息息相关。国内知名医疗卫生知识公开网站丁香园曾向 322 家医院发放了关于对医疗事故舆情处理的调查问卷，其中有公立医院 276 家、民营医院 46 家，从调查结果中得知在舆情监控方面，医院采取的方式仍比较传统，与上级卫生主管部门协作、人工筛检信息是最主要的两种方式，仅有不足两成的机构选择运用专业的舆情监控系统进行管理（如图 2－26 所示）。

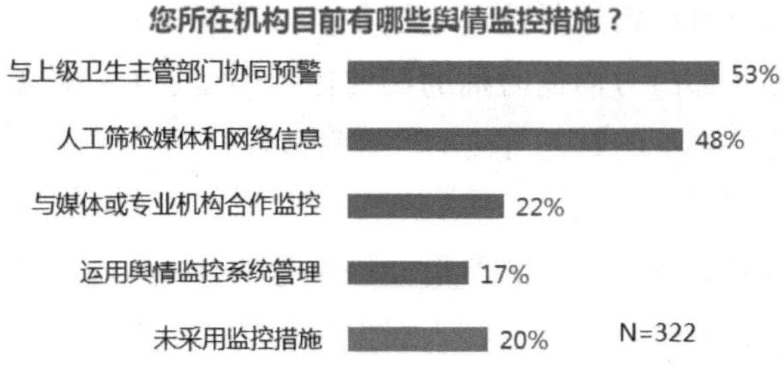

图2-26　丁香园舆情监控措施调查条形图

案例2-2中，丁香园对这322家医院目前有哪些舆情监控措施的调查结果印证了当下我国一些部门仍然存在着舆情监控手段较为滞后的现象。而在缺乏高效科学的舆情监控手段的情况下，就无法做到真正意义上的掌握舆情演变规律，以至于一小部分监控手段滞后的部门在面对重大突发事件引发的舆情危机时处于相对被动的局面，致使事前发现不了预兆，事中手忙脚乱，事后无头绪，极大影响舆情治理工作的开展。

3. 相关部门职责分工不明

重大突发事件社会舆情的监管工作无法由某一部门单独实现，需要由各部门协作完成，但在舆情监管过程中由于存在着相关部门职责分工不明确的现象，使得一些部门的工作不被民众接受，认为此类工作与该部门职责分工不符，容易引发次生舆情，舆情整体监管的工作无法顺利实行，阻碍舆情治理工作的顺利开展。

▶▶▶案例2-3：天津港爆炸现场安全评估报告到底归谁管？

2015年天津港爆炸一事发生后，当地政府召开了多次新闻发布会，而在第二次新闻发布会中提到“当前天津港的安全评估报告需要同交通运输部门沟通”，第四次新闻发布会中答记者问时回应道“安全评估报告由交通运输部门掌握”。网络上对此质疑声一片，不少网友发问“交通运输部门与爆炸现场安全评定有什么关系？安监部门不作为吗?”“为什么安全评估报告要由交通运输部门掌握而不是安监部门?”

在案例2-3中，可以看到由于爆炸现场的安全评估报告与交通运输部门有关，而非民众印象中与安全生产有关的安监部门，致使网络上出现了大量质疑声，而此类质疑声的出现，正是由于职责分工不明确导致的。此类质疑声的出现，使得与天津港爆炸事件相关的负面舆情在一定程度上有所增加，衍生了部分次生舆情，也使得此事件的舆情治理工作变得更为复杂。

（二）舆情监控范围不全面

全面的舆情监控范围有助于相关部门收集更为完善的舆情事件相关信息，有利于政府部门及时采取措施对舆情进行治理。但是，目前我国对舆情的监控范围还有待完善，主要还存在着相关部门对消退时期的舆情监控不足、对各路媒体发布的舆情相关内容监控不足、对境外产生的舆论监控不足等问题。

1. 对消退期的舆情监控不足

政府对突发事件发展任一阶段的舆情监控都是非常重要的。但是由于事件突发致使舆情发展较为迅猛，舆情会较快地踏入爆发阶段，因此我国政府在重大突发事件社会舆情监控的工作中，通常认为舆情爆发期才是舆情监控工作的重中之重，在政府对舆情进行监控的过程中，往往立足于怎样解决已经发生的舆情，或怎样将这些舆情带来的影响降至最低点。在舆情爆发期的监管工作顺利完成后，往往会松下一口气来，认为最大的危机已经度过，就放松了对后续消退期舆情的监控。

►►►案例 2 -4：甬温动车相撞舆情消退期次生舆情多发

轰动一时的“甬温动车相撞”事件中，当舆情进入消退期时，由于政府部门工作重点更多地放在了处理事故减轻影响这方面，放松了对相关舆论信息的监控，结果导致网络上又出现了诸如“铁道官员大规模腐败”“高铁相撞是政治谋杀”等负面舆情，导致事件持续发酵，对这次事件的舆情治理也持续了很长一段时间。

在案例 2 -4 中，由于舆情进入消退期，有关政府部门放松了对舆论信息的监控，因而网上再次出现一系列的负面次生舆情，产生了不良影响。舆情消退期是政府管理者比较容易淡忘的阶段，但是在这个阶段时常会因为缺乏政府对舆情的监管，致使部分别有用心的人旧话重提，甚至对舆情事件加以利用，使得负面舆情不断、负面影响持续并扩大，影响舆情治理工作的开展。

2. 对媒体发布内容监控不足

在重大突发事件所导致的社会舆情的治理过程中，除了需要注意对舆情本身的发展态势进行监控之外，对各路媒体所发布的与舆情事件相关的内容进行监控也较为重要。每当有突发事件发生，各路媒体总是会抢先发布事件相关内容，但有些发布的内容与现实情况有出入，由于监管不足，这些不实内容也被散播出去，进而引发广泛的舆论关注，加大了舆情治理工作的难度。

►►►案例 2 -5：《新京报》发布“成都轿车撞人事件”不实报道

2017 年 3 月，成都市发生一起轿车撞人的案件。当地警方在微博上先后两次对该案件情况进行了通报，在该起案件中有两名伤者腿骨骨折，一名伤者颅骨骨折且尚未脱离生命危险，警方在通报中也将案情说得较为清楚。然而，该事件发生后，在网络上影响力较大的媒体《新京报》却在微博中发布了有关此案件的不实通报（如图 2 -27 所示），使得舆情迅速升温，此事件成为网民关注的热点。随后，部分新闻媒体也纷纷对《新京报》发布的微博进行了转发（如图2-28所示），使得舆情不断升温。

图2-27 《新京报》微博截图

图2-28 部分媒体微博转发截图

在案例2-5中，《新京报》报道的有关于成都轿车撞人事件的不实信息被大量媒体所转发，即便当地政府早已对此事件进行了通报，也没有阻止舆情的发酵，一时之间舆论哗然，激起了大量不知情民众的负面情绪，极大地阻碍了武侯区政府对此事件的舆情治理。因此，除了对舆情本身进行监控，也要对媒体发布的有关舆情事件的内容进行监控，避免因发布不实内容而二次引爆舆论的现象发生。

3. 对境外产生舆论监控不足

随着国际地位的不断提高，我国的国际关注度也日益提升，一旦有重大突发事件发生，一部分境外势力便会插手舆论场，发布与突发事件相关的错误信息，他们通常会针对某个话题挑起争论，歪曲事件真相，打着“民主”“人权”等旗号攻击我国政府，并且借此来影响事件发展，在一定程度上影响我国政府部门对事件处理及其引发舆情的治理工作的开展，然而，当前我国对于境外产生的舆论的监控工作还不足，仍有可加强的余地。

▶▶▶案例2-6：监控不足，境外错误讯息扰乱“占中”局势

2014年9月28日，“占中”发起人在凌晨1时40分宣布“占领中环”正式启动，随后金钟、铜锣湾、旺角部分路段相继被示威者非法霸占，整个事件直至12月3日“占中”三名发起人到中区警署自首，才告一段落。而从“占中”事件一开始，法国《解放报》就在头版头条位置用“香港之春”的大标题来为这场非法“占中”行动定性，其副标题是“北京当局开始担心由香港大学生掀起的这股民主大浪将会席卷整个中国”，这显然是在为香港“占中”行动定性并间接挑明其最终目标，一小部分其他的境外媒体也在《解放报》之后先后发布了支持“占中”行动意味的报道。由于对境外所产生的舆论信息监控不足，没有及时采取强有力的反制措施，部分参与“占中”行动的香港民众受到了这些错误讯号的鼓舞，更是变本加厉地投入行动中，促使事件变态发展，不乏打砸抢烧等情形的出现，甚至出现了人员伤亡，国际上对于“占中”事件的报道更是层出不穷，极大损害了我国形象。

由案例 2－6 可知，由于对境外产生的舆论监控不足，致使境外势力发布的错误信息扰乱局势，部分民众也受到影响，使得“占中”事件变态发展，极大地影响了香港特别行政区对此事件后续治理工作的开展，也在国际上引发了广泛的舆论关注，损害了我国的国际形象，对此事件的舆情治理工作也难以开展。

（三）事件真相公布不及时

在重大突发事件舆情治理过程中，需要及时公布事件真相，以便于相关部门把握舆情动向，有效开展舆情监控工作，获得更好的治理成效。但目前在事件真相公布方面，部分地方政府部门还存在拖延、遮掩、伪造等问题，阻碍了舆情治理工作的有效开展。

1. 拖延公布事件真相

在有重大突发事件发生时，事件真相应及时对外公布，做到不拖延，这样才能便于相关部门实时监控外界舆论动向，及时地对舆情进行治理。但目前在部分地方政府部门，还存在着拖延公布事件真相的行为，这样的行为容易激起外界不满，招来更多质疑，不仅加大了对舆情监控的工作难度，也不利于舆情治理工作的开展。

▶▶▶案例 2－7：庆安枪击事件

2015 年 5 月 2 日，黑龙江省绥化市庆安县一名为徐纯合的男子带着自己的母亲以及三个未成年的孩子出行，在火车站候车室内与车站派出所执勤民警发生了剧烈的肢体冲突，随后该男子被执勤民警开枪击倒身亡。一份来自哈尔滨铁路警方发布的声明称，该男子不听警察劝阻抓住一名 5 岁儿童向执勤民警抛摔，并抢走民警携带的警具以及抢夺枪支。可民众们对于警方的声明却并不买账，他们认为一纸说明不能说明事件真相，还需要其他证据，但当地政府迟迟不肯公布案发现场完整的监控视频，而导致舆论大量爆发，进而使得网络上对于官方沉默的不满远大于对此事件本身的关注。甚至于连一些影响力较大的媒体都发文呼吁当地政府职能部门及时对外公布准确信息，例如新华网文章《真相别总靠“倒逼”》、《河南商报》文章《庆安枪击案，开枪正当为何遮捂至今?》。

在案例 2 - 7 中，由于当地政府迟迟不肯公布真相相关视频，网络上出现了大量的质疑声，加之部分权威媒体也发文呼吁庆安方面及时公布信息，一时间舆论纷纷，需要监控的舆论数量激增。而就在当地警方公布了事件最后的调查结果和现场的监控视频后，由于之前的拖延行为，致使民众对于警方所公布的信息仍持有较为强烈的怀疑，网络上关于此案的质疑声仍然不断，极大地增加了舆情治理的难度。

2. 刻意掩盖事件真相

有些重大突发事件的真相对外公布十分及时，但却存在着真相被刻意遮掩的问题，而这部分被刻意遮掩的真相，在完整真相被曝出之后，往往与先前公布的真相千差万别。此类情况的出现容易致使民众情绪激动，导致舆论数量激增，形成舆论风暴，加大舆论监控工作的难度。

▶▶▶案例 2 - 8：山西和顺煤矿滑坡事件

2017 年 8 月 11 日，山西煤炭运销集团有限公司的下属公司和顺吕鑫煤业有限公司（以下简称吕鑫煤业）发生了一起边坡滑坡事故，事故后该矿蓄意隐瞒伤亡人数，第一时间对外宣称仅发生滑坡，未有人员伤亡，当地政府也发布通告对外确认无人员伤亡。但此时已经陆陆续续有网民在网络上爆料此次滑坡的死伤情况。而后在 8 月 14 日上午，和顺县警方发布了一则公告，宣称网民郭某因在网络上传播有关吕鑫煤业发生滑坡造成多人死亡的不实信息，被依法行政拘留。但当日 16 时许，又有网民发微博称昔阳县某村村民冯某在此次事故中遇难，遗体当天就被挖出。这一消息引发了网民对当地煤矿方及政府联手瞒报矿难伤亡情况的猜测。8 月 15 日事件发生了反转，和顺县政府办公室发布通告称，吕鑫煤业法人代表高阳已于 15 日凌晨向县公安局投案自首，经初次问询得知事故共造成 4 人死亡、5 人失踪。8 月 15 日当天，与矿难真相相关的新闻高达 343 篇，铺天盖地的媒体报道致使舆情急速升温。

在案例 2 - 8 中，由于煤矿方故意封锁消息刻意遮掩矿难真相，当地政府也受到了蒙蔽。虽然事件最后以吕鑫煤业法人代表高阳投案自首，当地政府部门向外界发布事故真实伤亡情况告终，但由于之前真相被隐瞒，当地政府发布不实通告以及网民被拘留等行为，仍然使得网民们情绪激动，各种言论在网络上层出不穷，极大地增加了对舆情监控内容的体量，提升了监控难度，由此所引发的舆情风暴也久久未能平息。

3. 故意捏造事件真相

与突发事件相关的涉事人员或机构故意捏造事件的真相，向外界传递不实信息，用以误导民众视线，以求逃避责任。此种行为一旦出现，必定会引发外界广泛的舆论关注，产生体量庞大的舆论信息，在一定程度上增大舆论监控工作的难度，产生负面影响，影响舆论治理工作的成效。

▶▶▶案例 2 -9：云南“躲猫猫”事件

2009 年 1 月 28 日，云南一位名为李荞民的男子因涉嫌没有正规手续盗伐林木，被云南省晋宁县公安局依法刑事拘留，羁押于晋宁县看守所。但在 2009 年 2 月 12 日晚间，晋宁县公安部门发布公告称，李乔明因在看守所中与狱友玩“躲猫猫”游戏时不慎头部受伤，后经医院抢救无效身亡①，这一通报迅速在网络上掀起舆论一片，各种谣言层出不穷。虽然云南有关部门迅速组织了民众调查团，在事件处理应对方面获得了一些舆论肯定，但却也并未查证出事件的真相，晋宁县公安局在调查团的调查活动结束后，发布了第二次通报，二次通报仅仅将第一次通报中出现的“躲猫猫”一词替换成了更为拗口的“瞎子摸鱼”，面对这种情况，社会各界的舆论压力席卷而来。所幸最终的事件调查结果还原了事件真相，犯罪嫌疑人也终被法律审判，接受了法律的制裁。

在案例 2 -9 中，当地公安机关在事件前期发布的虚假事实及不实言论导致了大量舆论的产生，相关部门对舆情监控的难度也极大提升，由此事件产生的舆论带来的负面影响更是一直持续，“躲猫猫”一词也因此成了 2013 年度的网络热词，被网民们频繁使用，在一定程度上降低了此事件舆情治理工作的成效。

二、突发事件社会舆论引导不科学

舆论引导工作与舆情治理工作息息相关，在重大突发事件社会舆情治理过程中，舆论引导的成败直接决定了舆情治理水平的高低。目前我国政府对舆论引导工作给予了高度重视，并在实践工作中进行了有益的探索，虽然成效显著，但是仍存在着一些问题，这些问题主要体现在舆论引导开展情况、舆论引导方式、舆论引导能力等方面，在一定程度上影响着舆论引导工作的顺利开展。

（一）舆论引导工作不够细致

舆论引导是突发事件社会舆情治理的重要环节，是影响舆情治理工作成败的关键因素。我国重视突发事件舆论引导工作，虽然积累了一些经验，但是仍存在一些亟待解决的问题，譬如，未能及时开展舆论引导工作、舆论引导主体行为失范等。

1. 舆论引导开展不及时

当有重大突发事件吸引民众关注引发舆论浪潮时，相关部门应做到及时对舆论进

① 乔鹏：《论舆论引导新格局的科学构建》，《西北工业大学学报（社会科学版）》，2009 年第 4 期，第 11—15 页。

行引导，这样才能有效减轻事件发酵程度，降低可能带来的负面影响。但在舆论引导实践过程中，舆论引导开展不及时的情况仍然时有发生，在部分负面舆论已经形成，需要及时引导之时，对这部分负面舆情置之不理直至舆论发酵，负面影响扩大后，才反应过来开展舆论引导，则为时已晚。

▶▶▶案例2－10：广州服装店员工坠楼事件

2018年12月17日，微博上开始流传起一则“广州一服装店员工被老板许静从高楼扔下致死”的信息。与此同时，网络上还出现了“死者是被殴打致死后再扔下高楼”“警务部门已经被店老板收买打通”“许静男友是黑恶势力”等信息。当日晚，广州公安官方微博对案情进行简要通报，认定死者黄某符合高坠死亡特征，警方已刑拘许静等6名嫌疑人，但此时网络上已经有了大量的谣言流传。而后，该事件在网民推动下迅速发酵，有关许静的背景也被网民人肉出来，微博上“#许静#”等多个相关话题的总阅读量超过了10亿次。19日，广州越秀公安官方微博对舆论场种种说法进行辟谣，但多数网民仍对警方做法存疑。

在案例2－10中，舆情初发期的网传信息十分“翔实”，舆论也直接指向警方“被收买”，广州警方在首次情况通报中未对这些传言和质疑作出回应，也没有对负面舆论加以引导，只对案情进行了简要的通报，给网民留下想象空间，最终导致“背景说”“阴谋论”在网络盛行。之后，广州警方在首次回应后即陷入缄默状态，信息发布出现近两天的“空窗期”，死者家属及部分群众围堵公安机关讨要说法，加之网络中出现不满删帖管控等声音，舆情逐渐失控。由于没有在第一时间对负面舆论进行引导，广州越秀区警方在事发两日后才发布的辟谣通报也淹没在日渐高涨的网络质疑中，没有起到良好的舆论引导效果，也错失了舆情治理的良机。

2. 舆论引导语言套话多

要将舆论引导工作做得更好，一个极为关键的因素便是引导语言的合理使用。多年来，虽然我国在舆论引导方面已经积累了大量的经验，但在舆论引导工作中，对于引导语言的合理使用仍有可以改善加强的余地。《人民日报》曾经发布过一条微博向网友征集最反感的官话套话①，第二天就刊登了一部分诸如“高度重视”“亲自过问”“现场指挥”“积极”“及时”“立即”“确保”等套话（如图2－29所示），但此类词语有时还是会出现在官方通报之中。

① 凤凰网：《“高度重视”“亲自过问”能不用了吗》，2013年1月11日。

中国文明网
www.wenming.cn
中央宣传部 中央文明办 主办
评论

中国文明网首页 > 文明评论 > 网友来稿

工作是否“高度重视” 老百姓说了算

发表时间：2013-01-14 来源：中国文明网 字体：[大][中][小] [打印] [关闭]

官话套话空洞无物，多年来相沿成习，会议中官话套话至今不绝于耳。《人民日报》读者来信版现向网友征集“你最反感的官话套话”，欢迎实例实录哦。这是《人民日报》微博8日晚发布的一则微博。1月9日的《人民日报》就登了一些读者反感的官话套话，比如“高度重视”、“亲自过问”、“现场指挥”、“积极、及时、立即、确保”……

图 2－29 中国文明网新闻截图

▶▶▶案例 2－11：河南濮阳“模板式”火灾通报

2017 年河南濮阳一公司发生火灾，而后濮阳市委宣传部官方微信公众号“濮阳宣传”发布文章，对此次火灾进行通报。不过，这篇 263 个字的火灾通报稿中，有 165 字都是在围绕“领导重视”这一观点进行描述，对于事件本身的报道只用了几句话寥寥带过。

在案例 2－11 中，河南濮阳这一起火灾事故的发生就已经引起了民众的舆论关注，例如有无化学污染、燃烧气体是否会损害人体健康等，当地宣传部门发布文章本意也是想减轻舆论关注、降低负面影响，只是在引导语言的使用上并未贴近民意，使用了大量的官话套话，这篇文章在网上流传开来后不仅没有对舆论起到引导作用，反而在网络上引发了新一轮的舆论浪潮。因此，在对舆论进行引导的过程中一定要考虑人民群众的意愿，选择合理接地气的引导用语，与民意共振，这样才能使舆论引导工作开展得更为顺利，才能取得良好的舆论引导效果。

3. 舆论引导态度不友善

当下我国在对舆论进行引导的过程中，对舆论引导的态度以及采取的方式普遍都较为柔和，以事实说话，以理服人，往往都能取得一定的成效。但是偶尔也会出现这样一种现象，即在部分事件冲突中，个别政府部门不顾大局和整体形象，表现出过激的情绪，导致对舆论的引导态度也变得强硬。这种“硬碰硬”的对话方式缺乏理性判断，容易引起公众反感，无疑会把自己置于舆论的对立面，从而激化矛盾。

▶▶▶案例 2－12：丽江及济南相关部门官微情绪化回应事件

在丽江深陷“旅游乱象”舆论旋涡之时，丽江古城区委宣传部官方微博“古宣发布”怒怼网民：“你最好永远别来！”“一个巴掌拍不响”等（如图

2－30所示）；而在山东聊城辱母杀人案中，舆论本指向的是聊城地方法院和公安，可济南公安官微却发微博暗示愤怒的网民是“毛驴怼大巴”，引火烧身（如图2－31所示）。

图2－30　丽江古城区宣传部官微截图

图2－31　济南公安官微截图

从案例2－12中两个地方相关部门的官微发布内容中可以看出，他们在舆情应对中的态度并不友善，反而还沉迷于立场站队，离真正需要说服的对象越来越远，制造了撕裂，引发了更大的舆论风暴，也破坏了政府部门的形象。因此，在舆论引导工作中一定要注意态度问题，避免因情绪化而导致舆论引导失效，引发更大舆论风暴。

（二）舆论引导方式不够妥当

在舆论引导工作中，舆论引导方式是否合理在一定程度上影响着舆论引导工作的成效。当前舆论引导方式仍然存在着不妥当的地方，主要体现在恶意炒作、过度引导、偏离民意等问题上。

1. 恶意炒作事件内容

舆论引导作用的发挥是通过新闻传播媒介的宣传报道，将舆论相关信息传达给受众，从而影响受众，达到引导舆论的目的。一部分新闻传播媒介为了获得高收视率、高收听率、高点击率，往往会对社会热点事件进行恶意炒作，出现报道内容与事实严重不符的情形，致使舆情负面影响持续扩大。

▶▶▶案例 2 – 13：王凤雅之死事件

2018 年 3 月，一女子通过水滴筹、火山小视频等平台为身患眼癌的女儿王凤雅筹集治病费用，但从 4 月 8 日开始，有部分公益机构及部分人士在网络上陆续发表言论指责王凤雅家人诈捐，认为他们将筹得的善款挪作他用。5 月 24 日微信公众号“有槽”发布了一篇名为《王凤雅小朋友之死》（文章现已删除）的文章，文中称王凤雅家人把筹集的善款用于为家中儿子治疗唇腭裂，而没有为王凤雅治病，因而导致了王凤雅的死亡，引发舆论的广泛关注，网络上对王凤雅家人的指责与谩骂不绝于耳。但随后事件出现了反转，开始有各方机构与人士为王凤雅的家人作证，5 月 25 日，水滴筹声明，小凤雅家属实际筹得款项 35689 元。河南省太康县公安局宣传科科长张磊落向澎湃新闻表示，王凤雅家属只收到 38638 元捐款，且这些钱基本用在了女儿王凤雅的治疗上，目前还结余 1301 元。5 月 26 日女童王凤雅的主治医生、张集镇卫生院副院长杨荣光表示，王凤雅的家人从未放弃过治疗。

在案例 2 – 13 中，因部分新闻传播媒介对此事件相关内容的恶意炒作，致使此事件的舆论发展走向了错误的道路，引发了外界对王凤雅家人疯狂的人身攻击，王凤雅家人在承受失去亲人的痛苦时，还要面临大量的谩骂。被恶意炒作的事件在外界引发了轩然大波，恶意炒作不仅没有成功对舆论进行引导，还极大地阻碍了事件舆情治理工作的顺利开展，这些新闻传播媒介对引导内容的恶意炒作所带来的负面影响在一时间也难以平息。

2. 过度进行舆论引导

在舆论引导工作中需要讲究“适度”原则，对舆论的引导应在取得良好效果后点到即止，过犹不及。我国在舆论引导方面已经积累了大量经验，但有时部分地方政府也会在工作中出现舆论引导过度的现象，制约舆情治理工作高效开展。

▶▶▶案例 2 – 14：城管卧底事件

2013 年 6 月 15 日，一名为“岔巴子”的网友发布了一条“城管捞外快，占地摆摊”的微博，引起网民广泛关注，当日微博中关于“城管摆地摊”这一话题有着高达 90 余万条的信息。16 日武汉城管部门对该条微博作出回复：“谢谢您对我们城市管理工作的关注、支持和参与。您反映的这件事情我们将进行调查、核实，并及时回告您和大家。”与以往一有城管负面信息，网友一边倒的批判不同，对于此次被“曝光”的城管，多数网友表示了同情，称“城管也有生活压力”。但后来，武汉城管局却在一次采访中向记者表明，两名城管人员是在执行“卧底”任务，目的就是“换位思考”。该信息经由各大媒体转载报道，舆论再次沸腾，单是网易上一条新闻的评论就达到了 29127 条。但这次，网民的评价并不那么充满善意了。一系列负面看法如“换位思考只是涉事单位的借口罢了!”“该事件是从头至尾都城管局一手策划的，目的就是获得公众好评!”等在网络上获得了大量认同。

在案例2-14中，一开始多数网民表达了理解与同情，部分官微也已经表示了支持与赞同，本来已经有了一个相对较好的舆论风向，不必再过多地对舆论进行引导了，可是武汉城管局却再次画蛇添足一般给舆论加了一把火，本想突出换位思考，却引来了外界批判，例如《贵州都市报》数字报发文《城管卧底，充斥算计甚少温情》、红网文章《“城管卧底论”属舆论引导过度》，正是武汉城管部门对舆论的过度引导造成的。

3. 引导方向偏离民意

在重大突发事件舆论引导工作中，需要正确把握引导方向，了解民众对于舆论的反应，尊重人民的意愿，正确开展舆论引导，这样才能有效地引导舆论。然而，在实际工作中还是有部分地方政府把握不准舆论的引导方向，舆论引导的侧重点与民众的期望有所偏差，民众们渴望看到的不曾出现或极少出现，而不太关注或关注度较低的却成为舆论引导的主要内容，有本末倒置之嫌。

▶▶▶案例2-15：河南鲁山县检察院错误宣传事件

2018年9月，河南平顶山市鲁山县检察院通过官微发表一篇题目是《鲁山一初中生一时冲动犯错检察官介入下双方冰释前嫌》的文章，内容说的是16岁初中生赵某，一时冲动强奸了17岁少女小花，鲁山县检察院在嫌疑人与被害人之间，努力做“刑事和解”工作，最终双方达成了和解协议，文章同时晒出了小赵母亲给该县检察院送来的“执法为民、尽职尽责、情系少年、倾心相助”的锦旗。文章发表后，迅速被网友大量转载并引发热议。“未成年人强奸案件也能调解，不追责?”“检察院是否涉嫌‘执法犯法’?”“8万元赔偿是否属于‘花钱摆平’?”甚至还有不少网民在留言中愤怒地质问：“办案检察官是怎么考过司法考试的?”随后又有媒体进一步报道，鲁山县检察院于2018年3月发布《喜报》，披露该院对另一起因校园欺凌引发的未成年犯故意杀人案，也是积极促成双方当事人刑事和解，最后经鲁山县检察院建议，鲁山县法院对被告人判处缓刑，一点未影响被告人学业。该信息更是引发强烈质疑，有网友嘲讽称“原来故意杀人也可以冰释前嫌”。

在案例2-15中，由于涉及未成年人犯罪事件，民众们对于此类案件的容忍度较低。鲁山县检察院在对外进行宣传时对舆论引导的方向把握不准，民众在此事件里渴望看到的是对嫌疑人严肃的处理，而不是所谓的“情系少年”“努力做刑事和解工作”，即便是出于好心想给未成年的犯罪嫌疑人未来多一点机会，在对外宣传中也应该更侧重于对嫌疑人的教育以及嫌疑人自身的悔改之情。鲁山县检察院的对外宣传本是想收获一个为民着想的好名声，却没有把握准舆论方向，偏离了民意，反被广大民众质疑，引起了更大的舆论关注。

（三）舆论引导能力较为不足

目前在对舆论进行引导的过程中，还存在着引导能力较为不足的现象，这在一定程度上影响着舆情治理工作的开展。主要表现在信息时代背景下主流舆论阵地容易失守、新型网络媒介使用不佳、线上回应与线下处置脱节等方面。

1. 主流舆论阵地容易失守

目前，在我国主流舆论阵地里对舆论引导起主要作用的是各级电视台、报社等，但由于当下信息时代的发展，每时每刻都有海量的信息在网络上传播，其信息传播的速度较之于电视、报纸等传统媒体有着压倒性的优势，已有很大一部分人群开始选择从网络上获取信息。尽管主流舆论阵地在引导舆论时，还是时常能发挥出事半功倍的效果，但在当下民众主要通过网络获取信息的情况下，由各级电视台、报社主导的主流舆论阵地已经慢慢呈现出不敌网络这一新型舆论阵地的态势。

▶▶▶案例 2 - 16：中国传统媒体用户及网络新闻用户现状

2017 年 11 月 29 日，中国网络视听节目服务协会在成都发布《2017 中国网络视听发展研究报告》，报告中指出有 44.4% 的网络用户不再接触电视、电台、报纸等任何传统媒体。2019 年 11 月 16 日，中国人民大学国家发展与战略研究院主办的《5G 时代中国网民新闻阅读习惯的量化研究》报告发布会在北京举行，报告显示参与此次调查研究的受访者每天获取的新闻信息，来源于报纸、电视等传统媒体的分别只占到了 0.68%、6.56%。2020 年 4 月 28 日，中国互联网络信息中心（CNNIC）发布第 45 次《中国互联网络发展状况统计报告》，报告显示，截至 2020 年 3 月，全国网络新闻用户规模达 7.31 亿。

从案例 2 - 16 提供的各项数据中，我们能清楚地看到随着时代的发展，越来越多的人选择从网络上直接获取新闻信息，传统媒体日渐式微，其主流舆论阵地的地位也日渐衰退。在这样的情况下，当主流舆论阵地展开对某一事件的舆论引导时，往往会发现，网络这一新型舆论阵地上对于该事件的讨论早已热火朝天，各种舆论信息层出不穷，导致主流舆论阵地发声收效甚微。

2. 新型网络媒介使用不佳

随着互联网时代的发展，我国在舆论引导上的媒介使用情况已经从最初的广播、报纸、电视等传统媒介逐步演变成了如今包括政务网站、微博、短视频等网络新媒介在内的多种媒介。在信息时代对于舆论的引导，权威的电视节目和报刊仍能起到一锤定音的作用，但运用传统媒介来对舆论进行引导的效果已有不敌使用网络新媒介的迹象，毕竟新媒介的信息传播速度和广度在一定程度上要远超传统媒介。因而，在中央的领导下，各级地方政府先后将新媒介运用到了舆论引导工作上，但在这其中仍然存在着一个问题，即部分地方政府部门对这些新媒介使用不佳。

▶▶▶案例 2－17：男子当街暴打女孩事件中大连甘井子公安法制微博无发声

2019 年 6 月 24 日，一段男子当街暴打女孩的视频流传于网络，事件发生后，引发了外界广泛关注，微博上相关话题的阅读量高达 20.2 亿次。后经调查，该事件发生于大连市甘井子区中华路街道，在此事件中《新京报》、大连公安等官方微博先后发声，平复民众情绪，引导舆论发展，然而事发地在辖区范围内的甘井子公安分局的官方微博却始终沉默，不曾发布任何一条信息。有网友发现原来自 2014 年 2 月 12 日大连甘井子公安法制转发了一条微博后，便沉默至今，成了不折不扣的“僵尸”政务微博，不少网民对此颇有微词（如图 2－32 所示）。

图 2－32　微博网民言论截图

在案例 2－17 中可以看到，在男子当街暴打女孩一事发生后，不少官微先后发声引导舆论发展，然而作为对事发地有第一治安管理权的部门，大连甘井子公安分局的微博大连甘井子公安法制却没有及时发声，不仅没有在该事件里起到舆论引导的作用，反而被网友发现其微博早已是空头账户，成了名副其实的“僵尸”微博，引发了民众的不满。此现象的发生就是对微博这类新媒介使用不佳而导致的，既没有发挥政务微博应当发挥的作用，也无法利用微博强大的影响力来促进舆论引导工作的开展，获得良好的舆论引导效果。

3. 线上线下回应处置脱节

一般而言，舆论引导较为成功的舆情事件，都有两个特点：一是在线上及时对事件作出回应；二是在线下也成功对事件进行了处置。线上对事件及时回应有利于控制舆论走向，线下对事件成功处置有利于最终有效解决由事件引起的舆情，线下事件处置越成功，线上所面临的舆论压力也会大幅降低，二者结合才能成功对突发事件所引起的舆论进行引导。但目前在重大突发事件引发的社会舆论引导工作中还存在这样一个问题，即线上回应较为迅速，但线下却迟迟没有音信，线上线下回应处置脱节。这样一来，不仅使得舆论引导效果变差，还会在一定程度上损害涉事组织或部门的公信力。

►►►案例 2 - 18：许可馨事件

2020 年 3 月 29 日，一名为许可馨的留学生因在其名为“许可馨 Nova -”的微博账号里发布的一系列不当辱国言论而上了热搜，特别是其发布的一条微博中有一句话提到“能走到今天，一靠爸妈的钱和人脉”，更是引起了轩然大波，一时间舆论哗然，网上民意激愤。在网民们的疑问及舆论压力聚集之时，许可馨本科期间就读的中国药科大学、苏州纪委等纷纷发布通告表明态度，网民们的态度也由气愤转变为期待，期待能有一个合理的结果和能令人信服的解释。可随后网上又曝出许可馨与其朋友的聊天记录，其中提到许可馨说“冷处理就好了，网友的记忆只有三天”，网民们因此对事件结果的期待之情更甚从前。但事件至今也没有任何进展，整个事件在网络上的热度也开始慢慢降低，仿佛真的印证了许可馨说的“冷处理就好了，网友的记忆只有三天”，而与此同时已经有对此事件处理不满的网民在网络上发泄情绪，称“苏州何时为自己正名”，得到了大量响应。

在案例 2 - 18 中，线上各部门的反应迅速，但在线下对事件本身处理的结果却迟迟没有公布，有点虎头蛇尾的意味。由于线上的迅速回应与线下实体处置出现了脱节的现象，因此该事件的舆论引导效果也没有预想中的好，更是导致了诸如“苏州何时为自己正名”等言论在网上流传，可以说苏州政府、苏州纪委的公信力在一定程度上也受到了损害。

三、突发事件舆情信息管理不规范

当前，虽然突发事件舆情信息管理工作较之前已经有很大的进步，但是在舆情信息管理规范、舆情信息开放共享、舆情信息内容发布等方面依然存在一些亟待改善的问题，严重制约了突发事件社会舆情治理。

（一）舆情信息管理规范较缺乏

在我国现行的舆情信息管理中，不同的舆情发展阶段都需要不同的信息管理规范，以满足外界对各种信息的需求。然而实际工作中常常因缺乏对应的信息管理规范而使得舆情信息较为混乱，主要体现在因信息管理主体不明确导致的主体职责错位、因信息管理职责不清晰导致的官方话语权弱势、因信息标准不统一导致的信息管理困难。

1. 信息管理主体不明确

从目前我国突发事件舆情信息管理实际来看，政府具有主导作用，媒体对社会舆情信息进行监督，民众协助舆情信息管理，不同的主体在信息管理中扮演着不同的角色。然而在实际的管理过程中不乏出现因信息管理主体模糊而导致的管理缺位、失位、错位的情况①。

▶▶▶案例 2－19：扬州工地发生工人坠亡事故

2019 年 3 月 21 日，江苏扬州工地发生工人坠亡事故。在媒体的督促下，时隔两日才看到官方通报，而涉事的三家公司均未发布公告。尽管当地政府在之后的采访中回应道“当时的情况较为复杂，需要封锁现场以查明事故原因”，但这一回应并未打消舆论对当地政府的质疑，在政府发布公告之后，三家涉事公司陆续发出公告。可以看出，政府方面和涉事公司方面对于信息的披露都存在着观望态度，信息管理主体不明确导致了信息公开不及时，甚至管理缺位的情况。

从案例 2－19 来看，重大突发事件涉及多个信息管理主体，回应主体也向多元化发展，然而该事件中不同管理主体却不约而同地持观望态度，政府没有明确自身的主体地位，涉事公司没有积极配合细节信息的披露，都造成了信息管理拖延甚至缺位的局面，加剧了舆情后续治理的困难。

2. 信息管理职责不清晰

在重大突发事件舆情信息管理中要重视职责的准确定位，官方媒体、政府、自媒体等在信息管理中的职责不清晰，容易出现信息管理撞车扯皮现象、管理秩序混乱、信息多头管理现象等，使得信息管理不规范，从而影响舆情治理。

▶▶▶案例 2－20：泸县太伏中学学生死亡事件

2017 年 4 月，泸县太伏中学一学生在住宿楼外死亡。个别网民不经查证，肆意通过 QQ 群、微信公众号等平台，编造发布谣言等不实信息，煽动群众聚集滋事，严重扰乱了社会治安秩序。经公安机关调查，死者符合高坠伤特征，并有证据排除他人加害死亡。从微信平台看，泸县县委宣传部通过官方微信“泸县发布”持续推送权威信息，发布事件进展，但是政府和新闻媒体的沟通并不顺畅，官方媒体没有对此事进行及时的报道，从而导致了一些营销号、

① 金飞：《马克思主义新闻观与中国网络舆情管理研究》，湖北大学博士学位论文，2018 年，第 72 页。

网络大V肆意传播谣言视频，博取关注度、煽动对立情绪。

如案例2－20所示，泸县当地政府以及官方信息平台对于信息的管理职责不清晰，给了网络谣言以可乘之机，利用真相发布平台的漏洞去广泛传播危险信号，减缓了舆情的治理进度。在信息管理的过程中，政府不能存有侥幸思维，舆情在哪里，发声就应在哪里，各大官方平台不能模糊信息管理的职责。辟谣乏力、官方发声不足，使得信息管理出现混乱，泸县当地政府渐渐失去了引导舆论的主动权。

3. 信息管理标准不统一

近年来党和政府在舆情管理方面制定出台了一系列法律法规：《中华人民共和国网络安全法》《中华人民共和国计算机信息网络国际联网管理暂行规定》（修订）、《互联网新闻信息服务管理规定》等。这些相关法规和制度虽然涉及舆情管理与舆情对应，但其内容却包罗万象，信息管理的标准没有得到统一。

▶▶▶案例2－21：鸿茅药酒事件

2017年12月19日，一篇名为《中国神酒“鸿毛药酒”，来自天堂的毒药》帖子在微信平台广泛传播。作者本想用这种“抓眼球”的方式吸引读者，强调该药品的“禁忌症”，希望对特殊人群起到警示作用，却遭到涉事公司当地的警方跨省抓捕。然而，此文章是否构成谣言、是否侵犯了商誉权需要进一步探究，目前没有标准化、统一化的法律法规来辅助判断。

案例2－21反映出由于信息管理制度和体系的不健全，信息管理标准的不统一造成舆情信息管理的不规范。现有的信息管理法律法规在网络信息实施诽谤罪的管理规定方面存在漏洞与适用性问题，对于帖子是否侵犯了鸿茅酒厂的商誉，是否为不实消息尚且无从考证，影响了政府对舆情的管理，同时，也使得该事件在网络持续发酵，给社会造成混乱，增大社会治理成本①。政府发布的信息必须做到有据可依，在“鸿茅药酒”事件中，政府对于舆情信息的管理无章可循，无度可依，不利于舆情的及时化解。

（二）舆情信息开放共享不到位

信息开放共享是突发事件舆情信息管理规范的重要内容，也是突发事件社会舆情治理的客观要求。当前，在突发事件舆情信息管理实践过程中，信息开放、信息共享、平台建设等方面仍存在一些问题，制约了社会舆情治理工作的顺利开展。

1. 信息开放不太充分

随着信息化的发展，人们对信息开放共享的要求也日渐高涨。在危机发生后，政府掌握的信息远比网民个人所了解的信息更加全面准确，如果政府发布的信息不充分，

① 雷志春：《马克思主义群众观视域下中国网络空间治理模式研究》，华中科技大学博士学位论文，2018年，第82—83页。

则会失去信息制高点，从而使得一些断章取义、歪曲事实的舆论大肆传播，舆情风向难以控制，徒增舆情治理难度。因此，在突发事件的舆情信息发布中，要做到让更多的人完整“看见”，将信息共享到位，及时把握公众的信息需求，最大限度满足公众知情权，传递真相，从而平息舆论。

▶▶▶案例2－22：天津市“8.12”爆炸事故中信息开放不充分

在天津政府召开的发布会中对于爆炸事件的伤亡人数、救援进展以及应对措施方面的问题，发布人员表述模糊，搪塞推诿，在关键问题上遮遮掩掩，导致信息开放不充分，严重影响了新闻发布会的权威性与公信力[①]。

如案例2－22所示，在轰动一时的天津港爆炸案中，天津市政府宣传部门召开关于此次事故的新闻发布会，但发布会上，宣传部门在答记者问中屡次出现了对公布的信息含糊其词、发布会中途中断的情况，宣传部门并没有向外界事无巨细地还原事件本身的情况，而是避重就轻地对事件的进展情况进行通报，以求转移社会公众的视线，信息的不完全开放导致民众对于真相更加渴求，一些不实的报道不胫而走，官方不得不再次召开记者会来平息风波。这种行为严重损害了社会公众的利益和知情权，同时损害了政府的形象，降低了政府的权威。

2. 信息共享不够及时

互联网时代，各大社交媒体成为重要的利益诉求场域，同时互联网作为信息交换平台，在重大突发事件舆情治理中有着重要的作用。重大突发事件发生时，信息及时共享常作为平息舆论的手段，但是也会出现信息共享不及时的情况，导致舆情爆发。信息共享不及时容易引起公众的不满，引发社会各界对于事件发生所在地的质疑，也易引起新一轮的舆论风波。

▶▶▶案例2－23：信息共享不及时“口罩门”事件引争议

有记者在武汉红十字会借用的临时仓库外，拍到一名男子搬出一箱3M口罩，放入一辆车牌为鄂A0 ** 0W的汽车后备厢，司机称领取的物资是给领导配的。经核实，鄂A0 ** 0W系武汉市政府办公厅公务用车。由于官方媒体的发布需要层层审批以及审核，官方信息发布具有滞后性，导致信息共享不及时。在新冠疫情防控期间，民众较之前更为敏感，任何一点风吹草动都将翻起轩然大波，“口罩门”事件引发争议。

武汉市政府通过媒体发布了情况说明，大大方方地承认了这箱口罩确实是市政府办公厅领用的，而且是为疫情防控工作专班一线工作人员准备的，已经办理过登记、审批等手续。鄂A0 ** 0W“口罩门”事件反映出信息共享不够及时，如果提前做到了

① 搜狐网：《人民网详解天津爆炸新闻发布会出现的4大问题》，2015年8月17日。

透明、公开、及时，也就不会引起这一次的网络舆情。

3. 共享平台不太完善

目前，不少单位都搭建了信息共享平台。例如，当前的水利系统舆情监测与信息联动平台实现了天津、内蒙古、广东、山西、河南等多地水利系统舆情信息的共享，使水利系统得以上下联动、共同应对突发水利舆情。但该系统仅在水利系统内部使用，与外界的联动效果不佳，而重大自然灾害类、公共安全类的突发事件舆情往往涉及多方面、多层面的共同反馈。

▶▶▶案例 2－24：天津某信息共享平台不太完善

目前，大多数信息平台的建设都需要进一步细化职能，增设与外界联动的窗口，不断完善信息共享系统。天津市污染源监测数据管理与信息共享平台的设置比较简单，只有“总体概况、企业查询、业内视角”，然而在重大舆情事件发生时，常会出现信息闭塞、信息共享渠道不通畅导致的信息滞后、信息失真等情况，信息共享平台仍需要进一步完善。

从案例 2－24 来看，独立的信息系统使得各部门或单位独立运作，内部信息平台为本部门及直接上级机构或领导服务，提供内部信息的交流共享，但与外界的联动性较差。同时，在一个行政体系中还存在着多个信息共享平台平行运作的情况，平台分散，联动性差，影响内部与外部信息交流的及时性，使得舆情信息管理混乱。

（三）舆情信息发布内容不严谨

舆情信息发布内容规范严谨对社会舆情治理具有重要作用，能够为舆情治理提供真实有效的信息，能够及时引导社会舆论，化解社会危机。目前，我国突发事件社会舆情信息发布内容存在一些问题，譬如信息零散、前后矛盾、信息不准确等。

1. 部分信息较为零散

在突发事件的舆情萌芽期，网络上常常充斥着各种消息、短视频或者抓人眼球的文章，而这些信息发布的主体都是基于各自的立场或者利益点对事件进行报道，导致社会上出现各种零散的舆情信息，引发社会公众的关注、猜忌、评论和疑问，引起民众及媒体对事件的深究，进而使舆情升温，加大后续舆情治理难度。

▶▶▶案例 2－25：和颐酒店舆情之惑

2016 年 4 月 3 日，从外地来北京的弯弯（化名）在和颐酒店入住时，被陌生男子跟踪后强行拖拽，后被抓住头发用力撕扯，在弯弯大声呼喊后，围观者逐渐增多，受害者被一女顾客搭救，陌生男子迅速逃走。事件一经曝光，立刻引爆网络，官方还在调查阶段，众多营销账号却已经口径一致地发出“抵制如家”的网络倡议，零散的视频、小道消息以及未经证实的片段化报道在各大平台扩散，参与转发的大都是以“网络写手”“视频编辑”等认证的网络“大 V”，干扰着大众视线，增加了警方的办案难度。

如案例 2 – 25 所示，该事件存在着许多不合情理之处，零散的信息并不能作为确切有效的证据，铺天盖地的自媒体推文试图遮挡真相，若公安、网络部门不能联合将事件发生始末清楚还原，无论对涉事女主，还是如家、首旅，又或是平安北京，都将造成无尽的舆论伤害，毕竟三者都需要真相来还自身清白。因而，在重大突发事件的舆情治理中必须公开所有的信息，不断还原事件真相，容不得一点马虎。

2. 部分信息前后不一

互联网可以迅速传播社会突发事件，并极易引发社会舆情，甚至加速社会舆情的升级和演化。在重大突发事件发生时，相关信息发布端需要及时披露事件细节，并且做出决策信息公示。若在事件调查中，政府公示信息前后矛盾，则会引起公众对真相的反复打探，引发信任危机。

▶▶▶案例 2 – 26：哈尔滨饭店“宰客”，政府报道前后不一

2016 年 2 月，陈某在微博平台发布一则动态，记录了自己春节期间在黑龙江省哈尔滨某野生渔村吃饭时被坑的全过程，在网络上引起轩然大波。之后涉事店家对此否认，随即当地政府报道也为该店铺澄清，发布消息称该店已办正规手续，菜单属明码标价。不久，涉事饭店消费者陈某爆料自己在饭店受到骚扰和恐吓，舆论的形势开始出现反转，当地政府对该饭店组织调查，对外发布信息称这起事件严重损害了消费者权益，并对该饭店作出罚款及整顿等处罚，政府的两次信息发布出现了不一致的情况，引发民众热议。

如案例 2 – 26 所示，政府的调查结果出现了前后不一致的情况，对政府公信力造成影响，从而引爆舆情。当地政府未查明真相就发布官方消息，这种处理方法属实有误，网民的谴责掀起了次生舆情风暴，部分网民将自己被“宰”的经历全盘托出，对当时社会舆情治理影响巨大。

3. 部分信息不够准确

在信息发布的过程中，由于主体部门舆情信息管理素养不够、管理意识不强、技术运用能力不足，抑或是主体部门对事件真相调研不够、没有全面掌握事件的进展、充分了解事件处置的过程便匆匆决断，导致信息不够准确，信息失实、失真，评价不客观等情况的发生，从而引爆舆论。

▶▶▶案例 2 – 27：官方发布有误，“李文亮事件”引爆舆论

2019 年 12 月 30 日，武汉市中心医院眼科医生李文亮在有 150 人左右的同学群里发布了一条消息，称中心医院急诊科隔离收治了 7 名 SARS 确诊病人（现更正为新型冠状病毒感染），提醒在武汉医院工作的同学们小心防范。他的发言被截图发到群外，在网络广泛传播。当天深夜，他就被武汉市卫健委询问情况，第二天又被医院监察科约谈。2020 年 1 月 3 日，李文亮因“传播谣言”被派出所训诫。但是事态后来的发展证明，李文亮医生所说并非谣言。正是由于他的发言，让新冠疫情引起了公众的广泛关注。当地公安机关在没有查清楚事情真相时就急于平息舆情，使得“欲加之罪”掩盖了真相。官方信息发布有误，同时造成了公共资源不必要的浪费，从而引爆舆论，降低了政府公信力，造成全国恐慌。

如案例 2 - 27 所示，李文亮事件的发生引爆网络，究其原因在于，他在微信群里做了病毒预警，却受到当地公安机关的训诫，本是正当的、及时的预警，却被当成了造谣。武汉市公安机关发布的不准确信息降低了政府公信力，造成了全国范围内的恐慌。

四、社会舆情应对处置能力不够强

近年来，国家对突发事件社会舆情给予了高度关注，各级党委和政府职能部门将突发事件社会舆情治理工作摆在了突出的位置，并进行了一系列积极的探索和有益的尝试。但是，从总体上看，我国的突发事件社会舆情应对处置能力仍然比较薄弱，在应对主体、应对方式、善后处置等方面还存在一些亟待解决的问题，影响了社会舆情治理的总体进度。

（一）应对主体不科学

社会舆情应对主体结构合理、协同通畅、行为规范等对突发事件社会舆情治理具有重要作用。然而，目前我国突发事件社会舆情应对主体结构、多元主体协同、善后处置措施等方面还存在一些问题，有待进一步加强和完善。

1. 应对主体结构失衡

一般而言，平衡的舆论场应该是积极参与的官方舆论、专业而理性的精英舆论与冷静的民间舆论共同参与的舆论场。但是，在当前重大突发事件的应对过程中，应对主体结构仍然比较失衡，政府、专家、民众有时就像三条平行的线，各自为政，单一的声音对于舆情的平复来说无足轻重。

▶▶▶案例 2 - 28：产妇死亡之责该谁担？

中科院理化技术研究所一产妇杨某在北京大学第三医院因抢救无效，突然离世。中科院理化技术研究所向该医院发布公函要求院方对真实情况作出说明，院方在回应中对死者的情况作了简短说明，但文末却增加了对死者家属医闹的控诉，这也引起事件的进一步发酵，自媒体开始散播“医闹”谣言。首先，院方作为责任主体，很多细节没有进行公示，这场医疗意外到底是怎么造成的仍无从知晓。其次，相关领域专家也没有站出来发声，对于高血压在分娩中导致的并发症是否会造成患者死亡仍不得而知。最后，暂且不说中科院理化技术研究所给院方发公函是否符合规范，“盖章公函”不应该发布于网络。院方、媒体、专家多方应对主体结构失衡，导致舆情发酵。

如案例 2－28 所示，院方中规中矩的情况说明，自媒体账号编造谣言制造医患矛盾，多方舆情应对主体失衡，导致舆情应对效果不佳，终使事件进一步发酵。患者单位的公函，一旦用错地方，即使初心是对的，也要承担舆情之责。网民盲目跟风，容易受虚假信息的影响。因此，在舆情的治理过程中，涉事主体、政府、专家、民众等舆情应对主体必须为各自的行为负责，明确各自的职责，保证舆情应对结构的平衡，从而更好地辅助舆情的治理。

2. 多元主体协同不足

在突发舆情事件的处理中，往往需要多元主体协同治理。由于目前对自媒体平台的约束力度不够，加之政府部门与媒体的沟通不顺畅，民众主体意识淡薄，导致了多元主体协同不足，舆情治理局面出现混乱，逐渐演变为舆情危机。如案例 2－29 所示，在自媒体平台的煽风点火下，政府与民众缺乏有效沟通，多元主体协同不足造成舆情治理困境。

▶▶▶案例 2－29：媒体、政府、民众协同不足

2018 年 7 月 15 日，国家药监局对长春长生生物科技有限责任公司狂犬病疫苗生产记录造假问题进行了通报，21 日，自媒体“兽爷”发布《疫苗之王》，致使疫苗事件在网上曝光，迅速聚集大量网民围观讨论①。《疫苗之王》揭露了疫苗造假等事实，但在披露真相之余，文章将疫苗造假与国家的发展以及政府的治理结合，用个人狭隘的眼光去看待社会层面的问题，充斥着明显的诋毁情绪，自媒体平台却任由事态发展，加之多数网民被自媒体平台煽动，任意揣测政府，媒体、政府、民众协同不足，使得舆情治理局面出现了混乱，导致了严重的舆情危机。

在问题疫苗事件网络舆情的治理过程中，政府只是把网民作为引导对象，并没有把网民作为舆情治理主体，同时，自媒体并未意识到自身作为舆论治理主体应承担的责任，参与社会治理本没有错，但一味地煽风点火是最不可取的方式。我国网民在舆情治理中没有准确的角色定位，缺乏主体责任意识，致使网民在突发事件发生后，不会理性审视事实真相，存在在网上发布煽动性言论、恶意跟帖等行为，加剧民众恐慌和不满。由此可见，政府、媒体、民众的多元主体协同不足，导致了舆情治理局面混乱，加剧舆情治理的难度。

① 冯欢庆：《突发事件网络舆情多元主体协同治理模式研究》，哈尔滨师范大学硕士学位论文，2019 年，第 36—37 页。

3. 主体行为规范不够

舆情治理主体行为反映了舆情治理的理念、规则和行为方式，直接关系到公共权力形象、协同主体和网民群体的切身利益。当前，一些地方的公共权力机关在应对网络舆情时，存在不当介入、干预过当以及网络舆情隐匿治理等不规范的舆情治理行为，容易诱发网络舆情治理风险。

▶▶▶案例 2 – 30：基层政府行为不规范

2017 年，河北省邯郸市涉县的网民张某在网上发布了一则帖子，直指涉县新医院餐厅的饭菜价贵且量少，基层派出所接到报案之后未展开调查便认定张某扰乱公共秩序，处张某以行政拘留的处罚。这一则帖子在网上迅速发酵，邯郸市公安局高度关注，市局法制部门已责令涉县公安局严格以事实为依据、以法律为准绳，对本案的“事实、证据和法律适用”进行重新审核，对该基层政府存在的执法问题予以纠正。

从案例 2 – 30 来看，基层政府在事件发生后消极应对，隐匿治理，采取不规范的措施强行压制舆论，从而进一步引发网友的不满，引起次生舆情。在治理过程中，治理的目的、依据和过程公开性不足，部分机构的治理手段还依赖于屏蔽敏感人物、敏感词，删除、撤销敏感内容①等不规范的舆情治理方式，加剧了网民与管理机构之间的矛盾，不明真相的网民将网络运营商不当治理行为归咎于公共权力主体，加深了网民与公共权力主体的隔阂。

（二）应对方式不妥当

网络话题迭变快速、舆情热点层出不穷，网络舆情事件往往传播迅速、频率高发，这极大地考验着我国突发事件社会舆情的应对处置能力。近年来，重大突发事件的责任主体积极探索，在舆情回应速度方面有不小进步，值得称道。但在舆情应对方式方面，仍存在着相互推诿、虚情应对以及消极应对等诸多问题。

1. 相互推诿

在突发事件的应对过程中，由于缺乏应对经验以及主观应对意识，导致对突发事件的处置不当引爆舆情，事后相关涉事机构互相推诿的情况屡见不鲜。

▶▶▶案例 2 – 31：乘客身体出现状况，机组与救护人员互相推诿

2015 年 11 月，微博网友发布长篇微博描述了其本人在乘坐南航航班过程中遇上急腹症肠梗阻，机组人员与救护人员不作为，相互推卸责任，导致他差点窒息于北京机场的可怕遭遇。该消息在自媒体平台发布后，引发网友强

① 王立峰，韩建力：《网络舆情治理的风险与应对策略探析》，《西南民族大学学报（人文社科版）》，2019 年第 03 期，第 139—145 页。

烈关注。次日，央视新闻也对此事进行了报道采访（如图 2 - 33 所示）。

面对生命垂危的乘客，南航空乘和医疗急救人员互相推诿，将职业操守与担当抛于脑后，漠视生命。空乘认为医护登机后就该肩负救治的责任，将事件的全责推给相关医护人员，而随行的医护人员认为凡是飞机上发生的事情就该由机组人员负责。在舆论压力以及相关单位的介入下，该事件最终以航空公司的道歉收尾。由此可见，涉事机构的推诿扯皮并不会淡化突发事件的影响，反而会掀起一阵舆论风波，这也给相关机构敲响了警钟。

图 2 - 33　央视新闻报道图

2. 虚情应对

面对突发事件，政府要尽快查明真相，以稳定民心。但是，一些地方政府或有关部门担心舆情报道会危及自身利益，担心引起公众的怀疑，导致事件真相无法全部公开，半遮半掩的状态为舆情的爆发埋下了伏笔。有关部门在信息沟通与回应中避谈核心问题，只做表面文章，虚情应对突发事件舆情，这种做法导致了网络谣言和“阴谋论”大量滋生，从而备受舆论诟病。

▶▶▶案例 2 - 32：“丽江打人事件”中丽江警方官媒发布

如图 2 - 34 所示，我们无法从警方发布的通报中了解全部的情况，公众在意的是完整的事件经过、主管部门如何对该事件进行调查以及最后的处理结果，但是该通报所示内容缺乏有说服力的解释，主管部门存在虚情应对的敷衍治理行为。

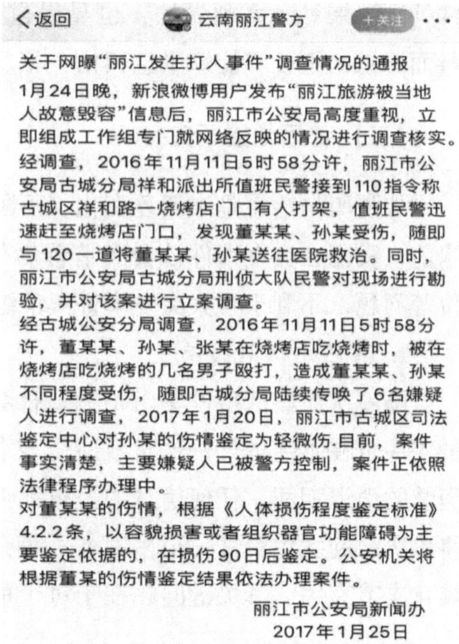

<返回　云南丽江警方　+关注 ···

关于网曝“丽江发生打人事件”调查情况的通报

1月24日晚，新浪微博用户发布“丽江旅游被当地人故意毁容”信息后，丽江市公安局高度重视，立即组成工作组专门就网络反映的情况进行调查核实。

经调查，2016年11月11日5时58分许，丽江市公安局古城分局祥和派出所值班民警接到110指令称古城区祥和路一烧烤店门口有人打架，值班民警迅速赶至烧烤店门口，发现董某某、孙某受伤，随即与120一道将董某某、孙某送往医院救治。同时，丽江市公安局古城分局刑侦大队民警对现场进行勘验，并对该案进行立案调查。

经古城公安分局调查，2016年11月11日5时58分许，董某某、孙某、张某在烧烤店吃烧烤时，被在烧烤店吃烧烤的几名男子殴打，造成董某某、孙某不同程度受伤，随即古城分局陆续传唤了6名嫌疑人进行调查，2017年1月20日，丽江市古城区司法鉴定中心对孙某的伤情鉴定为轻微伤.目前，案件事实清楚，主要嫌疑人已被警方控制，案件正依照法律程序办理中。

对董某某的伤情，根据《人体损伤程度鉴定标准》4.2.2条，以容貌损害或者组织器官功能障碍为主要鉴定依据的，在损伤90日后鉴定。公安机关将根据董某的伤情鉴定结果依法办理案件。

丽江市公安局新闻办
2017年1月25日

图 2 - 34　“丽江打人事件”丽江警方官媒截图

如案例 2 - 32 所示，云南丽江女游客被殴打致毁容事件被曝光后瞬间引爆舆论场，不满情绪蔓延之际，丽江市政府、丽江公安机关快速反应，纷纷通过官方微博做出回应，表示将组织法检等部门启动执法监督。但在这次回应中，官方对事件起因、调查进展、伤情鉴定等舆论关注的焦点问题却缺乏说明，尤其对“警方渎职”“抢劫情节”等关键问题的描述多有语焉不详之处，官方信息通报与舆论关注点之间形成割裂，产生了大面积的质疑声音，引发了更大的舆论危机。

3. 消极应对

在重大突发事件的舆情治理中，也需要做好网上舆论工作，这是一项长久且艰巨的任务。如果涉事单位对网络舆情管理重视度不够、消极应对舆情事件，反应不够迅速、方法不够科学合理，就难以解决当下矛盾，甚至引发舆情高潮。兰州交通大学博文学院因一女教师患癌而无法出勤被开除的事件被媒体曝光后，立即引发舆论的口诛笔伐。

▶▶▶案例 2 – 33：女教师患癌被开除，学院欠她的不仅是一句道歉

2015 年兰州交通大学博文学院因一女教师患癌，其母到学校说明缘由办理请假事宜，并希望单位能继续为女教师办理医疗保险，院方并未应允。五天之后，兰州交通大学博文学院以旷工为由将该女教师开除。该教师为了维护自身权益将该学校告上法庭，法院宣判该校开除该教师的决定无效，双方恢复劳动关系。但直至该教师去世，博文学院都未履行判决。

博文学院开除患癌女教师的舆情爆发后，学院方面消极应对，面对记者的电话采访，学院办公室首先是以不了解具体情况，并以学校放假为由，拒绝回应，等开学后再说来搪塞；其后是在开除患癌教师文件上签名的院长不接电话、拒不露面，任由舆情发酵，激起更大的民愤民怨。而随着舆情的激化，博文学院后续联系家属、刊登事件处理结果等一系列做法，也显得过于冷漠和随意。面对重大舆情，校方消极应对、避而不见，不仅不能够平息舆情，相反会导致自身形象受损。

（三）善后处置不完善

加强舆情治理是个反复变化、不断创新的过程，需要完备的善后治理与保障体系。当前，我国在突发事件社会舆情善后处置中存在着意识不强、反馈不及时、保障不到位等问题，不利于重大突发事件舆情综合治理能力的提升。

1. 善后意识不够强

随着次生舆情事件层出不穷，社会对各类舆情事件以及可能引发的次生舆情事件的关注也在不断提升，这对政府以及各界相关人士的应对策略提出了更高的要求。在舆情的消退期间，任何信息的公布都将成为次生舆情的“最后稻草”，片面的信息公布将再次激起次生舆情，很多时候，消退阶段的问题大多都与没有抑制舆论反弹，没有淡化支节有关，其关键问题在于对于重大突发事件的善后意识不够强。

▶▶▶案例 2 – 34：雪乡宰客现象频现，后续整顿迟迟未到

2017 年 12 月，有游客在微信公众号发文称，在雪乡旅游时被无良商家坑钱，该文指出受害者在网上提前预订的房间价格与到达现场之后的价格存在出入，申请及时退款后，店家称三天之后才退钱，并要求旅客在网上评论时不能“乱说”，直到看到评论后才能退钱。文中还提到，游客中心的商品价格是市面上正常价格的五倍乃至更多。当地旅游管理部门开展调查，对该民宿进行了处罚，并责令其作出道歉。然而第二年的旅游旺季，当地又接连爆出了类似的宰客事件。

在“雪乡宰客”这一负面舆情事件的处理过程中，当地旅游管理部门在进行回应后，人们对于宰客事件的关注度趋于平稳，此次舆情向着平稳解决的态势发展。但是，雪乡景区管理部门在处置此次舆情危机的过程中，对导致舆情爆发的根本原因没有正确认识，也没有以此次舆情事件为契机对雪乡景区的旅游市场进行彻底的检查整改，从而导致了一系列次生舆情的出现，使舆情不断反复，对负面舆情的处置周期也因此而延长。官方媒体纷纷对该事件进行评价，雪乡宰客事件也再次成了网民热议的焦点，人们对此事件的关注度再次达到了一个顶峰。雪乡宰客这一负面舆情事件的发展趋势从趋向平息到再次出现反复，很大程度上是事件处理后期的媒体报道及网络信息大规模传播而引发的次生舆情共同作用和影响的结果。由此可见，在处置舆情事件时，应当要主动接受社会监督，在处置过程后期应当具有善后意识，在发布与舆情事件相关信息时要相对谨慎，同时对于网络信息要采取一定的措施，减少因负面舆情带来的影响，注重舆情事件后期的枝节生长态势，以便取得更好的舆情处置效果，缩短处置周期。

2. 事后反馈不及时

舆情消解后，其给涉事部门、群体乃至舆情发生地区带来的负面影响恐将持续。因此，需在事后作出及时反馈，在形象上进行修复。但是，后危机时期仍有部分政府部门反馈不及时，形象修复意识淡薄。如青岛“天价虾”事件。

▶▶▶案例 2 -35：青岛“天价虾”重创“好客山东”形象

2015 年 10 月，某游客在青岛市某饭店吃饭时遇到宰客事件引发网友热议。游客在吃饭前曾详细询问过菜价，向老板确认过大虾 38 元究竟是 1 份还是 1 只，老板给出 38 元为 1 份价格的确切回答后，该游客才放心点单。但吃完饭后，老板却称大虾价格为 38 元 1 只。事件一出，引发网民关注，对往日“好客山东”的形象造成不可逆转的重创。当地政府及时开展调查，对该饭店进行立案查处，但在后续的惩处以及整顿信息公示方面，没有给公众一个及时的反馈，对行业乱象的管制也迟迟未到。

舆情发酵后，当地政府介入调查，调查结果指出该店家涉嫌价格欺诈，责令其退还非法所得，并按照违反明码标价及侵害消费者权益的规定，依法进行立案查处。

这样的结果也使得网民有所平复，“天价虾”事件进入舆情消减期之后，当地仍没有对餐饮行业做出规范，加之旅游城市大多没有明确的城市形象管理机构，从而导致重蹈覆辙的现象时有发生。一波未平一波又起，次生舆情频繁出现，导致局面更难控制。

3. 综合保障不到位

突发事件舆情在经历了生成、扩散阶段后，突发事件本体得到了解决，舆情也随着事件的解决而逐渐得到平息，进入平息以及修复阶段。若在这一阶段缺乏相应的综合保障，忽视舆论案例数据库的建立，则会导致善后工作开展无力，无法为接下来的工作提供经验和相关启示。譬如屡见不鲜的医闹事件，据不完全统计，在 2018 年这一年中就发生了 12 起暴力伤医事件，频繁突发的负面舆情无不映射出当下舆情消退期综合保障的缺乏。如图 2 – 35 所示，每一次医闹舆情的爆发都是一次医患矛盾的升级。

►►►案例 2 – 36：缺乏有效调节机制 医患矛盾再升级

如 2 – 35 图所示，在 2018 年所发生的医闹事件中影响力最大的要数 10 月份的“北京大学第一医院妇产科医生被患者家属暴力伤害”事件，事件一出立即引发广泛关注。经调查，患者家属因与主治医生沟通不到位，情绪得不到释放便对其他医生拳打脚踢，医生当即进行反抗，后因患者在一旁，便控制自身行为，任由家属暴力施为。医院没有建立相关的保护措施以及调解机制，致使医生的人身安全受到侵犯。

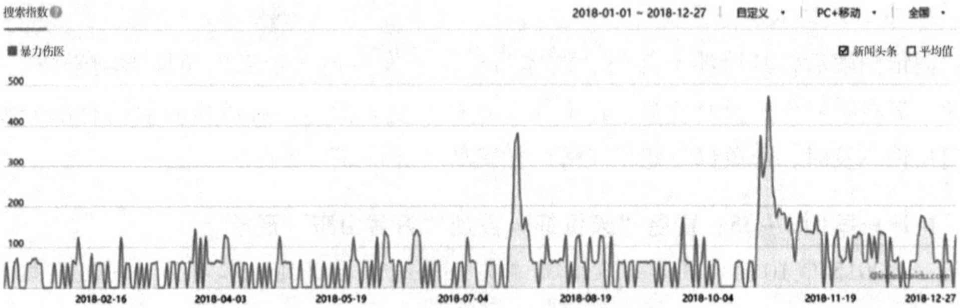

图 2 – 35　2018 年百度医闹事件搜索指数

如案例 2 – 36 所示，经过对北京大学第一医院医闹事件的分析，可以发现，前期的医闹事件并没有引起有关部门的高度重视、后续的综合保障不到位、事后没有公平透明的调解、仲裁机制、相关法律法规对于暴力实施者的规范不够、院方没有完善的医患沟通机制、医患沟通渠道不明朗、医患双方信息不对称等，导致了医患矛盾升级。

第四节　重大突发事件社会舆情治理存在问题的成因

目前，重大突发事件社会舆情治理方面存在一系列的问题，直接影响了党和政府应对重大突发事件的紧急处置能力。这些问题归纳起来表现为舆情治理较为保守，舆情治理机制亟待改进，舆情治理制度有待完善，舆情治理保障相对不足，舆情治理能力有待提升等。

一、舆情治理理念相对滞后

我国政府工作人员在社会舆情治理时常伴有相对落后的理念与观念，如舆情治理可有可无、对舆情治理畏难惧怕、将社会舆情压制控制、对社会舆情的爆发无可奈何等。

（一）可有可无的态度

1. 态度分析

正确的态度是治理社会舆论的前提，但是，一些政府工作人员仍持有社会舆情治理工作是可有可无的，不值得认真对待的态度。这会使公众舆论恶化，最终导致新的危机，而解决问题的最佳时机已经错过①。

2. 案例介绍

▶▶▶案例 2－37：云南红河微博辱骂网民事件

2012 年 10 月，红河哈尼族彝族自治县宣传部官方微博侮辱了参与讨论的网民，这是典型的不注意互联网舆论的情况。该事件源于网民对地方政府报道的热点问题的质疑，互联网报道“红河州政府刘汉民引诱强奸女性网民”事件。16 日，红河州政府对外发布了调查，决定对相关工作人员给予严重警告和行政撤职。这一决定公开之后，许多网民提出疑问。“微观红河”于 3 月 17 日发布了微博，意思是“本公主刚回到宫殿，当时就有很多农民来找我吵闹，我没有处理这些事的经验，所以我赶紧跑回办公室藏起来”，引发了舆论热议。红河州委宣传部门 18 日表示：“值班编辑，向围观网民解释了民族政策，没错，除了应对个别辱骂之外，没有不文明语言，欢迎社会大众监督”，此回应一出，引起轩然大波。

---

① 易臣何：《突发事件网络舆情的演化规律与政府监控》，湘潭大学博士学位论文，2014 年，第 106 页。

3. 案例分析

如今，在线舆论已成为国家舆论的重要组成部分，但是一些地方政府工作人员仍然保留了一些过时的社会舆情治理理念。云南红河哈尼族彝族自治州宣传部门对舆论的一系列回应均告失败。归根结底，是因为当地宣传部门没有意识到危机中舆论治理的重要性。

（二）畏难惧怕的态度

1. 态度分析

一些政府工作人员害怕社会舆论危机，担心言语和行为的回应可能不合适，并导致更严重的情况，担心他们将成为公众批评的直接目标。因此，在紧急情况下面对舆论时，他们倾向于使用本能回避态度，将自身远离舆情治理①。

2. 案例介绍

►►►案例 2－38 河北邢台水灾事件

2016 年 7 月 22 日晚上，关于河北邢台水灾的消息在各种媒体中迅速传播。随着洪水的撤退，邢台市的洪水流量和因灾丧生的人数问题成为关注焦点，但地方政府并没能及时回应公众的质疑。与此同时，谎言滋长，如偷梁换柱的视频、恶意夸张的死亡人数等，极大地激发了公众的情绪。

3. 案例分析

此次河北邢台地区水灾，网络舆情主要集中在当地政府的做法上，对官方抗洪工作、官员伤亡言论、洪灾产生背景等方面都颇有诟病。从事件的发生和调查的结论来看，邢台洪灾已由自然灾害变为公共舆情灾害，这与地方政府的“畏难与恐惧”态度有关。

（三）压制控制的态度

1. 态度分析

一些政府工作人员不仅不能够及时向公众发布权威的官方信息，而且还企图通过遏制媒体和阻止在线新闻信息的发布来追求表面的平静，对民众的反馈与意见进行控制②。

2. 案例介绍

►►►案例 2－39：王帅发帖被跨省抓捕

2009 年 2 月 12 日上午 9：38，王帅在“天涯论坛”上以网名“pp_105”

---

① 易臣何：《突发事件网络舆情的演化规律与政府监控》，湘潭大学博士学位论文，2014 年，第 106 页。

② 易臣何：《突发事件网络舆情的演化规律与政府监控》，湘潭大学博士学位论文，2014 年，第 106 页。

发布了题为“河南灵宝老农的抗旱绝招”的文章，文章说明了灵宝市政府不抗旱，并鼓励农民收割农作物的情况，还把人民网的“灵宝筹资540万抗旱保苗”的字眼放在文后。该帖子迅速引发热议，并且每天收到100多个回复。帖子很快出现在许多门户网站和论坛社区主页上，引起了广泛关注。将事件发布到互联网上的王帅因涉嫌诽谤、污蔑政府，在上海工作场所被河南灵宝警方跨省拘捕。但是，8天后，警察释放了王帅，在没有充分证据的情况下对其进行取保候审。4月8日，《中国青年报》在题为《一篇帖子换来被拘8日》中报道了此案。4月15日，王帅的诽谤最终被认定为错案。三门峡市公安局撤回了该案，提起了国家赔偿，并向王帅道歉，而河南对灵宝涉案人员追究责任，这场跨省拘捕闹剧终于结束。

3. 案例分析

舆情就是民情，舆论处理不当会引发更大的舆论反弹。灵宝地方政府回避重点，忽视舆论的根本原因，对舆情一味地“捂盖子”，甚至玩文字游戏，最终导致了舆情升级。

（四）无可奈何的态度

1. 态度分析

一些地方政府根据传统的舆情处理原则在事发后采取了“鸵鸟政策”，例如事后隐瞒和拖延等。主动放弃引导权利，导致公众舆论的小问题最终变成了难以解决的大事件，忽视公众舆论和社会公众意见使一些地方政府在舆论治理中处于不利地位①。

2. 案例介绍

▶▶▶案例2-40：“全国75%电表被加速”事件

2015年初以来的监测显示，“电表速度快吗？令人震惊。”“75%的国家电表正在加速”“75%的电表正在加速，电力公司危害民众”“媒体揭露：75%的电表正在加速”等新闻在微信平台上被大量转发。以《羊城晚报》“中国电力两年来非法收取电费27.4亿元”作为依据，各大媒体对该事件进行疯狂报道。此类事件每年均爆发一次，报道的内容完全一样，只是修改了时间。政府有关部门因为对舆情的传播感到无可奈何，选择了等待它自行消失的错误措施，导致此事件有愈演愈烈的趋势。

3. 案例分析

新媒体环境下，舆论传播极快，政府处于弱势地位，媒体尤其是网络媒体占据了

① 易臣何：《突发事件网络舆情的演化规律与政府监控》，湘潭大学博士学位论文，2014年，第106页。

舆论的主导地位。当政府面对重大突发事件，尤其是造成舆情危机的公共安全事件时，无意关注网民和媒体进行的讨论，因此危机后的公众舆论与政府的官方舆论解释并不一致。

二、舆情治理机制亟待改进

我国社会舆情治理中存在风险防控机制不健全、快速处置机制不完善、应急管理机制不完备等情况。

（一）舆情风险防控机制不健全

1. 风险防范意识薄弱

近年来，我国各级政府对互联网在传播信息和交流思想中的主要作用有了更好的了解。在线舆论管理的重要性日益提高，但在线舆论监督才刚刚起步。在互联网监督层面，人们对互联网及舆论功能的关注不够。一方面，一些政府工作人员对互联网舆论的风险了解较少，由于缺乏对风险预防的意识，使用简单或粗略的方法，使得网络舆情事件快速升级，增加了风险并会触发真实的群体事件和公共危机。另一方面，一些政府密切关注紧急情况，并采取了积极措施应对危机。但是，在没有事先防范风险意识的情况下，处理网络舆情事件的最佳时间被延迟，从而引发大规模舆情事件。例如，在2009年的“邓玉娇”事件中，政府没有及时做出反应，导致了舆情失控的局面。

2. 风险预警机制缺失

我国地方政府部门尚未建立有效的互联网舆论预警机制。一方面，互联网舆情监测技术发展较慢，目前还无法及时分析评估互联网舆情。当前，我国的互联网舆情风险监测技术主要有两种方法。一种是手动监测，另一种是计算机软件监测。与发达国家相比，技术措施还相对较差。另一方面，我们的在线舆论监测主要依靠政府和权威媒体，缺乏与专门机构的合作。随着我国互联网用户数量不断攀升，在互联网上展开讨论的舆情事件也不断出现。但是，目前的监测方法和分析工具很难每天处理互联网上的大量民意信息，及时提供意见分析报告，错过了政府处理网络舆情事件的最佳时间。

3. 风险评估机制缺位

随着社会公众对重大突发事件的真相信息、处置过程及应对结果等诉求的增加，各级地方政府对于舆情治理重视程度和舆情风险防控意识日益增强。但由于影响舆情演化的因素十分复杂，政府部门有时难以根据已有掌握的信息对舆情风险、舆情趋势等作出准确研判。尤其是在“人人都是麦克风”时代，重大突发事件社会舆情的极速网络扩散带来的不确定风险，政府回应不及时使得事件本身快速发酵，可能形成重大社会舆情事件，抑或衍生次生舆情事件，让政府部门“措手不及”乃至“始料未及”。

科学的评估机制可以准确研判舆论是否需要及时干预，科学把握安全警报线中的风险因子，为政府制定网络舆情风险应对措施提供依据，以最大程度地降低对社会的危害。

（二）舆情快速处置机制不完善

1. 决策咨询机制薄弱

伴随着滋生权力寻租、决策黑箱等问题，我国地方政府决策过程中存在权力部门化、部门利益化和非法利益合法化等现象，纪检、监察、审计等部门难以真正发挥其监督作用，决策者的权力不能得到有效制约，致使不当甚至错误决策得不到及时发现并纠正，特别是对同级机关决策的监督缺乏有效制度约束，行政决策体系之中的行政权力合理分工和有效约束有待完善。政府决策部门之间权责不清，致使决策程序存在不同程度的欠规范，无疑将增加政府决策不科学不合理的可能性。然而，对于应当向社会公布的重大决策，却未及时公布甚至最终未予以公布，导致公众无法及时了解政府决策内容，更难以行使自己的合法知情权和社会监督权。通常情况下，行政权是通过政策研究和咨询服务来完成。目前我国个别地方政策研究和咨询机构的职能相对不足，非政府组织发展较为缓慢，缺乏与政府部门的有机联系，一些专家咨询论证流于形式，未进行多次磋商和推演。在现行的决策系统中，各级决策机关的权力、职权及范围的划分尚不清晰，彼此之间的关系有待理顺。政府各部门多头决策的现象常有发生，政出多门致使决策常常出现“相互打架”的情况。在处理重大突发事件社会舆情时，薄弱的决策咨询机制难以进行快速有效处置，极易延误舆情治理的时机。

2. 信息发布机制滞后

作为我国第一部有关信息公开的专项法律，自 2008 年颁布并实施以来，《政府信息公开条例》在我国信息公开史上具有深远的影响，但关于突发公共事件信息发布的相关内容规定较为笼统。近些年，各级地方政府应对重大突发事件信息公开的内容、方式、程序均有明显改观，但由于回应不及时和发布不当等因素，导致公众产生“慢”“瞒”“漏”等负面印象。地方政府应对重大突发事件信息公开的目的是将事件的真实面貌第一时间传达给公众，避免公众在“不知情”的状态下产生恐慌心理，甚至衍生次生舆情。然而，现阶段部分地方政府在重大突发事件信息发布中“含糊其辞”“避重就轻”，容易引发公众关于事件真相的猜测。比如，2009 年发生在湖北省的“石首事件”是一起典型的重大群众性事件，但在事件处置与舆情回应过程中，当地政府只发布了几条简短的信息，而在事件发生 80 小时之后，当地政府通过其政务网站发表了一篇含糊其词的报道，导致公众对于石首市政府信息发布的内容产生了强烈质疑，致使政府公信力严重下降。显然，一些地方政府在重大突发事件发生后，未能第一时间将掌握的事件全貌、关键信息、舆论焦点等进行发布，难以及时地回应公众诉求。

3. 风波修复机制缺乏

目前，我国重大突发事件社会舆情风波平息机制较为缺乏。在处理紧急事件时，许多工作机构都认为风暴已经过去，后面的事情应该很容易纠正和控制。许多重要的突发事件爆发机制证明，随后的清退步骤也非常重要。因为这是一个未知的阶段，也是一个令人困惑的阶段。2013 年，一部分南方金银花价格极速降低，原因是其受到网上谣言的攻击，导致成千上万的农民损失惨重。随后，政府邀请了一些有实力的专家消除谣言，并且采取了一些使市场升温的措施。但是，由于缺乏对网络事件的有效控制经验，新一轮谣言再次损害了南部的金银花市场，导致金银花不能及时地卖出，甚至药品种植者都不敢公开售卖。这表明在每次严重的紧急事件处理中，必须一步一步控制到位，否则可能会失败①。

（三）舆情应急管理机制不完备

1. 应急信息报送不佳

我国《中华人民共和国突发事件应对法》第三十九条对信息报送进行了明确规定，指出“地方各级人民政府应当按照国家有关规定向上级人民政府报送突发事件信息。县级以上人民政府有关主管部门应当向本级人民政府相关部门通报突发事件信息。专业机构、监测网点和信息报告员应当及时向所在地人民政府及其有关主管部门报告突发事件信息。有关单位和人员报送、报告突发事件信息，应当做到及时、客观、真实，不得迟报、谎报、瞒报、漏报。”② 在应急信息报告的过程中，地方政府向上级报告时存在乱象，造成社会舆论问题，具体案例见表 2 – 35。

表 2 – 35　应急信息报告问题案例

问题类型	案例简介
迟报	2010 年，相关负责人在郴州市曙光煤矿火药焚烧事故发生 7 小时后才向文明乡政府进行报告，延误了事故救援的黄金时间，造成 17 人死亡的重大责任事故，事故还造成了 951.96 万元的经济损失
谎报	2013 年，小煤窑混合瓦斯爆炸发生在临武县金江镇，有 5 名矿工因瓦斯爆炸中毒。爆炸根本原因是缺乏通风设备，导致柴油机废气的积累。临武县安监局报告却说，爆炸案发生在村里，是因为群众利用废弃矿井钻井获取饮用水而引发爆炸
瞒报	2011 年，耒阳市都兴煤矿特大透水事故死亡人数实际达 13 人，但官方报告仅称死亡人数为 5 人，失踪人数为 2 人
漏报	2013 年，临武县金江镇唐家村非法小煤窑发生瓦斯爆炸安全事故，4 名矿工被严重烧伤。县安全监管部门的报告中未发现任何记录

① 邓春林：《网络群体性事件的演化规律及防控机制研究》，湘潭大学博士学位论文，2016 年，第 39—40 页。

② 中国政府网：《中华人民共和国突发事件应对法》，2007 年 8 月 30 日。

2. 应急力量相对分散

应急管理分散在许多不同部门中，同一场公共危机需要许多部门共同处理。例如，我国的食品安全监管目前有10多个相关部门，分别参与生产加工和分销等阶段，但是，过度的分工会导致流程中断、组织实力下降以及在监督公共危机方面共享资源的困难。过多的工作分工意味着完整、一致的业务流程，分为零散的链接和各个部分，在部门之间造成障碍，增加部门之间的沟通难度和协调成本。同时，部门的严格划分也会导致有限的资源分散在不同的分支机构、不同的部门和不同的环节中，从而难以合并和共享。发生危机时，应急部门很难及时调动相关的人力、物力和财力参与到监管流程中，这极大地影响了危机监督的效率①。

3. 应急联动协同不畅

大规模紧急事件强调部门之间、区域之间以及中央与地方之间的合作，紧急情况协调机制已从强制性协调转变为自愿性协调和自治，协调变化侧重于改善紧急情况协调机制的长期稳定性和可持续性。但是总体来说，我国的跨部门协调机制数量少，应急协调标准落后，部门之间的合作机制还不完善。在数据连接、资源分配、处置、协作和联合练习等领域，团队建设、资源共享和数据共享的管理目标尚未完全实现。特别是，紧急资源相对分散，尚未完全集成，并且缺乏正常的数据交换。在突发事件应急期间，很难实现跨部门紧急资源的快速整合。东方之星客船倾覆事件以及南方雪灾大量破坏事件反映了在极端天气条件下部门之间缺乏信息共享。一系列重大的水污染事件，例如紫金矿业污染事件、广州的镉污染事件等为社会发展、经济增长、人民日常生活带来了巨大的灾难。

三、舆情治理制度有待完善

目前在重大突发事件社会舆情应对处置过程中，我国各级政府尤其是地方政府及其职能部门还停留在一个相对比较零散的管理方式上，并没有一套系统的、行之有效的舆情治理制度。

（一）舆情治理监督制度不健全

1. 监督政策覆盖不全

近年来，国务院新闻办成立了网络新闻宣传管理局，这是一个互联网新闻宣传和行政办公室，负责管理在线舆论。全国人民代表大会常务委员会制定的《关于维护互联网安全的决定》、国务院新闻办公室和信息产业部联合发布的《互联网站从事登载新闻业管理暂行规定》等一系列互联网管理规定为舆情治理提供了法律依据。舆情治理

① 周芳检：《大数据时代城市公共危机跨部门协同治理研究》，湘潭大学博士学位论文，2018年，第52—53页。

监督涉及网信、应急、公安等多个政府部门，及新闻媒体、互联网企业、社会组织等主体。但是，目前没有权威的国家层面立法，也没有明确的地方法规。为了管理在线舆论，地方实施和颁布一系列规范在线舆论监督的法律法规。然而，由于缺乏有关在线舆论监督的核心法律法规，地方缺乏保证在各个辖区管理在线舆论的可靠支持。另外，相关法律的标准也不明确，根据相关法律法规，许多网络内容和网络行为被法律法规所禁止，但是这些标准模棱两可，有关可操作性的详细规定留有很大的酌处权。因此，急需对现行的中国互联网舆论管理监督法律法规进行更详细的说明，明确标准，提高可用性。

2. 监督制度保障不够

网络用户对重大突发事件社会舆情信息的发布和转发较为随意且事后思虑较少，极易导致网络言论的不理性与不真实。究其根源是重大突发事件社会舆情监督制度体系不完善。监督制度体系是由法律法规、规章制度和技术规范等组成的一套保障舆情治理高效运转的办事规程和行动准则。新时代重大突发事件社会舆情的治理方式要从依靠权力管理向制度化和法治化解决，然而，当前舆情监督制度体系尚未全面覆盖网络安全和网络社会管理，依法依规依制上网存在漏洞，仍需全面有力的舆情监督制度体系保障互联网在法治轨道上健康运行。同时，健全完善的重大突发事件社会舆情监督制度体系是在法律框架下进行依法治理舆情的前提。重大突发事件是群众关心的热点、重点和难点问题，在社会舆情衍生阶段，做好宣传社会舆情监督制度是降低社会群众关注热度，避免舆论走向极端的关键。当前，重大突发事件社会舆情监督制度体系中宣传工作不到位，舆情风向把控不准，进一步导致舆情事件频发。

3. 监督形式较为单一

目前，我国舆论监督形式主要依靠传统的监督机制。尚未将不同的在线舆论监督正式纳入国家系统的常规渠道，无法与系统中的监督部门合作。在全国许多地方和部门，尚未建立网络意见监测系统和实施政策。习近平总书记指出："要提高网络综合治理能力，形成经济、法律、技术多种手段相结合的综合治理格局。"当前，重大突发事件社会舆情治理主要运用法律、行政、制度的刚性监督手段，虽然，有关大数据监测、存储、挖掘、分析和整合等技术加快应用，但仍与舆情预警、实时监测、量化分析、精准报告、快速决策等大数据舆情监督监管预期还存在较大差距。此外，对重大突发事件社会舆情涉及不同类型主体，疏导、教化以及分众化道德教育等柔性监督方式较为欠缺。

（二）舆情治理问责制度不完善

1. 问责客体不太明确

问责客体比较混乱、不明确，而且它会根据事件发展，来发生相应的改变。权力和责任是平等的，在政府官员有权力的地方，他们应对此负责。但是责任的确定对我们每个人也是一个大问题。当今的政府官员有一种心态，即他们离开该岗位时将尽可能多地赚取好处，导致可能发生损害公民利益的事件。这些事件可能不会在不久的将来反映出来，下一位领导上任时突然爆发，谁应对此案负责？大多数情况下经常是副职来承担责任。在这种情况下，很难确定问责客体究竟是谁。

2. 问责程序不太规范

2003 年 SARS 之后，我国引入了行政问责，但没有相应的法律标准。2009 年颁布的《关于实行党政领导干部问责的暂行规定》中，行政问责的程序仍然比较模糊。行政责任程序不完整，每个系统都有自己的程序，管理责任的过程也有一些缺陷。李克强总理表示，要让权力在阳光下运行。但是，由于问责制标准含糊不清，使得问责制过程的透明度较低，并且问责制过程中的特定步骤也没有直接的法律规定。

3. 问责范围较为狭窄

由于问责文件一般不包括浪费公共资源、效率低下和不作为之类的行为，因此统一的管理问责制在某些领域的作用有限，不能全面地限制和规范公权力。例如，2013 年 10 月 11 日，央视《焦点访谈》报道，徐州市民小狄为取得营业执照，来回奔波 11 次也没能如愿。在央视对此事进行报道后，丰县县委、县政府对县工商局、县行政主管部门的 10 名负责人、直接管理人员发出党内警告等处分。县级有关部门负责人为避免再次发生类似的问题，亲自向小狄道歉，并承诺将做好跟踪服务。虽然小狄的营业执照顺利取得，但是不能依靠新闻媒体报道所有的“办事难”问题，也不应该只是报道一起、处理一起。从某种意义上说，这些行动对政府的负面影响，以及对人民造成的经济损失都是问责范围过窄、政府工作人员不能服务好群众所造成的①。

（三）舆情治理考核制度存在不妥

1. 考核评价主体较单一

在各地发布的政府法治指标中，指标体系基本上是由政府法制部门开发的。如果政府的工作仅由政府评估，则很难实现公平与正义。这可以通过对杭州余杭区的评估，内部和外部群体专注于同一组问题时，内部群体的得分明显更高这一事实来证明。法治的体现是政府依法行事，其最终目的是为社会服务。如果公众舆论不能感觉到社会法治环境的改善，也不能看到政府依法行政能力的改善，那么政府对法治的评估就偏离了为法治政府设定标准的最初目的，而不是真正服务于社会。

2. 考核结果缺乏公信力

大多数是内部评估、自我评估以及上级检查，内部评估权重太大，评估结果很难说服公众。参照对其他国家和地区法治指标的研究，不难发现完全中立的第三方评估可以提高公众的信心。目前，法治政府评估考核已经大量展开，但在实践中应用评估

① 段振东：《行政同体问责制研究》，吉林大学博士学位论文，2014 年，第 74—75 页。

结果可能并不会真正改善工作问题，考核结果依然缺乏公信力。

3. 考核标准结构不合理

以《深圳市法治政府建设指标体系（试行）》为例，它由 12 个一级指标、44 个二级指标和 225 个三级指标组成。但是，这些指标并没有对一些行政执法行为加以规定，指标体系并不全面。《湖北省法治政府建设指标体系（试行）》的内容和行政执法行为指标还不完善。例如，不包括一些重要的行政执法措施、行政征收和行政强制行为。类似的问题不仅存在于深圳和湖北，还存在于其他地方。通常，这些评估体系的一级指标会重复大纲的内容，指标的设计不是特定的，也没有范围。法治政府的建设要求以统一和协调的方式发展法治政府的所有内容，缺乏某些项目必然会导致对政府工作评估的不准确和不完整。

四、舆情治理保障相对不足

舆情治理保障在责任管理、心理救助、应急平台建设等方面相对滞后，降低了舆情治理的效率。

（一）责任管理相对滞后

1. 责任主体权责不清

从目前舆论治理事件中责任主体来看，不仅包括上级部门和领导或其他专门的审计、监察部门等同体的问责主体，而且还包括人大、各民主党派、司法机关、新闻媒体和公众等异体的问责主体①。这种多元化的责任主体划分在构建全方位问责主体体系的同时，也会造成在舆情治理过程中责任主体权责不清的问题。一方面，目前规定的责任主体范围模糊造成国家机关权力缺失。由于目前规定的问责主体范围过小，中央和地方政府的权责范围模糊，党政权责模糊、政府之间权责不明等问题陆续出现，这就造成国家权力机关的话语权较弱，对主体的问责主要靠上级行政机关或监督机关，使得上下级行政机关之间存在内部利益相关性，缺乏监督与透明性，导致权责缺失与混乱。另一方面，新闻媒体、公众等的加入也将责任主体的权力划分变得更加复杂。在舆情治理中，大部分权责仍掌握在国家和政府手中。具体而言，政府掌握的舆情信息相对孤立，新闻媒体难以获知事件全貌，公众、民主党派等充分参与监督的渠道有限，多元主体之间的信息不对称极易引起恐慌情绪。同时，同体问责制具有利益相关性，权衡于规避自身责任与保证下级工作积极性之间。党组织和行政机关之间经常相互推脱，甚至在其管辖范围之外做出决定，使得新闻媒体、公众等与国家政府之间的权责关系更加复杂。除此之外，在责任主体与责任客体之间，不同的法律法规具有不同的权利和责任，而根据这些交叉的法律规定追究行政机关的过失责任可能会引来

---

① 吕桂玲：《我国行政问责制面临的主要问题及其对策》，《行政论坛》，2009 年第 4 期，第 13—16 页。

争议。

2. 责任追究制度乏力

对舆情的治理是否到位，制度是保障，而对相关制度的落实关键在于严格执行责任追究的规定，如果在舆情治理过程中缺乏对相关领导干部的责任追究，再好的制度也是一纸空文①。因此，做好舆情治理的责任追究工作尤为重要。当前，就实际情况来看，我国舆情治理的相关责任追究制度较为乏力。一方面，对于失责人员的问责力度不够。舆情治理的责任追究多倾向于批评教育，对政府部门或公务员出现责任失范时很少采取实质性的处罚措施②，这极易导致责任部门利用客观因素推卸责任，甚至造成负面影响。另一方面，有关舆情事件的行政问责成本较低。不仅受限于行政问责依据的不明确，还有事后赔偿制度的不完善。当舆情发生后赔偿制度的不完善极易导致某些政府在舆情治理过程中存在侥幸心理，仗着违法违规操作的成本不高、责任追究机制不完善等原因造成滥用权力、“以罚款代替责任追究”等事件时有发生，从而使得赔偿制度未在舆情治理过程中发挥其应有之义，造成一系列不良影响③。

3. 责任形式类型混乱

在舆情治理过程中，责任管理的标准化和规范化是提高舆情治理效率的重要保障之一，但是目前舆情治理的责任形式仍比较混乱，并没有对舆情事件处理过程中的责任形式进行统一的规定。首先，在舆情治理的过程中并未对问责的责任形式和党纪政纪的处分形式进行严格的规定④。如表 2－36 和表 2－37 所示，我国对较大社会影响事件问责的党纪、政纪处理方式由于依据的相关规定不同并未做出合理明确的划分，问责事件的处理方式相对分散、冗杂。出现这种现象最大的原因就是地方政府并不了解问责处分的功能，并未真正将党纪政纪处分与问责处分区分开来。这种并未对责任形式和处理方式进行严格区分的现象将会使老百姓对相关事件涉事人员的具体情况知之甚少，影响政府在舆情治理过程中的权威性。其次，在行政管理过程中没有区分责任类型，甚至混淆责任类型笼统定为一般责任的现象也会造成舆情治理过程中责任形式的混乱。一般来说，责任追究的类型可以分为四种：政治责任、道德责任、法律责任和行政责任。在舆论事件治理中，对政府官员进行问责时，本来应该根据不同的对象和不同的责任，追究不同类型的责任；然而，在实际问责中，政府官员经常将各种责任混为一谈⑤，与舆情事件密切相关的负责人往往并未得到相应的责任追究，从而在将来对政府、社会、群众造成一系列的负面影响。

① 于钦读：《建立和完善领导干部责任追究制度》，《理论前沿》，2002 年第 10 期，第 36—37 页。
② 汪浩：《中国政府责任建设研究》，复旦大学博士学位论文，2014 年，第 86—87 页。
③ 汪浩：《中国政府责任建设研究》，复旦大学博士学位论文，2014 年，第 86—87 页。
④ 段振东：《行政同体问责制研究》，吉林大学博士学位论文，2014 年，第 81—82 页。
⑤ 段振东：《行政同体问责制研究》，吉林大学博士学位论文，2014 年，第 81—82 页。

表 2-36　2003—2012 年具有较大社会影响的 62 起问责事件党纪问责处理方式统计表①

党纪问责处理方式	问责数量（人/次）	占党纪处理比例（%）
党内警告	22	18.8
党内严重警告	30	25.6
党内通报批评	3	2.6
党内免职	36	30.8
撤销党内职务	21	17.9
留党察看	3	2.6
开除党籍	2	1.7

表 2-37　2003—2012 年具有较大社会影响的 62 起问责事件政纪问责处理方式统计表②

政纪问责处理方式	问责数量（人/次）	占政纪处理比例（%）
行政警告	30	10.5
行政通报批评	4	1.4
行政记过	54	18.8
行政记大过	48	16.7
停职	9	3.1
停职检查	12	4.1
书面检查	8	2.8
行政降级	10	3.5
道歉	4	1.4
调离	4	1.4
行政免职	44	15.3
行政撤职	43	15.1
引咎辞职	7	2.4
责令辞职	10	3.5

（二）心理救助相对滞后

1. 心理救助组织形式单一

我国在突发事件后的心理救助方面，尚没有形成一套完整的组织形式。据四川省心理协会统计，汶川地震后 1 个月有 500 多个与心理有关的组织进入灾区。因为国家层

① 段振东：《行政同体问责制研究》，吉林大学博士学位论文，2014 年，第 69 页。

② 段振东：《行政同体问责制研究》，吉林大学博士学位论文，2014 年，第 70 页。

面没有进行统一的组织与协调，各个省份和地区的许多心理救助组织单独前往受灾地区，使用各自的观点和技能服务受灾人民，但也造成了一系列问题，甚至造成二次创伤。同时，救灾人员没有良好的心理自助技能。在突发事件发生的地区，救援人员很少获得心理咨询和帮助。此外，从整个灾区的心理支持角度来看，这项工作也缺乏监管和督导。对同一小组，甚至同一个人不停地进行测试和调查，反而会对本来有效的心理支持产生负面影响。

2. 心理救助实施不够持续

许多经历过灾难或灾难的幸存者都有严重的创伤和创伤后应激障碍（PTSD）。根据世界卫生组织的国际疾病分类（ICD），由心理创伤引起的各种问题，都有一定的潜伏期，此期限至少为六个月，而严重的 PTSD 通常会伴随人一生。因此，中国心理学会明确指出，灾后心理支持至少应持续 20 年。但是，灾区社会心理支持组织大部分没有长期的考虑和安排。如果不及时进行心理支持的有关后续工作，将来还会出现许多新问题。对于儿童来说，如果不能有效治疗心理创伤和创伤后应激障碍，会影响成年生活，严重的甚至会导致病态的人格；无法完全解决失去亲人的悲伤会导致自残和自杀。

3. 心理救助人员水平较弱

心理救助者的专业知识和技能水平各不相同，可能会对心理救助的有效性产生负面影响，甚至会伤害自己以及他人。例如，一些心理救援人员只是在帐篷里采访了受害者。因为他们缺乏足够的心理创伤治疗经验，会对受访者造成继发性精神创伤。此外，对患有严重精神伤害的成年人经常使用简单的咨询方法，例如帮助其回忆或倾吐负面情绪。为了追求干预的效果，太过急躁，并且忽略了对受害者心理康复过程的尊重。面对失去家人的受害者，对悲伤进行的不当处理也是激发心理创伤的原因之一。

（三）平台建设相对滞后

1. 平台体系支撑不够

目前许多地区的应急平台建设，都被排除在应急管理系统之外，不能与系统确定的控制目标和机制确定的响应程序良好配合与协调。这导致了在发生紧急命令时，应急平台应用主题不明确，协调和操作不当以及无效的信息和通信机制等问题。例如，一些省级社会应急响应中心是社会公共机构。一旦发生重大紧急情况，不能很好地协调和指挥各个政府部门以及不同的社会力量，很难迅速将他们组成有效的联合团队。此外，应急计划的开发和管理以及系统数据的更新也需要由政府部门进行组织和完成。

2. 平台建设标准缺乏

2007 年，国务院应急办公室（现中华人民共和国应急管理部）出台了《国家应急平台体系建设指导意见（试行）》。它提出了与国家应急平台建设相对应的要求，但对于地级城市应急平台建设没明确规定。如今，地方政府的应急平台系统，基本上是由当地自行组织和构建的，没有规范的标准。各个子系统的构造方案缺乏正确的规划和统一的技术标准，并且缺乏用于应急平台的标准化系统。因此，这些应急平台不仅不能有效地协调和整合应急信息，在发生事故时指挥系统也不流畅，顶部和底部之间的联系被削弱，应急联动难以实现。

3. 平台对接存在障碍

由于技术标准不一致，各个地区和部门的应急平台仍然分散且独立运行，难以互连，阻碍了信息共享和业务协作。首先，每个职能部门建立的特殊应急平台的数据和信息无法共享，区域应急综合平台无法有效地连接到特殊平台，一定程度上阻碍了本地应急信息和资源的总体收集和调度，无法充分发挥综合平台在应急响应中的核心作用。其次，许多地区构建特殊平台优先于构建集成平台。专用平台主要是针对部门的工作需求和特征而设计的，并由部门全面管理。每个部门在通信、计算机网络、安全支持和其他系统上使用不同的技术标准，并根据国家应急平台系统要求建立了一个全面的应急平台，而政府的应急管理部门是该应急平台的重要组成部分。结构和平台无法组合，连接困难，导致在构建应急平台的初始阶段，只能在每个平台的终端应用程序上完成检索数据和相关信息的功能。

五、舆情治理能力有待提升

现阶段，我国舆情治理能力有待提升，特别是专业技能、总体调控和公关能力等方面。

（一）现代专业技能较低

1. 专业技术型人才少

我国各级互联网信息部门中，在线评估团队、民意调查与判断团队、通信员团队和在线舆论监测团队相对薄弱，缺少在线民意调查部分中的本地组织和团队。互联网技术人员及其相关的培训计划和资金严重短缺。人才队伍是舆论管理与控制的基础，创新是舆论监督的核心竞争力。但现有人才团队的素质各不相同，缺乏既了解技术又了解业务并具有积极性和研究能力的专业人员。另外，随着新媒体技术的积极发展以及新闻媒体和即时通信工具的不断发展，民意领域很可能是在私有和隐蔽的环境中产生的，其产生速度较快且传播范围不固定。如今，各级政府在线舆论监督仍在使用人力资源来监督新的媒体平台，这不可避免会造成遗漏。

2. 舆情捕捉敏感性差

政府部门尤其是基层政府工作人员舆情捕捉敏感性差。2015 年 11 月以来，平顶山的许多小担保公司经历了资本链断裂，并开始拒绝储户的现金存款。2015 年 10 月底，百度贴吧平顶山吧首次出现题为“平顶山中小企业担保公司跑路”的文章，舆论反映担保公司的储户的钱因涉嫌财务欺诈而被转移，许多储户围堵该公司。多家担保公司出现挤兑现象，导致该市几乎所有担保人公司的资金链断裂，由于大多数财务担保人都在新华区，给新华区的稳定性带来了前所未有的挑战。新华区政府缺乏捕捉舆论的能力，时间优势丧失了，时间差便间接为舆论的建立和传播提供帮助。

3. 现代技术运用不足

当前我国信息和数据收集技术相对落后，智能收集，智能分析以及对舆论数据的智能研究和判断尚不成熟。一套真实完整的网络舆情监测与预警连接网络装置，使网络舆情监测通道通畅、可操作且实用。主要体现在以下几个方面：首先，寻求舆论仍处于人工阶段。如果没有专门的数据收集和过滤技术，就不可能识别出热门话题、敏感词汇、句子关键字等，并且只能通过手动搜索才能随机提取，很难进行舆论分析和判断。其次，数据收集仅发生在网页阶段。政府在收集在线民意数据时，对移动互联网媒体（尤其是新媒体）的关注较少，这会影响民意测验和分析的结果。大数据技术的广泛应用已使新媒体成为互联网上另一种主要的信息来源。新媒体中民意信息的产生和传播与传统的互联网媒体有很大的不同，因此，在线舆论数据收集不仅必须关注新媒体，还必须结合其特点开发和应用针对特定媒体的新舆论收集技术。第三，收集标准不能适应实际情况。政府在工作时常使用民意智能分析系统软件，但在选择数据收集标准时，并没有与区域或部门的实际情况相结合形成一套真正适合自己的数据收集标准。此外，互联网舆论趋势实时发生变化，固定收集标准也会影响意见分析和判断结果。

（二）总体调控能力不够

1. 舆情收集整理不全

当前，许多职能部门还没有健全的网络舆论收集机制。网络意见收集机制主要涉及几个关键方面：收集范围和内容、收集方法和渠道、收集工作的特定流程和管理系统、机构协作等。首先，收集范围和内容相对盲目，不知道要收集什么舆论信息。由于无法集中精力或将芝麻和西瓜一把抓，浪费了时间和人力。通常除了搜索引擎外，还有许多收集在线舆论的渠道，包括在线聊天室、新闻讨论组、即时通信工具（QQ、MSN、电子邮件）、在线数据库等。其次，收集工作的具体过程和管理制度过于混乱，没有定期机制，也没有与其他部门的联动协调机制，信息收集自然会被延迟、遗漏。

2. 舆情分析研判不足

受限于舆情治理专业素养的影响，基层政府对重大突发事件社会舆情的演变态势缺乏较为准确预判能力。有些并无价值的舆论信息可能被放大，耗费巨大精力进行处理；有时忽略掉表面平稳微小但具有较大演变空间的舆情，错失了对真正有价值的舆情信息进行事件预先处置的时机。当政府研判重大突发事件舆情信息时，舆情可能在网络空间中已有发酵、传播的迹象，分析环节不仅仅是对舆情的分析、研判与定级，对舆情的分析也不是单一网络主管部门的责任。重大突发事件舆情处置在此环节要求相关部门通力配合，共同收集信息、研判舆情、整理线索及做出权威回应。

3. 舆情信息共享不够

由数字化建设和信息资源共享的重视不足，部分政府决策者仅仅把数据作为服务于政府部门运作的一种技术手段，尚未认识到数字化建设对提高政府治理的巨大影响，更将数据视为一种重要的资产要素。个别领导干部认为，数据是部门权力的象征，如果共享给其他部门容易导致部门利益受损，这种利益化思想加大了政府部门间信息资源共享的博弈成本。当前，政府数字建设以单位化为主，以部门为单位，各单位均设有数字化技术部门，在数字化建设和数据共享方面难免只从本部门职能和利益出发，人为因素导致数据壁垒情况时有发生，最终产生“数据孤岛”“数据壁垒”现象。同时，数字化建设依附于现有行政程序，仅是对政府运作流程的模仿，没有发挥流程改造、再造的作用，导致技术部门依附于业务部门，对于数据共享的积极性下降，数据共享意识薄弱。

（三）公关能力技巧不高

1. 公关素养稍显缺乏

政府在线话语已成为影响政府在线公共关系有效性的关键因素。政府发言人如果想要在互联网平台上实现预期的交流效果，必须发布清晰、诚实的言论，并且可以充分利用互联网语言拉近与公众的关系。官方语言将减少政府的亲和力，影响政府与互联网公众之间的交流效果。一些网络舆情事件反映了政府网络发言人的业务能力与时代发展之间的差距。这些负面事件和信息在互联网上的传播加剧了政府网络公共关系的负面影响。

2. 新媒体运用不科学

地方政府已经建立了自己的门户网站，并逐步开放有关政府问题的微博和微信。一些部门正在使用微视频和其他通信方式进一步扩展政府的信息发布渠道，这是值得肯定的。但是，目前政府网络平台仍然存在一些问题。首先，认识不到位，发布不及时。一些政府机构仅使将网络平台作为发布与政府相关信息的简单工具，在舆论处置、政府与公民的互动以及公众参与等问题上重视程度较低。其次，功能定位不清楚，管理机制也不完善。一些运营者缺乏机构规范和业务技能，容易不受限制地使用微博和微信，发布不相关或不适当的信息，并产生负面影响。第三，提供过时信息。尽管政务平台数量在增加，一些平台在开通后基本上保持沉默，或者不规则地更新，阻碍了公众通过该平台了解政府相关信息。如果公众舆论突然发生变化，无法迅速做出回应、发布及时的分析报告或为政府决策者提供强有力的支持。

3. 公关行为方式失范

在互联网时代背景下，诸如互联网和手机客户端之类的新媒体正在逐渐取代传统媒体，成为信息发布和传播的主要渠道。政府舆情公关危机源于对传统媒体和机制的依赖，未能在公共关系活动中使用在线媒体进行危机沟通。舆情公关危机的另一个重要原因是，新兴媒体在公共关系活动中缺乏权力，在危机公共关系中的使用效率不高。政府缺乏应对在线舆论危机的策略和方法，主要表现在：不注意舆情危机监控和预警，缺乏对使用网络媒体指导舆论的关注。因此，政府不适应新的媒体环境，无法有效地监控互联网舆论。政府机构不了解在线媒体的舆论趋势，无法建立公众警报警告和响应机制，也就无法处理舆论危机。

第三章　重大突发事件社会舆情生成条件与演化规律

近年来，随着经济的快速发展，我国重大突发事件社会舆情呈现出了新常态，党和国家对此给予了高度重视，并将处理重大突发事件社会舆情工作摆在重要的位置。但是，从目前重大突发事件社会舆情管理的现状来看，我国应对重大突发事件社会舆情的能力仍比较薄弱，其中一个重要原因就是对重大突发事件社会舆情的生成演化规律认识和把握不够，难以形成一个科学、有效的应对策略。因此，精确掌握重大突发事件社会舆情生成演化规律，形成对重大突发事件社会舆情演化机理的科学认识，是党和政府有效应对和成功处置重大突发事件社会舆情的重要前提，有利于为重大突发事件社会舆情治理相关工作提供理论支持和实践指导。

重大突发事件引发社会舆情，不只是源于突发事件本身，和人类参与、干预活动下的自然演化也分不开。人们面对重大突发事件的恐慌心理及不当的干预措施，与重大突发事件的扩散活动相互作用，共同构成了重大突发事件社会舆情的生成规律，导致重大突发事件社会舆情状态的发生、发展与加快转化。根据信息生命周期理论，可将重大突发事情社会舆情演化流程分为孕育期、扩散期、波动期和衰减期四个阶段，虽然每个阶段所呈现出的特点不尽相同，但是他们都处于一个完整的动态变化过程之中，并且通过一些“典型效应”如突变效应、蝴蝶效应、长尾效应、羊群效应、雪球效应等折射出其内在的运行规律和演化机理。本章借助改进的 SIS 模型对突发事件社会舆情进行数值仿真模拟，以及对“长生疫苗事件”进行案例分析，验证了社会舆情演化各个阶段的主要特征，揭示了重大突发事件社会舆情的形成机理和演化规律，可以为突发事件社会舆情治理提供理论参考。

第一节　重大突发事件社会舆情生成机理研究

重大突发事件发生后，社会舆情往往接踵而至，其原因有两方面。一方面，重大突发事件造成的严重经济损失和人员伤亡，触发社会恐慌心理，直接破坏社会的稳定和团结，引发社会高度关注，导致社会舆情出现、蔓延；另一方面，地方政府、企业、非营利组织、灾民等不同涉事主体的应对行为，尤其是一些不恰当的干预活动也会导致社会舆情爆发，甚至加剧社会舆情的演化。

一、重大突发事件损害特征与社会影响

重大突发事件本身的灾损状况与造成的社会影响是引发社会舆情的两个重要因素。根据重大突发事件本身爆发次数、死亡人数、经济损失、影响人数等统计数据，可以看出重大突发事件本身具有严重的损害特征。重大突发事件发生后，由于事件本身情节严重，再加上一些涉事主体独特的应对行为，极易引起社会的普遍关注，进而促使社会舆情的生成与演化。

（一）重大突发事件本身灾损严重

重大突发事件频繁发生，给国家和人民带来了严重的损失，并极大地影响到社会安全与和谐安定，成为社会舆情高度关注的焦点。

1. 事故发生次数总体上升

事故发生次数总体上升是重大突发事件本身灾损严重的一个特点。如图 3 – 1 所示，1970—2016 年间重大自然灾害的发生次数每年呈现出或升或降的波动状态，1970 年起不断波动上升，2000 年达到最高点，从 1970 年的事故发生次数 80 起增长到 2000 年的事故发生次数 525 起，随后呈现一种缓慢波动下降的趋势。重大自然灾害的爆发次数在 2000 年前总体呈上升趋势，从 2000 年后呈现总体下降趋势。

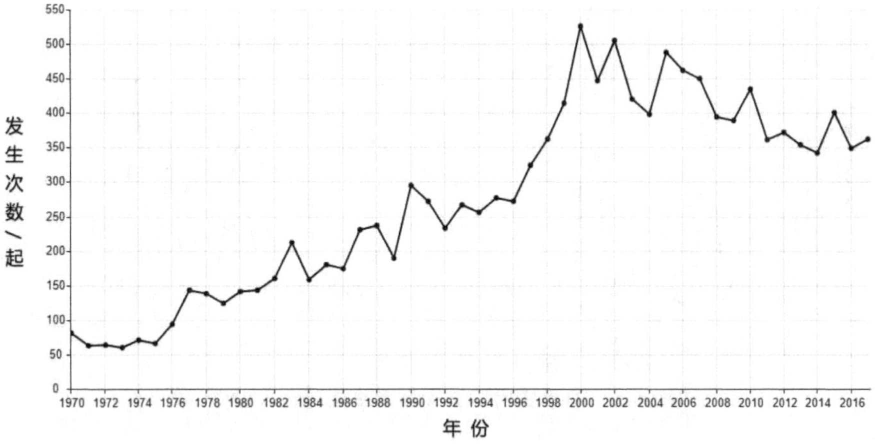

图 3 – 1　自然灾害类重大突发事件发生次数图①

① Jeanne M：Managing disasters：The role of local government，Public Administration Review，2007（67），pp. 114.

究其原因，主要包括两个方面：一方面，进入20世纪90年代，计算机技术、通信技术迅猛发展，2000—2003年我国移动互联网处在萌芽期，因为互联网的发展，数据收集得到极大便利，数据共享和数据整合上也有了明显提升。从2000年开始，在对重大突发事件发生次数的统计过程中，数据更加完善，而在此之前因为信息封闭、数据得不到共享等为数据统计和收集带来诸多障碍，因此，在1970—2000年从图中所能看到的重大突发事件发生次数较少。另一方面，改革开放以来我国处在巨大转型过程中，对突发事件的重视和预防上升到一个全面理性的层面。截至2004年，国务院有关部门出台多项突发事件应急预案，包括食品安全事故、自然灾害救助、国家地震应急、森林火灾应急、鼠疫控制等。因此，从整体上看，在2004年之后突发事件发生次数也呈现下降趋势。

2. 死亡人数波动下降

自然灾害类重大突发事件造成的死亡人数，在重大自然灾害随着时间不断演进的过程中，一直处于上下起伏不定的状态，呈现出陡增或陡减的态势。从1970年到2011年，造成巨大变化的原因和极端重大自然灾害事件发生次数有关。如图3-2所示，从死亡人数高居不下，到2012—2017年间死亡人数年均不超过5万人，呈现明显下降的趋势，且波动幅度也在逐年趋于稳定。自然灾害突发事件在发生频率和影响范围上，对人类的生命和财产都将产生巨大的威胁。由统计数据可知，自然灾害类重大事件发生次数逐年增加，死亡人数逐年下降。在自然灾害事故发生次数逐年增加的情况下，死亡人数却逐年下降趋于稳定，这说明随着我国科学技术的发展、管理水平的提升，一般程度的自然灾害造成的死亡人数已经得到了有效控制。

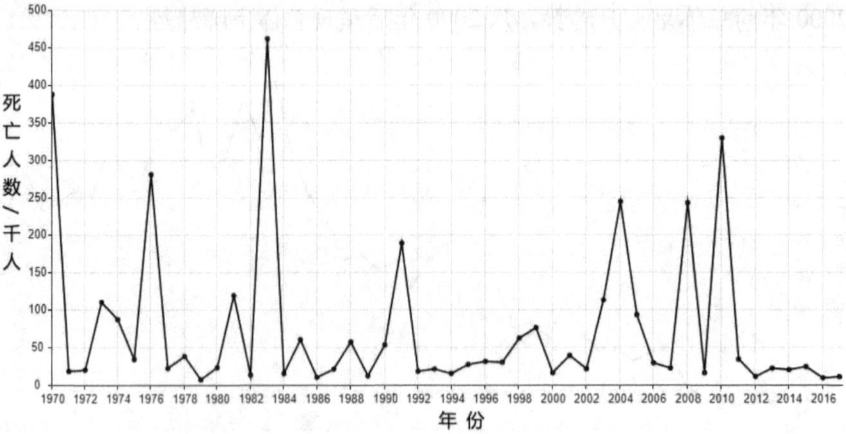

图3-2　自然灾害类重大突发事件死亡人数图①

① Jeanne M：Managing disasters：The role of local government，Public Administration Review，2007（67），pp. 114.

3. 影响人数阶段上升

随着时间的推移，重大自然灾害事故次数逐年增加的情况下，自然灾害类重大突发事件影响的人数并没有出现显著上升。如图3-3所示，在某几年中虽然有影响人数突然增加的情况，但随后一年又迅速降下来。剖析其根本原因，主要是在特定的某几年中发生的重大自然灾害事故，影响规模大且深，所以受影响人数多。例如1998年出现一个高点，这一年发生了特大洪水，受影响人数因此在这几年中到达一个较高值。比起死亡人数数据，受影响人数曲线相对平稳。这与事故发生严重性有关，虽然事故造成较大范围的影响，但还不至于死亡，这也和政府应对突发事件措施升级完善、医疗卫生水平的提升、科技水平的提高存在一定联系。

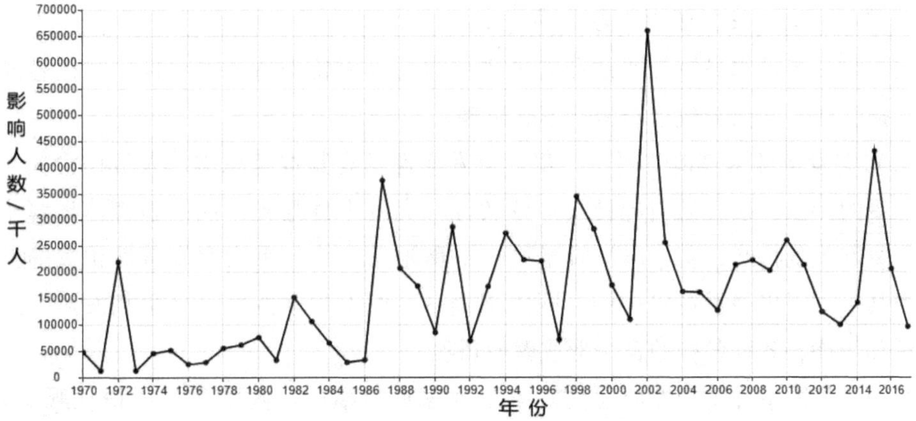

图3-3　自然灾害类重大突发事件影响人数图①

4. 经济损失不断扩大

如图3-4所示，在1994年之前，重大自然灾害造成的经济损失呈现总体上升趋势，但增幅缓慢且经济损失数额较低。在1993年之后，自然灾害造成的经济损失曲线呈

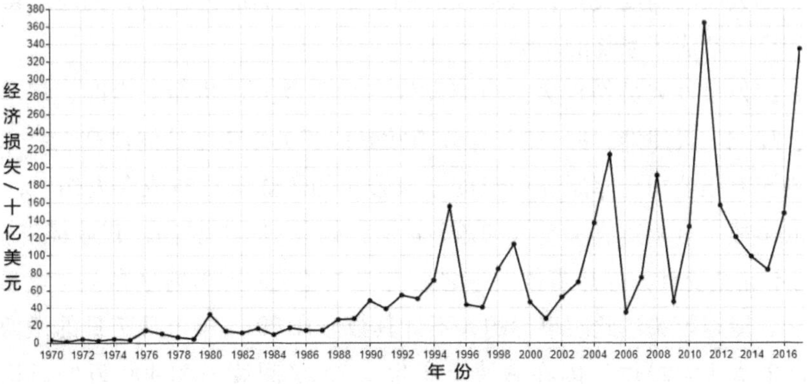

图3-4　自然灾害类重大突发事件经济损失图②

① Jeanne M：Managing disasters：The role of local government，Public Administration Review，2007（67），pp. 114.

② Jeanne M：Managing disasters：The role of local government，Public Administration Review，2007（67），pp. 114.

波动上升趋势，陡增、陡降明显，相邻两年之间都有着巨大的变化，在 2011 年曲线达到峰值状态。这种上升的趋势，一是由于灾难的波及范围增大、灾难的爆发次数增多，而另一个则是随着社会经济水平的不断发展，各国国民生产总值都在不断增加，因此，就算是同样的灾难，在相同单位面积里，2017 年造成的经济损失也会比 1987 年造成的经济损失大得多。

（二）重大突发事件造成的社会影响

重大突发事件本身情节严重以及涉事主体独特的应对行为，往往容易在一定范围内造成物质经济损失和人员伤亡，引发社会舆情，同时涉事主体独特的应对行为带来的社会恐慌常常催化社会舆情的升级和扩散。

1. 事件本身情节严重引发社会普遍关注

由于突发事件本身情节严重和涉事主体本身身份特殊造成的事件，往往容易引发社会普遍关注，从而导致社会舆情不断出现。

（1）突发事件本身情节严重。重大突发事件具有其本身恶劣、人员伤亡大、经济损失严重的特点，很容易引起社会广泛关注。突发事件曝光于网络新媒体环境中，能快速聚集网民的情绪，营造出波及范围广的舆论角，一旦重大突发事件相关的某一问题经由某一方提出展示在媒体中，网民都会一拥而上借助网络平台争相发声，经过不断蔓延和传播，各种各样的言论形成舆论风波。

第一，突发事件本身性质恶劣。不法商家通过欺骗、隐瞒等手段诱使顾客消费，最终影响社会正常秩序、人民安全。以食品安全事件三鹿奶粉为例，截至 2008 年 9 月 21 日，因食用三鹿婴幼儿奶粉被送进医院的有 12892 人，死亡 4 人，其奶粉中发现化工原料三聚氰胺①。毒奶粉本身性质恶劣，在国家质量监督检验检疫总局公布了对婴幼儿奶粉生产厂家的质检报告后，事件迅速恶化，许多人都不敢再买国产奶粉。毒奶粉事件引起全国人民的高度关注，这不仅影响了中国乳制品的出口，同时也影响到婴幼儿的生命安全，造成了家长的恐慌。

第二，突发事件人员伤亡大。当突发性事件危及人民生命安全时，情节严重将引起高度社会反响。天津港“8 · 12”爆炸事故是由于天津市塘沽海洋高新技术开发区的瑞海国际物流有限公司仓库爆炸引起的，该公司的爆炸事故造成多人伤亡，堪称 2015 年最严重的事故。事故造成 165 人遇难、8 人失踪、798 人受伤，直接经济损失 68.66 亿元②。据不完全统计，爆炸事件发生之后有 7.3 亿人通过微博平台关注此事件，通过微信、论坛、博客等关注此次事件的人不计其数。在 2016 年 1 月 7 日的微博之夜事件榜上，“天津塘沽大爆炸”因在微博上产生了 35 亿阅读量和 400 万的讨论量，成为

① 皮书数据库：《“三鹿奶粉事件”爆发引起中国奶制品污染系列事件》，2014 年 10 月 29 日。

② 人民网：《危化品运输安全管理办法 1 月 1 日起施行》，2019 年 12 月 09 日。

2015 年最受微博网友关注的热点事件①。天津港“8·12”爆炸事故人员伤亡大，通过网络迅速传播，普通公众、官方媒体、微博“大 V”等都高度关注此事件的最新进展，网络媒体上负面情绪纷纷而至，通过媒体平台影响着其他人，许多人受到负面情绪影响后继续发表负面消息，负面言论如同滚雪球一般推动和爆发。

第三，突发事件经济损失严重。经济损失严重的突发事件影响到人民的日常生活运转，引起的舆论范围也会扩大。2013 年 9 月 21 日，黑龙江抚远洪灾致百万亩农田被淹，是典型的经济损失严重事例。在黑龙江省松花江流域上洪水肆虐了一个多月才开始慢慢回撤，抚远全县 9 个乡镇在这次洪灾中均受到影响，3 个农牧渔场全部受灾，61 个村屯被洪水淹没，倒损房屋 12837 间，被淹农田 123 万亩，直接损失近 36 亿元②。对于农民来说，庄稼农田就是生活的基本保障，房屋是唯一的安置点，商铺也全部被洪水浸没，洪水影响了一整年的收成，摧毁了他们赖以生存的土地，鸡鸭鹅等家禽也被冲跑，农民辛辛苦苦建立的蔬菜大棚、灌溉设施也顷刻间化为乌有，连最基本的温饱都将成为问题；对于东北地区来说，粮食作为东北地区的主要经济来源之一，这一自然灾害让地区财政更加困难；对于整个国家来说，这一片土地对于国家的粮食安全战略举足轻重。因突发事件经济损失造成的一系列影响，引起了社会的高度关注。

（2）涉事主体本身身份特殊。涉事主体本身的身份地位对突发事件的社会关注度具有一定的影响。一般而言，涉事主体的身份越特殊，人们对突发事件的关注度越高，越容易引发社会舆情。例如：政府官员、明星、大型企业领袖行为可能会对其他人的生活有直接或者间接的影响，因此也更容易获得更高的关注度。突发事件引发的社会舆论也可能是由其当事人群体的特殊性造成，情节一般的事件发生在不同的人身上，其造成的社会影响也是不同的。

第一，政府官员因其拥有的特殊职权，他们的行为可能会影响到公众的生活，公众也对他们给予了高度的期望，当他们所做的事情影响了公众利益、工作作风规范出现问题时，更容易受到大众的谴责和关注。以“大意失荆州”案例为例，在新冠疫情防控期间，2020 年 1 月 19 日，微博上一名名为 Euamoter 的用户发文称自己老爸在全省封路的情况下，通过关系将自己从天门接回荆州。随即，经过连夜调查，证实微博发文属实，微博发文中所指父亲是荆州市商务局市场运行调节科科长。荆州市纪委监委马上对荆州市商务局展开调查，并对其父亲何炎仿作停职处理。在特殊时期，因为政府官员违背社会规范、影响社会秩序，利用职务之权谋取方便和利益，威胁到了公众的生活安全，受到公众的谴责。在新冠疫情防控期间，政府官员作为公共服务的直接提供者，拥有比大多数人更多的信息资源和社会资源，相应地，公众也对他们的组织

① 搜狐网：《天津塘沽大爆炸成年度微博最受关注事件》，2016 年 01 月 08 日。

② 中国日报网：《黑龙江抚远洪灾致百万亩农田被淹农民损失惨重》，2013 年 09 月 22 日。

策划、行为准则提出了较高的要求。

第二，明星身为公众人物本身自带“流量”，其一举一动都容易被公众当成茶余饭后的话题。以范冰冰“阴阳合同”涉税逃税案为例，经过调查范冰冰在电影《大轰炸》剧组拍摄过程中偷逃个人所得税 618 万元，少缴营业税及附加 112 万元，合计 730 万元。此外，范冰冰及其担任法定代表人的企业少缴税款 2.48 亿元，其中偷逃税款 1.34 亿元①。范冰冰作为明星，作为公众人物，一举一动都会引发网友的高度关注，此次涉及偷税逃税问题且数额巨大，不仅仅引发群众的关注，更引起国家税务总局、商界、政界人士的高度关注。国家税务总局也相应开展规范影视行业税收秩序工作，由明星个人的偷税逃税行为，引发国家对于整个行业的关注和整改。

第三，企业家作为企业的灵魂和指导力量，他们的决策会影响到很多人的生活和工作，也因此受到社会公众的重视。以马云宣布退任阿里巴巴为例，2018 年 9 月 10 日，马云宣布将于 2019 年 9 月 10 日不再担任集团董事局主席，由现任集团 CEO 张勇接任。马云宣布传承计划这一事件，引起了巨大的轰动，舆情监测分析公司对此进行了全面的信息监测分析。如图3－5所示，在一个特定的时间段内，舆情监测分析大数据实时呈现了与该事件相关的所有文章。如图 3－6 所示，在 8 月 29 日新闻达到了峰值 53 篇。大型企业的企业家变更可能会影响到很多人，例如企业正式员工、就业人员、消费者、供应商、政府等利益相关者。企业所承担的社会责任也决定了大型企业的企业家容易成为人们高度关注的对象。

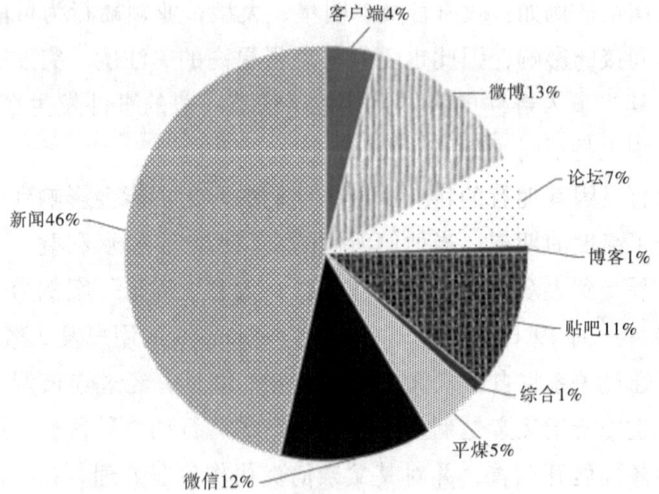

图 3－5　马云宣布退休事件各媒体信息量占比

① 网易新闻：《范冰冰被罚 8.4 亿 举报者崔永元依法可获 2 万至 10 万奖励》，2018 年 10 月 06 日。

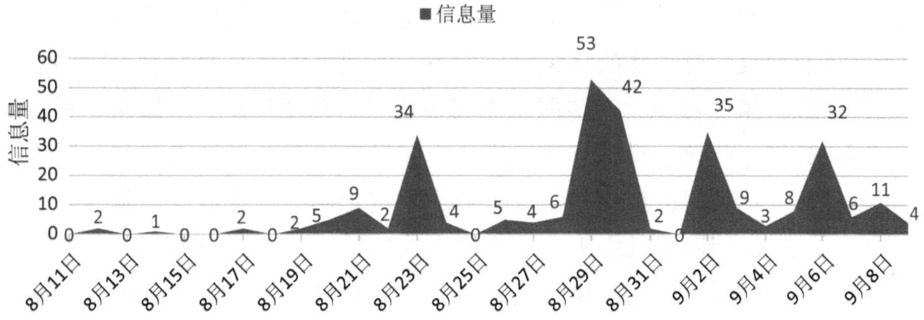

图3－6　马云宣布退休事件文章发布日期分析图

2. 涉事主体独特的应对行为引发社会普遍关注

重大突发事件涉事主体主要包括政府、企业和网民。政府的应对行为代表着权威，是社会普遍关注的第一主体。企业在灾后重建、资源救助、行业指导上发挥了“半边天”的作用。网民作为社会群体，言论行为都会影响舆论的走向。每一个主体自有的独特应对行为和价值取向特征都会引起社会普遍关注。

（1）政府独特的应对行为。政府在面临重大突发事件时有多种选择策略，政府的应对行为具有快速、及时、协调、权威的特点。政府的工作原则是为人民服务，了解人民的需要，快速、及时解决人民的问题，具备调动多方资源的能力，脚踏实地为人民谋福祉，肩负着应急管理的权力和能力。在公众心中，政府是权威的代表，是可以信赖和依靠的港湾。因此，当突发事件发生时，政府的应对行为也备受关注。近年来，越来越多重大突发事件的发生对人民的安全和经济财产造成了严重威胁，在面临重大突发事件时，为了确保人民的基本生活和基本权利得到保障，社会秩序得以有效维持，政府组织各团体一起救援、隔离、疏散、派发生活必需品；为了避免突发事件发生后，各种舆论消息引起公众恐慌心理，政府主动公开突发事件的信息和应对过程的策略，因为政府在公众心里是权威的代表，公众对于政府发布的信息也格外关注。

（2）企业独特的应对行为。企业是以营利为目的的经济组织，是市场活动的主体，企业利润、生产规模、市场份额是企业追求的长久目标，企业通过劳动力、技术以及资本等生产要素在市场中交换，从而实现自主经营、盈利。企业在应对重大突发事件时突出的行为特征是通过捐款或捐物的方式积极参与；通过专业技术或经验进行行业指导。大型企业在资金和技术上往往都可以在重大突发事件中提供很大的帮助，帮助政府更好地解决人民面对的问题，人民也会依赖和关注企业的行为。公众认为企业需要承担一些社会责任，包括教育责任、环境责任、经济责任，对于企业的道德责任和行为也有一定的要求。

（3）网民独特的应对行为。随着社会主义法治体系的日趋完善，公众的社会责任感也逐渐得到提升。在新媒体环境下，突发事件信息流向公众视野里的渠道越来越多，每个人都可以成为网民，通过网络平台发表言论。但网民文化素养各有高低，对法律规则的理解各有深浅，对媒体的认识参差不齐，对报道的信息也会有不同的见解。有些网民言辞激烈、角度刁钻，有些网民能明辨是非、态度端正、不跟风、不信谣不传谣。单一网民的言论就像小雪球一样，不会引起反响，但随着越来越多的网民参与转发、评论、置顶，小雪球也会慢慢滚大，形成一定影响力，生成社会舆情。网络的传播速度之快，也要求网民在网络平台上自由发表言论的同时注重言论，增强道德法律意识，对自己所说的话担负起法律责任，每一个公众都应该认识到言行不当不仅会是对自己形象的影响，更是对网络环境的污染。网民应该正确认识新媒体，善用新媒体传播正能量，及时辨认谣言，保持独立清醒的头脑客观地去看待事件，不要人云亦云。只有每个人都理性对待媒体消息，才能杜绝网络暴力，让网络真正发挥它积极正面的影响。

二、涉事主体应对突发事件的行为特征

突发事件的涉事主体主要包括政府、企业、非营利性组织、灾民和社会公众，不同的涉事主体在突发事件应对中具有不同的行为特征，若涉事主体应对行为得当，则会在一定程度上化解社会危机，有效防范社会舆情的产生；若涉事主体应对行为不当，则会直接引发社会舆情，导致社会危机的连锁反应，进而加速社会舆情的升级和扩散。

（一）政府应对突发事件行为特征

突发事件本身的严重性和巨大的破坏性，以及舆论走向和网民的密切关注，考验着政府部门的应急处理能力和协调组织能力。政府应对突发事件以及灾后重建的行为特征有快速响应、及时决策、统筹协调以及权威发声。

1. 快速响应

快速响应是突发事件发生后政府第一时间采取方案措施，这也是政府应对突发事件行为的突出特征。当突发事件发生时，政府第一时间了解突发事件发生的前因后果、事故灾害的损失状况以及对突发事件接下来如何处置作出判断，是政府首先承担起来的责任和义务，政府快速响应的特点能帮助更多的人远离危险。以雅安地震为例，地震发生后，习近平总书记强烈要求必须把抢救生命作为首要任务。与此同时，李克强立即赶赴灾区、慰问灾民、了解灾情，迅速做出决策，指挥救援工作。让军队和武警部队做好抗震救灾工作，部队迅速投入抗震救灾第一线①，排查可能受困的群众，及时将受伤群众送往安全地进行治疗。地震灾区也积极对地震留下来的隐患进行排查，对民众可能做出的危险行为进行评估，及时抢救受伤民众，采取多种措施救援，以保证

① 经济参政：《“艰难困苦 玉汝于成”——新一届中央政府应对芦山地震考验》，2013 年 04 月 24 日。

损失尽量减少。从案例中可以看出，政府的快速响应能让受灾民众尽快获得救助，运送物资避免了因为重大灾害而造成二次伤害的情况，尽可能地减少了人员伤亡，也给受灾地区的受灾群众带来极大的鼓舞和安慰。

以卫生事件新冠疫情为例，截至2020年1月23日24时，湖北省累计报告新型冠状病毒感染的病例549例，在院治疗494例，其中重症106例、危重症23例。1月24日下午，湖北省针对新冠疫情防控启动了重大突发公共卫生事件一级响应①。北京市累计确诊病例29例，也启动了重大突发公共卫生事件一级响应。随后，安徽省、浙江省、广东省、湖南省等多个省市都启动了重大突发公共卫生事件一级响应。湖北作为新冠疫情最严重的地区也发布了多条管控措施，关闭各条铁路车站通道，停汽车、客轮等交通工具，出租车也实行单双号限行，桥梁隧道、公共场合实施体温监测。在保证医疗物资、生活必备物资能通畅运输的情况下，最大限度地对车辆、人员流动实行限制。从案例中可以看出，政府快速响应的特点可以让疫情得到一定的控制，安稳人心，也给受灾地区的人民出行和日常生活给予了更多指示。

2. 及时决策

及时决策是政府应对突发事件的行为特征，在面对重大突发事件时及时决策起着非常关键的作用，及时决策可以分为四个阶段：识别问题、信息判断、设计决策、最终决策。识别问题是指是否在过去发生过类似的突发事件，还是出现的新问题，突发事件的严重程度是否超过了人们可以解决的应急范围；信息判断是指解决这个问题时已经确定掌握的人力、物资是否足以去面对突发事件，分析突发事件的特殊情况和解决问题的可行性有多少；设计决策是指在经过识别问题、信息判断两个步骤之后根据所掌握的信息去规划解决方案；最终决策作为最后一个阶段是实现决策的关键一环，是前三步斟酌已久之后的结果，对于最终决策最为重要的要求是及时快速。

以2018年非洲猪瘟疫情为例，截至2019年4月22日，共发生129起非洲猪瘟疫情，累计扑杀生猪达102万头。在2018年8月初我国首起非洲猪瘟疫情发生后，政府立马采取相应措施，对非洲猪瘟疫情实行严格排查、追溯疫情源头②；同时为防扩大影响，禁止养猪户用餐厨剩余物饲养生猪，限制生猪及其产品的运输、加强对运输生猪车辆的监管排查。政府识别问题，非洲猪瘟疫情突发事件属于首次出现的问题，境外非洲猪瘟疫情频频发生，而我国与其他国家人员交流多、相互往来货物贸易大，非洲猪瘟疫情从境外传入我国可能性大，政府所要做的应急措施多；政府信息判断，政府通过调查生猪养殖情况和屠宰厂经营情况，了解养殖户和企业面临的主要问题和诉求；设计决策，相关单位发布非洲猪瘟二级预警，分配好各地各层级地方政府的管理责任，

① 人民网：《湖北省卫生健康委员会关于新型冠状病毒感染的肺炎情况通报》，2020年01月24日。

② 大公网：《农业农村部：截至7月3日中国非洲猪瘟疫情143起扑杀生猪超116万头》，2019年07月04日。

分配好各部门的监管任务，各县市、各单位、各层级、各部门形成权责划分、齐心合作的应对方针，共同控制、解决非洲猪瘟。落实禁止使用餐厨剩余物饲喂生猪的指令，确保各项防控措施落地；政府及时决策，有效处理突发事件。从案例中可以看出，政府积极有效的措施稳定了生猪生产发展，维持了生猪市场正常的流通秩序。对受影响较大的规模化养猪场实行生产援助，给予短期贷款贴息支持，努力恢复和增强养殖户信心，保证了各种矛盾能够得到化解。政府的及时决策有效地帮助了受灾和利益损失的民众解决了实际问题。

3. 统筹协调

遇到重大突发事件时，政府具有统筹协调的特征，统筹各层级各个部门救灾应急预案的工作。政府可以听取专家的专业性指导，对重大灾害事件的解决方式可行性评估。将分工具体到个人，责任规划到个人。重大突发事件的应对解决方案，在政府统一调配下，参与部门各司其职，相互帮助配合，按照应急预案做好本职工作。政府可以充分利用应急信息平台的信息资源，建立操作性强的信息共享与信息合作机制。政府在调度援救资源器械、伤员救助、防止二次灾害发生、快速运送救援物资、降低事件影响上都可以充分发挥自己的优势去统筹协调。

以雅安地震为例，雅安的地理位置复杂，地震带来的关联性破坏大，救援难度也相对较大，在面临雅安地震这种影响范围大，需要统筹协调解决的重大突发事件时，我国政府就像应对这场突发事件的指挥官，迅速组织救援队伍，启动相应应急管理机制，部门之间协调合作、归集信息。从案例中可以看出政府是参与抗震救灾群众的坚强后盾，可以为灾区人民提供物质和人力资源保障，从救援通信、交通物资、信息收集等多方面开展应急工作，帮助灾区人民共渡难关。政府应对突发事件统筹协调的特点是自然灾害救援中必不可少的。

4. 权威发声

新闻媒体具有权威性，政府通过新闻媒体将重大突发公共事件的发展情况告诉公众，公众通过新闻媒体及时获得事件的进展情况和最新事态发展。在重大事件爆发时，舆论会成为重大事件爆发之后的又一危机。在舆论众多，公众又不知如何分辨的情况下，就需要政府的权威发声，通过官方的新闻媒体与网络媒介和公众舆论的互动与整合，政府可以表明事情真相和态度，引导大众，建立一个长效的宣传和社会心理引导的作用机制。

以雅安地震发生后，各媒体的信息报道为例，如表 3 - 1 所示，地震发生三个小时，媒体立即向全社会公布雅安地震灾情。危机发生之后，公众很容易处在恐慌的环境中，透明公开的报道能够让他们实时了解情况，阻止造谣生事的情况发生；也可以给想参与救援的社会公众一些有效的引导，发挥社会公众的优势。公众从政府的公开信息中获取危机事件的最新报道，也可以避免盲目获取小道消息从而对事件进行臆断与主观猜测而夸大事件的危机度。从案例中可以看出，政府权威发声可以稳定公众心理，同时在政府向公众传达信息的过程中还可以得到公众的理解和支持。

表 3－1　雅安地震信息传播路径

时间点	信息传播路径
8 点 02 分	地震发生
8 点 03 分	国家地震台网官微中国地震台网速报发布信息
8 点 06 分	成都晚报官微发布消息
8 点 07 分	震区网民发布微博信息
8 点 08 分	全国性媒体新华网发布地震消息
8 点 14 分	中国地震台网中心确定震级
8 点 20 分	军方成立抗震指挥部并采取应急行动
8 点 27 分	人民日报官微发布地震消息
8 点 29 分	壹基金开始行动
8 点 30 分	中国国际救援队发官微，采取行动
8 点 44 分	红十字会官微关注
9 点	减灾委启动国家三级救灾应急响应
11 时 30 分	四川省政府新闻办公室举行雅安地震后首场新闻发布会

（二）企业应对突发事件行为特征

企业在突发事件发生时，要承担社会责任，及时帮助受灾地区和受灾群众。企业应对突发事件行为表现出来的突出特征有积极参与、行业指导、大力支援。

1. *积极参与*

有些突发事件一定程度上超出了政府控制和管理范围，此时则需要动员社会力量，其中企业的积极参与是社会力量的重要组成部分。在灾后重建与秩序恢复过程中，企业可以与地方政府共同选派人力资源参与组建重大突发公共事件灾后信息交流平台，企业对于社会的物质援助和心理救助也可以缓解地方政府的工作压力。

以青海玉树地震为例，在“情系玉树 大爱无疆”抗震救灾大型募捐活动中，民营企业家再次慷慨解囊、倾情奉献。据不完全统计，全国共有 66 家民营企业和多名企业家在晚会上捐款达 44284. 67 万元。各地民营企业还纷纷通过各种方式援手灾区，初步统计捐款 10659. 85 万元，捐物价值 9377 万元①。在 2020 年发生的新冠疫情中，国企中粮集团有限公司捐赠金额 7. 52 亿，民营企业阿里巴巴网络技术有限公司捐赠金额 10 亿、腾讯计算机系统有限公司捐赠金额 5 亿。从案例中可以看出，企业通过捐款捐物

① 腾讯网：《危难见真情 倾情援玉树》，2010 年 4 月 21 日。

等方式积极参与重大突发事件的应对，为重大突发事件更好地解决提供了物质资源和经济基础，是解决重大突发事件的中坚力量。

2. 行业指导

企业具有一定的社会责任，突发事件发生之后，企业可以发挥自己的行业专业优势，通过指导服务帮助更多的社会公众避免损失，重回生活正轨，提高突发事件之后的生活质量。行业指导对于企业来说也具有一些正面效应，让公众更切实了解到企业在行业中的专业性，对企业今后的发展起到良好的作用。

以台风“利奇马”为例，“利奇马”对台州市农业造成重创，柑橘普遍遭到水淹，来年果树产量受到影响，农户损失惨重。台州农资股份有限公司发挥企业的农业技术和渠道专业优势，帮助当地受创农业积极做好灾后救援工作，实地提供农业产业发展的指导与咨询服务。公司调查受灾之后农业损坏情况，结合当地以柑橘、葡萄、黄桃等农产品为主要作物的特点，全面排查；根据专家指导，做好病虫防治和救助方案；然后将可行性方案和针对性措施引到乡镇，通过微信公众号、微信群等途径向农户讲解、传达技术，让农民快速做好灾后重建，重树信心，并尽可能提供种植农作物所需的肥料、种子等物资。从案例中可以看出，企业的行业指导对于灾后重建有着十分重要的作用。

3. 大力支援

企业作为我国市场活动中的重要组成部分，在救援救灾、灾后重建方面有着举足轻重的作用。企业通常以直接捐款、捐物等形式提供大力支援，对我国救灾事业、灾后经济发展给予了巨大的支持。

以2020年初的新冠疫情为例，各企业在第一时间予以响应，配合政府和人民需要，全网跟进，全力做好疫情防控工作。疫情发生后，快递企业都采取了相应应急措施，在保护工作人员的安全同时，也一刻不停地帮助运输物资，让奋战在一线的医护人员和普通大众都可以用到口罩。全国各地纷纷向武汉捐赠物品，快递企业充分发挥和使用自身的网络运输资源，开辟绿色通道，让武汉当地民众的生活物资得到保障。同时，腾讯、百度、字节跳动、美团等企业纷纷设立医务人员专项基金、病毒防治研发基金等，为大众对疫情捐款捐物提供便捷通道。海尔集团、苏宁集团、TCL、美的集团也纷纷捐赠医疗与家电物资等。从案例中可以看出，企业针对疫情提出的帮扶计划，组织疫情捐物小组奔赴救灾现场，开展捐助、帮扶等工作，在重大突发事件应急响应过程中，对物资款项的援助起到了重要作用。

（三）非营利组织应对突发事件行为特征

在重大突发事件面前，重大的人员伤亡、财产损失、生态环境破坏和社会危害这些都在不断变化，难以预测。政府在应对突发事件时也很难规避全部风险，企业在应对重大突发事件时也还会有遗漏的地方。非营利组织具有独特的应对突发事件的优势所在，因此结合非营利组织的资源和力量，对于应对突发事件而言是非常重要的。非营利组织应对突发事件行为特征有：志愿服务、组织募捐、公益活动这三个特征。

1. 志愿服务

非营利组织应对突发事件的重要参与体现在事故灾害的灾后重建方面。通常政府在灾后重建上，都会以大局为重，满足整体需求，而灾后重建又是一个艰巨又漫长的过程，灾民的需求也存在很大差异，单靠政府的力量远远不够。非营利组织具有动员群众、公众广泛参与的优势，在具体工作上，也可以直接入手，没有繁杂的审批流程，在救援过程中会更快。

非营利组织的志愿服务指的是自愿将其时间、精力等奉献给非营利组织或团体，通过团体服务于受灾人群，帮助受灾人群脱离危险。以台湾“9·21”地震为例，非营利组织配合政府的灾后重建，通过实地帮扶、组织募捐等方式救援灾区；在帮助灾民方面，积极引导灾民树立重建家园的信心，体现民间组织的优势。非营利组织既是政府与企业沟通的桥梁，也是政府与社会之间的沟通桥梁。非营利组织突出的志愿服务作用可以向政府反映企业、社会公众的诉求和建议，为政府提供有效信息，帮助政府做好宣传、指导、监督等方面的工作。非营利组织以公益和博爱为出发点，和群众联系得更加紧密，可以鼓励社会其他人士为志愿工作出力，号召群众参与志愿服务，其所带来的物资、人员是对政府和企业捐助的重要补充。

2. 组织募捐

非营利组织发挥出号召社会公众的优势，活跃在灾后重建工作的各个方面，通过社会募捐、企业募捐、爱心捐款等方式募集社会的闲散资金及企业的公益资金，还可以建立募捐网站，利用网络呼吁全国各地的公众一起参与，共出力量。非营利组织中的某些个人也是领域的优秀人才，他们也能在其中发挥自己的专业水平，为灾区建设作出贡献。国家鼓励社会团体参与到灾后重建中，也使许多公益社会团体得到了良性发展。非营利组织是重大突发事件的紧急应对主体，是政府力量与企业力量、社会力量的有效结合。

以汶川地震救灾为例，中国红十字会总会及其他经批准有资格开展抗震救灾捐赠活动的16家全国性基金会共接收捐赠款物80余亿元。非营利组织的存在，为社会各界有志于对灾区重建出资的人提供了明亮的捐款渠道。从案例中可以看出非营利组织为凝聚社会力量，号召社会各界人士纷纷献出爱心，筹集善款和物资创造了一个爱心渠道。

以2020年新冠疫情为例，从2020年1月24日至2020年1月27日，韩红爱心慈善基金会收到来自明星志愿者团队及社会各界爱心人士捐赠善款人民币15340023.48元[①]。这些善款全部用于购买医疗物资，对武汉及周边城市进行捐赠。从案例中可以看

① 红星新闻：《韩红爱心慈善基金会：收到来自明星志愿者团队等捐款1500余万》，2020年01月28日。

出，非营利组织的组织募捐特点能为更多有需要的人筹得善款，帮助他们渡过难关。

3. 公益活动

非营利组织的公益活动体现在心理安抚上。突发事件带来的身体创伤和心理创伤都会使人产生消极情绪，面对亲人、朋友的离去和受伤，环境的巨大变化，消极情绪可能会逐渐恶化造成严重的心理疾病，他们需要长期的心理干预。心理救助就是在发生重大突发事件之后，受害方因为灾难而产生了心理创伤，需要通过心理治疗和安抚的方法和手段进行救助。

非营利组织的公益活动体现在宣传公益理念上。非营利组织在进行公益理念宣传时具有较强的说服力和表率作用，大众也比较相信非营利组织，在非营利性组织的宣传下，会刺激大众承担社会责任的想法，培养公众对社会的仁爱和公共道德的弘扬。非营利组织的宣传功能为企业和个人对于重大突发事件自然灾害灾后重建的捐助发挥了铺垫作用。公益活动可以是社会公众自行组织的心理救助、社会宣传、教育帮扶等一系列公众自愿参加的活动。

（四）灾民应对突发事件行为特征

灾民应对突发事件行为特征有自救、求救、重建。灾民是应急管理的受众主体，灾难来临时自救策略和求救方案对于灾民来说至关重要，把握黄金时间点争分夺秒，让自己脱离生命危险尽可能避免伤害是灾民首要做的事情。在灾后重建中，冷静的心理反应也会使灾民更快地建立新的家园。

1. 自救

政府、企业、非营利组织对于突发事件的应对都是在突发事件发生之后的，但是在突如其来的灾难面前，群众的自救和其他任何救援方式相比都排在第一位，自救是最及时有效的，因此，掌握应急自救能力和自救知识至关重要。通常来说要具备火灾、洪涝逃生、地震紧急避险、应急防护、自救互救的知识与技能，这样才能在自然灾害类事故发生时及时有效地保护自己。

以“利奇马”台风为例，救援人员无法第一时间赶到现场，当地道路、房屋也被风力强、破坏力大的台风损坏，更会影响救援人员的到达速度。受到台风“利奇马”强降水影响，杭州市临安区发生山洪，数间房屋被冲毁。群众在面对防台防汛的巨大考验时，不得不想办法自救。有些人向山坡、高地等处转移；有些利用船只、门板等先漂浮在水面上；还有些人爬上屋顶、大树暂时避险，等待援救。从案例中可以看出，自救才是救援方式中最快和最有效的，受灾人民只有第一时间自救，才能最大程度地减少人员伤亡和财产损失，更快地摆脱危险。

2. 求救

每个人都可能遇到突发事件，在任何时候都不要放弃希望，立刻观察周围可以获取的资源向外界进行求救。

以汶川地震求救事件为例，傅白章像往常一样来到单位巡检，突然地动山摇，在场所有人还没来得及反应，大楼轰然倒塌，傅白章和当班同事等4人全部被埋进办公大楼废墟下，与此同时，整个绵竹市区的电力中断、通信中断，情况万分危急。[①] 他被大块大块的水泥板死死地压住，但没有放弃希望，迅速编辑了数条求救短信向亲友们发去。惊魂未定的亲友们接到他的求救短信后，立即报告给救援人员，救援人员通过长时间的寻找终于找到了他所在的位置，被困人员因为自己的及时求救也被成功营救。

3. 重建

重建就是对灾后受灾地区的重新建设，为尽快恢复大众的正常生活做好准备。灾民是灾区的主人，是这块地方主要的生活者，也是对这块土地最了解的人，因此灾区重建应该以灾民的需求为重心，在制定重建计划和相关政策时也要听取灾民的意见，他们比规划师更了解灾区的地理环境和情况。这样也能充分发挥灾民的积极性和能动性，激发他们对家园重建的信心。对灾民有计划地进行培训，协调统筹他们的任务，也有利于家园的快速重建，有了他们的参与，重建将会更顺利、更贴近灾区人民的需要。

灾民可以从临时安置、重建准备和全面重建三个阶段进行灾后重建。在地震发生后，通常会有救援队赶到帮助灾民先安置下来，灾民应先稳定情绪，转移到安全位置，补充生活必需品，照看自己的家人；在灾情稳定下来之后，做好重建准备，按照政府要求做重建方面的规划，配合政府和相关部门的工作；全面重建是一个长期、复杂的工程，包括生活和社会工作回到正轨、家庭和社区的重建。灾民对灾区的重建和心态的调整，对同样经历过灾情的受困群众是一种鼓舞，也有助于社会舆情的减缓。

（五）社会公众应对突发事件行为特征

在面对突发事件时，特别是对公众自身有直接或间接影响的突发事件发生时，社会公众能凝聚力量，发挥举足轻重的作用，更快地帮助突发事件受灾地区群众摆脱困境。社会公众应对突发事件的行为特征有：高度关注、提供服务和资源、自愿捐助。

1. 高度关注

当突发事件爆发时，往往会引起来自不同领域和阶层的社会公众的高度关注，他们对待同一突发事件也往往会呈现不同的意见和观点，引发言论冲击，同时伴随着不安、焦虑等情绪的传播。在社会公众对突发事件高度关注的基础上，应保持清醒的头脑去辩证看问题，共同建设良好的网络环境。

以2020年初新冠疫情为例，新冠疫情作为突发公共卫生事件，影响面广、专业性强，公众在疫情中急需获得大量信息来平复自己的心情，稳定心态，一时间公众对于

① 搜狐新闻：《地震遇险者废墟下发出求救短信10小时成功获救》，2008年05月19日。

疫情的关注度远远超过同时间段内对其他信息的关注。从案例中可以看出，和自己利益高度相关的事件更容易引起公众的高度关注。

2. 提供服务和资源

社会公众积极充当志愿者，通过自发的形成组织，或者自愿报名某社区、某组织的形式贡献自己的力量。社会爱心人士的力量汇集起来，涓涓细流也可成江河，向需要帮助的人伸出援手，在组织的安排下有序地提供服务。在新冠疫情防控期间，志愿者们自愿加入社区防控，邻里互帮互助，科普疫情知识，注重医疗卫生、出行安全，为群防群控注入了宝贵的志愿服务力量。有专业能力的医护人员志愿者们奋战在一线，为确诊和需要就医的人们提供医疗救治；农民工报名参加雷神山、火神山医院的建造，日夜轮班加班加点，才使医院火速完工有了保障，更多患者得到及时救治；网约车司机组成志愿者保障车队，每天接送医护人员上下班，才使得医护人员不会因为交通出行而耽误时间；还有一些生产口罩的临时工志愿者们，加班加点生产制作口罩，为了给更多普通大众、医护人员的安全提供一份医疗防护。专业性人员例如医务人员、研究专家等可以发挥自己所长，献出自己的力量，参与道路管控、搬运东西、运输医疗物资。这些平凡岗位也是控制疫情的中坚力量。从案例中可以看出，社会公众提供的服务和资源对于受重大突发事件直接影响的人群来说，有着非常重要的作用。

3. 自愿捐助

面对重大突发事件，灾区人民的正常生活和生命安全受到威胁，无论是在应对突发事件时的紧急救援还是突发事件后的灾后重建，都需要大量的资金去补齐物资、物流运转、安置灾民、重建房屋，因此，在这个时候除了需要社会公众提供服务之外，还需要一定的物资和财力。社会公众在此时如果能慷慨解囊，展现一方有难、八方支援的救援态度，会给灾区人民的生活和心理上都带来巨大帮助。

以邵逸夫的捐助事迹为例，在 1999 年，邵逸夫向台湾捐赠 2500 万港元，救助“9·21”大地震灾民；2005 年，他捐出 1000 万港元赠南亚海啸受灾地区；2008 年 5 月 15 日，邵逸夫及夫人方逸华在得知四川地震灾区学校遭到严重破坏、学生受到严重伤亡的情况后，即向教育部表示捐款 1 亿港元（折合人民币约 9000 万元）为灾区师生重建校舍，使他们早日重返校园①。从案例中可以看出，社会公众的自愿捐助发挥着举足轻重的作用，它对于真正需要的人群来说是雪中送炭。

三、重大突发事件社会舆情生成规律

社会舆情指某一事情发生后，一定时期内公众对事情的主观反应，它代表着公众的情绪、思想。社会舆情可能来源于各个领域，其中重大突发事件是舆情生成的重要

① 南都网：《豪捐百亿神州遍布“逸夫楼”》，2014 年 01 月 08 日。

因素。当社会舆情处于生成、酝酿阶段时，并不会带来实质性破坏；而一旦社会舆情爆发，就有可能因为舆情带来不稳定因素，给社会造成损失，威胁社会的良性发展。人类应对重大突发事件的恐慌心理反应及其不当行为下的干预措施，与重大突发事件的扩散活动相互作用，导致了重大突发事件的社会舆情状态发生、发展并加快转化。各类重大突发事件引发的社会舆情作为一种对潜在损失和影响的不确定性，表现为重大突发事件的损害状态和社会影响，以及重大突发事件处置过程中利益相关者的意见、态度和情绪集合。其关系可用公式简单表示为“社会舆情（O）＝损害状态（D）×利益相关者情绪反应（R）”。

（一）损害状态

重大突发事件一经发生，因其本身影响深、范围广的特征，易引起公众的高度关注，舆情表达集中且强烈。对于社会舆情而言，突发事件本身的损害状态是一个重要的影响因素，由于突发事件造成的损害，从而直接引发社会舆论，在利益相关者情绪反应不变时，损害状态越大，社会舆情越大。而影响损害状态的主要因素有人员伤亡、经济损失、影响范围。

1. 人员伤亡是损害状态的重要指标

在突发事件中，人民群众的安全遭受巨大威胁，生命可能瞬间消逝。生命安全大于天，人员伤亡是影响舆情爆发的一个重要因素。以四川九寨沟地震为例，地震所造成的人员伤亡巨大，四川省阿坝州九寨沟县发生 7.0 级地震，截至 2017 年 8 月 13 日，地震造成 25 人死亡，525 人受伤，6 人失联，176492 人受灾，73671 间房屋不同程度受损[①]。正所谓人命关天，这起事件的重大人员伤亡引起了伤亡人员的家属、朋友和社会各界人士的关注，直接导致了社会舆情的产生，人员伤亡越大损害状态就越严重，社会关注度直接达到顶峰。

地震的到来给当地人带来身体和心灵上的双重灾难，也会牵动媒体人敏感的神经。如图 3－7 所示，8 月 9 日 00：00 地震发生的三小时后就已经有 15381 篇文章发出，到了 8 月 9 日 10：00 发文 19831 篇，地震的发生引起各界人士的关注。震后 48 小时，是社会舆论关注的最热阶段，这一时期有关地震的话题新闻就已经达到 2019827 篇。此外，境外媒体也对此次地震灾害进行了相关报道，境外相关媒体报道共 3852 篇[②]。在地震之后的 48 小时中，TOP10 热词都变成地震、九寨沟、四川、阿坝、救援、游客、发生等词。

① 中国新闻网：《两伊边境发生 7 级以上强震 盘点今年全球重大地震》，2017 年 11 月 13 日。

② 人民网：《大数据解析九寨沟地震 72 小时舆论场》，2017 年 08 月 15 日。

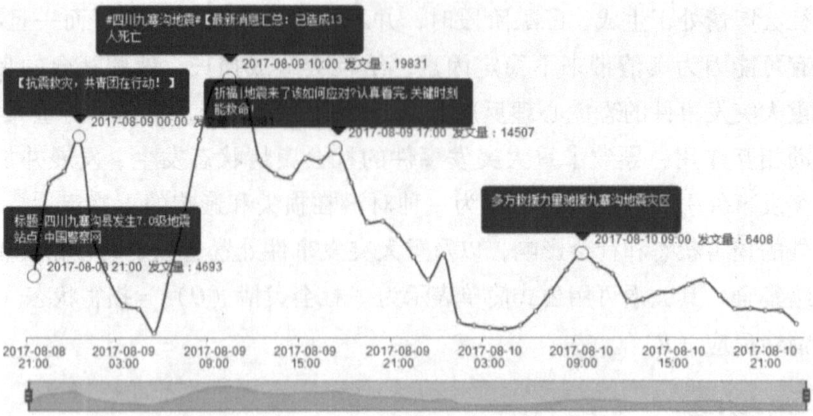

图 3－7　四川九寨沟地震后 48 小时报道数据

事件热词 TOP10	热词出现词频
地震	1793278
九寨沟	1320719
四川	671621
发生	558874
救援	403536
游客	354607
阿坝	293585
应急	286363
灾区	285023
人员	214323

图 3－8　四川九寨沟地震后 48 小时 Top10 热词

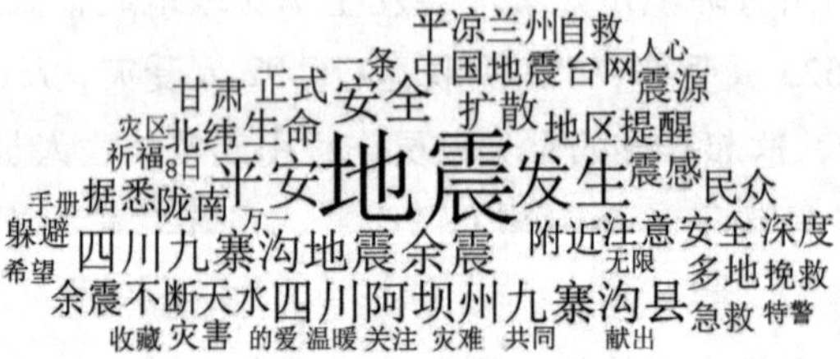

图 3－9　四川九寨沟地震后 72 小时关键词云

2. *经济损失是损害状态的重要指标*

突发事件给人民群众的财产带来了巨大的损失，对公共基础设施造成了巨大破坏。我国每年因突发事件造成的损失惊人：2003 年中国因生产事故损失 2500 亿元，各种自然灾害损失 1500 亿元，交通事故损失 2000 亿元，卫生和传染病突发事件的损失 500 亿元，共计 6500 亿元人民币，相当于损失我国 GDP 的 6%；2004 年全年自然灾害、事故灾难和社会安全事件造成的直接经济损失超过 4550 亿元；2005 年突发灾害事件造成直接经济损失约 3253 亿元；2006 年国家减灾中心的数据显示，突发灾害事件造成直接经济损失近 1600 亿元人民币；民政部、国家减灾办发布的 2018 年一季度全国自然灾害基本情况，直接经济损失达到了 196.7 亿元。由案例可以看出经济损失越大，损害状态越严重，越难以修复，因此对人们生活影响也更大，更容易引发人们的普遍关注，当人们的关注度集中时社会舆情生成也就越快。

3. 影响范围是损害状态的重要指标

影响范围越大，影响人数越多，社会舆论就会更激烈。以美国对华打响贸易战为例，2018 年 3 月 23 日，美国总统特朗普签署总统备忘录，依据“301 调查”结果，对中国商品大规模征收关税，同时，将限制中国企业对美投资并购。仅仅 7 个小时之后，中国方面迅速做出反制，宣布计划对自美国进口的从钢铁到猪肉在内的 30 亿美元商品加征关税①。

此次事件影响到两国政治和经济局面和人民的生活，因此，大众对于这件事情的关注度十分高，相关舆情量在 3 月 23 日达到顶峰。如图 3－10 所示，有关“中美贸易战”的舆情数据中，传播量位居首位的平台为微博，像央视新闻、新华网、《人民日报》等拥有几千万粉丝的媒体官微及“大 V”博主持续不断地关注并发布相关信息，引发大量网民转评。传播量位居第二位的平台为新闻网站，像《人民日报》《环球时报》等媒体纷纷发表评论性文章，引发各网站转载。中国股市因特朗普对华征收关税遭受重挫，证券公司相关人员、进出口企业、股民等各行业人民都对此展开激烈讨论，推动相关舆情的大范围扩散。

从舆情蔓延的分布城市来看，北京网民对该话题的关注度最高，其次是广东和上海。这和北京的特殊地理位置分不开，北京作为全国的政治、国际交往中心，对国际关系和相关政策变化非常敏感，网民对国家大事也比较关心，所以北京网民对此话题保持高度关注。对于广东、上海两地而言，对外贸易在两地经济中占据非常重要的地位，经济增长对进出口贸易的依附程度较高，且对外贸易的企业数量和做对外生意的人员基数较大。而对外贸易又深受国际关系、关税、政策等因素的影响，中美贸易战势必会对这两地的众多行业和企业造成冲击，进而影响两地民生，故网民对该话题比较重视。

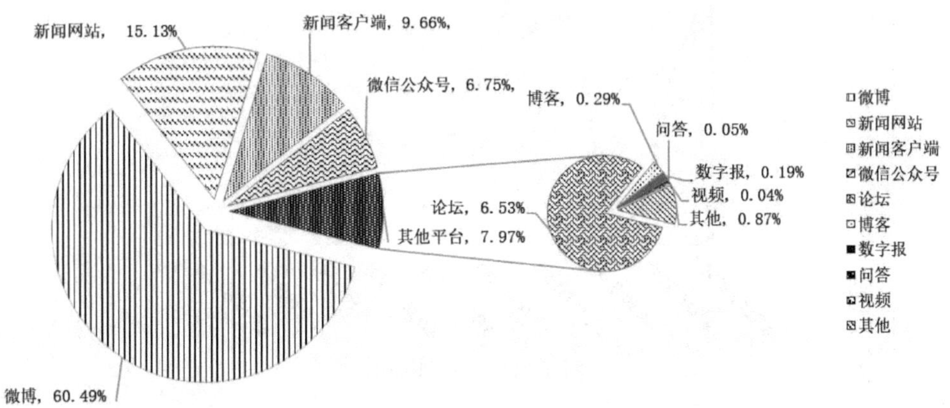

图 3－10 中美贸易战传播分析

① 大众网：《特朗普签署备忘录将对中国商品大规模征收关税》，2018 年 3 月 23 日。

影响范围越大，损害状态越大，在利益相关者情绪反应一致时，社会舆情也就越大。以 2019 年 6 月 17 日四川宜宾地震和 2008 年 5 月 12 日四川汶川地震进行对比分析。四川宜宾市 6.0 级地震，造成宜宾市因灾死亡 12 人。地震发生后，舆情量在 18 日上午达到第二波巅峰。四川汶川发生 8.0 级特大地震，近 7 万人丧生，1.8 万人失踪，37 万余人受伤。四川汶川地震在地震级别、影响范围上远远超过四川宜宾地震，其造成的损害比四川宜宾地震更严重，所造成的社会舆情也远超过四川宜宾地震。

（二）利益相关者情绪反应

重大突发事件发生时，各大官方新闻媒体、传统媒体都会根据事件主体进行跟踪报道，这也很容易引发网民的高度关注。官方报道、民间消息、意见领袖的观点都能提高网民的关注度，影响网民对事件的看法和网民情绪。利益相关者主要分为确定型利益相关者、预期型利益相关者和潜在型利益相关者。确定型利益相关者通过官方网络媒体和纸质媒介发布消息，人们相信政府部门、意见领袖、事件发布者的言论；预期型利益相关者例如网络媒体和纸质媒体主动介入，受众群体广大；潜在型利益相关者是普通大众，网民很容易被确定型利益相关者和预期型利益相关者的言论影响自己的情绪和行为，形成认同或反对的观点。而情绪往往能依附于信息而传播，网民会根据官方报道自由言论发布信息、传播情绪，网民和网民之间也存在着潜在的行动意识指引。

以 2019 年四川宜宾 6.0 级地震灾害为例，截至 2019 年 6 月 18 日，地震已造成 13 人死亡、199 人受伤、14.5 万人受灾①。在此事件中，其舆情发展趋势如图 3－11 所示，舆情在地震后的 17 日 23 时到达第一个高峰点。

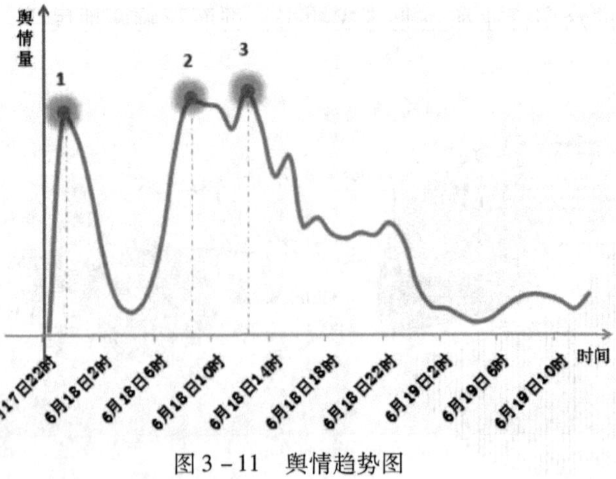

图 3－11　舆情趋势图

而在公众情绪分析图中，可以看出标志着“乐”“好”这样的积极情绪明显高于

① 蚁坊软件：《四川宜宾发生 6.0 级地震舆情分析报告》，2019 年 6 月 24 日。

"哀""怒""恶"这样的消极情绪。主要原因是突发事件地震伤亡人员较少，失踪人员被很快从废墟中救援出来。同时，政府快速反应、及时采取应对措施的行为也得到公众的认可，不断传来的救援消息鼓舞人心，让突发事件舆情向好的方向发展。其具体数据如图 3 – 12 所示。

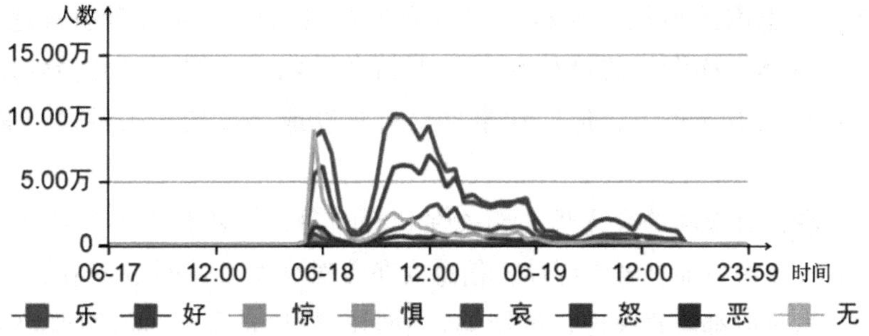

图 3 – 12　相关者情绪反应分析图

通过分析这两个图，可以看出其波动大体趋势是相同的，这是因为地震造成的损害状态没有太大的波动，并且随着灾害情况的报道以及救援的持续进行，在 18 日 8 时左右，舆情与情绪反应都到达了第二个高峰。这说明了在损害状态一定的情况下，社会舆情与利益相关者情绪反应成一个正比的关系。

舆情所带来的情绪反应，会影响个体对舆情的认知，乐观情绪会带来正向、良性的认知；消极情绪更容易带来负面、恶性的认知。当个体形成对事情的判断和认识后，会结合自身的社会处境和自身所处群体考虑，对舆情事件发表自己的观点，形成个体对事件的基本态度。当很多网民都在公众平台上表达自己的观点时，观点相似的网民会不自觉相关吸引，在互动中不断交流、强化自我认知，当这样的个体多到一定数量形成群体之后，他们的态度也会更加坚定、观点会更加鲜明，群体形成后，也很有可能因为意识导致某种行为倾向。群体型行动因此而来，行动的结果又会影响事件的发展，相互作用。而根据其利益相关程度、影响力和介入程度，可将众多主体分为：确定型利益相关者、预期型利益相关者、潜在型利益相关者三种类型。

1. 确定型利益相关者

确定型利益相关者分为政府部门、意见领袖、信息发布者三大类。政府部门作为处理公共危机应急管理的主体，具有处理突发事件、控制社会舆情、安定民心、维护社会和谐的社会责任。政府部门在处理重大突发事件舆情上占据着主体位置，拥有处置突发事件等一系列问题的方法、措施和能力。政府部门在处理舆情上会随着舆情范围的扩大而逐渐增强介入程度，因此，政府部门属于确定型利益相关者。

意见领袖是突发事件网络舆情中的特殊群体，和政府部门相比，它的相关度要低一些，但对普通公众的影响力仍然很高，可以改变网民的观点、态度甚至行为。意见领袖中一类是社会上有代表性的公众人物，如在新冠疫情中的钟南山、李兰娟院士等，还有一些网络“大V”、领域名人等，他们通过发表文章、博文或接受采访等形式介入到突发事件中，他们的言行更容易使公众信服，因此公众对他们的关注度很高，也很容易因为他们影响自己的行为和态度；另一类人是和突发事件直接关联的当事人、当事人家属朋友等，他们身处在突发事件事态中，他们的所看所感是最真实的体验，也因此他们的爆料会被认为是最真实的，从而影响舆论发展方向。意见领袖这一群体发挥作用的途径和方式更加多样化，他们可以凭借强影响力表达意见、发起动员、引导舆情，他们和事件也有中度或高度的相关性，也属于确定型利益相关者。

信息发布者具有很高的介入性、相关性和影响力，信息发布者可以是突发事件当事人、见证者，还有可能是各大媒体。信息发布者对突发事件网络舆情的形成、爆发、发展演化和平息阶段都有着决定性的影响，他们的及时介入和利益诉求的满足是平息突发事件网络舆情的关键所在，是应该实时被关注的利益群体。

以此前的三峡工程发电收入归属事件为例，有舆论消息称，发电收入不属于百姓，也不属于国务院，三峡工程所有水轮发电机已私有化①。三峡工程是我国重要的水利工程，关乎国家、普通百姓，当三峡发电收入已私有化的消息一出，人们对事件的好奇心引发了高度关注，在消息发出的短短一天时间内就转发破万，其中也有不少有影响力的公众人物进行了转发评论。从案例中可以看出，政府部门作为确定型利益相关者，其影响力高且其相关性最强，积极有效、及时的政府干预能够在一定程度上减少舆论，让事情得以快速解决。政府部门及时有效的辟谣会稳定群众的情绪，避免谣言越传越离谱，与此同时，政府的介入也会在一定程度上引发媒体的关注。这就需要政府有关部门正视网络舆论的监督，思考采用什么方式介入舆情、介入程度多少，怎样把握舆情的发展方向、了解普通公众的心态，引导公民有序地参与经济政治等重要话题。

表 3－2　确定型利益相关者类型分布表

类型	利益相关者	相关度	影响力	介入度
确定型	政府部门	高	高	递增
	意见领袖	中	高	高
	事件发布者	高	高	高

2. 预期型利益相关者

预期型利益相关者主要分为网络媒体和传统媒体，在突发事件网络舆情的整个形成和发展过程中，网络媒体和传统媒体都是主动介入，充当传播、扩散网络舆情的发展角色。网络媒体和传统媒体会随着介入度升高及其受众群体的增多，影响力

① 看看新闻：《三峡工程水轮发电机已私有化？网传发电机组所属公司并不存在》，2012 年 9 月 23 日。

逐渐增强。因为他们传播性质的特殊性，会对信息的扩散方向和速度造成影响，进而对网络舆情的萌芽和发展产生影响，因此都属于预期型利益相关者。媒体所呈现出的影响力，一部分是由于媒体能带来信息的自身价值所在，一部分是公众的信赖。鉴于网络媒体和传统媒体对于网络舆情的影响力，在突发事件网络舆情的预防和治理中要关注预期型利益相关者的动态方向，并对他们在介入方式、介入时间和介入内容上加强管制、科学安排，使他们发挥正面引导公众的积极作用，推进舆情的尽快平息。

互联网技术的快速发展和日益更新，使各种媒介机构争先恐后涌出，信息发布速度也越来越快，网络媒体改变了人们的生活方式和信息获取途径，提供给人们自由发表言论、追踪信息的平台，因此网络媒体成为人们宣泄感情、发表言论的重要工具。在网络舆情的产生阶段，网络媒体可能还没有主动介入，但随着舆情的扩散，其介入程度会逐步增强，可以通过消息置顶、多次发送信息、专题报道等方式加快舆情发展的进程。媒体之间也会互相影响，某些媒介报道某一新闻后，其他媒介可能会形成连锁反应，跟踪这一舆情，展开连锁报道，不同媒介发布的信息也可能被其他媒介整合利用。网络媒体在舆情发展的介入过程中也会给自身带来一些流量和关注度，这使网络媒体与网络舆情的联系更加紧密，在这当中还会有个别网络媒体成为舆情传播的主要媒介。

在突发事件舆论传播中，传统媒体在一定程度上或许比网络媒体落后，但传统媒体在网络舆情的二次舆论意见市场中扮演着重要角色，一般来说，影响较大的舆论事件都是由报纸披露并引发巨大影响的，报纸在叙述事情的详细程度及解读程度上更加详细、充分，这也能说明传统媒体具有一定权威性、说服性的优势。传统媒体还会对一些意见领袖产生重要影响，促使意见领袖和关键人物在舆论场中发声，他们的言论相较于普通网友，关注度和影响力都要更大。而这些意见领袖的信息来源都可能是传统媒体，传统媒体所发挥的信源功能并不能被网络媒体替代，微博意见领袖和关键人物、大众也依赖于传统媒体的报道。

表 3－3　预期型利益相关者类型分布表

类型	利益相关者	相关度	影响力	介入度
预期型	网络媒体	高	递增	递增
	传统媒体	高	递增	递增

3. *潜在型利益相关者*

潜在型利益相关者主要是普通网民，普通网民群体大，人数多，虽然每个个体影响力不高，但群体组成结构多样，变化不断，又很难监测每个个体的行为和态度。普通网民有着高介入度、低影响力，同时与突发事件有一定相关度的特点，因此属于潜在型利益相关者。普通网民可以分为事情关注者、事情转发者、事情评论者这三类。如图

3－13所示，截至2019年6月，我国网民规模达8.54亿，互联网普及率达61.2%。①网民数量基数庞大，虽然普通网民的影响力不高，对舆情的态度也各有不同，但网民的意见通过网络传播变得更加显性化，在缺少测量民意的途径时，普通网民对于舆情的表态也是民意的一种重要补充。

大多数普通网民与突发事件并无直接关联，他们通过别人的转发、评论去了解消息本源，他们的利益诉求也是隐含、不具体、各有不同的。因为突发事件的特殊性、敏感性引起他们对事件的关注，由此他们通过关注、转发、评论来表达自己的观点，推动舆论走向，使潜在利益得以实现。潜在型利益相关者与事情的相关度较低，普通网民影响力也不如政府部门、媒体大，但他们是突发事件网络舆情利益相关者中的多数分子。如果他们的意见观点达成一致，也会合力爆发出巨大的影响力，当利益相关者的人数聚集到一定数量时，情绪积累越多，做出的情绪反应越大，重大突发事件社会舆情就会越严重，因此，潜在型利益相关者的态度不可忽视。在处理好确定型利益相关者和预期型利益相关者的同时，也要加强对潜在型利益相关者的管理，做好对潜在型利益相关者信息发布的监控，关注他们各自的潜在利益和诉求，才能使其得到满足，从源头解决网络舆情的矛盾。

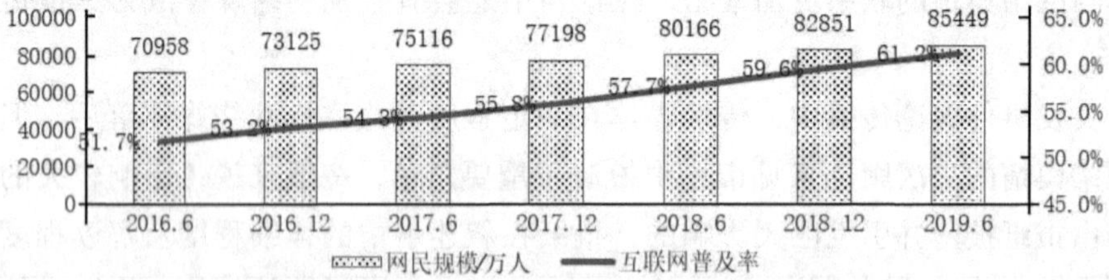

图3－13　2017年6月我国网民规模和互联网普及率②

表3－4　潜在型利益相关者类型分布表

类型	利益相关者	相关度	影响力	介入度
潜在型	普通网民	低	中	高

第二节　重大突发事件社会舆情演化的基本流程

随着社会的进步，社会舆情格局呈现由大众向分众传播的趋势，社会舆情对社会政治决策、经济发展、规划建设及人们的日常生活等各方面都产生了明显的影响。从

① 中国互联网络信息中心：《第44次中国互联网络发展状况统计报告》，2019年08月30日。

② 中国互联网络信息中心：《第44次中国互联网络发展状况统计报告》，2019年08月30日。

表面上来看，突发事件社会舆情的形成、发展和消退的过程比较复杂、难以把控。因而，本文对重大突发事件社会舆情演变的理解以信息生命传播周期理论阶段划分的思维为基础，即认为重大突发事件社会舆情的具体演变过程大致可分为四个阶段，即“孕育阶段、扩散阶段、波动阶段和衰减阶段”，并按此四个阶段来进行分析，从而实现对重大突发事件社会舆情演化基本流程的把控①。

一、重大突发事件社会舆情演化的孕育阶段

在社会舆情的孕育阶段，当某一重大突发事件开始出现在公众视野中，公众由于受到突发事件信息的刺激而产生心理、观点、情绪、态度的变化，进而促使他们展开讨论。重大突发事件社会舆情的孕育过程是一种从出现到反应的过程，该过程持续的时间较短，且具有互动、即时、自由的特征，这些特征加速了社会舆情的形成过程，也使得社会舆情难以掌控②。

（一）社会舆情孕育阶段的划分

重大突发事件社会舆情的孕育阶段是指社会上开始出现公众对某一事件的评论、建议和看法等行为。重大突发事件的社会舆情孕育阶段有广义和狭义之分：广义的社会舆情的孕育阶段包括了事件的发展变化过程，以及在此过程中公众对于此事件的观点。狭义的社会舆情的孕育阶段仅指事件发生后，公众所发表的对此事件的观点的过程。本文以狭义的定义来讨论，具体来说就是事件在发生后较短时间内，媒体、公众等主体对于该事件带有主观意识的交流并呈现海量化、喷涌化的特征，同一事件在各类平台上会重复关于该事件的信息，具体演化过程如图（图 3－14）所示。

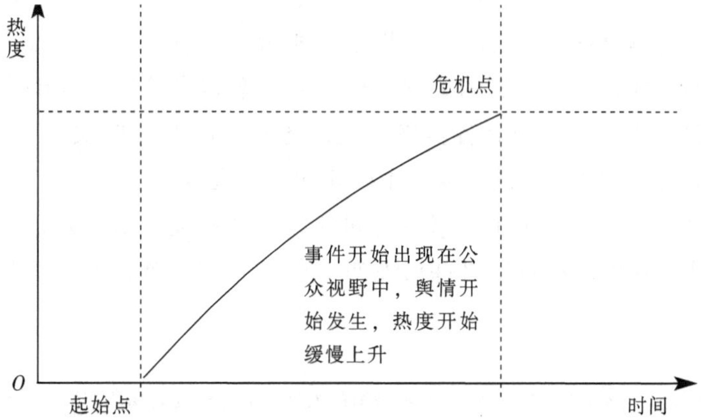

图 3-14　重大突发事件社会舆情孕育阶段演化图

① 姜胜洪：《网络舆情热点的形成与发展、现状及舆论引导》，《理论月刊》，2008 年第 4 期，第 34—36 页。
② 叶金珠，佘廉：《网络突发事件蔓延机理研究》，《情报杂志》，2012 年第 3 期，第 1—5 页。

（二）社会舆情孕育阶段的演化机理

有学者从纵向的角度描绘了一个社会舆情孕育阶段的演化机理，媒体的新闻报道或是事件相关者通过各类方式发布信息，公众通过各种渠道得知信息并发表看法，在此交流过程中慢慢聚集一种带有利益诉求或想得到某些回应的社会舆情①。如果从横向的角度来看，那么当前社会舆情孕育阶段的演化机理可以从以下几个方面概括：

1. 重大突发事件本身引发主流媒体报道

从近年来重大突发事件社会舆情应对实践来看，社会舆情的形成，与传统媒体的加入有直接的关系②。目前媒体报道可分为两种情况，一种是在重大突发事件发生后，媒体记者在第一时间对事件及相关主体进行采访和调查并及时发布新闻。另外一种情况是，事件已经发生很久了，但一直未引起各主体的重视，此时媒体会奔赴事情的发生地进行“补救”性的报道，并反思事件发生背后的原因。但媒体在报道方面也会受阻碍，此时有一部分媒体会遵循一个媒体人的准则，还是将事件报道出来。随着社会的发展，越来越多的媒体带有独立性、个人性的特征，发出的声音是客观的。

新闻报道可以说成是社会舆情的一种表达形式，其中有媒体的个人观点，也有公众对于该事件的看法和呼声。新闻报道同时也可以是社会舆情孕育的一种形式，大部分的社会舆情由此诱发，公众也会因其对事件有一个基本的判断。在大多数情况下，公众的态度、观点都与新闻报道的内容相关。

2. 事件当事人利益诉求吸引媒体关注

随着当今社会的开放性不断增强，每一个人都可能成为“新闻的发布者”③。公众对于事件的参与度开始提高，公众有能力、并且也愿意成为事件的发布者④。有时媒体受到各方面的压力不敢发声，对事件的报道有所缺失，就会有一批公众借助各类平台发出来自民间的声音，引起政府的重视。这些公众会将自己所获知的有关事件的零碎信息汇集在一起，并将其发布到各类平台上，此时新闻的主要发布者就变成了公众。还有一些事件的目击者所提供的信息成了媒体的原始资料。

公众是最接地气的，往往能在第一时间到达事件的发源地，并且能够了解一些细节。所以，这些公众可以在熟知事件后发布一些带有主观意识的文章和观点，并因为

---

① 易成岐，鲍媛媛，薛一波，姜京池：《新浪微博的大规模信息传播规律研究》，《计算机科学与探索》，2013年第6期，第551—561页。

② 周耀明，王波，张慧成：《基于EMD的网络舆情演化分析与建模方法》，《计算机工程》，2012年第21期，第6—9页。

③ 张一文，齐佳音，马君等：《网络舆情与非常规突发事件作用机制—基于系统动力学建模分析》，《情报杂志》，2010年第9期，第1—6页。

④ 史波：《网络舆情群体极化的动力机制与调控策略研究》，《情报杂志》，2010年第7期，第50—53＋69页。

其身份的亲近性，得到其他公众的赞同[①]。但需要注意的是，此类发布者所表达的观点和文章的真实性是无法保证的，其带有主观意识的发言往往会错误地表达原始的信息。所以，这种带有偏向性的发言可能会导致社会舆情出现错误的发展，公众对于报道的专业性与媒体仍存在相当一部分差距。

3. “好事者”编造不实信息诱使公众传播

在论坛、微博、贴吧等线上平台，大众可以自由发布文章与观点，这种文章与观点的形式多样、内容丰富，其中包含了公众对某个事件的判断、分析，更包含了公众对某一类的社会现象或是对于时事的评价，其中也会有部分公众结合事件与自身经历总结出看法再发表出来。这些自创的文章或观点因自身带有的真实性和草根性而受到公众关注，成为诱发社会舆情的基本因子。有一部分公众为了吸引注意力甚至会变成“标题党”，编造一些博人眼球的标题。由于这类公众发表的文章与观点在整体上给人一种“平”和“干”的感觉，接近大众的阅读倾向，因此，这些文章和观点大部分都能够成为公众为之津津乐道的焦点。这些公众从自身出发对某些事件作出了深刻的评价，而这些评价往往是从公众的角度出发，代表着公众的情感，因此更加容易吸引公众的目光，也容易引起政府部门的注意。

另一方面，发表文章和观点的行为可以使本体更加深入交流，加强自身账号在平台中的活跃度[②]。在重大突发事件出现后，因为一些公众发表相关文章与观点的行为，又或是由于某种独特视角引发舆情的事情屡有发生[③]。总的来说，诱发公众发表文章和观点的重大突发事件与公众个人是紧密联系的，例如发生的事件涉及发表文章或观点的个人利益、名誉等，更或是事件冲击公众意识、观念等。

4. 政府处理过程不当诱发社会舆情发展

在一些情况下，有一部分重大突发事件因为政府的公告或通报引起热议，可以在其发生地形成激烈议论，如石首事件、绿坝事件[④]、凤凰少女事件等。政府简单或有偏向性的通报往往成为舆情的转折点。另外，政府的各种回应行为，都容易造成舆情的衍生和扩散。除政府部门自身外，事件的当事人或是旁观者也会将相关的视频、图片发布出来，引起公众的注意。某些利益相关者也会因为利益分配不均等问题而产生“内斗”行为，导致一些不雅视频、更深的内幕曝光、传播开来。

虽然政府的回应行为与公众所认定的重大突发事件有差别，相较于重大突发事件的瞬间爆发、复杂性等特征并不十分突出。但若采用重大突发事件是因为“人为因素所引发，并在社会中引起关注”这一概念，那么政府部门的回应行为所引发的社会舆

① 杜骏飞：《“华南虎”事件：公民新闻的阐释与评估》，《新闻记者》，2008 年第 1 期，第 43—46 页。

② 谈国新，方一：《突发公共事件网络舆情监测指标体系研究》，《华中师范大学学报（人文社会科学版）》，2010 年第 3 期，第 66—70 页 。

③ 李弼程，等：《突发事件网络舆情研究探讨》，《情报杂志》，2010 年第 7 期，第 54—57 页。

④ 王来华：《“舆情”问题研究论略》，《天津社会科学》，2004 年第 2 期，第 78—81 页。

情也属于其中。大多数的事件都不属于传统概念中的重大突发事件，所以，本文从宏观角度来看待，认为重大突发事件涵盖了当前社会中出现的新型社会热点事件，如图3－15所示。

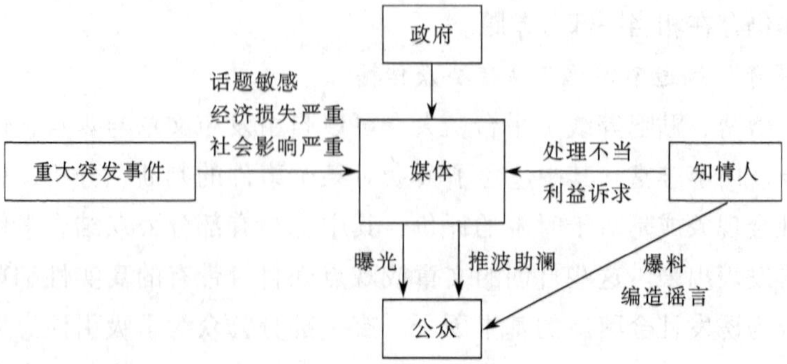

图 3-15　重大突发事件孕育阶段社会舆情传播的路径

（三）社会舆情孕育阶段的特征

在重大突发事件发生的孕育阶段，舆情处于萌芽状态。在此阶段，事件的原因、事故的责任人大都未出现明显指向，舆情此时体现的是分散、无序和浮动等特征，其具体表现在以下几个方面：

1. 重大突发事件的分散性特征

在重大突发事件的孕育期，各个线上线下的平台中会出现零星的报道、交流和讨论，但这些交流大部分都局限在一个小圈子里，没有出现扩散的态势。

如在问题胶囊事件中，一开始是有公众在线上平台中写到老酸奶不能喝，但没有表达出具体原因，这种模棱两可的报道引发了公众的讨论；另外，在三鹿奶粉内发现三聚氰胺的事件中，在事情发酵的初期，媒体只是小范围地反映有大量婴儿患上肾结石是因为其大部分喝了劣质奶粉，社会中也有小部分公众对于此事发表观点，但都没有明确的证据解释，这也引发了广泛的关注。

2. 重大突发事件的无序性特征

重大突发事件社会舆情的无序性特征主要表现在事件发展的早期，在此阶段社会上出现的舆情大部分是不够完整、片面和有局限性的。也许是事件的一个侧面，又或是当事人带有主观意识的判断。在此阶段，社会舆情以全方位的个别意见形式存在，还未形成聚集效应。

如在小龙虾导致肌肉溶解的事件当中，刚开始是在多种线上平台中有传闻报道吃小龙虾会吃出问题，但却没有展示证据；在多个省市爆发的禽流感事件中，各省、市的疾控中心等相关部门会把其监测结果反馈出来，媒体得知信息后再编写成报道发布。总的来说，在重大突发事件的初期传播途径主要是媒体。

3. 重大突发事件的浮动性特征

重大突发事件社会舆情的浮动性特征表现在舆情的发展态势是不稳定的。舆情会呈现出飘忽不定的状态，时有时无、无法捉摸。

如在 H7N9 禽流感事件中，媒体最先报道的是墨西哥禽流感的疫情情况，但国内并未出现相关疫情，因此媒体暂时停止了报道。随着疫情的不断扩散，国内也出现了相关情况，此时媒体再继续跟进报道。在台湾塑化剂事件中，因为该违规事件发生过多次，政府部门也未作出整改行动，所以报道就此中断。之后媒体再次报道大量工厂还是在违规使用不合格的塑化剂，致使社会舆情的热度再次升高。

纵观各种各样的重大突发事件，大部分可以归为非直接接触的事件。社会公民很难根据自身经验来认定重大突发事件的事故原因，因此在重大突发事件爆发的孕育阶段，如果事件没有呈现出迅速扩散、危害程度高、危及的公众利益广和媒体宣传广等特点，那么重大突发事件的社会舆情几乎不会出现聚集的形态。

二、重大突发事件社会舆情演化的扩散阶段

重大突发事件社会舆情的扩散阶段所指的是重大突发事件舆情在扩散自身影响力的阶段，潜在的危机累积会使得重大突发事件的发生由可能变成事实，并以破坏性的危机事件呈现在公众面前，由不为人知到众所周知，由无人关注到引起广泛讨论。这一阶段的标志是重大突发事件的扩散，因此被称作扩散阶段，此阶段时间跨度不长，起点是突发事件社会舆情的发生与初现端倪，没有明确的终点。

（一）社会舆情扩散阶段的划分

重大突发事件社会舆情扩散在某些文献中的意思是，社会舆情的扩散、传播的路径具有相似性，即可认为社会舆情的扩散过程与社会舆情的传播过程是相同的。从细节方面来看，“扩散”的概念远比“传播”的概念要广泛。狭义的社会舆情的“扩散”可以认为是某一事件经过初期发展后，通过一些传播者的行为而出现的转发等使事件

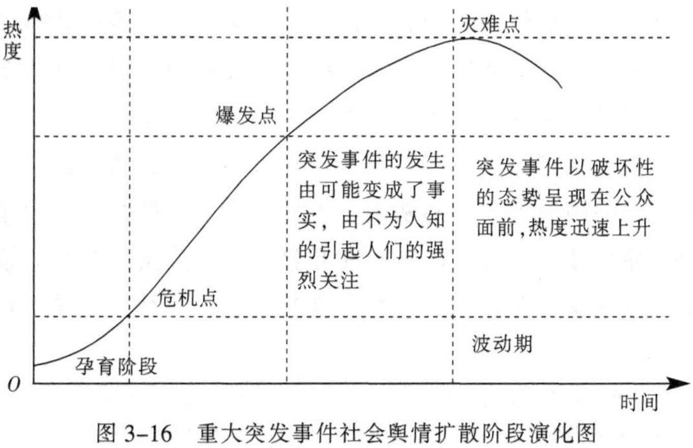

图 3-16　重大突发事件社会舆情扩散阶段演化图

继续扩散的动作，这使得某一特定的社会舆情的传播范围更为广泛、牵涉到的群体与空间更多。总而言之，社会舆情的扩散体现的是社会舆情在发展过程中一些细微的变化，即可以认为是社会舆情的“量变”，而没有出现“质变”的情况。一旦社会舆情的指向出现了较大的转变，那么可以认定该舆情发生了“质变”，社会舆情的“质变”是在社会舆情的变化分析中所探讨的。本文是从宏观的角度来讨论社会舆情的扩散阶段，如图 3－16 所示。

（二）社会舆情扩散阶段的演化机理

有学者指出舆情的传播呈现一种放射状和漩涡型复式传播[①]。社会舆情在扩散的过程中，大量的信息与交流在广义信息平台上传播[②]。在社会这个大容量的空间内，公众可以自由地从各种不同传播途径中主动地去获取信息，还可以完成身份从接受者到传播者的转变，以传播为重要表现形式的社会舆情扩散是一个规律性现象。

1. 当事人持续爆料维护自身利益

重大突发事件本身会涉及一系列的涉事者和当事人。这些与之有关联的人可以是该事件的受害者，也可以是该事件的始作俑者，还可以是该事件的参与者以及该事件的目击者。重大突发事件的当事人是属于不同类型、不同功能的个人或群体。现在有很多重大突发事件的社会舆情是由最直接的当事人引发的。例如一些受害者为了维护自身的利益和权利，在经历了各种求助无门的情况下，就会通过自己的行为或者是在热心公众的帮助下发声，从而带来巨大的影响力。受害者和热心公众通常会把各种各样形式的文章和观点在论坛、微博等线上平台重复发表，以此来引发关注。有些人在其文章或观点没有产生预期影响的情况下，还会在标题、内容等方面进行改进，以博得眼球。事件的始作俑者为了社会舆情始终朝着利好的方向前进，会有意识地通过自身和热心公众的话语等影响、引导社会舆情，此时社会事件的始作俑者就成了社会舆情的扩散者。

重大突发事件的参与者为了更好地表达自己的观点和看法，又或者是为了回应某些言论而在线上平台进行激烈的讨论和交流，以此来扩大自身的影响力。因为参与公众是多元、复杂、大量的，单个参与者的社会舆情发布或转载行为大概率不会产生影响力，但大量参与者统一的行动会造成海量的影响力。其中还有一类相关人员是事件的策划者，该类人员是最有动力发布并乐于推动社会舆情扩散传播的，事件发酵让该类人员从中获得巨大的满足感。总的来说，重大突发事件的当事人是最有可能诱发社会舆情的，也是最希望社会舆情扩散的，在经过事件的发酵变化后，满足自身的利益和权利，从而成为舆情受益者。重大突发事件的当事人在社会舆情扩散中是十分重要

---

① 陈联俊：《网络社会中群体意识的发生与引导》，《政治学研究》，2010 年第 2 期，第 87—94 页。

② 喻国明：《网络舆情热点事件的特征及统计分析》，《人民论坛》，2010 年第 4 期，第 24—26 页。

的一部分。

还有一类重大突发事件的当事人是该事件的目击者。目击者可能因为对于该事件好奇而参与到事件的传播中来，发表评论、发表视频图文从而引发热议。还有一些目击者注意到有些交流讨论与事实并不相符，从而会积极地做好目击证人这一角色，对该事件的细节进行具体的阐述，对与该事件事实不相符的言论进行反驳。也有相当一部分公众为了加大自身言论的可信度，会冒充“目击者”的身份在平台上进行讨论交流，其实这些自称是“目击者”的公众并没有参与该事件。

2. 公众情感共振推动舆情扩散

非直接性公众有多种，其中最具有影响力的一种为“意见领袖”。虽然现代社会中信息发言权人人平等，但这不能意味着人人所说的都能产生或多或少的影响①。有的“意见领袖”会积极参与到某一事件中，并将该事件的内容或信息进行精心的装饰，吸引公众的眼球，其目的便是彰显自身话语权。有的人会编写出一些具有当下流行元素的打油诗或顺口溜，这些朗朗上口的信息点都可以扩大社会舆情传播。“意见领袖”所发表的观点或看法通常都能在第一时间内受到更多的关注，使社会舆情发酵和再扩大。有一部分只关注“意见领袖”的公众也会从“意见领袖”的言语中对事件有所了解，从而形成自身对该事件的理解。

第二种非直接性公众是与事件利益相关的公众，包括利益关联者与趁火打劫者。利益关联者指的是与某重大突发事件并未直接关联，但重大突发事件中所体现出来的问题、利害关系都与其密切相关的公众。一旦此类事件成为社会舆情的热议点，那些利益长期被侵害的弱势群体就有动机发布信息并扩大社会舆情传播的范围。他们想要通过海量声讨改善其自身群体的待遇，用社会舆情的传播来获取全社会的注意力。还有一小部分公众虽然不是某些特定事件所关联的当事人和涉事者，也不是直接或间接的利益相关者，但他们擅长在社会舆情的扩散中寻找有利于自身的机会，通过某些方法趁火打劫，来达到自身的目的。

第三种非直接性公众是普通的公众。这些普通公众存在于社会的每个角落，没有特定的指定角色，但拥有人类所特有的正义感和同理心，会为不公的事情打抱不平。此类公众会对某些事件发表自身的看法，批评一些不公正的现象，他们会根据自身不同的经历和对社会不同的认识去发表带有主观意识的评论，这些评论从各个角度出发，呈现零散的状态，但有时也代表了公众共同的心声。总而言之，在社会舆情的孕育和发展阶段下普通公众是没有特定价值的，但因为该群体基数巨大，凝结起来也是一股较强的影响力。还有一部分的公众一般不发表自己的言论，只是浏览和观看。

① 娄成武，刘力锐：《论网络政治动员：一种非对称态势》，《政治学研究》，2010年第2期，第74—86页。

3. 媒体深入报道激发社会舆论

媒体是表达舆情的重要平台，也是扩散舆情的重要力量。媒体传播的一个重要途径是社交媒体，新闻网站自身的新闻报道对社会舆情的产生和发展有着十分重要的作用。新闻网站出于对点击率和自身曝光率的考虑也会优先将一些预期可以引发海量舆情的新闻报道放在首页最醒目的位置，公众在浏览新闻网站时首先注意到的便是这些特意想展现给他们看的新闻报道，而之后才会去寻找自己想看的内容。一些新闻网站还会持续追踪重大突发事件的后续，这种深入报道的行为也会使得舆情在更大的空间内传播扩散，且持续时间更久。为了使公众能在第一时间了解事件的发展，媒体也会为该事件设立一个专题页面，这些专题页面有利于整合关于该事件的信息，公众也可随着事件发展表达出自己的看法，这些行为都使得社会舆情传播更宽广。如在2020年初发生的新冠疫情事件中，微博、支付宝等平台都开设了疫情专题，方便公众随时查看有关疫情的信息。

新闻网站的编写者也是推动社会舆情扩散的组成因素。编写者们为了扩大网站或自身的影响力和知名度甚至会编造一些事件来达到自己的目的。在收集和分析特定事件信息的过程中，编写者们也会实时发布一些短评、精评，这些评论都是媒体发布社会舆情的构成因子。对于网站或论坛而言，管理者们也会置顶一些精品文章，这些特定的编辑行为也是影响事件社会舆情扩散的重要行为。有的贴吧、论坛的排名以点击率作为标准，点击率越高位置就越靠前，同样地，位置越靠前点击率和关注度也会更高。从宏观角度来看媒体，就能发现以互联网为核心的新媒体结构重新定义了社会信息的传播，随着越来越多的传统媒体与新媒体的融合，大量信息、报道也从互联网等线上自媒体传播到了电视、广播、杂志等渠道，在最大程度上实现传播信息、报道的覆盖和扩散①。

4. 政府后续处理不符合公众期待

社会舆情的扩散中有一个重要的组成部分那就是政府。政府部门为了自身的形象会聘请大量的评论员或是“意见领袖”进行社会舆情的干预和引导，这些评论员或“意见领袖”所发表的统一立场的言论会促使社会舆情的扩散，引起公众的关注，同时也有可能造成公众的反感，这就又会引发针对政府部门、发表该言论的评论员或“意见领袖”的反面舆情。如果政府部门在第一时间内没有出面或没有说清楚事情的真相，会导致信息在传播中的“质变”，不利于政府部门自身的舆情将会更多②。所以，政府部门为了更好地应对重大突发事件所带来的社会舆情，会在第一时间内积极召开新闻发布会或是在官方渠道上发表声明，这些举动也会扩大事件的传播。政府部门的回应、

① 喻国明，李彪：《2009年上半年中国舆情报告（下）——基于第三代网络搜索技术的舆情研究》，《山西大学学报（哲学社会科学版）》，2010年第2期，第124—130页。

② 陈力丹：《论突发性事件的信息公开和新闻发布》，《南京社会科学》，2010年第3期，第49—54页。

引导和干预等行为直接或间接地促使了社会舆情的扩散，而社会舆情的扩散也有可能使得政府处在一个被动的位置，此时政府应该仔细思考“回不回应”和“如何回应”，如图 3－17 所示。

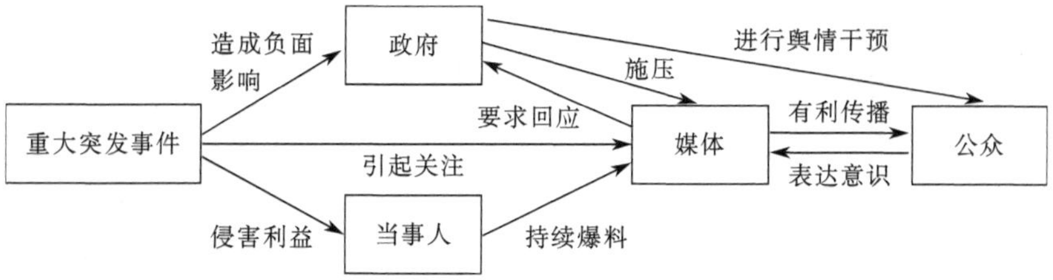

图 3-17　重大突发事件扩散阶段社会舆情的传播路径

（三）社会舆情扩散阶段的特征

重大突发事件不断地发展，其中体现的问题也越来越多，传播的方式呈现出扩散状态。当媒体的报道增多、“意见领袖”的主观言论介入，重大突发事件的社会舆情从而进入了全面的扩散阶段。此阶段在社会舆情演化的四个阶段中来说，持续的时间是最短的，但对公众的冲击和影响也是最大的，此时社会舆情也呈现出了聚集性、扩散性和偏差性等特征。

1. 重大突发事件的聚集性特征

在重大突发事件社会舆情的扩散期，传统媒体和自媒体开始密集地报道重大突发事件的进展状况，电视新闻中出现对事件的跟踪报道，该事件的当事人和涉事者也都进入了公众的视野，官方媒体开始在各类传播平台中统一口径对重大突发事件进行报道，“意见领袖”开始在各类线上平台中引导社会舆论，公众也通过各种方式发表自己的看法、对事件进行讨论，寻求事件的真相，媒体的报道和公众的舆论呈现出聚集到同一事件的趋势。

例如在安徽阜阳发生的手足口病事件中，最开始媒体只报道了零星的几起病例。随后事件到了扩散的阶段，事态恶化，媒体开始大量地报道有关于手足口病的情况，引发公众的讨论，安徽有关政府部门也开始在全省内进行对疫情的排查。同时，社会上也出现了各类对于手足口病的预防以及治疗的讨论，引起了更多的关注。

2. 重大突发事件的扩散性特征

重大突发事件的社会舆情扩散性特点可以在公众的人际关系中得到体现。当事件发生后，公众会对相关的信息进行交流和传播，随着事件的发展，更多的媒体也加入对事件的报道。此类话题的讨论也从几个小范围的圈子扩散到了全社会。在社会中也会出现戏谑、谩骂、声援等不同种类的呼声。各种不同媒介的传播扩散渠道如下图（图 3－18）所示。

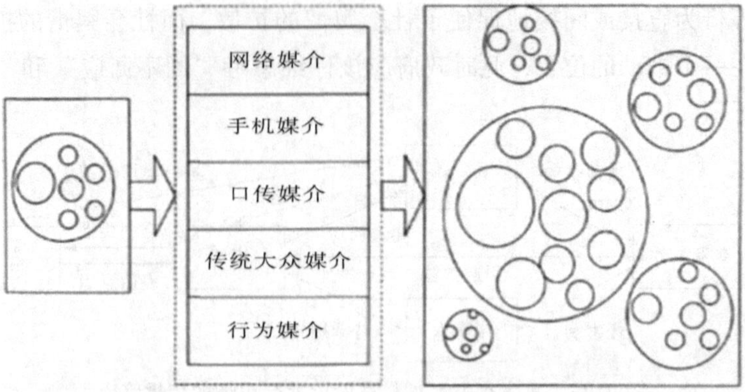

图 3－18　重大突发事件社会舆情扩散的渠道

例如在新冠疫情事件中，随着疫情的蔓延和传播，社会中有关于新冠感染的预防和治疗等信息也被公众广泛讨论。此时社会中出现了海量的有关如何确认是否感染疫情的信息，各类平台和媒体也都设立了专题对该事件进行持续报道。

3. 重大突发事件的偏差性特征

信息的不对称是重大突发事件中的常见现象，相关当事人、政府等相关部门不能及时发布正确信息时，公众容易对事件产生有偏差性的认识。同时，为了缓解自身认识与事件的冲突，公众会对事件进行带有强烈主观意识的片面化解释，甚至引发有偏差的联想。这个时候，就产生了谣言。

例如在雪碧汞中毒事件中，大量的消费者把原因归结于政府部门的监管不力，并开始劝说其他公众不再购买雪碧，甚至出现了一些可乐导致癌症、其代言人受到罚金等谣言，这给生产商、经销商的声誉和产品的销量都带来了严重影响。

从总体上看，重大突发事件社会舆情的扩散阶段与重大突发事件本身呈现出了同一进退的态势，社会舆情随着事件的发展而涨落，随着媒体报道量的密集而扩散。

三、重大突发事件社会舆情演化的波动阶段

社会舆情热点的发展过程并不一直都是直线式的上升或下降。在某些时候，社会舆情也会呈现出波浪式的发展轨迹，发展到一定的高潮后，会经历一定阶段的沉寂或下降，但受某些偶然因素的影响又会出现新的高峰，这种“高潮—萎缩、沉寂—发展”的周期可能会在波动阶段重复多次。

（一）社会舆情波动阶段的划分

重大突发事件的社会舆情的波动阶段是在社会舆情的孕育、扩散阶段中产生的。由于一些细小的社会舆情波动可归纳于扩散阶段的范畴，所以本文所运用的社会舆情波动阶段的概念是处于孕育与扩散阶段中的。事件本身是不断变化的，在此过程中媒体以及“意见领袖”的行为会影响社会舆情，出现指向、形态的变化，虽然这种变化

是能干预、观察到的，但舆情的不断波动也会使得当事人、政府、媒体和公众的行为产生明显的变化，如图 3 – 19 所示。

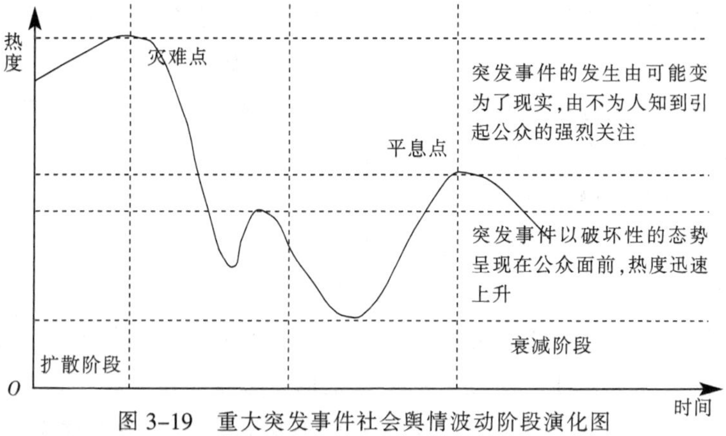

图 3–19　重大突发事件社会舆情波动阶段演化图

（二）社会舆情波动阶段的演化机理

重大突发事件的社会舆情的波动阶段呈现出复杂的特点。在此阶段包括了可以观察、监测到的事件热度的变化，以及社会舆情的指向。这种没有特定规律的波动的变化需要从全方位进行分析，包括社会舆情发生初期和后期的差异以及事件背后的真实诉求等方面。

1. 事件信息公开矛头转向政府

当舆论达到阈值后，重大突发事件的社会舆情的指向产生了变化，从事件的本身指向了政府有关部门。在重大突发事件社会舆情孕育和发展的过程中，最开始社会舆情的指向一般是事件，其中包含了当事人、涉事者、事件的过程、结果、细节以及导致事件发生的原因等，呈现的是以事件为中心的社会舆情格局。在事件不断发展后，来自各方面的信息越来越多，公众的关注点也从事件本身转移到了政府部门的行为、态度中来。政府在事件发生后采取了什么措施，是不是因为政府的失职导致事件的发生等都成了公众关注的焦点。

当有不利于政府的舆论在社会中传播时，政府回应的方式要么是不面对、要么是顺应①。对于某些政府在事件发生后选择沉默、推诿的行为，公众会产生强烈的不满情绪，开始出现批评政府的言论。当政府出现某些偏向性行为时，公众的议论声也随之加大，社会舆情的指向从事件转移到了对政府公信力和权威的质疑上来。在事件得到合理解决前，政府的种种行为都被公众无限地放大，这背后显示了公众对政府的期待。

① 谢金林：《网络舆论危机下政府形象传播的困境及对策》，《广东行政学院学报》，2010 年第 5 期，第 16—21 页。

重大突发事件的社会舆情指向也可以从事件的细节转移到社会制度上来。从大部分事件来看，公众通常会从政府的行为中联想出更多的舆情因子，于是社会中的制度、文化环境、社会生态、公众心态、道德层面等方面会引发公众对其的思考。当社会舆情指向了某个特定的具有普遍性的深层次问题时，会因为其触及无法解决的问题而导致公众失去兴趣，此时的社会舆情拥有科学理论的深度，但失去了公众的热度。这种波动阶段也显示出部分公众对社会体制分析的能力较低。

2. 公众了解实情 扭转舆情方向

重大突发事件社会舆情指向的变化有很大一部分是由一边倒向完全相反的一边，在社会舆情孕育阶段的初期，因为信息是零星的且每个人知道的信息都是不对等的，这个时候媒体所报道的或是“意见领袖”所提供的不完全信息就成了公众判断该事件的因素。媒体和“意见领袖”所提供的不完全信息不是完全公正的，总会或多或少的带有一些主观意识和偏向性，此时公众的判断便会跟着走，会无意识地强化偏向性。还有一类在社会舆情爆发时迫于压力不敢发声的群体，在社会舆情慢慢减弱时，这些寻找机会的群体会抓住各种可能的扭转舆情方向的机会，导致舆情指向再波动。

2018 年 10 月 28 日上午 10 时左右，重庆市万州区有一辆正在行驶的公交车与一辆小轿车在长江二桥相撞，随后公交车坠入江中。由于涉事小轿车的驾驶员是一名女性，且有现场图片显示，女司机当时穿的是高跟鞋。部分媒体关注的焦点开始偏移，纷纷发布涉事女司机逆行的相关新闻报道。万州警方看到后通过官方微博平安万州发表声明：“公交车与小轿车相撞的原因是公交车越过了道路中间的双黄线，撞向在正常行驶的小轿车，随后失去控制坠入江中。”后来，随着公交车“黑匣子”被打捞上岸，发现事故起因是乘客与司机发生了肢体冲突。此次事件再次暴露出大众对女司机的深刻偏见，而谣言的传播正是借力于大众的思维定式。

3. 媒体多重视角报道引领舆论

重大突发事件社会舆情发生后，有的媒体会和公众站在同一角度来看到问题，给政府或事件的始作俑者带来公众舆论的压力，此时的媒体与公众成了一个联盟。这种联盟体是一种脆弱的、易解体的组织，因为此时的媒体代表的是非官方的立场，发出的声音代表的是公众并不是政府部门①。随着公众越来越了解事情的真相，其观点也会发生变化，媒体的报道角度与披露的事实也会增加。有的媒体也会用不一样的视角参与报道来彰显自己的独特之处。公众与媒体之间开始分化，联盟体的瓦解从内部开始。政府或事件的始作俑者也会通过一系列的手段、行为等外部因素来瓦解这个联盟体，使得公众与媒体更加分散。

从重大突发事件发生的孕育阶段来看，各主体之间是不存在密切交流的。媒体是从媒体人的角度出发参与报道，公众先是了解事件的大致经过，并衍生出自我的观点

① 徐浩然：《社会注意力的资源分布与价值评估》，《南京社会科学》，2010 年第 4 期，第 47—53 页。

与看法，政府和涉事者并没有在第一时间内参与到事件的讨论中来，而是在社会舆情开始在公众间传播后再站出来发声。所以，可以认为在社会舆情的孕育、扩散的早期阶段，各主体之间的交流是有限的、不畅通的。随着社会舆情的大规模传播以及参与人数的扩大，各主体之间才开始有效的信息互换。政府介入事件，开始官方的调查研究，并召集涉事者和媒体进行信息的汇总，同时也会考虑到公众的声音。在这一系列的行为后，各主体之间的互动增多，联系密切，这种交流会使社会舆情从一个个“小团体”汇聚到一起。

在社会舆情还未大量传播的阶段，参与讨论的主体是极少的，社会舆情的构成也是单一的。随着社会舆情过渡到扩散、波动阶段时，参与讨论的主体慢慢增多，看待事件的角度也各有不同，社会舆情的构成也变得多元化。在社会舆情从单一到多元化的过程中，所有构成社会舆情的因素开始交织在一起，变成复合的状态，关系由简单变为复杂，这也会带来对于社会舆情的整理日渐困难的问题。

4. 公众情绪冷静 多种舆论共存

公众是参与社会舆情的主体，在社会舆情不断扩散的过程中，参与的主体变多，各主体之间的交流也变多了，此时观点的不同会导致舆论场中出现交锋或统一战线的情况。

在社会舆情孕育的阶段，因为公众个体的经历、兴趣不同导致每个人对事件的看法也不尽相同，此时每个个体之间就会产生对立面。例如在某一新闻报道的评论区，就会有多种角度的讨论，容易产生言语冲突。地域之间的偏见所带来的冲突是最常见的，有的人会将事件的矛头转向某个地域，产生地域攻击等。有时则是有的人阐述自己的看法，而其他人不认同，这时容易产生对骂的行为。随着事件的不断发展，公众也会因为丧失兴趣点而不再关注此事件，或是了解更多真相改变看法，抑或是觉得争论无趣而不再参与。总之，在社会舆情的中后期，参与讨论的言语相对来说是平和、没有攻击性的。

纵观大多数重大突发事件的社会舆情，可以发现因为信息披露不及时，掌握社会舆情“第一手”资料的人基本都是该事件的相关者，这些相关者包含了事件的当事人、涉事者、目击者或利益牵涉者等，当这些相关者发布事件的信息与观点后，社会舆情就产生了。若一起事件没有相关者进行梳理爆料，那么不了解真相的公众就无法得知事件的真实经过，而各类媒体、“意见领袖”也无法找到突破口，进行深入的分析。随着社会舆情的扩散，参与的主体变多，大多数“无头苍蝇”的主体会被少数带有偏向性的言论所影响，发表更多联想出来的言论，这时各类主体之间交流不畅通。在一些特定的情况下，随着事件的发展，各种与事件有直接关联的主体因为受到限制或是出于自身考虑不再成为事件的相关主体，或是不再发声，与事件相关人员的内部关系也慢慢随之瓦解，公众之间不畅通的交流成了大部分社会舆情主体关系的构成，如图 3－20 所示。

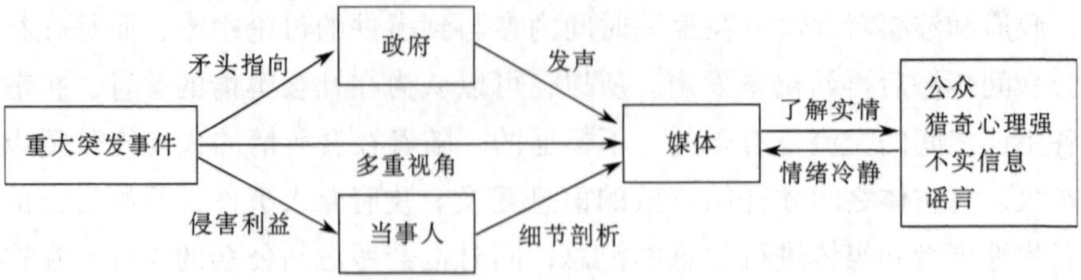

图 3-20　重大突发事件波动阶段社会舆情的传播路径

（三）社会舆情波动阶段的特征

在重大突发事件社会舆情的波动阶段，关于事件的信息慢慢浮现出来、细节不断被剖析，事件的发展得到了基本的控制，社会中也出现了新的舆论点。波动阶段是在这四个阶段中持续时间相对较长的一个阶段，社会舆情在此阶段的具体表现形式为细节不断被剖析、主题衍生和流行语出现等特点。

1. 重大突发事件细节不断被剖析

重大突发事件社会舆情波动阶段的特征之一就是细节不断被剖析，此时媒体会源源不断地向外界发布政府相关部门对此事件的调查进度和结果，“意见领袖”和公众也会根据媒体公布的结果进行交流讨论。政府、媒体会根据公众对调查结果的讨论进行总结，在以后的调查中进行更好的改进。

例如在上海染色馒头事件中，曝出馒头被染色后，超市下架了该产品。媒体持续追踪，进而发现超市竟然未对食品进行质检、超市员工被收买等问题。在各类平台上也出现了如何制作染色馒头、染色馒头制作工厂的生产视频等消息，这类信息在社会中传播，使得事件细节被剖析，推动了社会舆情的发展。

2. 重大突发事件主题的衍生

随着重大突发事件的发展，事件的主题会发生变化或者是深刻化，这些都导致了新热点的产生。事件的变化发展会带来事件主题的变化发展，讨论从事件的表面深入到了对事件的思考、对背后原因的探究。

在上海染色馒头事件中，公众讨论的主题从超市下架不合格的染色馒头转移到了相关政府监管部门的身上。媒体所报道的主题也是不断变化的，从爆料超市未进行质检到犯罪嫌疑人被司法部门拘留再到最后进行处罚，可以看出，随着事件的发展，不同的主题不断出现。公众也会根据媒体报道的主题进行加工，一些有讽刺意味和娱乐化的语句也被生产了出来。此时媒体与公众之间的交流变得密切，相互影响。

3. 重大突发事件流行语的出现

在重大突发事件的波动阶段，公众会编制流行语来表达个人对重大突发事件的看法。这些流行语通常能对事件有个简单的概括，具有趣味、简洁、搞笑等特点，易于在公众间传播交流。

在上海染色馒头事件中，就有公众发表评论讽刺说：“上海染色馒头、重庆毒血旺、广东墨汁粉条、毒奶粉、地沟油、豇豆农药超标、明矾米粉、苏丹红鸭蛋、避孕黄瓜、爆炸西瓜、牛肉膏、瘦肉精，真丰盛。”这些带有强烈讽刺意味的言论易于流传也表达了公众对此事件的愤怒。

在重大突发事件的波动阶段，不难发现很多内容大致相同的话题在不同平台被传播，俗称“刷屏”。总的来说，在重大突发事件社会舆情的波动阶段，各主体对于信息的接收速度是不同的，容易造成信息过于充盈的局面。

四、重大突发事件社会舆情演化的衰减阶段

社会是个包容性的场所，社会中的舆论在不断生成的同时也不断在消失，一些过时的、没有吸引力的事件的舆论会因为新的热点出现而被替代、消退。在当今社会，信息高度发展，替代率也变高。

（一）社会舆情演化衰减阶段的划分

重大突发事件社会舆情的衰减阶段是必须经历的一个环节。社会舆情的衰减可以从各角度来看，例如从数量的角度、传播的角度、有效的角度等。衰减阶段也有两类解释：第一类是对于现象的解释，在这个环境下的衰减在孕育阶段后随即出现，此时的社会舆情略过了扩散和波动阶段；第二类是对于阶段的解释，在这个环境下的衰减与孕育、扩散和波动阶段是同等的，是一个演变的过程，描述的是社会舆情从“无—有—无”的过程，具有热度显著性降低的特点。本文所讨论的衰减阶段是以第二类解释为基础，如图 3－21 所示。

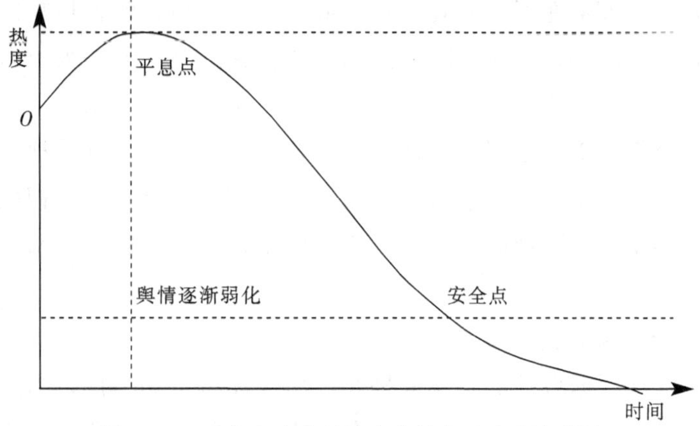

图 3-21 重大突发事件社会舆情衰减阶段演化图

（二）社会舆情演化衰减阶段的演化机理

公众在发表对于事件的看法时也会经历与事件发展相对应的阶段[①]。在社会舆情发

① 徐敬宏，等：《非常规突发事件中网络舆情的作用分析——以“邓玉娇案”为例》，《学习与实践》，2010年第7期，第78—82页。

展的过程中，随着时间的流逝，如果没有出现新的热点不断吸引公众，那么公众对事件的关注度会慢慢下降，最后消失。如果有新的重大突发事件进入公众视野，那么大多数人也会将注意力转移到新的事件①。

1. 舆情事件衍生发散降低关注

重大突发事件发生后，随着事件的推移，旧话题开始沉寂、新热点慢慢减少，参与事件扩散的媒体和公众的讨论热度也随之降低，突发事件在社会中的影响力下降，此时社会舆情进入衰减阶段。

社会舆情热度衰减原因有以下几种：第一类是事件源头的减少，当事件的信息不断被公布、细节不断被剖析，媒体和公众已经全面了解了该事件，此时事件无法再产生新的热点；第二类是事件报道的减少，当报道传播的主体，如媒体、“意见领袖”等认为该事件已没有继续报道的必要，或是公众已逐渐丧失兴趣后就不再发布相关的报道。当媒体和“意见领袖”的注意力也已经转移，该类事件的报道会更加减少；第三类是事件衍生的减少，当与事件相关联的信息或主体减少，例如政府对于事件的处置、热心公众参与调查等衍生因素已经丧失对公众的吸引力，那么最后也会不了了之。在这三类原因中，第一类事件源头的减少是社会舆情热度衰减最主要、根本的原因。

2. 媒介通道堵塞降低情绪宣泄

社会舆情要传播就会通过介质。传播通道的堵塞也有如下几个表现方面：一是媒体迫于政府部门的压力或是公众舆论的压力之下，不再发布与事件相关的信息或评论，此时的媒体会受到外部的强有力的控制。二是媒体传播通道的堵塞，例如在政府的施压之下，要求媒体对该事件沉默或者删除之前所有的报道，或者是媒体发现了新的更有热点、更有价值的事件，此时媒体就会把关注转移，放弃失去吸引力的事件。三是事件相关者停止发声，导致社会舆情无法传播。四是政府部门采取措施，将传播的渠道关闭，导致某类信息直接被屏蔽，使之无法在平台上出现。五是社会舆情传播的通道被恶意破坏，如一些娱乐化、暴力化的信息占据版面，导致舆情相关的信息无法传播出来，也有可能是一些社会舆情的生产者不愿意再用理性的态度来看待事件，输出一些激进的观点。

3. 舆论引导者位置转变为旁观者

一方面，公众会根据自身的兴趣爱好和经历关注特定的事件，当这些特定事件的信息充分披露或者是事件流传的时间较为久远失去了热点，公众就会转移视线，把注意力从该事件中移开。从另一方面来看，舆情内容曝光者的动力是公众的关注，当公众不再关注该事件，这些曝光者就失去了动力，渐渐地，就不会再发布有关于该事件的信息。

① 杨青山，李志军：《政府针对突发性事件的舆情应对策略》，《中国行政管理》，2010 年第 4 期，第 78—80 页。

媒体也会根据公众的兴趣爱好来发布信息，当媒体发现公众的注意力产生了变化，其也会失去发布信息的动力，不再参与社会舆情的生产和传播了。社会舆情的传播涉及多个个体，包括媒体、“意见领袖”、公众等，但其中的根基还是公众。若公众对某个事件失去兴趣、转移注意，那么相应地会产生一系列连锁反应，其他主体会弱化其传导的行为和方式。总而言之，社会舆情传导的动力源是公众，而公众的动力源来自自身的兴趣爱好和经历。

4. 舆情自身内容无趣、缺乏吸引

当某类事件在发生初期得到了公众的注意力，但政府相关部门或者事件的涉事者不再继续发布新的信息或是采取回避、漠视的态度，此时社会舆情就会因为没有得到反馈而变成公众的“自导自演”。这种缺少互动、对话模式的行为会降低该事件的关注度，最终丧失关注。例如当一事件中有大量可以吸引公众关注的信息点和诉求，但政府相关部门对此却采取漠视、不处理的态度，那么社会舆情就会因为政府的消极处理方式而慢慢消散。有些社会舆情指向的是较为敏感的话题，这种形式的社会舆情诉求通常无法及时得到反馈和解决，那么公众就会因没有得到回应而慢慢不再关注此事件。

在重大突发事件发生的初期，公众会因为好奇心等原因关注该事件，当公众获得了一定的信息后，好奇心就会减少从而不再关注此事件。在信息爆炸的当下，公众的注意力很难在一个事件上持续很久，甚至只会关注一些事件的第一条新闻和一些要点，对于事件的后续处理、跟踪报道通常会选择无视。“意见领袖”在事件发生后已经吸引了公众的注意力，达到了自己的目的后，也会选择不再关注该事件，此时社会舆情传播的又一主体也缺席了。随着重大突发事件社会舆情的发展，参与社会舆情的主体会慢慢减少，而主体的减少会使得舆情传播衰减甚至是消失。一般来说，社会舆情传播中最重要的主体是公众，当关注事件的公众减少了，事件自然而然也就没人讨论了。不过有些主体如媒体、“意见领袖”会有倾向地发表言论来引导公众，与其互动产生新的舆情效应，如图 3－22 所示。

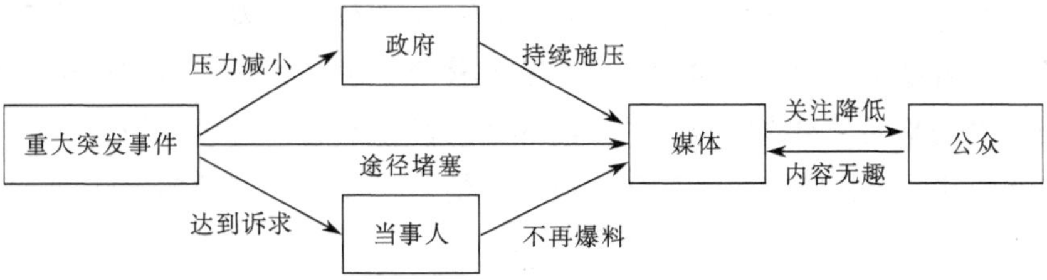

图 3-22 重大突发事件衰减阶段社会舆情的传播路径

（三）社会舆情衰减阶段的特征

重大突发事件社会舆情进入衰减阶段，表明此时整个事件已经基本解决。事件中的特定对象消失、信息数量减少、表达的通道受限、参与的主体也减少了。在社会中不再出现新的关于该事件的信息点，一些偏向性、恶搞的言论被删除，此时社会舆情的关注度迅速下滑，走入衰减阶段。

1. 重大突发事件特定对象的消失

社会舆情的产生是针对某一特定对象的，若这一特定对象消失了，那么针对该特定对象的社会舆情自然也会消失。例如社会中常会出现一些谣言，当辟谣的新闻报道或言论出现后，谣言就会不攻自破。或是当公众的诉求有了回应、事件得到解决后，这类社会舆情也会自然消失。

例如在“南京护士被打”事件中，南京市口腔医院因为床位短缺，将一名休克的男性患者安排到即将出院的女性患者所在的病房，双方沟通无果便与值班护士发生冲突。值班护士陈星羽被女性患者的家属打伤，立即送往南京鼓楼医院急救，诊断结果为脊髓震荡伴截瘫、心包积液、双侧胸腔积液、脑震荡以及全身多发性软组织挫伤。该新闻在社会上迅速扩散，有公众爆出打伤护士的女性患者家属是检察院领导。消息一经曝光，该事件的指向立刻产生了变化，各类平台上“官员伤医”“江苏南京官员打伤护士致使瘫痪”等头条新闻疯狂传播开来。为了平息社会舆论，政府紧急介入，被打伤的护士得到妥善治疗仍有康复希望，此时各种平和的相关报道纷至沓来，社会舆论逐渐平和化，各类平台上不再出现此类信息。

2. 重大突发事件信息数量的下降

社会舆情的孕育初期是没有很多信息点的，公众只能在这些局部的、碎片化的信息中加以联想和猜测，对整个事件的来龙去脉并不清晰。随着事件的不断发展，政府、媒体等主体介入，相关的报道和信息慢慢披露出来，加上“意见领袖”言论的引导作用，使得该事件某一方面或某几个方面的细节被放大，公众获得更多的信息，参与讨论的积极性不断提高。当经历过这个高潮时期后，相关的社会舆情信息量相继减少，社会中重复出现的信息失去吸引力，此时社会舆情的新鲜感下降。

例如“湘潭产妇之死”事件，湖南省湘潭市一名产妇在进行剖宫产手术时突发羊水栓塞并死亡，媒体得知事件后报道了一篇名为“湘潭产妇死在手术台，医生护士不知去向，医生称已尽全力”的文章，在社会中广为流传，引发了公众的愤怒，讨伐医生和护士的声音越来越大。政府相关部门和媒体介入调查，经过专家分析鉴定，证明产妇的死亡原因是因羊水栓塞导致的全身多器官功能衰竭，且医生护士全体失踪并非实情，该事件不构成医疗事故。公众在得知实情后，失去对事件的关注度，社会舆情进入衰减阶段。

3. 重大突发事件参与主体的减少

随着事件的不断发展以及政府的及时处理，大部分公众的兴趣点发生变化后就不再关注该事件了。在社会舆情孕育的初期，公众由于对未知事件的新鲜感和好奇心会将注意力放在该事件上，但随着时间流逝，社会中新的事件接二连三地发生，公众就会转移其注意力。大部分公众在满足自己新鲜感和好奇心后，得到政府和媒体的调查结果便不会再关注该事件，此时社会舆情迅速降温并进入衰减阶段①。

例如陕西西安凤城医院医护人员在手术室内合影事件，知情人士将该组合影上传到微博并声讨医护人员有违职业道德，随后媒体转发引爆舆论场。公众在看到该消息后，对该医院和有关医护人员产生愤怒的情绪。随后，当时在手术室内的患者白文海发表声明称："医生辛苦了那么久才保住了我的腿，不明白为什么大家要批评他们。"公众看到该解释后，讨论纷纷散去，不再关注该事件，此时社会舆情回落并慢慢消失。

第三节　重大突发事件社会舆情的典型演化机理

随着网络的普及和发展，重大突发事件的发生更容易产生社会舆论，形成社会舆情，进而对社会发展、和谐与稳定造成重大的影响。一般而言，突发事件社会舆情的形成、发展和消减构成一个完整的动态变化过程，每个发展阶段均折射出一定的演变规律，如突变效应、蝴蝶效应、长尾效应、羊群效应、雪球效应等。因此，对突发事件社会舆情开展典型演化机理研究，有利于应对主体根据典型舆情归纳出一般演化规律，从而探索出适合的应对策略，采取适当的应对措施，进而实现舆情消退、舆情平息，降低突发事件对社会的影响程度。

一、重大突发事件社会舆情演化的突变效应

重大突发事件通常会造成社会舆情的爆发和舆论数量的飙升，并呈现出"突变""跳跃"的特点。而社会舆情突变引发的后果往往是复杂多变、难以掌控的，因此正确认识、把握突变规律，对于积极处理突发事件、及时控制舆情扩散显得十分必要。

（一）突变效应理论阐释与基本原理分析

1. 突变效应的基本内涵

19 世纪末，荷兰植物学家雨果·德弗里斯建立了以"物种的突发产生"为主要内容的进化学说突变论；20 世纪 70 年代，英国数学家齐曼对突变论做了进一步的研究并提出突变理论；1972 年法国数学家雷内·托姆出版《结构稳定性和形态发生学》一书，系统地介绍了突变理论以及它在生物学等学科中的应用，从而引起了科学界的广泛关注，并且在基本粒子、物理、化学等学科中得到诸多应用。

突变理论是一种以突变现象作为描述对象的模型理论，根据拓扑学、系统稳定性等来研究和解释自然界中发生的非连续性变化，以帮助人们更好地认识和预测复杂的

---

① 朱清河，时潇锐：《社会转型期网络舆情的正向选择——从上海"钓鱼执法"事件谈起》，《当代传播》，2010 年第 4 期，第 47—49 页。

系统行为。突变理论改变了过去连续性函数的局限性，帮助人们形成新的认识方式，即使用非连续的描述认识非连续性事物。突变理论不仅可用于数学模型，在社会科学领域也得到了广泛的应用。在社会舆情中，突变效应揭示了舆情从一种状态跳跃到另一种状态的过程，是一种解释舆情非连续性变化的机理和规律。

2. 突变效应的主要特点

在突发事件社会舆情中，根据突变理论和突发事件社会舆情特征，社会舆情突变效应主要呈现出双模态性、不可达性、突跳性、分散性与滞后性的特点。

在一个系统中，突变过后可能会有两个或多个不同的状态。从目前突发事件社会舆情案例研究来看，常用尖点突变来描述其突变过程。在社会舆情中，突变形成条件产生时，可形成两种情况：一种是形成衍生突发事件。当负面舆情愈演愈烈时，可能会直接推动舆情发生跳跃性变化，进入新的非稳定状态。另一种是舆情呈现稳定或衰减状态。当突发事件发生后，如果相关主体及时处理问题，采取恰当的解决措施，则舆情将随着事件的推移趋于稳定或随其他热点事件而衰减。这和尖点突变特征一样具有双模态性。二是不可达性，突发事件社会舆情的演化主要表现为普通事件状态或衍生突发事件状态，除了这两个状态之外没有其他相对稳定的状态。三是突跳性。由于突发事件引发的社会舆情往往因为舆情事件本身就具备一定公共性、负面性和突发性，所以公众容易将关注点快速聚焦到事件上。不仅信息需求呈现指数上升，同时在短时间内可形成广泛的讨论，事件从相对稳定跳跃至非稳定状态，形成舆情突变。四是分散性，当舆论处于临界限制平衡时，一旦受到外部控制因素（如政府对事件的应对和处理，或政府针对某些信息的辟谣行为）影响，临界限制平衡就被打破，网络舆情将被扩大化，要么趋于平和，要么生成突发事件网络舆情，一般以后者为主。五是滞后性，当突发事件发生的时间、要素、强度等前兆信息相对较少时，政府应对突发事件所采取的行动或舆论引导一般表现较为滞后①。

3. 突变效应的产生机理

一个系统如果在外力因素的作用下失衡，那么系统可能进入两种状态：一是系统依靠自身内部的协调依旧保持原来的状态；二是系统不能维持原本状态发生跃迁趋向另一种新的状态，即发生突变。在突发事件社会舆情中，突变形成既受到外力因素的作用，也受到自身因素的影响。一方面，重大突发事件一般会涉及社会稳定、人民安全、国家发展等方面，影响的范围广、持续的时间长、产生的危害性大，切实对群众的人身、财产、权益方面产生明显的影响，因而容易在群众中形成广泛讨论，当到达一定临界值时，舆情就会发生突变。另一方面，舆情突变往往会受到以下外力因素的影响：一是突发事件应对不及时、不得当。突发事件一旦发生，作为事件应对方应在

① 易臣何，何振：《突发事件网络舆情的生成演化规律研究》，《湘潭大学学报（哲学社会科学版）》，2014年第2期，第74—78页。

第一时间内采取适当的措施解决问题，防止事件影响的进一步蔓延。如果应对不当，政府不仅会在舆论场中失去话题的掌控权，而且会诱发公众产生不满情绪，在短时间内使舆论沸腾、舆情扩大，增加事件舆情平息难度。如2017年云南丽江女游客被打事件，由于警方处理不及时，其微博官方号转发侮辱性文章，原本只是少部分人关注的事件，瞬时吸引了大量网民的围观和讨论，舆论由少变多，舆情由小变大，舆论场由稳定趋向新的非稳定状态，致使舆情发生突变。二是信息公开不及时、不全面。当政府机构对事件的相关信息公布不及时、有所隐瞒时，虚假信息、不实谣言等容易在信息传播过程中迅速滋生，不明真相的公众被其夸张内容吸引，进而使事件讨论度快速上升，形成舆情突变。如2015年"8·12"天津港爆炸事件，几次举办的天津新闻发布会中多次出现"直播中断""统筹混乱""'不清楚'成关键词""处置冷漠"等情况。新闻发布会不仅没有起到把控舆情发展的作用，反而增加了外界公众的质疑，增强了公众对事件的讨论，使事件舆情发展达到新的高峰①。三是网络媒体报道不全面、不客观。随着网络的发展，新媒体应运而生。由于互联网自身存在的虚拟性、隐匿性特征，以及个别新闻工作者不遵守新闻职业操守和职业道德②，致使媒体新闻报道良莠不齐。虚假、夸张、不实的新闻在传播过程中容易使公众对事件产生错误的认知，原本容易澄清、控制的情况，最终因为不实、夸张的报道，使得突发事件的公众关注度显著上升，大众舆论焦点愈加集中，舆情愈加难以控制，进而产生难以预料的后果。

（二）突变效应在社会舆情中的主要表现

1. 话题和谐度呈现突变、跳跃式的变化

突发事件的发生往往会导致话题丛生，引发社会舆情。当讨论达到一定临界点时，就会打破原有的社会话题和谐度形成突变。突发事件的发生就像一条平稳延伸的波动曲线，如果在延伸过程中突然出现跳跃或者断开就会形成曲线突变，那么这个跳跃或断开点就是这条波动曲线的突变点。在这个突变点之前，社会话题趋于零点线或者稳定在一定水平线；在突变点及之后，社会话题开始呈爆发式的增长，进而推动舆情加速演化。可以说，突变是社会话题膨胀的临界点，是社会舆情推进演化的关键触发点。一般而言，突发事件社会舆情会经历"孕育—扩散—波动—衰减"四个阶段，而社会话题和谐度则是贯穿社会舆情演化完整过程、描述社会舆情变化最为明显的要素之一，社会话题随着突发事件的发生同样经历"孕育—扩散"阶段，在短时间内由一个阶段向另一个阶段过渡时，社会话题和谐度就会呈现突变、跳跃式的变化。

2. 社会公众关注呈现快速聚焦的态势

社会舆情发生突变，既是社会话题膨胀的临界点，也是引发社会公众关注讨论的

① 人民网：《人民网舆情监测室：天津爆炸新闻发布会哪里出了问题?》，2015年8月17日。

② 人民网：《基于对新媒体时代新闻真实性维护的思考》，2018年5月17日。

聚焦点。通常来说，突发事件会涉及公共安全、公众利益、社会稳定甚至是国家安全，这类事件往往可以在短时间内将人们的关注点快速转移到突发事件上来，引发公众线上线下的讨论与关注。尤其在网络大环境下，敏感突发事件爆发后，利益相关方将在现实生活中无法满足的利益诉求和愿望借助互联网在网络社区中表达出来，以此引发网民的讨论与共鸣①；同时，网络可以将不同区域、不同职业的人聚集在一起，将零散的公众意见、看法和态度在短时间内汇聚呈现出来，形成一个大型舆论场。除此之外，来自网站、自由媒体人、网络红人的评论与炒作致使公众关注度快速上升。这些自带粉丝、流量的网站或网络红人通常为了博人眼球、换取流量而强调事件冲突，诱导其粉丝和浏览其观点的网民，并且创造突发事件讨论的多重切入点，吸引社会公众广泛参与讨论，推动舆情走向高潮。最终突发事件本身及社会公众、网络话题推动者构成一面放大镜，经事件突变，将散乱的社会公众关注点快速放大并集中到特定的点上，社会公众关注呈现出快速聚集的态势。

3. 社会舆论呈现爆发式的增长

重大突发事件的发生往往与社会公众利益息息相关，这种利益的相关性通常都能引起社会的广泛关注。从信息供需角度来看，在舆论场系统中，公众作为主要信息需求方，媒体和政府则作为主要信息供应方②。当突发事件持续发酵引发公众关注时，关注的人数越多，信息的需求量越大。面对大量的信息需求，作为信息供应方的政府与媒体提供大量与此相关的信息，不同类型、不同内容的信息涌入舆论场中形成不同的关注焦点。公众接收这些信息并通过互联网媒介反馈自己的观点与态度，进入舆论场中的这些意见和看法相互碰撞与作用，进而衍生出更多的舆论。同时，随着移动互联网的普及与发展，手机论坛、微博等基于用户关系信息分享、传播、共享的数字平台逐渐兴起，突发事件在网络意见领袖的转发与关注下，不仅受众范围变得更加宽泛，有关重大突发事件的消息传播速度也大大提升。这就意味着，互联网的加入给舆论的生成与传播提供了更多的机会。在互联网环境下，高速的信息传播、宽泛的信息受众、自由的讨论空间等使得突发事件的发生极易吸引利益相关方、围观者、意见领袖等的关注，他们各自的观点意见和所带来的舆论力量都推动着舆情的演变，其表现主要就是社会舆论呈现爆发式的增长。

（三）突变效应在社会舆情中的案例介绍——泰国普吉岛突发性沉船事件③

1. 突发事件发生始末

当地时间2018年7月5日17时45分左右，两艘共载有127名中国游客的船只“凤

---

① 肖文涛，曾煌林：《突发事件政务舆情回应：面临态势、困局与对策思路》，《中国行政管理》，2017年第12期，第111—116页。

② 曾子明，方正东：《基于熵理论的突发事件舆情演化研究》，《情报科学》，2019年第9期，第3—8页。

③ 人民网：《泰国普吉发生翻船事故，乘客多为中国游客》，2018年7月6日。

凰”号和“艾莎公主”号在普吉岛附近海域突遇特大暴风雨，船只发生倾覆并沉没。

7 月 5 日，泰方消息称两艘船上大部分游客均已获救，但尚不能确认全部获救。同日，央视新闻、《新京报》、《人民日报》等中国媒体纷纷对此事故进行了报道，引发了社会公众舆论关注，如图 3－23 所示。

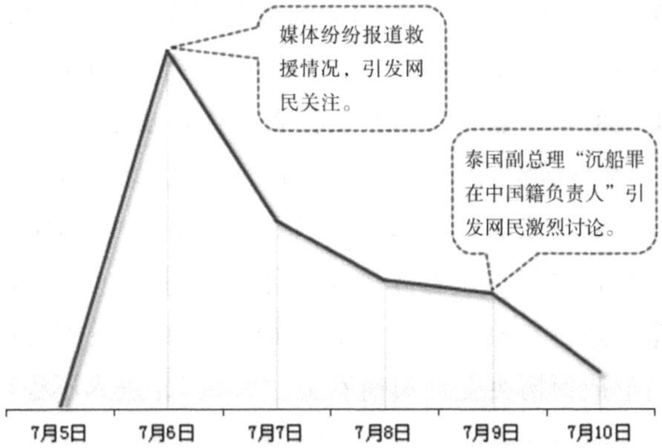

图 3－23　泰国吉普岛沉船事件舆论传播趋势

7 月 6 日泰国普吉岛旅游警察部门和中国媒体连续传来游客遇害消息，6 日 16 时，泰国普吉岛载有 127 名中国游客沉船事故进展：打捞到 26 具遇难者遗体。19 时，遇难者人数已上升至 40 人，仍有 33 人失踪。央视新闻、《人民日报》等新闻媒体与自媒体账号继续发布有关泰国普吉岛游船倾覆的消息；澎湃新闻网、凤凰网、环球网等媒体不断更新报道救援情况，习近平、李克强等国家领导人也对泰国普吉游船倾覆事故作出重要指示。

7 月 7 日 17 时泰国政府民众联络厅发布最新消息，普吉游船倾覆事故已造成 41 人遇难，尚有 15 人失踪。

7 月 8 日，普吉游船倾覆事故已造成 42 人遇难，尚有 14 人失踪。

7 月 9 日，泰国官方宣布，沉船事故初步认定由暴风雨和恶劣天气造成，“凤凰”号并未超载。

7 月 10 日 14 时，这起事故的遇难人数上升至 45 人，其中 44 人已经完成打捞。此外仍有 2 人处于失联状态。遇难者及失联者均为中国游客。

7 月 11 日 18 时，该沉船事故所造成的中国游客遇难人数定格在 47 人。

2. 突变效应具体表现

2018 年 7 月 5 日下午，泰国普吉岛两艘载有中国游客的游船遇特大暴风雨发生沉没。同日如新浪微博、“天天快报”等新闻客户端，新华网、中国新闻网、人民网等新闻网站开始推送有关泰国普吉岛游船倾覆事故相关消息，加快了信息传播速度。由于两艘游船上中国游客较多、事故较大，游船倾覆的消息一出，在短时间内引发社会话题突变，群众快速聚焦此事故，并开始对此消息进行大量转发与讨论，但由于暂无人员死亡报道，所以关注点主要集中在救援情况与人员受伤情况、祈祷中国游客平安回家等话题上，舆论处于发酵阶段，舆情进入亚稳定状态。

7 月 6 日后，国内主流媒体及相关网站继续追踪跟进报道沉船事件，主要报道内容如图 3 – 24 所示。由于事件结果由暂无人员死亡更新为遇难者人数快速攀升，而且在国家领导人、政府、自媒体、网络“意见领袖”对此事的进一步关注以及泰国媒体、“当事人”及“知情人”相继公开事件相关细节的情况下，社会舆论开始呈现飓风增长。在网络上公众讨论的主要话题中，大部分网民主要关注救援情况以及遇难人数、祈祷中国游客都能平安回家、点赞河南小伙救人事件以及批判谴责泰国副总理的回应，如图3 – 25所示。尤其在事故情况还未完全公布、相关信息还未完全掌握的情况下，群众对事故的发生原因、应急措施、援救进度等纷纷提出自己的疑问与猜想，如为何涉事船只在泰国气象厅发布恶劣天气警告的情况下擅自出海、沉船原因具体是什么、具体伤亡情况如何、船长是否有操作失误等，从而形成了复杂的舆论风暴，舆论数量突增，在到达临界值后形成舆情突变，舆情发生“跳跃”，进入不稳定状态。

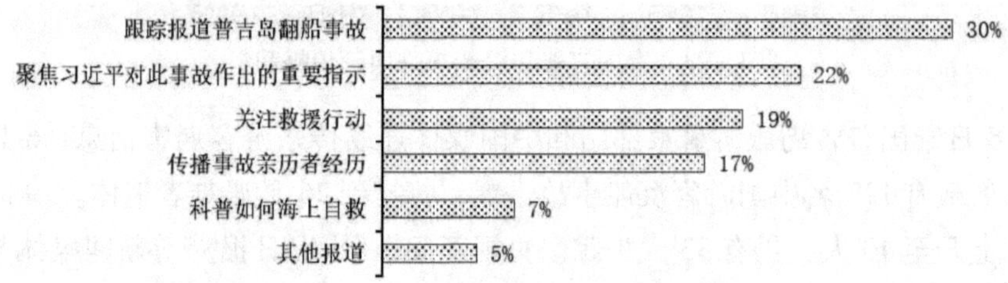

图 3 – 24　泰国吉普岛沉船事件媒体报道分析图

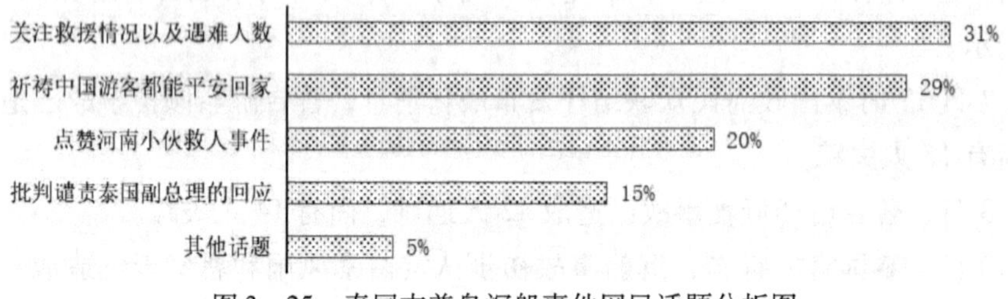

图 3 – 25　泰国吉普岛沉船事件网民话题分析图

二、重大突发事件社会舆情演化的蝴蝶效应

在新媒体时代，社会舆情发生的微小变化均可以通过网站、自媒体等对其进行转发、扩散和叠加，引发线上和线下的协同作用，最终形成舆情的几何扩大效应。一般而言，有些重大突发事件形成蝴蝶效应，会严重影响事件相关方的声誉、国家政府形象甚至是社会稳定，因而，正确认识蝴蝶效应，避免社会舆情发酵十分重要。

（一）蝴蝶效应理论阐释与基本原理分析

1. 蝴蝶效应的基本内涵

20 世纪 60 年代，美国气象学家爱德华 · 洛伦兹在一次计算中发现初始的一个小小误差使其结果差别巨大，基于这个发现，他在演讲及论文中用到“一只蝴蝶扇动翅膀，可以在美国形成一场龙卷风”的表述。之后洛伦兹提出蝴蝶效应：事物发展的结果，对初始值具有极为敏感的依赖性，即指初始条件下微小的变化能带动整个系统的长期的巨大的连锁反应。它形象地向我们展示了输入端的微小差别经过某原理和机制作用后，会在输出端形成难以预测的差异①。2009 年，匡文波在国内学界提出新媒体传播中存在蝴蝶效应的观点，认为新媒体是一个混沌系统，新媒体传播是由有序到无序，再到新的有序的循环过程，其结局具有不可预测性②。

蝴蝶效应的应用十分广泛，通常用于天气、股票市场，也可用于心理学、社会学及传播学。同时，随着因特网的发展，各类门户网站、自媒体、社交媒体的兴起和应用大大提高了信息传播的速度而减少了信息传播的成本，使得在突发事件中一个微小的消息、变化都有可能在社会舆情中形成蝴蝶效应，造成难以控制的后果。

2. 蝴蝶效应的主要特点

“南美洲蝴蝶拍拍翅膀，将使北美洲几个月后出现比狂风还厉害的龙卷风”“失之毫厘，差之千里”这些是对蝴蝶效应较为形象的描述。蝴蝶效应作为常见的自然及社会现象，其具有以下几个特点：一是对初始条件敏感。蝴蝶效应是指由于初始条件的极小偏差，将会引起结果的极大差异。随着网络普及程度的提升，近年来社会舆情尤其是网络舆情的引发条件如果涉及官员、社会道德、民生等敏感类信息，则很容易引发公众解读与讨论，并通过网络传播发酵引发大规模的舆论，进而产生一系列其他话题，影响的领域及范围明显扩大。二是结果难以预测。当社会舆情初始条件形成，随着时间的推移和事件的发展，小范围的讨论不断累积形成更大范围的舆论，从而使事件发展远离预期轨道，导致事件影响的实际结果与一般结果不一致。

3. 蝴蝶效应的产生机理

民众表达民意一般通过口头、书面形式直接向执政者表达诉求，或通过政府机构设置的专门信访部门，再或是借助各类媒体将自己的意愿、诉求和态度传达给执政者、相关部门。通常情况下，这类方式由于政府及传统新闻媒体会对民众诉求做筛选，酌情进行信息公布及报道，因而很难形成大范围的讨论。而随着网民数量逐年攀升，蝴蝶效应在社会舆情尤其是网络舆情中愈加明显。其原因主要有：第一，网络传播速度快、成本低。互联网技术的发展不仅让信息流通速度大大提升，同时可以以较低成本创造庞大的点击浏览量。在这种环境下，网络上一条微不足道的信息就有可能成为引发舆情蝴蝶效应的初始条件，形成舆论风暴。第二，网络虚拟性与隐匿性特征。在网络高速、便捷、隐匿等特色的驱使下，越来越多的公众愿意通过网络参与话题讨论、自由发表自己的观点及意见。在传播过程中，公众不再充当单一的传播节点，而是在

① 陈潭，黄金：《群体性事件的网络舆情及其传播逻辑》，《理论探讨》，2011 年第 4 期，第 140—142 页。
② 匡文波：《论新媒体传播中的“蝴蝶效应”及其对策》，《国际新闻界》，2009 年第 8 期，第 72—75 页。

转发信息的同时也会发表自己的见解。话题变得杂而多变，由此关注和讨论的人数逐渐增多，舆情也随之扩大。第三，自媒体与网络推手的放大作用。突发事件发生后，个别自媒体与网络推手为了流量、利益等，在转发相关信息的同时增加一些不切实际的猜测作为噱头，博取群众的关注，真相与谣言交织形成更加复杂的舆论场，使得事件舆情进一步扩大。

（二）蝴蝶效应在社会舆情中的主要表现

1. 引发条件呈现随机、微小、不可预测的特点

蝴蝶效应本是指在一个动力系统中，初始条件下微小的变化能带动整个系统长期的巨大的连锁反应，它形象地反映了事物发展结果对初始条件极为敏感依赖时，初始条件的极小偏差会引起结果的极大差异。社会舆情蝴蝶效应容易给人一种“世事无常”之感，舆情风暴往往出现的毫无征兆，缺乏规律可循。不少舆情案例发端于不起眼的微小事件，却以迅雷不及掩耳之势发酵起来，产生蝴蝶效应式的舆情演变，最终在全行业、全社会范围内形成舆情风暴。主要原因在于在传统媒介与互联网传播的相互加持下，由于信息的不透明、群众具有表达意见、实施监督的强烈愿望，网络言行缺乏有效的规范和调控手段以及互联网本身的便捷性、虚拟性、匿名性等特点，使得社会公众可以充分表达自己的看法，宣泄自己的情绪，传播自己或他人的观点，从而形成广泛的讨论。也就是说，即使是在微小的条件下，如一条评论、一段视频、一张照片等，都有可能引起轩然大波，引发舆论风暴，推动社会舆情演化发展。

2. 传播节点呈现由转发个体向发声个体的转变

在传统的传播媒介环境下，信息传播基本上都是单线循环模式，即“信息→媒介→意见领袖→社会大众”①，新闻媒体常作为舆论监督的把关人，将突发事件及公众意见经由指向性筛选后向社会公众传播，但单一的信息很难形成复杂、大范围的讨论。随着互联网与新媒体的出现，信息传播从电子邮箱、网站的单向信息发布模式发展为信息发布主体与接收方实时互动的模式。这一过程使传统的单一、单向信息传播链被打破，社会公众不再被动接收信息，而是通过更加多样化的途径传播信息，并从复杂的网络舆论场中分析获取更加多元化的信息，从而阐述转发自己的观点与意见；或是将更多不为人知的、与突发事件相关的细节上传至互联网，充分表达自己的想法与看法（包括理性的与非理性的）。从上述变化来看，社会个体在社会舆情演化过程中，不再是普通的接收节点，而是转变为事件的传播与发声节点。这些节点增加了舆情触发的风险点，并有可能成为海上蝴蝶，在舆论场形成舆论的

---

① 肖鲁仁：《邻避型群体性事件中网络舆情的监测与引导》，《湘潭大学学报（哲学社会科学版）》，2016 年第 1 期，第 143—148 + 153 页。

飓风。

3. 社会舆情呈现指数级的发展趋势

根据物理学中波的能量的相关原理，如果两个波传播方向相同，当两个波相交时，则振幅会根据两个波的能量进行振幅能量叠加①。同样地，在舆情演变的过程中，当民众对事件本身发表个别言论，上传相关照片、视频，传播不实谣言时，这些具有一定吸引性、敏感性或误导性的信息对事件参与者或观望者产生相似的叠加作用，就像是一个个产生涟漪的中心点，产生由中心往外扩散的振动波相互叠加增强，刺激民众加深对事件的讨论与传播，加重舆论场的混沌程度。尤其在移动互联网环境下，社交媒体、通信设备等可以让社会公众高效、便捷地阐述自己的观点，表达自己的看法。但由于个别网络言论蓄意引导、网络推手介入误导，致使网民各类情绪发生扩散和碰撞。信息流与情感流交织，理智与非理智界限模糊，复杂的舆论网络导致真假信息难辨、不实谣言四起，线上线下的影响同时加剧，蝴蝶效应影响的范围扩大，社会舆情发展呈现出指数级的飞速变化。

（三）蝴蝶效应在社会舆情中的案例介绍——翟天临学术门②

1. 事件发生始末

2019 年 1 月 10 日，翟天临前往北京大学光华管理学院博士后流动站报道。

1 月 31 日，翟天临在个人微博账号晒出博士后录用通知书。

2 月 7 日，网友转发知乎问答：为什么翟天临博士毕业了，但是却没有公开发表的论文。至此敲响了学术打假的第一钟。

2 月 8 日，翟天临因在直播互动时表示不知知网为何物，导致其博士学位真实性受到网民怀疑。

2 月 10 日，四川大学学术诚信与科学探索网将翟天临列入“学术不端案例”公示栏，标题为《翟天临博士毕业却不识知网？工作室与本尊齐回应》。

2 月 11 日，《人民日报》微信公众号转载《科技日报》微信公众号 2 月 10 日晚间刊文《翟天临遭“学术打假”，北大也被要求出来“走两步”》，紧接着河南媒体大河网、江苏媒体《扬子晚报》等纷纷加入讨论。随后北京电影学院成立调查组对“翟天临是否学术不端”展开调查，北京大学光华管理学院称将根据调查进行处理。

2 月 14 日，北京电影学院发布消息称关于“翟天临涉嫌学术不端”已进入正式调查阶段。

2 月 16 日，北京大学发布了确认翟天临存在学术不端行为的信息，并同意翟天临退出博士后流动站。

---

① 韩立新，霍江河：《“蝴蝶效应”与网络舆论生成机制》，《当代传播》，2008 年第 6 期，第 64—67 页。

② 人民网：《北大、北影公布“翟天临涉嫌学术不端”等问题调查进展》，2019 年 2 月 14 日。

2 月 19 日，北京电影学院发布翟天临存在学术不端的情况，决定撤销其博士学位。

2. 蝴蝶效应具体的表现

翟天临学术门是一个典型的经网络发酵形成蝴蝶效应，并对学术界及社会造成严重负面影响的社会舆情事件。

2 月 8 日，翟天临在网络直播间发表"不知知网为何物"的言论，短短一句话却引发轩然大波，迅速获得公众的关注，舆论呈现快速攀升趋势，成为此次蝴蝶效应的形成初始条件，如图 3 – 26 所示。随后网友曝光翟天临发表的《谈电视剧〈白鹿原〉中"白孝文"的表演创作》论文及其硕士学位论文，文字重复比均超出 30%①。此消息一出迅速引发公众的热议，讨论主题主要集中在无核心期刊论文如何拿到博士学位、文字复制比率如此之高的论文如何能通过考核与答辩、博士既要求全日制脱产为何翟天临依旧能拍戏工作等话题上。随着新闻媒体对该事件的跟进报道、教育部的重视与进一步指示、其他意见领袖对此事件的关注，以及部分社会公众不再作为单一的传声筒，而是继续上传深扒翟天临学术造假的佐证，或是揭露身边存在的学术不端现象，将以翟天临学术造假为主要例子的学术乱象一一浮现在社会公众面前，社会舆情逐渐走向高潮。然而这类信息很难证明其真假，也就是说网络所谓的"曝光"可能是对真相的揭示，也可能只是一种猜测，甚至可能是恶意造谣。而正是这些半真半假的消息，将舆情影响范围继续扩大，事件牵扯到了还在就读的学生，甚至是已经完成本科或研究生学业的人。

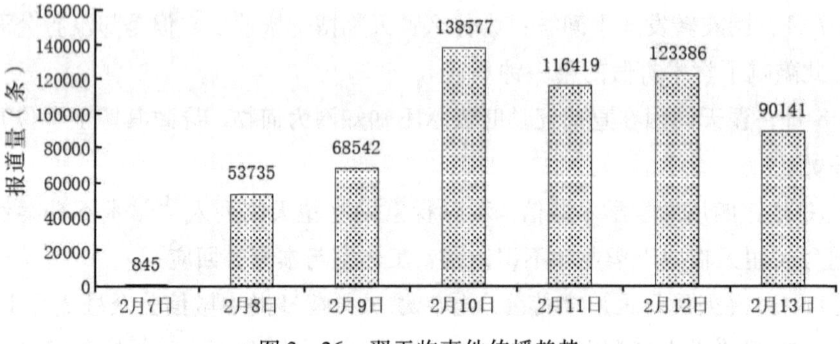

图 3 – 26　翟天临事件传播趋势

三、重大突发事件社会舆情演化的长尾效应

长尾效应随着网络的发展应运而生，社会舆情也在互联网、新媒体的影响下持续对社会产生影响，公众参与事件讨论周期拉长，呈现出明显的舆情长尾。舆情长尾容易造成舆情了而未了、舆情风险点增多，而这些对于政府监控舆情来说是一场持久战。

① 人民网：《被指论文抄袭 翟天临"博士"人设崩塌?》，2019 年 2 月 11 日。

（一）长尾效应理论阐释与基本原理分析

1. 长尾效应的基本内涵

2004 年美国《连线》杂志主编克里斯·安德森首次提出长尾效应，并用于网站的经济和商业模式。长尾效应指出，只要流通和存储量足够大，市场中看似需求量不大的产品也可以因为低销量、长需求，导致累积起来的总收益超过主流产品的收益。其本质在于对于周期长的尾部的关注度应当多于头部。

在社会舆情研究方面，长尾效应的表述发生了一定变化，但其本质并没有发生改变。社会舆情长尾效应重点强调政府、机构、组织、企业等不仅要对事件孕育、扩散、爆发给予重视，同时对于舆情可能产生的尾巴也要进行预测、监控，防止舆情了而未了，达到真正将舆情平息的效果。

2. 长尾效应的主要特点

长尾效应是在网络时代兴起的一种新理论，它与二八理论存在相似，但关注的重点却不同。二八理论强调关键问题，长尾效应则注重正态曲线尾部，其主要具有以下特点：一是强调长尾潜在的舆情风险。由于成本和效率的因素，过去人们只能关注重要的人或事物，即人们只关注曲线的“头部”主体部分，而忽略曲线长长的“尾部”。舆情治理中政府部门同样出现只关注舆情爆发而忽略舆情长尾的现象。舆情长尾虽然达不到舆情扩散时的社会影响，但仍会因为少部分人关注而存在诸多舆情风险点，如事件反转、谣言等，进而产生新的舆论高潮或者次生舆情。二是强调长尾潜在的信任危机。在网络环境中，由于关注的成本大大降低，人们有可能以很低的成本关注曲线的“尾部”，且关注“尾部”产生的总体效益甚至会超过“头部”。同样地，在社会舆情中，公众参与事件讨论的途径越来越多、越来越便利，因而舆情消减后更容易进入长尾阶段。如果舆情长尾未得到重视，舆情风险点发生突变，产生新的舆论场，有可能会对原事件处理方造成信任危机，影响政府机构权威性，进而造成难以预计的后果。

3. 长尾效应的产生机理

在网络环境下，突发事件结束后形成舆情长尾屡见不鲜，究其原因主要为：一是事件处理不当。如在河北石家庄聂树斌案中，处理结果具有一定不合理性，致使案件疑点重重，引发公众激烈讨论，进而使舆情周期拉长，对司法机关形象造成严重负面影响。二是公众预期结果未达到。公众长久关注事件不仅期待的是真相的公开与事实的陈述，更是为了解答心中的疑惑。当事件结果不能满足公众的心理期待与好奇心时，部分公众会选择继续关注相关报道、整理相关资料，就事件矛盾点提出自己的质疑。这些疑问受到其他公众的关注和讨论，使得舆情出现“死灰复燃”的趋势，从而形成舆情长尾。三是网络经济吸引力大。通过网络创造收益现已成为一种趋势，利益的巨大诱惑驱使网络自媒体及网络“大 V”通过深挖、编造、夸张等方式打造各类极具吸引力的内容。而随着网络的高速传播，公众在不明真相的情况下容易受到误导，增加事件的关注度，进而拉长事件社会舆情周期。

（二）长尾效应在社会舆情中的主要表现

1. 舆情影响呈现持续时间长的特点

重大突发事件的发生通常容易聚焦社会公众的关注，引发社会舆情。尤其在大数据环境下，一旦发生，随着网络的快速传播使得公众的关注快速聚焦、讨论的范围迅速扩散。如果事件处理过程中缺少公开、透明的信息和快速、有效的调控，社会公众舆论将呈现出复杂多样的特点。即使事件已经解决，也会因为公众兴趣或利益诉求导致对这起事件的关注并未完全终止，同时还会因为公众信息诉求等原因，滋生一系列谣言，再次引发小波动式的舆情高峰，社会舆情的影响力呈现持续时间长、了而未了的特点。

2. 舆情长尾呈现小高峰式波动的规律

社会舆情出现小高峰式波动主要有两点原因：一是当一件突发事件引发社会舆情时，网民不仅充当转发节点，同样也是发声节点。事件解决以后，社会公众会对该事件的关注度有所下降，但是对于此类事件的关注度却不会戛然而止。类似的事件往往一爆再爆，相同的事件还会一一浮现，呈现出较大规模的影响性。二是社会舆情高潮过后，事件将会告一段落，但如果突发事件处置不当致使处理的结果没有达到社会公众的预想，或者没有满足公众的预测，那么公众就会在很长一段时间内还关注此事。而一些别有用心之人可能会因为有利可图而继续深扒此事，找出关于此事的更多细节或者造谣有关事件的内容，继续吸引一些公众的注意，营造舆情长尾部分的小高潮。

3. 舆情风险点呈现多、广、杂的特点

在社会舆情长尾效应中，舆情影响和舆论数量并不会因为事件的解决而结束，反而可能在自身的利益没有得到有效维护、公众心理期待没有得到很好的满足时，舆论传播的参与者会根据自身兴趣结合已公开的事实，对事件的某一细节或某一领域展开持续不断地追问，延长舆情周期。在这个过程中，舆论传播参与者来自各行各业，既有普通白领也有各类专业技术人士或者法律专家，其整体辨识力和洞察力不容低估。这些群体会从他们的专业角度对突发事件进行解读，如果发现事件发展前后出现了矛盾的地方，这些矛盾点经过分析则有可能为“长尾效应”增加新的“槽点”，使舆情周期显著拉长，舆情风险点也会因为多领域的讨论变得杂而广，数量也明显增多，使得舆情了而未了。

（三）长尾效应在社会舆情中的案例介绍——河北石家庄聂树斌案[①]

1. 事件发生始末

1994 年，河北省石家庄发生女工奸杀案，聂树斌被警方抓获。

1995 年 3 月 15 日，石家庄市中级人民法院一审判处聂树斌死刑；4 月 25 日，河北省高级人民法院二审以故意杀人罪判处聂树斌死刑，随后被执行。

2005 年，王书金承认自己为“聂树斌案”的真凶。

2013 年 9 月 27 日，河北省高院二审宣判，王书金为石家庄奸杀案嫌疑人证据不足，维持原判。

2014 年 12 月 4 日，最高人民法院指令山东省高级人民法院对聂树斌案进行复查。

2015 年 4 月 28 日，山东高院召开聂树斌案听证会。

2016 年 6 月 6 日，最高法院进行重新审判。12 月 2 日，最高人民法院宣告撤销原判，改判聂树斌无罪。

2. 长尾效应具体表现

在聂树斌案整个审理过程中，从 1995 年初步一审到 2016 年最终昭雪历时长达 21 年，在案件发生前期有普通群众、律师、法学家就对该案疑点有众多探讨；自王书金案 2005 年曝疑似“一案两凶”后，随着新媒体的发展与兴起，有关案件重审的相关舆论在互联网环境下快速传播；2013 年河北高院对案件进行二次重审，2015 年 6 月、9 月和 12 月，聂树斌案复查期限先后延期 3 个月。2016 年 2 月，山东高院决定再次延长复查期限 3 个月。在此过程中案件的每一次审理与转折都引发公众的关注与讨论，案件的影响力并没有随着时间的流逝消失，反而像是一条长长的尾巴，将跨越世纪的案件最终沉冤得雪。

在聂树斌案的舆情长尾中，案件经历了转折与再转折：2005 年王书金落网并承认杀害康某，凶手的落网和供述使得群众重新开始关注该案情；但随着聂树斌案被告方向人民法院提请上诉，结果却为驳回上诉、维持原判引发社会激烈讨论。并且对于该案件众多细节，如王书金已当庭自首且口供与案卷记录细节大体相符、被告方向最高人民法院提请上诉却被移交河北高院继续审理等，大部分公众表示难以理解且议论纷纷。这些舆论观点不仅包括公众对案件不为人知的部分进行的个人猜测，同时还包括怀着不当目的的部分群体散发的谣言，舆论不仅对案情、判决结果提出了质疑，也对司法公正提出了质疑。2016 年，聂树斌案再次重审，央视对聂树斌案审判改判无罪进行直播，“澎湃新闻”等微博账号开始关注聂树斌案或被平反一事，环球网、中华网等媒体也对此事件进行报道，之后该审判结果经最高人民法院官微公布，引发网民热议。澎湃新闻、《人民日报》等媒体就此事件深度评论并进行跟踪报道，头条新闻、《新京

① 新京报：《最高人民法院再审改判聂树斌无罪》，2016 年 12 月 2 日。

报》等官微相继转发，网民持续热议，在该案舆情长尾中形成一次次舆论小高潮，如图3－27 所示。

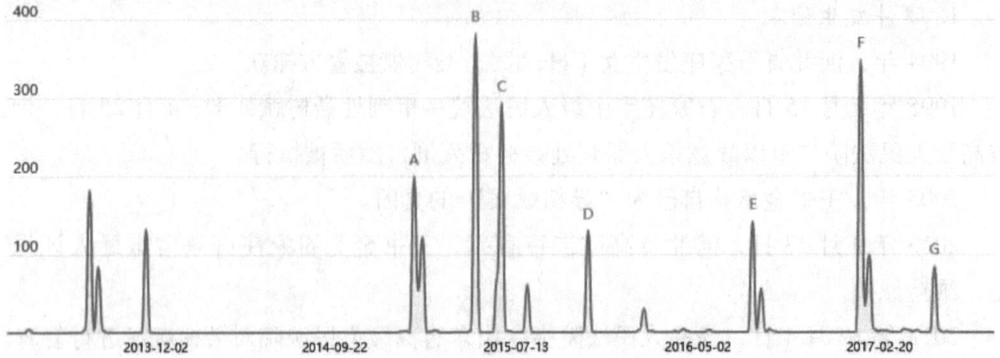

图 3－27　聂树斌案舆情长尾中传播趋势

虽然聂树斌被判无罪，但是案件舆情却远远没有结束，对于为什么聂树斌会成为犯罪嫌疑人、为何上诉维持原判、为何真凶迟迟未确认等案件疑问仍是公众继续关注聂树斌案的主要原因，而群众的猜测、危言耸听的谣言、对政府的不当言论等都有可能成为舆情的风险点，从而增加官方监控舆情难度。

四、重大突发事件社会舆情演化的羊群效应

面对交错复杂的信息流，公众在做信息决策时，为了追求效益最大化、拒绝群体孤独与恐惧，就可能表现出共同的行为和意识，从而形成了一种群体效应：羊群效应。在突发事件社会舆情中，负面舆论随着羊群范围扩大，信息量极速扩张，对于政府权威、社会稳定、经济发展等可能会造成重大影响，因此，认识把控羊群效应、积极发挥意见领袖作用十分重要。

（一）羊群效应理论阐释与基本原理分析

1. 羊群效应的提出与发展

羊群效应，又称“从众行为”，是指当个体受到群体或他人信息影响而忽略个体信息，从而使个体的行为、生理、形态等发生变化的现象。羊群效应形成过程中容易受到示范者或意见领袖的影响，从而跟随大多数人的认知或行为，与传播学中的“沉默的螺旋”效应近似。

羊群效应作为一种群体行为其应用十分广泛，如在金融市场中，研究发现基金经理、共同基金、金融分析师之间就存在羊群效应，并与资产收益厚尾特性存在相关性①。在社会舆情中，公众面对庞大的信息流很难辨别真伪，因而对任何事情都不可能

① 朱少醒，吴冲锋，张则斌：《基于随机图论的股市“羊群效应”模型》，《系统工程理论方法应用》，2000 年第 1 期，第 11—16 页。

了解得一清二楚，对于那些不太了解、没把握的事情，往往“随大流”，从而形成舆情中的羊群效应。

2. 羊群效应的主要特点

事物具有两面性，羊群效应无论从积极意义、还是消极层面上说主要具有以下几个特征：一是一致性。突发事件社会舆情演化过程中，由于事件相关信息来源多样、真假难辨，导致形成的社会舆论也多种多样。当公众追随、传播某一舆论观点时，就有可能形成舆论羊群，并且在该羊群中成员观点意见趋于一致，同时基本保持一致的思想和行动。二是突增性。在羊群效应的产生过程中，当某一舆论观点成为主流观点时，公众会因为群体压力等种种原因追随“大流”，致使羊群中出现人数激增现象，某一时期的人数到达率会是其全程平均到达率的数倍以上。三是同质连续性。在舆情场的信息羊群中，很容易受到周围人的影响，从而使得自己的决策行为出现与周围人一致的情况，从而出现决策行为同质连续性特征①。

3. 羊群效应的产生机理

在社会舆情中形成羊群效应主要由于公众常存在以下几种心理现象：一是个体对于群体的智慧深信不疑，个体更愿意通过分析他人的行为来判断大众的选择。在社会舆情中，舆论场中的信息往往是复杂繁多、真假难辨的，公众在真相未显露之前很难做出判断。当一个信息或者观点得到大部分人的信任和追随时，公众可能迫于群体压力或者相信集体智慧，进而也加入这个羊群之中。二是公众为了追求更低的决策成本，也就是说用最少的精力获得最高的效益。社会舆情中信息来源多且广，公众相比于自己做决策更倾向于依赖他人已做的决策，根据他人对这些信息依次进行决策后产生的信息流进行决策往往可以将效用最大化。三是社会中个体害怕孤独感与恐惧感。在社会舆情中，当一个个体与其所属群体或周围环境观点产生背离时，社会会使背离群体的人产生孤独感，个体出于对孤独的恐惧不再保留自己的意见，转而跟随主流舆论。

（二）羊群效应在社会舆情中的主要表现

1. 社会舆论观点呈现多样化转向极端一致化的趋势

突发事件社会舆情开始阶段，在无权威信息公布之前，由于信息不对称，社会公众无法掌握事件全部信息，只能依靠一些细枝末节对事件进行揣测、各抒己见，从而呈现出舆论观点多样化的现象。而随着事件的发展和时间的推移，新闻媒体、政府机构发布更多权威信息，同时互联网自媒体、网络“大 V”、事件相关人等披露更多事件细节，社会公众开始参与其中，纷纷对事件表达自己的看法。大量信息的涌入，在短

① 古斯塔夫·勒庞著，戴光年译：《乌合之众——大众心理研究（第二版）》，新世界出版社 2011 年版，第 10—11 页。

时间内公众很难对其进行独立的理性判断，最普遍的做法就是跟从大多数人的意见；同时当个人持有不同意见时，由于与所属团体或者周围环境不符，个人就会因为孤独感或者恐惧感而放弃自己的意见，保持沉默甚至转变支持的观点，使得各类观点开始收敛，形成一个个舆论羊群，最终达到极端一致化。

2. 社会公众呈现跟风传播符合自身价值体系信息的行为特点

在传统传播媒介环境中，新闻媒体常对社会舆情起到把控作用，但传统的传播媒介具有极强的主观性与政治取向，容易对事件真实发展和民意诉求产生误判和理解偏颇。当互联网为突发事件舆情传播提供新途径时，真假信息掺杂，传统新闻媒体的权威性受到挑战，此时传统媒介对社会舆情的把控作用弱化。面对大量涌入的信息，社会公众由于无法掌握全部的信息，很难对其进行正确判断，在无法获得真实情况之前，社会公众在自身掌握一定信息的情况下选择具有合理性、符合自身价值体系或者是符合心理期待的舆论观点进行评论、传播。在信息不对称及未完全掌握所有信息的情况下，社会公众跟随信息羊群时是根据自身价值观进行判断，而非盲目跟从。

3. 意见领袖具有引领信息羊群、引导社会舆论的功能

在舆情尚未形成大规模舆论之前，社会公众在许多不确定因素和信息的影响下，很难进行独立的理性判断。通常情况下，个体行为模式容易受到他人的影响，尤其是意见领袖的影响。一般而言，意见领袖能够引领信息羊群、引导社会舆论主要有以下几个原因：一是意见领袖具有一定影响力。意见领袖群体往往由政府机构、社会组织等组成，这类账号具有权威性和一定流量。当意见领袖对事件发布相关观点时，由于公众相信其权威、认可其观点，从而形成一呼百应的效果，引导公众舆论。二是发布的内容符合公众心理期待。主流舆论未形成之前，杂而乱的信息较多、个人信息拥有不对等导致话题丛生。当意见领袖传播的观点符合公众的价值观、满足公众的心理期待时，易使公众对此观点进行再讨论，从而形成舆论羊群。

（三）羊群效应在社会舆情中的案例介绍——“10·10”无锡高架桥侧翻事故①

1. 事件发生的始末

2019 年 10 月 10 日 18 时许，江苏无锡锡港路上方 312 国道发生桥面侧翻事故。

10 月 10 日 19 时许，微博上开始出现对桥梁工程质量的质疑以及“豆腐渣工程”的猜测。

10 月 10 日 21 时 50 分许，交通发布微博发文称高架桥坍塌原因可能为货车超载所致。

10 月 11 日 5 时许，无锡市成立事故调查组，经初步分析桥面侧翻确为运输车辆超

① 人民网：《无锡高架桥面侧翻事故舆情聚焦与应对分析》，2019 年 10 月 12 日。

载所致。随后微博账号无锡发布通报事故共造成3人死亡，2人受伤。

10月12日，无锡市委宣传部宣布调查已全面展开，多人已被采取强制措施。

2. 羊群效应具体的表现

“10·10”无锡高架桥侧翻事故产生的社会舆情中，社会舆论经历了三个阶段：第一阶段，舆论传播与羊群跟随阶段。10月10日18时10分无锡高架桥发生了坍塌事故，截至10月11日10时，事故消息传播次数网媒3526篇次、报刊66篇次、App 16078篇次、论坛4152篇次、博客30篇次、微信3559篇次，微博消息超过了60万条①。事故消息一出立马引发了全社会的关心与关注，根据网络热词图，如图3－29所示，本事件中，曝光量较多的热词包括无锡、高架桥坍塌、事故、伤亡、侧翻、超载、江苏、车辆、救援等，反映出舆论对本次事件的关注重点。同时社会公众的讨论重点多集中于救援、平安等话题上并通过转载等方式传播舆论观点，社会公众舆论趋于一致性。第二阶段，舆论突变阶段。10号晚间，有网友开始对事故发生原因进行多重猜测，并在网上提出“高架桥可能为豆腐渣工程”“高架桥大限将至”等观点。这类观点未被官方证实但在短时间内对事故发生具备一定合理性解释，致使在事实真相并未披露时得到部分公众的赞同，并且在这类观点下方跟风评论与转发。也有部分网友呼吁大家理智对待，同样也得到了部分公众的赞同。在真相未查清、官方未证实、信息错综复杂的环境中，舆论开始发生变化，并且聚合公众形成较小的舆论羊群。第三阶段，舆论收敛和羊群划分阶段。随着政府机构的介入调查，更多细节浮出水面：无锡市人民政府新闻办公室官方微博正式发出了情况通报，上跨桥侧翻系运输车辆超载所致。随后新华网等网站发表评论、《人民日报》等新媒体账号转发事故原因、网络“大V”等各自向公众传播事件真相，破除谣言，他们在此次舆情中充当意见领袖，带领舆论慢慢走向几个集合，形成一个个信息羊群。

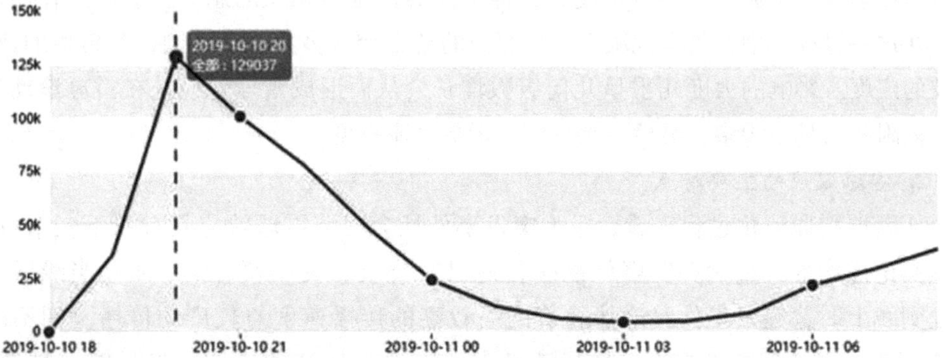

图3－28 无锡高架桥侧翻事故传播趋势

① 新浪网：《无锡高架桥侧翻：官方回应舆情能打几分?》，2019年10月11日。

图 3－29　无锡高架桥侧翻事故网络热词图

五、重大突发事件社会舆情演化的雪球效应

随着网络的普及，突发事件社会舆论快速发酵，刺激舆情雪球不断增大。因而，我们应当正确认识新媒体时代的“舆情雪球”效应，了解网络舆情与舆论之间相互转换的规律，掌握应对网络舆情和维护社会和谐稳定的主动权。

（一）雪球效应理论阐释与基本原理分析

1. 雪球效应的基本内涵

雪球效应，经济学上也称为“报酬递增率”，指的是一大一小两个雪球，大雪球占据优势越滚越大，小雪球不具优势则相对较小，最后两个雪球体积相差越来越大。与马太效应强者愈强、富者愈富存在一定相似性。

在社会舆情中，雪球效应指的是某种舆情一旦获得了最初的影响力或话语权，雪球就会越滚越大，优势会越来越明显。在社会上各种话题开始是随机形成的，一旦话题事关社会公共事务或者热点话题，各种不同的甚至是相反的意见就会相互作用、碰撞。在这一过程之中，具有说服力、号召力的意见会被多数公众认同，其传播的速度、波及的广度及影响的力度几乎呈几何级数增长，从而形成雪球效应。在雪球滚动过程中，依附的人越来越多，最后一呼百应，形成主流意见。

2. 雪球效应的主要特点

从舆情雪球演化过程来看，重大突发事件社会舆情雪球效应具有以下三个特点：一是舆论递增性。重大突发事件往往容易引发公众的关注和讨论，尤其当线下讨论蔓延到线上时，突发事件舆论伴随着网络较高的传播速度与较广的传播范围不断聚合、扩散，数量会如同雪球一样越滚越大，实现几何式的递增。二是舆情扩散性。在舆情雪球中，当政府、媒体、公众等不断参与到突发事件舆情场中时，可能出于政府的不当管理、媒体的恶意传播以及公众的不断爆料等多重原因，致使事件愈演愈烈，舆情加速扩散。三是影响广泛性。从传播途径看，突发事件舆情可以借助多种媒介工具尤其是网络媒介进行传播，从而实现线下线上协同作用，影响范围明显扩大。从传播范围看，突发事件舆论常常由点及面，信息受众由小范围向大范围扩散，讨论话题由地方性上升至国家性。从传播走向看，舆情话题一般由小及大、由窄及广，从事件本身所涉及的领域向其他领域蔓延，进而使得公众对特例的关注变为对更深层次的讨论。

3. 雪球效应的产生机理

当某一观点得到公众的普遍认可时后续依附的言论会越来越多，就像一个雪球随着附和者数量的增加会越滚越大，舆情也随之扩大。舆情雪球的产生源头主要体现在四个方面，其一是事件造成的危害较大或者事件本身的话题敏感。当突发事件对公众人身安全、财产安全造成威胁，对社会产生较大危害时，公众会因为切身利益、安全等诉求热切关注事件发展。并且随着事件影响范围的扩大，公众负面态度、情绪等方面趋于一致，在网络环境下产生情感、观念共振，进而形成极化现象使得舆情影响更加广泛。当突发事件话题较为敏感时，如涉官涉腐类事件，官员言行不当、滥用权力、以权谋私等违法乱纪现象极易引发公众的关注，在短时间内迅速演化为突发危机事件，公众多产生负面情绪，基于消极情绪传染机制下，突发事件舆论数量会越来越多，进而使舆情进一步扩散，使舆情热度持续上升。其二是涉事部门处理不当或者消极处理。突发事件危机从产生到爆发所需的时间往往是短暂的，当政府部门对于突发事件迟迟不做回应或做出不当言行，抱着侥幸心理企图蒙混过关时，公众会因不满处理过程而质疑处理结果公正性，甚至形成政府部门信任危机。在这种情况下，公众为了了解事件真相、满足其猎奇心理，多方挖掘、获取或真或假的信息，根据所得信息与既有事实的相符性或矛盾性产生新一波舆论高潮，使得事件舆情更加泛化、复杂化甚至衍生出次生舆情，加重舆情影响。其三是媒介报道不实或者恶意诱导。突发事件舆情具有一定的时效性，大多情况下，随着时间的推移，公众对事件舆情的关注度也随之减少。而部分新闻媒体为了在短时间内获取公众关注从而谋取不法利益，不惜对事件进行不实报道、营造噱头，甚至是采用极端消极的观点恶意诱导公众，以此吸引公众的大量阅读，将事件过度渲染放大，进而产生负面舆论，使事件舆情更加复杂，讨论更加广泛。第四是不法分子推波助澜。网络推手、流量“大V”这类账号自身带有一定流量，在网络舆论场具有一定的话语权和影响力，其发布、传播的信息会引来数量众多的公众关注该事件，不明真相的公众对事件转发后形成再传播，进一步刺激公众多方位、多视角关注该负面信息的意愿，形成显著的“雪球效应”。

（二）雪球效应在社会舆情中的主要表现

1. 舆情与舆论呈现相互促进转换的规律

社会舆情的雪球效应是社会舆情与社会舆论相互刺激转换的直接结果，其本质是社会公众民意诉求的强化。所谓舆情，简而言之就是民众的社会政治态度，包括公开与不公开的民众意见；舆论则是指社会整体知觉和集合意识、具有权威的多数人的共同意见，强调基于媒介转载的公开意见①。突发事件发生后，由于信息未及时公开、民众利益和诉求未得到解决等原因，极容易引发社会舆情。随着网络普及与发展，由于互联网具有传播距离短、传播速度快、便利性、匿名性等特点，线下舆论迅速以"事实+评论"的形式转化为网络舆论。同时，此类信息在新媒体的转发、评论与关注下，舆情开始扩大化，民众接受更多的消息推送并刺激转化为网络舆论，网络舆论进而加强民众利益诉求和递增民众情绪，民众社会政治态度强化，从而刺激社会舆情发展，就像一颗雪球，在舆情与舆论的相互刺激转换下，越滚越大。

2. 民意诉求信息传播呈现快、广、杂的特点②

随着舆情雪球的增大，社会公众民意诉求随之加强，民意诉求信息传播也呈现出快、广、杂的特点。首先，"快"是指民意诉求信息传播速度快。随着互联网和新媒体的发展，信息的传播速度大大提升，同时互联网将公众按照信息社群、主题等聚集起来，使得信息传播的距离大大缩短。其次，"广"是指信息影响公众范围广。民意诉求信息往往是公众意志的集合，随着舆情雪球越滚越大，这类信息得到不同地区公众的反应并参与其中讨论，民意诉求也越来越强烈。"杂"是指公众对民意诉求信息做出的各类反应十分复杂。群众反映的民意包罗万象，诉求的信息有合理的、有不合理的，而社会公众对此的态度莫衷一是，可能是对合理的民意诉求表示赞同，可能是对不合理的民意诉求表示质疑。大量的信息交杂，孰是孰非很难判定，还有可能由赞同转向质疑，形成"混乱"的局面。

3. 媒介推动社会舆情呈现爆发式的增长

在传统传播媒介环境下，重大突发事件及民众诉求主要通过新闻媒体来传达，新闻媒体则充当过滤网，对社会公众言论有较大的引导与控制权，难以形成大规模的讨论与多样化的舆论。随着网络与新媒体的产生和发展，舆论引导人从传统媒介扩展到网络自媒体、网络红人等范围，由于缺乏网络监督相关条例，互联网言论越来越自由，自媒体等发布的一些敏感信息就有可能引发民众大量讨论；同时部分网络媒体为了各种各样的目的，有意识地将目标事件放大、对不明真相的群众加以引导，对公众情绪进行非理性刺激，形成多种社会舆论，推动社会舆情发酵，舆情雪球不断发展、扩散，越滚越大，最终形成爆发式的增长。

（三）雪球效应在社会舆情中的案例介绍——常州"毒地"事件③

1. 事件发生始末

2015 年 9 月，常州外国语学校搬入新校区。

---

① 杨绍辉：《舆情概论》，东北大学出版社 2014 年版，第 14—17 页。

② 王来华：《策论"舆情雪球"效应》，《中国社会科学报》，2013 年 2 月 18 日，第 B01 版。

③ 人民网：《追踪常州"毒地"事件，寻找背后真相》，2016 年 1 月 4 日。

2015 年 12 月，学生家长闻到学校周边有刺激性气味，查到附近土地曾是农药厂、化工厂原址，并且有不少学生出现多种不适症状。

2016 年 1 月 4 日，新华网开始对外国语学校“毒地”进行报道。

1 月 12 日，常州政府发布消息称学校附近空气质量均符合国家标准。

3 月 21 日，常州市环保部门对常州外国语学校周边环境开展巡测，并表示周边环境无异味。

4 月 17 日，央视新闻开始报道常州外国语学校新北校区未批先建，地下水、空气均检出污染物，其中氯、苯超标 94799 倍和 78899 倍。

4 月 18 日，常州市委、市政府成立联合调查工作组，并承诺将向社会及时公开调查结果。

4 月 29 日，原使用地址的三家公司被判承担修复污染的土壤及地下水费用，并向公众赔礼道歉。

2. 雪球效应具体表现

常州“毒地”事件舆情雪球，在演化过程中主要体现出两个特点：一是舆情舆论相互转换。从闻到刺鼻性气味、得知土壤修复消息，家长质疑声、投诉不断；随后当地媒体、新华网等媒体网站均对此进行报道，事情仍未得到妥善解决；2016 年 4 月，央视新闻曝光学校未批先建、修复地环境污染等一系列问题，至此社会舆论达到顶峰（如图 3－30 所示），进而促进有关部门对此的重视及改进，推动舆情发展。整个过程从家长及常州“毒地”附近民众形成小范围舆情，到经过媒体报道扩大为全社会关注的舆论事件，进而推动常州及全社会对此的舆情关注，呈现出舆情与舆论相互转化、雪球越滚越大的态势。二是意见领袖推动社会舆情。常州“毒地”被当地媒体报道后，新北区环保局（现区生态环境局）、市环保局（现生态环境局）、新北区政府均表示学校空气质量指标均符合国家标准，同时据市卫生计生委（现卫生健康委员会）统计，286 名去医院就诊学生中，绝大多数学生检查指标正常，个别学生检查结果显示有甲状腺结节和血液白细胞计数偏低于正常值等情况，但发生概率与一般青少年发生率无明

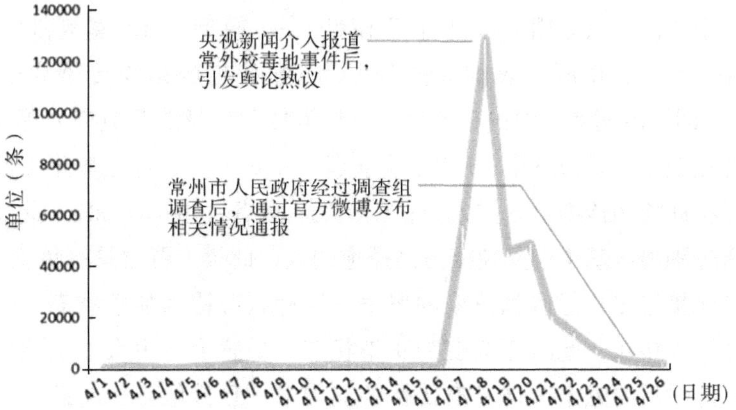

图 3－30　常州“毒地”事件舆论传播趋势

显差异。面对经由媒体报道的实际情况，舆情没有减缓反而愈演愈烈。4 月“毒地”经央视曝光后，加剧了舆论发酵，全社会都对此高度重视，而巨大的舆论压力也促使常州政府再次高度重视“毒地”事件，寻求解决方案，从中深刻吸取事件教训。新闻机构在此事件中作为意见领袖，全力报道揭露常州“毒地”事件，推动舆论发酵，推动舆情雪球越滚越大，使人民利益真正得到重视，常州“毒地”事件真正得到有效解决。

第四节　重大突发事件社会舆情演化模型构建及仿真

重大突发事件社会舆情传播与防控近年来成为党和政府关注的焦点，也是众多学者研究的一大热点、难点。重大突发事件社会舆情伴随网络效应的传播不断发展与壮大，使政府应对社会舆情的综合治理面临着巨大挑战。基于社会舆情的传播规律，本研究利用 SIS 传染病模型中的动力学原理，综合考虑社会环境和各种影响因素，构建重大突发事件社会舆情传染演化的模型，利用 MATLAB 中的 ODE45 算法对已经建立的模型方程求解和数值仿真分析。仿真结果表明，在促进函数和抑制函数的作用下，重大突发事件社会舆情的参与者与未参与者可以相互转换；根据重大突发事件爆发前、爆发时、爆发后三阶段模型的仿真研究结果，认为在社会舆情的传播过程中存在阈值，阈值的取值范围决定重大突发事件社会舆情的消亡与否；政府及相关职能部门可以参照阈值采取不同的管控措施，有效控制重大突发事件社会舆情的传播演化。

一、重大突发事件社会舆情演化模型构建分析

国内外关于传染病模型的研究由来已久，不止单纯地将传染病模型用于研究传染类疾病，更多地将传染病模型用于研究重大突发事件中，且这种运用得到了大部分学者的认可。自 20 世纪以来，国内外学者在传染病数学模型的研究中均作出了不同程度的贡献。基于传染病数学模型的构建原理和理论分析，在对重大突发事件社会舆情演化规律的研究中我们可以运用的模型有 SI 模型、SIS 模型、SIR 模型和 SIRS 模型。在这四类模型中，S、I、R 所代表的人群分别为：S 代表的是在传染病中的易感人群(Susceptible)，即未患病者，但由于疾病的可传染性和自身缺乏免疫力等原因，此类人群在与患病者接触后容易被感染；I 表示患病者（Infective），即已感染上此类疾病的人群，他们可以将此疾病传染给 S 类人群；R 代表痊愈者（Recovered），此类人群是指在病情发生后通过隔离或基于自身免疫力而痊愈的人，此类人群已具有免疫力。

与感染者无接触史，但有被感染的概率，这种状态称为易感状态，一旦易感个体与已感染个体相互接触，此状态会变为感染状态，易感个体也会患上此病，成为一个新的感染者，此时新的感染个体又有传播的能力，一旦接触其他易感人群，此病会继续传播给其他人。这种传播流程即 SI 模型的传播，而易感状态和已感染状态组合构建

成了 SI 模型，所以 SI 模型的传播流图就为 S→I，即易感状态个体向已感染状态个体的不断转变。SIR 仓室模型于 1927 年 Kermack 与 Mckendrick 在研究黑死病这类传染病时提出，此模型是采用动力学原理建立的模型，SIR 模型表明，健康无病的个体与已感染的个体相互接触后，健康个体有向患病个体转变的可能性。SIR 模型运用动力学的原理分析可分为两个阶段。第一阶段，已感人群自身携带病毒通过与易感染人群接触后，将病毒传播出去，易感人群由于缺乏免疫力而感染上此类疾病，变为感染人群。第二阶段，感染人群在药物治愈和自身免疫力的帮助下逐渐康复成为痊愈者，或救治不当直接死亡。SIR 模型的传播流图为 S→I→R，即由缺乏免疫力的易感人群被感染成为感染人群，再因为病愈具有免疫力成为此类疾病的恢复者，也叫移出者。1932 年 Kermack 与 Mckendrick 对 SIR 模型进行了优化，首次提出传染病动力学中的阈值理论，建立了 SIS 模型①。SIS 模型阐述的观点是，传染病病毒在不断地传播过程中，对于从此类传染病中恢复的人群，也有再次被感染上的可能性，即在病情传播中由于缺乏免疫能力或免疫力低而再次感染上此类疾病。我们把人群的易感染状态和感染状态均归类于 SIS 模型，即便感染人群病愈恢复后也会重新回到当初的易感状态。SIS 模型传播流图为 S↔I。SIRS 模型也称为有限期免疫模型，是 SIR 模型的延伸，此模型说明的现象是，感染个体病愈后会获得暂时的免疫能力，但不具有终生免疫力，随着病毒的传播发展，免疫个体又有概率转变为易感个体。此模型传播流图为 S→I→R→S。

病毒的传播与重大突发事件社会舆情的传染演化在一定程度上有相似之处，国内学者试图从传染病模型的角度去构建社会舆情演化模型，也取得了比较丰硕的成果。而大部分的研究都是认定免疫者会终生免疫。但鉴于当不同的个体在接收到各类舆情信息时，会产生不同的反应，对于舆情信息的消化处理也各不相同，并不是都会去传播舆情，而在开始阶段不知社会舆情的未参与者（即为 S 类），随着时间的推移，也会变为参与者（即为 I 类），被感染后痊愈但没有出现免疫能力或者免疫能力低下的，会重新回到易感人群，但有再次被感染上的概率。基于此类传播演化规律，当发生重大突发事件社会舆情传染演化时，SIS 模型可以很好地体现这样的传染演化现象。本节试着从改进的 SIS 模型对重大突发事件社会舆情传染演化进行论证分析②。

（一）模型假设

1. 重大突发事件社会舆情网民主体的分类

各个阶层、各个地区的网民推动了重大突发事件社会舆情的传播演化。作为社会舆情传播主体的网民，其心理特征、价值取向甚至比刺激重大突发事件的源头动因更

① 马知恩，周义仓：《传染病动力学的数学建模与研究》，科学出版社 2006 年版，第 1—57 页。

② 邓春林，何振，杨柳：《基于 SIS 模型的网络群体性事件传播及防控研究》，《情报杂志》，2016 第 5 期，第 79—84 +90 页。

加重要。对于某个重大突发事件而言，其相关的全体网民可以分为两类：未参与者（简称 S）和参与者（简称 I）。与传染病模型存在差异，这里简化为 SIS，主要是考虑到在网络世界中网民对于社会舆情的传播演化是否免疫。在重大突发事件社会舆情的传播过程中，未参与者类 S 指的是没有在网络上传播该事件的网民，也称为易感者类，t 时刻未参与者个体数量为 $I(t)$，则 t 时刻他们的数量占网民总数的比例为 $s(t) = S(t)/N$；参与者类 I，即感染者类，指在网络上进行传播或者发表支持意见的网民，t 时刻参与者个体数量为 $I(t)$，则 t 时刻他们的数量占网民总数的比例为 $i(t) = I(t)/N$，这里所指的 $i(t)$ 相当于传染病模型中已染病并具有传染力的个体。假设初始时刻参与者占网民总数的比例为 i_0，即 $i(0) = i_0$。由于重大突发事件爆发时，持续的时间跨度比较短，该时间段网民一般比较集中，所以潜在的受影响的网民规模基本固定，假设为常数 N。

2. 重大突发事件社会舆情信息传播接触率

当重大突发事件发生时，事件相关信息会立马通过网络媒体传播，了解并关注该事件信息的网民密度较大且地方分布均匀，因此可假设单位时间内每个参与者会与相互交流彼此相邻的 k 个网民进行接触，称为接触率。“接触率”来自传染病研究中患病者与易感人群的传播接触能力，在一个环境内，一个患病者对周围的易感人群在单位时间的传染能力非常强，理论上接触能力可以定义为无穷大，但实际中则不太可能。在本节研究中，重大突发事件发生时社会舆情的传播者就是传染病模型中的患病者，那么传播者与周围的网民会存在一种“接触行为”，在事件信息传播过程中每个传播者在单位时间内传播给传播受众的概率就称为“接触率”，网民之间的双向交流互动或者单向影响都是接触行为的表现，接触行为也可由现实影响升华为网络直接影响。因此，定义并界定重大突发事件的“接触率”，有助于我们了解其传播演化规律。

3. 重大突发事件社会舆情演化模型的因素分析

我们把影响重大突发事件发展趋势的因素分为促进因素和抑制因素。促进因素函数记为 $f(x, y)$，其中 x 表示信息传播的强度，即重大突发事件煽动情绪、传播的强度；y 表示重大突发事件本身的负面影响程度等属性，显然增加网络信息传播强度和网络事件的负面影响会吸引网民的关注，从而促使社会舆情的爆发；抑制因素函数记为 $g(z, w)$，其中 z 代表政府公信力，w 代表政府处理重大突发事件的效率，用来衡量政府处理该事件是否及时、公开、透明的程度，显然提高政府公信力和处理重大突发事件的效率会阻止重大突发事件的发展。因此，假设 $f(x, y)$，$g(z, w)$ 都是关于参数 x，y 以及 z，w 的单调递增函数。

4. 重大突发事件社会舆情中 S 与 I 的转换关系

假设只有事件信息传播强度和事件本身属性两者的影响下，重大突发事件社会舆情中未参与者才能变为参与者，即与 $f(x, y)$ 成正比；参与者退出重大突发事件的概率仅与政府公信力和处理重大突发事件的效率有关，取值与 $g(z, w)$ 成正比。两者之间的转换关系具体如图 3－31 所示。

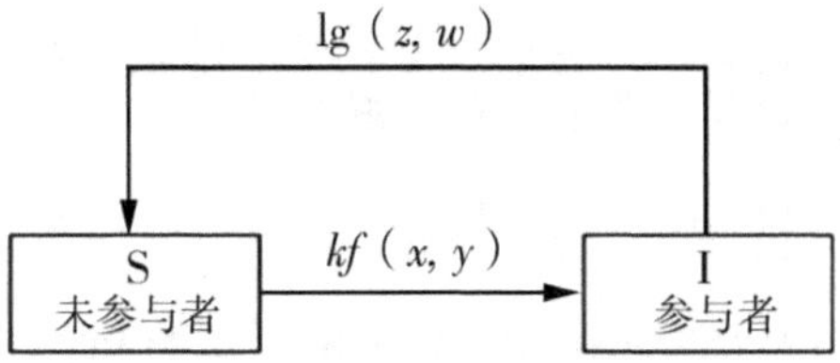

图 3－31　网民 *SIS* 转换关系

在重大突发事件社会舆情传播演化的过程中，未参与者与参与者可以相互转化。其中，社会舆情的传播率 k 为常数，未参与者受促进函数 $kf(x, y)$ 的影响可以转变为参与者，而参与者以固定的比率 l 痊愈，受抑制函数 $\lg(z, w)$ 的影响会退出重大突发事件，重新成为未参与者。

（二）模型建立

根据上述假设，单位时间内每个参与者可接触到的未参与者人数为 $ki(t)$，他们变为参与者的数量为 $ks(t)f(x, y)$。在 t 时刻参与者的数量为 $Ni(t)$，因此，在 t 时刻受参与者的影响而由未参与者变为参与者的人数为 $Ni(t)ks(t)f(x, y)$。此时受政府等因素影响退出重大突发事件的人数即由参与者变为不参与者的人数为 $Nlg(z, w)i(t)$。根据系统动力学建模思想和重大突发事件社会舆情传播机理，可建立如下微分方程模型：

$$\begin{cases} N\dfrac{\mathrm{d}s}{\mathrm{d}t} = -kf(x,y)Ns(t)i(t) + N\lg(z,w)i(t), \\ N\dfrac{\mathrm{d}i}{\mathrm{d}t} = kf(x,y)Ns(t)i(t) - N\lg(z,w)i(t), \\ S(t) + i(t) = 1, i(0) = i_0. \end{cases} \tag{1}$$

上述模型可以简化为：

$$\begin{cases} \dfrac{\mathrm{d}s}{\mathrm{d}t} = -kfs(t)it\{t + \lg i(t)\}, \\ \dfrac{di}{dt} = kfs(t)i(t) - \lg i(t), \\ S(t) + i(t) = 1, i(0) = i_0. \end{cases} \tag{2}$$

在本文中，我们主要研究参与重大突发事件社会舆情网民人数的发展规律，因此由模型（2）可以得到参与者 $i(t)$ 满足的关系为：

$$\frac{\mathrm{d}i}{\mathrm{d}t} = kfi(t)(1 - i(t)) - \lg i(t), i(0) = i_0. \tag{3}$$

（三）模型求解

模型（3）是一个可分离变量的微分方程①，利用常微分方程中的分离变量法可以

① 姜启源，谢金星，叶俊：《数学模型》，高等教育出版社 2011 年版，第 140—145 页。

求出其解为：

$$i(t) = \begin{cases} \left[\dfrac{kf}{kf - gl} + \left(\dfrac{1}{x_0} - \dfrac{kf}{kf - gl}\right)\right]^{-1}, & kf \neq gl, \\ \left(kft + \dfrac{1}{x_0}\right) - 1, & kf = gl. \end{cases}$$

对该微分方程模型也可以通过 MATLAB 求解，在 MATLAB 中提供许多求常微分方程数值解的函数，本文选取常用的函数 ODE45，这个函数能够利用“龙格库塔法”有效求解带时间变量步长的计算，其用于求解如下的一般问题：

$$\frac{dx}{dt} = f(t,x), x(t_0) = x_0(1).$$

其中：时间 t 是独立变量，x 为时间相关矢量，$f(t, x)$ 是时间 t 和 x 的函数。当 $f(t, x)$ 固定并给定 x 的初始值时，即可得出问题的解，同时能得到 ODE 代表的系统运动趋势。该运动趋势能直观反映出系统的变化情况，因此应用到微分方程模型中即可将复杂的微分方程用质点的运动轨迹表示。

（四）基于基本再生数的重大突发事件发展趋势判断

与传染病动力学模型的相关研究成果相类似，下面我们分别讨论重大突发事件社会舆情在传播过程中的阈值 R_0，又称为基本再生数，它表示当参与重大突发事件社会舆情的网民数量达到稳定的平衡态时，引入一个传播参与者，当一个传播者在传播期平均传播的人数小于 1 时，即阈值 $R_0 \leqslant 1$，参与者会逐渐减少，最终重大突发事件社会舆情的传播会随时间自然消亡；而当一个传播者在传播期平均传播的人数大于 1 时，即 $R_0 > 1$ 时，参与者会不断增加，但不会无限增加，而是趋于参与者和未参与者相等的一个平衡状态，重大突发事件就会在一定范围内爆发起来。下面我们来推导本文所讨论的重大突发事件的阈值。

1. 重大突发事件社会舆情平衡阈值的推导

在模型（3）中，令 $di/dt = 0$ 得到 $i* = 1 - gl/kf*$，从而可知当 $i* \geqslant 0$，即 $1 - gl/kf > 0$ 时，参与者人数一直在增长，重大突发事件会爆发。因此，该模型的基本再生数即阈值 $R_0 = kf/gl$，当 $t \to !$ 时，

$$i(\infty) = \begin{cases} 1 - \dfrac{1}{R_0}, & R_0 > 1, \\ 0, & R_0 \leq 1. \end{cases}$$

2. 重大突发事件社会舆情平衡阈值的分析

图 3 - 32 和图 3 - 33 表示参与者比例 $i(t)$ 在不同阈值下的变化趋势。

当 $R_0 > 1$ 时，无论参与者的初始比例为何值，传播参与者都会不断将自己的意见传播给他人，参与者逐渐增加，重大突发事件社会舆情呈流行势态，故而形成大规模

的重大突发事件社会舆情传播演化；当 $R_0 \leqslant 1$ 时，即使不采取任何措施，参与者的比例都呈单调下降趋势并趋向于0，参与者人数逐渐减少，重大突发事件社会舆情会随时间自然消亡。

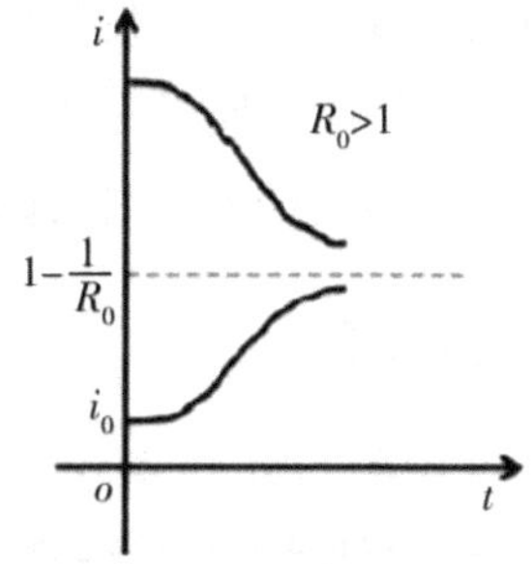

图 3－32　$R_0>1$ 时 i（t）的变化趋势

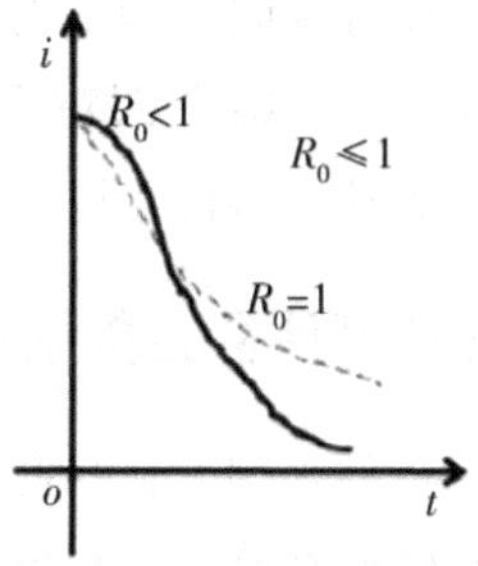

图 3－33　$R_0 \leqslant 1$ 时 i（t）的变化趋势

因此可以认为，阈值 R_0 的大小及取值范围决定了重大突发事件社会舆情的消亡与否，阈值越小越有利于社会舆情的消除和控制。从 $R_0 = kf/gl$ 可知，一般来说导致重大突发事件社会舆情的传播演化具有很强的传染性，当重大事件突发时，如果政府对该事件不采取任何防控措施，任其发展时，随着重大突发事件爆料人及舆情参与传播者的煽动和推进，R_0 的取值会超过1。因此，即使是初始规模极小的群体也可以通过社交媒体这个传播媒介造成大规模的重大突发事件社会舆情的爆发和讨论。但是重大突发事件社会舆情的规模也不会不受控制地无限增加，政府的控制力度 g（z，w）决定了突发事件的稳定规模。哪怕初始参与者超过了 $1-1/R_0$，参与者人数也会随着时间演化单调递减，最终达到稳定状态 $1-1/R_0$。相反，若政府能在事件初期采取防控措施，控制参与者的传染力，并且提高参与者的恢复率，即不仅要及时全面地披露不实舆情的传播个体和团体，提高网民对他们的信任度，提高网民对事件谣言的辨认度，树立政府公信力，还要通过单位、社区、公共媒体等对网民进行素质教育，提高网民辨别是非的能力，只有这样才能有效控制重大突发事件社会舆情的蔓延。

3. 重大突发事件社会舆情爆发下政府的防控策略

模型中的 f（x，y）和 g（z，w）分别代表了促进以及平息重大突发事件社会舆情的两种对抗因素，综合了事件本身的影响能力和社会综合能力，由上面解析可知，控制重大突发事件社会舆情的爆发可以从下面两方面入手：

第一，在重大突发事件社会舆情的潜伏与产生初期，有效控制舆情传播强度和传播力度，减小 f（x，y）值，从而减小阈值 R_0，缩小传播范围，能够有效控制重大突发事件社会舆情的传播演化。这种在舆情爆发初期实施手段控制的方法也有一定风险，因为 f（x，y）的值取决于 x 和 y 的共同影响作用，x 代表舆情传播强度，y 代表重大突发事件社会舆情本身属性，即如果爆发的社会舆情本身对社会和人民群众具有危害性，引发此次重大突发事件社会舆情的“导火索”是涉及群众根本利益或影响极其恶劣的社会事件，此时在舆情爆发初期采取封锁消息等控制手段不仅起不到预期效果，还可能激起群体的逆反心理，使政府失去公信力，从而激化人民群众与政府之间的矛盾，导致事件朝着更加恶化的方向发展。

第二，由于上述第一种舆情防控策略往往受其他客观因素的影响，可控性较差，不能及时把控舆情发展走向。为了真正做到预防和控制群体性突发事件，应通过提高 $g(z, w)$ 来降低阈值 R_0，即在面对重大突发事件发生时，政府应该采取及时、公开、透明的方式处理各类社会事件，以此提高人民对政府的信任度和自身的公信力。

二、重大突发事件社会舆情演化模型数值分析

在上面理论分析的基础上，我们利用 MATLAB 中的 ODE45 算法对已经建立的微分方程进行求解和数值仿真分析，数值仿真分析共分为两种情况：第一种情况即自然状态下，也可解释为在不加入任何人为因素干预的实际状态下，研究重大突发事件社会舆情会如何传播演化；第二种情况即非自然状态下，加入人为因素，包括政府辟谣、舆论引导、封锁消息、心理教育、解决诉求、法律措施、切断渠道等不同的措施，研究这些管控措施对重大突发事件社会舆情的传播演化有何影响。

（一）自然状态下数值分析

自然状态是指在不加入任何人为干预措施的情况下的状态。重大突发事件社会舆情在爆发初期往往都是集中在某一个很小的区域，随着时间的推移才会逐渐扩散，而不是在爆发初期就会大面积存在。为了与现实中重大突发事件社会舆情的这种特性更为接近，我们选取了一个 10000 人的样本群体，均匀地分布在某区域内，在其中心区域突然有 200 人接触到该社会舆情信息并进行传播，来模拟仿真重大突发事件社会舆情的传播规律，其在自然状态下的传播机理如图 3 - 34 所示。

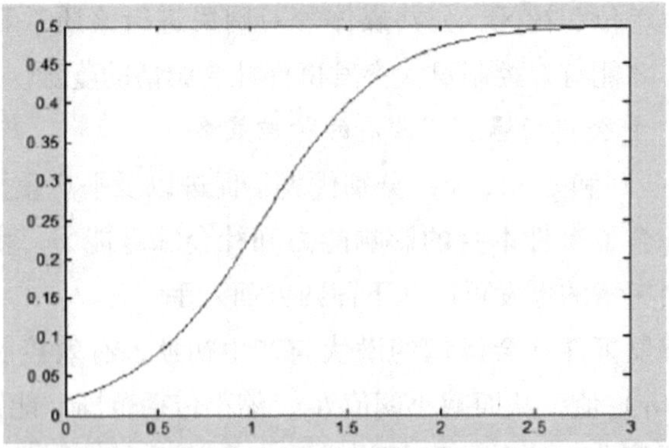

图 3 - 34　$R_0=2$ 时自然状态下重大突发事件中参与者人数的变化规律

从图 3 - 35 可知，在自然状态下，重大突发事件的信息一旦在网上爆料，会具有很强的传播性，事件爆发初期也会吸引众多网民参与，阈值 R_0 远远大于 1，因此，在重大突发事件社会舆情爆发初期，舆情在网民群体间传播速度非常快，听闻舆情的人

数越来越多，传播范围也越来越大，因此网民群体中参与舆情传播讨论人数呈直线上升趋势，比例 $i(t)$ 在迅速升高，但是随着时间的推移，参与者人数相对于爆发初期的猛烈增加变得相对平缓，当参与者初始值为0.02时，若政府不采取干预措施，阈值取$R_0=2$，参与者将会在很短的时间内达到总网民数的一半即5000人。相反，如果阈值取 $R_0=0.5$，从图3－35中可以看出参与者将会在很短的时间内下降为0，这与重大突发事件的实际情况不相符合，因此，重大突发事件社会舆情在自然状态下一定具有很强的吸引性和传播性，其阈值一定远远大于1。

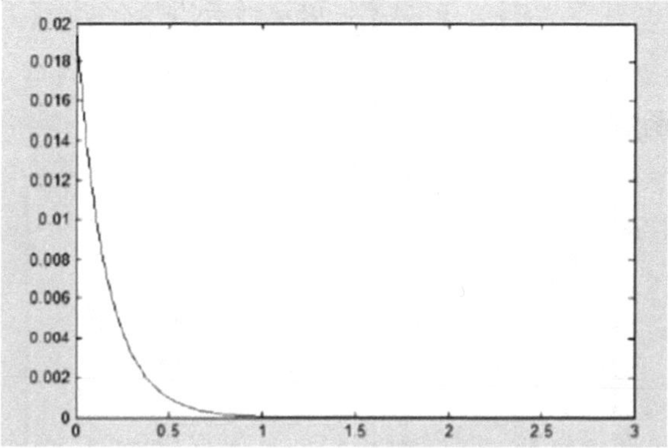

图3－35　$R_0=0.5$ 时自然状态下重大突发事件中参与者人数的变化规律

（二）管控状态下数值分析

当重大突发事件社会舆情真正爆发后，政府不会任其发展，会采取一定的治理管控措施，我们将管控措施仿真分为三个方面，逐一进行分析：重大突发事件社会舆情爆发前、爆发时、爆发后。社会舆情爆发前即社会舆情的孕育潜伏期，爆发时代表的是突发事件发生后社会舆情的发展扩散阶段，爆发后指的是社会舆情的彻底爆发，到达舆情发展的顶峰期。对于划分的三个方面，结合现实基础可以采取对应的治理措施有：在爆发前政府第一时间启动舆情监测，占据舆情信息发布的主动权，发布第一手信息，开展正面宣传教育，尽早准备预案，堵塞谣言传播通道，增强新闻舆论的公信力；爆发时正面回应诉求，监测舆情态势，及时处理不良信息，妥善解决问题；爆发后重大突发事件社会舆情有可能会造成严重后果，应采用说服教育和切断联系通道等强硬措施进行管控。下面给出分别采取三种管控措施时的数值分析结果。

1. 重大突发事件社会舆情爆发前管控数值分析

在重大突发事件社会舆情大规模爆发前，政府利用公开辟谣、宣传教育措施进行防控具有一定的可行性。假设重大突发事件社会舆情的信息被爆料后，在没有形成大规模社会舆情前，政府能在短时间内通过社交媒介这个平台对事件的最新进展情况进行准确如实的报道，第一时间启动舆情监测，公布事件原因，尽早准备预案，正确地引导舆论，增强新闻舆论的公信力，则能以最快的速度控制事态的发展，消除误解，平息事件。当参与者认清事实后，会自动退出重大突发事件或者暂缓传播事件，等待政府的下一步处理，从而导致参与者减少，假设减少速度与参与总人数成正比，比例系数取决于政府的宣传强度。若从 $t = t_0 > 0$ 开始，政府公开辟谣并进行相关的宣传，宣传强度为 a，则传播模型变为：

$$\frac{\mathrm{d}i}{\mathrm{d}t} = kfi(t)[1 - i(t)] - \lg i(t) - aih(t - t_0), i(0) = i_0. \quad i(0) = i_0 \qquad (4)$$

其中

$$h(t - t_0) = \begin{cases} 1, & t \geq t_0 \\ 0, & t < t_0 \end{cases}$$

称为 Heaviside 函数。

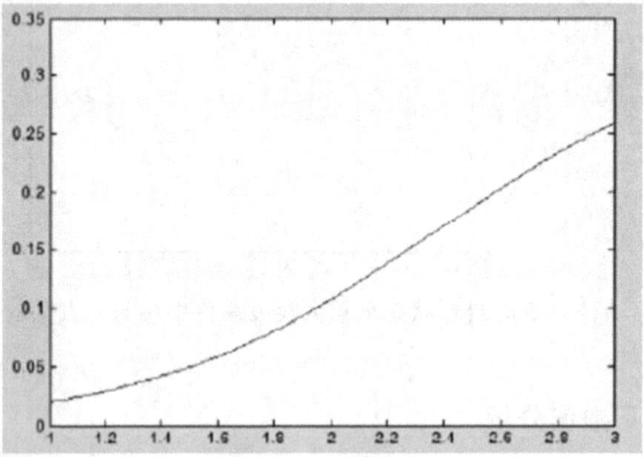

图 3 – 36　爆发采取干预措施的传播仿真

图 3 – 36 为政府在重大突发事件爆发前采取公开辟谣等管控措施后参与者人数的变化情况，该结果来自改进的干预模型（4）。根据前面模型的分析我们可以得知，在爆发前这一阶段，传播阈值一定大于 1；并且阈值越大则初始参与人数越多，爆发越迅速。在仿真图上具体表现为参与者的变化曲线越陡，其最终值越接近 1。将图 3 – 34 和图 3 – 36 中的变化曲线进行比较可以发现，政府公开辟谣后参与者人数有了大幅下降，说明公开辟谣等能够从一定程度上暂时缓解重大突发事件社会舆情的传播。

2. 重大突发事件社会舆情爆发时管控数值分析

当重大突发事件社会舆情不可避免地发生时，政府要采取正面回应诉求、及时召开事件调查新闻发布会、及时通报事实的做法，对自身存在的问题进行整改，同时友好及时地与重大突发事件的发起者、组织者、参与者和围观者进行沟通，使网民尽早了解真相，对不良信息进行及时处理，这样才能减弱传播强度，让参与者自觉退出重大突发事件社会舆情的传播。因此，在模型（3）中促进因素会减弱，$kf(x, y)$ 的值减小；参与者退出重大突发事件社会舆情传播的比例会增加，模型（3）中抑制因素 $lg(z, w)$ 的值会增加。

在爆发时这一阶段，参与者的人数急剧上升，传播强度越来越大，阈值增大，参

与者人数快接近 $1-1/R_0$，在此情况下政府出面管理控制时，促进函数值和抑制函数值都会发生变化，从而可以预测爆发时采取管控措施后参与者人数的变化情况。在本文中，我们假设重大突发事件社会舆情爆发时，促进函数 $kf(x, y) = 6$，抑制函数 $lg(z, w) = 3$，传播阈值 $R_0 = kf/gl = 2$。当政府在爆发时采取正面回应措施时，促进函数的值下降为3，抑制函数的值增长为6，则此时阈值 $R_0 = 0.5$，参与者的数值分析结果见图3－37：

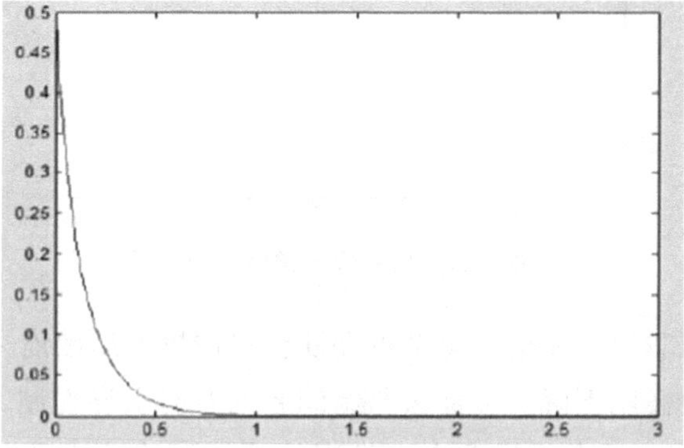

图3－37　爆发时采取干预措施的传播仿真

从图3－37的参与者随时间的变化曲线可以发现，当重大突发事件社会舆情爆发后，只要政府能及时地正面回应诉求，妥善解决问题，参与者人数能很快从最高点降下来。因此，数值分析结果表明，重大突发事件社会舆情爆发后，政府及时的正面管理控制措施基本能控制住重大突发事件社会舆情的进一步发展。

3. 重大突发事件社会舆情爆发后管控数值分析

这个阶段，重大突发事件社会舆情已经孕育发展到高潮，甚至引发了网络内外的群体性事件共振，如果不迅速采取措施则会酿成严重后果，政府会采用一些强硬措施进行管控。对绝大部分重大突发事件而言，只要政府能及时地在爆发前和爆发时采用积极的管控措施，随着问题的解决重大突发事件社会舆情会逐步平息，但还是有一些重大突发事件社会舆情由于处理不及时最终演变成了现实事件或造成了暴力冲突，此时政府应针对不同事件发展采取各种干预手段。增加意见领袖、正面引导网络舆论、说服教育、关闭散布谣言的微博等，同时针对逐步演化为现实暴力事件的重大突发事件社会舆情传播还应采取法律手段，及时切断暴力事件策划者与一般参与者的联系渠道，隔离一些诸如民族分裂分子、恐怖分子和其他不法分子等。这些控制效果会导致促进因素 $kf(x, y)$ 的值减小、抑制因素 $lg(z, w)$ 的值增加，同时会导致参与者的初始值变小。

在仿真实验中，爆发后参与者人数已经等于 $1-1/R_0$，且阈值 R_0 远远大于1，参与者比例一般会接近1。在本文中，假设重大突发事件社会舆情爆发后，政府采取增加意见领袖、正面引导舆论和说服教育等管控措施后，促进函数 $kf(x, y)$ 的值由6变为

2，抑制函数 $lg(z, w)$ 的值由 3 变为 4，此时传播阈值 $R_0=0.5$。政府采取隔离和切断联系渠道等管控措施后，参与者初始值由 0.5 减少为 0.3。数值分析见图 3－38：

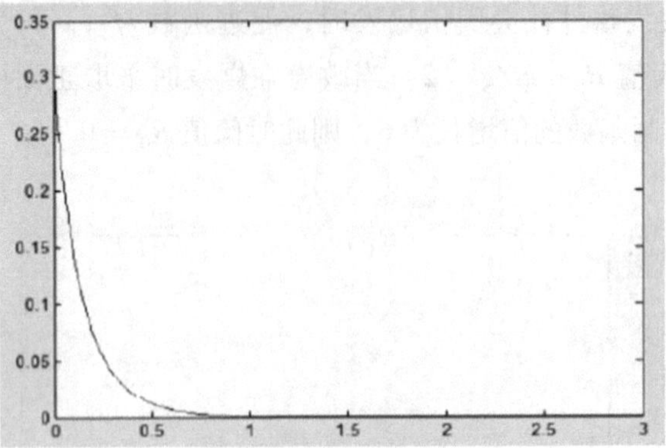

图 3－38　爆发后采取干预措施的传播仿真

从图 3－38 可以看出，在重大突发事件社会舆情爆发后政府采取强有力的管控措施后，参与者人数会急剧下降。事件参与组织者的及时引导控制，再加上初始人数的减少，传播范围的缩小，会使得重大突发事件社会舆情迅速平息，不会再造成事态升级。

总之，根据以上数值分析结果我们可以看出在不同阶段采取不同的管控措施之后，对重大突发事件社会舆情的影响是不同的，政府公开辟谣和隔离不法分子能够防止网络群体大范围的扩散和进一步升级，而正面回应、教育网民以及挖掘意见领袖主要是为了提高事件的公信力，提高网民对政府的满意度，让更多的参与者退出重大突发事件社会舆情的传播。

三、重大突发事件社会舆情演化模型结果分析

本节利用 SIS 传染病模型中的动力学原理，将传染病数学模型用于研究重大突发事件引发的社会舆情传播演化中，建立了促进函数和抑制函数来代表重大突发事件的传染演化趋势，可以根据基本再生数 R_0 的大小进行有效防控，基本再生数 R_0 的取值范围也可以决定社会舆情的消亡与否。同时，可根据演化模型的发展走势，实施对应的干预措施，及时控制社会舆情的传播。

（一）模型应用的仿真结果分析

仿真结果表明，重大突发事件在传播过程中存在传播阈值，超过阈值时，即使事件初始规模很小，但随着时间的变化和时间的发展，知晓并参与讨论突发事件的网民也会迅速增多，消息传播范围越来越广，使得事件的关注度迅速提高，最终引发大规模突发事件的爆发；低于阈值时，重大突发事件会随着时间的演化而慢慢趋于平缓直至结束。同时，SIS 模型应用的仿真结果表明，重大突发事件社会舆情的传播演化也有

生命周期规律，而在每一阶段，只要政府及时采取对应的管控措施，基本能控制社会舆情的传播态势，并且每个阶段不同的管控措施对重大突发事件的影响也有所不同。

1. 基于基本再生数的结果分析

本节由常微分方程引入基本再生数的概念，模型中引入的阈值 R_0 也称为基本再生数，其是在传染病研究过程中引入的重要参数，R_0 表示一个携带病毒的感染者进入一个完全由易感者构成的群体，在其社会舆情不断传播演化的过程中感染的易感者的平均数量。本文模型的基本再生数 $R_0 = kf/g1$。仿真结果表明，重大突发事件社会舆情在传播演化过程中存在传播阈值，当 $R_0 > 1$ 时，即超过阈值时，即使初始规模很小，但 $1 - 1/R_0$ 会无限接近于 1，此时指一个个体在其舆情传播演化期间内所传染的人数将会超过 1，即参与重大突发事件社会舆情传播演化的个体也会随着时间的演化迅速壮大，传播范围会越来越大，参与社会舆情传播的人数也会越来越多，社会舆情呈现出流行态势，最终导致大规模群体性事件的爆发；当 $R_0 \leqslant 1$ 时，传染病动力学模型的无传染平衡点是稳定的，此时指一个个体在其舆情传播演化期间内所传染的最大人数不会超过 1，且参与者的比例趋向于 0，即当阈值小于等于 1 时，即使不采取任何措施，呈单调下降趋势的参与者比例说明重大突发事件社会舆情会随时间的演化自然消亡。同时，模型表明抑制因素 $g(z, w)$ 即政府处理重大突发事件的效率也可以影响平衡点，仿真结果表明只要政府在重大突发事件爆发初期及时采取管控措施，在重大突发事件社会舆情传播演化的各个阶段采取针对性干预措施，基本能使促进因素函数呈递减趋势，同时增加抑制因素函数的增长，阈值 R_0 的取值也会变小，从而控制重大突发事件社会舆情的传播态势。

2. 基于演化规律的结果分析

根据图 3 - 39 的演化规律曲线图，结合本章前面两节舆情的演化周期得出，社会舆情的传播演化分为孕育阶段、扩散阶段、波动阶段、衰减阶段。

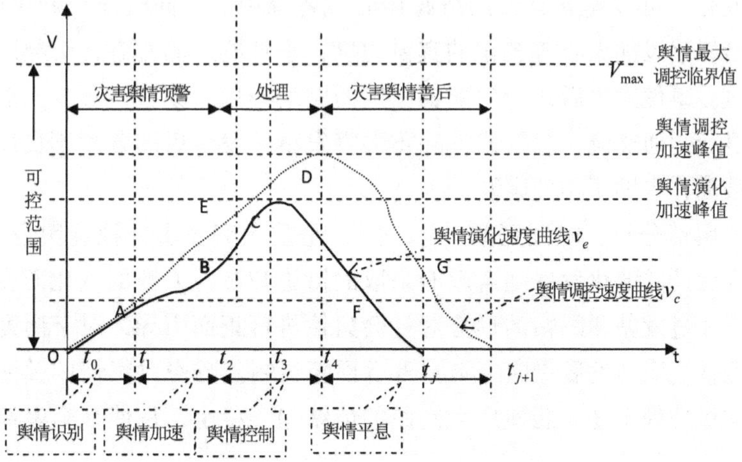

图 3 - 39　突发事件社会舆情演化规律曲线图

孕育阶段舆情分析，时间区间［t_0，t_1］，此时间区间内为重大突发事件社会舆情的潜伏期即舆情孕育期，这个阶段社会舆情处于萌芽状态，在此阶段政府应积极占据主动位置，掌握社会舆情发布的主动权，此时未参与者 S 转换为参与者 I 的人数就会逐渐减少，那么后期舆情态势便容易把握和控制；相反，在此阶段主动权若掌握在网民群体手中，那么舆情必将朝着爆发的态势发展，此时舆情传播强度加大，未参与者 S 转换为参与者 I 的人数会逐渐增多，政府将会陷入“收拾烂摊子”的被动局面。基于此阶段，基层及时、如实地上报突发事件相关信息和舆情发展现状，政府在事件发生后应立马启动灾害舆情预警，积极研究舆情治理方针，官方媒体应在第一时间站出来，以正视听，本着公平公正公开立场，通过多种新闻传播媒介和信息传播平台对事件进行多角度的报道，满足不同人群对于此事件产生的好奇心，政府积极发声也可减少谣言的产生和传播，增强政府公信力。

扩散阶段舆情分析，时间区间［t_1，t_2］，是重大突发事件社会舆情的扩散前期，此时社会舆情呈指数速度扩散。在此阶段政府应灵活运用自己所掌握的第一手消息，及时公布事件发展实情，发布合理客观的解释，这样才能使参与社会舆情网民人数的数量得到及时控制，进而实现对重大突发事件社会舆情的疏导与控制。而另一方面，重大事件发生后，随着时间的流逝，知悉并参与讨论的网民人数逐渐增多，此时网民为了寻求事件真相，从不同渠道打探事件相关信息，不在乎信息来源的可靠性，进行肆意传播，导致社会舆情走向顶峰期。所以，为避免社会舆情走向不可控制阶段，对重大突发事件的调查和治理工作尤为重要，政府应积极主动地投入此次重大突发事件的管理工作中，努力做好重大突发事件发生后的恢复工作，有条不紊地处理社会舆情的发展，平稳度过整个舆情产生发展阶段，尽可能减少社会舆情再次扩大的可能。

时间区间［t_2，t_3］，是重大突发事件社会舆情的扩散末期，此时间区间内容易由此次事件引发出其他突发事件，此时政府应关注社会舆情的发展趋势，积极关注网民的心态起伏变化，可以建立官方网络媒体心理咨询中心，同时充分利用电台、电视、网络等现代传媒手段加大心理知识的宣讲力度，平息群众的心态，引导网民群体心理危机合理度过。事件发生后，专门配备固定的网络心理专家在线服务，群众可以及时与心理专家进行沟通交流，缓解或消除重大突发事件发生后的各种不良反应，避免心理上长期的波动，有助于心理康复。

波动阶段舆情分析，时间区间［t_2，t_4］，是重大突发事件社会舆情的波动阶段，这个阶段社会舆情的演化发展随着政府采取的措施和参与人数的变化而变化，政府及时在线答疑，通过发帖和跟帖的形势对社会舆情进行正面引导，对于谣言进行及时辟谣，实时监测社会舆情发展走向，实施事后预警机制。政府对舆情的关注和监测，所表现出来的积极处理态度，能使广大网民的情绪趋于稳定，也使社会舆情的关注热度逐渐降低。

值得关注的是，在社会舆情传播演化达到稳定平衡状态前，图 3 – 39 中社会舆情的演化随着时间的变化存在一个峰值，即［t_2，t_4］时间段内存在社会舆情演化的顶峰点，在该峰值所对应的时间节点上，重大突发事件所引发的社会舆情在群体中的传播扩散速度达到了最大，处于舆情传播的顶峰期。对于整个舆情发展的走向而言，这是一个临界的转折点。在此峰值之前，重大突发事件信息在群体中的扩散速度相对比较缓慢，如果政府及时采取防范管理措施，可以用较小的代价阻止一些谣言的产生与传播；而当扩散速度达到峰值时，说明社会舆情在此时传播速度最快，社会舆情已处于爆发阶段，这时政府要花费比之前高昂的代价对舆情采取管控措施。因此，我们将这个社会舆情传播演化速度最大的时刻定义为舆情从孕育阶段到爆发阶段的转折时刻，只有在临界点之前对重大突发事件社会舆情的传播演化采取人工管控措施才有管理上的意义。

衰减阶段舆情分析，时间区间［t_4，t_j］，是重大突发事件社会舆情的衰减阶段，也是整个重大突发事件社会舆情传播演化的最后时期，在这个阶段应做好突发事件的善后工作，监测由此事件所衍生出的其他舆情，积极减小此次事件所带来的负面影响，减小事件复发和参与者增多的概率。在社会舆情的衰减期，一方面政府应通过新闻媒体和新闻传播平台公开通报此次事件的处理始末，认真分析事件产生的原因，总结舆情治理方法，积累经验，树立威信，提高人民群众对政府的信任度与满意度。另一方面，在突发事件的发展演化过程中，政府应及时寻找“意见领袖”，通过他们来对社会舆情进行正面引导传播，引导人民群众理解党和政府的方针政策，为舆情控制贡献出一份力量。

在重大突发事件平息之后，政府及时对该事件发生的起因和经过进行一定的严查也是必不可少的，用专业知识对突发事件的整个生命周期进行深度剖析，将此次事件产生的社会舆情和社会舆情爆发的影响因素进行全面的总结分析。然后要积极关注群众心态起伏，安抚慰问利益受损群体。事件发生后，政府应主动在公共平台进行道歉和反思，消除群众的负面心态和逆反心理，积极维护政府和人民群众的社会关系。另一方面，政府应积极统计受害者数量，对受害者进行及时的慰问和安抚，对于在此次重大突发事件中经济损失较大的个人或家庭，给予一定的利益补偿，修复受损的社会关系，表达出政府的歉意，以获得社会公众的理解。

（二）模型应用的注意事项分析

本节运用的传染病 SIS 模型，这种基于动力学原理的理论性研究，是根据重大突发事件社会舆情传播演化的特性及在群体内传播、发展的规律，以及与之有关的社会、人为等因素，建立能反映传播演化特性的数学模型。通过对模型性态的定性、定量分析和数值仿真模拟，来分析社会舆情的发展过程，揭示流行规律，预测变化趋势，寻找预防和控制的最优策略。但 SIS 模型的建立及应用应该注意如下几点：

（1）SIS 模型的建立，是基于总体 N 基本不变，即受影响的网民规模基本固定且

人群的数量 N 足够大，只考虑传染过程的平均效应。

（2）在重大突发事件中，感染者 I 与易感者 S 的个体在人群中的混合是均匀的。即社会舆情爆发态势下，参与者（I）与未参与者（S）在人群中的混合比例是均匀的，个体总数量是相对平衡的。

（3）感染者一旦接触易感者就具有一定的传染力，且易感者受到传播影响的机会与他接触感染者的机会成正比。t 时刻单位时间内，一个患者能传染的易感者数目与此环境内易感者总数成正比。

（4）不考虑出生或死亡的过程，也不考虑人群的迁入与迁出，这表明在此环境中人口总数始终为一个固定的数目，记为常数 N，且 $N=S(t)+I(t)$。

（5）感染者因为自身免疫或外部治愈因素影响有重新恢复，成为易感者的可能。

本节研究的社会舆情在传播过程中，满足了上述基本假设，第一是受影响的成员总体人数基本保持平衡，为一个常数。第二是成员了解接触到舆情都有受到影响并进行传播的可能性。第三是随着传播信息被证实为谣言或者传播者自身判断信息为虚假信息时，传播者能够停止对舆情的传播。因此，可以通过 SIS 模型，对重大突发事件社会舆情传播演化进行研究，以探讨政府对社会舆情的紧急处置能力。

（三）模型应用的重点方向分析

本文引用了传染病模型中的 SIS 模型，运用了动力学原理，对于传染病动力学模型，主要研究的是该模型解的适定性，疾病的持续生存，自由平衡点和地方病平衡点与周期解的存在性和稳定性，以及如何寻找再生数和分歧点等动力学性态。目前传染病动力学建模有四个应用的发展方向：

1. 应用于涉及更多因素方向

在模型中加入更多的影响因素，涉及的因素越多，模型结论分析更全面、客观、具体，例如考虑把个体年龄因素、时滞性因素、因传染而隔离产生的影响因素、人口迁移变动因素等加入模型中，建立具有年龄分层结构的模型、有时滞的模型、具有脉冲的模型、具有人口迁移的模型和时间变化系数的传染病模型，模型种类划分可更加具体细微。

2. 应用于多群体多维数方向

模型维数上的增高，可由一维模型向多维模型拓展，即把社会舆情在多个网民群体中的传播影响考虑在内，群体间又可交叉参与多个社会舆情，此时建立在多个群体中传播演化的传染病模型，通过多个群体传播演化规律分析，得到符合更多群体的重大突发事件社会舆情传播演化规律。

3. 应用于其他学科结合方向

传染病模型不止单纯地用于研究传染病的传播演化规律，基于传染病的传播机理，也可结合传染病的动力学原理，综合其他学科进行更加科学的研究，如传染病动力学与物理学、分子生物学学科方向的结合。也可以用来实际研究某些重大的传染病，如新冠疫情传播、非典病毒传染等。本文利用传染病的传播机理与社会舆情的传播机理相类似，对舆情传播进行研究，传染病模型还可以用于社交网络上的信息传播研究、网络热门事件的发展态势研究等。

4. 应用于信息传播演化方向

应用于信息传播的研究，SIS 模型可以描述如下：最初，所有的个体没有接收到信息且不知道信息的情况，都处于易感染状态（S）。然后部分个体接触到此信息，变为感染状态（I）。这些个体带着接触到的信息试着传播感染处于易感染状态的个体，或者恢复为易感状态。感染一个个体，即传递信息或者影响个体对某事的态度。

（四）模型应用的积极作用分析

本节应用改进的 SIS 模型探讨重大突发事件社会舆情传播演化规律，对于社会舆情传播演化规律的把控具有非常重要的现实价值，所产生的积极作用具体表现在：

1. 全面把握，科学认识

通过对建立的模型以及阈值的范围分析，能够更加准确全面地把握重大突发事件社会舆情传播演化规律，有利于加强对重大突发事件演化机理的科学认识和实践把握。

我国对于处理重大突发事件社会舆情传播演化的经验不足，重大突发事件的应对能力还有待加强，没有形成一个科学、有效的应对策略。因此，本节在基于重大突发事件社会舆情传播演化的基础上建立了 SIS 模型，该模型能够较好地反映出舆情传播演化的规律以及政府干预下社会舆情的传播变化，由此可以总结出政府的防控策略对社会舆情发展演化机理意义重大。

2. 判断趋势，提供导向

通过建立的模型以及阈值的范围分析，有利于形成对重大突发事件社会舆情传播演化趋势的总体判断，并为事件应对提供目标导向。

本节建立的阈值公式，可以很好地判断出当阈值大于或小于等于 1 时，重大突发事件社会舆情的趋势变化。通过总结归纳我国重大突发事件社会舆情呈现的新特征、新变化和新挑战，科学把握重大突发事件下社会舆情发生时应对取得的成效和存在的问题，有利于准确认识现阶段我国社会舆情传播演化的总体态势。

3. 积极管控，提升能力

通过设定重大突发事件社会舆情传播演化的促进函数和抑制函数，有利于提升政府对重大突发事件的管理控制能力和紧急处置能力。

本节设定的抑制因素函数 $g(z, w)$ 中，说明政府处理重大突发事件的效率越高，抑制因素函数递增使得社会舆情的传播演化趋势趋向平稳，最终随着时间演化自然消亡。而设定的促进因素函数 $f(x, y)$ 中，说明传播强度越大，舆情的影响范围越广，即参与社会舆情的个体数量呈爆发式上涨的趋势，需要根据重大突发事件本身的属性来正确引导网民，否则适得其反。通过加入抑制因素和促进因素，对于建立的模型所产生的影响，有利于提升政府对重大突发事件社会舆情的正确引导和预控能力，也有利于提高政府对社会舆情发展变化的整体把控能力。

第五节 突发事件社会舆情演化个案分析
——以“长生疫苗事件”为例

我国各类突发事件严重影响着国家稳定、社会团结和公众的安全感与幸福感。长春长生疫苗事件就是其中的典型事件，该事件发生后，受到了党和国家领导人的高度重视，引起了全社会的广泛关注，引发了社会公众对国产疫苗的恐慌，这使得该事件成为中国2018年影响最大的突发性公共卫生事件。长春长生疫苗事件之所以引发舆情，主要是受到三个方面的影响：一是疫苗问题直接关系到群众的生命安全，尤其是与儿童的健康息息相关；二是许多具有社会影响力的人员纷纷发声，参与该事件的传播和推动舆情的发展；三是国家领导人对此次疫苗事件高度重视，作出了重要批示等。这在长生疫苗事件的孕育阶段、扩散阶段、波动阶段、衰减阶段都得到了充分的体现，同时，在这四个阶段的动态演化过程中，长春长生疫苗事件舆情演化的突变效应、晕轮效应、羊群效应、雪球效应、共情效应等表现均较为明显。为此，本节以2018年7月发生的“长生疫苗事件”为例，基于“长生疫苗事件”社会舆情的形成和演化进行综合分析，归纳出突发事件的形成机理与演化规律，为突发事件社会舆情治理提供参考。

一、长生疫苗事件始末

长生疫苗事件指2018年吉林省长春市长春长生生物科技有限责任公司所发生的疫苗事件。2018年7月15日，国家药品监督管理局发布2018年第60号通告《国家药品监督管理局关于长春长生生物科技有限责任公司违法违规生产冻干人用狂犬病疫苗的通告》，从而引起了强烈的社会关注。该通告发布后，迅速引发了社会恐慌。而此次长春长生生物科技有限责任公司被曝疫苗质量问题并非首次，而是自其2017年11月被发现百白破疫苗效价指标不符合规定之后，不足一年的时间里疫苗质量问题再度出现。根据相关的新闻报道，2017年，长春长生生物科技有限责任公司被发现的检验不符合规定的“吸附无细胞百白破联合疫苗”共有25万支，据调查，这些疫苗基本上已经全部销售到山东。截至2018年7月21日，库存中仅剩186支。这进一步激发了社会的愤怒。一时间，关于长生疫苗事件的社会舆情迅速在互联网平台上蔓延，引发了全社会对疫苗问题的关注与恐慌。该事件发生后，从党中央和国务院到相关地方政府部门、药品管理部门、市场监管部门，从党和国家最高领导人到普通家庭和个人，从国家权威媒体到各种新媒体和自媒体等，都对该事件给予了最大程度的关注，这使该事件成为中国2018年影响最大的突发性公共卫生事件。

（一）事件起因

长生疫苗事件主要因员工实名举报，并由国家药品监督管理局查证和通报而引起。截至2017年年底，长春长生生物科技有限责任公司在职员工的数量大约是1000人，其中大约有600人是生产人员，此次实名举报长春长生生物科技有限责任公司生产劣质疫苗的员工就在其中。根据相关报道，关于对此次疫苗事件的举报是因内部岗位调整该员工利益受损所致，而且，该员工的实名举报信早在2018年7月11日之前，就已经被送到了国家药品监督管理局。这成为此次长春长生生物科技有限责任公司劣质疫苗事件的根本爆发点。

（二）事件发展

长生疫苗事件是一起典型的由公共卫生突发事件而引发的社会重大舆情事件。该事件从2018年7月11日前员工实名举报，到7月15日由国家药监局通报引发社会关注和恐慌，再到8月中下旬党中央对相关人员的问责和处置，整个事件和舆情才得以平息。过程大约持续了40天，具体发展过程[①]如下：

1. 实名举报

7月11日前，长春长生生物科技有限责任公司疫苗生产人员对长春长生生物科技有限责任公司冻干人用狂犬病疫苗生产存在记录造假等行为，向国家药品监督管理局进行了实名举报。

2. 调查通报

7月15日下午，国家药品监督管理局针对7月11日对长春长生生物科技有限责任公司进行飞行检查，发布通告指出，该企业冻干人用狂犬病疫苗生产存在记录造假等严重违反《药品生产质量管理规范》的行为。国家药品监督管理局要求吉林省药品监督管理局收回长春长生生物科技有限责任公司的药品GMP证书。国家药品监督管理局会同吉林省药品监督管理局组成调查组，进驻该企业全面开展调查。

3. 长生回应

7月15日，长春长生生物科技有限责任公司董事长高俊芳以签发内部文件的方式，召集各地的推广商到公司总部长春开紧急会议。

7月16日下午，长春长生生物科技有限责任公司董事长高俊芳在长春长生生物科技有限责任公司召开的全国20多位推广商参与的会议上表示，涉及此次疫苗事件的产品以及被召回的产品都不存在质量上的问题。

7月16日下午，《中国证券报》记者就此次疫苗事件给高俊芳发送采访提纲，但并

① 长生疫苗事件的整个发展动态主要根据国务院、国家药品监督管理局、中国证券监督管理委员会、深圳证券交易所发布的权威信息整理而成，部分信息参考了新华网、人民网、《中国证券报》等媒体报道。

没有得到回应。而从长春长生生物科技有限责任公司疫苗的推广商方面得知：长春长生生物科技有限责任公司已用口头通知的方式通知到各推广商，要求其对外都要保持住克制的态度，以等待监管部门对该事件进行认定的最终结果。

7 月 19 日，长春长生生物科技有限责任公司收到《吉林省食品药品监督管理局行政处罚决定书》，被罚款总计 344.29 万元。

7 月 20 日，长春长生生物科技有限责任公司对长生疫苗事件所产生的影响进行了评估，评估结果显示该事件将会使公司在 2018 年度减少 7.4 亿元的收入。

7 月 22 日，鉴于该事件的恶劣影响，国家药品监督管理局正式表态，对长春长生立案调查。长春长生生物科技有限责任公司回应对长生疫苗事件感到十分的自责和愧疚。

4. 事件发酵

7 月 22 日，李克强总理就长生疫苗事件作出批示：此次疫苗事件突破人的道德底线，必须给全国人民一个明明白白的交代。

7 月 23 日，长生生物科技有限责任公司收到中国证券监督管理委员会的调查通知书表示：长春长生生物科技有限责任公司股票于当天下午复牌，存在退市的风险。

7 月 23 日，长春长生生物科技有限责任公司因生产冻干人用狂犬病疫苗涉嫌违法犯罪，被公安机关正式立案调查。

7 月 23 日，习近平总书记对吉林长春长生生物疫苗案件作出重要指示，强调要一查到底、严肃问责，始终把人民群众的身体健康放在首位，坚决守住安全底线。

7 月 23 日，长春长生生物科技有限责任公司的相关股东所持有的股份被深圳证券交易所实施了限售处理。

7 月 23 日下午，国家药品监督管理局召开会议，决定对长春长生所有疫苗进行全流程、全链条彻查。

7 月 24 日，长春长生生物科技有限责任公司股票自 7 月 26 日起，其简称变更为“ST 长生”，长春长生生物科技有限责任公司董事长高俊芳等 15 人被刑拘。

7 月 24 日，兴业证券表态，将对高俊芳之子张洺豪质押的长春长生生物科技有限责任公司 1.67 亿股份进行实时跟踪。

7 月 24 日，长春长生生物科技有限责任公司表态，因为董事长高俊芳以及部分高管无法正常履职，导致公司的生产经营受到了严重的影响。

5. 事件调查

7 月 24 日，吉林省纪委监委启动对长春长生生物疫苗案件腐败问题调查追责。

7 月 25 日，国务院调查组赴吉林开展长春长生疫苗案件调查处理工作。

7 月 26 日，长春长生生物科技有限责任公司主要银行账户和募集资金账户被冻结。

7 月 27 日，中国证券监督管理委员会表示，对有关重大违法公司，坚决依法实施强制退市。

7 月 27 日，国务院调查组表示，关于长春长生生物科技有限责任公司违法违规生产狂犬病疫苗案件的调查工作已经取得了重大进展，基本上已经把该企业违法违规生产狂犬病疫苗之事调查清楚。

7 月 29 日，深圳证券交易所表示，会坚决贯彻退市决定精神，严格落实退市主体责任。

7 月 29 日，长春新区公安分局以涉嫌生产、销售劣药罪，对长春长生生物科技有限责任公司董事长高某芳等 18 名犯罪嫌疑人向检察机关提请批准逮捕。

7 月 30 日，该公司及其全部子公司名下的 34 个银行账户全部被冻结。

7 月 30 日，李克强总理主持召开国务院会议，听取关于长春长生疫苗案件调查进展情况的汇报。

7 月 31 日，国家药品监督管理局介绍，因长春长生疫苗事件而爆出的武汉生物百白破疫苗效价不合格，属于偶发。

8 月 2 日，长生子公司长春长生 9 处房产和 61 台车辆被查封。

8 月 3 日，深交所对长生董事、高管高俊芳、张晶等人给予公开谴责的处分。

8 月 6 日，国务院调查组公布了吉林长春长生生物科技有限责任公司违法违规生产狂犬病疫苗案件调查的进展情况。据调查组介绍，自 2014 年 4 月起，长春长生生物科技有限责任公司在生产狂犬病疫苗过程中严重违反药品生产质量管理规范和国家药品标准。

6. 事件善后

8 月 7 日，国家卫生健康委员会、国家药品监督管理局联合发布了《接种长春长生公司狂犬病疫苗续种补种方案》。同日，国家卫生健康委员会发出通知，要求各地卫生计生行政部门和有关医疗卫生机构做好对长春长生生物科技有限责任公司狂犬病疫苗接种者的跟踪观察和咨询服务等工作，维护人民群众身体健康和生命安全，保护接种者的合法权益。

8 月 9 日，国家卫生健康委员会就进一步组织好相关工作发出通知，要求接种单位的主要负责人必须为第一责任人。

8 月 15 日，国务院调查组在进一步调查长春长生生物科技有限责任公司的过程中发现，该公司生产的效价不合格百白破疫苗涉及同一批次两个批号的产品，共计 49.98 万支。

8 月 15 日，《关于长春长生 201605014 - 02 批次效价不合格百白破疫苗补种工作技术方案》发布。

7. 事件问责

8 月 16 日，中共中央政治局常务委员会召开会议，听取了关于吉林长春长生生物科技有限责任公司问题疫苗案件调查及有关问题问责情况的汇报。会议同意，对 7 名省部级官员进行问责，对 35 名非中管干部进行问责，会议责成吉林省委和省政府、国家药物监督管理局向中共中央、国务院作出深刻检查。

8 月 16 日，国务院总理李克强主持召开国务院常务会议，听取了关于吉林长春长生生物科技有限责任公司问题疫苗案件的调查情况汇报，并作出相关处置决定。

8 月 16 日，吉林省委常委会议研究决定，对长春长生生物科技有限责任公司违法违规生产狂犬病疫苗履行监管职责不力、履行属地管理职责不力的负有直接责任和领导责任的 13 名相关人员作出组织处理。

8. 事件处罚

依据吉林省高新技术企业认定管理工作办公室《关于取消长春长生生物科技有限责任公司高新技术企业资格的公告》，决定从 2017 年度起取消长春长生高新技术企业资格。依据相关法律法规，税务部门决定追缴长春长生自 2017 年度起因取消高新技术企业税收优惠而不缴少缴的企业所得税及滞纳金。

10 月 16 日，国家药品监督管理局和吉林省食品药品监督管理局依法从严对长春长生生物科技有限责任公司违法违规生产狂犬病疫苗作出行政处罚。

2019 年 2 月 2 日，中央纪委国家监委对 6 名中管干部作出予以免职、责令辞职、要求引咎辞职等处理，对涉嫌职务犯罪的原国家药品监督管理总局党组成员、副局长吴浈给予开除党籍处分并移送检察机关依法审查起诉。同时，有关部门和地方根据调查认定事实，依规依纪依法对涉及原国家食品药品监管总局、国家药品监督管理局、吉林省各级药品监管部门、长春市人民政府、长春市高新技术产业开发区管委会等 42 名非中管干部进行了严肃处理。

9. 事件结果

2019 年 11 月 7 日，长春长生生物科技有限责任公司破产。

（三）舆情分析

2018 年 7 月 15 日，国家药品监督管理局发布通告指出，长春长生生物科技有限责任公司冻干人用狂犬病疫苗生产存在记录造假等行为。这是长春长生生物科技有限责任公司自 2017 年 11 月份被发现百白破疫苗效价指标不符合规定后不到一年，再次被曝出疫苗质量问题。长生疫苗事件发生之后，人们开始在网上搜索查询和了解相关信息，并在微博、微信朋友圈等平台转发、讨论并关注该事件的进展情况。7 月 21 日，一篇题为《疫苗之王》的文章出现在网络上，并被大范围传播，成了长生疫苗事件社会舆情的引爆点。该文章的发布，引起了广大网民的强烈关注与激烈讨论。随后，政府相关部门、新闻媒体、微博大 V 等纷纷紧密跟进长生疫苗事件的发展情况，并适时发声，进一步扩大了长生疫苗事件的社会影响。

1. 舆情平台分析

在长生疫苗事件中，微博的传播平台量占比 88.05%，App 的传播平台量占比 3.10%，新闻的传播平台量占比 3. 08%，是该事件传播平台量的前三名，排名第四的是微信平台，其传播平台量占比 2.86%，另外，论坛平台的传播平台量占比为 1.93%。传播平台量占比相当的 App 和新闻平台上，长生疫苗事件传播的主要方式是 App 和新闻平台对该事件的跟踪报道以及点评，这在一定程度上增强了长生疫苗事件的影响力。

而在传播平台量占比最为突出的微博平台，《人民日报》、新浪财经等官方微博连续发表关于长生疫苗事件进展的博文；丁香医生、章蓉娅医生等网络“大V”也纷纷发表有关长生疫苗事件的博文，促进了长生疫苗事件的传播，引发了广大网民对于该事件的热烈讨论，形成了一个大的舆论场。

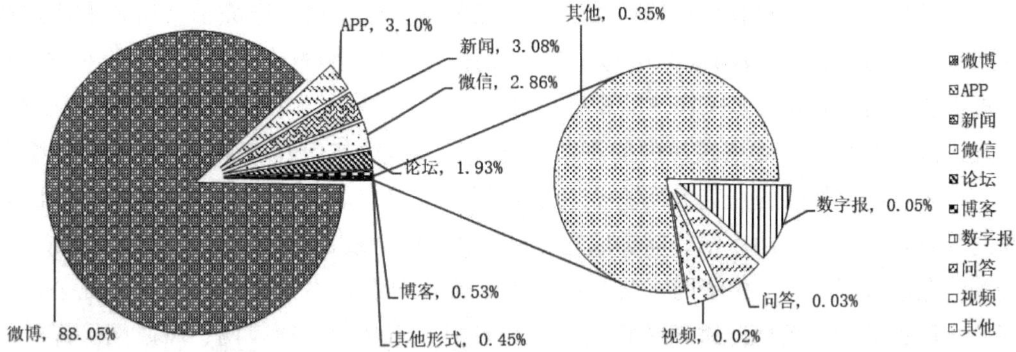

图3-40　“长生疫苗事件”舆情传播平台分布图

2. 传播趋势分析

从长生疫苗事件被曝光到国家领导人作出批示，社会舆情整体态势呈上升趋势；国家领导人批示后，民心得以安抚，社会舆情开始呈现出下降的趋势。长生疫苗事件由国家药品监督管理局于2018年7月15日发布标题为《长春长生生物科技有限责任公司违法违规生产冻干人用狂犬病疫苗的通告》的通告而被曝光，长春长生生物科技有限责任公司的药品GMP证书被收回。此时，社会公众对该事件的关注程度还比较低，社会舆情并未进行大范围的传播。7月22日，李克强总理就长生疫苗事件作出批示，指出此次疫苗事件突破人的道德底线，必须给全国人民一个明明白白的交代，引起了社会公众的热烈讨论和强烈关注。随后，《人民日报》、新华社、央视新闻等官方媒体纷纷对相关部门对于该事件的回应与处理进行了报道与转载，将社会舆情推向了高峰。在此之后，长生疫苗事件的社会舆情数量开始呈现下降趋势。

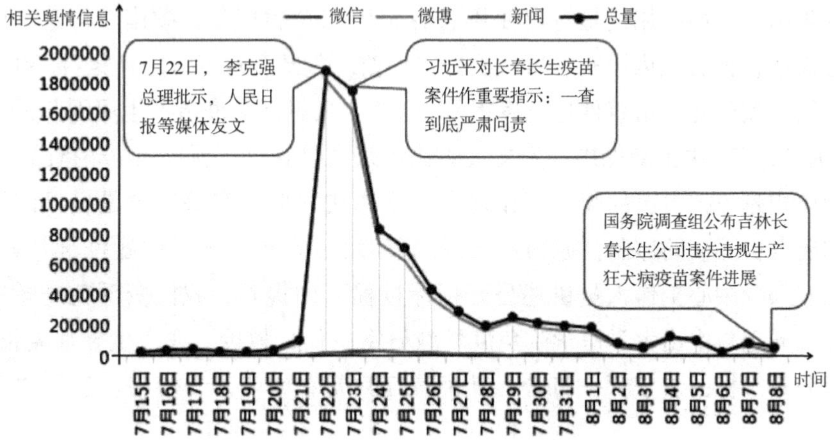

图3-41　“长生疫苗事件”舆情走势图

3. 媒体话题分析

自长生疫苗事件发生以来，媒体话题不断，相关讨论也纷至沓来，讨论较为热烈的相关话题主要有以下几个：一是“长生疫苗出现质量问题”的报道占比 27%。对长生疫苗出现质量问题进行曝光的第一人是国家药品监督管理局，其于 2018 年 7 月 15 日发布了通告《关于长春长生生物科技有限责任公司违法违规生产冻干人用狂犬病疫苗的通告》，该通告一经发布即刻引起了广大媒体的关注，引发了新华报业网、中国网、中青在线、南方周末等多家媒体的相继报道。二是“关于长生疫苗事件后续处理措施”的报道占比 18%。随着舆情热度的不断高涨，有关后续如何开展调查，以及对涉事企业、个人、监管部门的追究及问责成为媒体报道的热点。观察者网、凤凰网、澎湃新闻网等媒体发文对“山东纪委监委成立专班，调查问题疫苗背后违纪违法和失职渎职”相关信息进行了报道。中华网、新京报等媒体就“长春长生生物科技有限责任公司被证监会调查”的相关情况进行了报道。人民日报、新华网、搜狐网、凤凰网等媒体对“长春市长春新区公安分局依据吉林省食品药品监督管理局《涉嫌犯罪案件移送书》，对长春长生生物科技有限责任公司生产冻干人用狂犬病疫苗涉嫌违法犯罪案件迅速立案调查，将主要涉案人员公司董事长高某芳和 4 名公司高管带至公安机关依法审查”等内容进行了报道和转载。三是“聚焦各地监管部门回应”的报道占比 16%。自国家药品监督局点名通报长春长生生物科技有限责任公司违法违规生产冻干人用狂犬病疫苗以来，长生疫苗事件不断发酵。7 月 24 日，又陆续有几个省份对问题疫苗事件进行了表态，广西壮族自治区疾病预防控制中心称，涉事的百白破疫苗、狂犬病疫苗没有流入广西；青海省疾控中心发布公告，涉事批次的长春长生人用狂犬病疫苗、百白破疫苗未流入青海省；25 日凌晨，北京疾控中心发布消息称，没有招标采购过相关问题疫苗。7 月 25 日，中国新闻网发文《30 省份回应“问题疫苗”流向 公安纪检等部门介入》，搜狐网、新浪财经、北京周报等对此文进行了转载。在回应“问题疫苗”流向的 30 个省份中，上海、河南、海南、重庆、山东、山西、广西、河北等 8 个省市疾控中心明确表示，全面停用或是暂停使用长春长生狂犬病疫苗；湖南、福建、广东 3 省疾控中心表示，该省境内没有涉事批次狂犬疫苗。截至 7 月 30 日，已经有 30 个省、自治区和直辖市就问题疫苗事件进行发声①。四是“反思问题疫苗产生原因”的报道占比 14%。7 月 22 日，中国新闻周刊发文《谁来给疫苗监管打“预防针”》指出：“疫苗监管的治理模式是怎样失灵的呢？厂家逐利、犯罪成本低、有保护伞是显见的原因，但必须看到还有更深刻的体制性原因。”红星新闻发布的文章《“问题疫苗”如何中标？山东省政府采购中心工作人员讲述公开招标过程》中提到，我国资深免疫学家、中国免疫学会常务理事中山大学医学院免疫学教研室主任、教授、博士生导师吴长有表示，疫苗项目公开招标的专家评审打分，某种程度只是看说明、看价格。五是“关注国家

① 中国新闻网：《30 省份回应“问题疫苗”流向 公安纪检等部门介入》，2018 年 7 月 25 日。

领导人相关指示”的报道占比13%。人民网、新华网、中国政府网、央视网、中国广播网等多家媒体对习近平总书记和李克强总理关于长生疫苗事件作出的批示进行了报道。另外，关于“讨论解决之道”的报道和“其他报道”分别占比9%和3%，公众对如何形成疫苗安全管理长效机制、如何加强惩处力度、如何查询疫苗批次及其他问题进行了热烈的讨论。

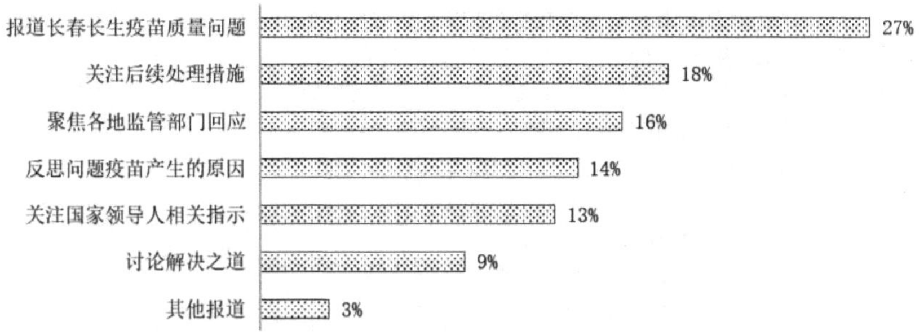

图3－42 长生疫苗事件媒体报道分布图

4. *网民话题分析*

“长生疫苗事件”自曝光以来，引起了社会公众的强烈反应，公众对此事热议不断，其主要话题集中在“传播长生疫苗事件”“对疫苗造假事件表示愤怒和痛心”“认为政府部门对相关事件的监管不力、处罚太轻”“要求对涉事企业及人员施以严惩”“对已接种疫苗的儿童表示担忧”“起底长春长生生物科技有限责任公司相关人物情况”“希望尽快出台补救解决方案”“认为国产疫苗辜负民众信任”等方面，这些话题在所有长生疫苗事件社会舆情相关言论中分别占比29%、24%、14%、10%、8%、7%、4%、3%。以新浪微博为例，从7月15日起，就涌现出了大量关于“长生疫苗事件”的话题，7月15日，人民日报微博就转发了一篇《黑心！吉林一药企狂犬疫苗生产记录造假 国家药监局：涉事疫苗未出场》的文章。7月20日，新京报微博发布了《百白破疫苗造假：长春长生生物科技有限责任公司被罚344万 市值蒸发近100亿》《深陷“狂犬疫苗门”又因问题疫苗被罚，长生能“安生”吗》等文章。这些传播“长生疫苗事件”的文章都被社会公众大量转发。7月22日，新浪微博用户“北辰星悦Jy”发布微博：“致卖假药的：你们为了自己的利益伤害了大家的利益，可能你们之中有的也是父母，就算不是也会因为你们的职业和孩子打交道，看到他们那纯真的样子你们真的忍心吗？不知你们心里是怎么想的，可能干这一行的知道其中的内幕不会让自己的孩子受伤，同样的难道别人的孩子受伤你们的良心就不会痛？”新浪微博用户“盗版五月天_怪兽”发布微博：“疫苗再贵，家长也是愿意给孩子们打，因为那会使孩子们健康的成长，远离病痛，你们却让它成为你们偷工减料赚钱的工具，人性何在，钱真的是万能的吗？”这些对疫苗造假表示痛心和愤怒的言论也在互联网上大量传播。另外，认为监管部门监管不力，对涉事企业个人处罚太轻，要求对涉事企业和人员施以严惩的言论也呼声甚高，譬如，7月17日，新浪微博用户“超神的义筱”发布微博：

“说不定假疫苗已经用在了很多人身上了，所以生产假疫苗这种人跟谋杀没有任何区别，杀人犯!”，新浪微博用户“据扯”发布微博：“对不起，不原谅，不接受，也不给机会。只有倒闭退市一条路。然后让靠谱的疫苗进来。我们不能再给他们机会了，给不起，给不了，连婴儿都残害的公司不配享有任何原谅。”这些内容都在很大程度上体现了社会公众对疫苗造假事件的零容忍态度。

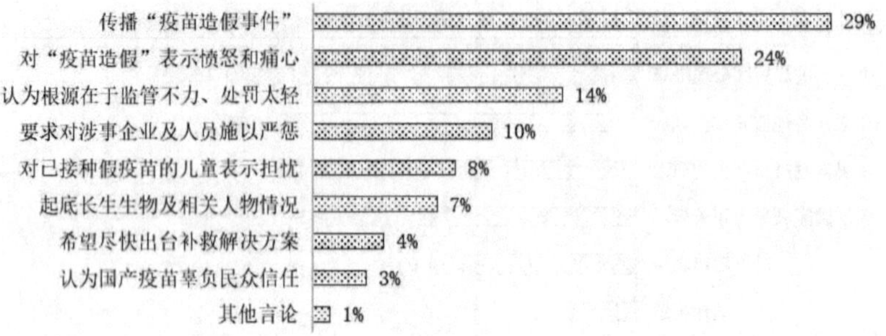

图 3－43　长生疫苗事件网民话题分布图

二、长生疫苗事件社会舆情的生成

长生疫苗事件所产生的社会舆情具有多方面的因素，包括长生疫苗事件直接触发了社会对疫苗问题的恐慌心理及反应，涉事主体的应对方式不当，以及社会对制假造假行为的零容忍态度等，这些因素共同推动了长生疫苗事件社会舆情的发生，其形成、发展和衰减，都是处在一个完整的变化过程当中，通过一些典型效应折射出其演变过程中的突变规律、聚焦规律、共振规律、极化规律等，把握这些规律，对于处理好长生疫苗事件社会舆情，以及提升政府治理能力具有重要意义。

（一）长生疫苗事件社会舆情的生成条件

医药产品如果出现质量问题，就会直接与人民群众的生命健康安全息息相关，因而医药产品一旦出现质量不符合规定等情况，往往会引发政府、媒体以及社会公众的密切关注，甚至是引起严重的社会舆情。疫苗是一种特殊的药品，它与人民群众的健康直接相关，谁在疫苗生产上出问题，必然遭受社会的谴责。因此，自从 2018 年 7 月 15 日下午国家药品监督管理局正式发布通告，指出长春长生生物科技有限责任公司冻干人用狂犬病疫苗生产存在记录造假等行为之后，有关长春长生生物科技有限责任公司出现疫苗问题的相关言论就开始在网上刷屏。更为严重的是，长春长生生物科技有限责任公司的问题疫苗注射人数极多，牵涉范围极广，因此，该事件引起了社会各界的广泛关注和深度思考，同时也激发了人民群众的愤怒之心，造成了一定程度的社会恐慌。长生疫苗事件也因此成为一起由突发卫生事件所引发的重特大舆论事件。长生疫苗事件发生后，各种各样的社会舆情接踵而至，引发了极大的社会动荡，其原因主要源于四个方面。

1. 党和国家领导人的高度重视

长生疫苗事件发生后，国家领导人高度重视，正在国外访问的习近平主席作出重要指示：要求一查到底严肃问责。李克强总理连续作出两次批示，要求相关部门彻查此事。国家领导人对长生疫苗事件的高度重视强势发声，起到了稳定民心、缓和负面舆情的重要作用，将舆情往正向引导，在很大程度上维护了民心安宁和社会稳定。

2. 疫苗注射事关孩子生命健康

问题疫苗和孩子的健康息息相关，因此长生疫苗事件的曝光极易引发社会公众的愤怒，并且这种情感具有普适性，是不分地域的。因此，在这种情感共鸣和朴素情感的支配下，长生疫苗事件的社会舆情会在短时间内冲高，同时也是因为这种情感共鸣，可能导致部分失去理智的家长偏听偏信，对网络上充斥的各种言论缺乏判断力，导致人云亦云的情况发生。甚至有可能在关注事件的过程中无意识地传播谣言，从而进一步加重公众的恐慌心理和不满情绪，给有关部门的舆情处置带来难度。回顾长生疫苗事件的发生与发展过程可以发现，2017 年 11 月，长春长生生物科技有限责任公司被发现百白破疫苗效价指标不符合规定一事是由国家药品监管局查明的，而 2018 年 7 月长春长生生物科技有限责任公司冻干人用狂犬病疫苗生产存在记录造假等行为一事则是由于内部员工实名举报才得以曝光。试想此类事件若不是有药监部门的主动出击和员工举报，可能永远不会被发现，长期注射这些不合格疫苗的后果也将更加不堪设想。这也是引发此次舆情事件的重要因素之一。

3. 媒体和意见领袖推动舆情发展

官方媒体在社会舆情发展的过程当中往往能够发挥重要的作用，客观公正的报道能够引导社会舆情走向良好的发展态势；如果在报道时使用虚假数据，瞒报、谎报等则容易使社会舆情发生恶化，甚至是产生次生舆情。长生疫苗事件被曝光之后，迅速引来了各大官方媒体的相继报道，《人民日报》、新华网、《光明日报》、央视网、《检察日报》等官方媒体皆就长生疫苗事件的相关新闻进行了报道与转载，主要关注内容包括“问题疫苗的流向”“监管部门为何频频失守”“长春长生生物科技有限责任公司是否存在隐瞒事实的行为”等方面。

社会名人、微博“大 V”、演艺人员等在重大突发公共安全事件中扮演着意见领袖的作用，这些人如果就某一社会热点事件发表言论，则往往会具有较强的社会影响力。在长生疫苗事件被曝光之后，“疫苗与科学”“章蓉娅医生”“丁香医生”等知名医学博主从科普的角度探讨长春长生生物科技有限责任公司疫苗事件，试图缓解公众恐慌和焦虑情绪；多名演艺人员也纷纷发声，希望严查这些问题疫苗，给天下所有的父母一个心安的答案。此外，媒体、微信公众号上有关长生疫苗事件的文章呈井喷式传播。以上这些信息传播途径都对长生疫苗事件社会舆情的生成和发展产生了巨大的推动力。

活跃度排名				影响力排名			
博主名称	发帖数	影响力	活跃度	博主名称	发帖数	影响力	活跃度
头条新闻	20	93	100	人民日报	88303	97	100
财经网	17	81	100	央视新闻	98813	95	100
新京报	11	85	100	头条新闻	142342	93	100
澎湃新闻	8	85	100	中国新闻网	101024	87	100
新浪财经	5	83	100	环球时报	143794	86	100
人民日报	5	97	100	何炅	8564	86	43
李铃铛哒	4	60	62	新京报	86251	85	100
疫苗与科学	4	59	100	新华视点	97523	83	100
共青团中央	3	83	100	财经网	141406	81	100
新华视点	3	83	100	凤凰网视频	51640	74	100
中国新闻社	3	61	100	南方都市报	11346	74	100
娱圈星探	3	63	78	稀土部队	1218	70	10
老徐时评	3	63	68	李铃铛哒	3180	60	62
环球时报	2	86	100	检察日报	32165	60	100
新浪爱问医生	2	74	100	国内外白富美揭秘	2870	58	100
中国新闻网	2	87	100	刘璇	1482	58	27
凤凰网视频	2	74	100	章蓉娅医生	8726	56	21
耿直的PallasCat	2	57	59	倒吸一口凉屁	4690	47	32
刘璇	2	58	27	史老柒	13141	46	74
中国青年网	2	76	100	法师哥	257	39	82

图 3－44　发布有关长生疫苗事件微博的重点博主活跃度和影响力排名 TOP20 统计表

4. 社会对市场制假造假的排斥

社会公众注射疫苗的主要目的是预防各种疾病，人们为了自己的身体健康和社会的安全与稳定，愿意选择信任，去注射疫苗，这不单单是对疫苗这种特殊药品的信任，更是对国家相关部门以及法律法规、监管、技术、道德等方面的极大信任。疫苗出现问题，对社会公众的身体健康产生了直接的威胁，同时，这也从侧面反映出了在法律法规、监管、技术、道德的某个方面出现了偏差，因此，长生疫苗事件的发生极易引起公众愤怒和社会恐慌。高俊芳等药品生产商负责人，消费政府和公众的信任，无视他人生命安全，通过非法手段巨额敛财，必然会引起公众的愤怒。据不完全统计，自 2005 年至今，在全国各地发生过多起问题疫苗事件，其中影响比较大的包括 2005 年安徽泗县甲肝疫苗事件、2010 年山西乙肝疫苗事件、2016 年山东济南非法经营疫苗系列案件。问题疫苗事件频发，给公众造成不信任感和危机感。在这种情绪的支配下，公众情绪的“燃点”极低，遇到类似事件且让公众感知到事件的危害很大时，公众情绪便会在瞬时点燃。同时，此次疫苗事件的生产企业、生产监管政府部门、受害家庭、社会公众等不同涉事主体的相关应对行为，尤其是这些主体的一些不当干预也是导致此次事件社会舆情产生，甚至是加剧社会舆情演化的重要因素。

（二）长生疫苗事件社会舆情的生成规律

1. 突变规律

突发事件一经发生，便会迅速成为媒体和社会公众关注和热议的话题，在网络平台上抑或是在人与人的交谈之中频频出现，形成一定的社会影响，而正在此时，社会舆情也就产生了。这种社会舆情的产生，往往会破坏平日里和谐稳定的网络环境，形成网络的舆论场，使突发事件的相关信息成为搜索热词，使突发事件本身成为网络上炙手可热的事件，从而引起突发事件的膨胀。可以说，突发事件的发生及其相关网络话题的突然膨胀，是网络舆情生成与演化的触发因子，所产生的直接结果是网络舆情的非连续性突然发生和变化①。在突发事件舆情风险值尚未达到舆情的突变点之时，社会舆情的发展状态相对来说是比较稳定的，此时的社会舆情并不足以致使社会恐慌等情况的发生。然而，一旦舆情风险突破了舆情的突变点，那么，在此之前社会舆情的潜在能量就会得到充分的释放，相对稳定的网络环境便会瞬间遭到破坏，形成强大的突发事件舆论场，甚至是在突然之间形成舆情风险。就长生疫苗事件的社会舆情而言，在 2018 年 7 月 15 日至 7 月 21 日，该事件舆情尚未突破舆情突变点，社会舆情呈现出比较稳定的状态，此时网民参与讨论的情况还比较少；7 月 22 日，李克强总理就长生疫苗事件作出批示：此次疫苗事件突破人的道德底线，必须给全国人民一个明明白白的交代。紧接着，7 月 23 日，习近平总书记对吉林长春长生生物科技有限责任公司疫苗案件作出重要指示，这使得长生疫苗事件的关注度在 23 日达到了峰值。

2. 聚焦规律

在社会舆情突破临界值，发生突变之后，舆情事件会迅速得到广泛的关注和引发激烈的讨论，从而迅速在网上发酵，成为社会公众关注的焦点问题，不断产生更多的具有共鸣性的话题。在长生疫苗事件的发展过程中表现非常明显的阶段就是 7 月 23 日习近平总书记对长生疫苗事件作出批示，以及 7 月 22 日李克强总理对长生疫苗事件作出批示。国家领导人对长生疫苗事件的重视与关心人民群众身体健康、坚决查清事实、严肃问责的态度引起了全国人民的共鸣，因而，长生疫苗事件的网络关注度达到了顶峰，成了社会舆情的焦点。在社会舆情的焦点事件中，如果有网站或网民进行具有一定指向性的炒作、评论、转发等，无限放大社会舆情事件的负面影响，则社会舆情事件更容易形成舆情焦点。

譬如，在长生疫苗事件爆发期，微信公众号“兽楼处”的一篇署名为“兽爷”的调查文章《疫苗之王》自 7 月 21 日开始在微信朋友圈、自媒体平台上被大量转发，阅读量突破 6000 万，引发了广泛的讨论，彻底引爆舆情。

3. 共振规律

长生疫苗事件的社会舆情在网络平台聚焦之后，政府、媒体与网民在网络平台上就长生疫苗事件的相关问题进行了互动，这种互动使得社会公众逐步将对长生疫苗事件本身的愤怒转向到对该事件的看法之上，从而形成具有鲜明指向性的热议话题，实现长生疫苗事件议题与社会公众情绪的共振。长生疫苗事件发生后，国务院、国家药监局、吉林省委、山东省委、吉林和山东药监局等相关政府部门积极通过新闻发布会、通报等回应社会各方关切与质疑。此外，上海、山东、河南、广东等多地疾控部门陆

① 易臣何，何振：《突发事件网络舆情的生成演化规律研究》，《湘潭大学学报（哲学社会科学版）》，2014 年第 2 期，第 74—78 页。

续宣布封存、停用长春长生生物科技有限责任公司生产的狂犬病疫苗。官方的表态致使公众逐渐将突发事件本身转向对该事件的看法上，重拾对中国疫苗的信任。

4. 极化规律

长生疫苗事件发生之后，社会公众能够在网上发表对于该事件的看法和态度，并且网络用户与用户之间能够进行一定的交流。如果某网络用户，特别是具有一定影响力的公众人物就该事件发表的言论能够引起社会公众的共鸣时，个体用户进行模仿其他用户言论或者行为的可能性就比较大，个体观念或情绪的认同感会逐渐得以强化，且容易形成社会舆情的极化状态。网络平台的传播速度非常快，突发事件社会舆情发生后，舆情的发展方向会逐渐出现群体极化、议题极化以及指向极化的情况，倘若社会舆情在此情况下迅速发酵，后果将会不堪设想。此次长生疫苗事件中，注射疫苗的孩童父母在网络上集合，以高度一致的态度对长春长生生物科技有限责任公司进行讨伐；出于对医药卫生的担心，社会公众在网络上强烈呼吁政府部门加强对医药生产企业的监管。

三、长生疫苗事件社会舆情的演化

重大突发事件的发生，通常伴随着社会舆情信息的传播，而在不同传播载体的传播与交互过程当中，社会舆情事件的发展方向、发展形态会发生一定的变化，这种变化具有一定的规律性，可以划分为若干阶段，本文认为长生疫苗事件社会舆情的具体演变过程可以划分为孕育、扩散、波动、衰减四个阶段，而在此过程当中，长生疫苗事件社会舆情的演化呈现出了突变效应、晕轮效应、羊群效应、雪球效应、共情效应等。如何在长生疫苗事件社会舆情演变过程中把握舆情的生成与演化规律，积极探索应对策略，正确地引导舆情事件的发展，是政府的重要职责与工作挑战之一，也是政府做好应急管理和社会治理工作的必然要求。

（一）长生疫苗事件社会舆情的演化阶段

1. 孕育阶段

长生疫苗事件孕育阶段是指事件信息通过微博、微信、网页新闻、论坛等平台传播，引起了社会公众强烈反应的过程，这一过程发生的时间为 7 月 15 日至 7 月 21 日。

7 月 15 日，国家药品监督管理局发布通告，指出长春长生生物科技有限责任公司狂犬病疫苗生产过程存在记录造假等行为。自此，长生疫苗事件社会舆情开始出现，除了对“疫苗事件”表示愤怒和痛心外，政府对此事的处理结果以及监管力度逐渐成为网民的议论点。7 月 16 日，长春长生生物科技有限责任公司宣布召回狂犬病疫苗。《光明日报》《新京报》等多家媒体发布了有关长春长生生物科技有限责任公司狂犬病疫苗造假的消息，公众舆论场有所发酵。7 月 16 日起，上海、山东、河南、广东等多地疾控部门陆续宣布封存、停用长春长生生物科技有限责任公司生产的狂犬病疫苗。7

月 17 日，长春长生生物科技有限责任公司声明涉及批次疫苗全部封存，已上市疫苗符合标准。同日，ZAKER 新闻网的《长生疫苗案：员工被下“封口费”早有前科》一文引发了中国新闻网、今日头条等媒体转载。7 月 19 日，吉林药监局针对此次事件，对长春长生生物科技有限责任公司予以罚款 344.29 万元，舆情焦点转向政府部门的处理结果。7 月 20 日，吉林药监局发布行政处罚公告，长春长生生物科技有限责任公司生产的百白破疫苗不符合规定，按劣药论处。同日，检察日报发布的《疫苗生产记录造假，致歉就能了事?》一文经多次转载，相关舆情量明显增长。

总的来说，7 月 15 日至 7 月 21 日这一时期事件相关信息主要是媒体对政府监管部门和长春长生生物科技有限责任公司发布的公告、声明的报道，网民并未大量参与，舆情尚处于酝酿阶段。

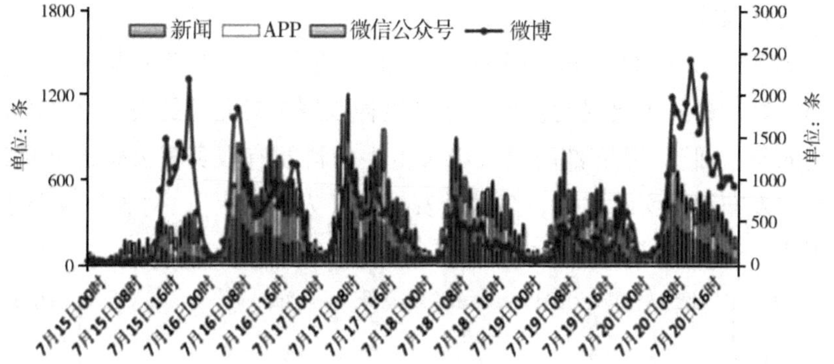

图 3－45　长生疫苗事件舆情趋势图（一）

2. 扩散阶段

长生疫苗事件的扩散指的是社会舆情信息高度膨胀，公众情绪迅速集结，社会舆情主体增加、主题增多，在此阶段，舆情信息在互联网上呈现迅速增长的趋势，公众对长生疫苗事件的关注度和讨论热度持续升高。7 月 22 日至 7 月 24 日是长生疫苗事件的扩散阶段，相关舆情呈现井喷式增长的状态。

通过分析图 3－46 可知，忽略舆情随作息的规律变化可以发现，在这一时段内，新闻、App、微信这三大平台的舆情信息均为先上升后下降趋势。在长生疫苗事件爆出后的第六天，也就是 7 月 21 日，微信公众号“兽楼处”发布一篇署名为“兽爷”的调查文章《疫苗之王》，该文章一是指出长春长生生物科技有限责任公司在疫苗方面已经出现过好几次问题，但每次都能转危为安；二是梳理了长春长生生物科技有限责任公司的发家史，其在资本市场无往不利，利润率惊人，曾被质疑国资流失，通过不断并购，最终上市。《疫苗之王》这篇文章对该公司的发迹史进行了全景式的描述，引发了社会对于疫苗生产企业的愤怒，同时，使得社会公众对相关监管部门的工作与可靠程度发出了质疑的声音。这篇文章在微信朋友圈、自媒体平台上被大量转发传播，引发了广泛的讨论，彻底引爆舆情。而总的来看，7 月 23 日相关的舆情信息最多；在微博平台内，长生疫苗事件的相关舆情信息于 7 月 22 日的时候达到了顶峰，之后，舆情数量又呈现出了下降的趋势。从整体上来看，这一时间段内有关长生疫苗事件的后续处理问题成了网民讨论的焦点。7 月 22 日，中国政府网发布《李克强就疫苗事件作出批示：必须给全国人民一个明明白白的交代》一文，被多家权威媒体转载，其中主要包括中国新闻网、人民网、央广网、央视网、中央人民广播电台等，使得该事件的舆情热度持续上升。7 月 23 日，央视网发布《习近平对吉林长春长春长生生物科技有限责任公司疫苗案件作出重要指示 强调要一查到底严肃问责 始终把人民群众的身体健康放在首位 坚决守住安全底线》一文，被中国政府网、人民网、新华网、央广网等多家媒体进行转载。除此之外，中央人民广播电台发布的《四问长生生物：25 万支劣药今何在?》一文，就问题疫苗的去向问题进行了讨论。此时，媒体舆论场关于长生疫苗事件的相关舆情达到顶峰。

在 7 月 22 日至 7 月 24 日这段时间内，民间舆论场就长生疫苗事件的讨论热度更是达到了顶峰，其讨论的主要议题包括“已经接种该疫苗对儿童的身体健康的担忧”“问题疫苗的流向与追回”“政府部门对长春长生生物科技有限责任公司的处理结果”等。新浪微博用户发布微博文章之时，多次转发提示“人民日报”，对长生疫苗事件的实时进展进行报道。

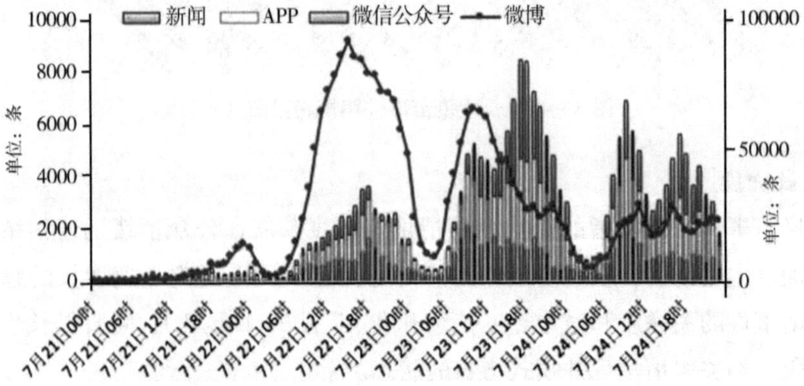

图 3 - 46　“长生疫苗事件”舆情趋势图（二）

3. 波动阶段

长生疫苗事件社会舆情的波动期为 7 月 23 日至 7 月 27 日，在此期间，随着政府、媒体以及公众自发或者被动地呈现更多关于长生疫苗事件的信息，公众对整个事件的发生、发展等脉络已经有了基本认识，并且长生疫苗事件的发展方向和可能出现的结果已经能够进行预估。此时，有一部分网民已经淡出该事件的热议。因此，长生疫苗事件的舆情热度开始消退。

7 月 23 日，习近平总书记对吉林长春长生生物科技有限责任公司问题疫苗案件作出重要指示后，相关部门立即采取措施应对此次疫苗事件。同日下午，国家药品监督管理局发文，指出要对长春长生所有疫苗进行全流程、全链条彻查。同日，深圳证券交易所对长春长生生物科技有限责任公司相关股东所持股份实施限售处理。7 月 24 日，长春长生生物科技有限责任公司董事长高俊芳等 15 名涉案人员被长春新区公安分局依法采取刑事拘留强制措施。7 月 26 日，吉林省药品监督管理局原局长崔洪海被提起公诉。随着长生疫苗事件的相关涉事人员相继被查，该事件的社会舆情开始出现回落现象。

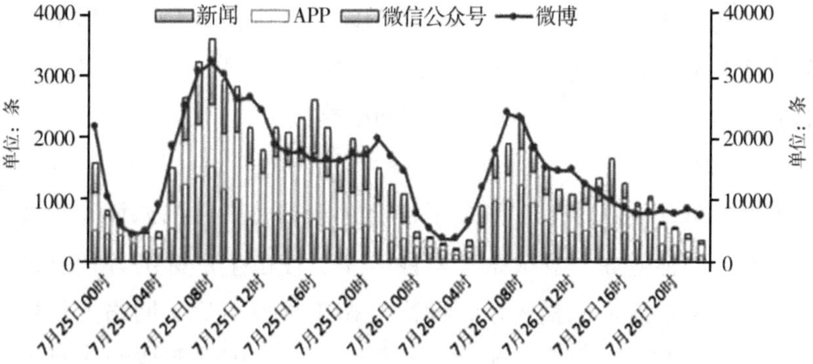

图 3－47　“长生疫苗事件”舆情趋势图（三）

4. 衰减阶段

7 月 27 日以后为长春长生疫苗事件社会舆情的衰减期。在此期间，公众的诉求得到了政府的回应，长生疫苗事件主要涉事主体受到了政府的处置，公众对相关处理结果也比较满意，随后公众对此事件的关注度开始逐渐减少，媒体对此事件的报道也随之减少，而随着长生疫苗事件相关处理结果的出具，该事件在 8 月 5 日的时候又出现了舆情热度小幅度上升的情况；而在 8 月 12 日之后，该事件的舆情热度开始持续消退；一直到 8 月 22 日，长生疫苗事件几乎淡出了广大媒体和社会公众的视线。

在此阶段，长春长生生物科技有限责任公司以及其主要涉事人员受到严厉处罚，随着长春长生疫苗事件相关情况的明朗，民众的情感与态度不像在前几个阶段那样激烈，发表帖文的情感倾向也有所缓和，舆情信息数量也随之不断减少，大部分民众的兴趣点及兴奋点出现了变化，对长春长生事件的关注度逐渐降低，长生疫苗事件舆情力量弱化，其强大的感染力和号召力已经明显减弱。在此阶段，政府应对长生疫苗事件社会舆情的压力也大幅度减小，该事件产生的社会舆情进入了衰减阶段。

（二）长生疫苗事件社会舆情的演化效应

1. 舆情呈现突变效应

网络舆情发生突变之后，会在很短的时间内得到广泛关注和热议，并在网上扩散和发酵，成为社会公众关注的热点和焦点。尤其是，如果有网站或者网民针对社会舆情事件的某方面不断地进行放大或炒作，则更加容易引起广泛关注，形成具有指向性的舆情焦点。在长生疫苗事件的爆发期，微信公众号“兽楼处”的一篇文章——《疫苗之王》，自 7 月 21 日开始在微信朋友圈、自媒体平台上被大量转发，引发了广泛的讨论，彻底引爆舆情。7 月 22 日，李克强总理就长生疫苗事件作出批示，要求必须给全国人民一个明明白白的交代。7 月 23 日，习近平总书记对吉林长春长生生物疫苗案件作出重要指示，强调要一查到底严肃问责，始终把人民群众的身体健康放在首位，坚决守住安全底线。批示内容切实回应群众关切，要求彻查并及时公布长生疫苗事件的调查进展。至此，该事件的关注度达到了顶峰，百度指数和 360 指数显示，社会对此事件的关注度在 7 月 23 日至 24 日达到顶点。8 月 16 日，在中央对此次疫苗事件相关责任人的处理结果公布后，又引发了一次网络热搜。

2. 舆情呈现晕轮效应

长春长生疫苗事件被爆出后，引起了社会对于相关事件的恐慌与担忧。与疫苗相关的孩子、病患、生命健康、狂犬病、药品安全、疫苗生产标准等信息迅速聚集了社会的注意力。百度指数需求图谱显示，此次疫苗事件发生后，网络上长生疫苗事件始末、长春、山东非法疫苗案、武汉生物、造假、百白破疫苗等成为 7 月中旬到 8 月中旬的网络热搜词。由于医药本身的特殊性，事关人民健康、职业道德和政府监管等，十分容易引起群体关注和联想，“晕轮效应”表现突出。譬如，一些网民由此次疫苗事件联想到了“三鹿奶粉事件”“武汉生物疫苗事件”等，并由此引发对整个疫苗行业的担忧，对药品监管部门监管能力的怀疑。有网民甚至将此次疫苗事件与 2008 年三鹿奶粉三聚氰胺事件、2016 年疫苗失效事件类比，不信任的情绪已经从一个企业、一个行业开始向整个“中国制造”和监管体系蔓延。

3. 舆情呈现羊群效应

在长生疫苗事件发生后，由于整个事件正处于调查中，信息的半透明化使得一些社会公众容易受到他人的言论、行为等影响。此时，最为明显的特征就是，个体用户容易对其他用户的言论、行为等进行模仿，并且通过互联网平台进行对话与交流，使得他们对社会舆情事件的态度，以及针对社会舆情事件的行为等更加趋于一致，实现社会公众对社会舆情事件更加强烈的认同感与共鸣。从 7 月 21 日，微信公众号“兽楼处”发布的《疫苗之王》一文传播开始，各大媒体跟进报道、评论“长春长生生物科技有限责任公司疫苗门”事件，随后网络“大 V”、明星微博发声让传播范围几何级扩大，新闻联播播出国家药监局负责人介绍长春长生狂犬病疫苗案件的有关情况……一场由网友、媒体、意见领袖共同参与的舆论风暴骤然形成。7 月 22 日，在收获数百万的阅读量之后，《疫苗之王》被删除，但长春长生生物科技有限责任公司问题疫苗的舆情之火已成燎原之势。一时间，微博上声讨长春长生生物科技有限责任公司、严惩相关责任人成为舆论主流，关于长生疫苗事件的话题在微博上的关注和讨论已逾数十亿。伴随各种信息的交互汇集，媒体和公众对疫苗的监管和安全问题的关注度持续上升，对政府和官员的公信力产生怀疑。

4. 舆情呈现雪球效应

长生疫苗事件发生后，《人民日报》《光明日报》、央视网、中央人民广播电台、《检察日报》等官方媒体纷纷就该事件发表评论，转载相关文章等，主要就“问题疫苗的流向”“监管部门为何频频失守”“长春长生生物科技有限责任公司是否存在隐瞒事实的行为”等焦点话题进行了相关报道。国务院、国家药品监督管理局、吉林省委、山东省委、吉林和山东药品监督管理局等相关政府部门积极通过新闻发布会、通报等回应社会各方关切与质疑。此外，上海、山东、河南、广东等多地疾控部门陆续宣布封存、停用长春长生生物科技有限责任公司生产的狂犬病疫苗。官方的表态致使公众逐渐将注意力从突发事件本身转向对事件的看法上，重拾对中国疫苗的信任。很大程度上压制了初期全盘否定国产疫苗的声音。

5. 舆情呈现共情效应

长生疫苗事件的涉事者以威胁公众的生命健康，尤其是儿童的生命健康为代价，作为自己的获利手段。这种恶劣行径引发了社会各界和全体公民极其强烈的愤怒情绪，激发了社会公众的同理心。就此事件而言，全国人民能够突破性别、年龄、职业、受教育水平等各种限制，产生情感共鸣，表达共同诉求。长春长生生物科技有限责任公司疫苗造假事件，直接威胁到社会公众，尤其是全国儿童生命健康安全问题，每个人都担心接种假疫苗的事件会不幸发生在自己身上。这种全民相似的痛点极其容易引发社会广泛的恐慌现象，引发全民的关注和热议。

四、长生疫苗事件社会舆情的影响与启示

长生疫苗事件的曝光所引发的社会舆情，使得公众对疫苗问题产生恐慌心理，让很多家庭对已经注射该疫苗的孩子的身心健康感到恐慌，对日后的疫苗接种问题产生了恐惧心理，直接导致公众安全感的缺失。同时，该事件也在一定程度上使得政府公信力遭到质疑，让群众对政府治理能力的信任感大幅度降低。近年来发生的各种突发事件，给国家和人民带来了重大损失，而由此形成的“病毒式”舆情又常常容易造成社会性恐慌或引发其他不良后果，进而形成更大的公共危机，破坏社会团结稳定的大好局面，严重威胁到国民的安全感、获得感和幸福感。此次长生疫苗事件便是最好的例证。但与此同时，此次事件也带给了我们应对舆情的启示。

（一）长生疫苗事件社会舆情的影响

1. 引发公众的恐慌

问题疫苗事件触动了人们的神经，引发了社会公众对国产疫苗安全性和有效性的担忧和恐慌，很多家长对注射疫苗产生了恐惧心理，对疫苗到底该不该打、打过疫苗会不会给孩子健康造成损害、问题疫苗注射是否会留下后遗症等问题关心迫切。从已公开的信息来看，由于长春长生生物科技有限责任公司弄虚作假行为的发生并非第一

次，再加上在长生疫苗事件期间，武汉生物百白破疫苗效价不合格的问题曝光，更加加剧了公众对疫苗问题的恐慌。医疗卫生服务质量与公众的健康直接相关，绝不能容忍半点侥幸和半点闪失，全社会对假疫苗皆持零容忍态度，而长生疫苗事件直接触发了社会对疫苗问题的恐慌心理，从而引发了全社会对医药企业药品安全生产能力和政府对药品生产监管能力的质疑，进而直接破坏了社会的稳定和团结，引发社会关注，导致社会舆情出现、蔓延和泛滥。

2. 弱化政府公信力

重大突发事件社会舆情的应对折射出政府的公信力。政府对重大突发事件社会舆情管理的理念、态度、效率都影响着政府的公信力。在长生疫苗事件持续发酵，引发社会焦灼之后，网上出现了“疫苗事件中政府部门连续 7 天集体失声”“一个奶粉都管不好的人，居然让他管药”等网络负面舆论。此时社会公众对政府的信任感有所降低，政府公信力大幅减弱，而这种信任危机必将导致社会公众缺乏安全感。疫苗是一种特殊的生物制品，遵照《中华人民共和国药品管理法》《疫苗流通和预防接种管理条例》《预防接种工作规范》《预防用生物制品生产供应管理办法》等法律法规，疫苗流通的合法合理程序为：疫苗生产企业—疫苗批发企业—其他企业、疾控部门和接种单位。国家对疫苗这种特殊药品的研发、生产、批发、存储、运输、流通、临床使用等都有严格的明文规定。而长春长生生物科技有限责任公司此次疫苗造假事件并非首犯，早在 2017 年 11 月，长春长生生物科技有限责任公司和武汉生物制品研究所有限责任公司生产的各一批次共计 65 万余支百白破疫苗效价指标就出现了不符合标准规定的情况，同类事件在不到一年的时间内发生第二起，这必将导致公众对政府公信力的质疑，引发公众愤怒情绪，从而激发社会矛盾。

社会公众对政府管理过程的参与程度是衡量政府公信力强弱的一个重要指标。在信息技术高度发达的背景下，如果政府在突发事件社会舆情发生之后，不能够公开透明、及时准确地发布社会舆情相关的真实信息，使公众的知情权、参与权和监督权不能得以实现；甚至是为掩盖事实采取谎报、瞒报等方式欺瞒社会公众，则更容易加重社会公众的猜疑心理，使得社会公众在有关社会舆情事件的各种繁杂的信息中进行捕风捉影，或者将社会舆情事件的某个方面进行无限地放大，发布不实言论等，导致谣言四起、社会恐慌，错误地引导社会舆情的发展，加剧社会舆情可能带来额度各种危机①。

3. 破坏市场的秩序

7 月 15 日，国家药品监督管理局发布通告指出，长春长生生物科技有限责任公司狂犬病疫苗生产记录造假，收回了长春长生生物科技有限责任公司的药品 GMP 证书。7 月 17 日，深圳证券交易所发出关注函，要求长春长生生物科技有限责任公司对相关

① 罗欣：《疫苗危机后急需重建政府公信力》，2018 年 7 月 23 日。

情况认真自查并进行解释说明，要求其说明冻干人用狂犬病疫苗的具体产量、销量和销售金额、此次 GMP 证书被收回的具体原因及事实、相关产品流向市场的风险、后续公司可能受到药品监管部门的处罚类型和后果，并详细测算此次事件对 2018 年生产经营可能产生的影响。同时，还要求长春长生生物科技有限责任公司根据此次国家药品监督管理局对公司实施飞行检查的具体情况，以及公司对相关产品召回的进展，严肃自查公司是否存在应披露而未披露信息或延迟披露信息的情况。据相关报道，自该事件发生后，ST 长生连续 32 个跌停创了股价的跌幅纪录，股价从每股 25.3 元，下跌至 3.43 元，市值从 246 亿下降至 33.4 亿。由于此次问题的出现，社会关于长生生物科技股份有限公司实行强制退市的呼声越来越高，公众认为 A 股市场不能成为长生生物科技股份有限公司这种生产“问题疫苗”企业的避风港，这些意见将会成为目前 A 股市场的退市制度的严峻考验。因为 2014 年版《关于改革完善并严格实施上市公司退市制度的若干意见》规定的强制退市制度表明，上市公司重大违法行为强制退市主要包括两种情形，即欺诈发行与重大信息披露违法。然而长春长生生物科技有限责任公司所发生的“问题疫苗事件”的情况与以上强制退市制度所规定的“上市公司重大违法行为强制退市主要包括的两种情形”并不相符。由于长春长生生物科技有限责任公司突发的“黑天鹅”事件，有多家基金公司旗下产品也因此受到影响。此外，“假疫苗事件”还影响到了海利生物、长春高新、智飞生物、新开源、美康生物、北陆药业等多支医药股严重下跌。

（二）长生疫苗事件社会舆情生成演化的启示

1. 优化社会舆情警源研判方式以提高预警能力

重大突发事件社会舆情警源研判是对重大突发事件发生后社会舆情能发生的所有源头进行定量和定性分析的过程。在重大突发事件社会舆情尚处于孕育阶段的时候，政府就需要从日常监测社会舆情的发展，以及有针对性地跟踪重大突发事件某一方面的发展情况等两个方面加强对重大突发事件的警源研判工作①，实时掌握舆情的发展趋势，避免次生舆情的发生，为应对重大突发事件社会舆情提供具有前瞻性的指导。具体而言，在重大突发事件发生以后，可以采用大数据分析处理技术、舆情演化分析技术、主题特征抽取技术、情感分析技术、数据挖掘技术等先进技术，针对重大突发事件社会舆情的规律和特点，实时跟踪其发展动态，预测其发展趋势；同时，还需要对舆情热点及焦点等的发展变化进行紧密跟踪监测，降低社会舆情走向恶劣态势的可能性。另外，还可以采用专家打分法、内容分析法、关联规则分析法、层次分析法等，定期分析舆情数据；或者将舆情数据进行分类，提取有用信息，从而建立及时有效的

---

① 兰甲云，曾思怡：《微信公共领域里的失范行为及其法治规范建设》，《湖南大学学报（社会科学版）》，2016 年第 2 期，第 154—160 页。

信息收集与反馈体系，更好地把控舆情关键点，从而正确引导重大突发事件社会舆情的发展方向。

在长生疫苗事件中，政府相关部门在对其所收集的社会舆情信息进行阶段性汇总分析之后，及时向社会公众公布该事件的调查进展，还原事件真相，并表示会对长生疫苗事件的涉事人员严惩不贷，将该事件的社会舆情发展推向良好态势。譬如，中央电视台新闻联播在7月22日晚，用2分44秒回应了社会公众对“疫苗到底该不该打”“打过疫苗会不会给孩子健康造成损害”“问题疫苗注射是否会留下后遗症”以及关于该事件其他一些问题的恐慌与焦虑。长生疫苗事件发生后，引起了党中央和国务院的高度重视，习近平总书记、李克强总理分别对此次疫苗事件作出了重要指示批示，习近平总书记强调，确保药品安全是各级党委和政府义不容辞之责，要始终把人民群众的身体健康放在首位，以猛药去疴、刮骨疗毒的决心，改革和完善我国疫苗管理体制，坚决守住安全底线，全力保障群众切身利益和社会安全稳定大局。李克强总理就长春长生疫苗事件作出批示，此次疫苗事件突破人的道德底线，必须给全国人民一个明明白白的交代。这是政府针对该事件最清晰、最权威的表态，是整个国家对长生疫苗事件这一焦点问题的权威回答，这个回答也令全国人民悬着的心终于能够安放，因而在很大程度上降低了长生疫苗事件的恶劣影响，引导社会舆情向积极的方向发展。

2. 完善政府应对社会舆情的快速响应处置体系

长生疫苗事件具有很高的舆情热度，但纵观该事件整个发展脉络能看出，长生疫苗事件社会舆情在7月21日至7月23日这3天时间内热度最高，这与政府部门的快速反应和持续发声有直接联系。7月21日，一篇名为《疫苗之王》的文章在十几个小时内迅速刷屏。7月22日，李克强总理就长春长生疫苗事件作出批示，要求严查此事。7月23日，习近平总书记作出批示，强调要以猛药去疴、刮骨疗毒的决心，改革和完善我国疫苗管理体制；同日，国务院调查组赶赴吉林，开展长春长生违法违规生产狂犬病疫苗案件调查工作。从7月21日到7月23日，短短72小时的时间，政府部门完成了高层发声，通报初步情况展开全面调查，以及对涉事人员进行逮捕等一系列动作，做到了对社会舆情的快速响应，这对压制网络谣言和稳定民心起到了至关重要的作用①。

突发事件舆情生成后，政府部门的快速决策与统一指挥是舆情高效应对的关键。此次长生疫苗事件及舆情应对中，政府部门的快速反应和积极应对是确保该事件得以妥善处理的关键。这给未来应对突发事件及舆情带来了启示。突发事件舆情治理工作中，构建科学的信息发布机制是规避谣言、消除社会恐慌的重要渠道。7月15日，在国家药品监督管理局发布《关于长春长生生物科技有限责任公司违法违规生产冻干人用狂犬疫苗的通告》并引发社会关注后，国务院调查组、国家药监局、证监会、吉林

① 张彩娥：《长生疫苗事件政府危机处理能力的进步》，2018年8月13日。

省纪委、吉林药监局、长春公安部门等及时披露社会关切的信息，使得一些公众能及时避免承受实际危害，并在一定程度上减少了相关谣言制造和传播的机会。根据相关研究，现代重大公共事件从发生到形成风暴约24 小时至48 小时。因此，当突发事件发生后，必须在第一时间快速响应。以公开、透明的方式对突发事件发生的真实情况及其进展，以及政府的应对举措进行及时通报，并且定期更新调查结果，有针对性地回应网民的关切和质疑，有效避免引起矛盾二次激化。这给了我们三点启示：第一，积极主动发布突发事件及舆情演化动态。要遵循公开是常态、不公开是例外的原则，主动公开突发事件中社会关注的热点问题和涉及群众切身利益的信息；积极稳妥地做好突发事件信息公开，便于群众知情，利于群众监督；依照相关法律和程序，及时通过在网上发布信息、召开新闻发布会和接受媒体采访等方式，主动发布权威解读稿件、组织专家撰写解读文章等积极回应热点舆情。第二，加强以政务微博微信为代表的舆情信息滚动发布，政府部门可利用网络舆情监测软件，建立快速响应的舆情信息发布体系，完善针对“两微一端”的舆情监测体系，密切跟踪舆情演化动态，实时公布事件进展情况。第三，建立突发事件政府与公众的有效交流平台，确保公众知情权、参与权、监督权等权利的实现，在面对突发事件时，政府应该做出积极应对的表现，可以构建以政府为核心主体，非营利组织、公民、企业等社会组织为辅助的多元决策主体结构，与公众充分沟通交流，允许公众发言，听取公众声音，让公众参与到政府对舆情事件的管理之中，设立公开、迅速、统一的信息发布方式，实现政府与公众沟通的基础，以避免公众对舆情事件产生种种猜疑和联想，让公众对政府部门更加信任。在此次长生疫苗事件中，政府所采取的是积极应对的态度，国家领导人高度重视，充分考虑民情民意，对长生疫苗事件一查到底。因此，长生疫苗事件公众对政府的处理还是信任的，并未因此产生更深的怨愤。

3. *发挥好媒体在突发事件及舆论中的引导作用*

媒体作为信息传播的媒介，在任何重大突发事件社会舆情中都发挥着重要的作用，尤其是各大官方媒体，在突发事件发生之后的发声会直接引导社会舆情的走向。同时，媒体也是满足社会公众对舆情事件的知情权和监督不良行为的重要力量。在长生疫苗事件中，各大官媒做到了不缺席、不回避、敢发言。对引领舆情的正向发展起到了至关重要的作用。7 月 15 日，长生疫苗事件首次曝光后，各大媒体相继发表《一查到底，方可纾解疫苗焦虑》《护疫苗安全的高压线一定要带高压电!》《到底是部门不作为 还是企业财大气粗法力无边?》《“狂犬病疫苗记录造假”，没有不良反应也该问责》《四问长生生物：25 万支劣药今何在?》等文章，对长生疫苗事件发表评论，并将质疑指向问题疫苗流向、长春长生生物科技有限责任公司是否隐瞒事实、监管为何频频失守等焦点问题。[①] 在长生疫苗事件发展的过程中，媒体带领社会公众了解长生疫苗事件发生

① 张彩娥：《长生疫苗事件政府危机处理能力的进步》，2018 年 8 月 13 日。

的全貌，回应了社会公众关切的问题，并对政府监管部门对长生疫苗事件的涉事人员的后续处理等情况进行了及时的报道。这在很大程度上减轻了社会公众紧张焦虑的情绪，挤压了谣言传播空间，缓解了社会恐慌。

长生疫苗事件发生之时，其母公司长生生物是国内自营疫苗规模最大的民企。因此，当长春长生生物科技有限责任公司在不到一年的时间内被接连爆出疫苗质量问题时，社会公众对国产疫苗产生了深深的不信任感，社会舆情不断地扩散和蔓延，很多人开始发出“国产疫苗还能接种吗?”的疑问。对此，各大媒体在报道中建议公众要理性看待此次事件中疫苗的问题，不宜用“毒疫苗”等耸人听闻的词汇来描述此事件。面对这些汹涌的舆情，《人民日报》《光明日报》、央视网、《检察日报》、中央人民广播电台、《新京报》《南方周末》等媒体相继就疫苗事件发表评论或看法，譬如，央视财经发布的题为《疫苗问题，必须彻查!》的文章；新华社发布的题为《疫苗“失信”比“失效”更可怕》《对于问题疫苗，一定要一查到底》等文章。各大媒体认为，疫苗事件是个别事件，本质上属于企业片面逐利的不法行为，不能以偏概全地否定整个国产生物制品行业，不能因此否定整个监管体系。各大主流媒体及时发表评论及文章，在很大程度上平息了公众的愤怒，让公众能够以更加客观、理性的心态对待此次舆情事件，防止了因舆情扰乱社会秩序的弊端。

当突发事件发生后，媒体的报道既能起到积极作用，引导舆情向良好态势发展；又能起到消极作用，使社会舆情更加恶劣和严重。因此，政府应该充分运用好主流媒体在舆论中的正向引导作用，既要放宽对媒体的管制，通过媒体作用满足社会公众对社会舆情信息的了解需求，实现政府与社会公众的良性互动；又要正确地引导媒体报道的方向，对媒体进行监督，同时，政府相关部门也应该制定相关法律法规，让媒体在报道重大突发事件社会舆情之时有法可依、有章可循①。只有这样才能在应对突发事件时，充分发挥主流媒体的信息传播优势，抓住公众的关注点、兴奋点，增强针对性和时效性，适时、适度、适当地传播政府权威声音，增强新闻宣传报道的感染力和吸引力，引导公共舆论，做到在应对突发事件时避免更大危机的产生。同时，主流媒体应该主动加强以网络谣言为打击重点的舆情信息精准发布，挤压谣言和伪舆情的传播与扩散空间，尽可能在更大程度上抑制舆情的扩散和正向引导舆情的发展。

4. 培育提升网民网络素养以控制舆情发展动态

因为信息不透明或者信息不对等等原因，重大突发事件发展过程中往往会伴随着谣言的产生，长生疫苗事件也不例外。7 月 24 日，网上有人发帖表示，长春长生生物科技有限责任公司高俊芳是原吉林省委书记、原人民日报报社长高狄的女儿。事后当事人向警方报案，表示此乃谣言，并希望能依法处置造谣滋事者。相关的谣言还有网民将没收库存的“吸附无细胞百白破联合疫苗”186 支故意改成 186 万支，在网上大肆

① 罗欣：《疫苗危机后急需重建政府公信力》，2018 年 7 月 23 日。

炒作等。面对这些谣言，如果网民的网络素养不高，则容易轻信并继续传播谣言，给重大突发事件社会舆情的发展带来不利影响，引发社会公众的激烈讨论，让公众陷入无谓的恐慌之中。在此次长生疫苗事件发生过程当中，大部分网民还是体现了较高的网络素养，并未在轻信谣言，以讹传讹，而是在自媒体平台崛起一股自发辟谣的现象，有效牵制住了谣言的传播，实现了舆论场的自我净化。

每一件突发事件的发生，都会引发社会上各种各样的观点，有正面的，也有反面的，而当正反面的两种观点发生碰撞的时候，就会出现各种各样的矛盾，从而激化社会舆情。因此，要想实现对舆情发展动态的有效控制，必须培育和提升社会公众的网络素养，使得社会公众在突发事件发生之后，对该事件的相关报道的可靠与否、真实与否具有一定的判断能力，并且自身不会轻易信谣、传谣，更不会造谣。政府可以借助宣传标语、教育培训等方式，提升社会公众的谣言识别能力，培养社会公众不信谣、不传谣、不造谣的网络素养，从社会舆情的传播途径上抑制舆情向负面发展，从而使得网络舆情环境更加安全。

第四章　重大突发事件社会舆情动态跟踪与预警预控

重大突发事件社会舆情常常因为各种因素的交叉影响而呈现出一定的演化规律，尽管这些规律比较复杂多变，但经过分析处理还是有章可循。通过对这些规律的全程跟踪与分析，有助于政府相关部门及时把握舆情发展态势，进行预警预控。重大突发事件社会舆情动态跟踪与预警预控，关键在于重大突发事件发生后，对能够引起舆情事件发生的警源、警兆、风险以及警情等进行实时跟踪，及时研判，把握舆情发展态势，对社会舆情进行源头治理，力争做到早发现、早治理。

我国突发事件频发，如果对突发事件的舆情动态进行跟踪与预警预控把握不力，必将引发公众对政府的不满，引起激烈的社会舆论，甚至影响和谐社会的建设与发展。因此，亟须通过加强对重大突发事件社会舆情的警源研判、警兆监测、风险预报、警情预控等方面的研究，强化重大突发事件社会舆情的源头治理，提升重大突发事件社会舆情的动态跟踪和预警预控工作实效；构建权威、实用的重大突发事件社会舆情预警预控机制等，为政府相关部门应对重大突发事件社会舆情提供理论支持和咨询方案。

第一节　重大突发事件社会舆情警源研判

任何社会舆情都不是凭空发生的，归根结底都具有可追溯的源头。重大突发事件社会舆情的萌芽、形成、发展、消亡的不同演化阶段，是有一定规律可循的，对这种动态变化规律的把握需要加强对社会舆情的动态跟踪，而动态跟踪必须从舆情警源研判开始。警源也叫信源，是信息的来源，重大突发事件由于发展趋势较为明显，由此带来的重大影响和后果也就不难预判。要对重大突发事件社会舆情实施监测和预警，首先就要对社会舆情预警的警源进行界定和研究，这是舆情监测与预警的重要基石①。重大突发

① 甘惜分：《新闻学大辞典》，河南人民出版社 1993 年版，第 56 页。

事件社会舆情警源主要包括内生警源、外生警源和境外媒体警源等。

一、重大突发事件社会舆情警源的内涵及研判方式

（一）重大突发事件社会舆情警源的内涵

1. 舆情警源的概念

警源，是指“信息的来源，是信息传播过程的起点或信息的发源地”①。关于社会舆情警源，不同的学者给出了不同的界定，顾海兵认为警源是警情产生的根源，是“火种”②。杨永军认为警源是社会舆情的监测领域和对象③。刘耘涛等认为网络舆情预警的警源来源于现实社会中公共事务，它是社会矛盾在现实生活中的反映，网络舆情预警的警源在网络上的主要表现形式就是涉及某些公共事务或热点问题的网络话题，是对现实的网络表达④。曾润喜认为警源是产生网络舆情风险的根源⑤。综上所述，舆情警源就是舆情产生和爆发的根源，是对社会舆情进行跟踪和监测的范围与对象。

2. 重大突发事件社会舆情警源的内涵

根据舆情警源的概念，重大突发事件社会舆情警源的内涵主要表现在：首先，警源是信息的来源，重大突发事件发生后，舆情的产生必将有一定源头可以追溯；其次，警源是“火种”，即是舆情爆发的关键点，重大突发事件发生后，对社会舆情进行预警控制的最佳方法就是对于舆情进行溯源监管；最后，重大突发事件社会舆情警源是一种范围或某个对象。突发事件爆发的一系列特点导致社会舆情具有复杂性特征，社会舆情的爆发有时可能由于一种警源，有时可能是多种警源共同作用的结果，因此，它是一种范围或某个对象。

（二）重大突发事件社会舆情警源的研判方式

重大突发事件社会舆情警源研判是对重大突发事件发生后社会舆情能发生的所有源头进行定量和定性分析的过程。其主要包括：一是对社会舆情进行日常性的跟踪和监测；二是对突发事件发生后某一特定领域或某个特定对象进行有针对性的跟踪研判⑥。开展重大突发事件社会舆情警源研判是一个动态复杂的过程，其具体的研判方式主要包括：

---

① 杨永军：《社会舆情预警及控制》，人民出版社 2015 年版，第 213 页。
② 顾海兵：《经济预警新论》，《数量经济技术经济研究》，1994 年第 1 期，第 33—37 页。
③ 杨永军：《社会舆情预警及控制》，人民出版社 2015 年版，第 212 页。
④ 李耘涛，等：《网络舆情灰色预警评价研究》，《情报杂志》，2011 年第 4 期，第 23—27 页。
⑤ 曾润喜：《网络舆情突发事件预警指标体系构建》，《情报理论与实践》，2010 年第 1 期，第 77—80 页。
⑥ 国务院新闻办公室门户网站：《网络舆情研判机制的内容与流程》，2010 年 3 月 16 日。

1. 应用先进技术的动态实时性研判

重大突发事件发生后，针对社会舆情的规律和特点，应用先进的技术，如主题特征抽取技术、大数据分析处理技术、数据挖掘技术、情感分析技术以及舆情演化分析技术等对重大突发事件进行动态实时性的跟踪，对促使舆情演变的原因进行及时研断，精准把握舆情事件的动态变化。有针对性地利用高科技技术对敏感时期及区域进行监控，能有效避免突发事件的发生，将突发事件社会舆情消灭在起始阶段。

2. 指标体系与模型构建的溯源性研判

重大突发事件发生后，利用相关模型，确立参考指标，准确、全面、客观、真实地模拟突发事件发生后社会舆情的动态发展过程，根据构建的模型和指标体系，利用定性和定量方法分析社会舆情警源的类别和数量，从而进行积极稳妥的应对。如运用系统动力学（SD）模型，动态模拟重大突发事件社会舆情警源的演变过程，进而确定社会舆情的动态演变过程。根据警源数量演变公式：$Q(t)=A(t)-S(t)+Q(t-1)$，其中，$Q(t)$ 表示 t 时刻警源数量，$A(t)$ 表示 t 时刻警源到达数量，$S(t)$ 表示警源解除数量，$Q(t-1)$ 表示 $t-1$ 时刻警源数量，来判断社会舆情警源。

3. 利用不同分析方法的提示反思性研判

重大突发事件社会舆情出现后，利用不同的分析方法，如层次分析法、专家打分法、内容分析法、关联规则分析法等，对每日、每周、每月通报的舆情数据进行分析，对相关部门以及人员的舆情信息进行监控，以增强舆情研判效果。政府应急管理部门应组织人员及时召开快速响应决策会议，对收集的社会舆情信息进行阶段性汇总，分析重大突发事件社会舆情发生后各阶段发展过程中的事态信息的变化趋势，分析社会舆情警源在不同阶段的变化以及舆情研判决策的成败，提升舆情研判队伍整体素质。同时，政府应急管理部门要吸取以往有效经验，及时决策、快速发声，争取在第一时间占领舆论制高点，把握主动权，该解释的要解释，该处理的要处理，引导网络舆论朝着积极的方向发展①。

二、重大突发事件社会舆情内生警源分析

内生警源，指重大突发事件社会舆情内部的影响因素。从重大突发事件社会舆情预警角度来说，重大突发事件社会舆情内生警源主要包括了突发事件本身、重大突发事件的信息发布以及重大突发事件的应对等。

（一）重大突发事件本身

1. 重大突发事件主题内容

重大突发事件的发生给社会造成了严重的物质损失和人员伤亡，直接破坏社会的

① 国务院新闻办公室门户网站：《网络舆情研判机制的内容与流程》，2010 年 3 月 16 日。

稳定和团结。近年来，涉及公共安全、重大事故、自然灾害、环境污染等方面的重大突发事件，引起了人们的广泛关注，是社会舆情的焦点议题。另外，涉及政府权力问题、涉“富”问题、社会公平正义问题、民族主义及宗教信仰问题、中外关系问题、民生问题等相关的重大突发事件，更容易诱发社会舆论，成为一些人炒作的“猛料”。由此可见，不同主题的突发事件，引起人们的关注点不同，形成的社会舆情效应也有所差别。不同的主题事件将会受到不同的关注，根据中国应急服务网对重大突发事件的界定，其主要分为事故灾难、自然灾害、社会安全以及公共卫生四类。其分布如图4－1所示。每个种类的主题事件都对社会造成了一定的影响，不同种类的事件的关注度都有所不同，为此应加强对重大突发事件主题的研究，探索社会舆情发生的主要类型，及时监控，紧抓警源信息，从源头防止舆情扩散。

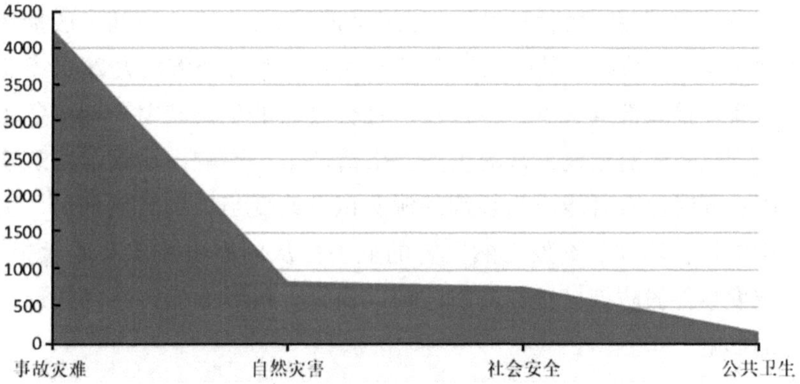

图4－1　中国应急网重大突发事件主题分布

中国人民网舆情数据中心发布的“2018年突发事件舆情处置回顾”显示，2018年社会舆情牵涉的重大突发事件主要表现为：一是事故灾难类涉企业安全事件层出不穷，如工地坍塌事故、系列火灾事故等；二是公共卫生领域关涉社会民生、医疗健康等成高风险舆情话题，如吉林长春长生公司问题疫苗事件、猪瘟、禽流感等；三是危害社会安全事件关注度上升，如暴力伤人事件、学校霸凌欺压等；四是突发性公共安全事件影响大、敏感度高，如沉船事故、公交站台倒塌事故、地铁碰撞事故、巨大台风濒临事故、洪灾、工业爆炸事故等。

2. *重大突发事件损害程度*

重大突发事件由于其发生的速度之快和破坏性之大，往往会在一瞬间对人们的生活造成重创，其对社会和公众造成破坏和损失的多少是诱发社会舆情警源的重要因素。重大突发事件的危害性并不仅仅是公众物质和财产上的损失，也包括对公众的心理、价值观和稳定的社会秩序造成的冲击。一旦舆情事件的发生使公众在情感上达成“共鸣”，与此相关的言论就会出现，即舆情警源出现。突发事件危害性越大，公众产生的舆论就越多，越容易引起公众的恐慌，社会舆情热度就会不断攀升，突发事件影响力就会增强，导致重大突发事件社会舆情由小到大扩展。

表 4 –1　2018 年自然灾害损失统计

自然灾害分类	受灾群众（万人次）	直接损失（亿元）
洪涝和地质灾害	3526. 2	1060. 5
台风	3260. 6	697. 3
低温雨雪冰冻和旱灾	2495. 3	255. 3
地震	/	29

2019 年 1 月，应急管理部、国家减灾委办公室发布 2018 年全国自然灾害基本情况，对 2018 年自然灾害受损情况进行了统计（如表 4 –1 所示）。并指出，2018 年各种自然灾害共造成全国 1. 3 亿人次受灾，其中 589 人死亡，46 人失踪，紧急转移安置 524. 2 万人次；9. 7 万间房屋倒塌，23. 1 万间严重受损，120. 8 万间一般损坏；受影响的农作物为 20814. 3 千公顷，其中绝收 2585 千公顷；直接经济损失 2644. 6 亿元。可见自然灾害的危害性是非常巨大的，不仅仅对社会公众的生命和财产构成危害，造成人员伤亡和财产损失；还对当地正常的生产、生活产生了影响，损毁了建筑物，造成交通、通信中断；同时也有可能成为疾病的源头以及改变当地的自然环境，引起人民群众的恐慌，影响社会治安。突发自然灾害的危害性从侧面也要求政府承担社会责任，加强对重大突发事件的防御，做好提前监控、预警，将事件危害性降到最低，以此削弱社会舆论的影响。

（二）重大突发事件的信息发布

1. 发布主体

社会舆情信息发布主体是突发事件、热门事件的主要发布者，不同的主体身份对事件信息的发布会造成不同的影响，主体身份主要分为当事人、旁观人、党政机关[①]。当事人发布信息一般包括权益诉求与责任诉求两类；旁观者对信息的发布发端于公共利益，但不局限于公共利益，大部分旁观者使用媒介的实质是一种消费行为，即我们所谓的信息传播者；党政机关发布信息一般包括微观与宏观两类。微观层面主要表现为维护自身的媒介形象，宏观层面主要表现为维护良好的网络信息秩序。不同的信息发布主体在重大突发事件发生后发布的信息，影响力是不同的，旁观者的影响远不如党政机关和当事人，从信任度层面看，广大公众更加倾向于党政机关。近年来，政务新媒体成为社会公众参与突发事件社会舆情演化的新渠道、新阵地，重大突发事件发生后，政府信息发布主题广受关注，成为社会舆情发展演化的重要源头。

2019 年“6 · 17”地震发生后，“宜宾地震”迅速成为微博最热词，当地政府立即

① 张昊宇等：《网络热门事件的影响因素及发展态势的预测模型》，《情报探索》，2019 年第 1 期，第 8—13 页。

组织多个相关部门进行应急管理，各部门各司其职，及时发布相关信息，上下统一、听党指挥、高效迅速，形成了四通八达的应急网络体系。宜宾发布等当地政务微博反应迅速，同步地震快讯，第一时间发布四川省宜宾市长宁县地震信息，并持续更新后续地震动态。宜宾公安等账号彻夜更新，数十小时救援信息不断，让群众掌握最新消息。四川交通、四川公路、四川天气和其他政府微博账户履行职责并坚守岗位，在受灾地区发布最新的交通、天气、紧急救援及其他与地震有关的情况。地震发生 11 小时后，四川省地震局发布了双河镇震中的 7 张航拍图，受地震影响最大的地区情况一目了然。长宁发布、长宁交警、竹都魏氏、珙县公安等地方政府微博账号及时发布震后权威信息，并创建了长宁县和珙县向外界开放的“第一扇窗”，长宁发布等以短视频的形式，直接击中两个受灾最严重的地区，随时满足公众的知情权。重大突发事件后，政府利用新型政务媒体对公众舆论进行了快速、全面、准确的监测和判断，及时发现了民众关注与担忧，并及时做出准确回应，赢得了民众的充分认可，引导社会舆情正向发展。

2. 发布时机

我国是一个突发事件频发的国家，随着互联网以及现代媒体的迅速发展，重大突发事件社会舆情的传播方式不断变化，政府行政行为不断转变。近年来一些地方政府在重大突发事件发生后的舆情回应上虽取得了较大成就，但回应时效不及时、发布时机延误问题仍然突出。重大突发事件发生后，如何把握有利时机发布舆情信息、占得舆论控制地位日益成为政府提升舆情治理能力的要求。2016 年，国务院办公厅发布的《国务院办公厅关于在政务公开工作中进一步做好政务舆情回应的通知》（国办发〔2016〕61 号）明确指出，对涉及特别重大、重大突发事件的政务舆情，要快速反应，及时发声，最迟应在 24 小时内举行新闻发布会，对其他政务舆情应在 48 小时内予以回应，并根据工作进展情况，持续发布权威信息。重大突发事件发生后，谁掌握了有利时机进行信息发布，谁就是重大突发事件的“第一定义者”，是舆情事件的来源。为有效引导重大突发事件社会舆情的走向，政府要把握有利时机率先发声，做“第一定义者”，引导事件正向发展。把握回应时机“以快取胜”，从源头上应对舆情。

《2016 年全国政务舆情回应指数评估报告》指出，自 2016 年以来，政府回应率已达到 87%，超过 57% 的事件政府首次响应，在事发 24 小时内，有 73% 的事件政府部门在 48 小时之内（含 24 小时）做出了首次回应。可见目前政府社会舆情响应效率快速提升，预警预控能力显著提高，“快速反应，及时出击”成为重大突发事件社会舆情治理的重中之重。如宁夏银川发生“1·05”公交车纵火案时，银川市政府立即成立银川市“1·05”公交车纵火案处置工作领导小组和善后处理小组，依法对遇难者进行赔偿，同时，银川发布政务微博在事件发生后立即公布了权威消息，广大媒体也同步进行了权威报道，避免了网络谣言的产生。公众普遍认为政府对重大突发事件的处理做到了及时、快速和细致，凸显了政府社会舆情治理能力，提升了政府公信力。

3. 报道的真实性

要根据事实来描述事实，既准确报道个别事实，又从宏观上把握和反映事件或事物的全貌，是习近平总书记2016年在党的新闻舆论工作座谈会上的重要讲话。可见，报道的真实性是党和国家一直关心的重点领域。随着时代发展，信息传递变得既便捷又广泛，但虚假信息大量存在，不法分子和唯利商家利用突发事件，随意发布谣言，报道不真实事件，混淆视听，借机占得利益。重大突发事件发生后，政府要对重大突发事件信息进行真实的报道，引导广大公众了解和认知事件的全貌，增强公众对政府的信任感。真实性是舆情信息的生命，重大突发事件社会舆情信息如果出现“失真”，则会造成决策上的失误，带来巨大的经济损失，出现社会问题。对重大突发事件信息报道要根据事实来描述事实，不能随意添加和删减，更不能任意扩大和缩小，力争将突发事件真实、准确地告知大众。

2014年4月甘肃兰州发生的“自来水苯含量超标事件”，此事件发展一波三折，从“污染延报”到“政府问心无愧”，再到“污染意外监测出来”。尤其是4月11日下午政府召开新闻发布会称兰州主城区自来水未受大影响，但不建议市民24小时内饮用，预计到12日中午，可以完全恢复正常供水。但14日兰州威立雅水务集团（现兰州城市供水集团有限公司）称4月检测出苯超标纯属偶然，属正常工作之外，且4月10日检出苯超标的水样是4月2日的取样。这也就证明水早已变质，顿时引发舆论的再次反弹，导致市民恐慌，出现“抢水潮”。究其原因就在于信息报道内容不够真实。重大突发事件发生后，报道真实性的事件信息，是政府与公众之间的信任桥梁、增强政府公信力的集中点。为避免引起次生事件，正面引导重大突发事件社会舆情发展，突发事件信息发布的真实性不可避免地成为社会舆情预警的关键点。

4. 发布形式

随着Web3.0新媒体时代的到来，信息传播的自由度不断扩大，社会公众参与社会管理的成本降低，信息传播的地位获得提升。重大突发事件发生后，信息主体进行信息的发布，其发布形式关系公众的关注度和响应情况，影响社会舆情走向。信息发布形式不合理，关注度不高，公众会认为政府或当事人态度不严谨，造成谣言四起，社会舆情加剧。目前公众获取政务信息、参与社会治理、表达民意诉求的主要渠道是互联网，微博、微信和移动客户端成为了解新闻时事的第一信息源，即所谓的“两微一端”。互联网移动交流平台凭借轻便、可跨时空即时传播和“有图有真相”的特点，已成为推动舆情发酵扩散的集散地①。

2014年12月31日23时35分，上海市黄浦区外滩陈毅广场东南角通往黄浦江

① 刘畅，郝向阳：《别让政务微信成为摆设》，《人民论坛》，2017年第36期，第38—39页。

观景平台的人行通道阶梯处发生拥挤踩踏突发事件，事件发生后，微博用户上海发布以“［标题］+#话题#+#信息内容#”的微博信息发布格式对事件进行了报道，并且出现了“#关注#”“#最新#”“#提醒#”等格式的新话题标签，提高了微博信息传播的针对性和准确性，吸引了受众的眼球，增强了信息传播的广度和深度。在上海发布所发布的45条微博中（表4-2），有27条是原创信息，其中纯文字微博信息也达到了27条，文字信息虽然能够将信息的全貌准确无误地传播给受众，但是不够直观和形象，没有图片和视频类型的信息具有说服力和信任度，因而不能够最大限度地吸引受众并且得到受众的接纳，甚至会引发受众的猜忌和怀疑，导致网络谣言的发生和传播①。影响信息发布形式的是新媒体时代公众的需求，重大突发事件发生后，对发布形式的监测是社会舆情信息发布机制内生警源的重要监测领域，为避免重大突发事件发生后谣言的出现，控制社会舆情的发展，对信息发布形式的监管是必要的。

表4-2　“上海发布”在外滩踩踏事件中发布的信息类型与数量统计

信息类型	信息数量	比例（%）
原创信息	27	60
图片	18	40
文字	27	60
文字+图片	2	4.4
文字+表情	4	8.9

（三）重大突发事件的应对

1. 应对行为特征

重大突发事件发生后，政府作出应对，应对得当，损失降低，舆论减少；应对不得当，损失增大，舆论增多，形成社会舆情。政府对重大突发事件的应对主要包括应对行为特征与应对行为态度两方面。政府对重大突发事件的应对行为特征主要包括政府在突发事件应对中是否积极应对、是否及时完善应对机制、是否紧急调度各方资源、是否以正面报道安抚人心等。重大突发事件应对行为特征对弱化重大突发事件所引起的负面效果，引导社会舆情演化发展，维护社会的稳定有着非常重要的意义。

2014年12月31日晚，上海市黄浦区外滩陈毅广场发生拥挤踩踏性突发事件，造

① 张宇，王建成：《突发事件中政府信息发布机制存在的问题及对策研究——基于2015年“上海外滩踩踏事件”的案例研究》，《情报杂志》，2015年第5期，第111—117+65页。

成 36 人死亡，49 人受伤。事发后，黄浦区政府和相关部门领导承认自身思想大意，对重大突发事件安全风险意识缺乏，未能及时对公共场所人流量做出评估预测，预警方案短缺，应对人员和准备不足，事发当晚预警不力，政府积极应对行为特征不明显。由此事件可见“条块分割、条线分割、各自为政”依然是城市应急管理的难题，政府要进一步规范应急联动体制机制和响应程序，强化指挥协同，提升应急联动处置效能①。强化政府在突发事件中的应对行为特征，对应急队伍训练和管理、实战化应急演练、现场处置和救援、紧急物资调动等进行第一时间调度办理的效率高低是影响社会舆情能否演化生成的重要因素。为防止重大突发事件社会舆情的出现，政府应强化应对行为特征监管，对社会舆情的苗头早发现、早处理。

2. *应对行为态度*

习近平总书记曾提出“民心是最大的政治，正义是最强的力量”。重大突发事件发生后，真诚的态度是保障公众知情权、做好舆情应对工作的基础和前提。我国在 2016 年发布的《关于全面推进政务公开工作的意见》指出，要做好研判处置。建立健全政务舆情收集、会商、研判、回应、评估机制，对收集到的舆情加强研判，区别不同情况，进行分类处置。可见，国家将对重大突发事件社会舆情的应对态度放在首位。态度决定行动，选择为人民负责、实事求是的态度还是隐瞒逃避消极应对的态度，将直接影响重大突发事件应对的效果以及政府的公信力，也影响重大突发事件社会舆情的下一轮走向。

2012 年 8 月，陕西延安境内的包茂高速公路上发生追尾事件，大火燃起，共造成 36 人遇难。事后网上曝出陕西省安监局局长杨达才在 8 · 26 延安特大交通事故的现场发笑，导致公众对政府官员存在大量质疑声，纷纷对官员进行声讨。随后互联网更是曝光这位“微笑局长”在不同场合佩戴多块名牌手表，并被广大网友转载谴责。网上各方要求陕西省政府公开政府官员年度工资。人民网“今日舆情解读”数据显示，2012 年 8 月 30 日最受欢迎的活动是“陕西安全监察主任对网上查询的回复”，而最受欢迎的单条在线新闻是腾讯新闻“陕西安全监察主任：现场车祸微笑的笑容是我想让基层的同志们放松一下。”截至 2012 年 8 月 30 日，已有 13 万多名网民参与了此新闻，并发表了超过 15000 条评论。许多网友还肯定了“局长道歉”行为。“微笑之门”被认为是“基本通关”，但舆论并未平息，原因是“手表”问题没有得到详细解释②。微笑不是重点所在，公众关注的是政府在应对突发事件中的态度问题，面对 36 人的遇难事故，政府官员的微笑隐含的是工作态度的不严谨，从而导致重大突发事件社会舆情焦点的变换，引发新的舆情事件。

① 中国经济网：《人民日报五问踩踏事件：事隔 21 天公布调查太迟》，2015 年 1 月 21 日。

② 燕赵都市报：《陕西安监局长杨达才“一笑”丢官》，2012 年 9 月 23 日。

三、重大突发事件社会舆情外生警源分析

外生警源是指重大突发事件社会舆情外部的影响因素。重大突发事件发生后，在应对过程中，媒体、公众、政府及相应外界力量的介入也会导致社会舆情的产生，甚至加剧重大突发事件社会舆情演化。社会舆情外生警源主要包括了：网络媒体的影响，公众的关注度以及外部力量的刺激等。

（一）网络媒体的影响

1. 网络媒体的态度倾向

网络媒体是现代互联网发展衍生出来的一种新的信息传播媒介，其具有形式多样、快速及时、灵活互动等优势，目前是重大突发事件社会舆情传播的重要渠道。在重大突发事件社会舆情传播的过程中，网络媒体作为重大突发事件社会舆情信息传播的主渠道，是社会舆情热议与爆发的集中地，对社会舆情发展演化具有重要影响。网络媒体的不同态度倾向可引导大众舆论，是社会舆情演变的重要关节点，也是社会舆情警源监控所在，往往网络媒体的态度倾向能引发舆论发酵。

2019 年 2 月，西安发生“坐机盖”事件，即某女士购买的奔驰发动机出现问题，与 4S 店自行协商退换车辆未果，被告知无法退款也不能换车，该女士被逼无奈，到店强行维权。此事迅速在网上传播，经过网络媒体的传播和发酵后，使得广大网民矛头直指维权人。事件初期，各大媒体铺天盖地的指责、批判，甚至谩骂嘲讽，直指受害人的无礼，即便后期有所反转，此负面印象短时间内恐难抹除。可见，网络媒体的态度倾向在引导重大突发事件社会舆情事件演化过程中起到了巨大的牵引作用，重大突发事件社会舆情警源研判应加大对网络媒体态度倾向的把控。突发事件发生后，应及时监测跟踪，了解分析网络媒体报道信息的倾向性，力求做到公正、合理，积极引导社会舆情的发展。

2. 网络媒体的行为倾向

相比较于传统媒体，网络媒体实现了从一点对多点到多点对多点的传播方式的转变。重大突发事件发生之后，网络媒体通过不同行为的传播，向公众传播公开、透明、快速的社会舆情正面引导信息，公民可利用网络跨时空掌握重大突发事件社会舆情演变进程。公众获取对重大突发事件的认知和关注主要是通过网络媒体的行为传播，网络媒体的即时互动和传播效果刺激广大公众对重大突发事件社会舆情新闻的评论和转发，扩大传播范围，提升重大突发事件社会舆情热度。

2018 年 10 月，重庆发生公交车坠江事故，官方公布事故原因为乘客和司机产生争执导致公交车失控。但在事故发生后社会舆情倾向发生了多次变化，起先是“私家车女司机逆行”，公众对此深信不疑，舆论四起，随后政府和网络媒体对其进行了及时澄清与引导。此事件中网络媒体在事件的传播中发挥了巨大作用，其不同的传播行为倾

向使得舆情事件突变，引发人们热议。在这次的公交车坠江事件中，网络媒体主要通过四种行为来传播：首先是激发式行为，即刺激关注主体对舆情信息产生了解的欲望，进而导致主体增加到一定的量；其次是扩散式行为，即以主体为中心，呈辐射式向外传播；然后是利己式行为，即从大众自身追求最大利益出发；最后是极端式行为，即表现自我的刺激增强，博人眼球的言论将会得到更多的关注。网络媒体通过发布极端的观点来引起注意，容易导致互联网舆情散播的难以控制①。由此可见，网络媒体在舆情传播一开始就应伴随着权威的监管，其信息传播的行为倾向也要受到更多监管和约束。

（二）公众关注度的影响

1. 公众的态度倾向

"公众的关注度"是重大突发事件发生后，公众对其自身利益以及应对者决策能力的关心，是公众要求执政者不断改善民情状况的一种诉求和意愿的集合。在重大突发事件社会舆情中，公众关注的态度倾向是分析舆情场内广大舆情受众的情感走向的重要标志。公众的态度倾向主要是对广大公众的观点进行分析，根据实践的变化，实现对观众情感态度的变化轨迹的预测和描述的过程，往往公众对重大突发事件的态度主要表现为支持、反对和中立三种。重大突发事件社会舆情警源监测中对公众态度倾向的预测跟踪其实就是要准确识别和描述公众、公众的立场与公众情感针对对象之间的关系。由此可见，社会舆情的管控治理需要对广大公众的族群态度加以把握，也不能忽视针对受众个体的多元化立场鉴别。

2018 年长春长生生物疫苗造假事件的曝光，触动了公众的神经，引发了公众对国产疫苗安全性和有效性的担忧和恐慌，很多家长对打疫苗产生了心理排斥。据报道，2017 年长生生物被发现的检验不符合规定的 25 万支"吸附无细胞百白破联合疫苗"，几乎已经全部销售到山东，截至 2018 年 7 月 21 日，库存中仅剩 186 支，这更进一步激发了公众的愤怒，引起媒体和公众的强烈关注，公众热议度呈现极速爆发态势，并持续攀升。央视新闻、《人民日报》《新京报》等主流媒体纷纷发声，各明星"大 V"也纷纷发表意见，引发了全社会对疫苗问题的关注，大部分人群陷入恐慌，各种情绪接踵而来，社会舆情热度加大，其中公众舆情态度如图 4－2 所示。网络上对疫苗事件的讨论主要呈现出负面态度，表现出积极态度的仅占 21% 左右，可见公众对本次事件的不满②。对此，加大对公众态度倾向的预测和分析，及时应对突发事件，降低公众对重大突发事件的关注度，减弱社会舆情热度势在必行。

① 马特：《媒体融合背景下网络舆情发展及测评方法探析——以"重庆公交车坠江"事件舆情为分析对象》，《中国广播》，2019 年第 5 期，第 61—65 页。

② 观察者网：《长生疫苗事件：舆论带它到这，又不能仅止步于此》，2018 年 7 月 23 日。

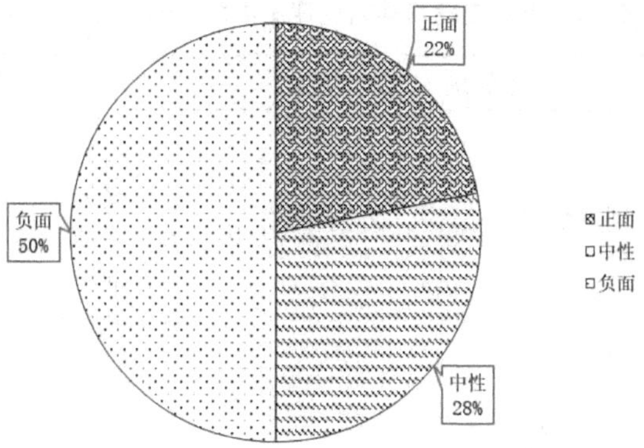

图4－2　舆论态度来自百度　舆情截至7月22日下午4点

2. 公众的百度搜索指数

百度指数用于反映过去30天的网络展示率和关键字的用户关注度，它可以生动地反映出关键字的每日变化趋势。发生重大突发事件后，媒体和公民使用在线平台连续报道和讨论事件，政府的应急管理势必会引导公众对重大突发事件的关注倾向，百度指数可以搜索不同舆情关键词在网络中的关注度和热议情况，直接、客观地反映社会舆情热点、民众的兴趣和需求，为社会舆情警源监管和预测提供分析基础，研究社会舆情发展态势。重大突发事件的发生发展过程中公众对该事件的关注程度可以通过百度搜索指数体现出来。

林杰等一些学者从搜索引擎关注度对网络舆情时空演化进行了比较、分析，利用网络爬虫技术对新浪网上小悦悦事件、药家鑫事件以及郭美美事件新闻人物评论的在线报告中捕获相关评论，然后使用停用词列表过滤掉停用词，从而获得评论中的高频真实词类别，从获取的词语语义特征可以观察到三事件网民评论中的类别特征词。根据已建成的语义词典，小悦悦事件中有18位路人经过，但都视而不见，冷漠引起了广泛的社会道德批评。提取的高频实词主要是道德范畴，而药家鑫事件反映是为了了解大多数网民对法律法规的掌握情况，提取的高频实词主要是法律范畴，而郭美美事件在道德与法律之间①，如表4－3所示。公众的百度搜索指数是重大突发事件时空热度的重要表现，重大突发事件发生后对其百度指数的分析，是判断社会舆情外生警源的重要步骤，也是社会舆情监管的重要场所。

① 陈涛，林杰：《基于搜索引擎关注度的网络舆情时空演化比较分析——以谷歌趋势和百度指数比较为例》，《情报杂志》，2013年第3期，第7—10+16页。

表 4-3 上述突发事件网民评论中的高频度类别特征词

	法律类别	道德类别
小悦悦事件（4076 条网友评论）	罪恶、判刑、赔偿、法律、交通事故、法院、公正、判决	道德、良知、美德、冷淡、报应、素质、无视、义务、良心、反思、人性、向善、善良、灵魂、谴责、宽容、文明、舆论、相信、泯灭、报应、责任、忏悔、指责、见死不救、冷漠、冷淡、教育、缺德
药家鑫事件（2985 条网友评论）	法律、法治、法制、公平、公正、正义、自首、赔偿、死刑、剥夺、威严、违法、判决、犯法、案件、诉讼、处死律师、法院、罪孽、剥夺、枪毙、司法、制度、罪恶、违法、执行、赔偿、十恶不赦、罪有应得、宽大、杀人偿命	良知、教训、宽容、道德、人性、败类、冷血、沦丧、价值观
郭美美事件（6856 条网友评论）	严惩、法制、法治、检察院、侦查、替罪羊、真相、贪官、罪名、公安机关、立案、贪污、腐败、法律、罪行、立法、合法、司法、贪腐、判刑、判决、严惩、法规、公正、受害人、追究、追查、黑幕、内幕	慈善、捐款、谎言、信任、相信、慎重、质疑、炒作、爱心、常理、无耻、鄙视、爱心、缺德、炫富、炫耀、恶心、黑暗、恶毒、解释、狡辩、善款、廉耻、质疑、怀疑、荒唐、龌龊、约束

（三）外界力量的刺激

1. 网络“大 V”

重大突发事件发生后，其信息在各大主流、知名的网站及论坛中流传时，由于网络用户中的网络“大 V”拥有强大的粉丝数量，其对突发事件的转帖，将有大批粉丝做出顶帖子、删除帖子、奖励分数、封存帖子等行为，导致事件信息展示到论坛排行榜前列，引发更多网民热议，推动重大突发事件社会舆情的爆发和演化。一旦网络“大 V”发布的为虚假或恐慌信息，可能会引发更大的讨论和关注度，催化重大突发事件社会舆情，导致重大突发事件社会舆情曲线发展。重大突发事件社会舆情的演化发展，网络“大 V”在其中起到了推波助澜的作用，他们是社会舆情发展的催化剂，既能引导社会舆情正面发展，推动社会舆情事件的平稳解决，又能导致重大突发事件社会舆情的大爆发，引发社会关注。

2016 年，湖南省双丰县的网络负责人陈洁仁利用他的忠实拥护者发表文章，吸引人们的注意力，并在清淤和治理政府河流的过程中谋取私利，将摆拍照片发布在网上，引起了其粉丝的舆论关注。他们在互联网上张贴了一篇文章——“与湖南省环境保护局 XXX 的磋商：绿色发展不能只说不做”，随意引用法律条文。可见，网络存在监管的真空地带，网络“大V”言论的真实性和可靠性是值得监管和跟踪的。重大突发事件发生后，应加大对外界力量的监管，为社会营造可靠的发言环境，避免引起群众恐慌，减少舆论，防止舆情扩散。

2. 关联事件推动

在重大突发事件出现社会舆论之后，互联网上的事件便通过共同的主题、主体和情感相互联系，这既包括单个热点事件中存在的民意集群，也包括多个热点事件之间存在的民意集群。舆情关联事件的发生，使得广大公众的眼球全部聚焦在此类事件上，对前后发生的事件必将紧密关注，若与群众利益相关，将引发社会舆情的大爆发。舆情关联事件不仅包括了主题相关的事件，也包括了情感关联和主体关联事件，不同类型的关联都能影响社会舆情的走向，重大突发事件社会舆情警源监测和判断，应加大对突发事件舆情关联事件的监控，将关联事件发生概率降到最低或从源头上杜绝关联事件的发生，将对重大突发事件社会舆情的热议降到最低，实现源头治理。

王国华等在《网络热点事件中的舆情关联问题研究》中以2010年系列校园凶杀案为例，事件之间存在着主体、主题、情绪关联，形成了校园凶杀案社会舆情关联集，这些关联要素潜藏在事件之间，各个事件保持着相对的独立性，如果这些潜藏的关联要素不被网民或者媒体挖掘，事件就无法引起网民的持续关注或再次关注①。对2010年3月至5月的校园凶杀案进行汇总（表4－4）发现，这时间段内有关校园凶杀案的新闻和报道呈现喷涌之势，搜狐网、中国幼教网等制作专栏进行报道，同时中央电视台也制作专题节目进行解读，网民也在媒体的议程设置下关注校园安全问题，引发了对于校园安全、校园保护、学校管理等方面的反思，但是如果一段时间内只有一两次校园杀人事件，很难产生这样一个持续性的网民、媒体和电视舆论。为此，重大突发事件社会舆情警源监控预测，应对社会舆情关联事件进行防控分析，分析事件聚焦效应，防止社会舆情的爆发扩展，从源头将关联事件杜绝。

表4－4　2010年3与至5月校园凶杀案事件汇总

时间	事件	事发地	伤亡人员
2010－03－23	福建南平延平实验小学凶杀案	福建南平	13
2010－04－12	广西合浦县西镇小学凶杀案	广西合浦	7
2010－04－28	广东湛江雷城第一小学凶杀案	广东湛江	16
2010－04－29	江苏泰兴镇中心幼儿园凶杀案	江苏泰兴	31
2010－04－30	山东潍坊幼儿园凶杀案	山东潍坊	5
2010－05－12	陕西南郑县圣水镇幼儿园凶杀案	陕西南郑县	20

① 王国华等:《网络热点事件中的舆情关联问题研究》,《情报杂志》,2012年第7期，第1—5页。

四、境外媒体舆情警源分析

纵观近年来一些重大突发事件，参与报道的境外媒体数量攀升，其政治目的和价值取向不清，播报的内容真实性有待考究。社会舆情事件在外网炒作、发酵，严重影响了我国在国际中的声誉。经济全球化的时代，对重大突发事件社会舆情警源研判，需对境外媒体舆情警源进行分析，其主要包括了境外媒体聚焦中国舆情的主要代表、主要表现和价值取向。

（一）境外媒体聚焦中国舆情的主要代表

1. 主流媒体

随着经济全球化和中国国际影响力的提高，境外媒体对华事件报道次数不断上升，境外主流媒体对中国的态度和事件报道角度也出现了重大转变。境外主流媒体是指相对于非主流媒体而言的，影响力大、覆盖面广、品牌性强、起主导作用、能够代表或左右舆论、承担着重要的宣传任务和功能、具有很强权威性的国外强势媒体①。主要代表有美联社、路透社、法新社、俄塔社、俄罗斯卫星通讯社，美国《华盛顿邮报》《纽约时报》，英国《泰晤士报》《卫报》，日本《日本时报》，印度《印度斯坦时报》，韩国《东亚日报》，印度尼西亚《雅加达邮报》，泰国《曼谷邮报》，菲律宾《马尼拉公报》，马来西亚《新海峡时报》，香港《南华早报》等，这些覆盖亚、美、非等大陆的主流媒体是境外涉华报道的主要信源。境外主流媒体在涉华报道时，主要将“自由、真实、客观、人权”作为其吸引力的着眼点，但在报道时，都以本国利益为起点，以宣传本国的政治观、价值观为导向，其思想和观念有一定的利益倾向性，报道多以中国负面形象为主，大多是失真的、片面的、有偏见的，甚至是恶意歪曲的。

2017 年 7 月份，境外媒体涉华报道密度较高，报道量高达 144790 篇，其中以“China”为关键词出现在标题及首段的外媒涉华报道量为 61112 篇。在涉华报道的主流媒体中，道琼斯通讯社 7 月份的涉华报道量位居榜首，高达 9692 篇，远远超过第二名的路透社和第三名的美通社报道量之和。从报道量排名第四的《华尔街日报》到排名第十的《印度时报》，其涉华报道量均保持在 1000 余篇。分析发现，在报道量排名前十的媒体中，其中美国的媒体上榜 5 个（图 4－3）②。可见，在重大突发事件社会舆情传播时，境外媒体对社会舆情信息的传播逐渐形成了垄断局面。重大突发事件社会舆情境外媒体警源的监测预警，应该对发达国家在重大突发事件发生后形成的垄断舆情信息，以及对境外各界起引导和主要传播作用的信息进行检测，减少西方发达国家

---

① 古娟，郭振南，付首强：《浅谈境内外媒体对华报道特点和监管手段》，《现代妇女（下旬）》，2014 年第 8 期，第 302—303 页。

② 中国警察网：《重磅发布：2017 年外媒涉华舆情态势研究报告》，2018 年 1 月 11 日。

垄断舆情信息流，降低重大突发事件社会舆情影响力，从舆情垄断信息流的主流媒体进行监测。

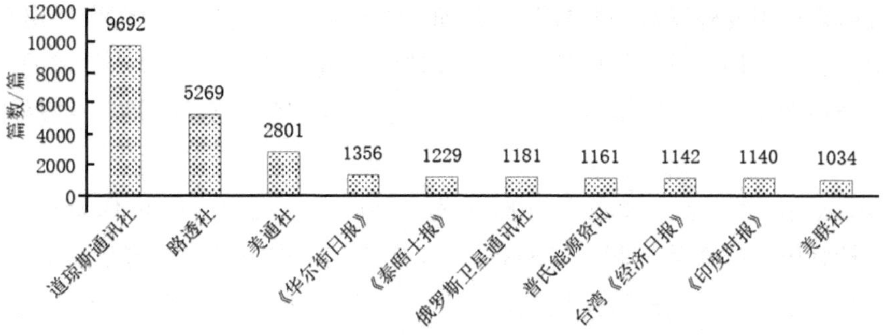

图4－3　2017年7月外媒涉华报道量Top10

2. 海外华文媒体

海外华文媒体是我国“大外宣”新格局的重要组成部分，华语传播近年来在国际传播中所占比重不断上升，其中，海外华文媒体的贡献不可小觑①。国外主流媒体对华舆情事件报道真实性难以判断，其政治目的不言而喻。海外华文媒体也逐渐成为舆情狙击发酵平台、引导国内突发事件的境外舆情走向的重要源头。根据《2019海外华文新媒体影响力报告》指出，海外华文媒体积极布局国内外主流信息发布渠道，其中，九成海外华文媒体布局了网站；同时，海外华文媒体围绕移动端布局的趋势愈发明显，海外华文媒体移动App开通率达24.3%、Facebook开通率达50.3%、Twitter开通率达28.7%，微博和微信作为华人华侨应用较多的中文平台，也已成为海外华人媒体促进文化交流的重要窗口，微博账号开通率达49.7%，微信公众号开通率达48.6%②。可见，海外华文媒体的影响力日渐上升。

随着全球化的发展，全球信息传播的速度变得更快。海外华人新媒体平台已经成为与中国有关的外国媒体在线舆论的发酵场，也提高了中国新媒体平台在信息传播中的国际影响力，监控新媒体平台的发文动态，对引导舆情具有重要意义。

（二）境外媒体聚焦中国舆情的主要表现

1. 国内外舆情的互动联动态势

随着互联网和全球化的发展，世界联系愈加紧密，国内外社交网络服务网站在国际社会越来越受欢迎，境外信息用户不断增加。国际信息交流与沟通的障碍逐渐消除，国内外舆论交流日益增多，国内外关注的问题和事件呈现出融合的趋势，国内事件日益引发国际舆论关注。2017年，外媒对中国军事与中国外交类话题相关的事件关注度

① 郭学文，卢秋锦：《新媒体时代海外华文媒体传播力构建策略探析》，《出版广角》，2018年第24期，第64—66页。

② 海外网：《2019海外华文新媒体影响力报告》，2019年7月9日。

较高，这与中印边境紧张形势、中国建军 90 周年阅兵、中俄海军军演、中国吉布提基地启用等有关。一些国际关系热点牵扯中国利益与国际角色引起外媒解读，如朝鲜试射洲际导弹事件引发外媒对中国参与制裁朝鲜的热议，国内外对舆情事件出现联动和互动态势。为此，加大对境外媒体警源跟踪监测，就要加强对国内外舆情的互动联动态势进行分析和监测，及时掌握舆情发展态势，确保舆情态势向积极方向转变，降低损失。

2017 年，在“萨德”（Sade）事件期间，韩国乐天集团（Lotte Group）转让了土地，以支持韩国政府部署“萨德（Sade）”反导系统，这引发了中国公众的强烈抗议。中国公众自发抵制了韩国乐天集团的所有公司。据国外媒体报道，由于公众抵制，超过 50 家乐天玛特超市被迫关闭。除了抵制活动之外，由“萨德”事件引发的在线讨论数量也十分惊人。从 2017 年 2 月 27 日起，短短 10 天时间，媒体上关于“萨德”事件的新闻报道有 36300 篇，国内外网友关于“萨德”事件的言论约 330.2 万条，国内外网民就此事件发表言论，互动联动；其次，2017 年中国为庆祝中国人民解放军建军 90 周年在内蒙古朱日和训练基地举行盛大“沙场阅兵”，海外舆论给予了高度关注，截至 2017 年 7 月 31 日，海外媒体报道超过 200 篇。对此次阅兵最为关注的是印度媒体，仅《印度时报》报道就 10 篇，《印度快报》和印度报业托拉斯报道各有 4 篇。路透社、BBC、美联社、法新社、塔斯社、德新社、共同社等主要通讯社均有报道。港澳台华文媒体报道 100 余篇，“大规模阅兵”“伟大复兴”“改革”“强大的军事力量”“实战”“重要讲话”成为港澳台媒体报道高频词汇。国内外网友对中国大阅兵非常感兴趣，视频网站 YouTube 上有关建军节阅兵的视频数量超过 1000 个，视频内容全、片段细、观众累积数量大，阅兵视频被不断转发、点赞、评论，国际国内舆论互动呈现明显增长趋势。

2. 发达国家垄断信息流

目前，主要用于管理 Internet 主目录的根服务器，世界上只有 13 个，其中 1 个是主根服务器，其余 12 个是辅助根服务器。美国有 1 个主根服务器和 9 个辅助根服务器，其余 3 个辅助根服务器分别位于英国、瑞典和日本，这些服务器均由美国 ICANN（互联网名称与数字地址分配机构）管理。借助于这一点，以美国为首的西方世界实际上控制着全球互联网的主动脉，并有权控制和管理网络的信息传播渠道，这也是西方世界垄断有关中国的舆论信息流的先天优势，西方媒体也是垄断西方舆论对中国信息流的“大杀手”。全球具有影响力的主流媒体基本被欧美等发达国家所垄断，据世界排名网站 Alexa 的全球新闻媒体排名显示，全球排名前 10 的新闻媒体中，美国新闻媒体上榜 7 个（见表 4-5）。由此可见，西方主流媒体已成为西方发达国家的主要信息传播者以及舆情引导者。

表 4-5　全球新闻媒体人气排行（前 10）

排名	名称	国家
1	美国有线电视新闻网 CNN	美国
2	纽约时报 New York Times	美国
3	卫报 The Guardian	英国
4	赫芬顿邮报 The Huffington Post	美国
5	福克斯新闻频道 Fox News Channel	美国
6	印度时报 The Times of India	印度
7	英国广播公司 BBC	英国
8	彭博社 Bloomberg News	美国
9	华尔街日报 The Wall Street Journal	美国
10	今日美国 USA Today	美国

3. 新媒体平台引发民意

新媒体平台追求新闻的即时性和爆炸性，并且通常不严格过滤信息，有时为了使新闻更加引人注目，它会故意忽略信息传播的真实性和客观性，从而催生一系列在线舆论活动，成为突发事件中舆论的发酵场。

以天津港发生“8·12”重大爆炸事件的报道使新媒体平台舆论陷入混乱和失范的境地为例。美国 CNN 电视台的记者威尔·里普利（Will Ripley）将他的直播被阻止的视频上传到了互联网，并以不负责任的方式，将被阻止的原因归类为“被当地官员阻止”，该视频迅速覆盖社交网站，引起了外国网络舆论的发酵，极大地影响了中国官员的形象。此外，国内新媒体平台在天津港的舆论引导中也没有发挥积极作用，甚至有谣言称“官方阻止外国媒体报道”和“有毒气体扩散”，这些谣言不仅使视听混乱，还引起公众极大的恐慌。随着全球化进程的发展，全球信息传播的速度非常快，新媒体平台已成为外国媒体涉华事件的在线公众舆论的发酵平台，对于引导舆论很重要①。

（三）境外媒体聚焦中国舆情的价值取向

1. 立场敌对

涉及中国问题时，外国媒体经常充满很多负面情绪，包括两岸关系、中朝关系、南海仲裁案、维权人士、在线表达自由、社会保障、食品安全问题、高级政府人员的任命和撤离等。据统计，《纽约时报》中文网站 385 份报告中有 51.16% 持消极态度，

① 王蒙：《外媒涉华事件网络舆情监控研究》，湘潭大学硕士学位论文，2018 年，第 24—26 页。

BBC 中文网站 335 份报告中有 50.75% 持负面态度。在样本中，外国媒体的舆论信息中对中国的负面内容报道占 50% 以上。通过对《纽约时报》中文网站和 BBC 中文网站的比较分析，可以发现《纽约时报》中文网站对中国的敌意更为明显，该网站擅长就某个主题进行一系列报告，影响巨大。因此，《纽约时报》中文网站上与中国有关的一系列报道很可能会损害我们国家的形象并引起负面舆论。据统计，美国之音中文网站 430 篇报道中有 60.7% 持消极态度，自由亚洲电台 400 篇报道中有 67.75% 持消极态度。在收集的样本中，外国媒体对中国的负面舆论和负面内容报道占 60% 以上。这表明，负面声音是外国媒体对中国舆论的主要主题。

2. 借题发挥

西方传媒的受众主要是西方社会公众。基于意识形态差异和文化差异，许多西方社会公众对中国不友好。他们通常只想寻找遥远的东方大国，并戴彩色眼镜看待中国问题。西方媒体看到中国人和事物，通常倾向于选择有争议的话题作为负面报道，这些负面新闻可以在吸引注意力的同时为西方媒体带来可观的收益。据统计，《纽约时报》中文网站、BBC 中文网站、金融时报中文网站、彭博社网站、自由亚洲电台、美国之音中文网站负面报道分别占 51.16%，50.75%，39.99%，48.42%，67.75%，60.70%（图 4-4），共计占 2375 条样本数据的一半左右，这些负面报道的报道方式与上述两个例子中的所使用的报道方式几乎如出一辙，随着外国媒体对中国的兴趣增加，外国媒体对中国报道的话题使用现象越来越强烈。

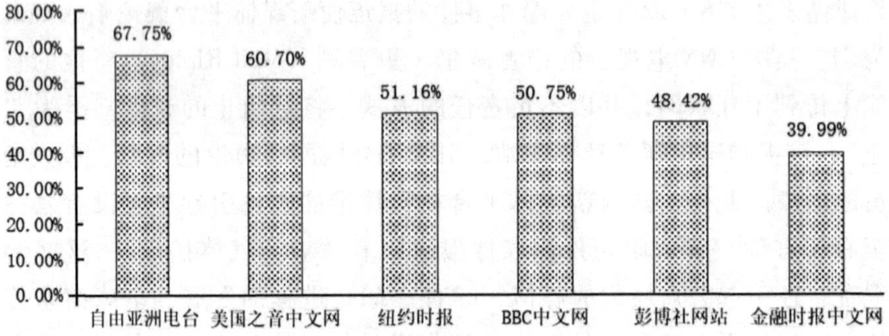

图 4-4　六种媒体样本中的负面消极报道占比情况

3. 扭曲事实

西方国家强调个人主义，认为社会只是达到个人目的的手段，而中国强调集体主义，注重将个人价值融入社会集体。由于价值观的差异，西方媒体在报道有关中国舆情事件的过程中，往往存在颠倒事实真相、援引虚假证据、裹挟打压不同意见、企图操纵舆论等情形，将西方的“自由”“民主”价值标准强加于人。例如，一些西方媒体不顾新疆人民真实感受以及新疆现代化的棉花种植事实，编造“新疆集中营”“强迫劳动”等荒唐指控；又如撇开中国在世纪疫情防控的大国贡献，反而对中国科学的防控政策污名化，抹黑武汉封城侵犯人权与自由等等。诸如此类的报道意在以诽谤中国制度来体现西方个人主义价值标准的优越，但充满谎言和政治偏见的内容早已与西方鼓吹的“民主”“自由”“平等”背道而驰，也违背了人类文明的进步与发展。

第二节　重大突发事件社会舆情警兆监测

重大突发事件发生后灾害舆情波会一级一级向外扩散，任何社会舆情在大爆发前总会通过一定的方式向周围环境传达或多或少的信息，这种信息就是社会舆情警兆的表露。警兆是警情爆发的先兆，即重大突发事件社会舆情在运行空间中暴露出来的现象。由此可见，重大突发事件社会舆情的初期主要表现为一定的警兆，而对这种警兆信息的跟踪捕捉与动态监测分析，能够将重大突发事件社会舆情消灭在萌芽状态。当前主要是对社会舆情警兆进行研究，利用大数据技术对社会舆情警兆进行跟踪监测，致力于健全社会舆情警兆动态监测机制，为社会舆情警兆的准确监测和及时的风险预报提供重要基础。

一、重大突发事件社会舆情警兆的内涵与迹象的表现形式

（一）社会舆情警兆的内涵

1. 社会舆情警兆的概念

关于警兆的概念，国内外学界研究的并不多，但其是社会舆情的最初表现形式是公认的。杨永军认为，所谓的警兆是警情或重大突发事件发生之前所呈现的征兆或迹象①。刘晓花、符万年认为网络舆情预警中最关键的一步是选择警兆指标。社会警兆是警情在孕育与滋生过程中先行暴露出来的现象，所以警情在发生之前必有征兆可循②。曾润喜认为网络舆情警兆就是网络舆情风险在网络空间运行中暴露出的现象③。由此可见，社会舆情警兆就是一种征兆或现象，具体来讲，重大突发事件社会舆情警兆就是重大突发事件发生后，受到广大公众的关注，公众的舆论由积聚向社会舆情演化过程中表露出来的反映社会舆情广度、热度的迹象或先兆。

2. 重大突发事件社会舆情警兆的内涵

由社会舆情警兆的概念得知社会舆情警兆的内涵主要是：第一，社会舆情警兆是一种先兆、迹象或想象；第二，社会舆情警兆是社会舆情发现之前出现的；第三，社会舆情警兆是事件发展过程中暴露出来的，是可以捕捉的。社会舆情警兆是社会舆情

---

① 杨永军：《社会舆情预警及控制》，人民出版社2015年版，第215页。

② 刘晓花，符万年：《新媒体视域下政法舆情应对策略浅析》，《法制与社会》，2015年第31期，第141—142页。

③ 曾润喜：《网络舆情突发事件预警指标体系构建》，《情报理论与实践》，2010年第1期，第77—80页。

爆发之前的先兆，对社会舆情进行动态监测是对社会舆情预警预控的关键环节。通过动态监测社会舆情警兆的变化，判定社会舆情发展变化的态势，科学推导和判断社会舆情即将面临的风险以及舆情警度，从而为社会舆情预警预控提供黄金时间。

（二）重大突发事件社会舆情警兆迹象的表现形式

社会舆情警兆迹象是反映舆情的载体，根据舆情警兆迹象的特殊表现形式，要深入社会阶层，挖掘舆情警兆。要善于从网络谣言、社会舆情传播渠道、社会舆情热度来捕捉舆情点，从中发现倾向性、苗头性、社会性的社会舆情警兆信息，社会舆情警兆迹象的表现形式主要有：

1. 网络谣言的广泛传播

《现代汉语词典》将谣言定义为“没有事实的信息”或“虚假新闻”。人们相信和传播谣言的最重要因素之一是，它通常是人们信息的共鸣①。从舆情的角度来看，它是一种对舆情非正常的、歪曲的表现形式。在重大突发事件发生后，当大部分相关群众处于对事件把握不清的状态时，容易相信捏造、讹传的信息，引发社会的恐慌和讨论，导致社会舆情事件的大爆发，处于事件中心的公众受到谣言蛊惑，会针对自己的处境做出错误判断，影响社会安定。当涉事公众处于波动情绪时，容易被别有用心的谣言迷惑，导致矛盾升级，情况更加复杂，难以控制，造成社会混乱，社会舆情大爆发。因此，在重大突发事件的监测过程中，有必要对社会舆论信息进行深入的收集和分析，识别网络谣言，并对其进行监测和追踪，及时辟谣，稳定民心。

2017 年 4 月 1 日，四川省泸州市太伏镇初二学生赵某意外身亡，突发事件迅速发酵升温，网络舆论持续频发，境外媒体政治目的不纯，在网络上发布不实信息，搅乱社会舆论。4 月 8 日，四川省教育厅、省公安厅经过多方调查，舆情才逐渐平息，该事件舆情发酵初期，在短时间内集中出现大量谣言和不实视频，包括死者生前被毒打、钢管被打弯、五个凶手都是领导之子、政府强制火化尸体、政府雇佣黑社会殴打拍摄太伏打人视频的婚纱店老板、警察拔枪、出动部队镇压群众、政府为堵塞消息进行全面断网及发现无用就开始断电等十余条谣言。这些接踵而来的明显有组织策划编造和扩散的谣言，引发社会公众的关注、质疑和热议，大量公众对谣言信以为真，对政府充满强烈仇视与敌对情绪，导致政府公信力下降。

2. 社会舆情传播多渠道加快舆情散布

重大突发事件发生后，社会舆情警兆的出现是存在一定的潜伏期的，社会舆情警兆迹象不仅仅表现在网络谣言的四起，还表现在突发事件发生后舆情渠道的数量、参与公众总量以及公众的地理分布的变化等，即社会舆情的不断纵深发展。判断社会舆情警兆迹象，监测警兆的动态，控制社会舆情发展，必须对社会舆情广度进行监测，

① 陈新汉：《哲学审视中的社会谣言》，《湖南师范大学社会科学学报》，2004 年第 1 期，第 14—18 页。

及时判断社会舆情在传播渠道数量上的发展变化，将BBS、博客、微博、微信、贴吧、新闻评论、社交性网络等纳入监测范围，利用IP观察公众的参与分布情况，掌握参与公众数量的变化，确定社会舆情的发展阶段，控制舆情发展的态势，及时作出决策，将重大突发事件社会舆情化解在初始状态。

2019年7月30日，重庆一保时捷女车主李某与一男司机因行车发生冲突的视频引发广大民众关注，舆情事件发生。据蚂蚁软件数据分析得知事件发生后，微博、视频App以及微信平台等对此事件进行了广泛传播（如图4-5所示），其中微博在信息传播中位居第一位，凤凰网、成都商报、头条新闻等媒体博主发文传播该事件，引发网民大量转评。与以往舆情事件平台传播排名不同的是，视频App传播平台排在了第二位，视频来源排名前三位的分别是抖音、腾讯视频和西瓜视频。微信公众号的平台传播量排第三位，各公众号除了客观传播事件始末与进展之外，还存在部分调侃、讽刺行为引发网民的激烈讨论和一致点赞。由此可见，重大突发事件发生后，事件传播渠道的增多以及公众参与数量的上升会影响社会舆情发展的广度，社会舆情广度扩增是社会舆情警兆发展的最明显的迹象，也是社会舆情发酵的重要时期，社会舆情警兆监测应时刻关注社会舆情发展的广度指标，把控发展态势，化解舆情。

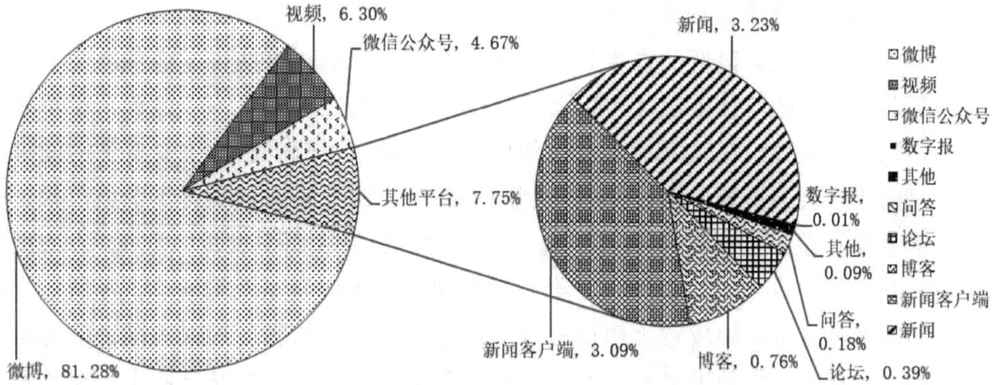

图4-5　重庆保时捷女车主打人事件平台传播数据图

3. 社会舆情热度持续向上攀升推动舆情散播

社会舆情热度的持续向上攀升是重大突发事件社会舆情推向纵深的重要标志，也是社会舆情警兆迹象的重要表现。重大突发事件发生后社会舆情广度的拓宽，使舆情事件广泛传播，在传播中真实性信息的发布、评论性信息的发布、信息的点击率及敏感度等问题都会影响舆情事件的热度，公众的态度以及行为对事件热度的发展造成一定的影响，应该予以高度关注。舆情热度是重大突发事件社会舆情发展态势的重要衡量指标，是社会舆情警兆监测的重要领域，热度的攀升说明重大突发事件引发了广大公众的关注，对其进行监测与控制是稳定社会公众的重要措施。

2017年6月22日凌晨，杭州市发生保姆纵火案，导致4人死亡，引发重大社会舆情。事后新华网、澎湃新闻网、人民网、中国网、凤凰网、中国青年网等众多媒体对

“杭州保姆纵火案”进行了新闻报道，据统计，2017 年 6 月 22 日至 6 月 29 日的新闻总数为 10758 条，6 月 30 日至 7 月 21 日的新闻总数为 9765 条。微博的热门账号“老婆孩子在天堂”的推文，平均每个主题 100 万次观看，参与公众和评论数量都达到高峰值，仅仅是事件发生后的几天，舆情热度不断攀升，为后续舆情事件的发展和走向带来广泛关注。因此，为将社会舆情化解在初始状态，社会舆情警兆迹象表现的舆情热度就成为实时监测的重点。

二、重大突发事件社会舆情警兆的主要特征与监测方法

（一）重大突发事件社会舆情警兆的主要特征

任何社会舆情在大爆发前总会通过一定的方式向周围环境传达或多或少的信息，而对这种警兆信息的跟踪捕捉与动态监测，是将重大突发事件社会舆情消灭在萌芽状态的关键环节，一旦错失警兆信息，其具有的危害性、复杂性、偏差性、扩散性等特征将给社会带来不可估量的损失。为此，把握社会舆情警兆的变化特征，也是突发事件社会舆情动态跟踪的重要内容。

1. 警兆监测缺失引发的危害性

重大突发事件社会舆情的发生是一定会有警兆出现的，有些可以直观地觉察，有些则需要通过一定的监测手段才可以察觉。任何危机的发生都是一个过程，在早期都会有一定的征兆表现出来，其一旦发生作用，足以决定、影响甚至改变事物的发展方向。正是由于社会舆情警兆动态监测机制的不完善，警兆迹象表现得不明显，只是一些先兆或迹象，还不构成现实的重要威胁，故常常被忽视而引发重大危机[①]。俗话说“细节决定成败”，在重大突发事件社会舆情的演化过程中警兆就是细节，任何一个小小细节的疏忽就有可能酿成重大舆论事件。社会舆情警兆的表现形式不同，但都会引发社会动乱，扰乱人们的思想和行为，引导社会舆论，危害社会安全稳定，在某种程度上也会影响政府的公信力，破坏政府形象。

2. 警兆动态潜伏呈现的复杂性

由于重大突发事件社会舆情的形成具有复杂性的原因，加之互联网信息的发展，重大突发事件社会舆情警兆特征也更具有复杂多样性，不仅在表现形式上具有多样性，而且在演变的过程中也有复杂性特征。重大突发事件社会舆情警源到警兆的出现是一个动态发展过程，在这个过程中，警兆的出现具有一定的潜伏期，而且警兆也有显性警兆和隐性警兆之分。显性警兆可通过其表现出来的直观性的事件和言论来判断，隐性警兆则需要透过对多方因素和现象的综合分析才能得以把握。除此之外，重大突发事件社会舆情警兆是实时变化的，在社会舆情的发展变动过程中，不

① 杨永军：《社会舆情预警与控制》，人民出版社 2015 年版，第 216 页。

同阶段的警兆表现不同，有时明显，有时不明显，但都不能忽视，其作用是非常巨大的，足以影响、决定甚至改变事物发展的方向。由此可见，重大突发事件社会舆情警兆具有复杂性。

3. 警兆内容歪曲造成的偏差性

互联网的快速发展，使得网络平台成为重大突发事件社会舆情传播的主阵地，重大突发事件发生后，网络上首先出现报道言论，这些言论有可能就是重大突发事件社会舆情警兆信息，主要表现为流言、谣言等。这些信息大多对重大突发事件了解不够深入，发表者权威性不足，未能考虑内容是否存在偏差。绝大部分言论是出于个人意识，容易导致重大突发事件社会舆情在传播的过程中或多或少地偏离其本质。在重大突发事件社会舆情警兆的传播扩散中，由于不同人理解的差异以及个人知识、思维意识、目的不同，造成理解不同，导致社会舆情出现偏差，从而对当事人产生社会舆情压力，对社会舆情的掌控和调节具有较大冲击。社会舆情警兆偏差是要加以控制的，否则其将会改变重大突发事件社会舆情发展的方向，不利于社会舆情的解决。

4. 警兆发展演化出现的扩散性

重大突发事件社会舆情的演化是一个过程，社会舆情警兆出现后并不是一成不变的，而是不断变化发展的。新媒体平台的快速普及致使网络舆情发展迅速，互联网新媒体下的网络舆情主要以双微平台、网络论坛、BBS 各大博客网站进行传播。网络技术的发展，使得重大突发事件社会舆情警兆出现后便可以通过这些媒介进行传播，因此具备了扩散性。各种网络工具助长了社会舆情警兆信息的传输和发散，当大量媒体平台上出现同一条社会舆情警兆信息时，证明多媒介的扩散传播已经形成，当大多数网民在热议社会舆情警兆信息时，社会舆情会顺势发展。而且重大突发事件社会舆情警兆信息在传播扩散的过程中，是不断变化的，新的警兆信息会层叠更替，不断推动重大突发事件社会舆情的发展。

（二）重大突发事件社会舆情警兆监测方法

重大突发事件发生后，挖掘社会舆情信息的特点及数据之间的规律，寻找社会舆情警兆与舆情爆发之间的关系，需采用一系列的监测方法。目前国内关于社会舆情警兆监测的方法主要有：

1. 基于指标体系评价的监测方法

基于指标体系的评价方法是对重大突发事件的社会舆情发展状况进行预警和分级，并采用多种指标对多种舆论事件进行评价的方法。重大突发事件社会舆情发生后，利用科学的舆情预警指标体系，分析社会舆情的警兆指标，对其进行评估和判断，及时对社会舆情警兆的动态和变化作出回应和评价，对社会稳定具有重要意义。目前指标体系评价法进行的舆情监测主要是基于理论制定指标因素，将舆情警兆指标认定为骚扰言论、激进言论、小道消息、黑客行为、政治争论、政治动员、网络实时播报、网上群体侵犯等，采用综合评价法、分类评价法，各指标均采用五级计分法，按分值1、2、3、4、5进行赋值，最后评判舆情警兆等级（表4－6、表4－7），进行监测，或通过应用层次分析法和德尔菲法确定各项指标的权重和分值，然后进行综合分值计算及权重评分确定警兆预警等级①。

表4－6　综合评分法

	Ⅳ级	Ⅲ级	Ⅱ级	Ⅰ级
警兆	30－60	61－90	91－120	121－150

表4－7　分类评价法

	Ⅳ级	Ⅲ级	Ⅱ级	Ⅰ级
警兆	9－18	19－27	28－36	37－45

2. 基于数据挖掘技术的监测方法

基于数据挖掘技术的监测方法主要是通过数据挖掘技术来提取关键词等文本，对重大突发事件社会舆情的热点话题进行识别和捕捉，此方法主要是针对社会舆情内容文本的挖掘，使用情感识别来计算重大突发事件社会舆论中的情感词出现频率，确定社会舆论的现状并确定分级警告。基于数据内容的民意信息深度挖掘，不仅能够准确地把握重大突发事件发生后网络中传播的舆情信息，及时发现警兆，进行实时监测，还能预测重大突发事件社会舆情信息传播媒体的行为和态度倾向，监测社会舆情信息的产生和变化态势，为及时预警做好准备。目前，微博是社会舆情信息内容来源的主要场所，重大突发事件发生后，对微博上关于此事件的内容文本进行聚类分析，挖掘有用信息，对舆情事件划分阶段，判断警兆信息，并结合相关数据算法，进行监测预警。如李文煊在基于聚类定量分析的微博舆情监测与预警中将微博内容文本作为数据集，以K－means算法对微博内容文本信息进行聚类，利用网络“大V”的影响力构建评估算法，根据数据统计结果，分析舆情事件的演化，完成舆情的监测预警预控。

3. 基于模型构建的监测方法

基于模型构建的监测方法主要是通过构造模型，进行推理，动态模拟舆情事件的发展，对当前舆情态势进行监测和预警。应用于重大突发事件社会舆情的模型多种多样，如贝叶斯网络模型、系统动力学模型、传染病模型以及BP神经网络模型等，国内研究者主要通过利用模型来动态模拟重大突发事件发生后，各方势力共同参与的舆情事件的演化。该方法结合了内容分析法和数据挖掘的方法，对重大突发事件社会舆情进行态势监测和分级预警。以构建重大突发事件社会舆情损失控制动力模型为例，在

① 曾润喜，徐晓林：《网络舆情突发事件预警系统、指标与机制》，《情报杂志》，2009年第11期，第51—54页。

分析重大突发事件多种潜在子社会舆情的基础上，形成社会舆情演化系统网络，建立模型。这种模型包含若干个子社会风险因子和子社会风险因子之间的边，演化边表示社会舆情演化系统中节点之间发生的衍生函数关系；社会舆情模型中任一风险节点都受到系统内和系统外两个部分的破坏作用，节点风险影响度可分为节点风险瞬时影响度和节点风险持续影响度；而社会风险节点内部影响因子主要是指来源于社会舆情节点自循环演化；系统外部的破坏作用被表征为节点外部影响因子；社会风险节点在受到演化的同时，具有一定的自修复能力，在模型中用修复因子来表示，从而动态演化社会舆情的发展，为发现警兆信息，进行及时的舆情预警提供了便利。

三、大数据技术在重大突发事件社会舆情警兆跟踪监测中的应用

大数据的数据挖掘、分词技术、情感识别等技术在社会舆情警兆监测中的应用，能全面进行舆情抓取和数据实时更新，实现舆情监测无死角；能进行数据的综合处理，实现舆情监测全覆盖；能进行相关热点话题的自动识别、智能聚类以及对传播路径的追溯，实现对舆情背后的智能发现，以便在敏感舆情发生时进行及时预警，做到早发现、早预警、早引导。

（一）数据挖掘技术

数据挖掘是指从海量的数据中通过特定算法搜索隐匿于数据集中的信息的过程。重大突发事件社会舆情警兆监测应用数据挖掘技术，对舆情数据信息进行深度挖掘分析，探寻出舆情数据信息之间的潜在联系，并从大量的数据中智能抽取出社会舆情警兆信息。数据挖掘社会舆情警兆主要从舆情内容关联分析、关键节点聚类、舆情倾向性等方面来挖掘。

1. 社会舆情内容关联分析

社会舆情内容关联关系是舆情数据库中的常见现象，重大突发事件之间存在表征关联关系，社会舆论中也有一定程度的舆论联系，即所谓的舆论联系程度。为了更准确地表达重大突发事件与社会突发事件之间的相关性，需要舆论支持和舆论信誉来量化在线舆论关联规则的相关性，以使挖掘结果更加准确。以新浪微博为例，判断社会舆情警兆，就要对新浪微博中事件发布博主的关联强度、粉丝人数以及民众热议的变化程度等因素关联关系进行分析，挖掘出影响社会舆情支持度和可信度两变量之间的关联关系，为社会舆情警兆监测提供重要依据。

以 2015 年“8 · 12 滨海爆炸事件”舆情作为分析的案例，挖掘新浪微博中关于此重大突发事件的舆情警兆的关联。初始数据收集方法是使用 GooSeeker 爬虫软件对网络舆情关键节点的关键信息进行爬虫，从指定事件开始，选择“天津爆炸”“8 · 12”“滨海爆炸”作为挖掘信息的关键词，开展微博数据收集。从 2015 年 8 月 12 日到 2015 年 9 月 12 日，所获得的数据集包括 190468 名注册用户，共 30 天，挖掘出每个用户的

ID 号，获取这些帖子的 URL 地址，帖子和回复，网名和相应的帖子数据、回复数、转发数和其他索引数据，以分解、提取和记录这些信息，记录结构化爬网模型，基于影响、活动和识别来构建三维索引信息的相关数据。全面使用 JavaJDK 平台、MySQL 和 Excel 处理新浪微博数据，根据灰色关联分析法的公式计算意见领袖价值，并根据意见领袖价值、意见领袖价值的顺序选择前十名用户作为意见领袖和排名①。由表 4－8 可知 2015 年的天津爆炸案，意见领袖在舆情事件中发挥了巨大作用，是舆情爆发的重要因素，微博用户在意见领袖的影响下，使舆论进一步发酵，社会舆情呈现爆发趋势，舆情警兆出现，舆情广度不断蔓延。可见数据挖掘在舆情监测中对舆情信息内容进行关联分析是必不可少的。

表 4－8 “8 · 12 滨海爆炸事件”前 10 意见领袖列表

排名	用户名	粉丝数	被转发数	被评论数	微博数	点赞数	意见领袖值
1	新浪娱乐	20238258	7126	4256	110056	55589	0.829
2	财经网	22807194	3928	4025	122509	2072	0.643
3	谢娜	89068588	4859	1368	9128	1930	0.626
4	娱乐圈门卫赵大宝	2870000	7872	1658	2032	1549	0.577
5	头条新闻	51310000	1736	1189	120583	999	0.534
6	中国新闻网	30092747	2090	1642	74084	964	0.497
7	媒体人张晓磊	1420000	1732	1718	16011	1044	0.468
8	华尔街日报中文网	18301626	284	524	108098	861	0.466
9	徐凤文	159507	506	354	47569	265	0.44
10	张笙 spade	9401	724	518	2388	437	0.339

2. 关键节点聚类

由于有些社会舆情警兆信息主题相对难以确定或对无主题社会舆情警兆信息的监测数据挖掘的关联分析无法发挥作用，就需要采用聚类的方法对社会舆情警兆信息进行监测分析。聚类是通过对重大突发事件社会舆情所获取的舆情警兆信息进行分组，把相似的记录归在同一个数据集中，如对同一个重大突发事件出现了思路一致、语气相似、IP 地址集中分布的评论或聚集性舆论，那么就有理由判断社会舆情事件存在人为操控。节点是社交网络中非常重要的基本要素，而舆论社交网络中关键节点的识别则是国内外舆论研究的热点之一。在舆论社交网络关键节点的研究中，节点的聚类频率、学位中心的使用程度和结构漏洞等社交网络的静态结构特征，用于分析关键节点

① 彭丽徽，李贺，张艳丰：《基于灰色关联分析的网络舆情意见领袖识别及影响力排序研究——以新浪微博“8 · 12 滨海爆炸事件”为例》，《情报理论与实践》，2017 年第 9 期，第 90—94 页。

的等级和优势与其他优势的差异。

2016 年 3 月 19 日晚，山东省食品药品监督管理局网站发布了济南市食品药品监督管理局协助公安机关查明庞某等非法经营活动的 107 条在线线索和 193 条离线线索，疫苗病例线索引起了全社会的广泛关注；以舆情事件快速增长阶段：3 月 19 日 ~3 月 22 日的舆情传播为时间段，从群集时间段中节点的中心点（表 4 –9）可以看出，在舆论传播网络的快速成长阶段，“听涛观潮涌”“友爱 88”“猪倌也是官”“bing_ 1v”等用户的中心度很高，表明用户的参与度很高，并表现出意见领袖的某些特征①，在社会舆情警兆信息的出现和传播中发挥了巨大作用。

表 4 –9　3 月 19 日 ~3 月 22 日舆情节点网络中心度

节点	中心度	相对中心度	分散性
听涛观潮涌	57	13. 702	0. 02
友爱 88	57	13. 702	0. 02
猪倌也是官	57	13. 702	0. 02
bing_ lv	57	13. 702	0. 02
黑色 D 情	55	13. 221	0. 019
来侃大山	55	13. 221	0. 019
甄君	41	9. 375	0. 014
重回巅峰	39	9. 375	0. 014
我点都不晓得 1	39	9. 375	0. 014
唐朝来的胖纸	39	9. 375	0. 014

3. 倾向性分析

网络舆论倾向是指网民对客观事物或公共事件的感受、见解、态度和立场，是使用数据挖掘技术自动挖掘在线舆论中包含的正面和负面因素，以澄清信息传播者的真实意图和倾向。网络的即时性和开放性为社会公众参与社会舆情提供了抒发民意的平台，社会民众、营利性媒体、境外媒体各有自己的行为和态度倾向，对重大突发事件的评论带有自我意识和情绪化，可能会成为导致社会舆情爆发的催化剂。利用数据挖掘分析判断社会舆情的倾向性，能对重大突发事件社会舆情的演化方向做出及时判断，为政府决策提供支持。

2016 年 7 月 26 日，网上爆料河南永城发生爆炸后，平安永城官微发布案情通报，证实 23 日夜永城市日月湖发生一起爆炸案。从 2016 年 7 月 26 日至 2016 年 7 月 30 日，以“永城爆炸”为关键词，在新浪微博上进行搜索，总共搜出 32 篇新浪博文。通过对该信息进行关键词提取和主题聚类分析，我们可以知道其趋势倾向（图 4 –6），其中传

① 逯万辉：《突发事件网络舆情传播的社会网络结构演变研究——以“山东非法疫苗案”为例》，《福建行政学院学报》，2017 年第 3 期，第 111—120 页。

播事件发生事实的言论占69%，呼吁真相的言论占13%，称赞政府回应的言论占6%，质疑官方与媒体的言论占6%，担忧自身的言论占3%，严惩凶手的言论占3%，可见重大突发事件社会舆情演变趋于平稳发展，集中体现舆情倾向性是对公众情绪化的评论集成分析，是挖掘社会舆情警兆的重要线索。

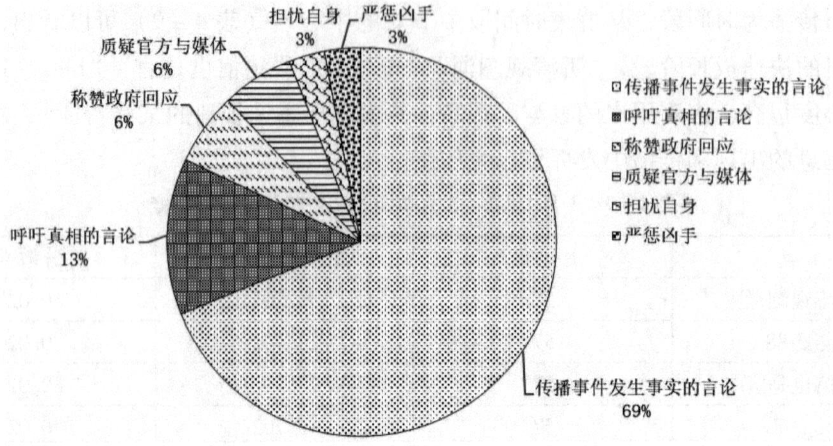

图4-6 “永城爆炸”网民话题分析图

（二）分词技术

分词技术是将社会舆情警兆内容信息转化为结构化向量，对重大突发事件社会舆情关键词信息进行分词处理，根据关键词串用各种匹配方法进行分词的一种技术。分词主要是针对社会舆情警兆的多个属性的综合特征进行检索，帮助应急管理机构和公众全面深入了解警兆信息，针对社会舆情警兆特征以及数据库的特性，充分监测隐含的、内在的警兆信息，为舆情预警做好依据。中文词语分词是中文信息处理的关键和基础。文本分词是社会舆情系统中至关重要的步骤，直接关系到舆情警兆信息的发现及处理质量。利用分词技术对社会舆情警兆监测的主要方式包括新闻文本内容处理以及高频度词语统计等。

1. 新闻文本内容处理

分词技术利用字典分词和理解分词以及频度统计分词，匹配信息以及使用计算机来模拟人对句子的理解，从而达到识别词的效果。其不仅能实现高速度检索匹配，还能使用句法信息和语义信息处理歧义，同时实现句法和语义分析。这对迅速在舆情数据词典中找到与舆情警兆相关的信息，准确查找警兆信息有一定帮助。

邹伟、刘永学等在《网络新闻中黄岩岛争端事件舆情研究——以新浪网“中菲黄岩岛争端”专题为例》一文中通过使用盘古分词软件对中菲黄岩岛争端的新闻内容进行分段，使用软件的中文分词和数据处理功能来分析整体与局部方面。整体分析将事件的整个更改过程作为研究对象，它主要分析事件引发者以及事件时间和其他事件元素，使用数学统计工具来计算每日事件争议的数量并绘制成图表，有助于分析舆论的变化；在局部分析中，主要建立争议事件的事件要素（事件引发者、事件对象、事件内容）网络，并通过网络度等参数分析中菲黄岩岛争议事件的驱动机制①。

2. 高频度词语统计

频度统计分词主要是对重大突发事件社会舆情的网络文本内容进行统计分析，相同词语出现次数越多，说明社会舆情在此方面就越受关注。我国对高频词语的确定有度量值即阈值，如若相同词语的出现次数达到一定的阈值，就是高频度词语。高频度词语是利用分词技术对社会舆情文本信息进行分词处理，统计高频词语监测社会舆情警兆信息能确保其精确度，重大突发事件发生后，对网络上的事件文本进行统计分析，信息出现频次越高，越易引发社会舆情。

2019 年 3 月 21 日下午，江苏响水天嘉宜化工有限公司发生爆炸。爆炸导致 78 人遇难，多人受伤，爆炸威力相当于地面 2.2 级地震。此次爆炸不仅毁灭了几个工厂、七十几个家庭，更暴露出一些地方和企业在安全生产工作上的不认真、不扎实，从而引起广泛关注。据互联网治理蓝皮书统计，本次事件中出现的高频度热词有“江苏”“响水”“盐城”等，分别占 11.46%、10.94% 和 8.08%。除了事故地点之外，“化工”“天嘉”“发生爆炸”“化工企业”“情况”等爆炸企业和救援情况也受到广泛关注，词频占比分别达到 7.70%、7.07%、3.43%、3.40% 和 3.18%。此外，“生命”“伤员”“消防员”“环境”“事故现场”“安全隐患”等现场情况也是新闻关注的焦点，在报道中被多次提及（图 4－8）②。利用频度统计分词法来统计舆情高频度词语，判读公众关注的重要节点，力争将舆情控制在原生状态。

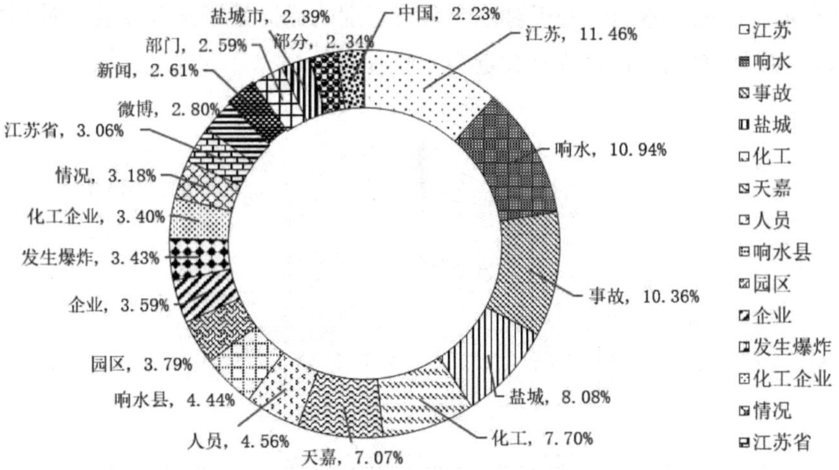

图 4－8　江苏响水爆炸事件高频度词语占比图③

① 邹伟，刘永学，李满春，王加胜，陈映雪：《网络新闻中黄岩岛争端事件舆情研究——以新浪网“中菲黄岩岛争端”专题为例》，《现代图书情报技术》，2014 年第 2 期，第 72—78 页。

② 数据来源：《江苏响水爆炸案舆情分析》，互联网治理蓝皮书，2019 年 3 月 10 日。

③ 图片来源：《江苏响水爆炸案舆情分析》，互联网治理蓝皮书，2019 年 3 月 10 日。

（三）情感识别技术

社会舆情情感识别分析主要是针对公众围绕重大突发事件发表的观点信息的情感进行识别统计分析，判断公众对重大突发事件的态度和意见①。情感分析自然语言处理方法，主要是通过两层隐藏神经网络，针对社会舆情警兆进行句法分析以及情感分类，为社会舆情分析平台提供基础分析技术，为舆情监管提供重要的依据。

1. 情感词语识别分析

社会舆情文本信息和情感之间存在可度量的关系，情感词语是人类传达感情的基本方式，对公众情感词语进行识别，可判断公众对社会舆情的情感倾向，利用公众表达的情感强度来分析社会舆情的热议度。重大突发事件发生后，可以收集公众的文字信息，分析公众表达的情感词，并在重大突发事件的社会舆论演变的不同阶段总结和分析情感词，以衡量单词的相似性。通过与参考词进行比较，可以得出情感词之间的相似性，并可以得出情感倾向，从而判断社会舆论警告标志的出现阶段，并根据公众的情感需要控制舆论。

2019 年 7 月 30 日，重庆一名开保时捷的女司机与一名男司机因行车发生冲突，两人互扇耳光的视频在网络上迅速扩散，引起群众热议。此事件各类媒体报道总数量为 185353，其中微博占比为 69.80%，在媒体中占比最高。在该事件发展进程中，对媒体报道信息文本进行情感词语分析得知中性信息占据主阵营（正面 2555/负面 35203/中性 147595）。其中正面信息占 1.38%，负面信息占 18.99%，中性信息占 79.63%（如图 4－9），由此可见情感词语分析对社会舆情态度的捕捉是极其有效的，对判断舆情发展的阶段、控制公众情感向极端演化起着重要作用。

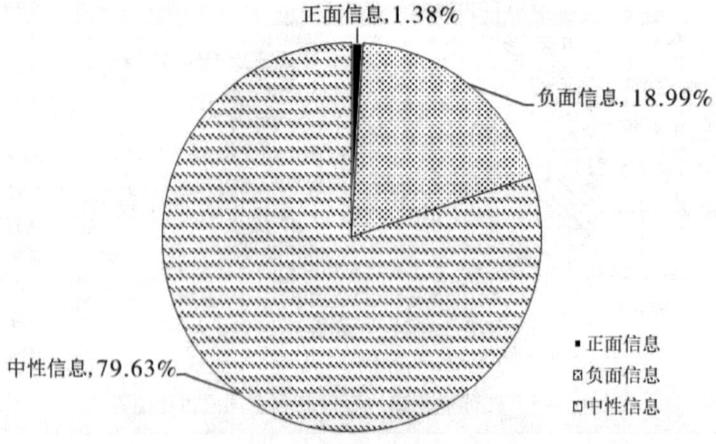

图 4－9　重庆保时捷事件网民信息情感占比分析

① 尚明生等：《舆情信息分析与处理技术》，科学出版社 2017 年版，第 83 页。

2. 情感演化预测分析

情绪演化分析的重点是分析话题和情绪在不同时间点的进化过程和趋势，通过主题和情感连接最初处于离散状态的评论文本，对其进行情感演变分析，从动态角度探索主题。对情感变化之间的联系可以进行更深入的情感挖掘和分析，并广泛应用于意见跟踪、用户行为预测和舆论事件演变。

2015 年 8 月 12 日，天津滨海新区发生化学爆炸，造成重大影响，并在微博上广为传播。任中杰、张鹏等在《基于微博数据挖掘的突发事件情感态势演化分析——以天津 8 · 12 事故为例》中计算了整个时段内所有评论的情绪热度，绘制情绪热度随时间的变化曲线，离散情绪倾向度的数据，将情绪分为正、负、中性三种并解释了舆论事件演变的每个阶段，然后分析比率并绘制堆叠的直方图以直观地分析每个时期情绪类型的比例①。可见，基于情感热度，各个发展阶段的分词特征，情感倾向的发展趋势以及正面、负面和中性三种情感构建情感模型，能以视觉方式分析舆论事件的发展阶段及其变化，预测社会舆论的发展，为重大突发事件舆情的预控提供技术支持。

四、健全社会舆情警兆动态监测机制

重大突发事件的社会舆论管理机制运作中有一个非常重要的过程，即公众群体内部的自我整合过程。通过持续的沟通和交流，公众可以将小组内部的不同意见融合在一起，最终形成意见和要求总体上趋于一致的小组，该小组的一致性有利于国家的管理，甚至有利于该小组内部的管理；沟通中的不良意见和要求可以被消化，形成主流意见，并趋向于整体的利益，而舆情预警信息的有效反馈要求国家管理人员对舆论预警标志具有完整的动态监控机制。党的十六届四中全会提出要建立健全舆情信息汇集和分析机制，因此，健全重大突发事件中社会舆情动态监测机制是响应党和国家号召的重要举措。目前，主要通过定量监测、定向监测、定点监测以及定性监测来健全社会舆情警兆动态监测机制。

（一）定量监测

社会舆情由无数个舆情要素组合而成，这些元素包括舆情信息文本、舆情信息发布者、舆情信息传播者、舆情信息传播平台等②。就舆论警兆信息文本而言，其包括帖子的数量、后续行动和对评论的答复，也包括舆情信息内容以及发布形式的多样化等；在社会舆情警兆定量监测的实践方面，与社会舆情直接相关的帖子、评论、跟帖数量以及舆情信息内容、发布形式等是定量研判的重要指标。

---

① 任中杰，张鹏等：《基于微博数据挖掘的突发事件情感态势演化分析——以天津 8 · 12 事故为例》，《情报杂志》，2019 年第 2 期，第 140—148 页。

② 姜鑫：《收集、判断与沟通：突发性群体事件的网络舆情研究》，《学术交流》，2014 年第 7 期，第 202—207 页。

1. 监测帖子数量变化，判断舆情热度

网民发帖是公众对社会舆情事件关注的直接表现，发帖数量说明重大突发事件受到公众的关注程度，对突发事件的社会舆情警兆判断与确定而言，发帖量多时该舆情事件就应该引起重视，此时警兆信息处于显现状态。网民发帖量、评论量、转发量越多，说明社会舆情关注度越高，定量监测就是监测帖子量的变化，分阶段分时间对发帖量、评论量、转发量进行统计分析，如若数量在一定范围内持续快速增长，应引发社会舆情警兆监测的高度重视。定量监测帖子数量变化，判断舆情热度需要从调查研究入手，拟定准则，利用网络爬虫等统计分析工具对一定范围内的舆情事件信息进行调查汇总，从汇总量来判断舆情事件热度的变化，从而确定警兆出现后的生命周期。

2. 量化信息内容与形式，评判舆情动态

对于重大突发事件的社会舆情警兆的监测预控来说，应始终注意舆情发展过程中警兆标志的内容和形式。从社会上出现舆情信息或意见时起，同步对舆情信息文本包括舆情标题、信息摘要、正文等内容以及舆情信息发布的形式，如文字、图片、视频等进行搜集，整理出公众对舆情事件信息内容发布的数量，分析舆情事件信息发布形式的变化，对即将出现的社会舆情警兆，做到尽早处理。同时，也要辨别舆情信息内容与形式的不同变化对于舆情事件发展的作用。根据定量监测到的社会舆情信息内容的增长以及舆情信息发布形式的多样变化，采用风险雷达舆情监测系统、动态贝叶斯网络（DBN）预报模型进行实验研究或采取调研形式等量化分析社会舆情预警信号的产生和发展，研究、判断重大突发事件中社会舆论后期发展的动态变化，及时控制社会舆情警兆的发展变化，将社会舆情的发展把握在可控范围内。

（二）定向监测

建立和完善社会舆情警兆预警信号的动态监测机制，不仅要对舆情信息进行定量分析，而且要在对舆论信息进行定量化分析的基础上，通过复杂的科学理论、方法和手段，定向监控以支持决策。重大突发事件社会舆情警兆可能具有大量的原始信息和各方力量的介入，舆情分析复杂难懂，为此我们要实时跟踪舆情发展态势，及时分析舆情论点和焦点，主要包括：

1. 实时监测跟踪，掌控舆情发展态势

重大突发事件社会舆情的发展是有规律可循的，主要包括萌芽、形成、发展、消亡等不同演化阶段，对不同阶段的动态变化规律的把握需要对社会舆情进行动态实时地跟踪。为此，一是设立专职负责舆情监测工作，确定具有相应网络技术和专门知识的人员，定期关注和监测舆情，规定监测人员的监测范围，以及主要门户网站和热点论坛需要浏览的内容，找到报告民意信息的期限，以确保首先掌握信息；二是加强培训和提高舆论监督能力，积极参加有关部门组织的舆论监督培训，注重培训的实用性和针对性，提高及时监测和应对能力；三是在外部力量的帮助下加强监控，与网络信息部门紧密联系，及时获取更多网络舆情信息，主动与宣传部门联系，扩大监控范围。

2. 分析舆情论点，把握舆情发展方向

重大突发事件社会舆情发生后，在不同的阶段，舆情论点是不同的，对不同阶段舆情论点进行分析，把握舆情发展的态势，判别舆情发展的趋势，能够辅助政府决策者决策。增强舆情论点分析的意识，并运用在收集、分析、监督舆情信息的全过程中，使重大突发事件的社会舆情工作成为“逐步深化的过程”。采用系统动力学模型等研究方法，模拟重大突发事件社会舆情发展动态，实现社会舆情信息采集、社会舆情信息分析、突发事件监测和应急处置实施，定向分析警兆主线的趋势；采用情感识别技术分析社会舆情警兆倾向性，对于网民发帖话题、发帖观点进行情感分析与统计；利用网络爬虫以及分词技术实现对社会舆情警兆主题动态跟踪以及溯源监管；采用聚类分析技术对新发帖子的话题主题自动摘要，建立社会舆情信息汇集机制等。

（三）定点监测

社会舆情是社会多数公众意见的集中反映，舆情事件的发生、演变是总体推动的结果。对社会舆情进行监测，就要扩大信息来源渠道，分析舆情信息的焦点和重点，另外在社会舆情从量变到质变的过程中，一些关键的公众也能起到至关重要的作用，需重点监测。

1. 设立直报点，广泛收集舆情信息

目前，中国的舆情信息网已经初步形成并运行良好，包括各省（市、区）党委宣传部、中央宣传文化单位、社会舆情、网络舆情和中宣部各部门五个信息网。在舆情信息网中，各级党委宣传部是网络的枢纽，县城乡镇有关部门设立了社会舆论记者，县委宣传部负责定期分析和报告民意信息。市直举报系统直接与市直举报系统各部门的群众相联系，社会舆情联络官不时向市委宣传部报告舆论。设立社会舆论报告点，市委宣传部确定企业、学校、乡镇和社区等直接报告单位的类型；规范民意收集和报告工作制度，定期向市委宣传部报告；建立主要由企业工作委员会、公安局、工商局、民政局、统战部、信访局、城管局等部门组成的社会舆情定向响应反馈系统，定期对具体情况进行专项报告①。

2. 把握舆情焦点，分析舆情重点

加强对舆情的深入分析，把握舆情讨论的焦点。通常就是要“从点到表面”“从形状到潜力”“从问题到建议”②。具体来说，它是要穿透大量零散的信息，找出普遍性趋势和突出性，并拼出舆情信息的“草图”；判断舆情信息变化的基本特征，并分析其状况。预测问题的发展方向，揭示问题的实质，找到问题的根本原因，并提出解决问

① 刘毅：《突发性群体事件中舆情信息的汇集与分析》，《学术交流》，2005 年第 10 期，第 5 页。

② 刘毅：《突发性群体事件中舆情信息的汇集与分析》，《学术交流》，2005 年第 10 期，第 5 页。

题的对策和指导舆情；使用风险雷达监视系统和其他技术来自动收集、分类、过滤、聚集、监视和分析社会舆情信息，实现对重大突发事件社会舆情的快速识别和定点追踪，把握舆情的重点焦点所在，全方面客观地揭示舆情的状况与走向。同时，定期邀请公安、治安、教育、信息产业、对外宣传、来访、社会科学、重点新闻站点等掌握某些领域重要舆论的部门召开联席会议，定期就社会舆情进行深入讨论，分析社会舆情的重点和对策，避免社会舆情分析中的“自我流通”。

（四）定性监测

在社会舆情演化的过程中，一般需要经过社会舆情警兆信息出现、引发关注、引发讨论、形成主导意见、舆情演化等阶段，社会舆情警兆信息出现时就表明社会舆情传播处于初始阶段，也是定性监测的良好时机。明确警兆迹象，确定社会舆情信息类别以及监控幕后推手，把控推动舆情主要力量是社会舆情警兆定性监测的重中之重。

1. 明确警兆迹象，确定社会舆情信息类别

社会舆情警兆迹象是反映舆情的载体，建立健全社会舆情警兆动态监测机制就要确定社会舆情警兆迹象的各种表现形式，根据舆情警兆的迹象，定性分析研判社会舆情的类别。目前，我国各省都成立了应急管理部门，分别出台重大突发事件应急处置预案和应急方案，确保重大突发事件社会舆情发生后，能快速判断社会舆情警兆信息的类别，对社会舆情做出正确的预警预控决策。确定警兆迹象的社会舆情信息类别需要对舆情事件内容信息进行文本分析技术处理，多次比对应急处置预案，如若一致，应该参照预案进行决策处置。社会舆情警兆动态监测机构是利用大数据爬虫技术获取内容信息，进行分词技术与情感识别技术定性分析的实践机构，作为舆情事件类别确定的重点部门，是后续舆情监测工作以及社会舆情应对和处理的基础部门。

2. 监控幕后推手，把控推动舆情主要力量

定性监测社会舆情警兆信息，监控重大突发事件社会舆情信息是否存在幕后推手，是否存在着“网络水军”，幕后推手和“网络水军”是舆情警兆信息出现的重要存在点，也是推动社会舆情发展的重要力量。警兆监控需要利用重大突发事件社会舆情事前预测和快速接报的高科技手段，例如，风险雷达民意监控可以动态监视其辖区和幕后隐藏的各种风险，及时分析各种民意信息，并发出准确而权威的警告警报，以最大程度地减少意外影响事件。同时，政府要对网络形成无死角监管，提高网络执法行为力度，严格规范网络平台和网络用户的责任权限，一旦发现问题，严肃查处，形成网络行业的清风正气。对网站、网络平台以及发帖民众进行实时监控，层层追究责任，发现背后势力，消除网络水军势力，将推动社会舆情发展的主要力量把握到实处。

第三节　重大突发事件社会舆情风险预报

重大突发事件社会舆情警兆出现后，通常会引发社会舆情风险，对这种社会舆情的风险预报与及时应对有利于避免其演化为重大舆情事件。为实现社会舆情的有效治理，应当将加强事件舆情的风险实时监测与风险预警，作为舆情治理与有效应对工作的前提。将近些年来网络舆情的来源作为分析对象，可以对舆情风险的含义作显、隐性的区分，其包含有制度风险、信任风险、互联网风险、价值断裂风险和社会风险等最基本的风险类型。重大突发事件发生后，相关管理部门应当树立舆情风险管理观念，注意从事件层面的源头进行科学的处置，建立重大突发事件社会舆情风险预报机制，履行相关职责，避免重大突发事件向舆情事件的演化。因此，重大突发事件社会舆情应对管理应与严密的舆情风险预报系统相结合，运用以动态贝叶斯网络（DBN）预报模型为代表的社会舆情风险的动态预报方法与风险雷达舆情检测系统进行社会舆情风险监测，并引入专家分析系统，打通舆情风险预报信息发布“最后一公里”。

一、重大突发事件社会舆情风险的内涵与类型

重大突发事件社会舆情风险预报是舆情治理的基础和前提，作为舆情治理工作的开端，必须清晰认识重大突发事件社会舆情的风险。社会舆情风险是指，当政府部门或各大单位组织进行社会管理和经济活动时，可能面临来自社会或者网络的负面信息，包括各类虚假信息与谣言等，这些负面信息通过发酵可能会产生的舆情危机①。

（一）重大突发事件社会舆情风险的内涵

重大突发事件社会舆情风险是指由重大突发事件本身及其产生的舆情所引发的各种不确定性事件或社会反应等，主要包括谣言四起、公众恐慌和不满情绪增加、价值观念偏离、经济损失等，这些现象涉及以下几个方面：

1. 突发事件引发舆情风险

当重大突发事件发生后，社会各界的关注度往往伴随着各大媒体的争相报道不断升温，由于网络环境的虚拟性与便捷性，网民们对事件的评论、转发在环境的催化作用下，存在信息传递失真的可能性，极易引发网络舆情风险。由此可见，重大突发事件也是引爆网络舆情危机十分重要的因素之一，相关涉事部门不当的应对方式更会使事件舆论演化成网络舆情的风险增加。例如新冠肺炎疫情、四川宜宾地震、凉山森林大火、埃航空难、法国巴黎圣母院突发大火、斯里兰卡复活节连环爆炸案等。

① 马宁，刘怡君，廉莹：《突发事件舆情风险研究文献综述》，《情报杂志》，2019 年第 6 期，第 88—94 页。

2. 负面报道引发舆情风险

社会舆情风险很可能因为各大新闻栏目媒体对政府或各大单位组织进行的负面报道而产生。最有代表性的是 2014 年 7 月的海南部分救灾物资霉变事件。2014 年第 9 号超强台风过后，海南省民政厅向文昌市翁田镇发放了一批救灾食品，随后就有媒体报道了群众在食用过程中发现部分食品发霉的图文，从而引发人民群众对于“人心霉变”的关注与讨论。在来自社会各方的舆论压力下，海南省民政厅救灾处处长被勒令停职接受检查，调离原工作岗位的同时也立即吊销了有关经销商的工商营业执照。

3. 不当言论引发舆情风险

对重大突发事件发表不合规言论往往是引发社会舆情风险的重要因素之一，这些不当言论不仅来自公务人员，还来自非公务人员。公务人员的不当言论造成的社会影响较大，其中包含针对下属的、针对广大群众的和针对社会不特定对象的。相比之下，非公务人员发表的不合规性言论影响力度相对较低，但当涉及党政机关或沾染政治色彩时也常会引发舆情风险。例如 2010 年曾备受全国关注的“我爸是李刚”事件，其引发的社会舆论不可言喻；再谈及 2017 年 2 月丽江市法官因错误评论被停职事件，丽江市中级人民法院法官李炳祥通过其个人微博发表《一位 57 岁民警的雪中坚守》一文，评价 57 岁民警是作秀，该评论的主观色彩和错误性引起舆论一片哗然。当晚，法官李炳祥被停职处分，相关单位对此事做出严肃处理。

4. 不当举止引发舆情风险

人的内心真实想法与感受常可以通过行为举止与手势表现出来。无论任何人都要注意自己在公共场合的言谈举止，不仅要合乎人际交往的基本礼仪规范，而且要符合所处场合的氛围与周遭环境，否则当举止有失分寸时可能会引发不必要的冲突，甚至引发社会舆情风险，尤其是党政机关与企事业单位的公务人员更需注意。例如 2012 年在陕西延安车祸发生后，新华社拍到了现场一位官员的“微笑”照片，在网络上迅速疯传后引发强烈的舆论谴责；再例如 2014 年汉中市房管局副局长被指笑对女业主下跪求助的事件，直接导致网络舆情爆发。

5. 事件视听材料等引发舆情风险

在科技高速发展的当下，各类事件中人们的相关言行可以被永久记录甚至广为传播，最常见的为拍照、摄像、录音和复制存档等形式。2019 年的大连殴打女子视频引发全网热评事件就相当典型，可见录拍等形式在带来便利的同时，也存在泄露隐私的弊端，引爆线上线下舆论危机的可能性极高，不可避免将引发社会舆情风险。

6. 反常理事件引发舆情风险

所谓反常理事件，也就是不能纳入常规或常理的事件。此处是指该事件的发生与人们的正常思维逻辑背道而驰，触犯了传统道德伦理底线且违反了既定社会规范。例如 2020 年 3 月一则学生上网课时用方言辱骂老师的视频传到了网络，折射出违背尊师重教的传统道德规范的社会现象。与此同时，广大网友结合河南一学生二十年后拦路暴打老师二十多耳光、贵州六盘水一老师殴打辱骂学生称“你要反天”和湖北一幼儿园老师让学生自扇耳光等事件，对于师生之间的尊重与道德规范问题展开激烈讨论，引发社会舆情。再例如2011年佛山小悦悦事件，公众每每谈及其都相当愤慨，该事件中见死不救的冷漠行为背离了人们所广泛认可的救死扶伤的道德底线，事件舆论不可避免会发酵，进而发展成社会舆情①。

7. 谣言引发舆情风险

谣言或传闻等小道消息的广为传播同样是诱发社会舆情风险的重要因素之一。重大突发事件爆发后，热点舆论的发酵速度以秒读数，接踵而至的是各种谣言，谣言的肆意传播有时会引发群体性突发事件。因此，如何应对谣言、传闻与各类不实小道消息应当纳入社会舆情治理工作范畴内。值得一提的2019年10月无锡高架桥侧翻事件，就有谣言声称“救援现场官员戴四百万的名表”，更多的人则怀疑这是“豆腐渣”工程，随着舆论的不断升温，该事件引发社会舆情。

8. 政府丑闻引发舆情风险

所谓“金无足赤，人无完人”，人格化的政府亦是如此。各级地方政府的日常工作中不仅会面临一些不曾处理过的新问题，更多的还是些许棘手的历史遗留问题。有些地方政府及其官员往往对涉及政府的相关问题有所回避，甚至是采取各种方法尽可能地藏着掖着，更不用说坦诚揭短了。这些政府丑闻势必成为媒体和公众关注的焦点，存在一定的社会舆情风险。最有代表性的是2009年6月受到人们关注和热议的武汉经济适用房六连号事件，社会中介人员与有关部门工作人员内外勾结，在经济适用房摇号程序中徇私舞弊，涉嫌经济犯罪②。

9. 人为因素引发舆情风险

人为因素引发舆情主要是指某些人从主观意愿出发故意引发的事件，造成一定负面影响力导致的社会舆情风险，其主要包括一些网站发布的不实新闻、网络红人制造的谣言等。例如2015年12月深圳人工堆土滑坡事件，深圳市一余泥渣土受纳场的人工堆土发生了滑坡，最初许多媒体从表面现象入手，争相报道该事件是“山体滑坡”所致，但后续国土资源部发布的官方微博中指出，该事故原因被认定为人为因素导致堆土垮塌③。顷刻间社会舆论此起彼伏，事件关注点开始从“山体滑坡”转向对渣土来源的讨论及事后追责问题。

10. 政府不当作为或不作为引发舆情风险

重大突发事件发生后，权威信息的缺位，很可能让谣言滋生。涉事政府部门的不作为或不当作为，很容易成为媒体和公众热议与攻击的焦点。例如2019年11月，引发

① 杨兴坤，廖嵘，熊炎：《虚拟社会的舆情风险防治》，《中国行政管理》，2015年第4期，第16—21页。

② 武中哲：《城市低收入家庭住房需求与住房保障政策选择——基于济南和青岛的调查》，《经济与管理评论》，2013年第3期，第135—142页。

③ 杨晓青：《安全突发事件新闻舆情的引导及应对》，《今传媒》，2018年第7期，第51—53页。

社会各界持续关注的禹州 7 岁女童眼睛被同学塞纸片事件。媒体记者赶赴事发地进行采访，却得到河南省禹州市教体局办公室工作人员“我们知道的和你们（记者）知道的一样多”的回应。禹州市委宣传部新闻科工作人员同样用简单的“不知道”三个字回复记者的所有问题。政府有关部门对于该事件的敷衍表现被曝光后，如同火上浇油，使得社会舆论态势愈演愈烈，即便后期作出了相应处理，也会削弱政府公信力。

（二）重大突发事件社会舆情风险预报的类型

1. 舆情管控引发的制度缺失风险

制度风险动摇依法治国基础。我国的法律制度具有社会主义的本质属性，从重大突发事件社会舆论预报与管控角度看，社会舆情管控引发的制度缺失风险来自三个方面：第一是公民参政议政的意识不断增强。各项法律法规制度的起草与修订都与公众的切身权益息息相关，在互联网高速发展的当今社会，网媒不失为公众表达主张的最好平台。第二是公民法律意识与法治素养的日益提高。近年来发生的很多重大突发事件，当涉及公共监管与腐败责任时，不可避免存在公共媒体和社会舆论的监督介入，事件本质易引发对于监督维权等职责的上层建筑缺位的质疑。第三是网络媒体传播效应的日趋广泛。在一些涉及法治边缘问题的重大突发事件中，网络信息的快速传播、各大报纸媒体舆论的高度参与，使公众的观点支撑起了强大的民意力量，公共事件的影响由此被无限放大，强大的民意压力对制度构建形成倒逼之势。最典型的案例是 2003 年 4 月的孙志刚事件，媒体充分发挥舆论监督功能，通过新闻报道披露相关政府执法机关收容拘禁公民孙志刚，并致其被殴而死，推动国务院废除收容遣送条例，首次让渎职犯罪的官员受到了法律的制裁，是保护公民权利的著名案例。其中在《南方都市报》发表的《被收容者孙志刚之死》一文，备受社会各界关注，对案件的推进和不合理制度的废止起到了举足轻重的作用。

2. 舆情虚拟空间引发的网络风险

当下，突发性网络事件一旦形成集群，舆论升温到错综繁杂且不可控态势，网络言论的力量会成为各业界、学界关注的焦点，使得社会舆情态势逐渐由简单到复杂，最后形成大规模的网络风险。生活中很多事件皆是先在网络环境盘根错节，后在现实社会中被集合放大。各种不实传闻和政治谣言在互联网上肆意蔓延，影响社会政治稳定的同时，也可能导致道德合法性危机①。随着移动互联网的出现与高速发展，社会舆情的信息量呈现指数式增长，所面临的社会舆情风险不仅来自现实社会，更多源于虚拟世界的潜在威胁。例如 2010 年非洲国家突尼斯的政局突变事件，其中以 Facebook、Twitter 为代表的一系列社交软件在此次事件中功不可没，该事件后被西方学者誉为

① 罗锋，王权：《风险 · 制度化：“网络群体性事件”症候表征与治理分析》，《重庆邮电大学学报（社会科学版）》，2010 年第 4 期，第 91—94 页。

“社交媒体革命”“脸谱革命”，同时也对中国的互联网虚拟社会风险预报治理起到重要的警示作用。我国在网络虚拟空间治理方式上，在引导舆论、化解网络舆情风险方面尚有不足，对网络虚拟环境的治理方式未能与时俱进，导致互联网法治管理落后①。当虚拟空间舆情触及法律监管时，对于宪法的解读和执行都有失偏颇，由此破坏了宪法的权威性而带来混乱。与此同时，人们对整个制度的不信任不但来自对某一件事的疑惑，还来自对部分官员的质疑，也可能存在一些网民就是为了反对而反对，将反对的态度强加于政府所作出的每一个决定。在现实中，中国往往以颂扬法治道德为主流之声，但在互联网这个虚拟世界中，各类不同的声音都可能被无限放大，有时甚至一个微不足道的事件所积蓄的能量，也会有推进或倒逼现实政治变迁的可能性。

3. 舆论质疑引发的价值断裂风险

价值断裂风险会动摇价值观基础。重大突发事件社会舆论质疑所引发的价值断裂风险表现为以下两个方面：一方面，公众主观意愿与法律审判的背离。公众可以对司法行为进行舆论监督，从而促进司法公正。但公众在监督司法、评判司法行为的同时，往往会从社会道德的角度评价案件，掺杂各种情绪，具有“不稳定性”，也可能成为影响司法独立和公正审判的阻力。公众与多数网民并不熟知专业的法律知识，对既定司法程序的评价往往基于自主性的考量。从法律法理的理性角度出发，利用强大的舆论优势，对司法施加难以抗拒的压力，导致司法判决不得不违背本应遵从的法律规律去顺应广大公众的呼声，其本质上就是不恰当的。公众与司法人员对事件本身道德观、价值观认知的不一致，会成为事件发酵、形成舆论的切口。另一方面，公众受到“朴素的正义观”的禁锢。所谓的“朴素的正义观”，就是仅凭着“弱者必受同情，罪犯须被严惩”这一朴素的善恶感、是非观来判断一件事情是否正义②。各网络媒体参与社会舆论的门槛较低，网民的素质良莠不齐，在表达对某一事件的观点时，发声更多以朴素的善恶感与是非观为出发点，从而出现不同形态的舆论。然而现代法治虽源于朴素正义，但囿于法律推理的特殊性，其最终结果常无法确保与朴素正义形成统一。当法律正义与朴素正义不能同时实现时，公众往往很难理解司法依据所判定的法律事实，面对与朴素正义认知下所不一致的法律宣判结果③，舆论质疑声会被不断放大，接踵而至的是价值观断裂的强烈冲击。

4. 舆情真伪引发的社会信任风险

社会信任风险动摇公信力的基础。由舆情披露问题引发的社会公信力风险来源于两个方面：首先，事件信息公开不尽不实导致公众信任危机。我国的司法信息历来处于封闭、半封闭状态，由此也使得相关部门在一些事件信息的披露上存在滞后或半公

---

① 张爱军：《反腐败引发的多重风险及其化解路径》，《行政论坛》，2015 年第 3 期，第 11—15 页。

② 唐晓宇：《政法机关的舆情风险及其应对研究》，南京师范大学硕士学位论文，2016 年，第 25 页。

③ 唐晓宇：《政法机关的舆情风险及其应对研究》，南京师范大学硕士学位论文，2016 年，第 25 页。

开等问题。长此以往，社会公众对司法机关的公信度日益变低而产生不可调和的矛盾，最后产生完全不信任的后果。当重大突发事件发生后，公众对事件关注度不断提高的同时，无效的沟通与不信任会使质疑声迅速发酵，演化为不可控的舆情事件。其次，社会舆情引起的公众负面情绪感染力强，对个体不信任可能演化为对群体不信任。以2013年10月发生的广西警察枪杀孕妇事件为例，民警胡某在某粉店购买食品时，酗酒后无故开枪打伤女店主吴某及其丈夫，并导致吴某死亡。网络上的负面情绪被“感染”并经由公众对警察个体的不满上升至对整个警察群体的质疑和批评，甚至谩骂。直至2014年对胡某依法执行死刑后，舆论才逐渐得以平息。由于警察在该事件舆情蔓延过程中不当的应对处理，并涉嫌有意或无意掩饰部分事件真相，在严重影响公众对警察个体的信任水平同时，更是引爆了公众群体对于整个警察组织的愤慨情绪①。由此可见，一旦公众群体间负面情绪形成感染效应，可能导致一个群体陷入大面积信任危机，诱发舆情产生的同时，很可能动摇到整个社会的根基②。

5. 舆情隐患引发的社会安全风险

社会安全风险动摇治理基础。在经济下行压力下，公众对社会环境的服务、治安、法治要求日益升高，公共安全隐患问题也被推上热点位置，成为社会舆情新燃点，主要体现在以下两个方面：一是线下的某些具体事件激发大规模的线上舆情。由于事件本身涉及人民群众的切身利益，所以其特别容易成为大众争议的焦点，导致舆情发酵速度快。例如物业维权这种社会民生舆情事件，极易引起相关利益群体广泛共鸣，形成舆情热点，由线下引爆至线上。涉法涉诉网络舆情往往包含未经证实的信息，公众解读事件本身时掺杂主观意愿，容易误导他人判断，导致舆论绑架审判结果，损害司法权威并干扰正常司法运行。二是线上舆论转化为线下舆情，危及社会治安。美国著名政治学家亨廷顿认为，“一个国家的政治稳定依赖于政治制度化与政治参与之间的比率，如果一个社会要保持稳定，当政治参与率提高时，政治制度化的能力应相应提高，否则就会导致动乱③。”频发的集群事件会对构建和谐社会、维护社会长治久安形成巨大的挑战，引发公众对法治体系的质疑，从而产生心理失衡感和不公平感，这种不公平感遇到与之共鸣的重大突发事件，巨大的舆论浪潮便会接踵而至，造成社会不安的同时引发政治动荡，甚至使整个社会陷入无序状态和不可治理状态④。

因此，为了避免事件的升级，在引爆网络形成“马太效应”之前，地方政府部门在应对民生类舆情时，就需把握好舆情应对的时机，抓住应对舆论热点的“黄金4小

---

① 何璐怡，叶战备：《公民参与涉政网络事件中的“暴力倾向”及其消解之策——以“庆安枪击案”与“10·28广西警察枪杀孕妇案”为例》，《智富时代》，2016年第1期，第163—165页。

② 刘长龙：《当前网络涉警舆情的隐忧、成因及对策》，《中共青岛市委党校·青岛行政学院学报》，2012年第1期，第72—75页。

③ 罗大蒙：《诱致性制度变迁——人大制度改革的动力机制研究》，《人大研究》，2011年第11期，第9—13页。

④ 唐晓宇：《政法机关的舆情风险及其应对研究》，南京师范大学硕士学位论文，2016年，第25页。

时”，核实本地发生的重大突发事件，主动发布案件相关报道，充分利用受众的第一印象，抢占先机，占领舆论的主导地位，发布翔实的官方声明，从正面引导舆论，预防舆情的持续发酵，建立健全基层舆情探测机制，掌握基层群众的思想动态。与此同时，建立健全基层舆情风险预报机制，从源头把握舆情信息，及时反馈舆情事态与风险，借助主流媒体的引导能力与认证信息的权威性，发布相关领域的专家学者的意见，来引导公众从专业角度更理性地认识问题，将舆论拉回正轨。

二、重大突发事件社会舆情风险动态预报方法

通过对重大突发事件社会舆情风险基本要素和结构特征的分析，运用动态贝叶斯理论及方法，建立了重大突发事件社会舆情系统的风险动态评估模型。该模型可以评估舆情的总体风险以及各个局部要素可能引发的风险程度。

（一）重大突发事件社会舆情风险动态预报方法的概念与内涵

1. 舆情系统风险

所谓舆情系统风险，是指由事件内在的脆弱性特征、人为或环境因素威胁导致的安全事件，其发生的可能性和所造成的社会负面影响程度。某一事件的舆情风险评估就是对该事件本身的内在脆弱性特征与外界环境可能导致的安全事件发生可能性以及可能造成的社会负面影响进行系统评价的过程①。所以，社会舆情风险是事件本身内在脆弱性、环境威胁以及事件负面影响度的函数，可以表示为：$R=f(V, T, Z)$，其中，R 代表引发的社会舆情风险，V 代表事件本身的内在脆弱性，T 代表所处环境的威胁，Z 代表事件的负面影响度。

2. 动态贝叶斯网络（DBN）

动态贝叶斯网络（Dynamic Bayesian Network，DBN）常被称为动态信度网络，在贝叶斯网络的基础上增加了时间变量，使得时间推理与事件发展在空间上保持高度的一致性与连续性，符合现实客观规律。动态贝叶斯网络从实质看来就是贝叶斯网络在时间轴上的展开式②。其在任意时间点 T，变量的值可以从内在的回归量和直接先验值（time $T-1$）计算，由代表变量节点和连接节点的有向边，构成一个无环图表示，目前该结构是不确定知识表达与推理领域最有效的模型之一。用 x 表示动态贝叶斯网络因果关系的原因集，即父节点集；用 y 表示动态贝叶斯网络因果关系的结果，即子节点③，则存在 $x \to y$，其中集合 x 包含 n 个元素，每个元素记为 x_i，则有 $x_i \in x$（$i=1, 2, \cdots,$

---

① 左晓栋，刘毅：《对信息安全风险评估中几个重要问题的认识》，《计算机安全》，2004 年第 4 期，第 64—66 页。

② 巩前胜：《基于动态贝叶斯网络的突发事件情景推演模型研究》，《西安石油大学学报（自然科学版）》，2018 年第 2 期，第 119—126 页。

③ 巩前胜：《基于动态贝叶斯网络的突发事件情景推演模型研究》，《西安石油大学学报（自然科学版）》，2018 年第 2 期，第 119—126 页。

n)。由此全概率公式可表示为：

$$\begin{aligned} P(y) &= P(yx) \\ &= P(yx_1 + yx_2 + \cdots + yx_n) \\ &= P(yx_1) + P(yx_2) + \cdots + P(yx_n)\text{。} \end{aligned} \tag{1}$$

由（1）可看出全概率公式的结果由原因推定而来，当已知父节点 x_i 的先验概率和父节点 x_i 到子节点 y 的条件概率，能够推算出子节点 y 的后验概率。而动态贝叶斯公式与全概率公式相反，是一个结果已知，推定其原因发生概率的过程：

$$P(x_i \mid y) = \frac{P(x_i y)}{P(y)} = \frac{P(x_i)P(y \mid x_i)}{\sum_{j=1}^{n} P(x_j)P(y \mid x_j)}\text{。} \tag{2}$$

其所有节点的联合概率，可通过各节点条件概率的乘积进行表示：

$$\begin{aligned} P(x_1, x_2, \cdots, x_n) &= \prod_{i=1}^{n} P(x_i \mid x_1, x_2, \cdots, x_{i-1}) \\ &= \prod_{i=1}^{n} P(x_i \mid P_a(x_i))\text{。} \end{aligned} \tag{3}$$

其中 P_a（x_i）表示 x_i 的父节点集。

3. 动态贝叶斯网络预报模型

对重大突发事件社会舆情风险进行预报，运用动态贝叶斯网络（DBN）预报模型，量化舆情风险因素与舆情危机的可能性和后果之间的逻辑组合关系，有助于社会舆情风险的动态预报分析。可用数学算式表示为：$R\mid_S = f(P, C)\mid_S$，其中，P 表示突发事件发生的频次；C 表示突发事件发生后的影响程度；s 代表突发事件某一特定的客观状态；$R\mid_S$ 表示该突发事件在某一特定的客观状态下分析对象的风险程度；f 为 P、C 上的实数函数。重大突发事件社会舆情的风险值可表示为：$R = \sum_{i=1}^{n} P_i \times G_i$，其中，$P_i$ 为突发事件发生的频率；C_i 为突发事件发生的后果。

（二）重大突发事件社会舆情风险动态预报方法的应用与实现

构建事件情景的动态贝叶斯网络模型，是对重大突发事件社会舆情风险进行动态预报普遍采用的有效方式。其分为三个至关重要的步骤：网络节点变量确定、网络节点变量因果关系的确定和网络节点变量的概率确定。

假设社会舆情 R 按其演化步骤分为 n 个互不重叠的部分 R_1，R_2，…，R_n；每个步骤的发生过程都可能产生风险，产生风险的概率分别为 P（R_1），P（R_2），…，P（R_n）；当满足条件 P（R_i）>0（i=1，…，n）且 $R_i \cap R_j = \emptyset$（$i \neq j$）时，那么 P（R）=1。

1. 网络节点变量确定

根据对时间情景要素的划分确定社会舆情风险网络节点变量，形成该重大突发事件社会舆情的情景演化路径，如图 4－10。

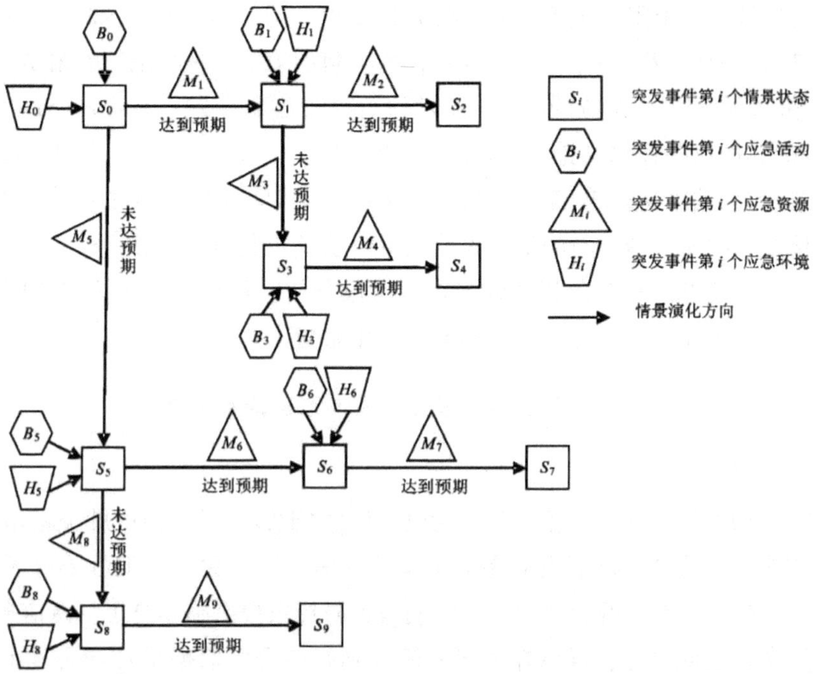

图 4－10　重大突发事件社会舆情情景演化路径

2. 网络节点变量因果关系的确定

根据社会舆情风险网络节点的现实意义进行风险概率的分配与计算，确定其变量的类型与取值集合，见表 4－10。

表 4－10　网络节点变量的类型与取值集合

节点变量名称	节点变量类型	节点取值集合
事件应急活动（B）	布尔变量	{真（T），假（F）}
事件应急环境（H）	二值顺序变量	{积极（P），消极（N）}
事件情境状态（S）	布尔变量	{真（T），假（F）}

由于实际中社会舆情事件存在不可控性，风险评估结论 R 可能出现多个。现假设有两种可能的舆情风险评估结论：结论 1 和结论 2，记 R_1：事件舆情风险评估结论 1 正确的假设，R_2：事件舆情风险评估结论 2 正确的假设；$P(R_1)$：R_1 成立的概率，$P(R_2)$：R_2 成立的概率；D 表示新的舆情风险信息，$P(R_1 \mid D)$：D 出现时，R_1 成立的概率，$P(R_2 \mid D)$：D 出现时，R_2 成立的概率；$P(D \mid R_1)$：R_1 成立时，D 出现的概率，$P(D \mid R_2)$：R_2 成立时，D 出现的概率。

3. 网络节点变量的概率确定与计算

根据图 4－10 的情景演化路径分析并结合相关数据，将社会舆情风险父节点 x_i 进行区分，对没有父节点的一类确定先验概率，对有父节点的一类运用专家打分法确定其条件概率，其中赋予上阈值 D_u 和下阈值 D_d 分别表示事件舆情风险评估结论可接受的下限和不可以接受的上限。记 $P_1=P\ (R_1 \mid D)$，$P_2=P\ (R_2 \mid D)$；那么有以下四种可能性：① 若 $P_1 \geqslant D_u$，$P_2 \geqslant D_u$，则 P_1 和 P_2 对应的舆情风险评估结论 R_1 和 R_2 均可能被接受，P_1 和 P_2 中较大值对应的舆情风险评估结论优先被接受；② 若 $P_1 \geqslant D_u$，$P_2 < D_d$，则 P_1 对应的舆情风险评估结论 R_1 被接受；③ 若 $P_1 < D_d$，$P_2 \geqslant D_u$，则 P_2 对应的舆情风险评估结论 R_2 被接受；④ 若 $P_1 < D_d$，$P_2 < D_d$，则 P_1 和 P_2 对应的评估结论 R_1 和 R_2 都不能被接受，则需要结合新的事件舆情风险信息 D 进行判定评估。

具体社会舆情事件需结合相关数据进行阶段分析，从理论上来说，不同事件的舆情情景演化路径具体会随应急活动与环境的变化而变化。

（三）案例分析——2020 年全国新冠肺炎疫情谣言四起事件

1. 事件背景

自 2019 年 12 月 30 日，武汉市卫健委发布《关于做好不明原因肺炎救治工作的紧急通知》以来，新冠肺炎疫情发展态势引发社会舆论广泛关注。卫健委每天在各应用平台更新疫情信息发布，网媒纷纷第一时间报道防控救援措施和复工复课信息。

人民网舆情数据中心、腾讯媒体研究院等网媒结合大数据平台调研显示，92% 的网民在春节期间浏览新闻资讯的核心诉求是关注抗击新冠肺炎疫情大事件，“戴口罩”“勤洗手”“少出门”等也成了家喻户晓的防疫热词。各种有关防疫的小道消息和疫情蔓延谣言四起。有些热点谣言假借专家之口，例如“钟南山院士建议全国人民在家隔离两周”和“钟南山院士建议盐水漱口防病毒”；有些类似于“适量饮酒可以抵抗新冠病毒”“乳铁蛋白可以预防新冠病毒”“大蒜水可以治好新冠病毒”等的错误防疫措施与观念被广为流传；更有一些关于口罩的谣言出现，例如“戴呼吸阀的 N95 口罩对新冠病毒起不到防护作用”“卫生巾贴于口罩外可以防护病毒”等。

对于 2020 年以来的新冠肺炎疫情不断蔓延事件，官方在事件涉及的舆情应对处理上存在四个问题：一是“速度”上，官方信息往往被动应付，拖在传播链的末端；二是“准度”上，一些信息不符合情理、有悖于事实，官方回应前后不一致诱发新的舆情；三是“精度”上，面对民意不断高涨和媒体严密监督的双重压力，个别官员一再回避核心问题；四是“温度”上，冰冷的数据很难与公众产生共情①。尽管官方消息一再辟谣，但公众对于各类谣言仍保持半信半疑的态度。2020 年 2 月 3 日中央政治局常委会召开会议，为打好新冠肺炎疫情防控战役，对统筹线上线下共同搞好舆情处置工作作出重要部署。

2. 基于动态贝叶斯网络（DBN）新冠肺炎疫情谣言舆情动态预报评估

运用动态贝叶斯网络（DBN）预报模型，量化新冠肺炎疫情舆情风险因素与舆情危机可能性后果的逻辑关系，分析舆情情景演化的动态路径。

---

① 新浪网：《多措并举提高新冠肺炎舆情治理水平》，2020 年 2 月 18 日。

（1）按照数理统计方法，分析新冠肺炎疫情谣言肆意蔓延事件存在风险隐患，从指标公众自身的脆弱性 V，国内国际新冠肺炎感染人数不断激增的环境威胁 T 和日常生活与经济运转严重度 Z，评估谣言舆情风险隐患 $R=f(V, T, Z)$，可能性数值约为：

$$P(V)=0.5,\ P(T)=0.2,\ P(Z)=0.3。$$

经过对新冠肺炎疫情舆情风险的进一步评估，由公众自身的脆弱性、国内国际新冠肺炎感染人数不断激增的环境威胁和日常生活与经济运转严重度引起社会谣言舆情风险 R 的可能性分别为 $P(R|V)=0.4, P(R|T)=0.4, P(R|Z)=0.2$。

当出现新的舆情风险事件 R，分别计算：

$$P_1=P(V \mid R)=\frac{P(V\cap R)}{P(R)}=\frac{P(R \mid V)P(V)}{\sum_{i=1}^{n}P(B_i)P(R \mid B_i)}$$

$$P_2=P(T \mid R)=\frac{P(T\cap R)}{P(R)}=\frac{P(R \mid T)P(T)}{\sum_{i=1}^{n}P(B_i)P(R \mid B_i)}$$

$$P_3=P(Z \mid R)=\frac{P(Z\cap R)}{P(R)}=\frac{P(R \mid Z)P(Z)}{\sum_{i=1}^{n}P(B_i)P(R \mid B_i)}$$

（2）代入数值，可得发生社会谣言舆情风险：

由公众自身的脆弱性引起网络风险的可能性为：$P_1=(0.4\times0.5)\div(0.2\times0.3+0.4\times0.2+0.4\times0.5)=0.59$；

由国内国际新冠肺炎感染人数不断激增的环境威胁引起网络风险的可能性为：$P_2=(0.4\times0.2)\div(0.2\times0.3+0.4\times0.2+0.4\times0.5)=0.24$；

由日常生活与经济运转严重度引起网络风险的可能性为：$P_3=(0.2\times0.3)\div(0.2\times0.3+0.4\times0.2+0.4\times0.5)=0.18$。

（3）进行总体舆情风险评估，计算 $P(R)=P(V\cup T\cup Z)=P(V)+P(T)+P(Z)-P(V\cap T)-P(V\cap Z)-P(T\cap Z)+P(T\cap Z\cap V)$。通过对评估结论进行分析，可以得到新冠肺炎疫情谣言舆情总体风险的动态评估结果：新冠肺炎疫情谣言舆情的总体风险隐患水平为 $P(R)=P(V)P(R|V)+P(T)P(R|T)+P(Z)P(R|Z)=0.34$。

三、重大突发事件社会舆情风险专家预报方法

对于重大突发事件的社会舆情风险预报，专家的权威观点往往在引导舆论走势上起到至关重要的作用。故而，要运用舆情风险专家预报方式，将专业舆情分析师与舆情事件相关业界专家的观点作为研判舆情事件风险的重要指标之一，构建社会舆情风险预报预警机制，从更权威的角度评估重大突发事件社会舆情的风险，科学地进行预报分析。

（一）重大突发事件社会舆情风险专家预报方法的概念与内涵

1. 社会舆情风险专家预报法

社会舆情风险专家预报法是在重大突发事件发生前，相关舆情警兆出现后，通过专业舆情分析师与舆情事件相关业界专家的观点，给予公众科学且权威的事件分析，构建社会舆情风险预报预警机制，避免社会舆情风险的形成。

社会舆情风险专家预报法拥有权威性和专业性并存的特点，从主体上可以分为两类专家：一类是专业舆情分析师，他们专职从事社会舆情态势分析、社会舆论环境研究、网络环境信息监测、互联网危机处置等工作，为各级党政部门、企事业单位及个人提供舆情信息相关服务。舆情分析师从事件庞杂的警兆信息中，提取有价值的内容进行科学的分析和研判，为服务对象了解事件相关信息与发展趋势，处置舆论危机风险提供决策参考。例如人民网舆情数据中心的副主任单学刚，其从事网络舆论和新媒体、危机管理等领域的研究达十余年，实战经历相当丰富；人民在线智库中心副主任瞿薇，其负责政务舆情应对分析和舆情监测、互联网舆论生态研究、新媒体素养和互联网公共政策研究等工作。另一类是舆情事件相关业界专家，是指在发生的社会事件相关领域内有专门技能或专业知识全面的人，特别熟悉该类型突发事件所属领域或在某项技艺上有较高造诣的专业人士。例如著名的呼吸病学专家钟南山院士，是2003年重症急性呼吸综合征事件与2020年国内全面暴发的新冠肺炎疫情事件的领军人物。

2. 社会舆情的风险专家预警机制

社会舆情的风险专家预警机制通过社会舆情信息监控平台24小时不间断采集，各党政部门涉事单位舆情监控人员以设置限定主题和有效关键词方式，及时对舆情监控平台采集到的某一事件相关负面社会舆情进行人工判读，引入专家分析系统分析、掌控舆情走向，为舆情的风险评估与研判给予有力支撑。其设计的目的在于，对可能造成舆情风险的各种要素及其所呈现出来的危机征兆，进行24小时不间断严密动态监控，更专业、更权威地对事件的舆论发展趋势、可能引发的舆情风险类型及其对社会可能带来的负面影响做出科学性评估，并用危机警度指标向有关部门发出风险预报[①]。该运行体系以计算机智能识别技术为支撑，对事件每个热点话题表现出的倾向性信息自动摘要，并分析统计某个主题在不同时段内所受的关注度，运用跨时空综合分析法复原事件发展的全貌，引入专家分析系统，从而形成较直观的事件舆情风险趋势研判，为舆情风险预报提供科学依据。

（二）重大突发事件社会舆情风险专家预报方法的应用与实现

在重大突发事件社会舆情风险专家预报方法的应用方面，社会各组织单位都有不

① Bickart B、Schindler R M：《Internet Foroms as Influential Sources of Consumer Information》，《Journal of Interactive Marketing》，2001（3），pp. 31—40.

俗的成绩。例如北京大学、复旦大学以及中国人民大学等知名高校舆情信息研究中心的建立，高校相关学科专家教授的杰出贡献不容忽视；2015 年福建省保险学会组建了业界的舆情风险专家团队；我国多个省市辖区内党政部门也纷纷落实，建立社会舆情风险评估官方智库。

1. 危机与预案智库预报

所谓智库，简单来说是一个汇集各学科的专家学者，对各领域问题进行政策导向研究分析并提出优化建议的机构、公司或团体，智库又可称为“思想库”“智慧库”和“智囊团”等，具有专业化、实用化、科学化等特点。2012 年党的十八大报告就提出建设“思想库”的建议，到 2015 年全国已有 25 家智库机构纳入国家高端智库建设的试点，比较有影响力的有上海社会科学院、北京市社会科学院等地方社会科学院智库，国务院发展研究中心、中共中央党校等党政军智库，中国人民大学国家发展与战略研究院、北京大学国家发展研究院等高校智库，零点研究咨询集团、中国改革体制经济研究会等民间智库。再例如国外智库的建设，存在美国比较有代表性的卡内基国际和平基金会（Carnegie Endowment for International Peace）和胡佛研究所（Hoover Institution on War，revolution and Peace）、欧洲的德国工程师协会技术咨询中心等。这些智库无论在国家事务还是全球问题的处理上，皆是国际公共外交的重要着力点。

在重大突发事件社会舆情风险预报方面，智库以公共利益为研究导向，以社会责任为研究准则，通过提供咨询、决策预案、信息反馈等方式寻找问题的症结，并给予事件舆情风险更权威、更专业的预警报告。例如中国社会科学院智库频道的危机与预案专题栏，涉及各领域的实时热点话题并给出专业的预警信息发布。在 2020 年 4 月 1 日《人民日报》刊发的《警惕种族主义这种“政治病毒”》① 一文中，通过官方数据和国际专家的权威发声，强调国际社会对 2020 年国内外全面暴发的新冠肺炎疫情中出现的种族主义需保持高度警惕。在 2020 年初，许多亚裔人士遭到恶意诽谤、拒绝提供服务等种族主义攻击。据报道丹麦个别媒体刊登有“辱华”漫画，两家澳大利亚媒体将新冠病毒与中国直接挂钩并大肆渲染，智库就该事件汇集国内外专家观点，引导公众对抹黑中国“政治病毒”谣言与偏见强势发声，预报舆情风险的可能性。

2. 重庆市舆情专家库的构建

2014 年 6 月，重庆市委宣传部向市内重庆邮电大学等高校党委宣传部发布《关于“重庆市舆情专家库”人选推荐工作的通知》，希望高校能联动政府推荐 1—2 位熟知社会舆情传播机制、风险研判等特点与演化规律，具有丰富实战经验的舆情专家。2016 年重庆市在全国范围内率先把网络舆情风险评估与合法合规性审查、社会稳定风险评估等工作作为前置程序纳入各类重大项目实施、突发事件风险预报和党政机关重大决策改革的实施措施中。2017 年 1 月，重庆市委网信办为增强网络舆情风险评估审查的

① 人民网：《警惕种族主义这种“政治病毒”》，2020 年 4 月 1 日。

权威性，成立了重庆市重大决策网络舆情风险评估专家咨询委员会，其中包括 20 位资深新闻记者、法律专家、舆情专家和相关综合部门的负责人，同时构建了重大决策网络舆情风险评估机制，在进一步提升市内各类重大事件舆情风险评估的准确性与权威性的同时，也将党的十八大关于“坚持科学决策、民主决策、依法决策，健全决策机制和程序，发挥思想库作用，建立健全决策问责和纠错制度”的要求落到实处①。在社会舆情治理创新实践探索的道路上，对市政府各类文件有涉及规章制度与拟公开发布的敏感性文件、突发事件舆论态势报告和重大民生项目等决策进行舆论风险评估，形成舆情风险预报并提出重大意见。由此可见，专家的助力不失为提高社会舆情风险预报科学有效性的有力砝码。

这些首批受聘的专家在参与社会深层治理中各抒所长，用经验和智慧推进舆情风险评估机制的构建。在受聘专家中，来自重庆大学新闻学院的院长董天策表示，从公众的切身利益出发去感受事态发展，从专业角度去评估重大决策的合理性、现实性更加科学，也更能符合公众的诉求与利益。西南大学新闻传媒学院的副院长秦红雨认为，在公众参与议政诉求日益提高的当下社会，互联网已然成为社会各阶层最大的诉求平台，成立社会舆情专家咨询委员会不失为是一种极有益的尝试。

（三）案例分析——2020 年全国新冠肺炎疫情舆论专家发声

1. 事件背景

自 2020 年新冠肺炎疫情在国内外全面暴发以来，各大媒体网站、社交平台上关于新冠肺炎疫情的话题热度持续高涨，频上热搜，每一个人都在时刻关注着其最新走向。在这种环境下，信息传播的高效性成为相关管理部门和公众有效沟通的一项重要诉求。一方面，相关管理部门希望全面了解公众对于新冠肺炎疫情的讨论热度并及时把控舆情发展态势，在辅助决策优化的同时也利于抗击新冠肺炎疫情工作开展的下一步部署。另一方面，面对大环境的病毒威胁与自身心理脆弱性，公众也亟须获得最实时、最准确、最权威的疫情动态。

2. 业界专家对于国内外新冠肺炎疫情蔓延的有力发声

在坚决打赢新冠肺炎疫情的防控阻击战路上，医学界相关专家的权威性发声举足轻重，甚至可以引导舆论态势走向。

2019 年 12 月 30 日，武汉市中心医院眼科医生李文亮烈士在武汉大学临床 04 级班级群里发出防护预警“华南海鲜市场确诊了 7 例 SARS”，提醒同为临床医生的同学“让家人注意防范”。后他因“在互联网发布不实言论”，而被辖区派出所提出警示和训诫，作为医学界研究人员的李文亮在病毒蔓延之初，就舆论的开端发出风险预警，后被称为疫情“吹哨人”。

---

① 张创新，任庆伟：《我国决策问责制探析》，《浙江工商大学学报》，2014 年第 3 期，第 107—111 页。

2019 年 12 月 31 日，国家卫健委专家组抵达武汉并展开相关核实工作，专家表明已有 27 例病例。

2020 年 1 月 3 日，国家和湖北省派出专家团队赴武汉指导工作，并于 1 月 11 日发声称病毒诊断为新型冠状病毒，全国确诊 41 例。

2020 年 1 月 20 日，国家卫健委高级别专家组长钟南山院士证实新型冠状病毒肯定存在人传人现象，并有 14 名医护人员已经感染。疫情在 2020 年春节到来前夕开始在全国引起舆论，病毒的不确定性使得公众人心惶惶，专家团队对于新型冠状病毒的定性发声，使得舆论态势不至于走偏。

2020 年 1 月 23 日，国家卫健委高级别专家李兰娟院士接受采访，表示新型冠状病毒怕 75% 酒精，不耐高温，一定要吃熟的食物，不要吃生的食物，病毒目前致死率比 H7N9 低。李兰娟院士的权威回复给予了公众一个正确的引导，避免了各种不恰当的防控方法加大舆情风险。

2020 年 1 月 26 日，中央应对新冠肺炎疫情工作领导小组宣布全国各地需成立应对新冠肺炎疫情工作领导小组，党政部门负责人应亲自挂帅指导防控工作。同日国家卫健委专家团队指出新型冠状病毒潜伏期约为 10 天左右，最短 1 天，最长 14 天发病，潜伏期内具有极强的感染性；权威医学专家马晓伟在国新办发布会上表示，据近期的临床资料分析，新型冠状病毒的传播力似乎有所增强，防控工作实施具有严峻挑战性。

2020 年 1 月 28 日，中国医学科学院病原生物学研究所所长指出已有大量前期研究认为，蝙蝠为新型冠状病毒的源头；钟南山院士在接受媒体采访时表示疫情 1 周或 10 天左右达到高峰且不会大规模递增；同济大学附属东方医院专家发声，新型冠状病毒 mRNA 疫苗研发正式立项。

2020 年 2 月 2 日，钟南山院士公布了粪口传播方式为新型冠状病毒的又一可能传播方式，需要广大民众高度警惕。

2020 年 3 月 10 日，李兰娟院士告诉记者："现在全国范围内疫情已经基本得到控制，武汉的疫情也在明显变好，希望 3 月底新增病例可以全部清零。"① 一些关于"疫情拐点何时到来"与"疫情蔓延可能至明年"的消息遍及各大社交媒体平台，公众对新冠肺炎疫情趋势的舆论热度不减，专家的权威回复对于舆论上升至舆情风险起到了一定的遏制作用。

2020 年 4 月 1 日，钟南山院士在接受深圳卫视记者专访时，谈及中国政府的新冠肺炎疫情信息透明问题和中国应对新冠肺炎疫情所采取措施的评价，表示中央政府是完全透明的，中国既善研究也善总结，对于新冠肺炎疫情实况披露是否存在"不尽不实"问题给予了国内外一个有力的回复。

2020 年 4 月 4 日，上海市委书记李强就全球新冠肺炎疫情发展形势及防控现状，

① 中国青年报：《李兰娟：希望三月底新增病例清零！疫情结束有两个重要指标》，2020 年 3 月 11 日。

召开新冠肺炎疫情防控专家座谈会，听取专家分析和建议。其中包括高校专家复旦大学上海医学院副院长吴凡、复旦大学附属华山医院感染科主任张文宏、复旦大学附属中山医院感染病科主任胡必杰等，社会医疗组织专家上海市医药卫生发展基金会专家咨询委员会副主任彭靖、中国红十字会赴伊朗志愿专家团成员等，医院疾控中心专家上海市疾控中心传染病防治所所长吴寰宇等。

专家团队代表着业界的权威与科学，不论在新冠肺炎疫情的救治防控工作方面，还是舆论风险演化为舆情的预报引导方面，都起着至关重要的作用。

四、重大突发事件社会舆情风险雷达监测系统预报方法

在大数据时代，利用风险雷达监测系统对重大突发事件的社会舆情进行风险预报，能够及时且全面地向相关部门提供可信度高的事件资讯，并在此基础上实现舆情自动预警、报告生成、风险评估等应用功能，满足相关事件舆情信息数据的监测、采集、分类、流转与存储等加工处理、设置等需求。

（一）重大突发事件社会舆情风险雷达监测系统预报方法的概念与内涵

1. 风险雷达舆情监测系统

风险雷达舆情监测系统是一个云计算处理平台，组成要件包括上千台服务器，采用专利技术“PeopleRacnk”算法，24 小时不间断对成千上万个网站的庞杂信息进行研判，对设定的网络舆情主题与关键词进行快速识别与定向追踪，对事件相关的数据信息逐条筛选，自动过滤掉无效信息，类似一个致力于网络舆情热点的预报系统大数据平台。一旦发现与设定的主题、关键词有关的信息，该监测系统将在舆论上升为舆情之前形成风险预警并报送至各级政府机关，将舆情遏制在发展初期阶段。

2. 风险雷达舆情监测系统的类型

风险雷达舆情监测系统可以从两个角度进行分类。首先，根据应用领域对象可以分为两种类型。第一类系统服务于政府，被服务的政府部门包括各办公室、宣传部门、各研究室、各管理部门和信息处理中心等，被服务的范围涉及舆情的监控、引导、正面宣传以及新闻发言人管理等。第二类系统服务于企业，风险雷达舆情监测系统能帮助企业进行战略决策规划、竞争情报获取、市场营销部署以及售后服务管控等工作。其次，从应用领域的功能上可以分为八种类型。第一类是网络口碑监测，以便用户更精准地挖掘广大网民对产品最真实的体验与内心最客观的需求。第二类是网络危机公关，用户通过设置企业名称或某事件作为监测主题，以便及时洞察舆情风险的可能性。众所周知的韩国乐天集团基本退出了中国市场，就是由网络危机处理不当所导致的。第三类是社会热点的追踪，用户可以通过设置监测主题，追踪某一热点事件的发展态势而达到针对性营销效果。例如王老吉在汶川大地震期间的捐款事件，6 年公益事业实现营销成倍增长，舆论力量给予王老吉在消费者心中的品牌印象不可小觑。第四类是

热点传播分析，用户通过系统的热点传播分析功能可以明确舆情事件最先出现在什么媒体、在哪一类型的媒体上大范围地扩散、经过了几次起伏以及造成起伏的原因是什么、在什么时间段内被讨论次数最多、参与讨论的人群集中于哪个年龄阶段、讨论的人群集中于哪个地域、话题参与度、回复数与浏览数的占比。第五类是行业动态分析，以研究行业为监测主题来把控业界的最新动态，以便企业及时调整运转模式、技术研发、产品发布等战略部署。第六类是消费者行为研究，定义消费结构为监测主题，可以准确分析消费者的消费需求、心理状态与满意度等。第七类是竞争对手分析，将多个竞争产品与自己的品牌进行横向对比，为企业提供竞争产品的第一手数据分析，以便更好进行品牌管理服务与危机公关的辅助实施。第八类是市场营销效果监测，营销部门将营销活动作为监测的主题，以便了解相关活动的进展效果与民众满意度。

3. 风险雷达舆情监测系统的功能

风险雷达舆情监测系统具有三种功能：第一种是 ID 追踪功能，系统可以根据用户的 ID 地址精准定位其在全网范围内各站点的浏览痕迹及所发表的言论；第二种是溯源追踪功能，系统里有大数据分析信息语料，并在全网范围追溯其转载途径至发帖地址；第三种是人物追踪功能，系统能对某一作者进行全方位监测追踪与关联性分析，探究其发布的言论甚至习惯性用词。

（二）重大突发事件社会舆情风险雷达监测系统预报方法的应用与实现

就风险雷达舆情监测系统的应用实践而言，当重大突发事件网络舆情发生时，该系统能够通过自动采集分类、智能筛选甄别、聚类主题检测等技术，来帮助各级政府机关与相关部门及时获取社会聚焦的舆情信息，实现相关舆情风险趋势的快速识别和定性评估。

1. 舆情监测实现流程

政府应急管理是针对突发事件预测、接报、处置、恢复的闭环管理，而重大突发事件舆情风险预警是政府应急管理工作的重点和难点。风险雷达舆情监测实现流程主要有舆情主题规划、舆情信息采集、舆情信息处理、舆情关联分析、舆情风险预报五个环节①。风险雷达舆情监测为舆情事前预测和风险速报提供一种有力手段，动态监测其管辖范围内的各种可能性危机，准确、权威地发布涉事舆情风险预警信号，最大限度地确保从风险源处遏制重大突发事件带来的舆论风波。

2. 风险雷达舆情监测应急管理平台

风险雷达舆情监测应急管理平台是一个以舆情监测实现流程五环节为主线，包括各类重大突发事件社会舆情的预测预警、风险预报、处置善后和灾后重建等环节的复合型系统。该平台的运转依托其综合应用系统实现，平台综合应用系统涵盖三大类板

---

① 董坚峰：《基于 Web 挖掘的突发事件网络舆情预警研究》，《现代情报》，2014 年第 2 期，第 43—47 +51 页。

块：首先是社会舆情应急管理系统，该子系统由应急联络部署、应急资源管理、大数据预案管理、风险预警管理和模拟培训管理等构成。其次是社会舆情风险预报系统，该子系统多应用于公安系统或交通部门等实时监控录排，以及气象站图像数据获取，结合特定算法和图像分析技术来预测舆情事件发生的风险。最后是社会舆情辅助决策系统，该子系统目的在于从科学性角度提供舆情事件的应对方案，有效预防次生舆情风险的发生，同时给予指挥智能化的调度方案。

3. 舆情监测系统架构设计

风险雷达舆情监测系统的整体架构采用"四横两纵"设计①。其中"四横"是指两个中心和两个子平台，"两纵"是指统一运维管理体系和统一安全管理体系。如图4－11所示。

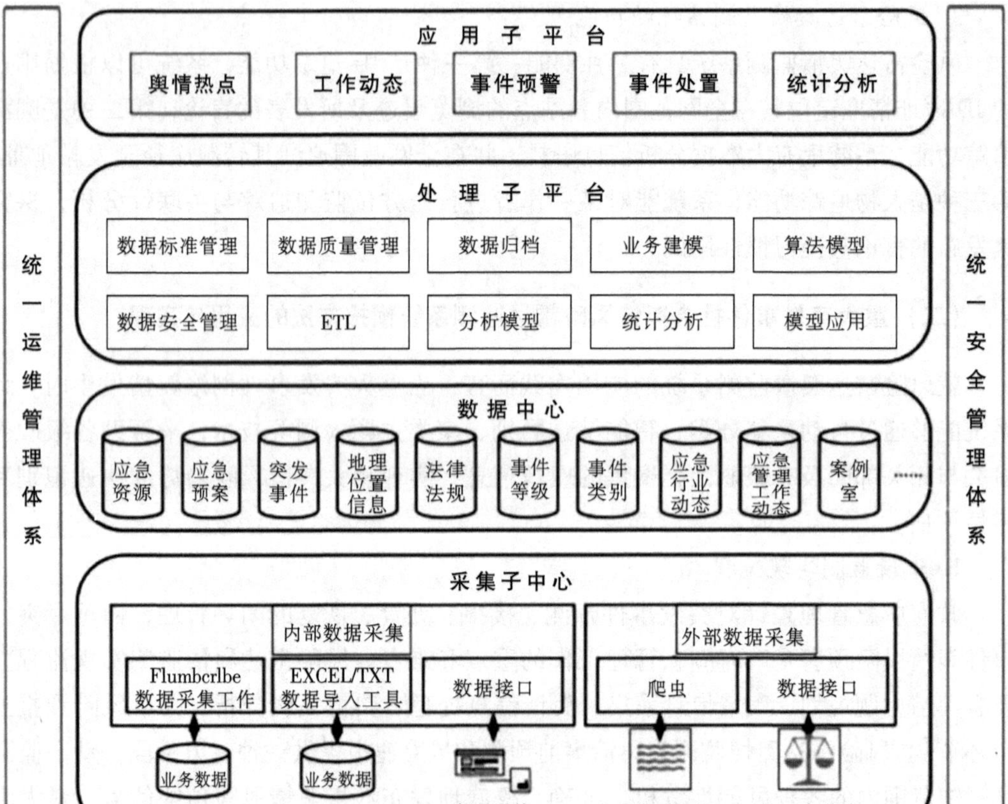

图 4-11　舆情监测系统的总体架构

4. 舆情监测功能设计

风险雷达舆情监测系统具备广泛的重大突发事件舆情风险的预警接报途径，能够

① 孙培梁，林枫，陈凯：《大数据时代司法行政系统网络舆情应对研究》，《中国管理信息化》，2014 年第 19 期，第 90—92 页。

辅助防控舆情事件的发生，其功能设计主要包括以下五个方面：第一类是舆情热点，采集国内外线上发布的突发事件应急管理方法的相关新闻报道、论文专著等，主要对网友的微博、微信评论和点击转帖等来源数据进行热点事件分析，监测舆论可能性导向。第二类是工作动态，包括各级政府部门的各项应急演练、政策法规学习、信息动态监测、应急设备采购以及应急工作报告等。第三类是舆论预警，通过对过往重大突发事件数据规模性建模分析，聚类比较事件隐患特征值，拟定突发事件特点标签来预测辖区内舆情风险指标。第四类是事件处置，当事件预警真实性得到核查，进入应急系统事件跟踪闭环流程，该系统根据实时状况分析，智能生成不同类型事件舆情应对方案以供选择。第五类是分析存档，通过大数据后台智能统计各突发事件类型及频次，形成舆情信息分类的数目统计分析报告①，并将结果发送至相关部门存档。

（三）案例分析——2009 年谷歌成功预测 H1N1 流感病毒事件

1. 事件背景

21 世纪，大数据作为新一轮技术革新、行业竞争与生产力发展的前沿阵地，风险雷达监测技术也在各类实践中崭露头角。当面对病毒与疫情时，传染的开端伴随的是舆论的爆发，此时科技带来的曙光让我们可以预测到全世界将如何应对致命的病毒。2008 年，基于风险雷达监测大数据分析，“谷歌流感趋势”（Google Flu Trends，GFT）预警系统上线；2009 年，谷歌成功预测 H1N1 流感病毒，帮助人们提前应对风险，这是风险雷达监测舆情实际运用的典范，也是大数据应用的一个重要案例。

简单来说，GFT 预警系统就是通过网民有关流感信息搜索频次来估计某一地区流感的流行趋势。网民所输入的搜索关键词代表了他们的即时需要与身心状况，谷歌通过搜索引擎中关键词检索日志的时间序列数据能够预测流感暴发的时间与规模。GFT 预警系统据此建立了地区居民的流感样病例（Influenza - Like Illnesses，ILI）相关就诊比例模型来进行风险预测，设计人员编入大量有关流感的关键词，例如最常见的发烧、感冒症状、肌肉疼痛、温度计等。伴随用户关键词的输入，系统进行同步 ID 跟踪分析，形成地区流感图表数据反馈。谷歌通过多次与美国疾控中心报告结果的对比分析，证实了 ILI 模型的有效性。GFT 预警系统被推广到其他 28 个国家运用的研究表明，GFT 预警系统在新西兰和澳大利亚等地区的运行预测结果与当地官方的数据保持着高度的相关性。此后，GFT 预警系统在 2009 年及时地预测了 H1N1 在全美范围的传播，令公共卫生有关部门人员与业界专家倍感震惊。

2. GFT 预警系统成功预测 2009 年美国 H1N1 传播并不断升级

2008 年 11 月，谷歌推出了“谷歌流感趋势”（GFT1.0），这个产品汇集谷歌所有

① 俞维露、汤祥州、韦嘉威：《舆情监测在政府应急管理系统中的应用》，《电子技术与软件工程》，2018 年第 5 期，第 27—28 页。

搜索数据，实时估测全球范围的流感疫情暴发可能性，但当时并没有引起太多人的关注。

2009 年 4 月美国第一波 H1N1 流感暴发。在 H1N1 暴发几周前，谷歌公司的专家团队在 Nature 上发表了一篇关于 GFT 预警系统的论文，其中预测了 H1N1 在全美范围具体地区和州的传播，及时且准确的研判令公共卫生有关部门人员与业界专家惊叹。与习惯性滞后的官方数据相比，GFT 预警系统迅速成为优于滞后性官方数据的有力指示标，这个工具在推广运行中也备受许多国家的研究专家肯定。但是，基于国家、地区与城市三个指标的监测并没有良好反馈，随后也未检测到 21 世纪首次流感大流行事件。

2009 年 9 月，GFT 预警系统在质疑声中调整了检索词与检索类别的跟踪监测，进行全面升级（GFT 2.0），一直到 2011 年，GFT 预警系统表现一直趋于稳定，与美国 CDC 的检测结果保持着高度的相关性。

但在 2011 年 8 月到 2013 年 9 月这 108 周内，将近 100 周 GFT 预警系统的数值都错估了流感疫情的流行，高估了流感疫情蔓延的强度。随后谷歌公司进行了第三次的模型升级（GFT 3.0）。

2013 年 10 月，GFT 3.0 正式启用，运行表明监测结果优于 GFT 2.0，但依旧存在较大偏差。

2014 年 10 月，谷歌的高级软件工程师表明将对 GFT 预警系统再次升级。

虽然 GFT 预警系统的运行道路一波三折，但谷歌运用风险雷达监测系统大数据监测流感趋势的探索，足以证明大数据分析的优势所在。一次成功的监测预警发布，不仅是给一次疫情开启希望，同样还是对一次大型舆情风波所作出的最优减法。

第四节　重大突发事件社会舆情警情预控

当重大突发事件社会舆情通过正向引导无法平息并持续发酵时，其阻断压力就转移给了警情预控。因此，需建立合理有效的预警体系，以进一步判断警度和可控度，同时，明晰量变和质变之间的界限，找到社会舆情警情爆发的临界点，据此启动相应的预案，确定风险应对措施的实施策略、级别，以及先后顺序，在社会舆情预警预控系统中实现“防”“控”结合，从而更好地避免风险后果延迟可能带来的损失。然而，在警情诊断时，突发事件的发生都有众多警兆与之对应，每个警兆也可能引发突发事件，如何根据错综复杂的警兆确定某一突发事件的发生，是目前社会舆情警情预控面临的瓶颈问题。因此，需要准确把握社会舆情的关键点，发挥好社会舆情调控疏导机制和干预阻动机制的作用，做好突发事件社会舆情的警情预控工作。

一、重大突发事件社会舆情警情预报

重大突发事件社会舆情动态跟踪和预警预控是一项综合性的系统工程，在对社会舆情警源、警兆、风险、警情进行大量科学分析的基础上，提前预判重大突发事件社会舆情的发展态势，需要对重大突发事件进行警情预报。

（一）重大突发事件社会舆情预警的分级标准

参照《中华人民共和国突发事件应对法》，根据突发事件发生的轻重程度、可能造成的危害程度等因素，将突发事件的预警级别分为四级，并用不同的颜色将其标注。综合我国管理规定和舆情发展趋势，同样可以将重大突发事件社会舆情警情划分为四个级别：轻警级（Ⅰ级，一般民意）、中度警级（Ⅱ级，社会思潮）、重警级（Ⅲ级，负面情绪）和特重警级（Ⅳ级，恶意谣言），并依次采用绿色、黄色、橙色和红色来加以区分，可以根据不同的颜色更加直观判断预警的不同级别①。预警的级别主要依靠两个方法准确地确定：一是依靠经验丰富的舆情预警工作者进行定性分析，确定舆情事件的本质，为定量研究打下基础，找到网络舆情内容中包含的倾向、立场和情感；二是通过数学手段对已知的网络舆情预警指标体系进行定量判断，有效利用监测到的网络信息，找到舆情发展变化的临界点，提升预警工作的操作性和针对性。

1. 定性分级

网络舆情错综复杂，其包含的隐性特征是网络舆情预警工作中定量分析难以察觉到的，比如涉军涉政事件、民族宗教事件等，即使在预警指标体系的考量下数值并不高，但是，具有政治敏锐性和全局意识的一线预警工作人员仍会对类似事件高度重视，直接划归为橙色或红色等高级别警戒。由此可见，经验丰富的预警工作人员对网络舆情的定性分级，在网络舆情预警工作中不可或缺。在定性分级中，要根据事件性质、涉事主体、社会关注程度、事件敏感程度、事件危害程度将网络舆情归于不同警报级别，而不单单是死板运用定量分析。

2. 定量分级

网络舆情预警工作中对网络舆情事件的定量分级是整个分级体系的有益补充，弥补了定性分析过于依赖工作人员经验判断的不足，其核心是依据可操作性、直观性、科学性、合理性原则，全面选取网络舆情预警指标，从主题舆情的传播来源、主题舆情传播的广度和强度、舆情受众情感倾向、舆情发生根源等可以监测到的预警指标来判断，将各种指标进行赋值，用层次分析、德尔菲等方法得出单一网络舆情事件的分值，并将其所处的预警等级划分出来。定量的分析必须和定性的判断结合起来，优势互补，才能不断提高网络舆情预警分级的精确性，从而做好网络舆情分级响应工作。

---

① 周小情，张梅贞：《新媒体时代网络舆情预警机制研究》，《新闻知识》，2014 年第 1 期，第 58—60 页。

（二）重大突发事件社会舆情警情分级的方法

目前，关于如何解决网络舆情事件预测和分级管理问题，相关的研究方法主要分为两类。

1. 基于运筹管理思想的分级方法

基于运筹管理思想的方法来构建舆情事件评价指标体系，在评价指标体系的基础上，运用德尔菲法、模糊综合评判、AHP 层次分析法等运筹管理方法，赋予不同指标不同的权重，最终计算出不同的数值。此类方法注重对事件的事后评价，根据不同的热度对事件进行分级，为管理者提供管理建议。其中，李文杰等采用分层抽样法，以网络、专家和纸质问卷调查相结合的方式得到各级指标量权重，并在此基础上通过多级模糊综合评判方法建立了舆情信息安全的模糊评判模型，实现了对舆情事件的分级与评价。

2. 基于计算机算法的分级方法

基于计算机算法的方法将很多先进的计算机算法应用到舆情监管的领域中，通过赋予算法参与舆情管理相关方面的现实意义，实现对舆情事件的分析评价。此类方法成功发挥了计算机反应速度快、并行处理和分布式处理能力强等优点，能够在一定程度上适应舆情事件爆发速度快、反应时间短的特性，起到及时预警的作用。其中，梁晓贺等基于超网络分析法构建了包含用户—观点—情感—时序阶段 4 层子网的超网络模型，以达到预测舆情主题演化的目的；郭韧等利用可拓聚类理论对网络舆情的演化趋势进行建模并预测①，通过聚类分析得到预测结果；张一文等结合贝叶斯算法的特点建立网络舆情态势评估模型，从而对网络舆情态势进行有效评估；胡悦等以微博为研究对象，运用模糊神经网络算法，提高了微博舆情发展趋势预测的准确性。

（三）重大突发事件社会舆情不同级别的运行状态

一个科学的舆情工作体系，需要信息监控、舆情研判等前置环节紧密配合、相辅相成，网络舆情的收集、监测与研判贯穿于网络舆情预警环节的整个周期，通过对表象信息的分析可将预警警报分为四个级别：

1. 绿色警报级别（Ⅰ级）

（1）表现特征。当舆情处于萌芽状态时，由于发展程度较低、传播速度较慢、缺乏流量和话题性，公众没有对其表现出太大的兴趣，只会发出一些零散的评论，数量不大，相关信息来源分布也比较分散，并未形成有影响力的网络舆论，不会引发波澜，舆情总体上来说平稳、有序。

---

① 郭韧，李红，陈福集：《基于可拓聚类的网络舆情演化预测研究》，《情报理论与实践》，2017 年第 1 期，第 83—87 + 120 页。

（2）表现形式。处于绿色警报级别的网络舆情具有一些可捕捉到的征兆类信息，属于一般性舆情，仅为网民对当下热点新闻动态的普通议论或轻微质疑，属于初期的网络民意，此时舆情态势良好，需要时刻监控，判断是否有向下一阶段发展的趋势。

2. 黄色警报级别（Ⅱ级）

（1）表现特征。初期的舆情具有单一性的特点。当网上的信息开始进入群众的视线，并产生第一印象，群众开始发表意见，与随后的舆情发展相比，起始阶段的舆情总是单一的，只是局限在少数公众的内部传递，在没有得到其他方面响应和支持的情况下，公众只会表达真实的观点，缺乏整体性。初期的舆情传播方式也是单一的，在媒体介入之前，信息仅限于个人互动社交平台内的流动。舆情的初始阶段是很短的一段时间，当信息发生聚合后又与其他信息发生交换作用，这就到了舆情向下一个阶段过渡的临界点，但如果没有外在力量的推动，舆情就不会发展到下一个阶段，这波舆情就只能停留在起始阶段。

（2）表现形式。此时舆情开始进入传播的起始阶段，处于舆情“孕育”阶段，表现形式为社会思潮，是广大群众对自身利益密切相关的社会情况的一种关注表现，其中蕴含着民意。这种级别的舆情社会影响力较大，是群众思想感情的外在体现，在群体的情绪基础上产生，内容覆盖面较广，收集起来比较困难。

3. 橙色警报级别（Ⅲ级）

（1）表现特征。此时的舆情已经过了临界点，迅速扩散，舆情信息由少数人的思想萌动发展为相互传递扩散信息，舆情扩张的主体是公众，公众对负面事件缺少自主判断力，盲目从众，使得舆情开始影响人们的思想。随着关注人数不断增加，与此相关的同类民意聚集在一起，为舆情的进一步发展提供了群众基础，同时媒体的介入对舆情的流动发挥着重要的放大作用，使舆情传播变得快速，立马进入下一个表现阶段。

（2）表现形式。此时舆情以负面情绪的形式呈现，充斥着群众的各种反对意见，一个重要特点是这些内容具有失控性。此类舆情的产生，一是多与政府工作的失衡以及民生事件所带来的负面影响有关，由于缺少有效的民意表达渠道和政治参与感以及政治透明度不够，群众因此感到自身利益受到侵犯，采取过激的感情表达方式；二是从某种程度反映了当前社会积压的问题，它体现着最真实的人民生活现状，最能真实地表现广大公民对国家管理者的政治态度。这种情形容易导致一些利益相关者做出反社会的言论和行为，国家应当重视。

4. 红色警报级别（Ⅳ级）

（1）表现特征。舆情经过一定途径扩散后，随着影响力的不断扩大，网上的声音不断汇集融合，群众之间在情感和观念上产生共鸣，引发共振现象，对舆情逐渐形成相同或者相近的观点，甚至出现50%以上公众拥戴的共同意见，并产生意见领袖，引发行为倾向。一些敌对分子利用舆情传播速度快、无空间限制的特点借机发难，一些不明真相的群众容易受到煽动，从而将舆情的内容引向与政府冲突、对立的局面，增强了舆情的不可控性，对社会产生一定的影响力。

（2）表现形式。此时舆情以恶意歪曲事实的谣言形式传播，从性质上来说，谣言是未被官方证实的受到公众关注的消息，社会谣言与官方发布权威性消息产生对立，是一种“官方发言之外的声音”，属于重大紧急网络舆情。此外，社会谣言的传播具有极强的煽动性，“阴谋论”更容易被网民接受，对社会的现存秩序具有破坏性，如四川泸县学生自杀事件中充斥着大量反政府的谣言，北京红黄蓝幼儿园事件中夹杂着涉军谣言，其目的是利用敏感事件吸引群众注意力，扰乱国内舆论环境。同时舆情在空间上无规则性发展，使其在短时间内产生影响力，又因为它的隐蔽性，所以难以找出传播源头，对其进行根治。综合以上几点，谣言的存在不利于国家的安定团结①，因此需要运用强制的干预手段将其压制。

二、重大突发事件社会舆情关键点把控机制

在舆情发展的前期，与之相关的各类因素逐渐显露出来，这些因素决定着信息的流量和流向，构成了舆情传播的基础。有针对性地把控这些关键因素，能够保证舆情事件有效解决。

（一）舆情关键点的理解

1. 关键点的概念

社会舆情关键点，是指在舆情的演变过程中，存在一定的推动力和导火线，这些事件和事件的诱因可能会集中在舆情的初期发生，一旦发生，将激发不可控的舆情走势，在舆情演变中起着举足轻重的作用。

2. 关键点的特征

（1）敏感性。网络舆情信息内容敏感度是指某一特定的网络舆情信息内容可能造成的群众反响程度，它与群众的切身利益密切相关。网络信息安全工作的重要环节是识别和处置可能给国家舆论安全带来灾难性后果的敏感舆情信息，比如涉及中央、地方政府的负面舆情信息的内容敏感度就很高。2018 年上半年，“中国舆情监测中心分析系统”共监测采集在全国范围内有影响力的舆情事件 296 起，重大舆情的根源大多来自涉及民生的政府政务工作。行政人员尤其是高级官员扮演着社会敏感角色，官员的每一个行为动向，都躲不开公众的眼睛，目标人员出现不恰当言行，便会成为敏感事件，进一步引发舆论关注，甚至是舆论风暴。这种情况每当发生，一定会引发公众的不满，公众通过舆论监督和声讨的手段，对其进行道德批判，释放由此产生的不满情绪。同时一些敏感事件也涉及政府官员，包括贪污受贿、权力寻租、与民争利、办事

① 李昌祖，郑苏法，周杰：《舆情的运行状态及其干预机制》，《浙江学刊》，2008 年第 2 期，第 191—195 页。

不公、无能低效，这些侵犯群众利益的行为会对政府形象造成损害，使群众心态产生波动，引发不良后果，需要在舆情分析中予以重视并通过后续处置修复政府形象。

（2）时段性。重大突发事件的发生有一个演变过程，在不同时段表现出不同的特征，具有酝酿、发展、爆发、衰退、消亡的周期规律，每个阶段也有对应的临界点，人们的关注度一旦突破了其所在的阈值节点，事件便进入下一个关口。面对不同时段的舆情，需要采取对应的手段来治理。

（3）地域性。舆情的产生和传播经常与地理位置联系起来，网络行为经常具有地方特色，其中民族纠纷和边疆恶性事件频发，是我国无法回避的重大社会问题。转型期的民族地区由于经济、教育、医疗水平的落后，面临着剧烈的社会动荡和重组，宗教信仰与地区文化的差异性、国家整体利益与民族地区现实利益的冲突，这些客观条件都限制了民族地区政策的制定和执行，再加上来自反华势力的境外媒体的介入，民族地区的舆论形势变得更为复杂、敏感，它不仅威胁着民族地区群众的生命财产安全，也阻碍了民族地区的公共秩序、社会稳定乃至整个国家长治久安的大局。

（二）舆情关键点的把控策略

1. 关键地点把控

新媒体时代，本属特定地域的舆情事件容易通过网络渠道溢出本地向外扩散，最后演变成为全国性舆情事件。以 2020 年新冠肺炎疫情事件为例，由于感染人数的增加，该事件受到社会广泛关注，其影响力不断攀升，由此产生不少话题与争议，逐渐从地方性舆情转为全国性事件再到全球性公共卫生事件。地方政府在应对此类事件时，首先，应当分级分区域地进行层层把关，根据属地管理、谁主管谁负责的原则来应对，涉事责任部门是第一责任主体。其次，相关政府部门应充分融入网络环境，加大网络媒体信息传播的重视程度，不断监测其动态，在一些地方新闻事件扩散后，争分夺秒，及早将事件平息，阻止舆情蔓延。

2. 关键人物把控

一般情况下，舆情事件的发生和发展都涉及相关人物，很多热点事件的起因都是涉案人员在推动。在这种背景下，应分析热点人物，找到并分析围绕在他们身上的事件，进而把控舆情。在后续处置中，严肃问责，责任到人。“调查—问责—道歉—整改”是应对涉官舆情最有效的方式。只有及时对涉案人员追究责任，发落处置，主动通报，才能有效引导舆情走向，平息群众的不满。如，在 7 月 4 日网曝“长沙市望城区靖港镇干部呷着槟榔叼着烟，女干部撑着伞抗洪救灾”舆情发生后，当地官微“望城之声”于次日公布调查处理结果，通报在靖港镇纪委书记带队现场处理汛期群众紧急疏散转移工作时，随行社区主任确有上述不当行为，决定给予党内严重警告处分；镇纪委书记工作“不细致”，没有提醒、制止其行为，决定给予通报批评。事实证明，加大处置力度，还原事情真相，有利于平息议论，弥合舆论分歧，获取舆论认同①。

3. 关键时间把控

舆情发展是个动态过程，无论什么样的舆情事件发生，都有一个非常关键的时间节点，任何的“一不留神”都可能使问题恶化。在应对和处置相关舆情过程中，无论是事件发生，还是舆情的产生、发酵、应对处置的时机，关键步骤就是对时间节点的把握。一定要有足够强的舆情敏感度，善于发现和判断舆情的发展趋势和热点动态，准确把控舆情的爆发点、峰值点和转折点等不同关键节点，预先设定警报界限指标，如果超出了临界线就需发出警报，有的放矢地围绕舆论关注的热点、疑点，做好信息动态处置工作。

4. 关键问题把控

群众关注的热点话题集中体现在以下三种：一是涉事主体为政府官员事件，尤其是行政时的渎职、徇私，对群众态度强硬，甚至刁难、逼迫、打骂群众事件；二是反映社会阶层矛盾事件，比如关于雇主违规解雇雇员、富豪迫害贫困老百姓、专家歧视低学历人群等弱势群体等事件；三是民生类事件，如涉及住房、就业、教育等社会各界关注问题的事件②。当以上事件发生时，就应当警惕其会引发不良舆论，处理这类问题，政府部门应该迅速响应，在大面积扩散之前预先处置，在短时间内行动起来，组建社会热点事件的舆情应对小组，对舆情进行搜索，对涉事人员进行追踪，对舆情发展动向实时监测，将事件的根源信息及时聚集、汇总，将舆情动态报告给相关部门领导、负责人，使得领导可以整体把握热点事件的舆论倾向，以便开展下一步调配工作。此外，该小组应配备专家型人物，提供理论支持。

5. 关键情节把控

一套完整的把控机制还应了解和掌控网络舆论中所展现出的两类情绪：一是网民的心态是否受到社会发展不平衡的影响而变得复杂和多疑，二是网民的诉求是否有合适的表达渠道。要保障公众知情权，合理排解、疏导公众的情绪，在公共事件频发的今天，政府更应该积极回应群众的问题，通过多渠道将事件真相还原。这样一来，公众及时地获取了真实信息，避免了猜疑，满足了公众的求知欲，可以在一定程度上去除公众对政府的误解，起到调节公众心态的效果。

在社会舆情发生时，公众情绪的主要成分是愤怒，而愤怒的情绪容易使人变得不理性。公众在遇到不公平事件时，会感受到自身受到迫害，更倾向于将事件的矛头指向政府、官员和司法机构。在这种情绪主导的归因偏向情境下，政府和媒体可以有效设置议程，表明态度，通过议题转向引导公众理性看待问题、理性梳理事件并促进解决，同时避免无效信息的过度输入，这样的议程容易被“选择性忽视”，进而引发受众

① 孙振龙：《面向舆情监控的热点人物及事件分析技术》，哈尔滨工业大学硕士学位论文，2012 年，第 2 页。
② 喻国明：《网络舆情热点事件的特征及统计分析》，《人民论坛》，2010 年第 11 期，第 24—26 页。

的反感。

（三）案例分析

2019年10月28日，广西南丹县一矿区发生冒顶事故，导致2人死亡，9人被困。灾难发生之后，当地政府组织了专业救援队和救援专家赶到现场，但由于地形环境恶劣，有毒有害气体浓度很高，抢救人员无法深入开展救援工作，加上井下被困人员存活概率渺茫，在专业救援队和救援专家组的建议下，11月7日19时现场救援指挥部决定终止施救。谨向事故遇难者表示深切的哀悼，向遭受不幸的遇难者家属致以诚挚的慰问。

事后经调查询问了解，涉事企业南丹县庆达惜缘矿业投资有限公司主要负责人接到企业事故报告后，在没有第一时间向南丹县公安、自然资源和应急管理等部门和上级负责人报告的情况下，擅自开展救援行动。直至南丹县核查工作组于29日凌晨4时10分进驻该企业后，涉事企业也未将事故发生的准确时间如实报告，反而是不配合调查，试图藏匿入井人员记录、当天生产记录等资料，妄图掩盖真相，逃脱法律惩罚。经过进一步调查了解，该公司还有其他违规前科，曾因“生产经营单位作业现场管理类违法”和“设备设施不符合标准类违法”“特种作业人员未持证上岗类违法”，在2019年被河池市应急管理局处罚2次，此前还因“未经批准越界勘探”，在2018年被南丹县自然资源局处罚。

人们围绕该事件展开了激烈的讨论。涉事企业漠视生命、法律意识淡薄的恶劣行为引发了人们的不满，引发了社会舆情。为了平息舆论，政府部门展开处置工作，问责到位，违法必究，对8名事故相关人员予以刑事拘留。10月29日下午，河池市南丹县应急管理局发出紧急通知，责令管辖范围内的矿业生产企业进行停产整顿。随后国务院安委会办公室主动介入了此事件，对广西壮族自治区河池市人民政府进行了安全生产约谈，要求深入学习习近平总书记关于加强安全生产工作的重要论述和指示精神，认真贯彻落实中共中央、国务院关于安全生产的决策部署，深刻吸取南丹县庆达惜缘矿业投资有限公司“10·28”重大事故教训，采取切实有效措施，防范化解重大安全风险，坚决遏制重特大事故。这些行为很好地起到了遏制舆情扩散的效果。

三、重大突发事件社会舆情调控疏导机制

当舆情持续了一段时间之后，开始进入“扩散”阶段，公众的负面情绪也在不断聚集扩张，邓小平同志曾将处理公众情绪比喻为“出气”，强调群众有气就要出和有气可以出。因此有必要在社会舆情爆发时，进行合理有效的疏导，积极引领舆论的导向，承担网络“意见领袖”的责任，正向引导社会舆情和公众的情绪，维护意识形态安全，以实现人民期望和党的指导思想为目标，这也是真正考验政府处理重大突发事件能力的时刻。

（一）社会舆情调控疏导机制的功能和结构

1. 重大突发事件社会舆情调控疏导机制的功能

（1）维护基层社会稳定。有效维护社会稳定、团结是行政服务的价值取向，也是国家层面核心价值观的体现。社会稳定表现在百姓安居乐业、官民和睦相处等等。而通过建立规范可行的、多角度的舆情疏导机制，来引导公众舆论，解决国家的民事纠纷和基层冲突，已成为新时期，特别是在容易发生冲突的改革时期维护社会稳定的基本手段。正如有效的心理开导可以让人释放内心的压力，舆情疏导机制在调整社会公众经济利益关系、维护社会稳定、处理人民内部矛盾和促进公众心态成熟化和理性化方面也有着重要的意义。

（2）提升政府形象和公信力。新时期我国政府的根本目标是建设现代化的服务型政府。互联网已成为一大新的舆论活动场所，其巨大影响力已经充分引起了我国领导人的关注，习近平总书记强调政府要尽快适应网上舆论。社会民主化进程的加快也让人们有意识地维护自身利益。近年来发生了不少滥用公共权力和涉法涉警类舆情事件，这些事件的发生无疑对政府形象有一定的影响，所以政府应把目光转向网络平台，多听听群众的声音，特别是针对一些控诉的言论应予以关注和自我反省，严格遵照宪法和民众的期望行使行政职权，不留把柄，将政府职能用在为百姓排忧解难上，将网络舆情引向正面发展，符合政府期望和社会发展主流，给群众留下权威、公正的印象，从而提高政府的公信力和新时期的行政水平。

（3）促进政府新型服务方式转变。随着网络舆情影响力的不断扩大，政府更要在治理过程中以为人民服务为第一要旨，以人民的满意度为标尺，加强与群众之间的互动性；有效利用电子信息技术提升政务工作的便捷性，提高工作效率和绩效；通过改革和更新理念，以建立更加透明、更加高效的政府服务网站，构建网络时代的亲民型政府形象。面对舆情，政府要灵活运用直接干预和间接干预两种手段，牢牢把握主动权，积极捕捉网络舆情的发展动态，预判发展动向，高效应对网络舆情，及时回应群众的质疑和消除网络谣言，创新政府服务方式。

2. 重大突发事件社会舆情调控疏导机制的结构

（1）组织体系。为了提高舆情治理工作的效率，形成具有统一性、快速性、规范性的管理能力，目前在中央统一领导下，确立了以应急管理部、国家互联网信息办公室、公安部为职能机构，分别主管各地区各部门应对突发事件指导工作、互联网信息内容、惩治违法分子的“三位一体”突发事件舆情管理工作格局。具体行政职能为，应急管理部推动应急预案体系建设和预案演练，建立突发事件报告系统并统一发布灾情，国家互联网信息办公室和公安部负责行业管理和网络安全。他们还主要根据现实情况及其各自的职责，承担收集和分析网络舆论的重要任务。

在“三位一体”的由上至下管理模式下，舆情调控疏导运行机制总体上体现了垂直网络机制的结构特征。在整个系统中，网络舆情工作力量纵向分布逐渐形成秩序，中央国家机关、中央宣传文化单位、国家社科研究机构自上而下地构建了网络舆情汇集分析网络机制，具体表现在上级职能机关对下级职能机关具有业务上的指导功能、事后评估问责权力，下级为上级提供网络舆情信息汇集和报送服务。目前，中央国家机关和中央宣传文化单位普遍把网络舆情工作的布置延伸到省、市两级。以国家互联网信息办公室、应急管理部和公安部三大网络管理部门为例，国内大多数省和地级市都建立了相应的网络舆情工作机构。当然，中央的舆情信息管理部门及地方各级相关管理部门具有双重身份，它们既属于服务对象，是舆情汇集和分析网络的管理者和决策者，又是处于信息工作管理组织与上级决策者之间的工作者。

（2）保障要素。任何机制都需要文本基础和行为指南。紧急状态下政府等社会主体的应对能力与管理的权威性、主动性，以及对社会整体资源的统筹调度能力，不光需要自发的响应，同时也应是法律法规所界定的结果。一套相匹配的法律法规有利于推进社会突发事件预警体系的制度化进程，如美国《全国紧急状态法》增强了其应对危机的能力，我国也于2006年1月8日发布了《国家突发公共事件总体应急预案》，2007年8月30日出台了《中华人民共和国突发事件应对法》，2013年10月25日印发了《突发事件应急预案管理办法》，但其中与网络舆情突发事件相关的条款较少，缺乏对预警行动的指导性。法律法规不健全，既难以从法制层面对人们的网络行为加以引导，又不利于实际的操作，因此，保障要素的配置主要体现为两个方面：一是建议完善网络舆情安全体系，通过出台互联网安全条例，加强网络审查力度，以减少负面舆情，净化网络空间；二是制定突发事件网络舆情预警与应急处理方案，预警与应急处理方案包括“一案三制”，为构建网络舆情预警与应急处理方案提供良好的借鉴。

（二）重大突发事件社会舆情调控疏导机制的方法与应用

1. 坚持舆情引导与服务群众相结合

党的十六届三中全会明确提出“以人为本”的根本理念。“以人为本”是科学发展观的核心，也体现出中国共产党为人民服务的宗旨。近年来，重大突发事件频发，对其进行及时有效的引导，是党和政府工作的一项重要内容。党和政府要确保贯彻落实“以人为本”的理念，坚持“群众第一”的原则，就需要在舆情引导过程中做到倾听群众的诉求、理解群众的想法、尊重群众的意愿，能够做到充分体谅并且平等公正地对待群众。首先，要能够充分尊重群众，真正听取大众的呼声并且给予正面回应，使重大突发事件的舆情引导工作更加规范化、人性化。其次，在舆情的引导过程中，党和政府要注意加强与群众的沟通交流，要和广大群众建立起亲密友好的“伙伴”关系，做到和群众进行“平等亲切”对话。只有与党、政府处在同一水平、同一层次进行对话，广大人民群众才能够彻底敞开心扉、畅所欲言，无所顾忌地表达出自己的诉求。也只有这样，党和政府才能够真正深入到群众中去，了解民之所想、民之所愿，将自己带入群众的角色中去，真正成为群众的一员。此外，这有利于党和政府从群众的角度和利益出发，唤起群众的共鸣，得到群众的信任和支持，使舆情引导工作更加顺利地进行。相反，在舆情的引导过程中，如果党和政府不能够站在群众的角度，为人民着想，从人民的利益出发，只是一味地利用权力进行强制打压，那么，最终只会导致民意的丧失，甚至当公众的问题长时间得不到解决，并且公众长期处于愤怒不满的情绪时，会促使量变终成质变，民怨爆发，最终将给社会稳定与安全带来一定的威胁。

2. 坚持传统媒体与新兴媒体相融合

当今时代，媒体行业蓬勃发展，相互竞争，又各有优势。这就需要把传统媒体与新兴媒体结合起来，融合其优点，推进双方在内容、渠道、平台、经营、管理等方面一体发展，促进舆情引导工作更好地开展①。首先，传统媒体作为老派的媒体类型，有着强大的话语权、成熟的报道机制和长久形成的受众基础。因此，政府可以通过引导大众媒体的议程设置来影响舆情。政府可以借助大众媒体来唤起公众对议题的关注，影响公众对议题的讨论，使公众的意见和态度朝着政府预期的方向发展。其次，政府可以将大众媒体的优点应用到处理舆情上。政府应充分利用媒体传播信息的广度和深度，引导公众的思想。再次，网络媒体因其及时性、海量性、全球性、互动性等特点飞速发展并在当代社会产生了至关重要的影响。网络论坛、贴吧、博客、微信等网络工具也为舆情的表达与传播提供了更加快捷、方便的渠道。通过网络媒体，人们可以第一时间了解到舆情的动态并且能够持续了解其后续发展。不仅如此，公众还可以发表自己的看法与观点，参与到舆情中去。因此，网络媒体的积极健康发展至关重要。最后，政府也应着手培养一些权威的政府网络媒体，扶持相对应的网络评论员，给予其政策支持，使其成为引导网络舆情的主阵地，面对网上热点问题，主动发声，理性应对，维护网络论坛良性运转，逐步形成积极向上的网络风气，创造良好的网络舆论环境，为和谐社会的构建打下基础。

3. 坚持新闻宣传与反映民意相统一

团结稳定鼓劲、正面宣传为主，是党的新闻舆论工作的基本方针。要做好正面宣传，必须将文章的真实性和感染力体现出来。真实性是新闻工作的基础，文字要根据事实来描述，既要把握细节，又要从宏观上把握和反映事件或事物的全貌。原则上要坚持新闻宣传与反映民意相统一。要服从党和国家工作的大局，要坚持党的意志，维护党的声誉，形成团结向上、民主和谐的舆论风气，为党和政府各项工作的开展提供有力的舆论支持。要增加文字宣传的亲切力，展现来自社会各个层面群众的心声，急

① 沈正赋，刘传红：《从宣传到引导：中国共产党新闻舆论思想的历时性考察与思辨》，《中国地质大学学报（社会科学版）》，2017 年第 6 期，第 3—14 页。

群众之所急，想群众之所想，开展新闻舆论工作的主题要落实到广大群众最关切的利益问题，思想和行动上都做到党性和人民性步调一致，才能使新闻宣传和舆论引导工作取得好的效果。在新闻宣传的内容上，要以群众的关切、群众的生活、群众的喜好为落脚点，实施正确的舆论监督；在新闻宣传的形式上，要采用群众喜闻乐见的方式，多用通俗易懂的语言，少做表面文章。

4. 坚持官方舆论与民间舆论相协调

随着网络环境的更新换代，民众的政治参与感越来越高，当前的社会舆论生态和格局发生了显著变化，民间舆论场已经成长为一股不可忽视的力量。以新兴网络为代表的新媒体凭借其强大的信息推送方式构成了民间舆论的主会场，使得代表党和国家的传统媒体发出的声音被忽视，人们获取信息的习惯和途径被新媒体所改变，媒体不再只是简单的信息传播平台和媒介，它具有大量群众基础，代表着来自民间的看法和态度，两个舆论场在信息引导时各有短板。近年来尽管官方积极采用新媒体手段开展思想宣传和舆论引导，但观念仍然守旧，而仅仅是利用了新媒体的技术手段，在内容上相对呆板，不利于群众对其解读。新兴媒体存在时间较短，未被国家所重视，发挥优势时受到限制，不利于多元化地树立国家形象。

两个舆论场彼此能否融合，关键在于双方是否承认对方的地位和价值，只有互相影响，形成合力，才能促进社会舆论的正向发展，所以在此背景环境下，面对社会热点事件时，官方舆论场应该主动站出来，发出真实权威的声音，对民间舆论场偏激、情绪化，甚至错误的言论进行纠正，用正能量调节民间舆论场的怨气。民间舆论场所展现的话语活力也有效互补了官方发声比较单一、缺乏感染力的特点。在舆情冲击力越来越广的今天，要充分发挥新闻媒体稳定民心的作用，树立正确的社会价值偏向，形成正面舆论宣传态势，同时应该更多倾听那些来自社会底层民众的声音，找到官方和民间舆论的对接点，找到两个舆论场沟通和互动的方向，努力构建和谐的社会舆论环境。

（三）案例分析

北京时间2011年3月11日13时46分，日本突发强烈地震，随之引发了海啸和核泄漏。15日上午10时左右，某数码市场的一名员工在社交软件上发布了一条“据可靠信息，日本核电厂爆炸产生的辐射扩散到了山东省周边，并继续污染周边海洋区域，请转告身边的家人朋友大量保存海产品”的消息。短时间内，此消息迅速散播，在人群中扩散，3月16日部分地区发生集中购盐现象，并迅速向周边地区蔓延，抢购风潮在上海和浙江的杭州、绍兴、宁波等地区兴起，随后扩散到北京、福建、广东和不少内陆省市。随着消息在全国大部分地区的传播，抢购风潮演变为全国范围内的核辐射恐慌和抢盐事件。民众受含碘物品可以预防核辐射的传言和海盐受到核污染的谣言影响，所以疯狂抢购囤积，超市和便利店的食盐销售量突然跃至平日的十倍至几十倍不等，一些商贩乘机抬升价格，食盐价格也飙升到平时的5—10倍①。

本次研究，我们选取广州市作为样本，对“3 · 16”抢盐事件的发生、进展到平息进行全过程描述。

表4－11　2011年碘盐抢购风潮事件演变情况

时间	主角	事件
16日20时	多家商场	商场食盐卖断货，有多个商场抬价销售
16日20时30分—22时	市民	抢购商场食盐
16日21时	广东省盐务局	召开紧急会议，制定应急方案
16日22时	广州市经贸委	启动了市场供应和食盐供应应急预案
17日15时	广东省政府 中国盐业总公司 工信部 国家发改委	省政府召开新闻发布会，通报抢盐事件和核污染进展；中国盐业总公司、工信部辟谣；国家发改委表示严打哄抬食盐价格
17日20时	省政府应急办 省气象局	公布消息，表明日本核泄漏没有蔓延到我省附近海域，我省食盐库存充足，保障供应
18日8时	广州市应急办	公开消息，称日本地震引发核污染，未对我市造成影响，我市食盐、粮油等生活必需品储备充足，保证供应，对哄抬物价、造谣生事者，依法追究法律责任

在此次谣言风波中，政府部门通过多种方式调控社会舆情，并且采取了一定行政手段来维护社会秩序，经过多个相关部门的及时辟谣和各种传媒的循环播报和澄清后，谣言得到迅速平息，公众恐慌情绪得到了有效的安抚，“退盐族”陆续出现。

此次风波也让我们见识到了网络媒体的力量，其专业性和社会责任感得到展现，新浪网通过其“头条新闻”的微博账号，第一时间发布了浙江省卫生厅回应抢购碘盐的信息，以来自政府的权威声音回应了抢购潮；果壳网利用其科技媒体的优势，通过“谣言粉碎机”等账号，对有关传言予以理性分析，从科学角度粉碎谣言。

由此可见，政府部门在必要的时候联合各方力量对重大突发事件进行理性的疏导是十分必要，并且是十分有效的。

四、重大突发事件社会舆情干预阻动机制

新华社总编辑南振中曾提出过“两个舆论场”的观点。他认为，目前社会上存在着两个舆论场：一个是贯彻党和国家指示的官方舆论场，一个是来自民间的网络舆论场。由于其强大的信息放大能力，网络舆论场更加容易聚焦人们的视线，重大突发事件中的话语权时不时地会被网络舆论所占据，甚至在有的公共事件中，其发展的趋势

① 王胜楠：《碘盐抢购风波后的反思》，《杭州（我们）》，2011年第4期，第36—37页。

和方向已经被网络舆论所左右。如果已经生成的社会舆情多数为负面性的，甚至是以恶意谣言的形式传播，倘若政府不能及时有效地应对，其影响范围则会迅速扩大，甚至可能激化社会矛盾，影响社会稳定，损害政府形象。正因为如此，网络平台的舆论必然需要一个能起到干预作用的角色，这个角色需要由政府来承担，因为它的公信力可以起到引导主流价值观的作用。而当舆情无法通过正向引导进行削弱时，这意味着舆情已经发展到了特种警级级别，应当立即启动干预阻动机制，这就需要政府采用更加强硬的回应态度和措施应对舆情事件，采用以“控制”代替“引导”的策略，用一双“有形的手”将事端平息。

（一）重大突发事件社会舆情政府干预阻动的原理

舆情干预阻动机制是指在某些特殊的紧急情况下，比如重大突发事件社会舆情爆发之后，网络上铺天盖地出现各种各样的相关信息，这其中往往包含着不少谣言和非理性信息，威胁着社会的安定，出于维护国家安全、社会秩序或公共利益的需要，政府运用紧急权力，采取紧急措施来处理灾害、事故等紧急舆情事件带来的负面影响。

1. 舆情干预阻动的理论基础

政府规制理论是舆情干预阻动的理论基础。政府规制又称政府管制、政府监管，指政府运用公共权力，通过制定一定的规则，或者通过某些具体的措施对被管制者的行为进行限制与管理①。政府规制是对市场失灵的矫正和补充，是用“看得见的手”来补正“看不见的手”的缺陷，目的在于维护社会稳定。政府规制作用巨大，正是凯恩斯所倡导的国家干预使西方世界走出了20世纪初经济大萧条的困境。政府的社会性规制的目的是在重大突发事件情况下化解社会矛盾，维护社会公正、社会秩序，增进社会福利。政府对网络舆情的干预调节就属于社会性规制的组成部分。一方面，网络舆情对应的是意见市场，在市场自我调节失去作用的时候，需要政府伸出“看得见的手”进行干预。另一方面，对于迅猛发展的信息社会而言，一个毫无管制的言论环境不可想象，网络谣言、网络侵权、网络暴力、网络色情、反社会言论等网络乱象不仅容易引发社会矛盾，而且不利于社会稳定。因此，政府需要进行网络舆情调控以确保经济、社会的稳定以及可持续发展。

2. 舆情干预阻动的目标和原则

舆情干预的主要目标是减少其对社会的负面影响，从传播角度来说，舆情干预的目标有两个方面：一是降低该事件的关注量，避免舆情关注量上升到临界阈值，使其峰值在安全范围内，阻止事件的蔓延和升级；二是缩短舆情的传播时间并减缓传播速度，尽快平息社会事件舆情，防止次生舆情的产生。

---

① 吴光恒：《政府网络舆情调控规制探究》，《中南民族大学学报（人文社会科学版）》，2018 年第 3 期，第 165—169 页。

政府主导的干预阻动机制采取的手段是强制性的。强制应急措施，是政府行使行政紧急权处理重大突发事件舆情最常用的手段之一。这里所说的“强制应急措施”有两层意思：一方面，是指重大突发事件舆情应急措施本身的强制性。它在实施的时候会遇到各方面的阻力，无法像常规情况下那样得到配合，因此政府的应急管理需要相应的强制性应急法律来保障，其相关的条款、预案具有权威性，是行政法上的强制性规范。另一方面“强制应急措施”的涵义是指，下达的各种命令会对个人的自由、财产以及各类空间场所进行强制性限制，以减少各要素之间的相互碰撞。

此外，干预阻动机制的运行过程必须是及时有效的。政府应当预判有效时机，在舆情危机形成之前，相关部门要尽快采取行动控制局面，遵循黄金 4 小时原则，即在重大突发事件发生后的短时间内快速反应、及时决策。有效性反映在干预措施选择方面，即应选择合理的干预措施，要一抓到底，彻底将事件平息，防止由于干预不当引起舆情反弹。

（二）政府干预突发事件社会舆情的措施

1. 互联互通、严格准入的技术手段

网络舆论是以互联网为基础传播的，在日常生活中，各类互联网企业所建立的网络平台每天流动着大量信息，其实际影响力不容忽视。但是，作为一个商业组织，网络平台缺乏权利和义务，其对网络舆论的干预不具有自发性，同时其本身也是负面舆情的受害者，因此，网络平台干预的背后，实际上是政府在发挥影响力。在我国工信部的助力之下，近年来，多家网络平台和互联网企业积极配合国家开展的“净化网络环境专项行动”，依法打击非法行为，履行社会义务。网络平台的干预手段包括清除和过滤有害言论，拉入黑名单，谣言在线监测，通过删帖、屏蔽关键词制造信息真空环境等，只有大规模清理整治那些虚假信息、非法信息、牟利信息，才能营造健康良好的网络环境。

同时，改进各类网站运营管理规则制度，从源头上建立健全严密的网络相关准入制度，推行网络实名制度，要求使用者进行实名登记，严格规范网络论坛、社区管理员和网民的权限，一手抓建设，一手抓管理，以防此类重要关卡被网络黑手滥用，发布不良信息，煽动不良情绪。

2. 规范化一、共治共享的法律手段

一般来说，法律具有最大的强制性与权威性，因此，法律管制成了最有效的治理手段①。在舆情失控状态下，运用有效的措施来控制和消除紧急状态是全社会应当首先考虑的任务，应当给予政府特殊权力，使用紧急措施来重点保障公共利益，维护社会

① 薛瑞汉：《国外网络舆情管理和引导的主要经验及对我国的启示》，《中共福建省委党校学报》，2012 年第 9 期，第 106—111 页。

秩序，恢复正常的舆论环境。由于这些紧急权力较之平常具有更大的强制性，因而在运用的过程中会使公民的权益受到侵犯，使其产生抵触心理，因此，我国应当在《宪法》中明确规定紧急状态制度，以保证政府所行使的紧急权力在紧急状态时期具有法律效力，同时应当制定统一的《紧急状态法》来详细规范紧急状态时期政府与公民之间的关系，以保障政府有效地行使行政紧急权力，以合理的法律手段应对重大突发事件所带来的负面影响。

落实网络安全还需强调共治共享的概念，同步制定网络行业制度规章，界定网络运营商的法律责任，规范网络运营商活动的自律性，逐步培养其承担网络安全责任的意识，加大网络监管力度，形成健全的监管体系。

最后，应当坚决打击那些散布传播各类虚假、激进的信息，并误导网民等信息接收者的幕后推手，可以动用国家暴力机关惩治推动舆情的关键人物、核心人物、敏感人物，让其受到应有的行政处罚或者刑事处罚。

3. 多元协同、齐抓共管的行政手段

突发事件网络舆情应急管理的调度涉及机构、预案、人员等各个方面[①]，不能单纯依靠政府的孤军奋战，这就需要加入更多力量相互配合，针对危机的各个层面，逐一进行有针对性的回应和行动，应提倡“合作治理”的理念，创新广泛的社会参与机制，鼓励社会各方力量共同参与，要构建一种融政府部门、主流媒体、非政府组织等于一体的突发事件网络舆情应急管理工作体系，充分发挥各自的优势，做到各尽其能，密切配合。其中，政府发挥主导作用，整体统筹调配资源；媒体作为信息沟通和传播的媒介，做好宣传、善后报道工作，与网络意见领袖和普通网民进行积极有效的沟通；非政府组织及社会志愿者积极投入，发挥自身的作用，积极投入公众沟通、宣传教育和心理疏导等活动中。同时，官方还需在必要时提高响应层级，由省级或更高部门予以正式回应，以增加信息的权威性，这样既体现出官方的重视程度，又能达到一锤定音的效果，从而挤压舆情发酵空间。

（三）案例分析

2019 年 12 月 30 日，一份武汉市卫生健康委员会医政医管处的红头文件《关于做好不明原因肺炎救治工作的紧急通知》在网络上散开。次日，武汉市疾病预防控制中心确认了这份紧急通知文件的真实性。2020 年 1 月 7 日，国家卫健委专家组初步认定这次肺炎的病原体为新型冠状病毒，此事在网络引起大众的广泛关注。

在公共卫生事件发生后，群众的恐慌情绪蔓延，这种情况下容易滋生各种谣言。2020 年 1 月 25 日，有网民通过微信朋友圈和新浪微博发布虚假消息称，“鄂邑区男子

① 陈洪连，李广民：《网络舆情突发事件：治理困境与破解之道》，《东岳论丛》，2017 年第 11 期，第 76—82 页。

武汉归来患新冠肺炎且逃离医院”，并附相关照片。经调查，该虚假信息编造发布者为张某，西安鄠邑人。2020 年 1 月 24 日晚，张某在微信朋友圈中看到有关吴某某疑似感染新冠肺炎进入鄠邑区人民医院隔离检查的消息后，复制虚假照片并将“此人在武汉感染后逃离回家，被发现后在北关医院隔离治疗，晚上 8 时左右又一次逃离。希望大家转发，看到此人迅速报警，别让病毒再次扩散”文字复制发送至朋友圈。收到举报后，公安机关拘留了造谣人张某，并对其予以行政拘留十日的处罚。

自媒体时代，每个人都能通过各类平台发表言论，有些人随意传播虚假信息以达到博取眼球的目的，却没有意识到这种违法行为会对别人产生误导作用，造成破坏社会秩序的不良后果。网络社会也有法律底线，国家机关应当依法严惩此类人，让其受到应有的行政处罚，促使更多人在面对谣言时从“被动接受”转向“自觉抵制”，如此才能打造一个健康网络生态。

第五章　重大突发事件社会舆情快速响应与及时引导

当前，重大突发事件社会舆情瞬息万变、情况错综复杂，舆情决策与处置必须跟上舆情规律的演变，这就需要政府及其相关部门快速响应、及时引导，对复杂的社会舆情早预防、早发现、早应对，使社会舆情朝着有利的方向发展。快速响应，至为关键的是涉事单位完成厘清事实真相、协调各方面舆论、对外信息披露这一完整链条所花的时间是否最短，核心参照点是舆情决策与舆论引导是否及时并赢得了主动。目前我国重大突发事件频发，若不能做到快速响应与及时引导社会舆情，很容易使舆情脱离掌控，引发多重次生舆情，对我国社会稳定、和谐与发展造成不利影响。加强重大突发事件社会舆情治理，重点是要建立与完善预案启动机制、快速决策机制、指挥调度机制、联动协作机制及引导发布机制等，构建科学、高效的重大突发事件社会舆情紧急处置机制，为政府治理重大突发事件社会舆情提供坚实可靠的保障。

第一节　重大突发事件社会舆情应对的预案启动机制

重大突发事件社会舆情随着互联网技术的不断发展常常呈现出快速升温的特点，有时还会造成恶性的社会事件。应对突发事件舆情，如果没有及时启动应急预案，舆情将在很短的时间内愈演愈烈。因此，政府部门必须及时、果断地应对舆情事件，建立并完善突发事件社会舆情预案分级响应机制、应急“双处置”机制、专项指挥部启动机制和应对资源集结机制。

一、社会舆情预案分级响应机制

重大突发事件社会舆情分级响应是有效提升舆情应对效率、科学引导舆情发展态势的关键。因而在针对重大突发事件社会舆情时，政府部门应及时制定分级响应机制，在舆情发生之初，建立快速回应机制；针对负面舆情，建立调控引导机制；应对重大舆情，建立联动应急机制，有效开展全方位、差异化的应对处置。

（一）建立民意快速回应机制

重大突发事件的社会舆情是基于公众对重大突发事件中的系列疑惑与诉求引发的争辩与讨论。多数情况下，由于信息不对称，公众的疑惑一时得不到解决，对政府的不满情绪逐渐显性化、白热化，导致社会舆情不断发酵。建立民意快速回应机制，是通过解惑、对话，形成政府与公民间的沟通桥梁，达成共识，有利于快速排忧解难，缓和民众不满情绪。

1. 建立公开信访机制

信访自新中国成立以来一直是人民群众行使监督权利、上传民情民意、解决实际问题、保障个人利益的重要方式之一。但近年来，随着网络的发展，借助网络“曝光”并解决问题的案例频频出现，“信访不如上网”成为众多民众默认选择解决问题的最佳途径。这中间的原因主要是无论传统信访还是线上信访，都存在职权不清、处理周期长、更新不及时等诸多问题，使得民众的切实困难得不到解决，疑惑得不到解答，也为谣言滋生提供了条件。因而面对重大突发事件社会舆情，针对负面舆论，应当将各个信访部门职责厘清，在信访部门、不同机构之间设置快速转接专线，使民众上访有门。同时各政府部门应设置专员与信访部门交接，加强信息交流，尽可能减少因信息模糊造成的信访处理周期长的问题。除此之外，还应制定信访相关规章制度，信访部门按照程序化步骤依规受理人民群众信访，切实解决群众问题，不做表面功夫，同时提高信息更新速度，及时更新处理过程，公开处理结果。

2. 建立回复网民机制

为加强政府信息公开，打造服务型政府，除构建信息门户或专门的网页之外，很多政府机构也开设了社交媒体账号。这类账号不仅拉近了政府与人民群众的距离，也给予了人民群众提出建议、寻求帮助的平台，成为线上信访的补充形式之一。建立网民回复机制，应当从受理内容、回复原则、回复程序入手，对于网民们的留言、私信，设立合理化的回复机制可以有效解决大部分的问题。对于建议类的评论，应当在认真分析后诚恳回复；对于咨询类信息，应当及时回帖、耐心回复；对于投诉类信息，要严格核实后及时回复。除此之外，对于网民的回复，要有专门的人员全程值班，对提出的热点问题及时回答并向上反映，无法回答的问题则提交应急讨论小组或上级部门研究并尽快回答。

3. 健全解决问题常态化机制

解决问题常态化，就意味着政府机构对人民群众开展答疑解惑应当是长期坚持的业务活动之一。重大突发事件给社会及群众带来的问题是不可避免的，构建解决问题常态化机制有利于政府机构对待问题更为客观、积极，解决问题更为长效。要健全解决问题常态化机制，一要规范答疑程序，这既包括问题的受理过程，也包括转办、反馈、信息公开等过程，做到统一受理、分级负责、有效解决、合理处置；二要完善问题处理过程，对于不同类型的疑问，应当采取不同的解决流程，尤其是情况复杂的、需要联同多个部门参与解决的疑问，要及时与各个涉及的部门进行沟通，同时要明确专人进行督办；三要及时公开信息，网络舆论的形成往往是信息公开不及时所造成的，民众在漫长的等待中被消耗耐心，导致其在网络上发布激进言论，或在网络中编造谣言，甚至被有心人利用以牟取不当利益，破坏社会稳定，从而形成一些负面舆论，激化社会舆情。

（二）建立负面舆情引导机制

重大突发事件社会舆情形成之初，由于信息不对称，报道以负面为主。一方面，民众对于事件的真相具有强烈的渴求，若这种诉求得不到满足，探索的想法将更加强烈。另一方面，一些别有用心的人员借机肆意炒作，加重了舆情演化的程度。因此，建立负面舆情引导机制，重点就是引导公众正确、客观和公正地看待舆情，防止舆情事件进一步升级和恶化。

1. 建立健全舆情预警研判机制

做好舆情预警研判有利于政府部门及时把握舆情风向、控制舆论导向，在负面舆情形成之初，及时采取措施防止事态失控。利用舆情预警研判机制做到早预防、早发现、早治理，避免给舆情爆发提供空间，给社会造成不良后果。建立健全舆情预警研判机制，首先要积极收集重大突发事件各方面信息，及时击散负面舆论，防止舆论放大后形成突变，爆发舆情危机。其次是要全过程动态监测突发事件社会舆情，根据同类型突发事件发生规律，仔细分析事件信息，对社会舆情的发展趋势做出正确的判断，对可能产生的不良影响做出正确的研判，从而采取适当的措施及时解决舆情危机。

2. 及时澄清事实，引导民众言论

重大突发事件负面舆论如果不能及时得到控制，很容易对政府形象造成较大打击，对社会造成不良影响。因而要消除这些负面舆论，政府部门首先应当及时将信息公开，特别是涉及贪污等敏感内容的信息，一定要及时澄清。如果政府机构一开始就不回应，或者避重就轻，很容易引发人民群众的不满情绪，形成大规模的舆情。如果政府部门的确存在不良行为，要在第一时间落实责任主体，要求责任主体及时出面表态、承认错误、限期整改，以诚恳的态度获得人民群众的原谅。其次，政府要时刻监测社会舆论导向，当舆论呈现不好风向时，及时出面引导，瓦解谣言，防止有心人利用网络的隐匿性等特点达到炒作、哗众取宠，甚至是分裂国土等不良目的。对于负面言论舆情监测，可以借助多瑞科舆情数据分析站系统搭建舆情预警平台，确保舆情信息的及时反馈①。同时，政府机构要加强新闻网页的宣传，建设以社会各领域权威人士和专家学

① 新华网：《网络不能成为构建和谐的薄弱一环》，2008 年 1 月 8 日。

者为主要人员的舆论引导队伍，以此在社会舆论场中，发挥信息公开、引导舆论等作用。尤其是对网络舆情来说，其传播速度更快、影响范围更大，因此更要打造网络“意见领袖”来引导。“意见领袖”一般受到很多人的信任和推崇，在帮助政府机构引导负面舆论、破除谣言方面具有重要的意义。

3. 运用自媒体平台，发挥主流媒体作用

相较于传统媒体，自媒体平台尤其是主流媒体因发布信息迅速、形式多样、接收方便、权威等特点受到大多数人的青睐，这既包括政府自建网页，也包括政府、主流媒体在多种社交媒体平台所设账号。因而政府运用自媒体平台，发挥主流媒体作用，首先应当加强自身网站建设，在加强信息公开、服务建设的同时，还要提高网页的用户体验；对于社交媒体账号，则要提高主流信息发布速度和质量，以此吸引更多群众的使用与点击，达到传播正确信息，防止不实信息传播与滋生的目的。其次，最大限度取得主流媒体的支持，发挥其权威媒体的作用，破除社会不实言论。主流媒体的自媒体平台，尤其是那些权威传统媒体所建的自媒体平台，往往受到很多人的信赖。因而借助主流媒体的声音，可以最大程度地增大信息的受众面，扩大正面声音的作用范围。最后，政府机构还要制定相关法规以规范自媒体运营，目前，有很多自媒体为了吸引流量，增加收益，往往采取设置夸张标题、夸大事实甚至捏造不实消息的手段。这些信息很容易被有心人利用，也容易误导人民群众，给舆情治理增加不小的难度。

（三）建立应急联动机制

重大舆情危机往往涉及的领域、主体范围较广，因而政府机构应当建立多元主体、多元媒体联动的应急机制，在危机还未爆发之前，及时控制舆情发展，维护社会稳定。

1. 多元主体应急联动

重大突发事件引发社会舆情，政府机构应当在第一时间内启动舆情应急预案，通过成立并联动领导小组、事件监控小组、事件处理小组和新闻发布小组，做好事前应急准备，力争在最短时间内控制舆情发展①。在这个过程中，多元主体联动并不是简单的公关活动，每个主体都发挥着相当重要的作用，在引导控制舆论的同时，也要注意事件是否得到了真正的解决。因而，各个主体应当各司其职，相互协商，在信息上传下达的同时加强横向交流，帮助各应急主体全面把握事件动态，正确预测舆情发展，有效解决问题。在突发事件舆情结束后，政府机构还应对各主体处理过程进行考核评估，针对舆情应对中出现的问题进行总结，并对应对不力的主体进行问责，从而提高舆情应对能力。

① 袁利民：《网络舆论危机的分析把握与管理引导研究》，《思想·理论·教育》，2006 年第 21 期，第 15—18 页。

2. 多元媒体应急联动

涉及重大突发事件的社会舆情一旦爆发，极易成为公众负面情绪的“受力点”。因此，在观念和理念上应与时俱进，加强地方机关舆情处置与引导能力，从日常工作抓起，强化舆情危机应对意识。一方面，实时关注民意动态，掌握网络流行语言，通过公共媒体实现与民众的对话与沟通。另一方面，积极主动地开展舆情应对工作，一旦发现舆情事件，快速制定预案，加强沟通与宣传，防止一般舆情事件演变为舆情危机。

为保障新时期维稳工作的深入开展，相关部门需高度重视网络舆情处置与引导工作，每天实时监测网络信息，及时搜集网上舆论，了解民众情绪，准确分析众人的倾向性动态，找出潜在危机，准确判断危机可能引发的重大突发事件，第一时间做好预防工作，并且运用“意见领袖”的力量，积极对负面舆论传播进行干预，正确引导社会舆论，帮助信息公开，澄清事实。同时，相关部门要借助相关媒体、网站等向公众积极公开事情情况，包括具体细节、产生原因、发展状况、处理结果等，使公众及时了解情况，降低信息模糊度。

二、社会舆情应急“双处置”机制

重大突发事件的社会舆情预案是突发敏感事件处置的关键。舆情应急“双处置”是在舆情发生后采用相应的处置措施，坚持新闻应急、舆论引导与重大突发事件处理同步推进，第一时间启动社会舆论引导应急预案，使舆情产生的危害降到最低。

（一）建章立制为舆情处置机制建设夯实基础

从目前社会舆情处置机制的表现来看，常存在应对不科学、不连贯、低效率等问题，主要体现在舆情应对随意性强、个人因素影响较大、表现不稳定等方面，降低了社会舆情治理成功率，甚至增加社会舆论不可控性，因此为社会舆情处置机制建章立制十分必要。

1. 重视舆情工作机制建设

做好舆情应对需要协调多重关系，调动多种资源，为舆情处置机制建章立制可以帮助政府在对舆情进行回应时，按照规章制度有效、快速实现关系和资源的协调调动。根据实际情况，虽然大部分政府机构已经意识到了舆情工作的重要性，在面对重大突发事件时也想积极开展舆情应对，但是还有相当一部分的政府机构并不了解舆情传播规律，不重视舆情工作机制的建设，反而错过了舆情应对的最佳时机，导致舆情回应效果并不理想。

2. 成立舆情工作专案办公组

规范舆情应对流程，除了要提高舆情工作机制建设重视程度外，还应成立舆情工作专案办公组，梳理好舆情应对流程，以帮助制定合理、科学的舆情应对措施。舆情工作专案办公组作为舆情回应的指挥阵地，组长和副组长担任领导整个小组的职责，既要根据舆情情况，确定相应级别，又要依据事件性质、舆情传播规律等启动合适预案；既要提前做好数据收集工作，提前进行风险分析和预案制定，又要在舆情回应结束后，对处理过程、结果进行评估，总结经验，同时也要对舆情全过程进行监测，从而时时掌控舆情态势，引导舆情向积极方向发展。

3. 推进新闻发言人制度建设

新闻发言人在重大突发事件社会舆情治理中既发挥着引导舆论的作用，又发挥着稳定人心的作用。目前我国已设立多层次新闻发言人，但是在应对一些重大突发事件社会舆情时，信息掌握不全、发言人素养等各类问题经常导致新闻发言人公开信息不全面、答记者问时答非所问等情况，使得新闻发言人非但未发挥政府与公众之间协调的作用，反而因为一些行为使得舆论升温、舆情扩展。以天津滨海新区爆炸事故为例，天津市前后共召开 14 次新闻发布会，但是新闻发言人发布信息含糊、发言过程出现直播中断等情况，使得此次舆情回应并未取得预期成效，反而形成了许多次生舆情。因而，政府机构应当推进新闻发言人制度建设，提升舆情应对能力。

推进新闻发言人制度建设，一要加强信息收集、舆情监测，准确把握舆情发展态势；同时加强政府内部信息沟通，由于重大突发事件涉及范围较广，往往涉及多个领域，因而加强信息交流可以帮助新闻发言人构建一个完整的信息系统，防止出现信息不明确、不全面的情况。二要加强新闻发言人专业素养的培养，新闻发言并不是简单地单向输出，需要对事件整体有足够全面的认识和把握，能够详细回答记者和群众问题，有效缓解政府与群众紧张关系。这既需要新闻发言人有坚定的政治立场、敏锐的政治嗅觉、良好的理论素养和政策水平，同时还要有身为媒体人的专业技能和临场应变能力，精准解答记者、群众问题，营造良好的发言氛围，缓解社会负面情绪。

（二）打造社会舆情“双处置”和“双进入”平台

处置事件时要坚持“双处置”和“双进入”，成立新闻应急和社会舆论引导机构，确定新闻发言人和联络人，确保在发生重大突发事件时能有序引导处置社会舆情。

1. “双处置”机制建设

顾名思义，“双处置”机制是事件处置和舆论处置。建立这双重机制是为了保证舆情一旦发生，政府部门会第一时间得到舆情消息并且适当控制和把握舆情的走向，可以通过建立快速报告机制来保证各部门在舆情信息发布后于最短时间内获取信息；还可以通过建立舆情研判机制，保证各单位成员通过跟踪分析把握舆情的走向，分析判断重大突发事件舆情的程度，从而提出合理的建议，根据事件严重程度决定是否需要召开会议以及进行下一步工作。

2. “双进入”机制建设

“双进入”机制是指在舆情回应时事件处置小组和舆论新闻中心同时进入。

一方面，面对突发事件，事件处置小组可以集中事件相关信息，调动各类关系和资源，在第一时间对重大突发事件进行处置和救援，并对突发事件处置过程实行统一领导，以此提高紧急救援的反应速度，确保救援行动有效开展，避免各个部门各自为政造成救援处置混乱的局面，从而提高事件处置的综合能力。另一方面，重大突发事件很容易产生社会舆情，舆论新闻中心可以将传统媒体与新媒体相结合，线上线下共同作用，在公布信息的同时，引导社会舆论，击破谣言，避免形成大规模负面舆情，影响社会稳定。这要求舆论新闻中心增强新闻敏感度，把握新闻时效性，新闻媒体人要坚定政治立场，增强专业素养、专业道德，形成一支业务精湛、作风优良、让党和人民放心的新闻舆论工作队伍。

三、社会舆情专项指挥部启动机制

舆情专项指挥部又称专项应急指挥部，具体负责相关重大突发事件的指挥协调处置工作，由有关部门主要或者分支领导组成。在统一领导、指挥协调下，舆情专项指挥部统筹突发事件社会舆情防范和隐患治理工作，制定控制舆情的总体规划和重要措施，组织指挥较大的社会舆情应急处置工作和重大事故舆情优先处置工作，并落实到各地方政府进行应对处置。

（一）建立社会舆情日常监测机制

地方政府有效预防重大突发事件社会舆情的前提和基础是制定出一套完善的、全面的社会舆情日常监测制度，需要构建一个强大的社会舆情信息网络，广泛收集网络上所反映的热点问题、社会关注的焦点问题和群众普遍反映的困难问题等，如此才能正确地掌握公众对于相关政策的意见、反馈和诉求。为了尽早发现苗头性、倾向性的问题并未雨绸缪、有效地应对，需要增强地方政府科学决策的针对性和主动性。地方政府需要从管理层面出发，采用国内外现有的社会舆情监测的理论和应用技术，与相关专业的社会组织相结合，因地制宜地建立一套高效的网络舆情日常监测系统。该系统主要负责三个环节的工作，分别是舆情规划、舆情收集和舆情分析。

1. 舆情规划

地方政府先确定好对舆情信息的需求，再根据需求采集对应的舆情信息。

2. 舆情收集

确定好舆情规划，采用自动信息采集和人工干预相结合的形式对网络舆情信息进行收集。对网络社区、论坛、BBS、博客、微博等网络舆情的主要平台要重点关注，对本地区论坛、百度贴吧等网民活跃的平台则需要特别关注，可以进行 24 小时监测。

3. 舆情分析

把收集到的舆情信息按照主题分门别类地整理好，可以根据新闻评论的数量或发言密集度先鉴别出热点的话题，再利用关键字布控和语义分析甄别出其中的敏感话题，分析出其包含的舆情信息的倾向性。对于已经出现的舆论焦点，特别是危机事件的舆论走向需要特别关注和追踪后续，最后归纳总结舆情信息的简报、报告和图标等分析结果。

（二）建立舆情属地管理与专业处置机制

根据重大突发事件社会舆情所对应的不同级别和应急决策来确定相应的预案，选择确定后迅速启动该应急预案，政府各部门应统一指挥协调，实行属地管理和专业处置，采取一系列措施来控制舆情事态的发展，分步骤、有重点地开展后续工作。根据预案及时开展分工合作，并通知各单位和部门启动预案，要求相应的负责人立即赶往现场，成立由重大突发事件专项指挥部、相关委办和当地政府部门组成的现场指挥部，进行就地指导。

确认有概率引起某类重大突发事件的预警信息后，应该根据总预案及时开展下一步部署，用最快的速度通知政府相关部门和单位采取行动，有效地防止突发事件的发展和事态的进一步扩大，同时应上报突发公共事件应急小组。当确认重大突发事件即将发生或已经发生时，应做到如下要求：统一指挥、属地为主、分工负责以及专业处置。由政府相关部门的负责人成立现场指挥部，确定联系人和其联系方式，高效率地指挥协调公安、交通、消防和医疗急救等部门应急队伍在第一时间开展救援行动。

（三）建立社会舆情应急处置与重大事故优先处置机制

1. 舆情应急处置

发现舆情后时刻监测舆情发展动向，直到舆情平息为止。在监测过程中发现不良舆情恶化、影响面扩大等趋势时，要及时上报舆情应急领导小组，以便迅速有效地处理。接到舆情上报后，舆情应急领导小组要及时召开舆情应对会议，商议出舆情处理措施。针对不实报道，由舆情应急领导小组积极采取措施，与刊登不实消息的相关方进行沟通，积极控制不良信息的传播。针对突发事件产生的舆情，及时研究解决对策，舆情应急领导小组要及时做好相关媒体沟通工作，在第一时间进行官方发声，有效引导舆论，最大限度控制不良影响。

2. 重大事故优先处置

重大事故的舆情要在第一时间以书面或者口头形式上报属地监管部门和主要发行方，及时听取监管部门和主要发行方的会商措施，结合实际情况，及时反馈舆情发展动向，按照领导小组要求统一回复，从而实现上下联动和对舆情的正确引导，直至舆情缓退、平息。重大事故舆情平缓下来后，要继续加强对舆情事件相关性质、相关领域及群体的舆情信息研判和应对处置，避免形成连锁反应。

四、社会舆情应对资源集结机制

公共突发事件社会舆情的应对涉及面广、人员复杂，单靠某一部门应对远远不够。所以，为了避免事件发生带来的更多负面效应，各级政府部门需要迅速集结各类社会资源对事件做出回应，做好解惑工作，及时满足社会公众的知情权，疏导公众情绪。因此，建立社会舆情应对资源集结机制是非常有必要的。

（一）迅速启动舆情应急预案

对于潜在危机的预兆应及时关注，对于预防危机的发生需要及时采取措施，加强网络舆情的监测，把危机的不良后果降低到最小。重大突发事件网络舆情的出现是突然的，出现的原因复杂，但一般都会有一个酝酿和发展的过程，从最开始的预兆到事件的发生，总有零星的信息和情绪通过各种渠道途径表现出来。为了掌握网民的思想状况，了解群体的意愿，也需要加强网络舆情监测，并有针对性地对网民进行相关的引导和教育，对网民的负面情绪要及时地处理，防止矛盾再升级。

1. 24 小时人员值班勘测舆情风向

网络信息庞杂，为规范我国突发事件舆情应急与信息发布工作，最大限度避免、缩小和消除突发事件舆情造成的各种负面影响，从而营造良好的舆论环境，应急办要安排人员 24 小时值班，保持信息联络通畅；网络舆情监控工作人员 24 小时不间断地对主要网站、论坛贴吧、即时通信工具、网络评论、个人博客微博进行监控；公安、武警严阵以待……快速形成全民动员、全民应急的格局，并急速调配人员、物资、设备等到达事发现场。

2. 专业人员严格监控与快速响应

遵循预防为主、常备不懈的方针，确保“防范有望”。专业人员要对重点群体的信息公布进行监控，密切关注有关动态，要充分发挥情报信息主渠道的作用，进行全过程、严密的舆情信息收集，积极主动地引导社会公众采取理性行为。

重视发挥社会监督的力量。社会监督有无时无处不在、低廉的成本、有利于网民自律等特点。通过专业人员开展多样化的宣传活动，提高民众的自我保护与舆情意识，同时设置热线电话，开办监督网站，引导全民快速应急。

（二）加强舆情应对紧急联动

政府部门负责组织、协调和决策，决定舆情处置原则及方式，并充分协调各项资源；宣传部门负责搜集、监管社会舆情的发展状况并制定相应的事实发布方式和时间，与舆情中的广泛个体进行互动，制定正确的舆论导向；涉事单位负责对重大突发事件本身的调查取证以及事件的善后处理，并及时与领导小组互动，沟通正确事实消息。另外，联动小组中的相应单位跟踪当地舆情，及时与领导小组进行沟通互动，并提供事件处理的建议等。通过多部门联动，建立并完善重大突发事件社会舆情应对的联动机制。

1. 部门紧急联动

整合各部门和行业紧急联动，在重大突发事件社会舆情的分析与判断机制上，应结合现有的技术手段进行发展。第一，应拓展现有的社会舆情搜集渠道。除上文所提的宣传单位建立畅通的上下级沟通渠道以及信息员制度外，政府应结合现有的技术手段以及自媒体技术，深入细致发展现有的网站、微博、微信、QQ 等客户端，加强与网民的互动，及时了解舆情动向，发现苗头性、倾向性的信息。同时，日常信息发布要及时准确，建立良好的新闻形象，在重大突发事件社会舆情中发挥正确的舆论导向作用。第二，利用大数据完善现有重大突发事件社会舆情的分析判断机制。建立专门的数据库，存储已有的重大突发事件社会舆情应急处理预案，并研发分析算法。未来能参考已有的数据库进行算法分析，及时判断和发现有倾向的社会舆情事件，并从数据库中提取应急预案参考，为重大突发事件社会舆情的应急处理机制提供信息支持以及决策参考。同时，数据库的完善也能对日常社会舆情的管理与疏导起到重大的作用。完善发展分析与判断机制是未来突发事件社会舆情管理的主要方向，也是主要目标。各级组织需要相互配合、支持，在履行好自己职责、完成自己任务的同时也要做好配合工作，共同应对重大突发事件。这样可以高效地利用应急救援资源，把应急救援的时间压缩，提高应急救援的效率，提升地方政府应急救援组织的专业能力。

2. 人员紧急参与

人力资源主要包括指挥人员、控制人员、专业技术人员等，是重大突发事件社会舆情应急的决策者和执行者。根据我国国情分析，现有的应急救援组织体系是政府统一管理和决策的，各级部门按照其职能的不同分工合作、相互配合，增强了整体应对重大突发事件的能力，协调了各级应急响应机构的具体行动；以地方政府为中心，按行政区域的不同进行指挥，在最大程度上统一调配人力、物资和器械。在日常静态和动态紧急响应过程中需要各个部门的人员紧急参与。

3. 物资紧急调配

在重大突发事件的整个救援过程中，应急物资的调配是一个非常重要的环节。应急物资在调配时要尽量控制成本，考虑不同的条件限制，根据重大突发事件的不同性质分类调配。重大突发事件的类型很多，导致所需要的应急物资也存在区别和差异，随着重大突发事件的进一步发展，可能伴随舆情逐步扩大，对应急物资的需求也随之增加或改变，因此，在确定突发事件特别是重大突发事件应急物资调配时应分阶段统计和分析。

（三）完善创新舆情应急预案

重大突发事件发生后，为了有效消除事件带来的不利影响，应及时向公众澄清事实，积极加强正面引导，迅速启动社会舆情风险应急预案，整合各方力量第一时间参与到应急工作中。

1. 应急预案落实机制

完善各项预案工作程序、标准和规范，建立工作落实机制，落实到具体人，真正将“软任务”用“责任制”和“硬指标”体现出来。在工作开展之前先提出预案，对工作的目标、基本要求、主要内容及工作程序、可能出现的情况及对策措施、后续事项等方面，提前进行安排部署，尽可能把每一个环节都考虑周全。创新工作落实机制。在大力推动落实上当好领头者，敢抓敢管、善抓善管、勤抓勤管，当好党委、政府抓落实的参谋部、协调部，全面抓好各项工作部署的落实。

2. 应急预案创新方案

我国重大突发事件应急管理方面的研究略显不足，需要更进一步的研究。构建起一个科学的预案启动机制对于国家和政府而言是十分重要的，它可以使政府部门有效地把握重大突发事件发生的预兆，并根据其严重程度及时采取措施，将重大突发事件扼杀在摇篮中，或最大程度地降低重大突发事件所带来的危机和破坏作用，这对于保障地方经济发展和社会稳定有着重要的意义。重大突发事件的预案机制研究在我国还处于一个萌芽阶段，组织理论、危机管理理论、危机治理理论和系统理论等需要加以深入的研究和分析，制定出一个有利于改善我国实际问题的方案，提出有针对性的解决对策和思路。

3. 舆情预案工作风险控制

保障日常协调机制完善顺畅。上下级日常沟通互动渠道顺畅，保障在重大突发事件发生时，各部门能迅速及时获得信息，上下级对社会舆情的处理方向有统一的了解，并据此对各级新闻舆论部门进行引导，以此把握全局发展，避免社会舆情无组织、无纪律地进一步发酵。健全各级新闻联系人制度，便于各级随时联络，在人员发生变动时及时通报，在重大突发事件社会舆情的处置中做到有新闻发言人、协调组织人以及稿件审核人，确保社会舆情管控的各个节点都有监管。

第二节　重大突发事件社会舆情应对的快速决策机制

重大突发事件社会舆情发生后，随着应急预案的启动和实施，政府部门的快速决策成为重大突发事件社会舆情高效应对的关键，必须从创新决策思维、完善政府决策流程、优化政府决策治理结构、处理好社会舆情利益相关者等方面入手，才能进一步健全新形势下的重大突发事件社会舆情快速决策机制，不断提高舆情应对水平。

一、重大突发事件社会舆情应对的决策思维创新

当今社会科学技术飞速发展，大数据时代到来，重大突发事件社会舆情在生成内因、发展速度及传播媒介等因素上都发生了较大的改变。这就要求我们更新思维理念，学习新技术、新方法，为现代社会重大突发事件社会舆情应对的决策思维创新提供支持。

（一）大数据时代“全局性”思维

在大数据日益发展的大背景下，重大突发事件社会舆情的决策必须认识到“大数据”概念本身意味着海量的、混杂的数据资源，拥有了对社会舆情海量数据占有、控制、分析、处理的主导权，就拥有了社会舆情“数据主权”①，要全面统筹规划，掌握主动权，将数据优势转化为决策优势，使重大突发事件社会舆情治理工作更加科学高效。大数据“全局性”思维要求我们改变以往固有的思维定式，立足海量数据，从中挖掘出有价值的信息，服务于社会舆情治理工作。

1. 计算全部舆情数据关系

在进行舆情决策时，需要尽可能计算全部社会舆情数据间的相关关系，而非简单的抽样调查，由此作为依据，推论出大体上的社会舆情因果关系。在过去，往往是通过抽取部分信息作为舆情数据样本，重点关注文本信息而忽略了视频、音频等非文本信息，从样本数据的推测分析中找寻重大突发事件与舆情治理之间的因果关系。而大数据的分析理念认为在繁杂的社会舆情数据网络中，所有单一的舆情数据都只是其中的一个点，都能与其他单一的社会舆情数据关联起来，汇点成链，最终形成舆情链上的裂变，而这种裂变式的数据关联蕴含了社会舆情的各种可能性。传统的舆情决策模式相对较为单一、片面，在大数据时代，应创新决策思维方式，突破传统的静态思维，形成完善的舆情数据研究动态思维，全面探索数据间的内在关联关系，为重大突发事件社会舆情治理提供有力的数据支撑。

2. 重视舆情数据的量化处理

大数据时代，一切皆可量化。在大数据分析决策时，我们不仅要抓住传统的社会舆情数据，还应把所有的数据信息指标化、计量化，最终形成支持决策的数据。过去，我国在进行重大突发事件社会舆情决策时的思维理念往往停留在对舆情信息进行一对一的定性分析。然而，定性是定量的前提，定量分析使定性更加科学、准确，一般而

---

① 蔡立辉，杨欣翥：《大数据在社会舆情监测与决策制定中的应用研究》，《行政论坛》，2015 年第 2 期，第 1—10 页。

言，研判社会舆情的传播趋势和走向，关键就是对舆情烈度的把握和分析，定量分析可以精准识别社会舆情演化过程中的规律并预判解决路径，打好舆情引导处置的“提前量”。如今，大数据方兴未艾，民众对于重大突发事件的关注度日益提高，由此产生的舆情数据十分庞大，一对一的定性分析难以实现。因此，要在对数据全面分析的基础上，将混杂多样的舆情数据相关联，通过既定的指标体系进行量化处理，为重大突发事件社会舆情的治理提供有效的决策数据模型。

3. 由关注个案向整体掌控转变

传统的舆情治理策略较为偏向关注个案，采集的数据规模较小、来源方式较为单一，缺乏全面性，具体个案数据处于信息离散孤岛，并且在数据采样过程中存在着或多或少的不可避免的误差，易致使分析结果存在不合理之处，使得个案抽样难以迎合大数据背景下舆情数据体量巨大的浪潮，关注个案的片面性日益显现。大数据时代的冲击不断加快思维变革进程，当前我们更多的是以全体数据信息为基础进行研究，而不再遵循简单的随机抽样，正如维克托所说：“要分析与某事物相关的所有数据，而不是依靠分析少量的数据样本。”近年来，我国政府致力于更新社会舆情数据采集方式，由被动响应转为主动出击，采取较为先进的数据采集技术，搜集与舆情事件相关联的数据，通过全天候舆情自动分析系统自动搜索并采集信息，并对采集得来的信息及时进行有效归纳总结，使得结果更加科学客观。

（二）大数据时代“开放性”思维

在大数据时代，政府作为舆情治理主体，其治理思维和手段的与时俱进尤为重要。要主动公开舆情事件发展动向等相关信息，正向引导舆情发展方向，公开透明才能杜绝舆情“灾难”。

1. 国家出台相应政策

自2008年5月1日起，我国就已经施行了《中华人民共和国政府信息公开条例》，对政府信息公开范围、公开方式和程序以及监督和保障做出了相应安排。2019年4月3日国务院令第711号公布了修订后的《中华人民共和国政府信息公开条例》，自2019年5月15日起施行。同时，为了更好地向相关信息需求者提供信息，充分提高政府工作透明度，国务院办公厅设立了政府信息公开专栏进行信息公开。2016年7月，国务院办公厅印发《关于在政务公开工作中进一步做好政务舆情回应的通知》（国办发〔2016〕61号），明确要求各行政职能部门进一步明确政务舆情回应责任，把握需重点回应的政务舆情标准，提高政务舆情回应实效，加强督促检查和业务培训，建立政务舆情回应激励约束机制等（如表5－1所示）。国家层面不断出台舆情治理相应政策文件，对社会舆情快速决策与及时引导工作提出了指导性意见，促进了舆情事件科学、高效地解决。

表 5－1 国务院办公厅关于在政务公开工作中进一步做好政务舆情回应的通知

序号	事项	政策要求
1	进一步明确政务舆情回应责任	各级政府及其部门要高度重视政务舆情回应工作，切实增强舆情意识。建立健全政务舆情的监测、研判、回应机制，落实回应责任，避免反应迟缓、被动应对现象。对涉及国务院重大政策、重要决策部署的政务舆情，国务院相关部门是第一责任主体。对涉及地方的政务舆情，按照属地管理、分级负责、谁主管谁负责的原则进行回应，涉事责任部门是第一责任主体，本级政府办公厅（室）会同宣传部门做好组织协调工作；涉事责任部门实行垂直管理的，上级部门办公厅（室）会同宣传部门做好组织协调工作。对涉及多个地方的政务舆情，上级政府主管部门是舆情回应的第一责任主体，相关地方按照属地管理原则进行回应。对涉及多个部门的政务舆情，相关部门按照职责分工做好回应工作，部门之间应加强沟通协商，确保回应的信息准确一致，本级政府办公厅（室）会同宣传部门做好组织协调、督促指导工作，必要时可确定牵头部门；对特别重大的政务舆情，本级政府主要负责同志要切实负起领导责任，指导、协调、督促相关部门做好舆情回应工作
2	把握需重点回应的政务舆情标准	各地区各部门需重点回应的政务舆情是：对政府及其部门重大政策措施存在误解误读的、涉及公众切身利益且产生较大影响的、涉及民生领域严重冲击社会道德底线的、涉及突发事件处置和自然灾害应对的、上级政府要求下级政府主动回应的政务舆情等。舆情监测过程中，如发现严重危害社会秩序和国家利益的造谣传谣行为，相关部门在及时回应的同时，应将有关情况和线索移交公安机关、网络监管部门依法依规进行查处
3	提高政务舆情回应实效	对涉及特别重大、重大突发事件的政务舆情，要快速反应、及时发声，最迟应在24小时内举行新闻发布会，对其他政务舆情应在48小时内予以回应，并根据工作进展情况，持续发布权威信息。对监测发现的政务舆情，各地区各部门要加强研判，区别不同情况，进行分类处理，并通过发布权威信息、召开新闻发布会或吹风会、接受媒体采访等方式进行回应。回应内容应围绕舆论关注的焦点、热点和关键问题，实事求是、言之有据、有的放矢，避免自说自话，力求表达准确、亲切、自然。通过召开新闻发布会或吹风会进行回应的，相关部门负责人或新闻发言人应当出席
4	加强督促检查和业务培训	各地区各部门要以政务舆情回应制度、回应机制、回应效果为重点，定期开展督查，切实做到解疑释惑、澄清事实，赢得公众理解和支持。进一步加大业务培训力度，利用2年时间，国务院新闻办牵头对各省（区、市）人民政府、国务院各部门分管负责同志和新闻发言人轮训一遍，各省（区、市）新闻办牵头对省直部门、市县两级政府的分管负责同志和新闻发言人轮训一遍，切实增强公开意识，转变理念，提高发布信息、解读政策、回应关切的能力

续表

序号	事项	政策要求
5	建立政务舆情回应激励约束机制	各地区各部门要将政务舆情回应情况作为政务公开的重要内容纳入考核体系。各级政府办公厅（室）要定期对政务舆情回应的经验做法进行梳理汇总，对先进典型以适当方式进行推广交流，发挥好示范引导作用；对工作落实好的单位和个人，按照有关规定进行表彰。要建立政务舆情回应通报批评和约谈制度，定期对舆情回应工作情况进行通报，对工作消极、不作为且整改不到位的单位和个人进行约谈；对不按照规定公开政务，侵犯群众知情权且情节较重的，会同监察机关依法依规严肃追究责任

2. *政府部门积极配合*

继国家层面陆续出台政务公开环境下舆情治理相应政策，我国各级政府部门也高度重视舆情治理，积极配合。2013 年 9 月 18 日，李克强总理主持召开国务院常务会议，研究部署进一步加强政府信息公开工作。会议提出依法实施政府信息公开是人民政府密切联系群众、转变政风的内在要求，是建设现代政府、提高政府公信力和保障公民知情权、参与权、监督权的重要举措。2016 年 7 月，国务院办公厅下发《关于在政务公开工作中进一步做好政务舆情回应的通知》后，河北、山西、安徽、浙江等 7 个省区积极响应，转发并出台了相应政策文件，积极展开舆情治理工作（如表5－2 所示）。

表 5－2　部分省区出台的政务公开环境下舆情回应政策

序号	省份	文件名称
1	河北省	《河北省人民政府办公厅关于在政务公开工作中进一步做好政务舆情回应的通知》（冀政办发〔2016〕29 号）
2	山西省	《山西省人民政府办公厅关于在政务公开工作中进一步加强政务舆情回应的实施意见》（晋政办发〔2016〕138 号）
3	安徽省	《安徽省人民政府办公厅关于在政务公开工作中进一步做好政务舆情回应的通知》（皖政办秘〔2016〕205 号）
4	浙江省	《浙江省人民政府办公厅关于在政务公开工作中进一步做好政务舆情回应的通知》（浙政办发〔2016〕142 号）
5	青海省	《青海省人民政府办公厅关于在政务公开工作中进一步加强政务舆情回应的通知》（青政办〔2016〕189 号）
6	广西壮族自治区	《广西壮族自治区人民政府办公厅关于在政务公开工作中进一步做好政务舆情回应的通知》（桂政办发〔2016〕143 号）
7	宁夏回族自治区	《宁夏回族自治区人民政府办公厅关于在政务公开工作中进一步做好政务舆情回应的通知》（宁政办发〔2016〕178 号）

3. 新闻媒介助力公开

在新媒体环境中，政府信息公开更偏向于“公关传播”。伴随着媒体生态的改变，政府宣传部门的职能会由被动转变为主动。同时，政府在“公关传播”中的地位也将由过去的信息控制者变成信息供应者，其“公关传播”意识得到增强①。2013年，国务院与最高人民法院相继开通腾讯微博与新浪微博，各省市区政府也纷纷响应开通官方微博，通过平台发布政府信息，和网民及其他媒体互动，社会反应良好。当前，我国各级政府部门通过门户网站、微博及公众号等及时公开信息，听取社情民意，收集人民意愿，与公众充分沟通交流，开启了新媒体下的问政新模式。事实表明，新媒体在政府信息公开和舆情治理工作中起到了较为积极的作用。

（三）大数据时代“多元化”思维

大数据时代的“多元化”要求政府创新治理理念，树立多样性思维，保障不同主体对舆情事件的参与表达，建立透明、公开的发声与对话机制，推动舆情事件有效治理。

1. 政府的参与

政府作为公共权力行使者，依然负有创造并分配公共利益、维护社会秩序的伦理责任②。政府在重大突发事件社会舆情的发展过程中作为把关人，具有独立于其他主体特有的权威性和公信力。在重大突发事件社会舆情治理中，政府有权对其他主体进行管控，主要发挥控制和阻碍舆情发展的作用，在舆情爆发期和终结期具有最大的影响力。

以发生于2014年的河北邢台中化道达尔油品事件为例，在2014年8月31日至9月9日期间，河北邢台市3家中化道达尔加油站集中爆发劣质油事件，短短十天的时间致使数千辆车发动机及油路系统受损。由于对加油站的赔偿处理方案不满意，数百名车主采取了冲击市政府及相关部门等过激行为。对此，邢台市政府科学发挥“一案三制”的作用，坚持信息公开、刚柔并济的处置，先后建立调解组、媒体接待组等6个专项小组，分工明确、统筹规划，使得该事件最终得以妥善解决。

2. 媒体的参与

新媒体时代，主流媒体的参与成为舆情应对和治理的枢纽。一方面，应建立健全媒体参与舆情的治理体系，建立起统一领导、分级负责、快速响应的舆情管理机制。另一方面，我国需要联系各媒体单位，强化更加权威的信息发布机制，保障政府在重大突发事件社会舆情治理工作中的威信和权威，聚焦公众关切，精准化开展舆情治理，做好政府与公众沟通的桥梁，引导舆论良性化发展。

以发生于2019年6月的四川宜宾地震为例，在地震发生的第一时间，人民日报、

---

① 黎昱睿：《新媒体时代政府信息公开及网络舆情引导》，《新闻爱好者》，2014年第5期，第65—68页。

② 谢金林：《城市基层权力变迁与社区治理的发展——基于国家－社会关系的视角》，《云南社会科学》，2011年第7期，第20—24页。

央视新闻、新华社等主流媒体及时发声，对地震后24小时内的救灾处理情况全方位报道，突出“地震预警系统及时预警”等正向高频词，正面宣传，将不实信息扼杀在摇篮里，科学高效地处置了该事件。

3. 公众的参与

大数据时代特有的广泛性、及时性、公开性使得每个个体都能成为参与节点，如今公众参与公共事务的方式不仅限于多种网络平台上的言论表达，而且开始注重参与到现实社会的实际行动中。社会公众通过微博、微信、客户端等媒介平台，可以快速浏览消息、发布评论，参与社会舆情的治理，积极表达自己的意见，在日常突发事件中积极参与救援工作，增强了公众的主体性，同时也有效拓宽了对其他主体舆情治理工作的监督渠道。

以发生于2016年7月的贵州省江口县特大山洪事件为例，秉持着“一方有难、八方支援”的中华民族优良传统，在事件发生后，各大社会救援组织和个体积极提供救援物资，深入灾区开展各式各样的救灾服务，给灾区人民带来安慰。

二、重大突发事件社会舆情应对的政府决策流程设计

面对重大突发事件，决策者不仅要实现对其的管理和处理，还要考虑如何对重大突发事件引发的舆情进行有效管理。这时，制定科学的舆情管理不仅有利于实现对公众的舆论引导，还能从侧面为突发事件解决提供健康的舆论环境，应当在“监测—研判—回应”的循环过程中强调速度，对舆情信息加以分析与研判，决定回应的方式方法，并在此过程中尽量减少不同环节所花费的时间，提高循环的速度①。

（一）决策目标确认

1. 方法介绍

TOPSIS法（Technique for Order Preference by Similarity to an Ideal Solution）是由C. L. Hwang和K. Yoon于1981年首次提出的一种从几何观点出发的多属性决策方法，主要是根据有限个评价对象与理想化目标的接近程度进行排序的方法，在现有的对象中进行相对优劣的评价②。其方法为：第一步，确定理想方案和负理想方案，其中理想方案的各属性值达到所有候选方案在各属性下的最好值，负理想方案的各属性值则为所有候选方案在各属性下的最差值。第二步，比较当前方案离理想方案和负理想方案的距离，从而排序，距离理想方案最近、负理想方案最远的则为最佳方案。当前，TOPSIS法已经被广泛用于社会各领域的多属性决策问题，反应良好。

① 平罗县人民政府网：《政策解读：政务公开工作规范回应关切》，2018年8月29日。

② 陈越，李超零等：《基于TOPSIS方法的网络舆情威胁评估模型》，《情报杂志》，2012年第3期，第15—19+53页。

2. 案例选取

相关实证研究，选取了香港南丫岛沉船、杭州国际烟花大会爆炸等 14 个重大突发事件作为研究案例。这 14 个事件网页搜索量均突破 20000 万次，是近年来国内外影响重大的社会热点舆情事件。事件涉及交通出行、消费物价、消费者维权、安全问题、对外交往等多个领域。

（二）决策方案设计

将其中每个舆情事件看作一个决策方案，并将舆情决策评估指标看作方案的属性，采用 TOPSIS 法对舆情事件的决策进行排序。

1. 指标权重的确定

基于对研究案例的评价数据，运用 TOPSIS 法对社会舆情应对水平评价指标体系的权重进行计算，结果见表 5－3。其中，响应情况维度的“响应事件层级”，沟通情况维度的“帖子内容时效”“网民沟通情况”“微博发帖情况”，善后情况维度的“社会大众评价”“新闻媒体评价”“应对措施有效”“责任追究情况”权重较大，排名前 8。总体来讲，本研究案例在舆情决策响应情况方面各指标的表现相对较好，各案例得分的差距不大，而在沟通情况，尤其是在善后情况方面的表现不佳，各案例有较大差距，造成这两个维度指标的权重相对较高。政府和企业改进舆情决策更应该从信息沟通、微博回应、应对措施和责任追究等方面着手。

表 5－3　最终获得的评价指标体系

一级指标	二级指标	基本内涵	指标权重	权重排名
响应情况	回应事件速度	及时回应事件的程度	0.0325	15
	响应事件层级	回应事件负责人行政级别	0.0769	3
	响应事件力度	回应的次数、回应的负责人数量	0.0676	9
沟通情况	信息发布情况	发布信息及时有效	0.0388	14
	议题管理情况	掌握议题的主导话语权	0.0668	10
	网民沟通情况	在微博与网民沟通情况	0.0719	5
	媒体沟通情况	对待媒体采访、批评的态度	0.0590	11
	微博发帖情况	发布相关帖子的数量和内容等	0.0696	8
	帖子内容时效	是否及时反映事件、回应质疑	0.0758	4
善后情况	应对措施有效	应对、控制事态，被当事人、舆论认可	0.0700	6
	责任追究情况	对肇事者和负责人责任追究情况	0.0700	6
	危机事件解决	事件解决、权益维护、善后处理	0.0563	12
	事后改进修复	事后改进制度、修复形象	0.0520	13
	社会大众评价	网民对事件的评价	0.0964	1
	新闻媒体评价	新闻媒体对事件的评价	0.0964	1

2. 决策水平的评价

由舆情决策水平评价结果（见表5－4）可见，香港南丫岛沉船、杭州国际烟花大会爆炸、沈阳万鑫酒店火灾、罗永浩投诉国航事件的舆情决策水平评价相对较高，位居前4，马来西亚航空客机失联、陕西华山游客被捅、菲律宾劫持香港游客、三亚宰客门事件的舆情应对水平评价最差，居后4位。使用TOPSIS方法评价得到的结果与人民网、武汉大学、中国人民大学和上海交通大学4家网络舆情研究权威机构发布的相关研究结果进行比较，保证比较的信度和效度，发现评价结果与权威机构的评价结果基本一致。

表5－4　舆情决策水平的评价结果

名称	d^+	d^-	C_i	C_i 排名
2010年安徽黄山复旦学生遇险事件	0.1469	0.1100	0.4281	7
2010年菲律宾劫持香港游客事件	0.2112	0.0594	0.2196	12
2011年北京故宫十重门事件	0.1961	0.09	0.3146	9
2011年辽宁沈阳万鑫酒店火灾事件	0.0715	0.1941	0.7308	3
2012年海南三亚宰客门事件	0.2045	0.0608	0.2291	11
2012年陕西华山游客被捅事件	0.2153	0.0492	0.1859	13
2012年网络名人罗永浩投诉国航事件	0.1066	0.1585	0.5979	4
2012年国庆香港南丫岛沉船事件	0.0279	0.2286	0.8913	1
2012年云南驾驶员报复不购物游客事件	0.1357	0.1499	0.5249	5
2012年浙江杭州国际烟花大会爆炸致伤事件	0.0478	0.2153	0.8184	2
2013年海南三亚游客打警察事件	0.1386	0.1445	0.5104	6
2013年湖南凤凰古城景区门票收费事件	0.2020	0.0838	0.2931	10
2013年云南香格里拉导游强制消费事件	0.1830	0.0995	0.3522	8
2014年马来西亚航空客机失联事件	0.2143	0.0411	0.1608	14

香港南丫岛沉船、杭州国际烟花大会爆炸、沈阳万鑫酒店火灾、罗永浩投诉国航事件在舆情治理方面表现较突出，在事初的舆情响应与处理、事中的信息公开与沟通、事后的舆情决策与治理等方面均取得了较好的社会反响，对重大突发事件社会舆情治理工作起到了正向推动作用。相比之下，云南香格里拉导游强制消费事件、马来西亚航空客机失联事件等由于在决策过程中存在失误、信息发布不及时、沟通机制不完善等，最终导致重大突发事件传播影响范围加大、舆情升温发酵，产生了较为恶劣的社会影响。由此可见，我国政府及相关部门在重大突发事件社会舆情快速响应与决策过程中，应保证在第一时间对事件进行快速、高效的反应，同时更应标本兼治，既有效处理危机事件、追究相关人士责任，又注意善用记者采访、新闻发布会、政务微博和

微信等沟通手段及时发布信息，保持与新闻媒体和公众的良好关系，最大限度地减少负面事件对组织形象的损害，保障政府公信力。

三、重大突发事件社会舆情应对的政府决策治理结构优化

面对一些重大突发事件，政府部门必须优化决策治理结构，用更为科学、合理的治理模式控制事态发展，才能有效降低政府的治理成本，满足民众的知情权，同时，促进舆情的良性发展。

（一）优化政府决策治理的主体结构

构建以政府为核心主体，非营利组织、公民、企业等社会组织为辅助的上下联动、网络应对的多元决策主体结构。

1. 管制型政府向服务型政府转变

重大突发事件发生后，政府以服务为导向，加强与民众的沟通协商，降低网络舆情产生社会性事件的可能性，因此，舆情部门及相关工作人员须掌握舆情危机的预防、发现、研判及疏导等手段，不断强化网络舆论的疏导工作，从构建服务型政府的视角出发，不断提高政府的舆情管理能力和社会治理能力。如 2020 年山东青岛黄岛火灾事件，据人民网报道，山东省青岛市黄岛区森林扑灭火指挥部指出，截至 4 月 25 日 9 时，黄岛区小珠山区域现场已扑灭 6 处火点，尚有辛安街道上庄 1 处火点正在扑灭，火情现场无人员伤亡。火情发生后，山东省市统一指挥，从全省、全市、各区市调集专业消防人员 530 人、专职森林消防队员 560 人、公安干警 2000 余人、预备役及现役官兵 250 人，调动消防车 120 余辆、消防飞机 4 架，全力以赴投入扑火救援工作。根据现场火情变化，指挥部突出重点区域，统筹直升机、消防车等各类资源，组建 3 人一组、30 人一单元的灭火小分队，全力扑救现场火情。当地相关媒体也迅速报道灾情的控制程度，较好地稳定了民心，遏制了恐慌性流言的传播与扩散。

2. 构建多元主体协同治理结构

随着媒体融合时代的到来，政府、媒体和公众之间的对话日益增强，政府在重大突发事件舆论引导中的模式应从单一主体引导向构建以对话为基础的政府、媒体、公众联动引导转变。政府要动员一切可以动员的力量，加快舆论联动引导机制的建立，善于加强社会各界力量对重大突发事件舆论的协同引导。2020 年 4 月 1 日，在广州第八人民医院，一名来自尼日利亚的新冠肺炎确诊患者，拒不配合医护人员的进一步检查，以阻碍他做生意为名，拒不接受隔离，准备逃离病房。当班女护士汪某阻拦其离开的时候，该名黑人患者竟然殴打并咬伤了汪护士的面部，医院报警后，警方到场并控制了该名尼日利亚男子，随后广州公安发布了通报。从公安的通报中可知，该男子已涉嫌刑事犯罪，并已立案侦查。为妥善解决此次事件，广州警方对此事立刑事案侦查。有关媒体也发表了义正词严的看法，强调国家道德和法律约束

的重要性。新冠肺炎疫情防控期间屡次出现伤医事件，也给我们敲响了警钟，不能等到事情发生再加强安保，要未雨绸缪、长期坚持、加强监督，避免出现使医护人员伤身又伤心的事。

（二）优化纵、横向舆情决策治理结构

构建各社会主体在舆情决策治理的纵向联合、参与主体的横向联合等治理机制，是为了保证集中多方力量治理社会舆情、化解矛盾危机，通过最大效率的合作，降低舆情事件带来的一系列危害。

1. 舆情纵向联合治理结构模式

重大突发事件舆情治理需要政府部门的统一指挥领导，各级行政部门及其职能部门、企业、社会组织、民间团体和广大公众积极配合，实现统一指挥、行动高效和资源利用最大化。一是要完善舆论管理工作体系。建立健全党委领导下的公共安全委员会，完善以政府办、网宣办、公安局、应急办、信访局、涉事部门等职能部门组成的舆论联动工作体系，由党委首长担任组长，统一领导。二是建立以街道、社区、县区三级舆论信息收集工作体系，第一时间上报舆论信息。建立以舆论引导团队、BBS 站务组、技术团队以及媒体为代表的网络核心团队工作体系，由党委宣传部统一管理。三是健全舆论引导专业队伍。建立健全一支舆论新闻发言人队伍，通过官方微博等渠道主动发声，积极引导社会舆论走向；选拔培养一批舆论领袖，借助他们的影响力在各种论坛、社区等网络媒体积极发声，强化舆论正向引导等。

2. 舆情横向联合治理结构模式

强化公众、政府、社会组织及媒体等核心组织构成的舆情横向治理结构，引导民众理性表达诉求，是重大突发事件发生后，治理社会舆情的一种有效模式。政府内部各职能部门之间以及其与社会公共力量构成的合力，有助于舆情的引导与治理，如信访部门听取公众意见，及时反馈和回应；民政部门通过协商引导等方式及时解决公众提出的问题；宣传部门配合媒体，完善新闻发言人制度，在重大突发事件社会舆情爆发后，及时进行辟谣，将事件真相公告，能够及时稳定民心，减轻舆论压力带来的危害。因此构建舆情横向联合治理模式，能够集合多重力量，化解舆情风险，推进舆情治理工作的有效开展。

3. 纵、横向联合治理模式

政府应优化协同治理机制，各部门在舆情治理和舆论引导的过程中要研究舆论演化的基本规律，把握舆论发展变化的内在机制，争取认识舆论传播造成的社会后果，切实增强舆论引导中的主动性、预见性和有效性。一是要强化应急管理部门集中指挥职能，设立专门的舆论应急指挥中心，确定应急部门舆论引导职责分工；二是加强专项指挥中心的专业协调功能，强化党委在舆论引导中的领导地位，发挥专项指挥中心在舆论引导中的职能支持；三是要提升相关协同部门的联动合作，拓宽舆论引导协同

渠道和建立健全协同引导部门的问责制度等。

（三）优化多元主体协同治理结构

构建政府、媒体、网民三方协同参与的舆情治理模式，加快多元主体协同治理结构的形成，是应对公共舆论、治理社会舆情的重要手段。近年来，我国重大突发事件社会舆情更多表现为城市居民的关切，关注教育、医疗、个税、楼市、股市等问题，同时也聚焦于城乡接合部弱势群体的相关民生问题。实现政府颁布相关政策、媒体进行舆论引导和网民积极参与合作相结合，是解决我国当前舆情现状的必由之路。

1. 保障政府主导的合法性

总的来说，我国以重大突发事件舆情治理为基础的相关法律法规还不够完善，权力交叉、责任不清的问题时有发生，随着新兴媒体的不断发展，网络空间也处于不断的变化当中。我国舆论管理引导法律法规是一项长期系统的工作，需要立足现实、深入考量、统筹规划、不断革新。首先，要增强法律意识，创新法治思维，通过依法管网治网控网，不断深化舆论管理进程，提高网络安全监督技术，维护网络安全，保障网络空间健康有序发展。其次，要不断充实和完善舆论管理相关法律法规。要依据当前我国网络发展的硬件与软件，出台指向明确、体系完备、操作性强并体现网络大数据特点的舆论管理法律法规，在制定网络基本法的同时，完善与舆论管理配套的法律条文，用有效的法律规范舆论的表达与传播。

2. 加强政府与媒体的协作

在重大突发事件舆论引导中，媒体由于其特性能够发挥出重要的引导作用。一方面，媒体能够充分表达和释放政府对于重大突发事件舆论的态度和引导举措，另一方面，由于媒体与大众具有相对较高的联系性，也能在一定程度上保障公众的知情权及表达权。因此，媒体在特定的媒介信息环境中，往往能够推动主流意见在社会中的传播，同时，加强政府与公众对重大突发事件的看法和态度的融合等。政府需强化与媒体的协同引导，重大突发事件发生后，政府在舆论信息披露、信息传播等方面加强与媒体的沟通协调，要建立健全新闻发言人制度，及时为媒体提供真实有效的信息，从而有益于舆论信息的公开发布。

3. 加强政府与公众之间的协作

在大数据时代，随着媒介的不断融合，公众参与重大突发事件舆情治理的必要性更为突出，微博、微信和网上论坛，以及网络贴吧等使得人们成为舆论信息的发布者和传播者。换句话说，公众自身已经成为大数据的重要来源。其中的原始发布者通常对事件较为了解，掌握一手资料，是舆论的信息源头，再加上转发者、评论者（尤其是“意见领袖”或网络大V），他们共同构成舆论最直接的发起和推动者，决定着舆论发展变化的走向。网信办或网宣办领导通过举办网络名人社会责任论坛或交流座谈会的形式，加强与各类守法的网络“意见领袖”（网络大V）的沟通，发挥他们传播正能量的作用。因此，公众在舆论引导中也发挥着日益重要的作用。

四、重大突发事件社会舆情利益相关者的协同决策模式

政府是社会舆情治理的重要主体，但由于重大突发事件具有复杂性和突发性等特征，政府仍需要积极吸引非政府组织等其他主体协同参与治理，这些相关主体包括政府、媒体与社会公众等，共同构建一个和谐稳定、合作共赢的协同决策模式。

（一）重大突发事件利益相关者利益分析

政府、媒体、社会公众等都是舆情引导与协同治理的主体，都与舆情利益息息相关，承担相应的责任。

1. 利益相关者：政府

政府是重大突发事件舆论引导的核心主体，政府部门既要充分发挥自身在舆情治理中的中坚作用，同时又要重视重大突发事件表现出来的一系列社会问题。从当前的实践来看，重大突发事件发生后，其中折射的某一社会热点问题由公众聚焦后，会形成大规模的网络舆情。如果政府及相关部门没有及时做出回应，将失去舆论管理中的言论主动权。

2. 重要利益相关者：当事主体

重大突发事件中的当事主体，常常是与事件利益直接相关的个体或组织，这一类主体也是重要的主体之一。当事主体在所有的利益相关者中，与网络舆情所指向的事件之间的关系是最直接、最密切的。如 2020 年 4 月 6 日中国新闻网报道了山东省第一批援鄂医疗队员、山东大学齐鲁医院呼吸与危重症医学科主管护师张静静，在按规定集中隔离医学观察期满，即将返家休息时，突发心搏骤停，经医院组织全院专家力量、动用全部可能手段全力救治无效，于 2020 年 4 月 6 日 18 时 58 分逝世。张静静病逝引起了网民较大规模的讨论，社会各界和广大网友通过各种形式表达对她的关心、关爱和祈福。在此次舆情事件中，当事主体对舆论的爆发起到了决定性的作用。

3. 边缘利益相关者：社会公众

社会公众在信息传播过程中起到的作用日益强大，成为信息传播和舆情治理的重要主体之一。一方面，政府部门要尊重并认可获得传播“赋权”的社会公众，在正当法律的范围内维护社会公众的自由表达权，同时，要使社会公众意识到其在舆论引导中应当承担主体责任，不妄言不谣传，坚持传播正面、客观和理性的声音，保持良好的社会舆论氛围。另一方面，由于网络具有强大的复杂性、片面性和虚拟性，人们面对纷繁复杂、真假难辨的网络信息，常常为负面舆论的传播助力，不利于网络空间的良性发展。社会公众要主动与政府和媒体沟通交流，了解事实真相，同时，自身必须提高媒介素养，传播舆论正能量。

（二）协同决策中相关要素分析

政府要不断加强风险决策制定中的利益协同、行动执行中的资源协同和媒体引导中的信息协同，运用信息化手段进行舆情治理。

1. 风险决策制定中的利益协同

重大突发事件社会舆情治理是一个复杂的系统工程，需要政府不同层级之间的上下联动，也需要政府内部不同部门之间的协作配合。政府部门在重大突发事件舆情风险决策的制定中，要注重承担起决策制定中利益协同的责任。综合考虑各个主体的协同动机，在坚持正确原则与导向的前提下，适当调整参与主体之间的利益关系，采用合理的激励方式加强各主体的利益协同，保障重大突发事件社会舆情治理的有序进行。

2. 行动执行中的资源协同

重大突发事件社会舆情治理离不开各种资源，包括人力资源、技术资源、资金资源等。政府部门通过整合调度、合理分配，既加强了重大突发事件社会舆情治理的多主体合作，同时也保障了各个主体的实际利益。这样才能够进一步完善协同机制，促进沟通交流，从而加强各主体相互之间的信任与合作，特别是加强企业的技术支持、非营利组织的活动开展和公众的宣传与募捐等行动，以此提高各个主体的资源贡献度，完善重大突发事件社会舆情治理的资源协同方略。

3. 媒体引导中的信息协同

得益于我国信息化建设及社会数字化转型的加速推进，社会公众获取重大突发事件相关信息的途径已经不再局限于广播、电视、报纸等传统媒体，更拓宽到微博、微信、短视频等高时效性的新媒体平台。重大事件风险的突发性与网络媒介信息传播的迅速性的“耦合”效应，极易产生舆论恐慌和网络谣言，尤其在人们转发、评论、点赞的过程中迅速蔓延、传播、演变，甚至衍生次生舆情。因此，从重大突发事件舆情应对的角度来看，通过媒体引导对重大突发事件中的舆情信息进行分析和挖掘是十分有必要的。一方面相关媒体及时准确地发布信息能够满足公众知情权。当重大突发事件发生时，相关媒体第一时间了解事件的真实性，确保在媒体平台上公布的信息真实准确，通过通俗易懂的语言让公众“知情”的情况下来引导舆论的正确走向。另一方面多媒体融合保证信息的有效传播。针对重大突发事件，在舆论横向引导方面，实现传统媒体与新媒体的深度融合，构建起“移动媒体 + 新闻 App + 网络社交媒体”立体化的信息报道范式，为重大突发事件应对营造良好舆论氛围；在舆论纵向引导方面，要强化传统媒体的“传播终端地位”，以权威性和号召力获得公众信任，保证有效信息得到有效传播。①

---

① 陈硕，梁玉振：《突发公共卫生事件网络舆情的演变机理与媒体引导》，《中国广播电视学刊》，2021 年第 1 期，第 89 – 90 + 111 页。

（三）多主体协同治理模式的对策

在新媒体时代，政府应强化多元主体之间的协同治理合力，一旦重大突发事件发生，必须加强舆情监测，整合现实社会和网络社会资源，通过科学的监测预警、分析研判和干预引导，完善重大突发事件社会舆情治理的多主体协同治理模式。

1. 构建政府主导下的多主体协同治理模式

重大突发事件的舆情治理是一项系统性的工程，需要政府、社会、企业等相关主体的共同参与。因此，要构建政府主导下的多元主体协同治理模式。第一，构建政府主导下的舆情治理机制。以政府作为治理机制的设计者和运维者，通过政府发布的相关政策与规定，联合其他相关部门从制度建设、战略规划、行政执法等方面共同发力实现舆情的高效治理。第二，形成线上线下联合治理模式。政府牵头联合企业、事业单位等相关部门，多方协同行动，线上线下同步推进，线上线下及时互通信息，确保步调一致，共同推进舆情有效处置，确保线下问题的快速解决。第三，打造舆情信息共享平台。在信息控制与舆论引导的手段上，要警惕标签化、带节奏的舆论偏向。以政府信息共享平台为支撑，完善突发事件信息联通共享机制，加强舆情监测预警和信息互通，构建各部门之间的信息共享平台，通过数据共享机制，融合各方信息，实现信息在舆情事件单位、隶属主管部门与舆情监管部门之间共享，增强信息的时效性、全面性、公开性。①

2. 培育多主体协同的网络舆情治理环境

社会舆情的有效治理需要政府主导下的多主体共同协作，构建良好的社会舆情治理环境，从而保障舆情治理的顺利开展与运行。如黑龙江虐童事件，2020 年 4 月 23 日，黑龙江省建三江创业农场一名 4 岁女童于某某疑因遭继母虐待进入医院治疗，施暴者系女童继母曲某。女童伤势照片显示，孩子脸上和身上见多处伤口，额头中间有一大块伤疤。事件仅仅发酵了一天，这起虐童案就因为手段过于残忍而轰动全国。有法律界人士表示，继母曲某已构成虐待罪和故意伤害罪，目前这类刑事案件的处罚是有期徒刑二年到十年之间，此外女童家属还可以向曲某提出民事赔偿。当地政府高度重视，5 月 5 日，建三江人民检察院依法对犯罪嫌疑人曲某某、于某某以涉嫌故意伤害罪、虐待罪批准逮捕。5 月 8 日，黑龙江省建三江人民法院微信公众号发布了《关于受害女童于某某生母张某某申请变更抚养权案件的通报》，通报称，黑龙江省建三江创业农场一遭受其继母及生父虐待的女童于某某的抚养权已由其生父于某某变更为生母张某某。法院称，该协议目前已发生法律效力。相关媒体也发布了相关信息，人们对女童表示了热切的关心，推动了事件的进一步发展，表现出舆情事件中多主体协同的重大影响。

---

① 葛元涛，曲光华：《全媒体时代网络舆情引导与治理研究》，《新闻爱好者》，2022 年第 8 期，第 47－49 页。

3. 构建多主体间协同联动机制

政府必须整合与协同各相关主体的优势资源，构建多主体间协同联动机制。如政府必须加强与企业的协同，企业拥有大数据处理技术，可以发挥技术、人才和资金优势，协同政府参与重大突发事件舆情治理。目前大部分舆情监测系统的用户是企业，企业通过监测系统对新闻、微博、各大论坛和一些门户网站等发布的信息进行挖掘、分析与整合，形成可视化数据，以此来帮助客户及时把握信息的实时变化。这些系统的运用能够为政府的舆论引导和决策施行提供有效的帮助。因此，可以通过购买公共服务的方式来发挥企业的优势。政府还要加强与非政府组织的协同，非政府组织是政府和社会公众沟通的桥梁与纽带之一，通常具有一定的技术优势和与公众联系较为紧密的优势。一方面，非政府组织对舆论信息具有强大的感知能力，善于整合和调动民间资源，改变公众的接受态度和参与意愿。另一方面，非政府组织通过密切关注重大突发事件舆论信息发展态势，及时反馈信息至政府部门，有利于协助政府开展监督管理工作，并通过信息平台积极推动行业组织内部自律管理，对会员单位进行安全培训和指导。非政府组织通过信息平台发布信息，及时“辟谣”，组织公众义务地为城市安全监管工作作出贡献。

第三节　重大突发事件社会舆情应对的指挥调度机制

随着社会的不断发展，我国面临的社会舆情也愈发复杂。面对新时期的社会舆情，政府的紧急处置需要动用不同层级的人力、物力和财力，为充分发挥有限资源的最大效益，政府部门的统一指挥调度是有序、高效应对重大突发事件社会舆情的保证。为此，要完善应对重大突发事件的预案，督促各级政府部门提高处置突发事件的能力，通过科学的指挥调度协同各主体进行治理，以建立健全党委领导的舆情应急公共安全委员会；要加强行政首长舆情应急指挥权力、健全行政首长舆情应急责任体系、优化行政首长舆情应对问责机制，以健全行政首长舆情应急指挥权责体系；从顶层设计层面提升应急管理部门的战略地位、组织结构层面完善应急管理部门的内部功能来落实舆情应急管理办公室职能；从强化应急管理部门的集中指挥职能、加强专项指挥中心的专业协调功能、提升相关协同部门的合作联动效应来建立完善“1 + 1 + N”集中指挥调度机制。

一、建立健全党委领导的舆情应急公共安全委员会

现阶段我国重大突发事件社会舆情频发，普遍存在着综合协调层次低、效力差，应急力量碎片化等问题，为了更加科学高效地应对社会舆情，可参照中央国家安全委员会工作运行机制，建立健全党委领导的舆情应急公共安全委员会。

2013 年 11 月 12 日，为了完善国家安全体制以及国家安全战略，保证国家的安全，中国共产党第十八届三中全会通过了设立中央国家安全委员会这一决定。为了有效地控制及处理国家出现的安全事件，中央国家安全委员会的成员一般是职位等级高、权力很大的国防部、外交部和情报机构以及公安、武警的负责人。人员职位方面，组长由中共中央总书记担任，其他成员均是负责涉外事务的国务院副总理或者是国务委员，以及国防部、公安部、国家安全部、外交部、商务部、港澳办、侨办、新闻办的最高负责人，还有一些是来自中宣部、中联部的部长，原总参谋部的高级将领们等。

因此，根据中央国家安全委员会的工作运行机制和人员构成，可决定重大突发事件社会舆情公共安全委员会的工作运行机制与人员构成。舆情应急公共安全委员会是由党委领导、政府及其相关部门参与，负责舆情应急公共安全事务处理决策和协调的常设机构，应由党委首长、行政首长和政府宣传、公安、教育、文化、新闻出版等部门以及城市驻军的领导组成，舆情应急公共安全委员会应对党委负责，党委在重大突发事件舆情安全应急管理中居于领导核心、决策中心地位，从而更高效地处理、应对重大突发事件社会舆情。

（一）完善应对重大突发事件的预案

舆情应急公共安全委员会是政府应对重大突发事件的核心力量，其最重要的工作目标是使政府更好地应对重大突发事件，因此这就要求其除了遵守和执行国家法律法规和政策外，还应该从制度上完善应对重大突发事件的预案。

1. 完善国家整体预案

通过完善应对重大突发事件的预案，不断提高各地方政府对重大突发事件的处置水平。为使预案达到理想的效果应该注重两个方面：一方面，制定科学的重大突发事件预案。作为处理重大突发事件的管理部门，舆情应急公共安全委员会必须以科学发展观为指导，通过借鉴发达国家的成功经验，结合国家实际情况，坚持“以人为本、预防为主”的基本原则，转变事后处理的重点，注重事先预防，制定完善科学的重大突发事件预案。另一方面，展开预案演练。预案演练可以检验和评估所制定的重大突发事件预案的有效性，在事件发生前发现预案存在的不足，提高相关部门应对重大突发事件的熟练程度。

2. 完善地方政府预案

舆情应急公共安全委员会制定完善的应对重大突发事件的预案，是从国家整体高度出发的，其更像是制定应急预案的标准规范，因此，舆情应急公共安全委员会应该立刻制定监督指导的工作规范，确定好监督指导的内容、监督指导的标准、处理的程序步骤以及及时的问责制度，保证监督指导的权力被正确行使在该用的地方。对于那些自身就存在制度规范化问题的政府部门，应该及时修正规章制度，确定并完善各部门责任、公务以及办公室、后勤保障等要求，不断推进各地政府部门应对重大突发事件工作的法治化、专业化、正规化进程。

各地方政府关于应对重大突发事件的预案体系，应当由当地人民政府根据舆情应急公共安全委员会制定完善的应对重大突发事件的预案，结合地区的实际状况，制定出能应对各种重大突发事件的紧急预案、部门专项预案，并且地方政府应积极督促地区内的各个单位制定完善具体的预案，根据制定的预案计划，定期开展实战演练，强化岗位能力培训。

（二）督促各级政府部门提高处置突发事件的能力

重大突发事件的发生往往具有地点不可预测的特性，因此提升各级政府部门对重大突发事件的现场紧急处理能力，各级政府部门应该做好并完善应急指挥中心的建设，组织专门人员储备好足够的应急物资，另外抓紧培训能够应对适应各种紧急突发事件的救援队伍。

1. 建立各级应急指挥机构

根据舆情应急公共安全委员会发布的应急预案与应急处理文件，建立各地区的各级应急指挥机构，形成从中央到地方的纵向连接，如 2018 年 3 月，根据第十三届全国人民代表大会第一次会议批准的国务院机构改革方案，中华人民共和国应急管理部设立。随后，成立了北京、天津、河北、湖南、新疆、新疆生产建设兵团等共计 32 个省一级应急管理厅（局），市州级应急管理局也在稳步建设中。该部门整合了国家安全生产监督管理总局的职责、国务院办公厅的应急管理职责、公安部的消防管理职责、民政部的救灾职责、国土资源部的地质灾害防治职责、水利部的水旱灾害防治职责、农业部的草原防火职责、国家林业局的森林防火相关职责、中国地震局的震灾应急救援职责以及国家防汛抗旱总指挥部、国家减灾委员会、国务院抗震救灾指挥部、国家森林防火指挥部的职责，负责组织编制国家应急总体预案和规划，指导各地区各部门应对突发事件工作，推动应急预案体系建设和预案演练；建立灾情报告系统并统一发布灾情，统筹应急力量建设和物资储备并在救灾时统一调度，组织灾害救助体系建设，指导安全生产类、自然灾害类应急救援，承担国家应对特别重大灾害指挥部工作；指导火灾、水旱灾害、地质灾害等防治；负责安全生产综合监督管理和工矿商贸行业安全生产监督管理等。

2. 储备应急设备及物资

政府在应对各种重大突发事件时，还需要有针对性地提前准备好一定的应急设施设备、应急物资等。根据相关职责分布，医院依照国家预案的要求和突发公共卫生事件处置的需要，主要进行突发公共卫生事件应急处置的设备、药品（主要为疫苗）以及资金等方面的储备，储备的物资类应包括药品、疫苗、医疗卫生救援设备、快速检验检测仪器和试剂、防护装备、后勤保障设备及应急设施等；公安局负责道路交通事故处置、内河水上救援以及反恐、防爆处置所需应急物资的储备；消防大队负责灭火救援以及其他综合应急救援所需应急物资的储备，其中防化中队负责危化品事故处置所需应急物资的储备；民政局、地震局负责帐篷、棉衣（被）、食品、应急照明等救灾救济以及生活必需品等应急物资的储备；交通运输局负责应急物资（人员）运输、危货运输、公路抢险以及内河交通运输事故救援等所需应急物资的储备；水利局负责防汛抗旱所需应急物资的储备；环保局负责环境污染事件监测、处置所需应急物资的储备；供电公司负责电力保障所需应急物资的储备；电信公司负责灾后通信保障支持与通信工程建设。

3. 培养训练应急救援队伍

提高处置重大突发事件的能力，就要培养训练应急救援队伍，一方面是训练专业救援队来处理重大突发灾害事件，如蓝天水上救援队、地震灾害救援队、矿山应急救援队、抗洪救灾救援队等等，这些专业化的救援队伍是应对重大突发事件的中坚力量，能够在特定的重大突发事件下发挥非常重要的作用。另一方面是对应急主体的管理者进行培养，锻炼提高其应对能力水平，采取有效应对措施，在重大突发事件发生之时，及时根据现有的情况，制定应对方案与救援方案，更好地发挥应急救援队伍的力量。

（三）通过科学的指挥调度协同各主体进行治理

重大突发事件的爆发、发展、处置结果是社会各主体共同参与所形成的，各主体都在其中有着不可或缺的作用或是重大影响力，影响着重大突发事件的发展走势。因此，舆情应急公共安全委员会作为所有应对突发事件主体的核心，应当起到协调各方、科学指挥调度的重要作用。

1. 多元治理主体之间的相互协作

重大突发事件具有突发性和瞬息聚众性，波及范围广、影响力度极其大，有时会使社会偏离正常的发展轨道，由此需要通过特殊手段进行组织处理。就目前我国应对重大突发事件的现状来看，存在着明显的以政府为主导、政治动员能力强，但是社会组织能力不足、社会参与性差的特点。不可否认国家和政府在应对重大突发事件时的主导作用，但是如何凝聚公众和各社会组织的力量，同时保证社会的稳定和减少紧急突发事件的影响也刻不容缓。

在应对重大突发事件的过程中，不仅需要政府部门作为主体，而且需要其他主体共同参与。舆情应急公共安全委员会还应积极协调非政府组织、企业、公众等各主体，发挥其主观能动性，建立重大突发事件社会动员的长效机制，根据各主体特有的资源和优势，确定非政府组织、企业、公众等各主体的参与方式，在舆情应急公共安全委员会的管理下，以政府主导、其他主体积极配合和协助的原则，共同努力进行应急管理工作。

2. 科学整合运行机制

在重大突发事件的发生过程中，各个应对主体都有其各自的利益倾向，但各自的利益又不是完全独立的，而是相互关联的，各主体间如果缺乏必要的沟通机制，则难以全面高效地调动社会资源，应急处理信息也难以顺利传达。因此，舆情应急公共安全委员会可以建立、加强各主体间的交流渠道，增进各主体之间的交流沟通。通过长期稳定的交流渠道，不断拓展当前各主体之间的共同利益，把非政府组织、企业、公众等都同政府机构紧密联系起来，共同推进建立网格状的关系网络运行机制。网格状关系网络的建立能够使政府组织及时、准确、全面地了解重大突发事件的发展态势，做出应对决策，推进决策信息的顺利传递；同时，通过这种及时、长期、稳定的沟通，来促进彼此之间的长效合作和多元主体各自的工作积极性，最终更好地发挥各主体在应对重大突发事件中能起到的积极作用。

二、健全行政首长舆情应急指挥权责体系

伴随着全球化、信息化进程加快，由重大突发事件所导致的社会舆情引起更广泛、持续的关注，只有营造良好、有序、稳定的社会环境，才能促进经济社会的稳步发展。从我国发展实际来看，有效应对重大突发事件社会舆情，成为党和国家事业发展的一项重要环节。从政治系统来看，重大突发事件社会舆情的应对，离不开政府行动主体的主导功能。在这一行动逻辑中，行政首长由于具备权威性的公权力，而在其中发挥着至关重要的作用。那么，能否形成合法合理的行政首长舆情应急指挥权责体系，则是衡量社会舆情应对工作优劣的重要标的。近年来，加强行政首长的舆情应急指挥权限、强化行政首长的舆情应急责任，成为中国特色应急管理体制健全完善的重要内容。当前，面对社会公众公共安全需求的多样性、复杂性，要坚持以人民为中心的发展思想，贯彻落实总体国家安全观，适应新的发展条件及舆情变化状况，及时优化行政首长舆情应急指挥权限及责任构成。

（一）加强行政首长舆情应急指挥权力

行政首长作为舆情应急管理的重要行动主体，其权限范围及运行程度是决定舆情应急成败的重要因素。为保障公众及时获取舆情发展信息，提高政府工作的透明度，减少谣言传播的可能性，政府要从人民群众的基本需求出发，建立并不断完善行政首长应对舆情的权力细则，这样才能保障行政首长对舆情应急的指挥权，维护和保障公众的知情权。

1. 合理划分行政首长的舆情应急权限

毋庸置疑的是，坚持党的绝对领导，是我国舆情应急管理的首要政治原则。遵循政府管理的基本规律，高效行使政府的基本权力，离不开四类机关的良性运转和互相配合，即精干的决策指挥机关、相对集中的执行机关、地位独立的监督机关以及结构扁平化的咨询机关。在此基础上，要依据舆情演化的一般规律和党政分工原则，进一步合理划分行政首长的舆情应急权限。对于舆情应急治理不能单纯依靠某个部门或机

构，应联系多部门，运用多元结合治理方式，建立多部门间的联合协作。此时科学合理界定各部门职责、提升政府部门对于舆情应急的协作能力是新时期转变政府职能的一项重要内容，需通过对各部门职责的梳理，明确各部门工作内容和方式，划分舆情应急权限，做好分工与合作。同时实现各部门间信息资源共享，保持舆情信息渠道畅通，遵循横向协作、纵向联动的原则，在权限范围内充分发挥各部门优势，提高协作效率，从而优化舆情应急指挥体系。

2. 深化加强行政首长的应急决策权威

长期以来，当重大突发事件爆发后，一些地方政府在舆情预警、舆情引导、舆情信息发布等环节往往缺乏足够的应对能力，以致舆情演化至难以控制的局面。究其原因，这固然与舆情自身演化复杂难测、政府舆情应对的相关业务培训欠缺、专业人士积极参与不够有关，但更为重要的是行政首长缺乏必要的舆情应急指挥权力。当舆情爆发后，行政首长会受到其他权力主体的掣肘，在舆情信息的获取、舆情风险的研判、舆情资源的调度等过程缺乏应有的决策权威。没有足够的、统一的应急指挥权力，仅仅注重行政首长舆情应急的责任追究，不仅极大地降低了政府舆情应对的积极性、主动性和创造性，致使舆情演化失控状态时有发生，而且难以弥补挽回舆情失范所造成的重大损失。

3. 明确赋予行政首长舆情自由裁量权

在立足我国基本国情的基础上，着眼于社会主要矛盾的转化，紧扣新时代背景下防范化解重大风险的战略目标，以健全公共安全体系为抓手，在坚持党的领导下进一步增强行政首长舆情应急指挥权力。在舆情应对过程中，不仅要合理界定行政首长与其他领导者的权限，而且要根据舆情的发展态势和走向赋予行政首长足够的自由裁量权，包括资源调配、人事安排、信息发布等方面，针对舆情的发展及时作出回应，树立政府部门权威，以此树立政府部门公信力。值得一提的是，这些权力的运行必须要在法治轨道上有序展开。

（二）健全行政首长舆情应急责任体系

当舆情走势引导不力、应对不当时，首要问责的是直接负责舆情应急管理的行政首长。行政首长在党的领导下承担社会舆情公共安全应急管理的总体指挥责任，担任公共安全管理和社会舆情公共安全事件处置的总指挥角色，在紧急情况下行政首长可宣布社会舆情公共安全的紧急状态，并在报党委同意或备案后下达各种紧急处置命令。

1. 确定行政首长的责任内容

当今新媒体环境下，信息传播方式不断变化，由以前的点对面传播转变为现在的网状交叉多元化传播，传播方式的变化对信息产生的影响也显而易见，网状交叉多元化传播方式的实现使得信息更加分散和泛滥，这使得我国政府部门对信息处理提出了更高的要求，而目前我国政府相关管理部门还无法做到对网上所有的信息都进行有效监管和审理，这就会导致在信息传播过程中存在未经权威部门证实的小道消息流出，甚至发展为谣言扩散，使公众对事件产生误解，加速事件恶化速度。在此过程中，确定行政首长的责任内容，有益于舆情应急管理的统筹安排。在舆情应急管理领域，行政首长往往处于权责不对等的状态，即“天大的责任、碗大的权力”，在舆情治理体系中放大行政首长在舆情应急过程中的责任，亦会降低行政首长的能动性、积极性和创造性。所以建立健全行政首长舆情应急责任体系，既使干部习惯在受约束的环境中成长进步，也要建立健全容错纠错机制，积极为敢于担当作为的干部撑腰鼓劲、保驾护航。

2. 合理划分各行动主体的责任界限

政府部门应坚持权力与责任相对应的原则，重大突发事件发生后，社会舆情的回应工作直接安排在宣传部门，而政府其他部门对于社会舆情的产生进行回应的意识还需提高，时常出现相互推卸、逃避应对、消极处理等情况，这样只会让社会舆情愈演愈烈，最终达到舆情的顶峰期。对于社会舆情的产生问题，政府部门应制定谁主管谁负责的原则进行积极回应，从而可以避免宣传部门和与此舆情相关部门在回应时主体不清、回应不具体不清楚等情况，还可以避免舆情处理不当时各行动主体责任推诿的问题。例如在 8 · 12 天津滨海新区爆炸事件中，涉及包括安监、海关、消防在内的多个部门，随着事件处置和人员救援进展的不断变化，涉及的相关部门不断增加，在面对群众和媒体举行的新闻发布会上，作为责任主体部门的安监部在会中缺席，引发网民的质疑，使得社会舆情难以控制，进而引发了二次舆情。相关部门未能及时做好相关证据的出示和解释，发生问题后具体部门没有站出来承担责任，选择逃避应对舆情的产生，导致各行动主体未能完成良好的协作，最终会使得社会舆情不断扩散演化。

3. 结合法治与德治完善应急责任体系

政治和道义层面的问责规定，应与法律法规和道德价值相衔接。1978 年改革开放以来，中国共产党将“尊重民意、以人为本”作为全心全意为人民服务的重要方式，同时，我党和人民政府不断促进权力型的治理模式向服务型转换。为了形成一种“德治 + 法治”的重大突发事件应对体系，造就良好的舆论环境，保证政府和人民群众的和谐相处，首先，政府应当秉持着从人民群众中来，到人民群众中去的原则，从人民群众的实际出发，进行公开透明的指导、管理，从根本上保障人民的根本权益。其次，坚持政府引导为主体、管控为辅助的处罚原则。在对舆情的回应和治理过程中，国家以及地方政府应该尊重人民的权利，我国合法公民享有言论自由和政治参与的权利，政府相应部门应该先行做民意调查，了解人民的意愿，将突出的不同观点加以讨论，对讨论结果进行解决。但凡事都有界限，对于那些超出边际、故意造谣、寻衅滋事的煽动言论，政府干部需运用法律赋予的权力加以管控，正确控制和把握言论大势。此外，在处理社会舆情的过程中，行政首长应第一时间发布与重大突发事件相关的准确信息，控制谣言的传播源头和传播路径，在法律赋予的权力内不断加强、完善以德服人的舆情应对体系，高效率地掌握当前舆情的发展势头，采用德法结合的方式控制舆情的发展。

（三）优化行政首长舆情应对问责机制

改革开放以来，我国干部问责实现了问责制度初步探索，问责风暴模式到常态化、制度化问责的转变。应对重大突发事件时，问责的主要事由常表现为一些干部失职不力，而加大问责力度有助于平息舆情，并对行政首长要履行职责形成了一定的警示作用。舆情应对问责要求行政首长了解并熟知事件演化发展的详细过程，要求行政首长实事求是，用准确、亲切、易懂的语言回应舆论焦点，语言表达自然得体、通俗易懂，让群众易于接受并理解。行政首长应全程参与舆情治理，对舆论情况了然于胸，将重心集中在舆论关注焦点上，找准回应着力点，积极、诚实回应舆情，做到查明多少就公布多少，从公众的角度出发考虑问题。同时在舆情回应中政府干部可积极利用新媒体平台，通过新媒体平台的广泛传播特点和与公众的沟通互动功能，提高舆情问责回应信息的效率和覆盖率，建立起与新媒体和公众之间相互沟通的桥梁，从而优化行政首长舆情应对问责机制。

1. 建立健全问责法律法规

新世纪以来，随着人民政治意识的提升以及重大突发事件的频发，为了和谐的干群关系及保证政府合法性，干部问责力度逐步加大，问责范围逐渐拓展。在舆情应对过程中，当行政首长未能及时妥善处理舆情风险及其造成的损失，将会面临被问责的政治风险。这种问责在很大程度上是政治性问责，即缺乏一定的法理依据；也是事后问责，即未能依据舆情爆发前的准备工作确定问责范围。立足新的历史方位，要解决高压问责所带来的干部积极性不高、能动性不够等问题，就要从体制机制层面优化问责体系供给模式。要建立健全问责法律法规，修订内容重叠交叉、陈旧过时的问责制度条例，并依据新形势下舆情生成的特定规律及政治生态，出台具有针对性、可操作性和前瞻性的问责制度规定，保证问责实践对舆情应对的制度绩效。健全已有问责制度，改进干部问责方式，可以从以下两个方面入手：一方面，要从立法上进一步细化政府和干部官员的权责，不仅明确政府部门该做什么，不该做什么，还要规定如果失职该承担什么样的后果，受到什么样的惩罚；另一方面，需要制定完整的法律法规，将各种问责方式、责任承担主体、问责力度以及责任监督机制纳入在内。重大突发事件发生后，应尽快控制社会舆情的产生，事件平息后，政府也应重视事后的问责监督，总结经验，对于在事中被免职官员的复出进行必要的约束，防止问责流于形式。

2. 构建舆情治理绩效问责体系

要把精力集中在社会舆情形成的潜伏期，摒弃以往单纯凭舆情后果实施问责的做法，并结合定量问责和定性问责的方式，提升舆情预警预控的问责力度。舆情问责是一个长期性、系统性的工作，在舆情应对效果评估方面，需把政务舆情的回应纳入考核体系，对应对机制实行到位的部门给予相应表彰，对实行不当的部门进行相应处罚。根据国务院办公厅 2016 年发出的《关于在政务公开工作中进一步做好政务舆情回应的通知》，部分省份提出了更为详细的考核要求。河北省规定要求行政首长每半年对工作开展的状况进行申报讨论，每年年底进行审查、考核。广西壮族自治区在各单位各部门的政务绩效考核指标中新加入了对于舆情回应情况的考核。为了提高政府的责任感，提升政府在人民群众中的公信力，设置了奖罚机制来应对政务舆情回应的考核。舆情问责是一项耗时长、跨度大、极其复杂的工作，所以行政首长应对舆情应对工作进行科学化、系统化处理，在舆情应对工作的各个环节应当使用指标体系量化应对。从实践来看，用六个维度对人民网的舆情数据中心给出的评价模式进行评价，分别为信息透明、地方公信力、动态反应、官方响应、人员问责、网络化技巧。通过评估体系的确立来建立激励约束机制，为了提高政府部门舆情回应的积极性，让行政首长真正意识到舆情回应的重要性，不断完善舆情应对和治理能力，应对做得好的政府部门给予奖励，对做得不好的政府部门给予通报批评。

3. 提升问责的多维综合效应

提升问责的多维综合效应，要本着惩前毖后、治病救人的问责原则，从工具理性和价值理性相统一的视角出发，尤其要注重问责事由的厘定、问责范围的规定、问责程度的确定，从三方面提升并完善问责回应体系。同时对问责的回应及时迅速，也是顺应互联网时代背景做好舆情应急指挥公开工作必须要把握的大要素。针对此问题，2016 年 7 月 30 日，国务院办公厅在印发的《关于在政务公开工作中进一步做好政务舆情回应的通知》中提出，对涉及特别重大、重大突发事件的政务舆情，要快速反应、及时发声，最迟应在 24 小时内举行新闻发布会。关于具体的回应时间，人民网舆情数据中心在 2010 年提出了“黄金 4 小时”的概念，而面对舆情的快速发展与广泛传播，唯有从权力、责任、问责三位一体的层面，实现行政首长权力运行的合法性、合理性、有效性，方能提升舆情应对的综合治理绩效，促进社会和谐稳定和经济有序发展。

三、优化整合应急管理部门舆情应急职能

改革开放以来，为适应社会主义现代化建设的需要，我国先后展开了 8 次不同程度的政府机构改革实践，为党和国家事业发展作出了重要贡献。党的十九届三中全会通过的《中共中央关于深化党和国家机构改革的决定》和《深化党和国家机构改革方案》，提出要组建应急管理部，将原有相关部门的防灾减灾救灾职能划归应急管理部。至此，从组织机构层面提升应急管理的战略地位，成为我国应急管理或公共危机管理的重要创举。组建应急管理部，既是党和国家根据国内外形势所做的重大调整，更是党对人民群众公共安全需求的重大回应措施。

根据第十三届全国人民代表大会第一次会议上《关于国务院机构改革方案的说明》，应急管理部的主要职责是：组织编制国家应急总体预案和规划，指导各地区各部

门应对突发事件工作，推动应急预案体系建设和预案演练；建立灾情报告系统并统一发布灾情，统筹应急力量建设和物资储备并在救灾时统一调度，组织灾害救助体系建设，指导安全生产类、自然灾害类应急救援，承担国家应对特别重大灾害指挥部工作；指导火灾、水旱灾害、地质灾害等防治；负责安全生产综合监督管理和工矿商贸行业安全生产监督管理等。之后，根据垂直管理的原则，地方政府相继组建了地方应急管理部门，负责地方区域防灾减灾救灾工作。由此可见，从应急方案设计、灾情信息发布、应急资源调配到应急工作指挥协调、安全生产监督管理，都属于应急管理部门的职责范围。也可以说，应急管理部门的主要功能是为经济社会发展提供稳定安全的社会环境，其直接目的是回应和满足人民群众的公共安全需求。

（一）理顺应急管理部门的核心职责

要在原有部门职责组合基础上，理顺应急管理部门的核心职责、主要职能及其他功能，妥善划分新组建的应急管理部门与现有其他部门的职责界限，以避免职责不清、权限不明、责任模糊所带来的一系列问题，进而促进应急管理部门功能的正常发挥。

1. 设置专职舆情公共安全管理人员

舆情应急亦在应急管理部门的职责范围内。作为一个独立于各职能部门的应急管理机构，应急管理部门应当设有专职舆情公共安全管理人员，专门负责本地区舆情应急管理工作。然而，应急管理部门属于新建的应急管理机构，其在社会舆情应对方面的职责功能、作用发挥程度如何，尚属初步探索阶段，这项工作成效需在具体实践操作中得以检验。同时，这一部门在舆情应急方面的权责与其他相关机构的权责如何合理划分，仍未得以妥善解决。对此，为了更好明确应急管理部门的职责并更好发挥其在舆情治理中的作用，在选拔及培养专职舆情公共安全管理人员时，首先应当考核其是否具有过硬的舆情治理专业能力，以便通过制定成熟的舆情预警机制、舆情应对策略、舆情监控方案，达到在最短时间内将问题解决、平息舆情的效果。除此之外，还要考核专职舆情公共安全管理人员资源调配、协同合作等管理与领导能力，进而明确本部门的核心职责，加强相关机构之间的沟通合作，避免职责不清、职责混淆等情况的出现。

2. 强化舆情公共安全应急预警系统

重大突发事件一般具有突发性、难预测性、扩散性、连锁性、突变性等特点，当公共突发事件衍生社会舆情时，负面舆论、消极情绪及虚假信息等交织在一起充斥整个舆情场，政府的形象和司法机关的权威性容易受到破坏和挑衅，部分群众可能受不法分子鼓动进行群体破坏活动，进而对相关人民生命和财产安全造成威胁，严重破坏社会治安和社会稳定性。因此，应急管理部门建立高效、快速的舆情公共安全应急预警系统，对实现舆情快速响应并及时解决具有很大的现实意义。目前来看，强化舆情公共安全应急预警系统应当从以下方面入手：一是加强信息收集与分析。信息收集与分析是舆情预警的基础，在舆情公共安全应急预警系统中，对通过信息采集和信息分析所得的结果进行归纳汇总，利用舆情预警指标对采集到的舆情信息进行计算和统计，进而对该事件的预警等级和危害程度作出判断①，舆情公共安全应急预警系统为应急处置系统选择最佳方案提供依据。二是强化舆情预警人员专业能力，舆情情报收集不仅依赖先进的科学技术，同时也依靠舆情预警人员本身的实战经验和专业素养。因此，应急管理部门应当积极开展专业人员培训工作，帮助其学习新技术、新方法，拓宽视野，进而提升其专业技能。

3. 协调舆情公共安全管理处置部门

在过去很长一段时间内，政府应对重大突发事件舆情都采取成立临时性组织的方式，但常以“协调、协助”为主，其应急职能的实现更多依附于临时性指挥机构的决策部署，“应急力量仍然分散在各个部门、委员会”②。2018 年 3 月中华人民共和国应急管理部设立，应急管理部将对国务院办公厅等众多机构的应急管理职责进行整合，形成一个统一指挥的独立机构。按照其分级负责的原则，一般性灾害由地方各级政府负责，应急管理部代表中央统一响应支援；发生特别重大灾害时，应急管理部作为指挥部，协助中央指定的负责同志组织应急处置工作，保证政令畅通、指挥有效③。因而应急管理部作为全国各个机构的指挥棒，一定要处理好防灾和救灾的关系，明确各个机构的职能与职责，建立相关应急机构协调配合机制，防止由于政令不达、职能不清造成资源浪费、时机延误。

（二）适当提升舆情应急管理机构级别

公共事件舆情产生的影响效果同公共安全事件产生的影响效果在很多情况下同样不可小觑，舆情应急作为公共安全应急管理的一部分，理应受到重视。适当提升舆情应急管理机构级别，有利于其统一指挥、资源调配、上传下达，有效应对舆情危机。

1. 强化舆情应急管理领导

重大突发事件社会舆情应急管理领导涉及机构、预案、资源、人员等多个要素，处理面对的舆情危机涉及国家、社会、人民等各个方面，对于舆情应急管理机构而言，任务繁重且复杂。因此，必须强化舆情应急部门的领导与管理，对上述要素进行有效整合，使应急部门在应对舆情危机时处于关键地位，帮助机构之间实现上下联动，有效支配应急资源，促进形成部门联动、条块结合的综合管理体系。强化舆情应急管理领导，一要强化信息监测。信息是驱动突发事件尤其是网络突发事件发生的关键性要

---

① 刘毅：《高校群体性事件的舆情预警与应急处置体系构建——以自组织理论为视角》，《现代教育管理》，2012 年第 8 期，第 110—114 页。

② 蔡立辉，董慧明：《论机构改革与我国应急管理事业的发展》，《行政论坛》，2018 年第 3 期，第 17—23 页。

③ 中央人民政府：《关于国务院机构改革方案的说明》，2018 年 3 月 14 日。

素，利用大数据挖掘、云计算等相关技术对重大突发事件相关信息进行监测，有利于应急部门对舆情进行研判、预测和把握舆情发展可能态势，第一时间内将舆情引导至有利方向。二要强化预案库建设。强化信息监测，对舆情进行研判的目的在于为舆情应对方案的制定尽可能提供更多时间，尽早尽善尽美地将舆情平息。因而，扩建舆情应对预案库，利用过去已有的经验，总结形成不同情况的预案，有利于应急管理部在结合实际的基础上快速制定解决方案。三要强化机构联动。应急管理部将多个部门指挥部的职责整合，是舆情应急多个部门的指挥中心，因此既要熟知每个部门的职能，也要熟练调动各个机构资源，实现机构与机构之间的相互配合、协同作用。

2. 设立舆情中心管理部门

设立舆情中心管理部门意味着舆情应急管理部应当是一个以舆情中心管理部门为核心，不同部门之间相互合作、各司其职的中心映射、相互影响的结构。舆情中心管理部门应当发挥战地指挥部的作用，统筹兼顾，既要与信息部门沟通以实时了解信息挖掘、监测、分析与反馈结果，也要领导相关人员对舆情进行研判与预警，并开展舆情处置方案的制定与选择，同时对其结果进行判断与反馈，并且利用恰当的机构职责指挥作战，尽可能将舆情平息在爆发前。设立舆情中心管理部门的意义在于：一是有利于加强部门管理。尽管部门内部结构扁平化有利于信息共享，不必逐级传递，从而增强了组织对环境变化的感应能力和快速反应能力。但是当各个部门缺乏统一领导管理时，部门之间沟通容易出现混乱，增大管理难度。二是有利于增加决策效率。设立舆情中心管理部门可以将分散在各个部门中的决策权统一回收，基于全局层面上，统一筹划以作出客观、准确的决策。

3. 设置专门议事协调机构

着眼于重大突发事件社会舆情应对，要在应急管理部门内部的既有机构基础上设立专门机构，直接负责舆情应急管理工作，并适当提升舆情应急管理机构级别，为其作用的发挥奠定坚实基础，进而为舆情应对提供更为精准权威的组织基础。此外，要处理好舆情应急机构与其他议事协调机构的关系，由于公共安全事务的复杂性、舆情演化的难以控制性，单纯依靠舆情应急机构，难以达到预期目标。尤其在面对重要棘手的重大突发事件舆情时，应急机构出于自身经验、能力的限制，难以准确把控舆情，提出完善的解决方案，此时则需要更高级别的领导“挂帅协调”，通过专门议事协调机构汇聚在一起，联合攻关，提高舆情应对效率，因而设置专门议事协调机构就显得尤为必要。

（三）提高议事协调机构办事效率

舆情应急机构应着力于凸显其在危机的预防预警、紧急处理和善后处置工作的权威性，同时扮演好监督者和协调者的角色，提高议事协调机构办事效率。深化党和国家机构改革，是推进国家治理体系和治理能力现代化的一场深刻变革。从顶层设计层面组建应急管理部门，是中国特色应急管理体制改革的里程碑事件。新时代背景下，要按照党中央统一决策部署，优化应急管理部门的职责体系，系统推进公共安全体系现代化的进程，满足人民群众日益增长的公共安全需求。

1. 明确议事协调机构的舆情职责

提高机构办事效率首先要明确机构职责，只有职责明晰才能准确、高效地解难题、办实事。议事协调机构舆情职责主要在于：一是评估舆情应对方案。议事协调机构主要应用于舆情中的疑难杂症，需汇集各方面专家共同商议解决方案。因而，首先应对舆情应对方案进行评估，查出漏洞，当遇到现机构不可解决的难题时及时召开协调会议，尽早制定最优方案。二是关注方案实施过程。舆情应对方案基于现有事实和过去经验总和而成，由于社会舆情具有突变性和难以预测性，舆情应对方案实际结果与预想结果呈现一定差异性。因而，议事协调机构要密切注意舆情变化态势，当舆情危机应对过程中发生出乎预料而难以解决的问题时则要马上启动议事协调机制。三是聚集专家制定最佳方案。当重大突发事件舆情棘手难以解决时，议事协调机构应当立马启动，集合相关领域的领导或资深专家以多种形式组织讨论，制定出最佳的应对方案，以控制舆情态势，防止舆情扩大。

2. 加强议事协调机构的应急响应

专门议事协调机构作为舆情应急管理部的一个重要部门，在舆情问题解决过程中发挥着至关重要的作用。为了及时、快速、高效解决重大突发事件社会舆情，议事协调机构应当同应急管理部加强应急响应。其目的在于，一方面当应急管理部遇到棘手难以解决的突发事件时，议事协调机构作为预备机构也能同应急管理部一般及时进行响应，迅速组织相关专家或领导开设会议，制定合适方案；另一方面防止产生在一般应急方案发生失误的情况下，舆情不仅没有得到平息反而进一步对社会稳定造成危害的情况。一般而言，加强议事协调机构应急响应可从两个方面入手：一是建立不同领域专家库。当重大突发事件发生时，议事协调机构能快速匹配、集合相关领域的专家、领导一同对事件进行讨论，从而得到最佳解决方案。二是加强舆情态势监测。通过大数据挖掘、数据采集等方式将信息汇总在一起并对其进行分析，从而了解社会舆论发展趋势；或是通过舆论语义分析将舆情量化为社会负面情绪与正面情绪比例，以此判断舆情态势。当舆情呈现不好的发展态势时，议事协调机构在监控的基础上，早于舆情突变提供应对措施，及时控制舆情发展。

3. 严格议事协调机构的行政问责

议事协调机构虽然灵活性大，成立快速简单，对于解决突发难题具有积极作用，但是在某些地方层面，也存在议事协调机构数量过多、随意设置、重复设置和缺乏退出机制等问题。特别是有不少临时性议事协调机构不挂牌子、无固定办公场所、不单独确定人员编制和经费、不确定机构规格，长期游离于机构编制法规约束之外，甚至有一些处于“休眠”状态，使得议事协调机构空有其名，在解决问题上却没有发挥其真实作用。作为舆情应对管理重要部门之一，为了及时有效地解决舆情问题，应当对议事协调机构进行行政问责。对于中央及地方应急管理部和议事协调机构主要负责人出现工作失误、不履行或者未正确履行其职责，致使舆情应对管理出现重大失误，对国家、社会、人民财产和安全造成重大损失，严重损害相关主体合法利益的情况，应当要对其进行内部监督和责任追究，以防止议事协调机构成为空壳，防止被某些干部利用以为自己增加工作“荣誉名号”，更是防止舆情得不到最好的解决，对政府造成不良的影响和后果。

四、建立完善“1＋1＋N”集中指挥调度机制

应对重大突发事件社会舆情是一项系统性公共工程，其中涉及了不同的主体、机构和部门，也包括其中的有机统一和相互协调。只有集中建立起一个统一的指挥调度机制，才能把多元合作主体的整体合力发挥到最大，从而实现社会舆情的高效及时应对。根据我国国情结合实际分析，可探索建立并完善“1＋1＋N”集中指挥调度机制。第一个“1”是新组建的应急管理部门，主要负责协助应急总指挥开展针对舆情的应急指挥协调工作；第二个“1”是负主要责任的专项指挥部，其承担了现场或专业的舆情应急指挥协调职责；“N”是在不同情况下的相关合作部门，根据舆情事件等级的不同，安排舆情应急领导小组、工作小组和协调小组，由舆情应急指挥中心进行集中统一的指挥，接着由专项指挥部开展专业的救援，同时相关委办局需要及时联动，达到各级政府和相关部门（单位）之间的互联、互动、互通。

建立并完善“1＋1＋N”集中指挥调度机制的目的不仅是为了应对舆情，而且可以通过舆情发生的现象挖掘出其隐藏在背后的问题，同时，把责任划分落实到各部门，对各部门起到了有效的监督和管理作用。各部门力往一处使，积极有效地应对舆情，展现出了政府实事求是、各部门团结协作的良好形象。集中指挥调度机制有利于各部门对舆情整体进行科学理性的判断，并不只是依赖于片面、局部的信息，而是可以接纳官方、非官方等不同渠道的消息。

每个部门都应该深刻了解舆情的发生机理以及其背后隐藏的深层次问题，对舆情发生演化的规律进行研究，把握其发展变化的内在机制，认识到舆情发展会造成的一系列社会影响，为全面掌握舆情工作提供理论上的指导与行动指南，增强引导和处置重大突发事件社会舆情的主动性和预见性。各部门需要相互配合，建立起一个快速的反应机制，当出现一个新的舆情时，相关部门要在及时、有效与合理等原则下形成与之相对应的系统，有效把控和掌握舆情的发展。介于以上分析，建立并完善“1＋1＋N”集中指挥调度机制刻不容缓，其主要职责包括以下几点：

（一）强化应急管理部门的集中指挥职能

构建起统一指挥、反应灵敏、上下联动的具有中国特色的应急管理体制的关键，

在于有一个职能完备、结构优化的应急管理部门，这也是建立并完善舆情应急集中指挥调度机制的第一个环节。

1. 设立专门的舆情应急指挥中心

建立起一个新的应急管理部门职责结构体系，要从理念上加大舆情应急管理的权重份额，也要从实践中设立起一个专门进行舆情应对的内设机构，加大其应有的权限和资源，对重大突发事件社会舆情进行直接的应对工作。根据分级负责的原则，一般性的灾害由地方政府负责，应急管理部门按照中央的相关部署进行响应和支援；特大性灾害由应急管理部门负责指挥，更好地保证了政令畅通和指挥的有效性。

重大突发事件的社会舆情应对工作也是由应急管理部门直接负责，进行指挥应对。重大突发事件的社会舆情指挥中心主要是针对当有舆情因子出现时，应该如何做才能从源头消灭舆情，从而实现对舆情的正向引导、处置的问题。重大突发事件社会舆情的发生与应对存在于一个动态的环境中，如何在舆情应急决策的初期，确定一个最优的解决方法来应对舆情并及时掌握与舆情相关的所有信息，这些都需要一个相应的直接部门出面，对应对的方案方法进行筛选，从中选出最优的方法，使政府在重大突发事件社会舆情爆发后，可以及时、合理地把控住舆情的走向与发展，实现政府舆情的最优化，用一系列相关联的启动应急预案、决策辅助、专家识别、部门联动配合等方式方法使舆情在最短的时间内处置好。

2. 确立应急管理部门舆情指挥职能分工

在实际生活中，需要坚持应急管理部门对社会舆情应对的集中指挥原则，传统的分散的舆情应对权限职责应统一起来，统筹划分给应急管理部门，该部门也代表着党和人民的意志，有助于解决重大突发事件社会舆情的问题。应急管理部门需要在日常的工作中做好相关信息的整理收集与分析，定期汇总与舆情相关的信息，对可能或即将出现的社会舆情进行监控和预防。若发现在处理重大突发事件中不作为的部门和个人，应急管理部门应根据不同程度制定相应的惩罚措施，必要时进行法律责任追究。

当重大突发事件社会舆情爆发时，处于第一阵线的应急管理部门需要制定积极的应对方法并高效地实施，确保对舆情进行有效的引导和控制。目前，在重大突发事件应急处理的过程中存在着许多应付态度的不作为现象，对此需要加以改正。当重大突发事件社会舆情产生并发展后，政府部门为了缓解舆论压力，往往会临时成立一个指挥中心，但效果通常不佳，联动指挥性不强，甚至会起反作用，产生新的社会舆情，所以必须按照政府部门的职能进行分工，按照职责的不同，严格划分区域，把责任明确到各部门，使每个部门发挥出各自的职能，承担起相应的责任。

3. 加强舆情应急法律法规体系建设

当前社会的言论具有自由化的特征，在互联网中的信息是匿名的、开放的，缺少相关制度的制约。在重大突发事件发生后，有些别有用心的人会利用该事件的热点发表带有主观意识的言论，引导公众，激化社会舆情，使得该事件迅速扩大，从而慢慢演化为社会中的危机，这些都给政府应对社会舆情带来了更大的挑战。因此，需要加强社会舆情应急法律法规体系的建设。

首先，需要制定“舆情应急监管法”，在制定该法的同时结合我国国情，从实际出发提高该法律法规的可执行性和操作的规范性，加大监督管理和违规处罚的力度，达到维护国家安全与保持社会秩序的目的，防止那些别有用心的人在社会中胡作非为、混淆是非。其次，需要明确公众参与讨论重大突发事件的责任，在保护公众在各类平台上的言论自由权的前提下，对于其个人发表的言论、信息是否准确采取相对的奖惩措施，坚持权利与义务相统一。最后，做好宣传教育的工作。当每个公众都知法懂法，那么法律就能更好地约束到每个人，这对建设文明社会、绿色社会都有着重大意义。高效地推进法律法规制度，借鉴国内国外的优秀经验，做到“有法可依”和“违法必究”，对公众实现全方位的保护。

（二）加强专项指挥中心的专业协调功能

政府与政府、政府与企业、政府与个人之间都需要互通信息，建立起独立的沟通渠道，加强交流，发挥所获得信息的价值，要打破各个组织间的壁垒，实现协调一致，把资源共享做到最大化，明确每一阶段的分工并及时给予反馈。

1. 强化党委的舆情应对工作领导职能

重大突发事件一般都同时涉及多个领域，为了应对这一复杂的状况，需要成立专项指挥中心，由这一临时机构相关负责工作人员进行专业的指导和协调。一般来说，临时机构由于是多个部门零散地拼凑在一起，存在权力划分不明、相互推卸责任、效率低下和难以决策等缺点。针对这一现象，需要在坚持党管舆情应对的基础上，强化党委对舆情应对工作的领导，在政治、思想上引导，对组织做到保障等。

公共管理的重要主体是政府，那么政府就有责任在最短时间内化解危机，减小事件对公众造成的影响和损失。人们对政府形象、能力的认识与政府能否快速高效处置社会舆情有关，与政府的公信力也有关。政府必须不断强化领导意识，提高执行能力，充分发挥舆情在信息传递、宣传引导、表达诉求、监督舆论等多方面的功能。

2. 明确专项指挥中心的核心职责

应急管理部门牵头成立专项指挥中心，指挥中心需要以明确的条例规章划分各部门的职能和责任，完善相对应的奖励和惩罚措施。在重大突发事件发生后，出于政治职责和公众的呼吁，政府会积极加入突发事件的处理当中，政府的所作所为也会对事件的发展产生极大的影响，同时对社会舆情发展的方向、程度等产生重要的作用。当政府出现答复和行为不一致等表现时，这会在社会中引起公众的议论，以此带来强大的社会舆论压力。

当重大突发事件发生后，如何正确快速地处理该事件就成了一个值得思考的问题。必须明确专项指挥中心的核心职责，做到一个部门统一指挥，这样才不会出现“无头苍蝇”的局面。重大突发事件的社会舆情通常是多元化的，跨地域、跨行业、跨部门的，没有一个部门或机构能独立处理好。因此，在处理一件重大突发事件时，需要一个部门牵头，遵循统一领导、分级负责、权责对应的原则。针对重大突发事件，需要建立一个独立的专业管理机构，对该事件衍生的舆情进行统一领导和把控，需要制定应对方面的专门法律法规，明文规定各级部门的职责与处理级别，从纵向和横向等角度划分各部门之间的关系，建立起一个横向互联、纵向贯通的合理应对突发事件舆情的组织体系。

3. 发挥专业知识对舆情应对的智力支撑

为了发挥专业知识对舆情应对工作的智力支撑，需要注重舆情应急专家学者和知名智库的参与度，尽可能地推动专家学者主动参与舆情应对的工作。专项指挥中心的主要作用是补充应急管理部门，解决的是涉及多领域、危害大、波及范围广、影响深远的社会舆情。在重大突发事件中，政府需要严格按照相关法律法规和政策处理事件，树立起良好的公信力；同时也要做到有序引导舆论，用客观理性的处理方式，针对社会中出现的虚假、不实信息和传闻要用平和的心态和语句，引导舆论朝着正面、理性的方向发展。

处理重大突发事件时，需要考虑公众的普遍心理认知，根据社会中的常识对事件进行有效的处理。当法理与情理相冲突时，应当考虑到公众的心理承受能力，遵循新闻传播的规律，以适度的、科学的引导为原则，深入了解事件背后的原因，挖掘出公众心中所想、身后的诉求等，再做出最科学、合理的应对方法。需要一支政治坚定、技术过硬的队伍来化解重大突发事件社会舆情所带来的危机。对于如何处理突发事件而言，需要一支专业的队伍和人员支持，面对复杂的情况，要把思考的时间压缩到最短。从我国目前情况来看，各级政府现有的舆情专业技能通常不高，培养建立一支有现代化专业技能的人才队伍来引导、应对舆情刻不容缓。

（三）提升相关协同部门的合作联动效应

重大突发事件社会舆情的演化过程相对复杂、涉及的范围广、危害的程度深，仅靠一个部门或机构是难以有效解决的。所以，需要一系列相关联部门的相互配合和联动，这也是社会舆情治理的重要内容。如何在应对社会舆情的过程中发挥出部门间的协同联动效应，防止推诿扯皮现象的发生，是当代社会中社会舆情应对体系建设的一大难题。

1. 设置专项法律法规，规范相应职责

需要制定权威而详细的法律条例，明确划分各部门在应对社会舆情过程中的职责功能，并明确提出奖惩措施，以此激发各部门共同应对社会舆情的动力，避免在应对舆情中的消极、不作为等不良现象。重大突发事件社会舆情涉及的领域广，在处理过程中容易造成政府各部门职能的交叉和冲突。所以，针对该现象有必要设置专项的法律法规，明确各自的职责，以此保障社会舆情控制机制的有效运行。

各个部门联合在一起，共同应对重大突发事件社会舆情。要对各级部门收集的信息进行梳理、分析，在明确职权的前提下，把整个事件串联起来，由专业的队伍分析重大突发事件产生的原因，以及舆情背后的真相、发展趋势和影响，快速准确地把握舆情的动态，对应对策略进行实时的调整。目前我国已经颁布了《全国人民代表大会常务委员会关于维护互联网安全的决定》《互联网信息服务管理办法》等针对线上平台管理的法律法规，但还未出现一部关于明确划分社会舆情事件各部门职能的法规，为了各部门能各司其职，尽快出台针对该问题的法律法规迫在眉睫。

2. 拓宽舆情协同部门通力协作渠道

治理社会舆情时，各部门需要做到坚持以人民为中心，把着眼点放在公众多样化的公共安全需求上来，加强各部门之间的协作力度，提升共同治理社会舆情的能力，促进重大突发事件社会舆情的及时高效应对。目前，我国政府在处理重大突发事件社会舆情时，没有建立统一的体系，重大突发事件社会舆情涉及的领域广，容易造成责任与利益的冲突。因此，需要拓宽协作的通道，保障机制运行的顺利。

建立公共信息平台，在公开舆论的前提下，具体规定哪类舆情需要哪类部门参与，让各级部门全员出动，避免有舆情发生但部门“不知情”的情况。有效的突发事件的舆情控制不是个人的简单行动，是依赖于大组织的复杂活动。在此过程中，单个的人和部门都不是决定因素，关键在于所有组织和参与的所有人凝聚在一起，汇集成一股力量共同应对危机。需要有科学的决策来拓宽舆情协同部门的通力协作渠道，对人力、物力进行优化整合，加强上下级组织的沟通交流，防止信息在流通过程中的丢失和歪曲。

3. 健全舆情协同部门问责追责制度

处理重大突发事件社会舆情是一个系统的工程，而非只谈事件本身，其波及了事件发生时的主管部门、应对部门以及负责收尾的事后处置部门等。各个部门有着不同的权力、利益，而这些权力和利益也存在着相互交叉与冲突。2019 年国务院办公厅印发的《2019 年政务公开工作要点》中提出了建立政务舆情回应问责制度的必要性，对于面对重大政务舆情处置不善、回应不当、报告不及时等的相关单位及工作人员，均给予通报批评或者进行约谈、要求整改，并需要在事后对回应效果进行新的评估。

在处理重大突发事件社会舆情时，政府需要充分发挥主导作用，同时提高社会组织、企业和个人的参与积极性。政府需把责任明确到各部门，并起重要的督促作用，防止懈怠问题的出现。在重大突发事件发生、社会舆情形成后，由专业的部门和人员进行舆情的评估，启动预警机制，相关联的一系列部门根据职责的不同和规划做出不同的应对措施，充分发挥出组织系统的协调性，使得各部门能在相应的优势领域中作出及时的、准确的决策，把影响降低到最小。

第四节　重大突发事件社会舆情应对的联动协作机制

妥善应对重大突发事件社会舆情，既是对公众要求全面提升政府应急管理能力的现实回应，也是强化公共安全体系的重要举措，更是实现国家治理能力现代化的必然要求。当前我国正处于社会转型期，舆情环境错综复杂，信息传播技术的迅猛发展催生出了许多非理性、非制度化的政治参与现象，对传统的社会舆论生态格局和层级社会管理体制造成了巨大冲击。重大突发事件社会舆情的应对是一个复杂的系统工程，需要政府不同层级之间的上下联动，也需要政府内部不同部门之间的协作配合。限于政府多层级、多部门、多管辖区之间的行政惯性以及相关主体之间的利益梗阻，重大突发事件社会舆情应对的联动协作面临多重掣肘。从长远来看，必须着力构建舆情应对的联动协作机制，重塑舆情应对价值理性，着力构建纵向维度“大联动”与横向维度“大协作”的舆情应对格局，完善基层应急联动网络，强化政府与媒体的联动协作，调动多部门、多环节、多主体的资源，及时形成危机应对的合力，确保政府在应对重大突发事件时做到不失声、不缺位。

一、上下贯通，建立纵向维度“大联动”格局

为建立纵向社会舆情联动格局，2016 年 7 月 30 日国务院办公厅印发了《关于在政务公开工作中进一步做好政务舆情回应的通知》（以下简称《通知》）[①]。《通知》要求政务舆情的回应应当做到迅速反应、及时发声，在 48 小时内党政部门应当发布权威回应，涉及特别重大、重大突发事件的政务舆情，则最迟应在 24 小时内举行新闻发布会[②]。重大突发事件舆情处置和引导往往涉及多层级多部门，相关部门层级间的职责划分紊乱，导致舆情处置过程中角色定位不清晰、上下层级权限不对等、管理体制不健全，从而导致舆情应对上下配合不力、效果不佳和不能准确回应民生关切。纵向联动格局是由隶属的相关职能部门形成的网状结构。社会舆情应对的纵向分布基于党政机关部门的职级层次，上级职能机关指导下级职能机关的实时业务工作，下级职能机关为上级职能机关报送经过整合分类的社会舆情信息[③]。要打破梗阻，实现重大突发事件舆情应对的上下贯通，必须依托各基层单位建立舆情联动应对机制，着力构建重大突发事件舆情应对组织管理体系，建成覆盖国家、省、地、县四级应急通信平台，实现

① 张权：《政务舆情回应的困境与对策》，《行政管理改革》，2016 年第 12 期，第 48—51 页。

② 范以锦：《2016 年重大传媒事件》，《新闻与写作》，2016 年第 12 期，第 8—11 期。

③ 戴维民，刘铁：《我国网络舆情信息工作现状及对策思考》，《图书情报工作》，2014 年第 1 期，第 24—29 页。

链接中央、省、市、区、镇、街道的六级“大联动”格局①。

（一）打通层级梗阻，构建衔接紧密的舆情应对链条

建立健全重大突发事件舆情应对的纵向联动机制，应着力明确各层级间的职责范围与协作配合工作，将重大突发事件的实时决策工作衔接到舆情应对防控工作上。重大突发事件舆情应对的纵向联动机制上联国务院国家应急办、中央宣传部舆情信息局、国务院国家互联网信息办公室，下接各省市（州）、区（县）级政府宣传部门和镇（乡）、村（街道）党政办，实现纵向链接省、市、区、镇、街道五级政府互联互通。

1. 从社会舆情管理的宏观层面来看

从整体上看，当前网络信息内容管理工作的开展，由中央统一领导、国家互联网信息办公室牵头、各新闻文化宣传部门各尽其职，对所属范围内的网络安全事件进行预防、研判与应急决策，同时工信部和公安部维持良好社会舆论环境，保障社会的长治久安。

具体来看，1999 年中央建立了国务院新闻办，承接了中央外宣部有关社会舆情收集与回应的具体职能；2000 年国务院新闻办成立了专职于互联网宣传管理工作的网络宣传管理局；2011 年为加强网络新闻信息协调、网络舆论应急管理、信息服务报送与信息研究等工作，国务院新闻办成立了国家互联网信息办公室来协调监管有关部门网络信息危机管理工作②；2014 年重组的国家互联网信息办公室承担起网络信息内容管理的监督执法权，整治舆论环境以增强网络世界信息的可信度；2017 年国家网络安全应急办公室成立，其主要职能部门为网络安全协调局，负责网络跨部门、跨区域的安全应急联动与指挥调度③。

2. 从省市两级的层面来看

目前中央国家机关、中央宣传文化单位、国家社科研究机构等大多都以职级阶层为序列构建了社会舆情汇集纵向分析机制；中央国家机关和中央宣传文化单位等将重大突发事件的舆情信息管理工作落实到省、市级单位；国内大多数省、市都建立了相应舆情工作机构、维稳办来指导舆情工作的开展。中央及地方的舆情信息管理部门与相关机构是舆情信息采集分析的决策者，同时也是舆情信息监测调度的服务对象。一方面，各省（区、市）宣传部门是各类舆情信息的集散地，在接到舆情机构指令时，进行舆情目标规划，在各级党委政府的统一领导下，统筹协调组织本地区重大突发事

① 何振，谢振华，杨文：《湖南省“大应急”格局构建及其政策建议》，《湖南社会科学》，2015 年第 4 期，第 38—42 页。

② 谢新洲，李佳伦：《中国互联网内容管理宏观政策与基本制度发展简史》，《信息资源管理学报》，2019 年第 3 期，第 41—53 页。

③ 本刊编辑部：《中央网信办发布〈国家网络安全事件应急预案〉》，《中国信息安全》，2017 年第 7 期，第 28—29 页。

件社会舆情的预警、监测、报告和应急处置工作。另一方面地方舆情机构向省直系统、地市级、县市级、城镇社区、村、互联网渠道采集信息①。

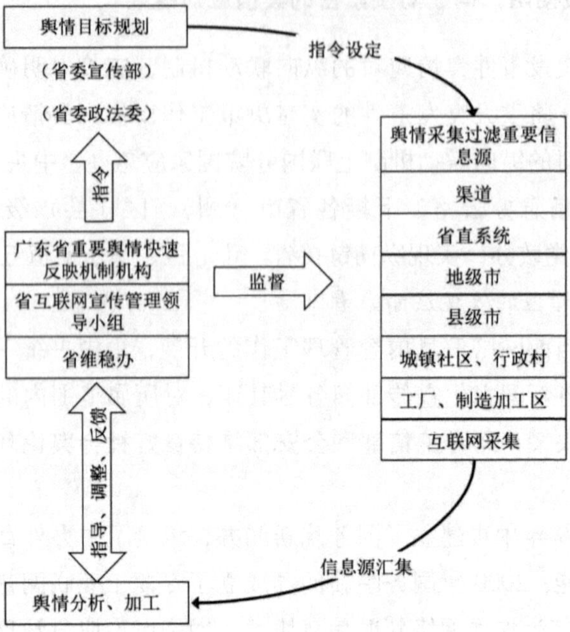

图 5－1　地方社会舆情应对纵向体系

3. *从县乡镇的层面来看*

县级政府作为各级组织责任部门的落脚点、各种政策制度发布的中间枢纽，是职能管理最健全的基层单位。在现实生活中，县级政府往往被当做矛盾中心置于重大突发事件舆论发展的始末。这样的结果不仅源于县级政府部门在中国目前行政架构中的职级所处序列，还和其承担的行政职能重要性密不可分。尤其在省直管县的改革完成后，省党委宣传部门和省级政府新闻办构成了舆情应对组织，县级政府在地方政务管理工作中的责任地位更为凸显。但每个县政府的发展不一致，有的县的工作人员需要兼顾网络宣传部与新闻办二者的职责。

从纵向职能体系来看，乡级政府是名副其实的基层单位，但许多乡级政府存在经济力量薄弱、职能体系尚不健全、有限的行政资源无法有效应对重大突发事件的舆情管控等问题。部分乡镇舆情管理工作主要是镇党政办兼职，镇纪委、镇组织办、镇宣传办会同镇党政办处理重大突发事件舆情应急管理工作相关事务。因此，县乡级政府一方面需要联动媒体公关价值，加强与权威且具备主导力的媒体间的公关联络，另一方面要完善新闻发言人制度，其组织架构如图 5－2 所示。新闻发言人团队应落实以下职责：第一，舆情的监测与汇集。专职工作人员通过实时浏览各网媒平台，及时采集

① 罗繁明：《地方社会舆情监测和决策支持管理系统构建研究》，《情报资料工作》，2008 年第 4 期，第 59—64 页。

辖区范围内的新闻信息、网媒报道或舆论帖文等舆情信息，并分类存储。第二，舆情的分析与研判。每日各分局的舆情上报结果，经专职的舆情监测人员汇总后再上报给分管负责人，由相关单位人员对舆情进行定性分析与风险性研判，依据严重性决定是否上报至上级领导。第三，确定发布渠道和原则。对于上报给行政长官、相关党政单位，需要作出回应的舆情信息，应该确定应对的口径和原则，尤其是一些涉及私密数据和法律政策原则的信息，务必做到清晰透明化。第四，联动媒体公关。在现实的国情下，媒体资源基本上属于省级和中央级政府管辖，县级政府是无权掌控的，因此想用行政手段调动媒体资源的可能性很小。第五，新闻应对发布。针对重大突发事件社会舆情的分析研判，选择合适口径对外发布信息至关重要，虽然政府部门较于媒体而言不具备主动性，但新闻发布会的召开对重大突发事件舆情走势的把控起着关键性作用。第六，应对效果评估。在落实舆情应对的新闻发布和记者采访措施时，监测人员需对应对效果实时评估，形成事件舆情分析报告以供后续作出类似事件的处置决策提供有效参考。

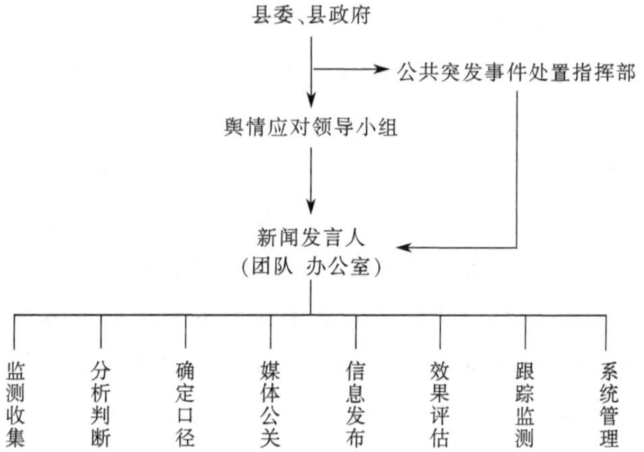

图 5-2　发言人团队组织架构示意图

（二）明确责任主体，强化监督保障措施

社会舆情爆发后，为避免相关部门间的责任推脱，提升相关部门的责任承担意识，国务院办公厅发布的《通知》中详述了有关政务舆情回应的责任划分，规定对涉及重大突发事件决策部署的政务舆情，第一责任主体为国务院相关部门①；涉及地方政务的舆情事件，依据管理主体原则进行回应划分，第一责任主体是具体涉事部门②。所涉政府的主要负责人要发挥组织领导作用，指导、协调相关部门开展舆情回应工作，强化监督保障措施与业务培训体系，建立政务舆情回应激励机制。

---

① 程玲：《加强网络舆情管理　提升政府治理水平》，《江苏通信》，2017 年第 1 期，第 16—17 页。

② 刘静，张金平：《地方政府构建网络舆情引导长效机制的着力点》，《烟台职业学院学报》，2017 年第 3 期，第 13—16 页。

1. 加强组织领导作用

切实抓好工作落实，离不开协调机制的建立健全与责任分工的明确。涉事的主管部门切实负责全面监督、组织协调、指导推进相关舆情工作的开展。从理顺相关机制入手，明确机构分布，配备专业性强的工作人员，做好信息公开透明化、政府解读详尽化、官方回应及时化等工作，统筹推进舆情应对、政务公开与政府数据开放等工作。积极采用引进社会资源、购买服务等提升政务公开专业化水平的有效方式，加大舆情工作经费投入，以便工作顺利展开。

2. 强化监督制度与培训体系

各地党政部门与相关单位要以政务舆情回应制度、机制和效果为重点，定期开展督查工作，强化监督考核制度。有针对性地对舆情管理工作设置权重指标的绩效考核标准，鼓励第三方机构的参与，对舆情事件的政务公开从质量、效果与决策上进行客观测评，指导新闻媒体和政府网站做好政府信息发布、政策官方解读等工作。充分发挥人大代表、各党派委员、各社会团体与广大社会公众的监督职能，将答疑解惑和澄清事实工作落到实处，以赢得公众的支持与理解。严格确保相关业务人员至少进行2年培训的时间，同时强化对国务院各部门、县级以上地方各级政府分管领导和新闻发言人的定期业务培训质量。

3. 建立回应激励约束机制

各地党政部门与相关单位在政务舆情工作开展过程中，需要将舆情回应的相关情况作为政务公开的重要内容，制定严密的考核标准，有效建立舆情回应激励约束机制。首先，各级政府办公厅应当对以往舆情开展工作中的典范处置方案进行汇总，以便业务人员能对成功案例进行系统化学习与经验交流，同时起到示范引导作用。其次，依据每次舆情回应工作的效果，适当表彰有突出表现的工作单位及个人，从心理层面给予有积极表现的业务人员以激励肯定。最后，务必将政务舆情回应批评制度落实到位，对舆情回应不作为、工作有懈怠情绪或工作中产生重大错误的单位及个人进行批评，可以采取文字通报和口头约谈等方式，情节严重时则会同相关监察部门协作追究责任。

（三）整合信息资源，完善公共安全舆情大数据中心

信息公开与共享的详尽、透明与真实，一方面可以尽可能确保信息资源利用的时效，另一方面也加强了政府与相关涉事部门的信念感和责任心①。以大数据分析技术为依托，以由部分到整体、由零散到集聚为基本理念，全面促进政府应急部门对于重大突发事件社会舆情的指挥调度与处置应对。社会公共安全应对机制的核心部门应当是社会公共安全舆情大数据中心，简单来说是得以实现信息跨部门、跨地区、跨层级互

① 盛明科，郭群英：《公共突发事件联动应急的部门利益梗阻及治理研究》，《中国行政管理》，2014年第3期，第38—42页。

通整合的机制。各级政府部门需从国家信息安全层面考量，建立云端社会公共安全舆情大数据中心，建设市级单位范围及以下辖区内的公共安全舆情信息数据库，将舆情信息上下联动整合至中央的数据管理中心，致力建设无缝衔接运行的社会公共安全舆情应急管理系统①。依托中央数据管理中心的数据报表，进行相关有效数据信息的二次加工、整理与研判，实现数据信息的有效利用，从而提升各级政府与相关部门对重大突发事件社会舆情处置的应急反应能力。

1. 缩减组织结构沟通层级

缩减涉事组织单位职级的沟通层级就是实现组织结构的扁平化。在危机发生时，相关涉事信息的传播需要尽可能实现在组织单位间的高效传递，保证高层与基层能够有效沟通，保证政府部门信息得以及时、完整且透明发布。缩短应急信息的转换时滞以控制舆情发展态势，及时部署各级政府与有关部门的危机应急管理机构对重大突发事件社会舆情的预测预警、应急决策与善后恢复等工作②。

2. 健全舆情信息互通机制

现代通信技术与网络传媒高速革新发展，重大突发事件的一点信息都有可能引起公众舆论的一片哗然，尤其是当官方信息、权威数据滞后发布时，伴随着公众疑虑的不断升温，舆情可能趋于不可控发展。故而，社会公共安全舆情大数据中心与公众之间的互动交流是大势所趋，应及时发布重大突发事件的涉事信息与应急措施，使广大公众的知情权得以保障，及时消除公众所产生的疑虑，在公众和政府有关部门间建立起信任的桥梁③。

3. 整合舆情应急信息管理系统

各级政府部门和一些组织单位都建立了应急管理系统，体系纷繁复杂且信息并不互通，依托大数据信息处理技术，整合杂糅的信息，整合各舆情应急信息管理系统，更能有效进行社会舆情相关管理工作。这种注重数字信息的整体性治理方式对当下政府的治理模式是一个巨大挑战，需要将满足公众对社会舆情相关公共服务需求置于首要位置，结合大数据信息处理技术和云算法治理手段，不断加强舆情相关信息的搜寻利用服务，打造一个一站式服务的舆情应急信息管理平台④。

二、多点发力，建立健全横向维度“大协作”格局

横向维度协作格局是舆情管理职能部门与同级职能部门之间形成的网络。国务院

① 曾润喜：《网络舆情信息资源共享研究》，《情报杂志》，2009 年第 8 期，第 187—191 页。

② 姜金贵，梁静国：《基于网格化管理的突发事件应急管理机制研究》，《情报杂志》，2008 年第 6 期，第 26—28 页。

③ 盛明科，郭群英：《公共突发事件联动应急的部门利益梗阻及治理研究》，《中国行政管理》，2014 年第 3 期，第 38—42 页。

④ 盛明科，郭群英：《公共突发事件联动应急的部门利益梗阻及治理研究》，《中国行政管理》，2014 年第 3 期，第 38—42 页。

办公厅印发的《通知》中指出，当政务舆情涉及多个部门时，本级政府办公厅（室）需联合宣传部门做好协调监督指导工作，所涉部门间加强沟通协商，必要时可确定牵头部门，在依据所属职责范围分工回应的同时确保回应信息的准确一致[①]。舆情的引导与回应相关工作，不只是各级单位宣传部门的职责，各部门协同配合、联合发力的工作格局势在必行，要着力健全重大突发事件社会舆情的横向维度"大协作"格局。但在网络舆情研判中可能存在事件的个性化问题，纷繁复杂的舆情信息的整合兼容性值得深思。因此，舆情处置的横向"大协作"格局需要建立一套执行性强的制度来发掘并强化个案事件之间的联系，推动横向研究得以规范化运作，以信息为核心资源整合，形成各部门、各单位协同联动工作格局，实现政府各职能部门助力互推。

（一）增强协作意识，重塑舆情应对价值理性

推动重大突发事件舆情应对的联动工作，必须增强协作意识，理论联系实际，加强党政部门与相关单位的集体主义精神培养，在具体的舆情回应工作中做到以民为先、协作应对。对此，应当做到以下两个方面。

1. 致力于政府集体主义行为观念和担当精神的培养

为确保政府部门在危机管理过程中集体主义价值观念的正确性，应致力于政府集体主义行为观念与担当精神的培养，促进各级政府与有关部门从统筹理念与大局意识角度出发，构建公共服务全局观，解决重大突发事件涉及公共利益繁杂和公众愿景认同度偏低的双重困境，加强政府部门及相关单位的担当精神培养[②]。例如 2015 年 4 月的苍南县旅游拓展基地踩踏事件，有关消息与视频迅速引爆网络成为头条，负面的批评与问责声铺天盖地，让苍南县倍受舆论压力。随后钱库镇消防大队与钱库镇镇长先后通过媒体公开释疑，表态会对涉事官员严肃追责，同时在钱库镇、龙港镇募集社会善款以传递正能量，迅速平息了网络舆论[③]。这可以说是一次网络舆情及突发公共事件危机应对的成功案例，以此也启示各级政府与相关单位面对舆论鼎沸甚至谣言扩散时要有集体主义协作精神，明确责任与担当，维护政府的公信力。

2. 落实以人为本、统筹协调应急理念的运用

为增强重大突发事件舆情应对的联动协作意识，需要促进相关工作部门的合作交流，倡导以人为本与统筹协调的应急理念，从而维护公民的人身与财产安全，畅通重大突发事件公共安全联动应急渠道。首先，提高各党政部门及相关单位的应急综合救援能力，成立应急救援队；其次，制定严密的舆情管理应急预案，构建舆情应对应急

---

① 刘静，张金平：《地方政府构建网络舆情引导长效机制的着力点》，《烟台职业学院学报》，2017 年第 3 期，第 13—16 页。

② 盛明科，郭群英：《公共突发事件联动应急的部门利益梗阻及治理研究》，《中国行政管理》，2014 年第 3 期，第 38—42 页。

③ 苍南新闻网：《【信访局】以"担当精神"应对网络舆情》，2015 年 5 月 28 日。

平台，结合大数据技术提高预警预测信息支持能力；最后，要加强重大突发事件应急救援装备的储备，提高党政部门的应急支撑和保障能力。例如2013年，国家在东北、华北、中南、华东、西南、西北六大区域，依托国家、地方和企业三结合的模式，建设了七支矿山应急救援队[①]。安全生产应急救援队伍承担了大量的重大突发事件抢险救灾工作，以及奥运会、世博会等重大活动的保障工作，将突发性事件带来的负面影响降到最低，有力地削减了舆情风险，用具体行动落实以人为本、统筹协调的应急理念。

（二）整合部门资源，构建以宣传部门为核心的应急机制

构建舆情应急机制，要及时寻求相关部门的帮助与支持，合力解决重大突发事件社会舆情危机，完善重大突发事件社会舆情应对的联动机制，在各级专门性、综合性应急管理机构的平台上，由市相关部门对外统一回复，同时明确舆情应对处理的责任划分。

1. 发挥宣传部门的信息枢纽作用

重大突发事件发生后，辖区范围内的城市应急管理机构应当形成总体性应急反应力量。事件舆情的处置工作不仅需要辖区宣传部门的力量，还需要对涉及城市公共安全的国安、公安、城管、水利、环保、卫生、生产、交通运输、质检、气象等部门的应急力量进行整合[②]，以提供更全面的服务与后援。很多地方政府及相关部门将宣传部门作为信息枢纽，把控舆情处置决策的主动权，与其他职能部门互通信息、协作管理，在实践中将“大宣传”的舆情应急机制落到实处。比较典型的是2015年的“3·31”南京虐童事件，就是通过宣传部门的主导作用，各部门联动支持、有效处置舆情的经典案例。2015年4月2日，南京市公安局高新区公安分局接到某校老师报案，反映辖区内儿童施某身上有多处伤痕，疑似遭到其养母的殴打；4月5日凌晨，南京市公安局指导高新区公安分局第一时间做好调查取证工作，养母李征琴因涉嫌故意伤害罪被刑事拘留，并于4月12日被南京市浦口区检察院提请批准逮捕；11月养母李征琴被判处有期徒刑6个月。整个事件发展过程中，面对社会影响与舆论导向的双重压力，市委宣传部门与浦口区公安局及时进行案件信息的沟通并商讨妥善的应对方案；浦口区政府部门以宣传部为牵头单位，多次联动各相关部门召开案件舆情的应对协调会议；市区两级的各部门形成合力及时沟通案件信息，统一案件信息的回应方式与口径，从舆论引导、案件办理和心理救助等方面各司其职，有效提高了该案件所涉舆情的处置效率。

2. 健全宣传部门与各相关部门间的合作机制

在重大突发事件的舆情处置应对过程中，经常会出现所涉部门职责划分不明晰、

---

① 中国经济网：《王树鹤：以人为本是应急救援的根本理念》，2012年11月27日。

② 周芳检，何振：《大数据时代城市公共安全应急管理体制创新思路》，《云南民族大学学报（哲学社会科学版）》，2017年第2期，第94—100页。

信息沟通不全面、协调处置工作懈怠等问题，滞后或是不尽不实的信息发布不能准确回应公众的关注点，从而导致二次舆情的爆发。在2011年“7·23”动车事故中，事发26小时后有关部门才举办首次新闻发布会作出相关回应，此后4天没有任何官方消息，导致公众对案件实情的疑虑不断加深。在之后的新闻发布会上，业务部门缺席、发言人言论不清，导致新闻发布会的召开没有对公众焦虑情绪的平复起到任何作用，反而引发了舆论反弹。在2015年“8·12”天津港大爆炸事件的舆情处置中，也出现类似情况。故应当健全宣传部门与各相关部门间的合作机制，避免舆论的二次发酵。宣传部门是事件相关信息收集、整理与互通交流的枢纽，虽处于核心地位，但也应及时传递各类舆情有关信息至相关部门，通过各部门间的协作联动，全方位捕捉舆情线索，把控事件关键信息，并将这种工作模式常态化，制定考核标准，形成定期的考核制度。

（三）以信息流为纽带，实现舆情应急管理跨区域合作

重大突发事件发生后，为维护社会的长治久安，政府的舆情应急处理决策能力和各大媒体的舆论导向作用是规范社会信息流的有力手段。当事件波及的区域广泛，事件本身具有繁杂性、处理难度极大时，舆情应急处理程序会变得极为复杂，其造成的社会影响力也不容小觑。社会影响力的大小往往牵动着公众舆论的导向，同时关乎多区域公民的切身利益，所导致的舆情趋势是亟需思考的严峻问题。跨区域突发事件背景下舆情应对的规制，应该确保权威的信息源，避免信息流通的失真与片面性，做到统一信源，加强区域间政府各部门的危机管理。

1. 加强与毗邻城市的应急管理机构合作

为加强与毗邻城市应急管理机构的合作，需要从合作领域、范围与体制管理等方面入手，建立健全毗邻城市合作的制度体系，同时规范运作流程。在固定应急预案的基础上根据事态发展进行动态调整和适当授权，将重大突发事件各地区间的兼容问题纳入联动处置系统内，形成跨区域、跨类型的舆情应对应急预案链。重大突发事件社会舆情管理在毗邻城市间信息互通、协调指挥调度，有利于构建一个统一、系统的舆情应对联动体系，发挥各级政府与有关部门的双边协调与统一领导作用，建立健全双边合作的组织架构，组建公共安全合作理事会等机构①。

2. 完善区域间政府合作的新闻发布会制度

新闻发布会的召开，在重大突发事件的舆情发展态势上起着至关重要的作用。完善区域间政府合作的新闻发布会制度也成为舆情危机管理预案中不可或缺的一环。在信息传播技术高速发展的当下，跨区域间的距离空白问题，依靠先进信息技术的空间处理完全可以有效解决。例如2013年7月的广西贺江水体污染事件，就是一起涉及多

① 周芳检，何振：《大数据时代城市公共安全应急管理面临的挑战与应对》，《云南民族大学学报（哲学社会科学版）》，2018年第1期，第117—123页。

区域范围的重大突发事件，事发当天就伴随着舆情的升温。相比于2012年初同样发生在广西的龙江河镉污染事件，此次事件在处理方式和舆情应对效果方面均有较大的突破，当地政府联合涉事区域政府部门协力应对，在事件处理过程中掌握信息披露主动权，联动新闻发布会，借助媒体力量第一时间将实情告知公众，满足广大公众知情权的同时，使相关舆情事件得以顺利平息。

（四）建立重大政务舆情处置联席会议制度，实现舆情处置联动

在国务院办公厅2013年10月发布的《关于进一步加强政府信息公开回应社会关切提升政府公信力的意见》中，提及各地区各部门应当加强与新闻宣传部门、互联网信息内容主管部门以及有关新闻媒体的沟通联系，建立重大政务舆情处置联席会议制度，建立自发性政务信息发布和舆情处置横向联动机制。

1. 建立舆情处置联席会议制度

重大政务舆情处置联席会议制度的设立，能够避免部门间的职权交叉而贻误舆情事件处置决策的黄金时间，有效防范舆论危机发生与舆情风险诱发的可能性。其中所涉及的相关部门包括：重大政务舆情监控管理部门、各涉事职能部门和舆情应对决策部门等。各地区党政部门纷纷响应，具有代表性的有2013年东莞市中堂镇就细化网络舆情监测工作制度，设立舆情应对联席会议制度，完善新闻发言人队伍建设；以及2017年山东省青岛市李沧区先后出台了互联网舆情工作办法、舆情处置工作暂行办法等文件，成立由区长牵头的舆情处置联席会议，促进会议每月定时召开，细化明确突发事件舆情处置的原则及应对流程，分析研判舆情走势，指导重大舆情处置①。

2. 建立自发性横向联动体系

当前我国党政机构舆情信息工作组织通过联动联席会议制度与舆情会商制度，将“三位一体”作为组织模式基点，从而构建自发性的横向联动体系。该体系包括以下几个基础组成部门：一是应急办，其负责统筹社会舆情应对的总决策工作；二是专项舆情管理机构，其承担专业指挥协调职能来确保各层级公共安全应急管理的协调与统一，例如舆情处、舆情管理中心与舆情管理办公室；三是各大涉事协调管理部门，如政法委、宣传部、网信办、卫生局、食品药品安监局、公安局、文化局和新闻出版局等相关部门指挥中心进行统筹指挥调度。

三、完善统一调度，构建基层社会舆情应对网络

针对当前基层重大突发事件社会舆情应对工作趋于空白的现状，完善社会舆情应对的联动协作机制可着力通过“抓面”“密线”“扩点”“定人”几个方向入手，建立宣传文化系统社会舆情联动网络，扩展舆情信息直报点网络与舆情信息队伍建设，从

① 工人日报：《建立舆情研判处置工作联席会议制度“李沧舆情”提升政府公信力》，2017年12月1日。

而构建高效互通的区域舆情工作网络。

（一）"抓面"，完善县一乡镇一社区（村）区域性工作网络

充分发挥各级宣传部门在重大突发事件社会舆情工作中的职能作用，建立健全互通的县—乡镇—社区（村）的区域性舆情工作网络。

1. 完善镇、村二级舆情信息收集网络

镇直各部门、各单位应均配备一名专（兼）职的社会舆情信息员，并要求每名舆情信息员每个月至少报 5 篇舆情信息。与此同时，各个行业也应选出代表，担任舆情信息网络员的角色，并报送其所在单位的舆情动态。针对不同单位阶层的人群，选定舆情管理的工作人员，组建一个纵向到底、横向到边的舆情信息收集网络，增加汇集各阶层舆情信息的灵敏度，确保能及时了解到各阶层群众的思想动态①。譬如 2017 年 4 月，河南永安公安局建立了"一村一干一警"的综合联动平台，把工作人员分散到各个村落，收集当地的人事矛盾，利用线上线下结合的方式，整理成报告，上传到平台，并整理、上传当地居民关心的问题，这种方式形成了镇、村二级舆情信息收集网络，提高了舆情处置的工作效率。

2. 设立基层"社会舆情联系户"

城市社区方面，通过街道办社区牵头，小区内每一栋推选一名业主作为栋主；各村镇方面，可以选择一名有责任心，并且文字功底、分析能力较强的党员或群众作为联络员，由他担任基层"社会舆情联系户"。许多城市社区"社会舆情联系户"制度都纷纷落实到位，小区业主分楼栋设有联络微信群，栋主上接街道办社区，通知消息能更有效传达给本楼栋住户。部分乡镇的农村书屋也都已建立，而且配备了专职的图书管理员，大部分"社会舆情联系户"就由图书管理员兼任，并对他们进行登记建档，由他们每周向镇信息办反馈一次所在村的群众的思想动态。

（二）"密线"，建立宣传文化系统社会舆情联动网络

积极落实加强文化教育、广播电讯与社会科学等方面的社会舆情汇集工作，从而建立起以宣传文化系统为主导的重大突发事件社会舆情联动网络。

1. 着力完善乡镇信息发布机制

在国务院办公厅于 2017 年 5 月 5 日印发的《政府网站发展指引》中，明确提到了全国政府网站的规范性建设要求。其中明确规定了乡镇、街道原则上不开设政府门户网站，政府网站要及时发布涉及本地区、本部门的重大突发事件相关信息回应，政府态度需明确、事实披露需客观透明等。在现今技术条件下，信息发布的特点是"人人都是媒体、个个都是记者"，各部门既要注重信息发布的及时性，也要进一步推进政府

---

① 白向荣：《加强网络舆情引导　维护企业稳定》，《企业文明》，2014 年第 3 期，第 83—84 页。

信息发布的主动、全面和准确性，保障公众的知情权。因此，要着力完善乡镇信息发布机制，对发布的政府信息，要明确审核主体和流程，并与有关部门进行确认，确保政府发布的信息与事件真相保持一致，避免舆论的产生。

2. 抢占新媒体传播的有利地位

建立以宣传文化系统为主导的重大突发事件社会舆情联动网络，同时发挥新闻发布会、政府政务微博微信、手机短信通知的广泛性、便利性作用，积极利用好电视、报纸、各网络传媒的宣传引导作用，把握住新媒体传播的重要地位。比如手机短信功能在突发性灾害天气的舆情事件应急处置中，对解决舆情信息高速互通的“最后一公里”问题往往起到了巨大作用。与传统媒体相比，微博对于信息发布的及时性更强，传播范围也更广，有利于扩大发布信息的受众面，增强影响力。

（三）“扩点”，扩展舆情信息直报点网络

完善省市级的重大突发事件社会舆情工作平台，应当科学地拓宽舆情信息网络覆盖范围，增设街道社区的舆情信息的直报点数量，建立健全基层信息组织网络。

1. 增设街道社区的舆情信息的直报点数量

街道社区作为一个城市的细胞组成，对该城市的重大突发事件社会舆情应急处置至关重要。大数据时代的到来推动着创新各街道社区的舆情信息管理体制，加强城市街道社区应急组织队伍建设，组建由两委班子领导的舆情信息基层应急管理机构，实施由干部包片、栋长包户、户主包个人的舆情信息应急管理模式①，充分落实各街道社区舆情安全管理责任制，拓宽基层单位舆情信息应急网络的覆盖面。在重大突发事件发生之时，要依情况适当增加街道社区的直报点数量，由街道办党工委牵头负责辖区内舆情信息的汇集与应急处置工作。对于乡镇街道在外的，应着力将部分区域直属部门纳入舆情信息直报点范围。

2. 建立健全基层信息组织网络

目前，乡镇一级舆情管理工作主要由镇党政办牵头，基层舆情信息的管理通常可分为街道、社区居委会、楼栋（门）长三级，而新时期群众诉求调处在明确社区居委会为“群众诉求调处分中心”的基础上，设置社情民意接待岗和社情民意接待员②。在街道社区舆情信息汇集与疏导的实践工作中，应着力建构以接待岗为节点、以接待员为延伸的基层舆情信息组织网络。在了解民意过程中，可先由接待员和民众对接，了解他们的诉求，并对可以直接解决的诉求进行解释说明，对于超越其职权范围的诉求信息，需要通过填写转办单逐级传达给区、市、省委的宣传部门。构建全范围覆盖的

① 河北省邢台县应急管理办公室：《健全五个体系夯实应急管理工作基础》，《中国应急管理》，2013 年第 8 期，第 32—35 页。

② 冯希莹：《基层舆情汇集与疏导机制的运行特征与对策分析——对天津市河东区唐家口街建立“新时期群众诉求调处机制”的解读》，《理论界》，2010 年第 10 期，第 9—11 页。

基层信息组织网络，将民意信息高效、翔实地传递到位，在第一时间解决民众诉求，也防止了舆情事态走偏与扩大。

（四）“定人”，拓宽舆情信息队伍建设

拓宽重大突发事件社会舆情的信息队伍建设，无论是区域性纵向网络，还是直报点的建立，都应将责任落实到特定的人，定岗定责。一方面，为舆情工作的落实建立起一支素质过硬的舆情信息员队伍；另一方面，充分结合大数据时代先进的理念、方法与技术手段，构建全方位、多层次、宽领域的社会舆情应急管理的社会参与渠道，有效推动重大突发事件社会舆情科学、高效、有序地解决①。

1. 成立基层舆情信息工作领导小组

舆情信息工作作为意识形态工作的一项重要内容，已作为宣传思想工作的重点任务被摆上议事日程。一方面应由镇主要领导牵头，成立舆情信息工作领导小组。以宣传干事为骨干，在各村（社区）、部门组建专（兼）职舆情信息写作队伍，明确目标、区分任务、责任到人。落实舆情信息专项资金，配齐设备设施，在人、财、物方面都给予重点保障。另一方面，开展社会舆情信息员的应急培训和演练。定期组织应急预警人员进行规范的培训和演练，从而避免报道的盲目、随意性。此外，还应提升应急人员处理重大突发事件的能力，在对重大突发事件的联动报道中，实现资源共享、口径统一，以提高重大突发事件应急报道的社会效益。

2. 拓宽社会舆情应急管理的社会参与渠道

当下社会，广大群众主要是通过座谈会、新闻发布会与信访等传统渠道参与社会舆情的应急管理。大数据时代的到来，以交互性为特征的平台创新促进了公众参与的升级、以实时性为特征的信息传播实现了交往方式的革命、以个人化为特征的角色塑造重新定义了人和组织在治理过程中的作用和功能②。因此，政府部门应当充分利用网络信息传播速度快、覆盖面广、互动性强等特点，引导公众通过政务微博、微信、红网论坛等方式，第一时间了解社会各类重大突发事件舆情的应急信息，主动承担社会责任，有序、有效地参与到城市舆情应急过程中；充分利用国家重点支持建设的中央电视台客户端、人民网或新华网微信公众号等平台，引导公众主动参与网络调查、社会调查，增强政府政策实施的可接受性；利用个人博客、微信、短信、QQ 聊天、天涯社区等大众化参与平台，构建互动方式，增强行业信息透明度，提高公众参与度与话语权③。

---

① 周芳检，何振：《大数据时代城市公共安全应急管理面临的挑战与应对》，《云南民族大学学报（哲学社会科学版）》，2018 年第 1 期，第 117—123 页。

② 李明：《大数据技术与公共安全信息共享能力》，《电子政务》，2014 年第 6 期，第 10—19 页。

③ 周芳检，何振：《大数据时代城市公共安全应急管理面临的挑战与应对》，《云南民族大学学报（哲学社会科学版）》，2018 年第 1 期，第 117—123 页。

四、健全协作网络，强化多元主体参与机制

健全重大突发事件舆情应对的协作网络，应着重强化多元主体参与机制，形成以政府舆情管理职能部门为主体，以新闻媒体、社科研究机构、社情民意研究机构、公民个体为补充的舆情信息研判网络，同时各主体之间也应从传统的交易、竞争关系转化为新型的合作关系。

（一）充分发挥新闻媒体的桥梁纽带作用

媒体是重大突发事件社会舆情应急管理中的一支重要社会力量，其让政府的声音得到有效传播的同时，也保障了公众的知情权及表达权，使主流意见在社会媒体环境中占有一定的支配地位，有效融合上下层意见。中共中央办公厅、国务院办公厅印发的《关于全面推进政务公开工作的意见》指出要发挥新闻媒体的桥梁作用，加强党政部门与广大人民群众的联系，把握主要新闻媒体信息发布的时效性特点，从权威角度解读政策的同时也能引领社会舆论走势。

1. 提高媒体危机报道能力

健全重大突发事件舆情应对的协作网络，并有效保障公众知情权，提高媒体危机报道能力是尤为重要的一环。具体实施过程中可以安排中央和地方媒体、新闻网站负责人参与到重要活动中，以充分了解重大决策，有效畅通采访渠道，为媒体的采访提供便利①。同时可以建立新闻发言人制度，第一时间向媒体提供真实可靠的事件资料，使其及时向公众发布权威翔实的信息，并积极利用微博、微信等新媒体的力量来引导舆论。

2. 发挥大众媒体渠道优势

一方面，政府应强化与媒体合作的意识。危机管理的主导是政府，其中至关重要的因素是媒体。媒体要充分发挥舆论引导的作用，树立责任感与大局意识，提升舆论信息的引导能力，及时向政府反馈公众情绪，从而帮助政府科学决策。媒体应该担任“危机信息代言人”这一角色，在出现危机时，及时报道政府有关舆情信息危机应对的一系列措施及其作用效果，以帮助政府部门在公众心中塑造良好的形象。另一方面，为了确保信息能够传播通畅，大众媒体应行使其监督职能，使政府信息发布做到公开透明。

（二）完善网络舆情信息研究机构平台

目前我国重大突发事件社会舆情信息的网络工作体系，由各级政府职能机构、各大高校社科机构、各主流媒体、各商业门户网站和社交网站等构成。其中，一些网络

---

① 杨俊利：《略论公共突发事件中媒体舆情引导作用》，《新闻知识》，2007年11期，第8—9页。

媒体、智库既是舆情信息的发源地，同时也担负着网络舆情数据分析与网络舆论引导的责任①。

1. 发挥网络舆情信息研究机构作用

具有影响力的网络舆情信息研究机构有人民网舆情数据中心、新华网舆情在线等主流舆情信息监测机构代表，中国人民大学舆论研究所、复旦大学传媒与舆情调查中心等高校舆情研究机构代表，军犬网络舆情监控系统等商业门户舆情机构代表，暨南－红麦舆情研究实验室等校企舆情机构代表等。此外，网络舆情采集监测系统研发机构与第三方数据调查中心也被纳入网络舆情信息工作体系之中，如天津社会科学院舆情研究所等。这些社会舆情研究机构对各媒介交流平台涉及的舆论情况可以做到实时监测，有利于精准预测民众的言论走向与舆情发展趋势。充分发挥网络舆情信息研究机构的作用才能更有力地完善网络舆情信息研究机构平台。一方面，要联合各地党政机关的舆情研究部门、各高校舆情研究中心和民间知名研究机构等，完善舆情信息协作网络。另一方面，各网络舆情信息研究机构要加强与媒体的合作，针对不同的受众提供针对性的舆情处置全程服务。例如面向企事业单位时，可以制定特定区域的经济分析服务、发展改革数据库服务或辖区民意调查与反馈服务等。

2. 建立健全网络舆情监测体系

建立健全一套完整的网络舆情监测体系，是完善我国重大突发事件社会舆情信息的网络工作体系的重要工作之一。具体的实行可以从以下两个方面入手：一方面利用先进的传感技术、计算机技术、自动控制技术与无线网络数据传输技术等集成形式，构建以危险源为智能监测目标的大数据舆情信息分析平台，实现对城市舆情信息危险源音频和视频信息的有效汇集、存储与分析；同时保障舆情信息危险源生成过程中涉及的各设备设施及系统的平稳高效运行，实现对舆情信息危险源运行的安全分析、预警报警等功能②。另一方面需要按照舆情风险的分级监控与纵向管控原则，建立舆情信息危险源分级预报预警体制。通过衡量舆情信息危险源的危险指标程度，将其纵向分为一至四级预警等级③，分别对应省—市—县—企业四级舆情信息的监管机构或部门及时发出的预警信息。

3. 培育专家顾问团队

对重大突发事件社会舆情进行专业分析，专家顾问团队无疑是各大舆情信息研究机构的核心力量。完善网络舆情信息研究机构平台需要优化由各高校教授、导师等组

---

① 易臣何，何振：《突发事件网络舆情的生成演化规律研究》，《湘潭大学学报（哲学社会科学版）》，2014 第 2 期，第 74—78 页。

② 周芳检，何振：《大数据时代城市公共安全应急管理面临的挑战与应对》，《云南民族大学学报（哲学社会科学版）》，2018 年第 1 期，第 117—123 页。

③ 曾胜：《重大危险源动态智能监测监控大数据平台框架设计》，《中国安全科学学报》，2014 年第 11 期，第 166—171 页。

成的专家顾问团队，优化由各行业领袖、业界专家学者组成的社会舆情智库团队，优化由舆情管理师、舆情分析师、舆情培训师协作构建的舆情处置工作团队。通过定时的舆情信息监测，汇集舆情信息后按类别进行决策分析，有针对性地进行突发事件社会舆情的预警、风险预报、策略分析、应对处置等工作。

（三）推动公众个体合理有序参与舆情应对

重大突发事件往往引起公众极大关注，负面舆情多发侧面反映了公众参与舆情事件应对的正式渠道存在匮乏的现状。如果公众有足够多的合法渠道和方法来表达自身的诉求，维护自身的合法权益，自然就不会造成负面舆论，累积社会矛盾。与其让网络舆情汇聚形成舆论态势对重大突发事件的应急管理产生负面影响，不如积极通过各方式建立合法、合理的渠道，充分接纳公众的意愿，倾听公众的内心，让公众有序参与舆情事件的应对，形成合力。

1. 加大公民问政力度

公开问政不仅给予了公民及时了解政务信息、与政府有效沟通以及参政议政的机会，也为政府提供了一个具有强大辐射性的体察民意的新方式。推动公众个体合理有序参与重大突发事件舆情应对要充分发挥政府职能，在初见成效的广场问政、网络问政和电视问政等方式上推陈出新，注重政府官方网站以及各类交流平台的建设，充分发挥其与公众互动交流的桥梁作用。与此同时，官员面对问政所披露的问题不仅要积极落实改进，更要通过实际行动给予公众一个满意的答复，使问政的“疗效”能被看见。

2. 完善社会舆情的教育引导机制

通过加强政府宣传和推行全民社会主义荣辱观建设，增强公民的道德文明意识与法制法规常识，营造和谐有序的网络新空间，全面完善社会舆情的教育引导机制。一方面，要创新人才培养与引进的方式渠道，通过高校培养、企业培养、校企合作培养和国外引进等方式，吸纳大量技术与管理才能兼备的舆情信息采集、监测、分析等大数据专业人才。另一方面，通过加强城市舆情信息应急管理队伍中各阶层领导的体制变革和专业技能管理定期培训，分层级、有秩序地对舆情信息管理人员进行有关大数据分析处理、大数据安全管理等基本技能的培训与考核①。

3. 完善加强网络监管的法律法规建设

网络监管的法律法规建设是国家网络安全保障体系建设的核心内容，当前我国并非没有网络安全法律法规，而是相关法律法规体系建设滞后、体系不健全。近年来，互联网公司侵犯用户或第三方权益的事件频频发生，反映出来的问题不仅是相关法律

---

① 何振，周芳检，杨文：《大数据时代城市应急管理行业协作体制创新研究》，《湘潭大学学报（哲学社会科学版）》，2016 年第 6 期，第 26—31 页。

法规不够细致，也有部分网络平台不作为的因素存在。推动公众个体合理有序参与舆情应对，需要不断完善法律法规，加强网络监管，具体做到明确各网络平台的法律义务与违规侵权标准，规范网民举报方式，建设网络法律文化，对公民的网络言行加强监管并形成相关制度。

第五节　重大突发事件社会舆情应对的引导发布机制

重大突发事件社会舆情应对中，权威、透明、公开、及时的引导及发布是打破社会谣言、消除社会恐慌、增强社会信任的重要渠道。重大突发事件社会舆情应对必须建立和完善引导发布机制，要着重加强新闻媒体对重大突发事件社会舆情的正面引导发布、加大专家智库建设对重大突发事件社会舆情的科学引导、完善重大突发事件社会舆情引导发布的要求和标准、规范重大突发事件社会舆情引导发布的程序与内容和创新重大突发事件社会舆情引导发布的渠道和方式等。

一、加强新闻媒体对重大突发事件社会舆情的正面引导发布

由于舆情具有明显的互动性特征，若缺乏及时有力的引导，常常出现从众和跟风现象，不利于舆情治理。因此，社会舆情发生后，充分利用媒体进行正向舆论引导，能够起到传递社会正能量、有效化解危机的作用。

（一）主流媒体舆情引导

在整个舆论引导格局中，主流媒体一直占据着主导和核心地位。在长期的舆论引导实践中，以中央电视台、人民日报、新华社等为代表的国家及省市主流媒体，与政府就重大突发事件的报道角度、形式等具体细节展开协商，在保证不隐瞒、不欺骗的前提下，第一时间发布辟谣信息和开设专题节目，对重大突发事件进展进行随时报道、专题报道，取得了良好的首因效应。

1. 重大突发事件“第一时间”报道

重大突发事件舆情敏感而又复杂，绝大多数情况下，将在全国甚至全世界范围内带来极大的影响。主流媒体是党、政府和人民的耳目喉舌，有着极高的权威性与影响力，如果不能在第一时间做出反应，及时客观地进行全面准确的报道，那么将可能引发大众的不满猜疑，甚至会被认为遮遮掩掩，故意不报，最终使其丧失自身的公信力。因此，在重大突发事件发生后，主流媒体必须把握时机，抢占“第一时间”，及时进行舆论的正向引导。这就要求主流媒体对于舆情的反应速度要快于舆情的发展速度，要在社会舆论刚刚形成，甚至尚未形成的时候，组织专业人员对信息进行采集、挖掘，以保证信息的客观真实以及权威性。要做到能够持续不断地向公

众提供各类描述性信息，并在对公众知情权给予充分满足的基础上，以“及时、准确、公开、透明”为原则，进行信息的发布。要在保证“不遮掩、不隐瞒”的前提下，如实向公众说明重大突发事件的情况，帮助公众理清事实真相，避免舆情的滋生与扩大。

2. 报道风格贴近人民群众

作为一种较为传统的媒体类型，主流媒体有着强大的信息资源和成熟的报道机制，并且凭借其深度的报道分析和长久形成的品牌效应奠定了不可撼动的地位。但随着互联网的飞速发展，主流媒体的舆论引导力受到了一定的冲击。因此，为了有效提升主流媒体的舆论引导力并确保其引导的主导地位，相关工作人员应对其报道风格以及报道内容等进行进一步的加工完善，使之更易被公众接受。在对重大突发事件报道的过程中，相关编辑人员要注意用词的可行性及灵活性，要打破传统生硬的“说教式”“硬灌式”报道风格，用更加通俗易懂、鲜活简练的语言对事件信息及进展进行报道。在内容上，也应精准反映公众关切，要注意使重点得到突出、可读性得到提高，从而吸引公众的眼球。

3. 与新媒体共同发挥优势

近年来，随着互联网的兴起，新媒体以其即时性、海量性、全球性、互动性等特点迅速发展起来，并形成了强大的舆论场。在对新闻信息进行报道以及在对社会舆论进行引导的过程中，传统主流媒体与新媒体相互竞争，又各有优势。因此，把二者结合起来，使二者共同发挥优势至关重要。一方面，主流媒体具有极高的权威性、公信度与影响力，在对重要信息进行发布时代表的是党和国家。因此，在对重大突发事件的舆论进行引导时，主流媒体应“吃透两头”，使其党性和人民性得到高度统一。在引导过程中，主流媒体既要做到及时向公众传达党和政府的态度及决策，也应及时把民声、民意反馈给政府，使政府能够更好地满足公众诉求。另一方面，主流媒体因其互动性较差，通常情况下，不能及时把群众的意见和声音传递给政府人员。因此，主流媒体应借助新媒体的作用，利用其即时性、互动性等特点，共同推进舆情引导工作。微博、微信、公众号等作为典型新兴媒体，有着极强的影响力与号召力，主流媒体也应把握机会，对其加以有效利用，有效推动舆论的引导工作。

（二）大众媒体舆情引导

大众传媒是舆论引导的有效载体，它不仅能够承载丰富的引导信息，而且还能使引导对象在接触大众传媒的过程中受到潜移默化的影响[①]。因此，采取措施，充分发挥大众媒体的作用，对舆论的正向引导至关重要。

---

① 刘春波：《舆论引导论》，武汉大学博士学位论文，2013 年，第 173 页。

1. 通过“议程设置”引导舆论

重大突发事件发生后，政府可以通过引导大众媒体的议程设置来影响舆情，进而赢得公众的信任与支持。一方面，应加强政府与大众媒体的有效沟通，在重大突发事件发生后，立即选择具有代表性的大众媒体到现场进行采访，并为其提供各类所需信息及政府决策。大众媒体应在得到信息后的第一时间进行议程设置，并向公众告知突发事件的破坏程度、现状及危害性，从而稳定公众情绪，维护社会秩序。另一方面，大众媒体应重视议程设置的严谨性。针对重大突发事件，大众媒体应在充分了解事件真相的基础上，科学严谨地设置议题。否则，一味地为了吸引公众注意力，博噱头而胡乱设置议题，只会成为笑柄并受到公众谴责。总而言之，合理进行议程设置，是正向引导舆论的关键之一。

2. 提高新闻工作者素质水平

媒体在政府与群众的互动中发挥着信息传递的作用，其一言一行、一举一动都备受关注。因此，应提高新闻工作者素质水平。首先，提高新闻工作者的思想政治素质。在对重大突发事件进行引导时，新闻工作者需要树立正确的人生观、价值观，这就要求新闻工作者加强思想政治的理论学习，并将其运用到实践中来。此外，新闻工作者还应时刻谨记“为人民服务”的理念，以人为本，从人民群众的角度出发，为人民群众着想，做到爱岗敬业，传递人民所需要的信息。其次，提高新闻工作者的法律素质。一方面，新闻工作者需要树立法治理念，知道什么能做，什么不能做。另一方面，对新闻专业的在校大学生或研究生也应开设相关的法律课程，使他们尽早树立法律意识。此外，在具体的工作中，广大新闻工作者需要时刻谨记宪法和法律的要求，并在其允许的范围内进行舆论的引导工作。最后，提高新闻工作者的业务能力素质。重大突发事件的报道必须确保舆论导向的正确性，这就要求新闻工作者具有极强的反应能力、吃苦能力、组织能力、判断能力、口头表达能力和奉献精神等。

3. 注重人文关怀

重大突发事件因其本身的重大性、破坏性等特点，通常能够快速吸引广大受众的注意，并快速聚集舆论。作为传播文化和思想的工具，大众媒体在对其报道的过程中，应高度重视人文关怀，并将其有效融合到报道当中，以起到安抚公众、引导舆论的作用。首先，大众媒体在对重大突发事件报道的过程中，应充分尊重报道对象。一方面，要与被采访对象平等交流，无论是位高权重的政府官员，还是默默无闻的寻常百姓，都应做到一视同仁，真心实意与之进行沟通。另一方面，要充分尊重受访者的意愿。许多情况下，受访者并不愿意公开个人信息，如年龄、姓名、长相、声音等。此时，大众媒体就应在后期加以马赛克、变声等处理，并使用化名，充分保障被采访者的权益。其次，要充分考虑公众的需求与喜好。伴随重大突发事件而来的通常是各种杂乱无章、鱼龙混杂的信息，这就要求媒体工作者切实倾听、了解公众的渴望与诉求，筛选出最符合人民需要的内容，使群众的问题真正能够得到解决。最后，对于受灾人群应及时给予心理援助。对于生命财产安全在重大突发事件中遭受重创的人，大众媒体应及时采取措施，对其进行心理援助。大众媒体可以通过开通热线电话、开设报纸专刊、开设网络心理咨询室、开办电视专题栏目以及邀请心理专家等方式对受灾人群进行免费心理疏导。受灾人群可依据自身情况选择“面对面心理疏导”或是“网络心理疏导”，对测试结果不乐观的人群应及时进行二次疏导，并在后期对其进行持续的跟踪观察，保证每个人都能拥有一个良好的心理状态，以使舆论能够往一个好的方向发展。

（三）网络媒体舆情引导

随着信息化和经济全球化进程的深入，互联网融入经济和社会生活的方方面面。中国互联网迎来了前所未有的技术和产业变革机遇，给当前舆论引导工作带来了新的机遇和挑战。现实的舆论生态要求的多元化、全方位、多层面舆论引导新格局正在形成并不断完善，网络媒体的舆论引导成为健全我国当前舆论引导新格局的关键一步、重要一环。

1. 加强政务新媒体建设

加强与公众的沟通，并且能够对传播的方式、途径等进行管理，可以有效地化解社会危机。因此，作为舆论引导的主体，政府应着重加强政务新媒体的建设，通过微博、微信公众号、百度贴吧、博客、BBS 等渠道，以网上讨论的热点问题为依据，对相关问题及时进行披露，并积极刊发有深度、有说服力的文章，以此来引导正确的舆论导向，从而促进健康网络风气的形成。欲加强政务新媒体建设，政府相关职能部门需要加强微博、微信、客户端等“两微一端”的建设、运营与维护，建立自己的官方微博、微信公众号等，并安排专人进行管理，对权威信息进行及时发布，及时回答网民的疑问、处理网民的诉求。政府部门还可以开设相关的网站，重大突发事件发生后，在网站内开设专题栏目，对事件的进展以及政府部门的决策持续不间断地进行播报，让网民随时可以了解最新的情况，并在此基础上实现与网民的良好互动，提高自身的公信力和亲和力。在舆情引导工作中，政府还应与网络媒体建设互惠互利的关系，掌握舆情引导的主导权。

2. 加强部门间联动性与分工协作

重大突发事件发生后，加强舆情管理部门分工合作是正确引导舆论的关键之一。当前，我国正处于社会矛盾多发期，舆情事件的背后往往对应着特定阶层的利益诉求，仅凭借某一部门很难解决好问题。因此，舆情的引导和管理需要聚合各部门的力量，使之得到合理的组织与协调，加强部门之间的联动，按照条块结合、资源整合和降低成本的要求，充分利用和有效发挥现有资源的作用，保证各部门间的联系顺畅和协同作战[①]。现阶段，我国各部门间存在分散割据、各自为营的现象，在很大程度上阻碍了

---

① 王灵芝：《网络舆情引导与政府治理创新》，人民出版社 2017 年版，第 218 页。

政府舆情引导工作的顺利展开。因此，加强部门间的联动性与分工协作至关重要。首先，应加强各地区、各部门间的联系。政府部门可以建立统一的管理机构，对决策部门、司法部门、宣传部门以及其他相关机构进行统一管理，并明确他们的分工和责任，使他们能够各司其职，高效率进行舆情引导工作。其次，应建立信息传输机制，实现信息在各部门间的共享。最后，各部门应统一对外的信息发布口径，确保舆情信息发布及时、准确和透明，保障公众知情权。

3. 发挥网络“大 V”引导优势

近年来，随着信息技术的发展，微博、微信等新兴媒体在社会舆论场中迅速占据重要地位。一些粉丝数量庞大的网络“大 V”也随之出现，他们凭借着巨大的影响力、号召力成为传播力量体系中不可忽视的意见领袖。习近平总书记指出，互联网日益成为意识形态斗争的主阵地、主战场、最前沿。网上负面议论少一些，对我国社会发展、社会稳定、人民安居乐业只有好处没有坏处。因此，应发挥网络“大 V”的优势，做好舆论的引导工作。首先，政府部门可以主动培养网络“大 V”，并让其在特殊时刻如重大突发事件发生后发挥作用。其次，应使网络“大 V”“为我所用”。政府部门应与部分“大 V”建立良好合作关系，尤其是在重大突发事件发生后，可主动为他们提供相关信息，利用他们的影响力引导舆论。最后，网络“大 V”有着强大的受众群体，他们往往具有较强的亲民性、互动性，政府部门可充分利用其这一特点，以达到稳定人心、引导舆论的效果。

4. 加强网络舆情法律建设

网络舆情危机是网络民意的一种体现，由于互联网具有自由性、便捷性、虚拟性[①]，因此只有通过法律才能对谣言的制造者、传播者加以惩罚，维持良好的网络舆论环境。尤其重大突发事件的舆论引导本身作为一个信息传播和管理的过程，必须从法治建设上给予外在动力，才能促进舆论引导机制的有效运行。一方面，要完善网络舆情的依法治理，充分保障人民群众的权益，坚持平等、自由、开放的原则，确保每一个人的言论自由。另一方面，应明确各个部门的职责，并对未履行好职责的相关部门工作人员进行行政问责，以确保每个人都能按照法律法规的规定来进行舆论的引导工作。最后，要依法规范网民的行为，对恶意散布虚假消息、侵犯他人权益、危害国家利益、违反相关网络管理规范的行为，有关部门要依据情节轻重及危害程度，依法追究其法律责任，为和谐社会的构建创造良好的网络舆论环境。

二、加大专家智库建设对重大突发事件社会舆情的科学引导

“舆论引导”是中国特色新型智库的五大功能（咨政建言、理论创新、舆论引导、

① 王灵芝：《网络舆情引导与政府治理创新》，人民出版社 2017 年版，第 202 页。

社会服务、公共外交）之一[①]。作为一种新的传播主体，中国特色新型智库在引导社会舆论方面，应当有所作为。

（一）保障专家引导科学性

专家学者因知识储备和实践经验充足，能够对重大突发事件予以解释分析，给出科学的决策建议，并凭借其专业性与权威性，赢得大众信任。因此，在应对重大突发事件引发的舆情时，专家学者应主动梳理出公众与舆论群体关注的问题，并提出建议，作出科学引导。以新冠肺炎疫情为例，针对疫情形势，相关专家们就公众关心的话题，给出了科学有效的建议，提高了公众的意识，稳定了民心，为我们正确对抗新冠肺炎疫情提供了有效的保障。

1. “新型冠状病毒肯定人传人”——钟南山

作为重大的突发性公共卫生事件，新冠肺炎疫情在最开始并没有得到高度重视。2020年的元旦，人们沉浸在新年的喜悦氛围中，丝毫未受病毒的影响。2020年1月20日，在与央视的连线中，钟南山院士一锤定音的“新型冠状病毒肯定人传人”终于引起了极高的关注，民众防范病毒意识也得到了极大的提高。全国各地民众开始有意识减少出行，出行必戴口罩，尽量避免与人接触，勤洗手，勤消毒，这对新冠肺炎疫情的控制起到了显著的作用。“没什么特殊情况，不要去武汉”，也正是钟南山院士的建议，及时阻止了很多将要迈入武汉的步伐，避免了新冠肺炎疫情的进一步扩大。在新冠肺炎疫情面前，钟南山院士以他的专业性及奉献精神，给人民群众提供了科学正确的决策引导，也为病毒的控制作出了突出的贡献。

2. “武汉封城刻不容缓”——李兰娟

在新冠肺炎疫情大肆蔓延的情况下，在形势最为严峻的武汉，许多人开始“出逃”，连夜撤离武汉，去往全国各地，这给疫情防控工作带来了极大的考验，也引起了其他各地民众的恐慌。“我都忍不住海南话飙起来骂，海南偏僻小地方都不放过，病毒已经传开了还恶意来各个地区。”“人都是自私的，既然你们有可能携带病毒自私地逃出省，那么我们也能自私地不欢迎你们!”一时间，微博等平台上议论纷纷，愤怒恐慌充斥着每一个人。为了有效防止此种情况的持续发酵，1月22日，李兰娟院士率先提出“封城”建议：在新冠肺炎疫情防控时，市民不得进出武汉。此决定的提出及执行给民众吃了一颗定心丸，有效地减少了恐慌。后经证明，如果武汉晚封城5天，那么感染的人数将至少翻倍。李兰娟院士用事实向大众证明，防范新冠肺炎疫情刻不容缓，“封城”迫在眉睫。这也使事不关己的人们纷纷重视起来，防范意识得到了极大的提高。正是因为有李院士给出的合理的建议、科学的引导，才更好地稳定了民心，保障了社会的稳定、人民群众的生命安全。

---

① 肖昊宸：《智库要着力发挥舆论引导功能》，《中国社会科学报》，2016年7月12日，第001版。

3. “在家不是隔离，是在战斗”——张文宏

新冠肺炎疫情给人们的日常生活带来了极大的影响，“好好在家莫乱跑，传染肺炎不得了”“不串门就是最好的防护”“不聚餐是为了以后还能吃饭，不串门是为了以后还能走亲戚”“以前蒙面像坏人，现戴口罩好邻居”等标语遍布大街小巷。许多小区规定，每家每户每两天只能派一个人出门采购生活必需品，许多村庄的大喇叭里也一遍一遍广播出门的危害。不能出门、不能聚集，长久在家的无聊生活使得很多人产生了负面情绪，愈发焦躁不安。此时，上海复旦大学附属华山医院张文宏医生的“你在家不是隔离，是战斗，每个人都是战士，争取两周把病毒闷死”一席话极大地鼓舞了广大人民的士气，给了全国人民对抗新冠肺炎疫情莫大的希望与信心，增强了人们的参与感与荣誉感，使每个人坚信只要自己严格服从决策，胜利就在不远方！

（二）提高专家素质

专家凭借其专业性、前瞻性和权威性，具有较高的话语权，尤其是在重大突发事件发生后，专家们的话往往被誉为“金玉良言”，深受群众信赖。因此，专家应切实提高自身素质，科学地引导舆情，稳定民心。

1. 增强专家工作严谨性

多克托罗夫等认为，专家是指：第一，从事各方面社会问题研究的专家；第二，负责解决社会问题的社会研究机构代表；第三，负责从事有关社会问题方面公众舆论工作的人员①。通常情况下，在重大突发事件发生后，专家应凭借自身的专业性与权威性，针对公众关心的话题，给出科学严谨的解释与建议，为公众解疑释惑，切实解决公众的问题并满足其需求。但是，仍有许多专家为了尽快“邀功”，而忽略了其工作的科学性、严谨性，造成公众盲目跟风，从而引起混乱。如2020年1月31日晚，一则由上海药物所、武汉病毒所联合发布的“中成药双黄连口服液可抑制新型冠状病毒”消息瞬间刷爆微博、微信等社交软件。一时间，人们激动不已，奔走相告。京东、淘宝等App上双黄连口服液瞬间售罄，甚至双黄莲蓉月饼也被抢售一空，更有人连夜在药店门口排起了长队。生活在新冠肺炎疫情恐惧中的人们仿佛看到了希望。然而，喜悦并没有维持多久，2020年2月1日，各大媒体纷纷辟谣：双黄连口服液就是一种普通的中成药，一般适用于咽喉疼痛、感冒等症状，对新型冠状病毒并没有明显的预防作用。希望落空，人们开始愤怒指责，甚至引发了“利益链”等舆论。在未经临床试验和动物实验的情况下，相关专家得出的这一简单结论没有经过严谨的验证便急于发布，不仅造成了民心的动荡，更是对自身名誉与权威造成

---

① 多克托罗夫，濮顾义：《专家咨询是研究社会舆论的方法》，《现代外国哲学社会科学文摘》，1986年第11期，第45—46页。

了一定的损害。因此，相关专家在发表建议看法时，不仅要看重速度，更要注意其科学与严谨性。

2. 培养专家责任感与奉献精神

重大突发事件由于爆发突然，会在短时间内迅速聚集大量相关舆情，且其波及范围通常并不局限于某一区域，而会在全国甚至全世界范围内引起关注。因此，为了快速应对舆情，代表着专业与权威的专家应以身作则，增强自身责任感，树立榜样作用，使受众产生共情，从而把控舆论风向。以新冠肺炎疫情为例，作为收治新冠肺炎患者的重点医院武汉金银潭医院的院长，张定宇还有一个鲜为人知的秘密，那就是他是一名渐冻症患者。"我必须跑得更快，才能从病毒手里抢回更多病人。"在身患绝症、妻子也被感染的情况下，他仍连续数天奋战在抗疫一线，并且在妻子痊愈后，为了让更多病人得到救治，他带头劝说妻子捐献血浆。这也让越来越多的康复患者加入捐献血浆的大军中来，为新冠肺炎的治疗带来了新的希望！张定宇院长对工作的责任感以及其无私奉献的精神感染并影响了无数人，同时也起到了稳定民心、鼓舞士气的作用，使更多人战胜了恐慌，看到了胜利的曙光。

3. 提高专家专业素养

重大突发事件发生后，通常会对民众的生活产生较大影响。尤其是在事件发生初期，由于缺乏相应的准备，民众受到的冲击较大，易引发社会混乱。此时，就要求相关领域的专家凭借其专业性与权威性，"硬核"发声，为民众解疑释惑，引导其树立正确的认识，合理疏导其负面情绪。如在国内新冠肺炎疫情已被基本控制的情况下，境外输入是否会引起国内疫情的二次爆发就成了人们最为关注的问题。就此问题，钟南山院士凭借其自身过硬的专业素养，在接受央视记者采访时，做出了判断："我估计国内疫情不会出现第二波高峰。我不相信在我们这么强有力的措施下，会出现大的爆发。"这一回应有效缓解了人们的恐慌，也增强了民众对专家的信赖感。相反，如果专家缺乏专业素养，那不但会引起民众的不满、愤怒，也会引起民众对专家严重的信任危机。如三聚氰胺事件，在"塑化剂""三聚氰胺"两种物质有毒已经被社会公认的情况下，北京大学教授李可基仍坚持这两种物质"无毒无害"。这种缺乏专业性、有悖科学的话在社会上引起了极大的负面影响，不仅使民众的愤怒加剧，更令其被嘲"专家"变"砖家"。由此可见，专家应深入其研究领域，注重加强专业素养，牢固树立自身专业性与权威性。

（三）健全智库舆论引导机制

目前，在我国的舆论引导机制中，智库的地位还较为缺失。尤其是在重大突发事件发生后，民众渴望智库能够给出专业、权威的意见，但通常并不能如愿。因此，为了积极推动智库引导舆论，发挥正能量，应健全智库舆论引导机制。

1. 提高智库舆论影响力

中国特色新型智库建设的核心就是不断提升智库能力、扩大智库影响力①。作为思想产品的制造者和传播者，智库主要是通过思想产品来向社会提供智力服务。重大突发事件发生后，为保证智库能充分发挥作用，正向引导舆论，应采取措施，提高智库的影响力。首先，可以加强智库与网络媒体的合作。通过网络媒体，将智库的研究成果发布出来，从而吸引眼球，提高自身的影响力。其次，智库成员们可以定期接受电视访问，利用电视节目传播智库声音。再次，可以将智库的决策成果通过报纸杂志等发行出来，增加曝光度。最后，可以通过开展学术会议、跨区域合作等，交流学习，传播智库研究理念及成果。总而言之，通过上述几种方式，能够显著提高智库影响力，从而有效引导舆论。

2. 加强智库间相互合作

加强不同区域、国家间的智库相互合作，有利于智库间信息共享，从而共同商讨出更加科学合理的决策。尤其是重大突发事件具有突发性、复杂性、多变性、危害性等特点，及时制定出科学合理的方案，有利于有效引导公众的讨论方向，使舆情向符合社会主流的方向发展。如此前新冠肺炎疫情在全世界绝大多数国家造成恐慌，而中国在其应对方面取得了积极的成效，有着相当丰富的成功经验。因此，中国大方地向其他各国分享自己的经验，帮助各国共同抗击新冠肺炎疫情。如 2020 年 3 月 27 日上午，钟南山院士与美国方面的专家进行视频连线，就新冠肺炎疫情的抗疫经验和诊疗情况进行合作研讨，中国的行为赢得了国际社会的好评。新加坡国际事务研究所高级研究学者胡逸山评价："中国在防控疫情方面采取了最佳措施，并在扭转疫情后的短时间内向其他国家提供援助，为全球抗疫合作开了好头。"法国外交部长勒德里昂认为："中国正逐步控制住新冠肺炎疫情，现在又向我们提供援助，这是国与国之间团结互助的典范。"中国与国外智库的合作，积极地转变了舆情态势，有效缓解了各国人民的恐慌，稳定了民心，不仅向世界各国展示了中国的大国风范，更有利于全世界共同抗击新冠肺炎疫情，维护社会稳定，实现人类的持续发展。

3. 加强与公众互动沟通

重大突发事件发生后，加强与公众的互动沟通，对于智库正向引导舆情至关重要。在舆情引导中，专家智库不应只充当决策方，单纯地向社会公众发布决策信息，更应通过第三方平台如微博等与公众沟通，聆听公众意见，鼓励公众发表建议看法，切实了解公众需求，使公众参与到决策中来。专家智库也应在与公众交流中赢得民心、与公众沟通中达成共识。此外，专家智库还应注意信息传递的准确性、及时性。只有第一时间给公众呈现最有价值的信息，才能赢得公众的信任，从而增强专家智库的专业性与权威性。不仅如此，我们应该完善信息披露机制，及时、真实地向公众传达信息，

① 中央人民政府门户网站：《关于加强中国特色新型智库建设的意见》，2014 年 12 月 30 日。

切实向公众说明哪些是我们已经掌握的信息、哪些是正在研究中的信息以及哪些是之前判断错误的信息，要做到对公众不隐瞒、不乱报。只有这样，才能增强公众的信任感，使公众愿意沟通，主动参与到决策中来，最终使舆论流向有利于社会发展的方向。

三、完善重大突发事件社会舆情引导发布的要求和标准

重大突发事件发生后，各级政府部门必须及时发声、主动公开、精确施策、科学应对，确保信息公开透明，建立健全规范化、标准化、制度化的引导机制。

（一）主动性

在重大突发事件社会舆情治理中，充分发挥政府部门的主动性能够有效防止谣言的传播，减少公众的恐慌并延缓危机，主要体现在政府主动发布信息、主动与公众进行沟通等方面。

1. 政府主动发布信息

政府部门及其职能机构会根据发现的民意，积极观察公众舆论、监督公众舆论并通过互联网积极主动披露信息，有效地减少“官方舆论”和“民间舆论”的差异。例如，2014年4月18日下午，在越南与中国边境城镇的入口发生了严重碰撞，至少有五名中国人和两名越南边防军被杀害。在许多相关者调查暴力纠纷并了解事情的真相后，市委宣传部门首先通过一个官方的认证账号发布了正式公告，公布了此案的真相并驳斥了谣言。随后，国安、维稳、公安等部门也通过微博认证账号、微信官方账号等官方账号进行跟踪和发布，各媒体也纷纷进行发布置顶，扩大了事实真相的传播力度。随着谣言被官方公开驳斥以及国内主要媒体转发了事实报道，国内的负面声音逐渐减少，中立报道逐渐增多，网络舆情已经得到了有效控制。

2. 政府主动与公众进行沟通

不断创新，做好群众工作，畅通基层群众诉求表达渠道，不仅保持了党的优良传统，而且适应了新形势。首先，主动披露重大突发事件，切实保障公众的知情权。重大突发事件与普通民众的利益息息相关，备受关注。因此，需要及时宣布重大突发事件的原因、调查程序和调查结果，让公众参与、评论和思考。其次，积极搭建各种表达平台，拓宽公众诉求表达渠道。除了整合各种在线邮箱、热线电话和其他申诉载体之外，我们还需要关注系统创新，并不断拓展基层申诉的表达渠道。最后，建立大规模的监督体系，提高监督能力。尊重和保障基层话语权的真正含义在于人们的言论是否有效。在此基础上，政府部门及其职能机构应根据公众利益需求，积极观察公众舆论、监督公众舆论并通过互联网积极发布信息，在谣言正式出现之前，防止分离“官方舆论”和“民间舆论”，积极抓住舆论的主导地位，准确指导舆论①。

① 人民网：《不断畅通群众诉求表达渠道》，2013年8月5日。

（二）及时性

及时发布可靠的信息是解决危机的好方法。政府的首次公开披露可以增强公众对政府的信心，并减少重大突发事件造成的损失。

1. 及时发布相关信息

政府使用网络媒体发布重大突发事件的相关信息，这使公众能够及时了解这些信息，还原事实真相，并有效地打击网上谣言。网络可以突破时空的界限，几乎可以立即在世界范围内传播信息，在重大突发事件刚发生时，许多新闻都是谣言和错误消息，有些是恶意传播，有些没有证据，有些则是合理的猜测。当无法确定其真实性时，公众持一种“宁可信其有”的态度，使谣言越传越烈，但这一定程度上也是人的本质。此时，政府需要及时发出声音来帮助人们了解真相。2011 年 3 月，日本发生了三场重大灾难，包括 9 级地震、海啸和福岛核泄漏，使邻国的许多人“如履薄冰”，中国出现了“抢盐潮”，邻居的问候已经变成“买了盐吗”。地方政府在第一时间使用在线平台及时向公众辟谣，以抚慰人们并告诉他们不需要抢购食盐，及时发布相关信息，有效地解决了重大突发事件造成的舆情危机。

2. 及时更正、补充信息

重大突发事件社会舆情发生的时间通常是不确定的或高度隐蔽且不可预测的，这使得政府部门很难确定事件的真相，并且在危机初期很容易偏离事件的原始轨迹。因此，在事件的早期阶段，政府部门直接公开的信息可能不成熟或不完整。这就要求在后续行动中，政府部门要继续补充和纠正先前发布的不成熟部分，在监测和验证后提供信息，并及时发布，帮助人们及时调整心态并应对危机。面对重大突发事件，除了认真披露国家信息外，其他紧急信息的披露还必须坚持真理和客观的原则，及时将案件的真相告知公众。

（三）准确性

当公众面对重大突发事件而感到潜在的危险和威胁时，政府应该帮助他们明确事实真相，正确识别网络错误信息。为了保护公众的知情权，政府应向所有人公开准确的信息，防止虚假报道和遗漏。

1. 公布全面真实的信息

一方面，除必须依法保密且不得向公众披露的信息外，政府应无条件披露所有相关信息，包括事件的进度、危险、影响和采取的措施以及政府的努力、社会和公众要考虑的事项、事件响应方面的经验教训等。另一方面，充分而全面地披露还意味着，政府不仅需要披露积极信息，还需要披露消极信息，并且必须以诚实的方式披露全面的信息，确保人民对危机事件有全面的了解，并得到人民的理解和支持。实际上，随着通信技术的发展，垄断信息资源并隐藏事件的真相是不可能的。如果隐瞒，只说几句无关紧要的话，只能对公众留下“心虚”的印象，这会增加怀疑和不满，并助长危机。错误的信息不仅不能控制谣言，而且还会加速谣言的传播①。政府发布的信息必须是真实的问题，是已经发生和正在发生的真相，数据必须是可靠的。因此，无论是正面信息还是负面信息，政府披露都必须真实准确，不应该用虚假信息愚弄人民，不应夸大或减少紧急情况的披露，而应根据案件的真实情况真诚披露。

2. 准确公开应急信息原则

《中华人民共和国突发事件应对法》第十条规定有关人民政府及其部门作出的应对突发事件的决定、命令，应当及时公布；第五十三条规定履行统一领导职责或者组织处置突发事件的人民政府，应当按照有关规定统一、准确、及时发布有关突发事件事态发展和应急处置工作的信息。该法第五十四条、第六十五条与之相呼应，规定了任何单位和个人不得编造、传播有关突发事件事态发展或者应急处置工作的虚假信息；违反本法规定，编造并传播有关突发事件事态发展或者应急处置工作的虚假信息，或者明知是有关突发事件事态发展或者应急处置工作的虚假信息而进行传播的，责令改正，给予警告；造成严重后果的，依法暂停其业务活动或者吊销其执业许可证；负有直接责任的人员是国家工作人员的，还应当对其依法给予处分；构成违反治安管理行为的，由公安机关依法给予处罚②。

（四）权威性

政府在面对重大突发事件的舆论引导时，需要及时发布科学解释，有效应对舆论，要同时发布权威的解释性稿件并组织专家撰写解释性文章，从而起草计划并设定主题。

1. 通过权威的渠道发布舆情信息

公众强烈要求政府机构提供可靠的信息，其他信息将失去市场，政府将主动发布危机信息。有关组织和机构的政府官员或发言人根据相关事实的澄清和披露，对重大突发事件和紧急情况的评估或评论，代表了政府及社会责任主体在处置重大突发事件中所持的立场、观点。这是由作为社会管理者的政府或相关组织机构直接发出的评论，其话语的权威性也最强，能够形成较强的舆论反响，对重大突发事件的舆论走向起到有效的引导作用。官方评论可以通过事实信息和意见引导的有机结合，形成传播的强势效应。例如，在汶川和玉树发生地震灾害时，政府通过新闻媒体、官方在线平台和移动设备，及时提供有关灾害状况、救援状况、伤亡状况、受害者的生活状况、医疗状况等的信息，以回答公众最关心的问题，并使全国人民能够合作应对自然灾害。

---

① 王春业：《突发公共事件中谣言传播与政府信息公开》，《政法论丛》，2009 年第 2 期，第 84—88 页。
② 中国政府网：《中华人民共和国突发事件应对法》，2007 年 8 月 30 日。

2. 做到发布内容的权威性

在发布信息之前，政府应仔细收集和筛选信息。重大突发事件非常复杂且具有不确定性，要收集有关重大突发事件的全面、真实、有用的信息并不容易。在媒体化社会中，政府在重大突发事件发生后的三个主要领域收集信息：一是新闻媒体以新闻报道的形式发布的信息，二是公众通过各种渠道反映的信息，三是管理系统提供的舆情信息。这些不仅信息量巨大，而且非常复杂，政府管理者必须区分事件的真实、重要信息与虚假或无关的信息，通过收集和分析此信息，可以对有用、真实的信息进行分类，发布重大突发事件的权威内容，以指导媒体和公众，使他们正确认识和理解重大突发事件，降低舆情产生的可能性。

3. 加强权威性的措施

发生重大突发事件的情况下，政府需要丰富信息披露的形式，要进一步丰富信息发布形式，发布权威公正的声音。在发布形式上，除了将纯文本用于信息公开和发布之外，还需要进一步利用各种3D文本，例如文本+图像、文本+演示文稿、文本+视频、文本+链接。在语调方面，尤其是在舆论发展的后期，可使用活泼鲜明的音调来避免僵化和单一的表达，丰富互联网元素的使用。这些措施不仅能提高政府权威信息的说服力和可信度，还使网民可以对事件的最新进展有全面的了解，从而避免信息匮乏和信息缺位产生的谣言。英国在这方面具有较好的经验，该国政府部门高度重视发布重大突发事件信息的权力，通常采取一定措施来增强重大突发事件信息的权威性，包括安排有关部门的高级官员参加重大突发事件信息发布，以提高公信力；密切关注专家演讲，并通过专家演讲获得公众信任等。

四、规范重大突发事件社会舆情引导发布的程序与内容

规范重大突发事件社会舆情引导发布的程序与内容应进一步加快应急信息平台建设进度和加大管理力度，加强媒体建设，严格社会舆情信息发布审核程序，把好平台关，逐步实现重大突发事件应急过程和社会舆情管理过程可视化、公开化和透明化。

（一）加快应急信息平台建设进度和加大管理力度

政府要加快应急信息平台建设进度，让应急信息平台尽快服务于社会舆情的治理，另外要加大管理力度，使建成的应急信息平台能更好地服务于社会舆情治理。

1. 以应急管理业务流程为导向

通过审查和分析以适应当前情况，促进应急管理改革与创造，不能只是为了完成当前的工作，还要提前做好应对未来技术革新与应用的准备，不断提高应用水平，增强应急平台的技术①。在业务功能方面，国家应急平台支持语音、数据、视频和其他服

① 龙彧：《关于推进国家应急平台建设的建议》，《中国工程科学》，2009年第9期，第87—90+96页。

务的传输，用于日常的应急管理和突发公共事件的应急处理、信息收集、风险监控和预防，并具有预警、智能解决方案、命令和交付、信息管理、全面的业务管理和模拟演练等功能。应急管理是一个过程，是相互之间的协调过程，各级政府和部门的管理，可以根据需要进行调整。需要关注需求，但不仅仅是满足当前的应急管理需求，还要充分协调当前和长期的政府业务流程以及信息技术发展所产生的变化。

2. *要统筹规划，分步建设*

国家应急平台是一个非常庞大、复杂的系统（见图5－3），涉及各级政府和部门，地区之间存在巨大差异。每个部门的特殊应急指挥系统具有不同的特征和模式，同时，涉及各种子系统，例如通信、硬件、软件和命令字段，这些特征需要重点关注，并在构建平台和用大中型城市辐射驱动周边区域时改进演示。对于技术实力相对较弱或运行条件相对较弱的地区，可以在条件较成熟的地区采用试点示范方法，使其成为地方和市政应急平台的领导者①。通过统筹规划和分步建设，加快应急信息平台的构建，以更好地规范治理重大突发事件社会舆情。

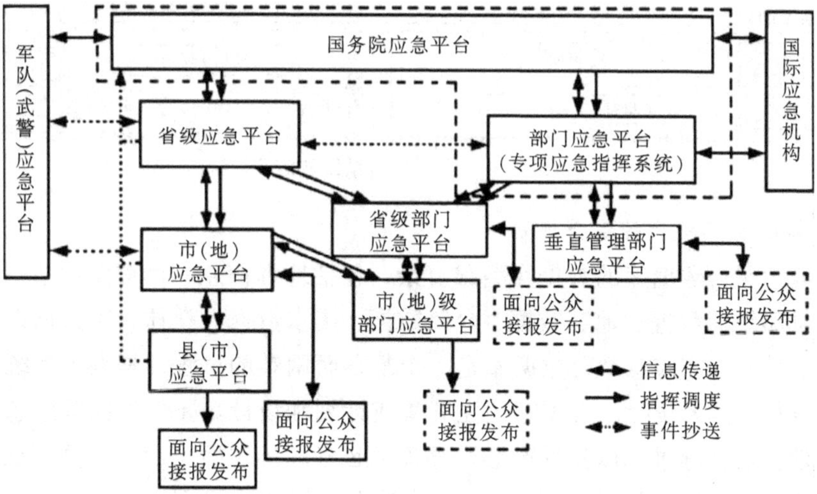

图5－3　国家应急平台②

3. *充分利用现有资源*

重大突发事件中的舆情治理实际上是从正常的政府工作到异常的工作的过渡，依靠政府基本网络和政务应用系统的各类资源，运用多种技术工具来扩展和提高资源利用率，同时根据应急计划和辅助决策分析模型，向政府提供舆情应急决策。从系统配置的角度来看，应急平台（见图5－4）具有三个主要方面，包括信息支撑平台、决策支持平台、应急指挥平台，这些子平台中的大多数都可以从已经形成的电子政务平台进行扩展和改进，通过最大限度地利用专业应急系统，如现有的公安、卫生、安全生

① 龙彧：《关于推进国家应急平台建设的建议》，《中国工程科学》，2009年第9期，第87—90+96页。

② 龙彧：《关于推进国家应急平台建设的建议》，《中国工程科学》，2009年第9期，第87—90+96页。

产等应急系统的经验以及软硬件平台、数据库等资源，可以显著降低建立国家应急平台的成本，此外还能够提高施工速度，解决相关系统集成的问题，大大提高舆情治理的整体效率①。

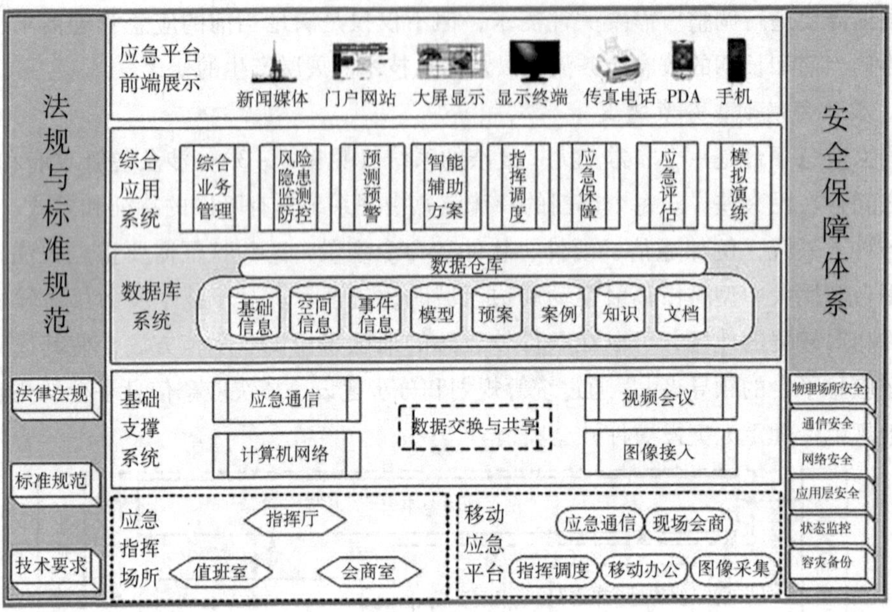

图 5－4　应急平台系统构成②

4. 重视数据库平台的综合规划

国家应急平台数据库的数据类型很复杂，包括地理信息、远程图像数据、社会经济数据、健康统计数据、地震数据、台风数据、用水数据、森林火灾数据以及其他类型的数据。建立国家应急平台数据库是一个复杂而困难的过程，是整个系统设计的主要环节。开始构建系统时，必须密切注意集成计划和设计。要创建国家应急平台数据库，必须建立数据标准，以指导中心数据库的创建，确定数据源、数据特征、各种类型数据的收集、传输与分析的内容、系统中涉及的标准化级别。总之，创建稳定的中心数据库模型是系统开发的基础。这也是避免系统数据冗余或不一致的有效方法，并且是有效数据存储的基础。在数据存储方式上，根据国家应急平台和数据的特点，建议结合使用集中式存储和分布式存储。集中存储常用的基本信息以及重要的地区和部门数据，例如基本数据、空间数据、实时数据、模型数据、计划数据、知识数据、案例数据和文档数据，在集中式数据库中存储，其他数据存储在各个地区和有关部门的数据库中。此外，由于国家应急平台的容量非常大，因此，在平台规划之初考虑使用数据时，需要使用一些数据来建立数据仓库。数据仓库和数据挖掘技术可以识别大数

① 龙彧：《关于推进国家应急平台建设的建议》，《中国工程科学》，2009 年第 9 期，第 87—90＋96 页。

② 龙彧：《关于推进国家应急平台建设的建议》，《中国工程科学》，2009 年第 9 期，第 87—90＋96 页。

据的存储，从而有助于控制舆论①。

5. 各部门的协调和接口的标准化

国家应急平台是一个典型工作系统，由不同管理级别和不同业务系统的工作单元组成。如果每个部门在每个级别的职责都明确并且没有数据阻塞，则可以建立一个强大的保修系统。但是，从管理此系统的角度来看，许多级别的服务都需要具有有效的使用形式，并且必须得到有效、透明和畅通的信息系统的支持。因此，国家应急平台需要考虑动员多个部门，在最短的时间内协调和采取行动，以有效解决重大突发事件。这需要信息和资源的集成，并且一旦信息和资源合并，部门之间便可以一起工作。为了加快应急信息平台的建设，有必要增加网络连接和各种系统的共享以及应急数据的共享。通过解决分发紧急信息的问题，我们可以保证科学、及时的紧急决策是真实有效的。通过试点示范项目的建设和实践，有必要逐步建立宣传和使用的规范。这样的标准和规范更加科学合理，更加有意义。

（二）加强媒体建设

使用政务微博、微信、移动客户端等来发布舆论信息，实现互动交流，并提高信息披露的及时性和适当性。最大化各级政府门户网站、电视、报纸和其他媒体的力量，以打开舆论专栏，缩短舆论披露周期，并提高披露效率。

1. 主动搭建信息互动平台

利用微博和微信等媒介及时发布网民对灾难和救援所关注的信息，并建立官方与市民互动的平台。在现代，新媒体与紧急事件之间的关系越来越紧密。从传染病防控抗疫到抗震救灾，从暴雨洪水救助到强烈台风的预警，新媒体是重要紧急情况发布的第一道通道，许多人通过新媒体发布安全消息，以传递积极能量，收到信息后，各方迅速开展救援行动，方便快捷的新媒体在重大突发事件发生时显示了其实时更新和快速传播的能力。此外，诸如政府微博之类的信息交互平台的出现，已经解决公众舆论在适当时候提出的一些问题，帮助网民有效地识别错误信息。

2. 发挥新闻发言人的作用

各级政府和政府机构必须注意发言人的作用，创造使其充分行使权力的良好环境。为加强队伍训练，建议做好以下工作。首先，严格选择发言人。建议国务院新闻办公室建立甄选标准和方法，应用新闻发言人制度的政府和政府机构应结合该部门的特点，筛选出合适的发言人和备选人。其次，加强发言人培训。在第一次培训的基础上，逐步进行二次培训，以提高发言人的整体水平。再次，增加发言人的表现机会，召开新闻发布会，让发言人在实践中获得更多机会，取得更好的进步。最后，培养专职新闻发言人。新闻发言人不同于普通的发言人，他们要将全部时间专注于政府新闻策略，

---

① 龙彧：《关于推进国家应急平台建设的建议》，《中国工程科学》，2009 年第 9 期，第 87—90 + 96 页。

进行细致的研究。在中宣部和国新办的部署下，上海市有着扎实的执行力。2003 年，它成为全国各省级政府中第一个引入新闻发言人制度的城市，并逐步覆盖了市委、市政府、区委、区政府。作为现场新闻发布会的补充，网络发布和书面发布更加强调了时效性，体现了权威性，抓住机遇、确定分寸、着重效果，做到适时、适度以及适当，强有力地维护了政府的形象，有效体现国家和上海改革发展的重大成效，在重大突发事件舆情处置方面进行转型升级，取得关键成果。①

（三）严格发布审核程序

确保新媒体平台的信息发布审核程序的严格性，有利于确保信息来源的权威性和信息内容的准确性。对在新闻发布和政务舆情回应工作中违反宣传纪律、不遵守相关规定和程序，造成不良社会影响的单位和个人，要严肃追责问责。

1. 建立舆情风险信息审核制度

到目前为止，许多研究人员都强调舆论反应的速度，例如所谓的“黄金时段”，需要迅速管理舆论，但不能盲目强调特别迅速的反应。通常，民意的恶化是“快速”问题造成的，快速的盲目追求会适得其反，使公众舆论愈演愈烈，地方政府更加难以处理。因此，迅速反应的前提和基础是科学研究和判断，有必要建立舆情风险信息审核制度，将事件管理部门和舆论管理部门合并。前者主要研究舆论反映的内容的可信性、法律处分的程序和可能性、结论、回应内容的重要准备等，后者主要研究舆论环境、舆论焦点的判断、口径的制定、可能的结果等。此外，联合判断需要使用第三方力量，尤其是意见管理专家。一方面，即使是从事舆论管理并具有较高公共素养的当事人也可能受到各种因素的限制，例如，看问题片面或无法中立地分析问题。另一方面，长期的公众舆论跟踪和调查，使第三方舆论管理专业人员可以把握整个特定舆论信息的基本趋势，并基于舆论环境和事件本身进行客观分析，有助于政府规避风险并回应舆论。

2. 建立舆情风险联动机制

现代治理理论的一个重要方向是强调治理主体的多中心性以及不同治理主体之间的相互作用和协调。在新媒体时代，由于网络的快速传播，仅靠政府的力量难以高效解决舆情事件。借鉴现代治理理论中的相互作用和协调思维，在处理舆情的过程中，必须重视公众的作用。第一，必须提高党委和政府的治理能力。党委、政府要正确理解健全的思想舆论在民主政治建设中的关键地位，创新和促进民主表达的渠道，使人们的言论表达更加顺畅。需要改进舆论衡量手段，以便更全面地表达观点，将新媒体转变为政府和公众互动、交流信息和解决风险的平台。第二，加强社会组织的治理责任，充分利用社会各组织和团体联系公众，确保社会组织积极引导舆论问题、稳定舆

① 董云虎：《充分发挥新闻发言人的作用》，《光明日报》，2016 年 11 月 8 日，第 07 版。

论，鼓励发挥社会优势力量。第三，舆论领导者要更加负责任，参与舆论风险治理，以真实、理性、负责任的方式自觉表达意见。第四，有必要加强公众舆论领域中民主和法治的教育，并需要通过宣传、典型的带动、监督和指导来增强人们在公众舆论领域的权利和责任感，引导公众理性对待舆论，从而全面提高公众分析和辨别舆论能力及社会风险感知能力和承受能力①。

3. 建立舆情风险防治工作领导机制

建立舆情风险防治工作领导小组和舆情风险防治工作分管小组。舆情风险防治工作分管小组要设立网络中心、新闻中心和宣传处；网络中心配备舆情信息收集监测人员，负责舆情信息收集，并与其他部门进行部门互联、信息共享；新闻中心配备舆情风险预警人员，负责舆情风险预警，同其他部门相互联系、共同预警；宣传处配备跟帖评论人员和新闻发言人，进行舆情引导应对工作。三个部门要保持信息沟通，在处理重大突发事件舆情问题时要进行通力合作（见图5－5）②。

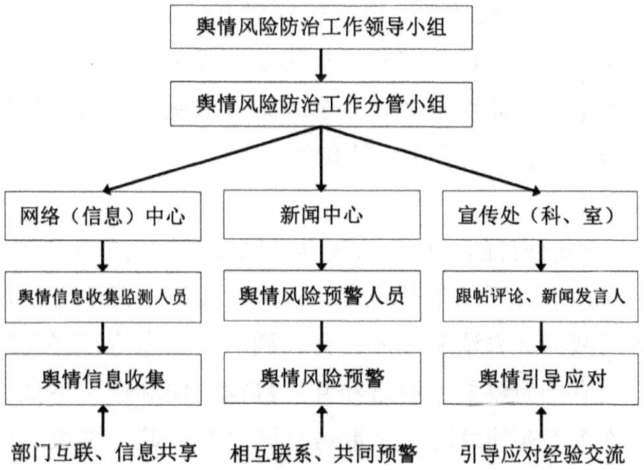

图5－5　舆情风险防治组织体系③

4. 完善舆情风险应对预案

舆论指导与重大突发事件响应和处理密切相关。政府应明确媒体工作流程，在制定应急计划（包括媒体应对策略和民意指导）时把责任落实到每个人，根据舆情发展不同阶段的特点，引导公众舆论。如对舆论进行有效的指导，控制局势，避免新危机的出现，并且转移群众的注意力，重塑或强化形象，提高舆论风险处理能力。为此，党和政府官员需要学习具体的舆论指导方法和策略。目前，在政党和政府机构中，公务员对舆论风险的认识普遍较少，舆情工作在应急响应和危机管理中没有得到足够的重视。面对上述引发公众舆论的高风险触发因素，公务员需要特别注意舆论风险，并

① 王小涛：《当前我国的舆论风险及其化解》，《理论探索》，2015年第3期，第95—98页。
② 杨兴坤，廖嵘，熊炎：《虚拟社会的舆情风险防治》，《中国行政管理》，2015年第4期，第16—21页。
③ 杨兴坤，廖嵘，熊炎：《虚拟社会的舆情风险防治》，《中国行政管理》，2015年第4期，第16—21页。

及时进行舆论监督、预警和舆论指导①。

（四）明确规定发布相关事宜

政府在重大突发事件社会舆情发生后，应明确规定信息发布的相关事宜，包括发布哪些舆情信息、如何发布舆情信息以及由谁发布舆情信息。

1. 发布哪些舆情信息

政府应该发布以下信息：一是有关当前重大突发事件的基本信息，包括重大突发事件的性质、发生原因、影响程度、持续时间、损坏程度、应急计划、公共个人预防和自我保护措施以及人员伤亡和财产损失等。二是有关重大突发事件处置反应进度的相关信息，包括应急计划的执行、救援队到达灾区的进度、通信恢复、交通恢复、救灾物资和资金的可用性等。三是其他社会保障信息，包括社会保障状况，产品供应信息，健康和瘟疫预防信息以及已采取、正采取和将要采取的其他措施。另外还要总结对重大突发事件响应的经验和教训，提高公众对事件的认识，与相关部门积极合作，明确善后处理实践中的相关措施、消除事件影响所需的时间、相关的财务信息等。例如受灾地区的修复和重建，补救措施、补偿政策和措施、特殊资金的分配和使用，从社会捐赠中获得的资金和材料的分配和使用等。

2. 如何发布舆情信息

2019 年 5 月 15 日新修订的《中华人民共和国政府信息公开条例》的正式施行，改变了政府工作人员对信息公开的落后观念，促进了政府信息公开的制度化。此条例规定了政府信息公开的范围、方法和程序，并强调政府信息应当坚持以公开为常态、不公开为例外，指导政府行为模式。网络和共享数据的便利性，不仅给人们的生活带来了方便，也带来了许多潜在的危险：大量信息混合在一起，垃圾邮件频发，某些与隐私相关的信息不适当披露，并通过互联网迅速传播，存在着安全和社会稳定的风险，损害了个人利益。为此，需要建立规范公共信息传播的相关法律法规，保持信息披露与信息安全之间的平衡，并从观点、态度和行动提供基于意见的反馈。

3. 由谁发布舆情信息

舆情信息应该由政府舆情监管部门收集分析后，及时准确地进行发布。如 2012 年 4 月 18 日，湖南省湘潭市发布了某区党委管理领导任命的通知，王某拟任该区发改局副局长的信息引起网民广泛关注，其履历在各大网络社区和论坛被广泛热议，引起了网民的普遍质疑。经过对此事件的一系列调查，该区政府部门撤销了王某副局长的职务，对相关负责人进行了处罚。政府发言人及时回应并确定了政府立场，有效地阻止了负面评论的发展。同时，发言人对网民关于此案的观点和意见进行了收集，接受了网民的请求，对公众舆论进行了多次回应，真实地发布调查结果，从舆情信息的源头

---

① 杨兴坤，廖嵘，熊炎：《虚拟社会的舆情风险防治》，《中国行政管理》，2015 年第 4 期，第 21 页。

引导了舆论的发展。

（五）把好平台关

政府在治理社会舆情时，必须从不同传播平台下手，从不同角度对重大突发事件进行报道，为每天新增的海量的社会舆情信息再把一道关。

1. 政府门户网站

政府门户网站上的信息披露必须符合两个要求。首先，所有信息都可以在网站上找到，这意味着网站栏目设置必须包含所有可以发布的信息。其次，有必要进行信息分类，信息分隔的每一列应将查找信息和重要的最新信息放在显眼位置，使人们更容易看到。因此，信息公开的重点是修改网站栏目设置和重要信息的定位。为了突出显示重要信息，网站应该设置网站标题、滚动条等，并在相当醒目的位置发布重要信息。通常，网站标题应每天更新一次，列中的重要信息也以先前位置和较高位置的形式进行处理。对于关键和长期任务，需要创建特殊主题或专栏以全面集成在网站上发布和宣传的相关信息。各种管理信息，例如各种系统集成信息的收集、网站托管的各种管理信息和新闻的公开等，都通过管理系统公开给各个子站点、专栏和主题信息数据库，并最终得以累积。然后，发布部门将数据库发布到网站页面中。

2. 主流媒体

新媒体时代，互联网的发展非常强大，基于网络发展的新媒体、自媒体层出不穷，传输速度快、交互性强，任何人都可以成为通信者和接收者。在新闻迅速传播和媒体不断发展的时代，主流媒体负有重大责任。重大突发事件与其他新闻事件不同，主流媒体在舆论引导、管理和监督过程中都发挥着重要作用，必须继续探索和创新，才能正确、及时地指导重大突发事件的舆论，并加强对舆论的有效控制。当进行实时报道、预测公众舆论并引导主流媒体报道（尤其是针对紧急情况的报道）的传播时，“及时”和“真实”两个要素至关重要，需要主流媒体在重大突发事件环境中加速媒体的整合和发展，提供强有力的沟通、指导、影响力以及公信力，需要在互联网和线下环境中创造同心圆，紧密联系所有人的理想、价值观和道德风尚，增强舆论正能量。

3. 专题新闻发布会

政府新闻发布会系统是支持政府、公民和媒体之间顺利沟通的系统保证。建立该系统的目的是在新闻发布会上公布政府工作和职能的执行情况，以消除公众的困惑并提高政府的信誉。在中国建立政府新闻发布会，可从 2003 年的非典型肺炎危机开始追溯。当时，有关信息的宣传加剧了问题蔓延，公众和学者们纷纷质疑政府，中国开始建立新闻发布会系统，迄今取得了一些成果，显示出明显的优势。建立政府新闻发布会的核心是政府利用这些新闻稿来宣传其在特定问题上的立场，并通过回答各种媒体的问题来提供公众想要知道的信息。通过这种形式，政府可以增强与整个社会的沟通和联系，并且无形地消除了一些不利于社会稳定的因素。这不仅改善了政府与媒体和公众之间的关系，而且有助于促进社会健康稳定发展。

4. 网络媒体

网络媒体正在各个方面冲击传统媒体。首先，新闻迅速传播并且传播范围广。如在2009年台风灾难中，网络媒体立即派出人员进行报道，为挽救受伤者作出了重大贡献。其次，网络媒体信息的传播、接收、保存和检索非常方便。最后是信息的大容量，这意味着网络媒体发布信息的容量几乎是无限的。例如，2015年10月16日，习近平主席宣布二十国集团（G20）领导人第十一次峰会（以下简称G20峰会）计划在杭州举行。新闻发布后的同一天，"杭州发布"发布了三则相关信息，包括习近平主席发表的完整讲话，解释了G20峰会为何选择杭州，并使用许多独特的镜头来展示杭州的魅力。在2015年12月1日，中国接任G20峰会主席国的当天，"杭州发布"也迅速发布了五条消息，公布了习近平主席的演讲、G20峰会的准备情况和标志、倒计时牌正式设立等。2016年9月4日，"杭州发布"又连续发布了十三条消息，除了习近平主席在开幕式上的讲话，还发布了他国领导人的评论以及大合影等。同时，政府的"杭州发布"微博也同时发布了信息。"杭州发布"微信和微博，从不同角度高密度发布G20峰会相关信息，充分发挥网络媒体及时性等特点，满足公众的信息需求。①

五、创新重大突发事件社会舆情引导发布的渠道和方式

创新重大突发事件社会舆情引导发布的渠道与方式，要加强传统发布方式与新兴媒介的融合，拓展新的舆情信息发布渠道，如采用NGO组织发布渠道等方式，提高舆情信息发布的准确性和时效性。

（一）融合舆情信息发布媒介

政府要对舆情信息发布媒介进行融合，融合不是单纯合并，而要注重创新和符合政策要求。

1. 媒介融合对地方政府危机舆论引导的创新要求

在媒介融合的背景下，新闻媒体发布新闻的速度正在加快，与此同时，信息的权威性和准确性也受到一定程度的冲击，一些新闻媒体为了抓住眼球，在新媒体渠道中抢先传播非权威性新闻。若要保证信息的权威性，媒体需要充分利用其官方信息资源、专家库和数据库来发布有关紧急情况的信息。因此，政府部门和新闻媒体需要建立一个专业的数据库和知识库，如果发生重大突发事件，可能会使用这些专门力量来纠正谣言，并发布权威信息。在重大突发事件发生后，新闻媒体在报道新闻时需要注意遵

① 俞燕君：《大型国际活动中的政务新媒体语言应用——以G20杭州峰会期间的"杭州发布"政务微博、微信为例》，《出版广角》，2019年第3期，第76—78页。

循我国的核心价值观，包括维护社会制度、传统文化、民俗和政府信誉等。

2. 媒介融合对地方政府危机舆论引导的政策要求

在媒介融合的背景下，信息传播的形式和渠道发生了重大变化。面对重大突发事件，舆论引导越开放和透明，就越需要加强公众监督，这就要求政府及时完善舆论监督体系。如何建立一种能够保障各利益集团的公平表达机制，建立冲突缓解机制，构建一种确保舆论引导理性发展的机制，是政府危机舆论引导的切入点。当前，政府机构迫切需要弥补新闻媒体的发布和舆论监督系统的不足。在媒介融合的背景下，信息孤岛被打破，所有信息都在流动。这不仅是政府部门应对公共危机的挑战，而且还对政府部门应对危机提出了更高要求。要在不同阶段的舆论中使用不同的媒体矩阵来快速有效地回应舆论，通过政府官方网站、微博、微信等引导公众舆论。如政府微博可以在媒体做出回应之前快速响应紧急情况，微博及时发布和回复的能力是良好沟通的前提，并能对天气灾害做到及时预警。

（二）拓展舆情信息发布渠道

政府非常重视互联网服务平台的作用，以便为公众提供方便传播舆论的各种渠道和服务，并希望提高服务平台和服务渠道的效率。

1. 拓展舆论引导渠道

一是允许舆论领袖自发地使用媒体来扩大他们的建议渠道。从这个意义上说，“政府微博”更为关键，不能低估政府官员在适当时候开放政府微博和向公众公开权威信息以引导舆论方向的作用。对于公众而言，它通常是重要的信息来源，可以在适当的时间接收可靠的信息。从这个意义上讲，它是传统报纸、广播电台和播音员的有效补充，上述渠道通常受到时间因素的限制，而“微博”可以在任何时候以“直播”事件的形式发布。二是加快传统主流媒体与新闻媒体的融合，扩大舆论建议的范围和影响力。如今，互联网的发展已大大改变了人们接收信息的方式。越来越多的人不再选择看报纸和看电视，许多人选择在线接收信息，于是，传统媒体开始探索与新兴网络媒体融合的道路，纷纷建立门户网站进行新闻报道。

2. 加快舆论信息发布

重大突发事件发生后，信息发布缓慢意味着失去舆论引导的主动权，导致政府后期与谣言的“竞争”。受众普遍认为事件的第一信息通常是最具影响力的。实际上，政府持有的信息比网民个人理解的信息更为全面和专业，这些信息应该是权威的，并具有“主场优势”，应尽快发布。政府必须成为重大紧急情况的第一个发布者，并充分利用舆论领导的机会，占据舆论主战场。根据新的媒体环境，人民网舆情数据中心提出了“黄金四小时”原则，要求政府必须第一时间发声，将事件的相关信息公布于众，不能拖延、不能等待。及时发布信息才可以消除或减轻互联网上各种辩论、谣言和猜测的压力，取得主动权，提升政府公信力。

（三）采用 NGO 组织发布渠道

非政府组织，即 NGO（Non Government Organization），采用 NGO 组织发布渠道，可以充分利用有组织的私人志愿性活动。

1. 加强政府与非政府组织协作发布

非政府组织是政府与公众之间的桥梁。在重大突发事件的潜伏期，非政府组织可以发布相关信息并发布预防措施，以提高对危险的意识并进行保护。发生舆论危机时，非政府组织会收到有关危机发展的信息、舆论和特定的政府援助措施，及时参与救援工作，与政府机构合作并筹集物资。此外，舆论危机在政府与非政府组织之间顺利传达，以及在最佳时机采取帮助措施，是危机治理成功的重要组成部分，必须加强政府与非政府组织在舆情信息发布等方面的通力合作。政府通过非政府组织提供的全面数据通信机制，及时宣布事件，并监控事件的进展，以便公众了解舆论危机的全过程。这不仅提高了公众对监督的认识，而且还减轻了公众因无知而产生的焦虑。①

2. 健全非政府组织信息发布平台

在自然灾害救济中，有效的信息公开和交流很重要，这就要求非政府组织之间有一个完整的信息披露平台，一个统一且值得信赖的平台。平台需要发布的信息类型应包括以下类别：灾害预报和预警、自然灾害评估、政策指导、救援信息、灾难情况、救灾资源、启动计划、外部支持需求、技术和法律咨询、环境限制、服务需求、新闻公共信息。各种非政府组织将救灾和供求信息发送到平台，在平台上进行整合和分类。然后，根据救援地区，及时发布和更新救灾信息以及供求信息，达到信息实时共享，这对非政府组织是十分有利的。有关政府部门也可以清楚地了解非政府组织的救灾趋势，有效调动社会力量参与救灾。在平台上发布的信息保证了信息的可靠性和有效性，避免了信息的无效积累和发布者发布过期信息的可能性。

---

① 张小明：《公共部门危机管理》，中国人民大学出版社 2006 年版，第 203 页。

第六章　重大突发事件社会舆情治理创新与综合保障

社会舆情风险事件发生后，往往会给当地政府带来影响。重大突发事件社会舆情引发的公众个体和群体性恐慌，虽无影无形，却持续时间长、影响范围广。重大突发事件社会舆情演变是动态变化的过程，重大突发事件社会舆情治理须遵循重大突发事件社会舆情内在演化规律。重大突发事件社会舆情产生的巨大风波如何平息修复、政府公信力如何重塑提升、社会公众的心理如何救助疏导，都是重大突发事件社会舆情治理的现实问题。而重大突发事件社会舆情治理是一个复杂系统工程，不仅需要治理方式的创新，还需要厘清责任管理体系，建立应急平台体系以及绩效评估体系以保障舆情处置的良好运行。

及时的反应和高明的应对策略，也常常能起到转危为机、绝处逢生的效果，比如建立完善的重大突发事件社会舆情治理心理救助体系，发挥“社会安全阀”的减压和排气作用，从而有效引导重大突发事件社会舆情。科学地应对重大突发事件社会舆情，建立在大量的信息搜集、整理加工、挖掘分析等基础之上，而对社会舆情信息的收集、动态跟踪并及时加以智能解决，这些任务都离不开应急平台的支持。因此，亟待从重大突发事件社会舆情风波平息修复机制、重大突发事件社会舆情政府公信力提升策略、重大突发事件社会舆情治理责任管理体系、重大突发事件社会舆情治理心理救助体系、重大突发事件社会舆情应急平台建设策略、重大突发事件社会舆情应对绩效评估研究等方面探索重大突发事件社会舆情治理中的创新与综合保障。

第一节　重大突发事件社会舆情风波平息修复机制

舆情风波常常与突发事件相伴而生，舆情风波是否继续滋生扩展，甚至大爆发，很大程度上取决于政府应对舆情风波的处置方式，尤其是如何修复舆情风波。重大突发事件社会舆情在历经生成、扩散阶段后，随着政府的积极干涉，突发事件得到妥善处置，社会舆论随着事件的解决逐步平息，进入减弱阶段。然而，舆论热度逐渐下降并不意味着完全消失，政府的舆情风波平息修复机制建设仍扮演着重要角色。

一、重大突发事件社会舆情风波平息机制

舆情不平息有很多因素，至关重要的一点是真相未明，公众对舆情真相存疑或者相关者的第一诉求未得到满足，就会助推舆情风波，致使舆情愈演愈烈，大大加剧社会不安定因素。因此，促使社会舆情风波平息是各级政府应对重大突发事件社会舆情最关键、最重要的工作内容。

（一）健全重大突发事件社会舆情管控机制

报道舆情真相是一种公开的承诺和取信于民的行为，不但有利于舆情事件的解决，也有利于树立良好的政府形象，提高我国政府自身公信力。相反地，不及时公开信息，试图掩盖真相，就会损害政府的威望，造成严重的社会恐慌，社会舆论的应急解决将遭到不利影响。对于重大突发事件的新闻报道，政府的管控是必要的、紧迫的、艰巨的，是做好处置群体性事件工作的重要环节。依托主流网络媒体，及时掌握话语权，第一时间与公众进行有效沟通，抢占舆论阵地是风险社会下媒体应对重大突发事件的应有之义①。

1. 启动重大突发事件社会舆情报道相关程序

2018 年 6 月 15 日“中美再次互征关税事件”当日，财新网、中国经营网等媒体关注并报道了事件及中方的回应情况，引发网民关注。

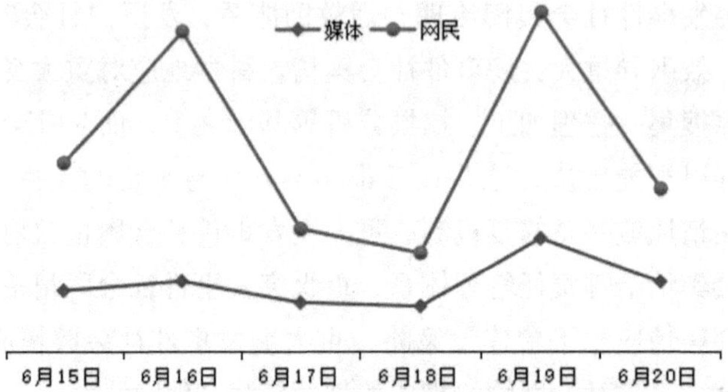

图 6－1　“中美再次互征关税事件”舆情趋势②

从趋势图可以看到，媒体报道量与网民讨论量整体呈正相关，两者高峰主要在 6 月 16 日和 6 月 19 日（其中 6 月 19 日为最高峰），主要是媒体在 6 月 16 日“中国商务部公布同等规模反制措施”以及 6 月 19 日“中国商务部就美方宣布将制定 2000 亿美

---

① 陈海波：《风险社会下内蒙古主流网站应对突发事件的报道策略》，《新闻界》，2014 年第 7 期，第 61—65 页。

② 舆情报告：《中美再次互征关税》，2018 年 6 月 26 日。

元征税清单发表谈话”后进行了集中报道，同时引发网民广泛关注，讨论量也随之迅速上升。

2. 成立重大突发事件社会舆情分析与应对行动小组

重大突发事件发生后，社会舆情管理部门应及时召集重大突发事件所在城市提前分配好的由社会舆情收集分析人员组成的网络舆情分析响应小组，小组组长为各个舆情管理部门领导。社会舆情分析与应对行动小组具有两个方面的功能：一是舆情小组能够进行内部分工，及时收集、汇总各个网站爆发的舆情信息，向政府相关部门领导或负责人提交舆情报告，使领导充分掌握社会对某一事件的舆论情况；二是社会舆论团体积极提出对策。舆情小组由舆情分析与应对专家组成，凭借专业知识，进行舆情形式分析、特点解读等，并形成网络舆情应对方案，及时上报，为领导下一步行动提供指导和参考。社会舆情小组及其对社会舆情的研究和分析，是社会舆情应对的必要基础，也是政府部门全面掌握社会舆情、提供切实可行应对措施的有效机制。

3. 畅通重大突发事件社会舆情发布渠道

第一，应对重大突发事件时，党和政府作为公共关系的主体，在与人民群众沟通的方式、组织形式等方面需要技巧与专业话术。因此，建议由应急管理部组建“国家灾害信息发布中心”，采取新闻发言人制度，统一收集、加工、整理和发布各类灾害信息①。

第二，为了避免各种大众传媒工具成为负面社会舆情的传播温床，需要各个管理群体在微博、微信、论坛、博客、播客、贴吧等网络自媒体同步发声，并且通过QQ、MSN、聊天室等网络即时通信工具在极短的时间内将信息发布到各个圈组、群组中，避免谣言的无限扩散。

（二）完善重大突发事件社会舆情发布机制

新闻发布机制是整个风波平息中至关重要的一环，新闻发布得当、及时，风波会逐渐平息，新闻发布不当会加剧舆情。因此，确定合适的时间、地点、发布内容对新闻发布会格外重要。

1. 舆情议题的有效设置

为掌握突发事件消息和新闻的发布主导权，政府及官方媒体、记者应在突发事件发生后若干小时内及时设置舆情议题专题网站，避免网民、事件当事人通过各种途径、渠道散播谣言而导致政府失去对舆论情况的控制，有效把控言论主导权。事实上，当政府宣传部门和新闻部门在网络上发布大量权威信息时，网民的疑虑和困惑，以及网络上的谣言都将大大减少，如此一来政府不得不应对的重大突发事件、舆论也将相应

① 祁越，李连东：《成立国家灾害信息发布中心 引导灾害信息舆论传播》，《中国应急管理》，2019年第8期，第36—37页。

减少。

2. 事件信息的动态发布

▶▶▶**案例 6-1：“东方之星沉船事件”**

2015 年 6 月 1 日 21 时 30 分“东方之星沉船事件”发生后，事件负责人在舆情发生后第一时间，每天安排 3 场新闻发布会，以最快的速度向广大群众和媒体通报最新救援情况，各大官媒也对此次事故救援情况同步进行全景式滚动播报。最具有震慑效果的是在首次新闻发布会上出现了以交通运输部部长杨传堂、湖北省军区司令员陈守民为代表的高级别官员。

高级别新闻发布会不仅体现了领导对舆情的重视程度，而且为政府抓住舆论主动权、夯实民意基础奠定了根基。同时，国家媒体的 24 小时实时跟踪报道和大力弘扬救援英雄的有关报道，既弘扬了正能量，也提高了自身的公信力，成功引领了舆论导向。此外外媒也摒弃了此前的质疑态度，变成直接转发新华社、中国新闻社和人民日报等官方媒体的报道。

政府这种及时的新闻发布，得到了社会公众和网络舆论的广泛点赞，获得了此次舆论疏导的胜利。

3. 事件谣言的及时止控

在经过广泛传播后，谣言被广大民众感知，有些民众会因此采取各种谣言应对行为，即使不采取行为，心理上也会受到各种影响或产生危机。在这种情况下，为了避免网络谣言对民众生活、心理、经济以及社会行为的影响，政府就需要对事件谣言进行及时止控。

首先，需要启动辟谣机制。政府要将翔实的材料、证据以及得体的话语通过各种媒介，如网络、手机短信、广播、电视等传递给公众，及时将谣言的真实面目以及事件的具体样态呈现给公众。政府需要考虑谣言一旦占据公众头脑，很可能会造成先入为主的效应。

其次，政府需要通过具体措施，评估和修复谣言造成的影响或社会混乱，如导致交通的拥堵、食品的疯狂采购、人员的大规模转移等，政府需要通过疏通交通、保障生活用品的供应等措施避免生产、生活陷入混乱状态。

最后，政府需要通过心理咨询指导、心理健康培训、谣言知识培训，来防止谣言对民众心理或精神造成危害，并培养民众的应对能力。

（三）建立重大突发事件社会舆情问责惩处机制

社会舆情负面效应的扩散通常与相关领导的处理不当、失职渎职有关。因此，政府需要及时果断地对舆情事件形成的原因、造谣者等进行深入调查，对舆情事件中的相关责任人严肃处理，建立相应问责惩处机制，对整个舆情治理过程中的不当失职行为要严肃查处。事实证明，问责及时、查处得当通常能降低受害群众的矛盾与不满，从而缓解风波。

1. 注重精准问责

在问责对象上抓住“关键少数”，区分直接责任和间接责任、集体责任和个人责任，明确问责的方向和途径，对因党员不良表现和职务失职造成严重后果的情况，可以按照党内纪律规定采取行动，由纪律检查机构审查和执行纪律处分。关注问责制重点领域，落实中央八项规定精神，整顿“四风”，加强对选人用人、扶贫、环保、反犯罪、除恶等领域的监控。对不作为和失职等重大问题，要加大问责力度，在确定责任时要坚持从事实中寻求真相，不得随意扩大或减少问责情况，也不得擅自提高或降低问责标准。

2. 强化规范问责

规范问责执行流程，依据实际工作情况，可对相关程序进行修改，对问责制立案进行完善，保证问责调查程序透明化，申请审批和决策程序一定要严明执行，规范处置务必标准化，避免问责不当和问责不均现象，严格执行向纪检监察机关组织开展问责通报的制度规定。

3. 务求有效问责

以问责代替整改，用整改的最终结果检验问责的有效性。严格区分抓与疏、惩与罚、举报与漏报，重视责任人一人担责的情况，注意发现和肯定问责处理后作风有明显转变的干部和党组织，发挥问责推动干事创业、保障改革发展的正向效应[①]。

对出现不作为及失职、渎职、贪腐行为的人员，要严格按照国家相关部门规章管理制度实施问责。对于在紧急情况下谎报、瞒报、漏报重要信息的媒体报道，严重影响事件处理的，依照法律、法规、党纪等规章制度，对相关媒体及个人进行问责。

▶▶▶案例 6-2：“7·23 甬温线特别重大铁路交通事故”

2011 年“7·23 甬温线特别重大铁路交通事故”发生后，7 月 24 日晚，在铁道部召开的新闻发布会上，王勇平发言人在回答“为什么要埋葬遗体”的提问时说：“关于掩埋，后来他们（接机的同志）做这样的解释。由于救援现场的情况，环境非常复杂，下面是一个泥潭，施展开来很不方便，从而使前盖埋在土壤下面，主要是为了方便救援。至于你信不信，我反正信了。”这样的回答遭到媒体和公众的质疑。据 8 月 17 日北京消息称，铁道部新闻发言人王勇平被撤去铁道部新闻发言人、政治宣传部部长职务。

发言人并不像一个拥有专业素养的新闻人，缺乏对事件的全面了解。他的这句“至于你信不信，我反正信了”更被学生作为“高铁体”广为转发和套用。可以预料

① 吉林省纪委监委研究室：《以精准问责砥砺政治担当》，《中国纪检监察报》，2019 年 3 月 28 日，第 008 版。

的是，新闻发布会结束后，舆情非但没有得到平息，反而加剧。在全民微博时代，所有人都是网络舆情河流上的船，铁道部没有动态及时地揭露事故的真相，没有持续地直面社会公众的质疑，相关负责人只进行了寥寥几次新闻发布会，使人民群众得不到真相的愤怒情绪不降反增。

8 月 25 日和 26 日媒体涌现出许多热点话题，每一个话题背后质疑的声音，无疑蕴含着对铁道部应对交通安全事故危机和网络数据舆情危机的应急能力的最大不信任。

8 月 17 日，铁道部部长表示，王勇平不再担任铁道部新闻发言人、宣传部部长。“7·23 甬温线特别重大铁路交通事故”是列控中心设备存在严重设计缺陷、上道使用审查把关不严、雷击导致设备故障后应急处置不力等因素造成的责任事故。铁道部原部长刘志军、原副总工程师兼运输局原局长张曙光等 54 名事故责任人员受到严肃处理。由此，舆情才降温下来。

问责惩处做得不到位，对引发重大突发事件的具体原因和具体哪个部门失职等含糊不清致使舆情向无法修复方向进行。因此，地方政府应尽快完善和落实“岗位职责”问责机制和“责任到人”衔接，完善舆情应对的问责机制，保证对政府的应对行为的监测和评价。

二、重大突发事件社会舆情影响修复机制

舆情平息阶段，政府应重视负面舆情对社会经济秩序和公众心理产生的消极影响，可以及时通过权威媒体和舆论领袖向公众传递正面的疏导信息，而且要引导公众通过正确途径参与社会管理。

（一）健全重大突发事件社会舆情主流媒体主导机制

在舆情发生时，普遍公众都有从众的心态，若有正确权威的领导，就会将公众引向正确的道路。主流媒体在公众心目中一直都有引导力、公信力，通过主流媒体发声对社会公众的引导无疑有领导性、决定性的作用。因此，建立主流媒体主导机制对舆情影响修复具有重要作用。

1. 加强主流媒体的公信力建设

2018 年 6 月 15 日“中美再次互征关税事件”中传播平台分布图如图 6 - 2 所示。

由图 6 - 2 可以看出，有关“中美再次互征关税事件”的舆情信息中，传播量位居首位的平台为微博，@新华视点、@人民日报、@央视新闻等媒体官微发布传播“白宫将对 500 亿美元中国商品加征关税”“国务院决定对原产于美国的 500 亿美元进口商品加征关税”“对美加征关税商品清单”等事件重要节点信息，加大了事件传播力度，引发众多网民讨论。同时，@局座召忠、@胡锡进、@华生 2010 等名人“大 V”发布博文来发表对中美贸易战再次开启的看法，引导舆论走向，大量新闻网站对事件进展进行了及时的报道和传播。其中，除了客观传播事件相关信息，“人民日报”“新华

社”发布的《美方一意孤行必将损人害己》《以战止战，不得不为》成为转载的热门评论文章。

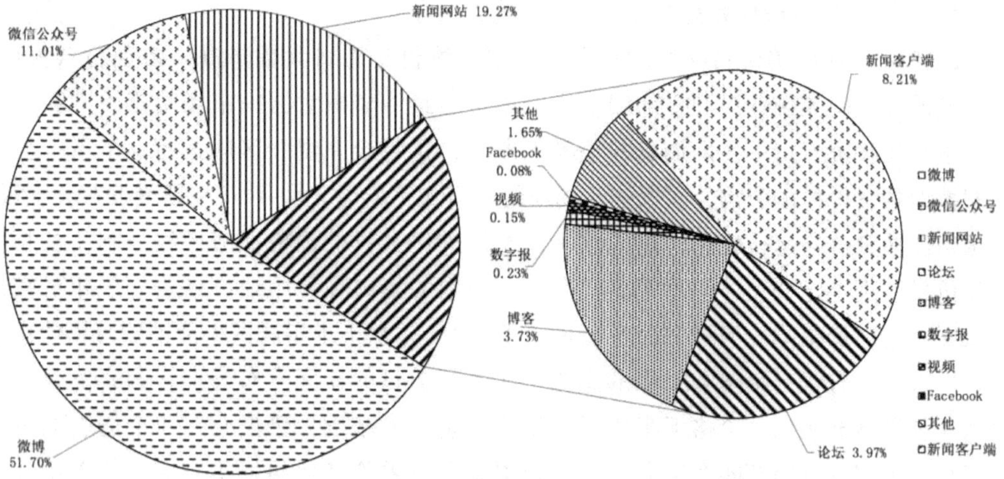

图6－2　“中美再次互征关税事件”中传播平台分布图①

2. 加强主流媒体的引导力建设

媒体作为沟通官方舆论场和民间舆论场的桥梁，需要在传播过程中使公众对重大突发事件引发的一系列风险形成正确的认知，避免出现过分夸大或有意降低风险程度的现象，从而造成两个舆论场的分歧和对峙②。

起到引导作用的“意见领袖”和“网络大V”，组织实时评论，发表了“显性”的声音，根据传播学“沉默的螺旋”理论，“意见领袖”在正面教育引导的同时，要动之以情、晓之以理、明之以法，引导网民产生一种情感共鸣。与此同时，联合国骨干评论员和“网络大V”组合成网络统一战线，以共同的原则维护网络，创造一个风清气正清朗的网络空间。

把政府的舆情处置情况和答复意见通过主流媒体发布，保证不把未经证实的见解、需要我们认真进行调查分析评估工作才能得出的结论信息发布出去。当时间合适时，这个信息还必须由权威平台发布，以确保事件的真实信息能够及时准确地传达给公众，消除其他错误信息的不利影响。各国政府需要同大众媒体、网络意见领袖、网络主持人和通信舆论等渠道重新建立相互信任、相互合作的公共关系，以进一步保持与其良好互动的沟通渠道，积极发挥主流媒体主导作用。

（二）建立重大突发事件社会舆情舆论领袖引导机制

由于公众对领袖人物的崇拜，其在心理上比较愿意接纳领袖的带领，所以舆论领

① 舆情报告：《中美再次互征关税》，2018年6月26日。

② 陈海波：《风险社会下内蒙古主流网站应对突发事件的报道策略》，《新闻界》，2014年第7期，第61—65页。

袖的言行经常是公众学习的样本、效仿的重要对象。这就是我们现在的舆论“意见领袖”新的角色价值。

1. 引导舆论领袖积极发声

2018 年，在中美贸易摩擦的背景下，中国物价是否将大幅走高，备受公众关注。国家发改委、国家统计局等多部门发声，称贸易经济摩擦对国内市场价格因素影响有限，下半年物价保持平稳发展具备坚实的基础，仍将会在温和区间运行。至于中美贸易摩擦对粮食价格的影响，国家统计局新闻发言人毛盛勇 7 月 16 日在新闻发布会上说，我国目前粮食价格运行处在稳定的水平，虽然进口大豆的价格上涨导致豆制品及相关产品价格发生一定变化，但是毛盛勇表示，中国的猪肉和食用油价格仍处于相对较低的水平，猪肉价格同比下降 12.5%，油价下跌 1%，从下半年居民生活消费市场价格趋势发展来看，有望延续温和上涨的态势。在 8 月 2 日的新闻发布会上，国家发改委价格司司长岳修虎表示，价格下半年保持稳定有坚实的基础，仍然会在一个适度的范围内运行。国家统计局新闻发言人毛盛勇和国家发改委价格司司长岳修虎两位舆论领袖的发声，使得原本浮动的人心得以稳定。

2. 选择合适的舆论领袖

2019 年 7 月，“长春长生问题疫苗事件”发生后，随事件进展舆情不断发酵，蔓延全国，全民关注，讨伐之声不绝于耳。随着事态的急速发展，中国政府网 7 月 22 日夜间消息称，针对问题疫苗所引发的社会恐慌和负面情绪，李克强总理针对此次疫苗事件给出明确指示：疫苗事件突破了人们的道德底线，必须给全国人民一个明确的解释。随后，7 月 23 日正在国外访问的中共中央总书记、国家主席、中央军委主席习近平对此事件作出重要指示，要求地方政府和部门立即调查事实，严肃追究责任，再次引发媒体与网民的关注，舆情量出现小高峰。下图是 7 月 15 日—7 月 26 日“长春长生问题疫苗事件”舆情走势图：

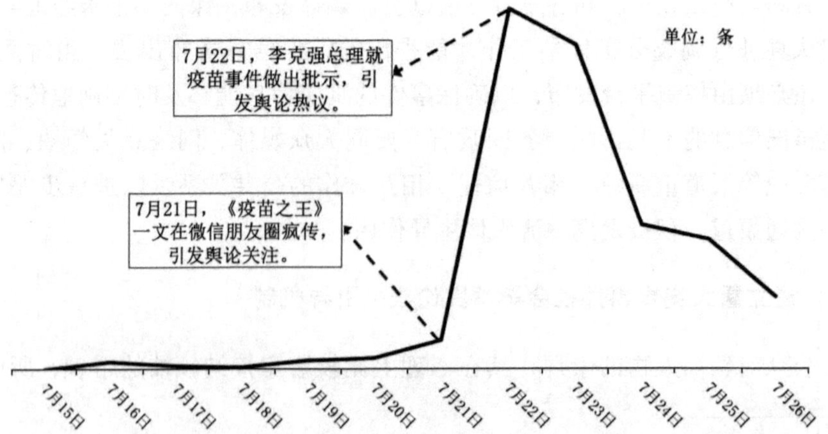

图 6－3　“长春长生问题疫苗事件”舆情走势图

从上图可以看出，7 月 22 日和 23 日国家领导人发表明确讲话后，舆情得到平息，相关话题热度开始逐渐下降。舆论领袖的发言确实对舆情的降温起到了重要作用。

舆论领袖要及时投放事件后续正面信息，以转移和分散网民的注意力，杜绝或减少公众恐慌，减少公众负面情绪，巩固和发展积极向上的主流社会舆论。指导和管理重大突发事件的网络舆论，需要一支政治立场坚定、有较强的专业性、技术过硬的团队。

3. 培养主流媒体的舆论领袖

首先，要大力发展培养既具有中国现代互联网企业专业知识技能，又懂新闻信息传播规律和公关技巧的舆论领袖，避免一些政府官员在紧急情况下不知所云的现象。事件发生后，新闻发言人需关注网民讨论的热点话题，第一时间发布权威信息，主动引导网上舆论。

其次，要创造机会让舆论领袖发声。红网是我国在这方面做得很好的例子，它是湖南省委、省政府重点新闻网站，现已成为中国地方新闻网站第一品牌，以“打造以湖南新闻门户网为旗帜的综合网络服务平台”为目标，围绕湖南各级党委、政府中心工作，发挥网络优势，进行公共信息创造性的发展工作以及其他宣传和经营工作。红网的管理团队就是几位优秀的舆论领袖，有中共湖南省委宣传部巡视员、省社科联第六届委员会主席郑佳明，中国钢铁工业协会副会长、中共湖南省委委员、湖南华菱钢铁集团有限责任公司党组书记及董事长李效伟，湖南出版投资控股集团有限公司董事长、党委书记、潇湘晨报社社长龚曙光等。

除此之外，要加强对舆论领袖的管理。严格按照标准发展舆论领袖，重点看发展对象是否具有坚定的理想信念和良好的道德品质、是否自觉遵守党的纲领和努力工作，看其是否在生产、工作、学习和社会活动中发挥先锋模范作用。加强教育培养，提升舆论领袖素质。定期召开座谈会，注重强化舆论领袖的道德品行教育，根据不同类型、不同层次、不同岗位实际需求，有重点地开展分类培训。

（三）完善重大突发事件社会舆情民主对话沟通机制

社会舆情产生风波，通常源于政府与公众缺乏良好的沟通，信息不对称，引起公众对舆情事件的真相过度猜疑，甚至对政府的不信任，导致次生风波不断发生。所以，建立科学有效的沟通机制，有利于公众了解事件细节，消除猜疑，增进对事件的理解，产生共鸣，舆情风波自然就得到了解决。

1. 征求意见面对面

2017 年 7 月，一场千人参与的民主协商对话会在宁乡县黄材镇开展，主角是黄材镇 17 个村（社区）的千名群众，包括黄材镇民主协商对话会成员、全体镇村干部、村级民主协商对话会成员以及门店商户业主、景区范围内主要地段户主等。这场全省首次举行的基层民主协商对话会是宁乡县推进基层社会治理创新的新试点、打造的新样本。县领导周辉、邓杰平、彭娟、彭韬、刘俊武、王湘云等参加会议。会议以炭河古城景区管理为主题，现场观看了相关宣传片，并就《炭河古城景区管理文明公约》《炭河古城景区管理文明细则》《加强炭河景区生态环境保护共同守则》等进行了讨论发言和票决协商。现场其他列席群众也就协商内容进行了提问。75名民主协商对话会成员经过了由户到组、再到村的层层推举，主要由村（社区）党组织成员、村（居）民委员会成员、群众代表、有威望的老同志（包括老干部、老党员、老劳模等）、经济致富带头人、社会贤达、两会代表等组成，严格遵循了民主协商对话会成员的要求，都是年满十八周岁有选举权的公民，且有正常履职的身体条件、遵守国家宪法和法律、公道正派、热心为群众服务，同时在本区域内有一定影响力和协商议事的能力。下图是宁乡县黄材镇民主协商对话工作流程图：

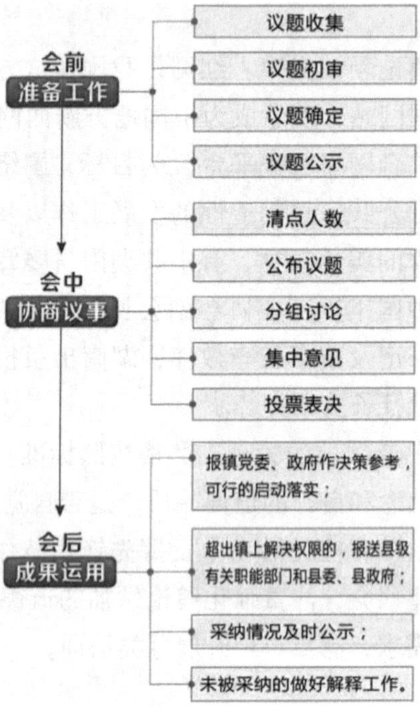

图6-4 宁乡县黄材镇民主协商对话工作流程图

双方通过平等对话、沟通意见并经平等协商交流，倾听他们的实际困难和后顾之忧，有效地解决了基层的切身利益问题，有效提升社会管理水平。对话会召开的定期时间为每年的3月初及12月底，全年召开两次。当镇、村（社区）有重大项目时，镇党委、政府支持村委会集体研究决定，由超过民主协商对话会的一半成员共同提出，并提交给镇党委，政府不时会举行民主协商对话会。黄材镇民主协商对话会成功搭建镇、村两级民主协商平台，对进一步维护社会和谐稳定、增进党群干群关系、促进镇域各项事业健康发展，特别是对即将开园的炭河古城景区管理具有重要意义。

2. 服务大众心贴心

在信息对称方面，公众永远都是弱者。要时刻牢记在舆情方面听取公众的看法，真正把公众的小事当作自己的大事对待，努力实现解决小事件积累大和谐。广大领导应该使自己能够了解人民生活的艰辛和不满，赢得公众满意和点赞，听取公众反馈意见以平息风波。重大决策前预公开，对影响到公众切身利益的重大政策和重大项目，应通过讨论研究、媒体传播等方式，听取民意，适当地采纳意见。设立市长信箱、市长电话、市长开放日等多种形式的沟通渠道，通过交流和讨论，在一对一或一对多的谈心谈话中亲自听取民众意见和党员干部、职工的意见，了解舆情方面的工作，取得显著的成效。

►►►案例6－3：江西省宜春市宜丰县人民政府建立基层联系点制度

江西省宜春市宜丰县人民政府于2018年3月28日发布《关于建立领导班子成员基层党建工作联系点制度的通知》，里面写道：联系领导每年到联系点调查研究、检查指导工作一般不少于10次。

通过听取汇报，进组入户，召开党员、群众座谈会等方式，了解联系点工作情况和基层党组织建设情况，提出指导性意见；联系领导要把抓基层党建联系点工作开展情况作为一项重要内容纳入年度述职报告；各联系点党支部要及时、规范地记录联系领导到联系点工作的实际情况，积极主动地向联系领导定期汇报工作进展情况。

3. 解决难题实打实

为了直接倾听群众对舆论的看法，畅通民意表达方式途径，及时通过了解、研究和解决中国广大人民群众的所急、所盼，进一步发展密切党群、干群关系，有效地从群众反映的内容中得知舆情处理的遗留问题，领导干部要在本单位定点定位接待群众来电来访。县级领导干部接待群众，实施预约受理，研究解决乡镇综合问题和人民群众的重大问题。各级政府领导干部对人民群众反映的跨乡镇、跨部门的重要、疑难问题，要主动牵头、组织联办、妥善处理。承办部门、单位和人员要主动当好参谋和助理的领导者，对领导交办的事项，要认真抓好落实，做到事事有结果，件件有回音，要积极主动参与活动接待，认真学习倾听人民群众的意见和呼声，满腔热情地为群众排忧解难。

三、重大突发事件社会舆情后期跟踪机制

我国各级党委和政府在社会舆情善后治理过程中缺乏持续跟踪工作，要完善舆情后期跟踪机制，避免相同问题反复出现，使得治理效果大打折扣。

（一）建立重大突发事件社会舆情定点定位服务机制

舆情善后治理中有很多需要定点定位的问题。定点定位的服务更具有针对性、指向性，对舆情的后期治理起着决定性作用。

1. 实施舆情定点服务

实施舆情定点服务，如一对一精准扶贫。

▶▶▶案例 6 -4：陕西省福彩中心全体党员干部奔赴扶贫一线

2018 年 8 月 22 日陕西省福彩中心全体党员干部到商洛市洛安县八一村进行一对一帮扶。现场召开研讨会促进实地扶贫项目的准确实施和备份，作为陕西省福彩中心“三个一”工程的一部分。当日，陕西省福彩中心党政干部进入扶贫对象家里，调查受助家庭人口数量、贫困成因和当前收入情况，了解扶贫实施进度，同时向受助对象征求扶贫相关的看法。陕西省福彩中心全体党员干部通过这次活动的开展，进一步加深了对扶贫工作的认识，增强了脱贫攻坚的紧迫感和使命感，切实把结对子“帮扶”落实到老百姓的日常生活中，争取尽快帮助帮扶对象早日脱贫，早日把人民财产、国家财产及福利彩票的公益属性落实到行动中。

此次一对一扶贫就是定点服务机制最好的体现。

2. 推行舆情定位服务

如今，新媒体界的微信群、QQ 群等的快速发展，正在改变人民生活。通过新的社会媒体社区，许多人在网络沟通的过程中成为好朋友、好邻居，邻里关系明显改善，社区和谐程度大大提高。然而，一些不恰当的居民行为，如开车太快、噪声扰民、垃圾等杂物乱堆，经常成为被批评的目标，对提高居民素质、创建文明环境的影响很大。社区居民面临共同问题如不文明行为、环境污染、物业管理时，网上社区成为居民探讨问题的主要阵地，大大增加了居民的凝聚力。微信群、QQ 群等网上社区中的部分积极分子，还往往成为具有一定威望、影响力和代表性的人物。对有问题的个体、有困难的群众要重点关注，他们对事件发声最多，是舆情发声的“积极分子”，定位并稳定他们的心，舆情才能逐渐平息，积极分子才能从正面引导舆论和宣传，构建积极向上的主流舆论。

（二）完善重大突发事件社会舆情定向定期追踪机制

舆情发生后，政府应定向追踪到底。定向定期追踪是舆情平息的基本要求，一次舆情发生后，引起轩然大波，政府部门若只是草率应付了事，必然会掀起另一舆论热潮，导致政府公信力下降。定向定期追踪舆情的处置情况、进展状况，再如实反映给群众，才能得到群众的理解，从而平息舆情。

1. 加强重大突发事件社会舆情定向追踪

2017 年 11 月 22 日“红黄蓝教育事件”发生，网络上有人爆料，在朝阳区管庄派出所，有十余名在北京红黄蓝幼儿园新天地分园入托的幼儿家长报案，称自家孩子被该幼儿园老师实施猥亵和虐待，使得四名女童下体出现不适与红肿，其中一名农村女孩遭猥亵甚至出现昏迷的状况，网络上有消息发布“老虎团”疑似涉及该淫秽案件。当时网络上炸翻了天，议论纷纷。通过警方定向追踪此事，终于调查清楚了事情的来龙去脉，于2017年11月22日将在网络上进行造谣的刘某抓获，到案后刘某坦承了自己捏造“老虎团”成员猥亵幼儿园女童以及在微信群散布虚假信息的言行，同时对受自己不良行为影响的相关人员及当事方表示忏悔。刘某因虚构事实扰乱公共秩序，已被公安机关依法行政拘留。28日晚上朝阳警方发布新的情况通报，通过定向追踪事件起因及发展情况，从微博上跟帖评论和朋友圈的刷屏行为反映情况来看，此报道确实有效降低了舆情关注度。

2. 加强重大突发事件社会舆情定期追踪

2016年11月25日，题名为《罗一笑，你给我站住》的文章在微信朋友圈里广为流传。5天之内，这篇文章被转发了10万多次，获赞无数。好多捐赠者还通过微信方式给罗某发红包鼓励，其数量甚至达到了“来不及领取而沉底”的地步。然而，当网络舆情员接到通报追查此事时，才揭晓了“罗某‘诈捐’”的真相，参与捐款者无不感到惊讶，于是在网上发出“我们担心经过一番番营销炒作，人们的同情心和善良终究会耗尽”的呼声。与“一个救了命的女人被恶狗咬伤”类似，微博“@三楚废人”更是直截了当地问：为什么人们的良知和信任被一次次辜负？其实，爱是需要传递的，痛是需要弥补的，诸如此类促销“手段”，如得不到尽快地解决，将大大损害公众对政府部门的热爱和信任。所以，在舆情之后进行定期追踪，对于揭露事实真相、抚平民心及平息舆情有着至关重要的作用。

（三）健全重大突发事件社会舆情网络净化与监控机制

在日常生活中，由于普通民众获取信息的渠道有限，往往易接受各种信息的引导。他们对于社会上的某些负面舆情缺乏辨别，从而导致恐慌情绪。此时如果相关政府部门采取“睁一只眼闭一只眼”“视而不见”的方针，堵塞信息渠道，使得信息披露不及时，则会错失控制舆论传播的最佳时机。这种处理舆情的机制，易使得网络谣言在坊间快速扩散。相反，如果政府能够在舆情发生第一时间积极应对，启动重大突发事件应急机制，快速展开调查，找到事实真相，及时发布权威信息，引领舆论走向，就能及时控制局面。

1. 舆情网评员定时关注信息平台

透过越来越多网络舆情事件可以看出：突发网络舆情实质上是网络谣言与网民信息盲点相结合的产物。政府相关部门要想成功应对网络舆情危机，必须建立健全一套舆情管理机制，舆情网评员要把握网络舆情理念，时刻关注舆情动态，发现突发情况及时反馈，并在信息平台进行权威发布，使重大突发事件信息透明化，正确引导舆情走向。

▶▶▶案例6－5：厦门市思明区舆情网络评论员

厦门市思明区成立了一支由社会各方爱心人员组成的舆情网络评论员组

织。他们来自多个基层部门，有着不同的工作经历。每天安排网评员定时关注政府网站、论坛和微博等信息平台，留意重大突发事件社会舆情的后期走势，以回帖、跟帖、撰写评论等形式，纠正网络舆情不良言论。这些爱心网评员的回帖和评论性文章，对加强网络舆论的引导力起到了很好的作用。

鼓励各级党政领导干部、新闻节目发言人、文化宣传人员、工会人员等积极开通个人播客和微博，密切关注身边发生的重大突发事件，正确引导网上舆论。政府网站要充分发挥主流媒体具有的社会覆盖面广、公信力强的特点，积极主动工作，及时向有关部门反映真实情况，杜绝谣言，澄清事实，满足民众的信息需求和知情权。

2. 及时联系网络媒体进行深入报道

时刻不忘对网络技术发展趋势的关注，并运用学到的技术拓展新领域，注重发挥一批知名商业网站的积极作用，团结引导其为主流舆论建设贡献力量。对影响严重的，及时联系网络媒体做好跟踪报道、深入报道。

四、重大突发事件社会舆情总结反馈机制

防止下次舆情发生的有效途径是舆情总结反馈。当社会突发性舆情危机出现后，必须将此次社会舆情应对过程中暴露出来的问题汇总成深刻的总结报告，或以此次舆情作为实践的参考，总结修改方案，思考下一步工作如何进行，为今后舆情处置提供经验借鉴。

（一）查错纠错机制

1. 探索多主体联动应急创新机制

政府要总结经验教训，正确分析原因，按照传播规则，加强沟通，预防、应对、修复舆情，提高管理和应对危机的能力。各级党委、地方政府在舆情善后处理过程中，大多不注意事后总结和研究。地方政府应该针对每个公共危机事件总结经验教训，在反省中发现制度的盲点和行政不当之处，及时改善制度，制定预防措施，最大限度地减少新危机的发生。必须以舆情为契机、以危机为契机推进政府改革。通过社会舆论反映的基本要求，认真总结和反省政府管理存在的问题，切实革新政府组织的结构，修复政府和公众相互依存的应急机制。

2. 加强技术在网络舆情引导控制中的作用

技术起到挖掘数据的相关性的作用。在过去传统的小数据时代，因数据库和计算分析能力的局限性，分析事件之间的因果关系是一件耗时耗力的事情，而且容易受到传统思维方式在特定领域的影响，从而不能保证公众舆论分析结果的准确性。因此，传统的网络舆情管理只注重对舆情内容的监控，通过分析单个数据节点，如网民说了什么，来掌握浅层的社会语义表达。如今身处大数据时代，大数据的先进性是保留原

始数据，记录网民背后的社会心理和社交网络。按照大数据思维，每一个数据都是一个节点，可无限次地与其他关联数据形成舆情链上的乘法效应——类似微博裂变传播路径，数据裂变式的关联状态蕴含着无限可能性①。

（二）改革创新机制

1. 深化思想认识，凝聚改革共识

通过明晰责任对象和规制责任范围，改革组织运营共识意识，特别是通过建设社会舆情治理应急平台和开展绩效评估，有助于实现应对重大突发事件综合治理的重要保障，它是推进重大突发事件社会舆情治理科学化、规范化、制度化的具体体现，也是提升党和政府社会舆论治理综合保障能力的重要举措。

2. 把握改革要求，理清改革思路

地方政府涉及的部门多、利益主体多、冲突纠纷大、利益关系复杂，有必要建立一个由宣传、公安、民政、卫生、环境保护、人力资源和社会保障、广播电视、计划、财务及其他部门组成的地方政府网络舆论管理领导小组，部门之间建立信息联系和沟通机制，明确职责分工及完成时间限制，形成分工明确、责任明确的网络舆情治理格局。地方政府职能部门也应该建立和完善网络新闻发言人制度，争取理解和支持。完善网络舆情工作运行机制，按照网络舆情监测、分析、研究、判断、干预和处置的程序，明确责任划分和责任倒置机制。对重大网络舆情处理不及时、处理效果不佳，造成不良影响的，应当进行调查并追究责任。对有关单位和责任人员，按照“谁主管，谁负责”的原则，依法追究责任。

3. 加强组织领导，迅速实施改革

进一步理顺抓落实的体制机制，完善工作制度，强化督查结果运用，全面推行第三方评估，提升行政效率效能。各级各部门要压紧压实主体责任、落实落细改革任务、激活激发基层首创、督严督实重点任务，各级各部门要加强组织领导，强化统筹协调，鼓励探索创新，强化督查问责，加强和创新事中事后监管。

（三）恢复重建机制

重大突发事件的社会舆论往往会在政府处理得当后得到平息，每次的处理都是宝贵的经验。因此，舆情事件平息后，有必要对舆情预警机制失效的原因和改进方法进行深刻总结，既要消除网络舆情带来的负面影响，又要提高网络舆情管理人员的能力。最好以这次舆情为案例进行重新评估，为下一次重大舆情爆发做好预案，提高地方政府应对重大突发事件社会舆情的能力。

---

① 王小杨：《大数据语境下网络舆情的价值转化》，《网络传播》，2013 年第 12 期，第 38—39 页。

1. 秩序恢复机制

2016 年 7 月，国务院办公厅发布《关于在政务公开工作中进一步做好政务舆情回应的通知》（以下简称《通知》）。《通知》要求，政府的舆情应对内容应聚焦于舆情的焦点、热点和关键问题，要务实、循证、有针对性，避免自言自语。公众意见处理的过程中，为了满足上述要求，一方面，有必要对政府的所有职能部门和新闻媒体内部和外部建立紧急信息交互机制，实现信息共享和信息传播的一致性。同时，政府需要加强信息发布的程序性审查，严格控制政府内部人员在舆情处理过程中发表矛盾话语或其他不实言论，确保政府信息的权威性。另一方面，完善重大突发事件社会舆情应对机制，加大重大突发事件科普工作力度。在舆情事件演变周期中，对于舆情事件中容易出现“怀疑、误解、曲解”的科学问题，有必要组织开展应急科普工作。有效的应急科普工作可以提高公众的科学素养，减少误解和误读。

2. 预警恢复机制

强化网络舆情预警，将网络舆情消灭在萌芽状态，是管理网络舆情最有效的途径。信息是公共危机事件中预防和预警网络舆情的关键。收集舆情信息，整理分析，可以初步判断网络舆情是否发生。然而，在互联网时代，仅仅依靠人力收集、整理、分析庞大而复杂的信息困难重重，建立一套实时、有效的舆论信息监控系统可以大大解决难题。有了计算机信息技术，加强信息收集和监控，从而达到预防的目的，从源头上解决网络舆情问题①。

恢复“全天候”预警机制。根据公安机关的内部通信网络，建立一个早期预警信息平台，从而达到实时共享的目的，实现早期预警和多方联动。党委、政府、网络警察、武警、公安等部门要形成实时沟通机制，畅通网络群体性事件的信息和决策信息。

3. 联动恢复机制

建立联动机制和沟通协调机制是实现网络舆情处置长期发展的重要手段，也是提高网络舆情处置主体能力和水平的重要途径。在此过程中，相关部门需要建立专职部门，负责网络舆情的日常监督管理。同时，依靠信息技术、计算机网络技术、移动通信技术和其他技术来构建一个网络舆论通信系统，消除误解和不信任的问题。每个主体进行沟通与磋商，形成一个联合部队的网络舆论监督小组，可以及时调查、回应、引导、控制网络舆情和追究责任②。

---

① 杨波丽：《论互联网时代公共危机事件网络舆情应对策略》，《企业技术开发》，2018 年第 9 期，第 31—32 +59 页。

② 刘科春：《网络舆情处置的长效策略探讨》，《传媒论坛》，2019 年第 5 期，第 84 +86 页。

第二节　重大突发事件社会舆情政府公信力提升策略

作为重大突发事件社会舆情的应对主体，政府对事件的决策、指挥、资源调度等都体现了政府的意志。某种程度上说，重大突发事件社会舆情应对的成效如何直接影响着政府公信力，因此面对动态变化的重大突发事件社会舆情，应对过程中提升政府公信力有着重要的现实价值。

一、重大突发事件社会舆情政府公信力的基本构成

重大突发事件发生引起的社会舆情严重影响政府公信力，而政府公信力本身的构成与价值对解决社会舆情也有着非常重要的意义。

（一）政府公信力的价值

政府公信力的价值主要表现在三个方面：合法价值、诚信价值和凝聚价值。

1. 合法价值

政府公信力的价值前提是政府合法性。政府合法性是指人民群众对政府权威的认可和遵从①。政府因其合法性、权威性，在应对社会舆情上发挥着重要作用，政府官方发布舆情事件的进展、结果等信息，更能使公众相信事件真相。而政府想要完全得到公众信任和认可，就要认真履行职责和行为规范，真正服务群众。政府公信力合法价值的良好发展是形成政府与人民之间和谐关系、完善公共治理体系的重要保证。

2. 诚信价值

政府公信力也是整个社会诚信体系建设的基础。社会诚信包括个体间诚信和组织间诚信，社会的生存和发展离不开健全的诚信体系。如果政府重视诚实守信，可以激励公众树立良好的诚信意识，并以诚信行事。反之，政府缺乏公信力将使社会个体和组织的诚信不可持续，并因此而产生破坏社会诚信体系的不利影响②。在应对社会舆情事件中，政府的诚信价值非常重要，公众若信任政府，就会相信政府官方发布的信息，这样舆情会渐渐降低，直至平息；反之，公众不相信政府，那不管政府说什么，舆情都会愈演愈烈。

3. 凝聚价值

政府公信力有强大的凝聚价值。作为这种凝聚力的中心，政府起着主导作用。基

① 庞静泊：《政府公信力的构成因素及提升途径研究》，《内蒙古大学学报（哲学社会科学版）》，2018 年第 5 期，第 59—64 页。

② 庞静泊：《政府公信力的构成因素及提升途径研究》，《内蒙古大学学报（哲学社会科学版）》，2018 年第 5 期，第 59—64 页。

于公众对政府的信任，政府引导公众形成社会凝聚力，从而促进社会团结。但是，只有政府有良好的诚信，才能确保这种凝聚力的形成。面对重大突发事件社会舆情造成的社会恐慌，政府应在行政过程中发挥凝聚力的重要作用，以确保政府政策的稳步实施。如果政府缺乏信誉，则很难形成这种社会凝聚力，将大大增加政策实施的难度。因此，对于政府而言，良好的公信力可以紧密团结公众力量，充分发挥公众作用，共同克服困难。在这种统一团结中，公众具有普遍的归属感和自我认同感，政府会获得公众的支持和认同，不仅提高了政府的效率，还进一步推进政府公信力的提高。

（二）社会舆情与政府公信力的内在关联

社会舆情发生后，政府若行政能力强，行为得当，就会避免社会舆情的继续发酵，从而提升政府公信力；若政府处理不当，引发社会不满，就会致使社会舆情蔓延扩散，从而降低政府公信力。这说明社会舆情与政府公信力之间存在着内在联系，主要有主体关联、利益关联、本体关联和目标关联四个方面。

1. 主体关联

社会舆情与政府公信力在主体上是重叠的，主体既包含政府，也包括公众。服务型社会中政府要树立“以民为本、服务民众”的理念，要与人民群众建立起良好的主体关系。网络时代，各个政府的官网上都设有市长热线、举报热线、投诉建议等相关栏目，公众对政府的工作不满意、有意见或者建议均可以提出，政府相关部门也会对公众提出的问题作出回应，这种相互交流的模式会使两者关系和谐融洽，不良社会舆情会大大减少，从而增强政府公信力。相反，若政府对公众的意见或建议选择视而不见，公众会产生失望情绪甚至愤懑之情，认为政府不为老百姓办实事，不作为，这将增加社会舆情的发生，从而降低政府公信力。例如，2010 年江苏通安因征地拆迁问题，上千村民围堵镇政府，砸毁了部分办公用品来发泄怒火，类似事件产生的后果是政府跟群众之间的矛盾加深、关系疏远，最后导致政府失去公众的信任。

2. 利益关联

社会舆情是公众利益诉求表达的一种形式，以求引发社会共鸣，对政府决策和行为产生影响，实现个体或公共利益①。政府公信力的高低也从侧面反映了政府解决公众利益诉求的能力。社会舆情是政府了解公众想法的重要途径，政府要充分发挥“意见领袖”作用，正确引导社会舆情朝积极的方向发展，要注重公众利益的合法合理表达，最大程度解决公众的利益诉求，提高公众诉求的满意度。在关乎公众利益的问题上，政府要多考虑公众的利益，多了解公众的忧虑，解决好公众最关心的利益问题，公众的利益问题是巩固和提升政府公信力的重要方面，这两者都是为了公众的利益需求。

① 金飞：《网络舆情与地方政府公信力互动关系研究》，《理论月刊》，2018 年第 3 期，第 173—177 页。

3. 本体关联

社会舆情是公众对舆情事件看法、态度、情绪的外在表现，是公众的主观价值评判，而政府公信力是公众对于政府形象、行政能力及水平的主观价值评判。社会舆情与政府公信力这两者均是公众的主观价值评判，本体上存在着关联。如 2019 年 6 月 26 日，网上曝出贵州毕节、凯里两地幼儿园和福利院疑似有未成年儿童被性侵，事件曝出后，约有 67% 的网民不等官方查明真相就开始传播谣言。此次舆情事件里，网民对幼童性侵事件的关注度和热心度非常高，在网络上发表各种言论，但不到一天，经过政府部门调查核实，贵州警方迅速抓获造谣者，平息舆情，避免了舆情向不可控的方向发展。这充分说明，社会舆情与政府公信力这两者本体上存在着关联，取得了公众的信任和认可，政府必然就有较高的公信度，社会舆情也就下降了。

4. 目标关联

政务信息的不透明、职权履行不到位和服务提供不完善均可能导致社会舆情的产生。社会舆情主体的目标是监督和规范政府的行政行为。而政府公信力下降的原因在很大程度上正是政府的管理行为越位、失位或错位。在建设服务型政府背景下，两者的最终目标都是为了加强和完善政府职能，提升政府公共服务能力，为群众解决难题，最大限度满足公众的利益诉求。因此，两者具有高度一致的最终目标。

二、重大突发事件社会舆情政府公信力的个案分析

个案分析可以更加直接、直观地看出重大突发事件社会舆情对政府公信力的影响，通过对典型个案的系统分析与梳理归纳，对处理类似事件等可以起到不同程度的借鉴作用。

（一）12·4 浏阳烟花厂爆炸案

2019 年 12 月 4 日，湖南省浏阳市碧溪烟花制造有限公司石下工区发生爆炸，爆炸事故造成 13 人死亡、13 人受伤。

1. 事件回顾

12 月 4 日，中午，浏阳市政府第一次对外通报称该事故造成 1 人死亡、1 人受伤；16 时左右，消防队员找到最后 2 名失踪人员；晚间，政府官方微信公众号“长沙发布”通报称确定该事故导致 7 人死亡、13 人受伤。

12 月 23 日，应急管理部通报，经湖南省人民政府成立调查组对该事故提级调查，发现并核实另有 6 人死亡，确定该事故最终造成 13 人死亡、13 人受伤。

12 月 24 日，10 名涉案嫌疑人被采取刑事强制措施，4 名公职人员被采取留置措施，另有 3 名副市长被先期免职处理。

2. 舆情趋势

此次爆炸事故经历两次舆情高峰，第一次是在 12 月 4 日爆炸事故发生后的第二天

（即12月5日）达到峰值，随后热度逐渐消退；第二次是在12月23日应急管理部发布公告后，再次引起公众关注，当天21时信息量达到峰值（如图6－5所示），第二天，信息量再次波动，事件的后续发展情况仍被舆论关注。

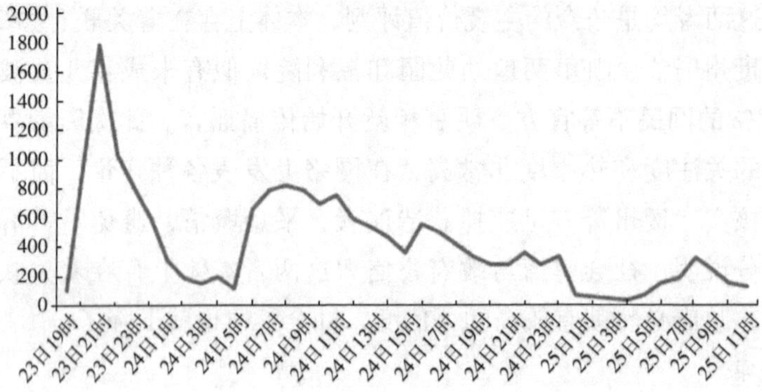

图6－5 "12·4"浏阳烟花厂爆炸案舆情趋势图

3. 舆情分析

12月4日，爆炸事故发生后，对于人员伤亡情况，当地最初说是1人死亡、1人受伤，随后媒体发文质疑伤亡人数不实，官方变更信息改为7人死亡、13人受伤，第二次官方通报也被质疑瞒报，之后湖南省人民政府成立调查组对该事故提级调查，调查发现并核实另有6人死亡，坐实当地政府相关部门瞒报、谎报行为。12月24日，应急管理部发布《国务院安委会办公室约谈湖南省长沙市人民政府》一文，新华社、人民日报等权威媒体相继发声，让公众看到政府对此案的重视程度，之后舆情趋于平缓。

4. 启示

此案件是性质严重的生产安全案件，此次事件存在谎报、瞒报和失职等行为，暴露出相关政府部门未能充分履行安全监督职责以及政府官员失职失责等问题，对政府公信力产生了不良后果。

第一，政府相关部门没有认真落实安全监管责任。社会舆情发生后，不少网友指责政府部门不作为，没履行安全监管职责。该事故的调查结果认定该生产企业存在违法违规行为，地方对烟花爆竹安全监管力度不够、工作落实不到位、执法宽松等均说明政府部门工作上失职，严重损害了政府形象，同时也削弱了政府公信力。

第二，政府公职人员的失职失责。此次舆情的热点词"瞒报、谎报、藏尸"等引发了舆论高潮，微博网友频繁用"愤怒""衰""摊手"等表情表达对当地政府"瞒报"死亡人数的负面情绪，瞒报行为严重降低了公众对政府的信任度。部分舆论呼吁彻查真相、严肃追责，事后相关人员虽被追责，但这也在一定程度上失去了公众对政府的信任。

此次事故引起的社会舆情，其他政府部门应引以为戒，绝对不能放松安全生产的监管工作，事后处置更不能敷衍塞责，要实事求是，这直接影响着政府公信力的强弱。

（二）宁波 11·26 爆炸案

2017 年 11 月 26 日，浙江省宁波市江北区庄桥街道李梦小区附近发生爆炸。事故共造成 4 人死亡、19 人受伤。

1. 事件回顾

11 月 26 日 8 时 50 分左右，浙江省宁波市江北区庄桥街道李梦小区附近发生爆炸。10 时 29 分，江北区公安部门发布新闻称事故具体原因正在调查中。12 时 45 分和 14 时 50 分，江北区政府分别召开了两场新闻发布会，介绍现场最新情况。21 时 13 分，官方通报称，截至 20 时 50 分，事件造成 2 人死亡、4 人重伤、15 人轻伤、2 人失联。

11 月 27 日，警方在阳新县白沙镇潘桥村逮捕了此案主要嫌疑人单某。

11 月 28 日，宁波市公安局官方微博通报爆炸事件原因及最新进展。

11 月 29 日 10 时整，官方通报称 2 名失联人员经警方确认均已死亡。22 时整，@宁波公安通报爆炸原因。

2. 舆情趋势

发生爆炸后，附近居民通过个人社交软件分享爆炸消息，使此消息迅速扩散。随后@人民日报、@央视新闻、@头条新闻等蓝 V 以及浙江在线、凤凰网、中国青年网等媒体纷纷报道爆炸事件，使该事件受到更多的关注，引发公众对事件的议论，致使舆情热度急剧上升，使得舆情量在当天就到达了最高点。随着官博@江北发布、@宁波公安、@江北公安接连发布消息，调动各方力量主动发声，说明真实情况，加上宁波警方快速侦破案件并抓捕嫌疑人，舆情风波很快就平息了。

3. 舆情分析

11 月 26 日 14 时 57 分，@江北发布发布情况通报（如图 6－6所示），全篇 243 字，有 220 字介绍“各级领导重视”，占据全文 90% 篇幅，而与灾情有关的内容却仅有“到目前为止，在医院接受救治的其他轻伤人员尚有 16 人”23 字，且放在最后段，一笔带过。

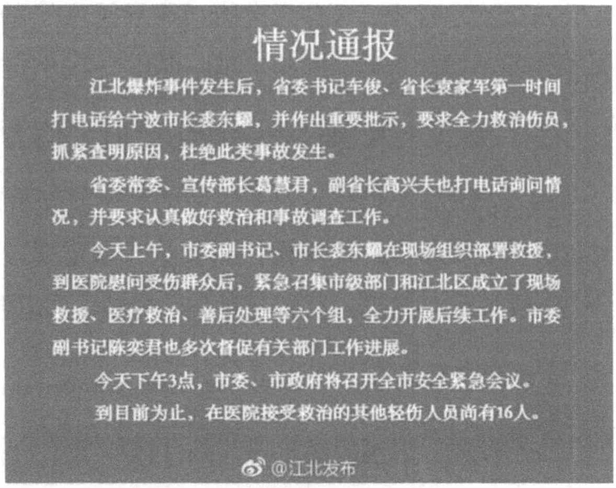
情况通报

江北爆炸事件发生后，省委书记车俊、省长袁家军第一时间打电话给宁波市长裘东耀，并作出重要批示，要求全力救治伤员，抓紧查明原因，杜绝此类事故发生。

省委常委、宣传部长葛慧君，副省长高兴夫也打电话询问情况，并要求认真做好救治和事故调查工作。

今天上午，市委副书记、市长裘东耀在现场组织部署救援，到医院慰问受伤群众后，紧急召集市级部门和江北区成立了现场救援、医疗救治、善后处理等六个组，全力开展后续工作。市委副书记陈奕君也多次督促有关部门工作进展。

今天下午3点，市委、市政府将召开全市安全紧急会议。

到目前为止，在医院接受救治的其他轻伤人员尚有16人。

@江北发布

图 6－6　微博“江北发布”情况通报图

在“领导很忙体”通报引发舆论吐槽后，@江北发布关闭了该条微博评论，再度激起了民愤。态度是舆情应对的首要因素，从政府领导干部到基层微博运营人员，都应时刻保持谦卑的态度和求真务实的理念，坦诚地与公众进行交流，做到不回避、不失语、不妄言。

4. *启示*

纵观宁波市政府及相关部门处理这一热点舆情事件，发现其存在舆情回应不足、公共安全普法教育意识淡薄等问题，这些都严重影响了政府的公信力。

第一，政府对舆情的回应不足。官方发布通报引起公众质疑后，没作出正面回应而是把微博评论关闭，引发舆论不满，激起公众怒火，完全把自己置于被公众批评的被动境地，严重挫伤了政府公信力。

第二，官方发布的通稿，削弱了政府公信力。政府官方通报具有权威性，是公众了解事情真相的重要渠道，政府通报重大突发事件调查情况时，也应考虑公众的关注点和舆论诉求点。重大突发事件发生后，公众最为关心的是事故发生的原因、目前的救助进展和人员伤亡情况等，而不是领导人的问候。这种信息发布似乎展现了领导干部履职尽责的形象，实际上是在透支政府的影响力和公信力。

第三，爆炸事故突发，暴露政府公共服务缺失，而公共服务是否缺失也关系到公众对政府的认可度高低。该事件原因经调查后确认是单某的父亲和堂姐在炸药销毁的过程中操作不当。这也是引起社会舆情的话题点，出现这种违规操作、私下拆除炸弹行为，公众会质疑政府为何不做相关知识及法律法规方面的普及，从而造成悲剧的发生，削弱了政府公信力。

第四，政府部门的不作为应对此次安全事故负责。公众谴责政府相关部门未能排查出租房及合用场所的消防安全隐患，使政府的形象严重受损，也降低了公众对政府的信任程度。政府要深入开展公共安全和安全生产大检查，即使在无人区也要加强排查，确保公共环境安全，防止发生重大事故。

在此次事件中，不分主次的“领导重视”的公文式通稿背离了公众的信息需求，还有日常消防检查的疏漏和不足，都在不断消耗政府的公信力。

三、重大突发事件社会舆情政府公信力提升的战略思维

社会的快速发展将会产生一系列新情况和新问题，政府必须适应当前社会的新形势，重大突发事件社会舆情一旦发生，就需要政府快速制定和实施正确的战略决策，加快解决难题的速度，这必须重视战略思维能力的培养和提高。

（一）大局思维

大局思维，要求思维主体要具有长远眼光、掌控全局的能力，抓重点、统筹兼顾，有大局观。

1. *统筹全局*

政府作为事件应对的主体，必须统筹全局，做好重大突发事件的沟通工作，确保信息的公开和可信度。当重大突发事件社会舆情发生时，政府要有大局观，充分了解

事件的全局，掌握事件的社会舆情实时动态，灵活调整解决方案，消除社会舆情的负面影响，从而提高政府的公信力。社会舆论风波过后，政府应组织业内专家彻查事故原因，交出经得起历史和人民检验的调查报告，坚决杜绝事件原因的调查过程中存在的故意隐瞒、含糊其词、草率结束等行为，确保社会舆情事件调查的透明化和准确性。

2. 分析局势

在重大突发事件发生后，政府相关部门应观测舆情的发展趋势，把握舆情的发展态势，注重观察社会舆情的演化规律，注意各个阶段舆情的动态变化。为避免次生舆情的发生，政府既要立足当前，又要眼光长远。对于重大突发事件社会舆情引起的混乱，政府应急管理部门等相关部门应及时通过新闻发布会、微博、微信及一些政务新媒体披露事件真相，公布调查结果，打消公众疑惑。政府在快速调查事实真相的同时，也应时时关注网络媒体上公众关于事件的相关言论，及时把握舆论风向，分析舆情的走向。若出现一些谣言引导不明群众跟风，事态愈演愈烈的情况，政府须快速回应，给出官方立场，终止谣言。政府一定要分析局势，把控事态方向，让事情往好的方向发展。

（二）快速思维

重大突发事件往往都关乎着人民群众的生命和财产安全，时间就是生命，政府要快速部署，进行救援，缩短时间，降低损失。

1. 快速反应

发生重大突发事件后，当地人民政府应迅速反应，根据事件性质、特点和危害程度，立即组织有关部门，调动应急救援队伍和社会力量，按照《中华人民共和国突发事件应对法》和有关法律、法规、规章的规定采取应急措施。在此基础上，各级管理机构应组建精干的专业队伍，自上而下形成一整套全新的管理工作体系，实行部门联动、职责明确、分工协作、流程精简的管理模式，这种管理模式能更加快捷地应对突发事件中出现的新情况。

2. 及时响应

中共中央办公厅、国务院办公厅印发的《关于全面推进政务公开工作的意见》（中办发〔2016〕8 号）强调“确保在应对重大突发事件及社会热点事件时不失声、不缺位”。舆情信息的具体呼应要求也指出根据政务舆情的严重级别进行划分，尤其是特别重大政务舆情等更是要在 24 小时内举办官方新闻发布会，同时专门表明权威信息的发布不得超过 5 小时，这些都证明在国家层面上，政府已经意识到了政务舆情处理不利可能对整体形象和公信力带来不良后果，同时证明政府已经开始着手避免遭受同类状况时公信力受损的应对策略开发。

（三）真相思维

社会舆情的产生让重大突发事件本身的关注度升高，公众言论不一，引发负面猜想和质疑。政府要及时公布事件真相，正面引导舆论，降低不良影响。

1. 公布真相

政府在处置重大突发事件和引导舆论的过程中，应当直接触及责任主体，根据事件实际情况厘清和明确具体单位、部门、人员应负的责任，及时向媒体说明情况，给公众回应，对应承担责任的单位、部门和个人作出相应处理，满足媒体和公众的问责期待。事件调查结果要快速及时公布，事件真相会让公众对事件的整个过程有清楚的认识，政府应通过新闻发布会、纸质媒体、网络媒体等方式，对事件的调查结果进行公布。如 2017 年 6 月 15 日徐州幼儿园爆炸事件，政府在事件发生的当天就进行调查，第二天就告破该案件，并对造谣者予以法律制裁，还原了事件真相，平息了舆论风波。政府在舆情事件中由被动转化为主动，运用媒体的新闻监督作用，促进责任主体高效、妥善地处置重大突发事件，将其对社会造成的不良影响和危害降到了最低限度。

2. 正向引导

对于应急处置过程中的舆论引导，要注意把握节奏和尺度，避免反向强化的效果。开展舆论引导，必须把握好这个度，针对事件处理的进展和舆论发展的阶段性特点，对事件产生的影响、公众对事件的态度进行正向引导，以免公众被一些“意见领袖”“大 V”等的言论误导，使一些不明真相的人盲目跟风，从而造成社会恐慌。如 2019 年 6 月 26 日，一篇“贵州毕节、凯里有儿童被性侵”的帖子被广泛传播，引起公众的强烈愤慨。警方也在第一时间对该区域的幼儿园、福利院等进行调查，结果都无相关事件发生。对发帖人依法讯问，其竟回答的是“仅为刷存在感”，这样的造谣者利用公众的同情心，肆意妄为，引起社会慌乱。政府对该事件高度关注，积极有效地组织进行调查，使舆论朝着有利于事件处置、强化公众认同和政府形象的正确方向发展，这是提升政府公信力的表现。

（四）创新思维

重大突发事件社会舆情的情况是在不断变化的，既要重视过去经验的累积，又要重视应对新情况、新问题的能力培养，要加强思维的创新性。

1. 理念创新

在舆论预警和监管工作中，各级政府、企事业单位要不断更新管理理念，增强社会责任感。社会舆情工作要给人民发言权，要帮助人民明辨是非，引导人民树立正确价值观，充分发挥人民的积极作用，实现社会共同治理的创新形式。在应对重大突发事件时，政府要集中公众智慧，听取各方意见和建议，就问题提出多种解决方案，择优而行。

2. 技术创新

随着大数据、云计算和人工智能的发展，政府治理也应该利用这些技术手段进行创新。使用大数据创新舆情管理，一方面，要充分发挥优势即大数据全面、动态和开放的特点。另一方面，需要克服其价值密度低和快速传播的难点，这需要公共舆情管理各级组织积极开展关键技术的创新研究，如数据监控、存储、挖掘、分析和安全；深化研发合作，补充各类业务功能模块，优化舆情信息处理技术平台支撑功能，实现数据的全面采集和记录、高效的读写和交换，不断提高社会舆情数据的计算、分析和预测能力①。

四、提升重大突发事件社会舆情政府公信力的对策建议

社会舆情风险事件发生后，往往会给当地政府的公信力带来直接的不良影响，给政府的形象蒙上不可磨灭的阴影。而及时的反应和高明的应对策略，也常常能使政府公信力得到提升，收到转危为机、绝处逢生的效果。

（一）及时回应事件始末，适度公开政府信息

政府应对重大突发事件社会舆情时，要把握回应时机，及时回应事件发生始末，保证信息公开适度透明化的同时，也要综合公众意见进行回应，使舆情趋于平缓。

1. 政府要把握回应时机

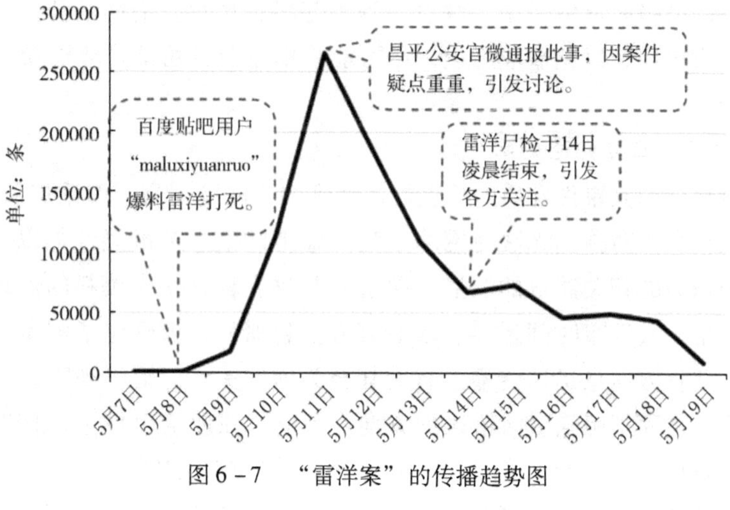

图6-7　“雷洋案”的传播趋势图

重大突发事件社会舆情发生后，政府的首要措施是根据事件实际情况进行信息公开、与相关负责人进行谈话、开通群众意见征集渠道、召开新闻发布会等，与公众或媒体就舆情事件直接进行及时、准确、透明的交流，坚决杜绝“否认已经发生的错误”

① 汤凌冰：《大数据与创新社会舆情管理》，《光明日报》，2015年4月1日，第013版。

"寻找借口"或者"编造谎言"的行为发生。同灾害救援一样，政府在回应涉及自身的网络舆情时也要把握"黄金四小时"，及时利用各种平台就重大突发事件与公众进行沟通，或对公众进行情况说明。比如"雷洋案"，2016 年 5 月 7 日晚，一网友发帖质疑中国人民大学硕士雷洋非正常死亡，之后经权威媒体发文报道后舆情一路高涨，几天后官方才通报雷洋之死。从图 6 – 7 中可以看出在事情发生隔了 4 天之后，政府有关部门才进行通报，政府的拖延导致事态严重，并引起了很大的舆论。

2. *政府信息要适度透明化*

针对舆情事件，政府部门在处理相关政府信息情况时，要坚持适度透明原则，及时向社会公布事件真相或调查的相关情况。政府向社会公众公布事件真相要做到以下两点：一是政府要清楚了解事件发生的来龙去脉，确定事件的性质，如事件是意外造成的还是不可控的灾难造成的。若事件的发生是由于政府相关部门的疏忽、失职，政府部门就应主动、勇敢地承担责任，积极弥补过失，切忌用沉默或者隐瞒的消极方式回应社会公众，否则会引起公众的愤懑情绪，谴责政府处理事件的行为和态度，致使公众对政府强烈不信任。与其让公众或社会媒体披露事件真相，不如政府开诚布公地直面公众，这样才能赢得公众的信任，为下一步正确引导舆论作铺垫。二是政府要注意公开信息的保密性和适度性。政府信息公开是必须的，但公开信息不仅要注意相关主体的隐私，还要考虑其带来的负面影响。信息公开要讲究方式方法，既要说明事实真相，不引起公众恐慌，又要回应社会公众的质疑，消灭谣言的滋长。例如，在一些卫生安全事件的网络舆情传播中，政府应当担起科普角色，借助其公信力来发布事件情况，规避谣言传播，以免造成恐慌，尽可能将信息公开可能产生的负面影响控制在最小范围之内。

3. *政府要及时回应舆论关切*

重大突发事件因其事件性质的严重性，受到的关注度很高，舆论扩散也较为迅速，同时由于公众信息不对称，无法对网络上铺天盖地的信息的准确性加以判断，就助长了影响政府公信力的相关谣言的散播。网络上非政府官方率先爆料的信息其真实性虽有待考证，但由于其发布时间最早、政府官方信息滞后、公众想了解事情真相的急切心理等原因，非官方信息迅速传播，有的甚至为博取关注、混淆视听致使其发展成威胁真相的谣言，从而把舆论引向错误的方向。因此，在厘清事件全部情况后，政府要采取调查公众意见、咨询专家意见、召开座谈会等传统形式广泛听取公众呼声，或运用政府网站、政务微博、政务微信等网络平台与公众互动的形式深入回应公众心声，或通过信函、传真、电子邮件等书面方式公开征求公众意见，时刻关注舆论导向，分析公众对该事件的看法。随着社会的发展，公众对于自己的知情权、监督权意识不断提高，政府对公众提出的问题和疑惑，要及时予以回应，不要让公众肆意猜测事件的真相。为了能及时有效地打破谣言，可将辟谣内容置顶各网络平台的显眼位置，不让其被虚假信息流埋没，从而引起公众足够的注意，以获得更好的辟谣效果。对于有些网民发布的一些不实信息，政府一定要及时澄清，表明立场并对造谣者进行处罚。

（二）构建网络信息平台，把控舆论实时风向

1. 构建网络情报力量

应对社会舆情只靠政府的力量是远远不够的，互联网时代，网络世界的力量也不容小觑，政府和网络力量合力会加快社会舆情的消退。具体讲，在社会舆情事件中，政府可以构建属于自己的网络情报力量。一方面，要认识到意见领袖在互联网上的独特之处。意见领袖发布的言论会影响到一部分人，这种名人效应在网络舆论传播中往往会对某一特殊群体或某一特定领域的人员有很大的影响和辐射范围。政府部门应着重培养一些专属意见领袖，秉着理性和建设性的基准，帮助政府部门发挥影响力、示范和引导作用。另一方面，第三方媒体的作用也是至关重要的。传统媒体在参与社会舆情事件处理中往往因其特殊性质落下刻板印象，而对于置身其外的第三方网络媒体，网民倒是很乐于接受其旁观者的身份。因此，政府部门应合理利用第三方网络媒体，找寻恰当的时机让其介入，公布全面信息，化解危机，从而获得广大网民的肯定①。

2. 构建网络监测体系

应对重大突发事件社会舆情危机，事后处置只是一个方面，更为重要的是要加强预警，即强化舆情监测预警机制。网络舆情监测可以从三个方面进行构建：一是从时空上进行监测，从时间和空间地域上调查网络舆情事件、话题和现象等的关联度，重点关注重要的时间和敏感区域；二是从民意表达方面进行监测，对与舆情事件、话题或现象有关的媒体报道、评论倾向和网络言论倾向进行调查和分析，重点关注关键人员；三是从社会现象方面进行监测，将孤立的舆情事件置于社会系统结构和矛盾运动中，对网络舆情进行深入研究和判断，关注最新的网络舆情事件、话题或现象②。同时，要建立区域监测与国家监测相衔接的监测平台，形成联动机制，及时发现可能引发舆情事件的敏感评论，并及时对其进行引导。

3. 加强舆情发布监管

舆情的发生与重大突发事件真相发布的渠道和方式也有很大的关系。若是官方通报，那么舆情会慢慢减弱直至消亡；而若是其他媒体或有一定粉丝数量的自媒体营销号公布，那么舆情可能会不减反增，甚至会引起次生舆情。因此，重大突发事件真相的发布主体和呈现方式对网络舆情发展的稳定性也有着重要影响。重大突发事件社会舆情发生后，公众应该从拥有第一手资料的政府方获取关键信息。信息发布的平台是否权威（政府官方、大众媒体或者私人）、信息发布的时间是否及时、信息发布的内容

---

① 师喆，兰月新：《网络舆情环境下政府公信力提升策略研究》，《电子政务》，2015 年第 6 期，第 49—57 页。

② 师喆，兰月新：《网络舆情环境下政府公信力提升策略研究》，《电子政务》，2015 年第 6 期，第 49—57 页。

是否真实客观、事后信息跟踪是否全面完整等都会影响到公众对政府公信力的判断和预期。为此，政府部门应加强舆情发布的监管工作，可以设立专门的舆情发布监管平台，由专业人员回应舆情、公布公开信息。舆论一旦上升，政府就应该在第一时间向社会披露事实真相，过滤负面信息来达到引导舆论的目的，一定不要刻意隐瞒和扭曲事件的真实情况。确保政府投入大量人力物力，调查网络舆情真相后，不会因发布舆情真相的方式、前端官方发布平台和人员疏忽而落空。在这方面，可以借鉴网格化管理模式，按类型、地域划分舆情，设立专门的官方信息发布平台监管部门，实现对官方发布平台的无缝监管，避免在政府与网民最直接的信息交流中出现低级错误①。

（三）彻查事故发生原因，及时披露事件真相

重大突发事件救援工作结束后，政府应彻查事故原因，将调查结果及时公布，给公众一个交代。

1. 彻查事故原因

社会舆情风波过后，政府一是组织相关专家对事故的整个前因后果进行彻底调查，要交出一份经得住历史和人民检验的调查报告，坚决杜绝在事件原因诊断过程中出现刻意隐瞒、含糊不清、草率收场的行为，定要确保社会舆情事件调查的高准确性、高透明度、高及时性。事件的原因分析可能是公众最想知道的，究竟是什么样的原因才发生这样的重大事件，也以此为后来的防范措施提供新的要求。二是通过主流新闻媒体、政府网络平台等官方渠道及时披露事件真相，公布调查结果，消除公众疑惑。快速及时公布事件真相，公众对事件的整个过程有清楚的认识，是非曲直，自在人心。三是对一些网络还没有普及的地方，要组织各级领导干部、共产党员等进村入户，一对一做思想工作，努力澄清事实真相，消除公众的不安全感，积极化解谣言带来的负面影响。

2. 事后安抚工作

事发后，政府应立即采取行动，具体措施主要包括三个方面：一是主动道歉。政府首先需要通过主动道歉，来减弱、消除公众的负面心理状态，从而修复受损的社会关系。政府作为为人民服务的机构，对公众的生命安全、人身安全、财产安全等予以保障，这样才能让人民群众感受到来自党、国家和政府的关心。二是进行安抚。对因重大突发事件社会舆情受到伤害的人员，政府部门要委派相关人员对受害者进行慰问、安抚，以此表示政府的善心和歉意。三是利益补偿。对于重大突发事件引起的人员伤亡，政府部门（工作人员）应主动承担经济补偿和行为上的责任处罚，希望获得社会公众的原谅。事件发生后，可能给受害人甚至家庭带来重创，政府的利益补偿虽然不能弥补事件所带来的身体创伤和心理创伤，但是经济补偿可以让其有物质保障。例如，

① 郗云菲：《网络舆情应对中政府公信力问题研究》，南京工业大学硕士学位论文，2018，第45页。

在2019年4月11日深圳暴雨引发洪水、6月17日四川宜宾6.0级地震、7月23日贵州水城山体滑坡等自然灾害事件中，政府相关部门对灾后安置工作及后续灾民的生活保障等相关问题都需要做出相应保障措施。

（四）严肃追究领导责任，深刻反省事件教训

1. 明确政府舆情应对中的权责边界

在舆情治理中，要明确各政府主体部门、人员的责任划分，把舆情危机控制在一定范围内，避免在很大范围内损害政府的公信力。在网络舆情预防阶段，应事先划分个人和组织的责任，以便在舆情事件发生时，迅速找到责任主体，明确实际行为的过错方，迅速向社会解释，向社会公开，消除公众对政府部门纪律涣散、工作低效、相互包庇的陈旧观念①。舆情爆发后，进入网络舆情热点时期，官方若确实没有及时找到责任主体，也应该尽快给公众一个答复，如为公众提供参与网络舆情事件的跨部门联系渠道和方式、为公众提供网络舆情信息的科普、为公众提供平等交流网络舆情的相关平台等，总之，我们应该让公众感受到政府处理这一事件的决心和重视程度，而不是等到舆情衍生出次生舆情和各种谣言，已经导致政府的公信力严重受损后才发布官方权威的调查结果。

2. 严格执行领导问责制度

在认真调查重大突发事件社会舆情发生原因后，要启动问责程序，严格按照法律条文和党纪条例，追究相关领导的责任，该降职的要降职、该撤职的要撤职、该进入司法程序的要依法办理②。若发现政府公职人员存在腐败、失职行为的，要依法对其问责，并依规向公众公布处理结果。只有严格执行行政问责制度，才能赢得公众的信任，从而提升政府的公信力。例如，2019年5月26日，江苏东台发生血透患者感染丙肝事件，事故发生后的第二天（27日）东台市人民政府就发布了该事件的调查处置通报，该通报被主流媒体及官微账号报道传播，由于丙肝具有传染性，涉事单位又是医院，故事件引发舆论广泛关注，并于当日9时达到舆情最高点。之后通报给予东台市人民医院相关领导人免职处理，给予其他相关责任人严肃处理。政府通报对相关领导的问责处理情况后，公众的情绪得到平缓，也让事件引发的舆情量降到最小。

3. 总结事件教训

要加强政府行为及公务人员的作风建设，建立政府信用评价机制，时时关注公众对政府部门行为和人员的评价。要组织相关涉事主体认真总结整个事件的发生原因，深刻反省舆情风波带来的沉痛教训，系统掌握舆情应对处置的方法技巧，全面提升社

① 郗云菲：《网络舆情应对中政府公信力问题研究》，南京工业大学硕士学位论文，2018，第45页。
② 邓春林：《网络群体性事件的演化规律及防控机制研究》，湘潭大学博士学位论文，2016，第143—144页。

会舆情驾驭能力水平。针对重大突发事件社会舆情，并不能单看一个事件，要对比以前的相似案件，分析共同点和不同点，总结出解决方案的实用性和适用性。一些安全事故引发的社会舆情，让公众对政府的应对措施高度关注，公众也时刻关注事故进展动态，政府要吸取以往事故教训，举一反三，切实落实企业安全生产责任主体责任并及时通报，实时响应事故进展，处理事故后，要在全市范围内进行风险排查治理，坚决防范和遏制重特大事故，全力维护人民群众生命财产安全。

网络平台已成为公众反映心声、政府了解民意的重要窗口。正确处理舆情已成为提升政府公信力的重要途径。政府公信力的缺失在一定程度上危及人民利益，损害政府形象，破坏社会信用体系的建设。所以，当前政府应该清晰地认识到公信力建设的必要性、紧迫性和重要性。政府相关部门应树立正确的舆情应对观念，及时发声回应，有效把控舆情发展态势。一旦有舆情事件发生，政府相关部门要认真履行职责，及时回应舆论热点，与网民积极互动、沟通，取得人民群众的支持和配合。

第三节　重大突发事件社会舆情治理责任管理体系

重大突发事件社会舆情治理是一个涉及政府多部门的复杂系统工程，常常因为政府部门责任不明确而出现相互推诿、扯皮现象。建立科学的、明确的应急责任管理体系，将责任明确到部门、落实到人，是重大突发事件社会舆情应对的重要保障。

一、重大突发事件社会舆情治理中政府责任管理体系主要构成

在重大突发事件社会舆情治理过程中，基于政府的职责、地位和能力，政府应起主导作用。一方面要动员各种力量和调动资源来共同应对舆情，另一方面要指挥、协调和处理好一切重大突发事件社会舆情。

（一）重大突发事件社会舆情治理中政府责任管理体系内容

在社会舆情治理上，政府作为主要的责任主体，承担着相应的责任。

1. 行政责任

在网络舆情发生时，行政主管部门有权在实施监控任务的过程中规范舆论引导。除了关键字过滤等自动审查技术外，舆情的主动监控还必须辅以手动审查环节，突破传统僵化的治理模式，提高应对信息时代挑战的能力。从网络语言中提取并呈现有代表性的论点，对各类虚假新闻和虚假信息进行甄别，发现相关违法行为时采取相应的处理措施。

2. 道德责任

网络空间的虚拟性很容易造成人们对自己的行为不负责任的错觉，网络平台已经

成为公众发泄情绪的窗口之一。在信息源的影响下，公众缺乏进一步的验证和理性思考，容易非理性地与某些情绪的宣泄产生共鸣，使得舆情发酵，更容易产生错误和偏见，为网络舆情的道德失范埋下隐患。政府作为重要的看门人，净化网络环境，培养网民的道德意识，指导网络参与者真正履行和实现道德责任，这是政府的重要职责之一。①

3. 法律责任

根据权责一致的原则，政府应积极采取措施，依法履行其监督职责，并在舆情监督失范的情况下承担相应的法律责任。一般来说，政府网络舆情监控责任机制是指对政府和官员违反职责的行为和后果进行调查的标准体系。

（二）重大突发事件社会舆情治理中政府责任机制构成要素

社会舆情政府责任机制作为一套以促进政府公共利益为前提、保证政府遵循舆情运行规律的责任机制，包括责任划分、责任评价、责任追究三个环节，责任机制间相互联系、相互影响。

1. 责任划分

在网络虚拟平台中，人们知道一些信息和言论会扰乱社会和谐，但在从众心理驱使下，依旧对非法言论进行肆意转发或评论，甚至通过网络平台释放个人情绪。国家对此也采取了一些措施，例如，国家网信办在2017年9月发布了《互联网群组信息服务管理规定》，其中明确提到网络群组建立者或管理者应履行群组管理责任，也就是说，群主和群管理员必须对群内信息负责，这有效地规范了网络时代的群体行为和信息传播。当网络空间传播的不可控因素过大时，网络舆情容易引发社会动荡，并且传播者的具体身份很难查证。此时，政府作为舆情的第一责任主体，应负起主要责任，保证网络环境的良好运行。

2. 责任评价

构建社会舆情的政府责任评价机制，离不开各级领导的评价和人民群众的监督。当前，社会舆情治理相关部门的监督评价面临诸多问题，自我监督乏力的现象占有很大比重。对此，舆情治理部门不仅要转变管理思路，还要提高舆情治理水平，落实政府网络舆情治理责任。面对棘手的重大突发事件社会舆情，在统一思想的同时，可以分解责任，将每个小环节分解到相应的负责人，形成可靠的责任链，确保责任监督评估的落实。

3. 责任追究

政府问责机制的有效运行是实现政府舆情有效监督的保障。在互联网的特殊情况

---

① 陈玲霞，易臣何：《突发事件网络舆情政府监控保障体系研究》，《情报探索》，2015年第8期，第20—23页。

下，常常会出现这样的困境：我们不知道谁应该真正负责，但我们知道该对谁负责。问责难以实现其惩罚和威慑作用，导致舆情治理问责最终形式化。对此，要强调落实问责，强化问责主体权威，规范问责程序，明确舆情治理事件中相关人员权责归属，形成权责匹配格局，对不履行职责的官员严格问责，督促其积极行使权力，承担社会舆情治理责任，及时平息网络舆情和社会舆情，防止二次舆情的发生。

（三）以转变政府职能为目标的重大突发事件社会舆情治理问责制

在重大突发事件社会舆情治理过程中，政府的“越位”“错位”“缺位”行为引起了民众广泛关注，一些政府部门或政府人员因应对和处置重大自然灾害不当受到行政或司法制裁。从而，严格管理重大突发事件社会舆情治理行政问责，需要转变政府职能，保证政府应对重大突发事件社会舆情的职能准确、权责明确，使我国政府应对重大突发事件社会舆情的治理管理能力得到有效提高。

1. 政府职能转变的内涵

政府的职能，又称政府的行政职能，主要是指国家的行政机关在法律法规等的规定下管理国家和公共事务的主要职责和基本职能。它具有公开性、合法性、执行性和强制性的特点。政府职能反映了政府公共行政的总方向和基本内容，是政府公共行政的性质和内涵的表现①。政治职能、经济职能、社会职能、文化职能等是政府的主要职能。随着社会经济的发展和政治体制改革的深入，特别是新公共管理理论的推广，传统的政府职能模式在一定程度上阻碍了政府的公共管理能力的提升，转变政府职能迫在眉睫。政府职能的转变代表着政府行政理念和行为的转变，但政府职能的转变必须建立在保护社会利益和体现社会意志的基础上，这是合法的、理性的。

2. 政府职能转变的目标

从目前的研究和实践来看，政府职能转变的目标主要是实现法治政府、责任政府和服务政府。其一，法治政府。法治政府是指政府的任何政治或行政行为都受到法律法规的控制和制约。建立法治政府有两条基本途径，分别是用法律约束权力和用权力约束权力②。其二，责任政府。责任政府主要是指政府在其行政范围内承担责任过程中所具有的行政权力和行政义务的合法运行状态，包括各级政府对执政党的政治责任、对人民群众的社会管理责任和对司法机关的法律责任。建立责任政府，必须使政府责任法制化、规范化，规定政府的义务，限制政府的权力。其三，服务政府。从“管制型政府”向“服务型政府”的转变是当代新公共管理理论的重要成果和重大进步。服务型政府要求政府行政部门在行政过程中坚持“以人为本”的管理理念，具有以公众

---

① 翟桔红，徐水安：《政府职能内涵的理论阐释》，《行政与法》，2017 年第 5 期，第 13—15 页。

② 杨鸿台：《论法治政府、责任政府、服务政府及政府职能转变》，《毛泽东邓小平理论研究》，2014 年第 7 期，第 3—13 页。

为行政对象的行政价值标准和行为规范，把政府的一切行政行为统一到为人民服务的根本宗旨上来。

3. 政府职能转变与政府行政问责

政府作为重大突发事件社会舆情治理的直接指挥者和参与者，重大突发事件社会舆情治理是政府的一项重要的职能和责任。然而，从目前的实践来看，政府的绩效评估主要依靠地方经济指标来简单衡量，这就决定了政府将更多的职能转向其职能范围内的地方经济发展，而忽视了政府的公共事务管理职能。社会舆情在事关社会稳定的重大突发事件中的治理功能已变得可有可无，导致重大突发事件社会舆情治理存在准备不足、应对不力、善后工作不到位等现象。政府舆情管理能力弱化的主要原因是政府应急职能的弱化。因此，必须强调政府公共事务的管理职能，特别是强化政府的应急管理职能，必须通过政府的行政评估和问责来实现。可以说，在重大突发事件社会舆情治理的过程中，政府必须加强对政府应急能力的问责，从而强化政府的重大突发事件应急管理职能和社会舆情治理职能。

二、界定重大突发事件社会舆情治理权责重心标准

重大突发事件的社会舆情治理，要求政府在短时间内收集各部门的数据和信息，必要时调动社会资源提供支持，甚至因治理需要而限制私权。因此，政府的应急权过于集中，应在一定程度上加以规范，即政府的舆情治理应适应重大突发事件的性质、规模和影响①。在政府组织系统中，权限的大小和资源调度能力的大小与其层次密切相关。重大突发事件社会舆情治理需要的权限和资源都非常大，往往需要更高层级的政府进行处理。

（一）应急响应的及时性和灵活性

将应急响应的及时性和灵活性，作为应急权力和责任分配的一个标准，是重大突发事件社会舆情的突发性所决定的。

1. 事件突发性本身所决定

重大突发事件社会舆情的出现，往往伴随着衍生、次生事件的发生，对应急响应的及时性有着极高的要求。重大突发事件社会舆情能否有效应对，将影响降低到最小，取决于政府能否争取到有效处置时间，迅速做出决策，在舆情尚未大规模扩散时，就将其扼杀在摇篮之中，控制舆情传播。

2. 利于应急开展

应对重大突发事件社会舆情权力和责任的重心越往下沉，给予下级政府更大的权

① 孟亚明，李江璐，熊兴国：《地方政府应对重大突发公共事件的解决机制》，《山东社会科学》，2013年第9期，第156—159页。

限，在重大突发事件社会舆情发生时，就能越快做出反应，在舆情尚未大规模扩散时就将其控制。同时，应急管理系统的结构越简单，设置越灵活，政府的反应也就越快，从事件发生到做出应急决策的时间就越短。相反，如果重大突发事件社会舆情的权限设置得越高，部门的组织结构越复杂，应急反应的时间就越长，很容易错失最佳治理时间。

3. 依照流程规定

要应对不同层次的重大突发事件，首先要按照及时性和灵活性的标准，把应急管理组织体系的权责重心从中央、省转移到市、县。事实上，自 2003 年 SARS 危机以来，我国在应急管理纵向府际关系上的基本方针就是“重心下移”，即在中央与地方政府、上级与下级政府之间进行制度化的向下分权①。从《中华人民共和国突发事件应对法》中可以看出，县级人民政府在重大突发事件社会舆情治理过程中承担着主要的责任。

（二）应急能力与应急资源的配置

重大突发事件社会舆情治理责任划分的另一个重要标准，是应急能力与应急资源的配置。只有拥有足够的资源和能力，才能够有效应对重大突发事件社会舆情的发生。

1. 基于治理能力考量

重大突发事件社会舆情能被称作“突发”，是因为其造成的影响会超过一般情况下政府的风险认知和控制能力。所以，重大突发事件社会舆情治理能力建设，是对政府应急管理能力的重大考验。虽然信息匮乏、时间紧急等情况束缚着政府的有效应对，但是，政府部门还是需要想方设法，采取一定的应对措施，调配人力、物力、财力和智力资源来满足紧急需求。

2. 提高效率的需求

不同级别的政府在重大突发事件社会舆情应急能力上有着很大的差距，而且不同类型的重大突发事件社会舆情对当地政府应急能力的要求也不同，这就是划分不同级别政府间权力与责任的原因所在。重大突发事件社会舆情政府应急响应的主要内容是资源整合、财政支持和投入相关应急设施。但是，由于地区差异，各级政府权力存在很大差异，就算是同一级政府，也会由于经济发展水平、社会自然环境和其他因素等，导致不同地区的重大突发事件社会舆情应急治理模式不同。所以，在划分重大突发事件社会舆情治理的权力与责任时，应充分考虑不同级别政府对重大突发事件社会舆情的应对能力，以适应重大突发事件社会舆情的具体情况。如果没有考虑到不同级别和不同地区间的差异，而对政府应对重大突发事件社会舆情设置统一的权力和责任，将会产生两种后果：第一是公共资源遭受严重浪费，如果只要求下级政府根据事件的性

① 应松年，林鸿潮：《国家综合防灾减灾的体制性障碍与改革取向》，《教学与研究》，2012 年第 6 期，第 15—21 页。

质和影响做出反应，而将上级政府确定为应急主体，必然会造成过度反应；二是处置时间的拖延，由于缺乏应急处置和救援能力，导致事件的蔓延和损失的扩大。

3. 依据实际情况应变

如果说应急响应的及时性和灵活性取决于应急响应的速度，那么应急能力则取决于应急响应的效率。因此，在确定重大突发事件社会舆情治理责任时，要充分考虑到当地政府部门的实际应对能力。例如，北京、上海、深圳等一线城市，虽然政府管理高效，具有较强的应对重大突发事件社会舆情的能力，并且在治理过程中，这些政府的影响力也更大，具有更高的公信力，但是他们容易受到跨区域的影响，一旦受到影响，其舆情扩散也将更加难以控制。在这些一线城市中，重大突发事件社会舆情治理责任就适合将区县级政府作为责任的重心，将市级政府作为重大突发事件社会舆情治理责任主体的重点。

（三）突发事件社会舆情信息流向

突发事件的响应过程实质上是一个相关信息的交互过程。在此基础上，探讨应急响应的时间结构、信息来源、决策方法和实施特点。因此，信息流动的方向也应成为政府间应急权责划分的标准之一。

1. 根据信息对称的考虑

由于在重大突发事件社会舆情应对过程中，跨部门间的信息交流不够通畅，导致无法及时让各部门知晓很多信息，此时，拥有更多信息获取能力的部门就更容易有效应对舆情，做出更加合理的预判，更适合作为重大突发事件社会舆情响应的主体。

2. 按照自下而上的流程

通常，重大突发事件社会舆情的信息流向是从下级政府向上级政府流动。重大突发事件的事发地基层政府往往能够掌握更多的信息，上级政府都是在事发地获得信息后才收到相关信息，并且上级政府获取信息的渠道一般也是通过下级政府上报。因此，在重大突发事件社会舆情治理划分责任体系时，应该考虑到信息流向的影响，在充分衡量不同级别政府的应急能力情况下，按照信息流向的原则，划分不同重大突发事件社会舆情治理责任。

3. 考虑特事特办的特例

我国各级政府在设置信息采集渠道、布局重大突发事件社会舆情网络监控时，主要是由县级政府来进行信息的采集，在这种情况下，上级政府可能通过自己更高的权限，获取到下级政府很难获得的关键信息。并且，上级政府由于在重大突发事件社会舆情治理过程中拥有强大的专家人才队伍，治理经验也更为丰富。此外，更高级别的政府还能够使用新技术、新方法对其进行深度挖掘，开展更加全面的分析，发现下级政府没有分析到的重要信息。在上级政府获得了相关信息后，需要迅速将所获得的信息发送给下级政府，并随即决定该事件是继续由下级政府来治理，还是升级由上级政府来治理。换而言之，在这种情况下，治理管理责任的重心就不能按照传统的自下而上的流程，而需要上级政府来统一协调。

三、科学界定社会舆情治理责任主体权责

重大突发事件社会舆情应对过程中，涉及的部门非常复杂，涉及的人员非常广泛，每个部门在公共安全中都具有明确的责任分工，譬如应急管理部门、宣传部门、公安部门等都在其职能范围内有明确职能分工，而这种职能本身就是一种权力和责任。因此，在实践过程中，要对各责任主体进行明确的安全责任分工，使其充分认识自己的责任，起到有效的警示作用，同时根据权力与责任签订公共安全“目标责任书”，为问责提供依据。

（一）完善重大突发事件社会舆情治理责任主体权力与责任规定

目前，面对重大突发事件社会舆情，参与治理的主体权责界限还不够明确，制度规定还不够统一。因此，迫切需要进一步明确和细化重大突发事件社会舆情治理各主体应遵循的规则，进一步明确不同类型重大突发事件社会舆情治理各参与方的权力和责任。

1. 规范治理管理流程

根据时代发展，不断完善重大突发事件社会舆情治理联动机制框架，并且发布一系列的规范说明。联动机制框架应该包含治理活动的全过程，明确相关机构开展重大突发事件社会舆情治理管理的权责。联动机制框架和相应的规范说明应当是对《中华人民共和国突发事件应对法》等法律法规的详细说明，也为我国各级政府共同治理重大突发事件社会舆情提供依据和标准。

2. 完善治理联动协作机制

各地区、各行业、各部门要在联动机制框架的指导下，完善本部门应急联动子系统标准体系。我们可以借鉴国外较为成熟的应急联动做法，将这些成果进一步推广到更大范围的地区、行业和部门，使其成为全国更加普遍的准法律规范。同时，也要明确各主体之间应急联动的协调机构、合作流程、管理程序和合作内容。如美国各州建立网络协调组织和整体合作机制，日本将联合应对重大突发事件的建设扩展到基层组织。

3. 充实应急管理预案

将规则落实到各级应急预案中，通过预案细化各主体的职责，规范各主体的行为，使之成为各主体参与重大突发事件应急活动的指导方针和行动指南。例如，美国特别发布了《全国响应框架》（NRF）支持附件，明确界定了参与战争的所有部门在紧急反应中的责任边界和合作关系。与此同时，美国发布了《跨部门行动预案》，将具体行动方案分为预防、保护、减少、应对和恢复五个阶段，此外，强调还要加强平时的部门

应急演练和各单位的共同沟通与协调，防患于未然。

（二）推行重大突发事件社会舆情治理管理责任认定

在重大突发事件社会舆情治理中，必须合理地划分不同级别政府部门的职责，才能在重大突发事件社会舆情的应急管理中找准自己的位置，及时管理舆情。科学认定政府在舆情治理中的责任，可以有效规范政府部门管理行为，防止权力滥用。

1. 统一应急管理责任体系

在重大突发事件社会舆情的管理过程中，政府特殊的应急管理责任是不可替代的，但它有其自身的局限性，只是政府应急管理责任中的一个模块。无论是全面的还是专项的政府应急管理责任，构建完善的政府应急管理责任体系是提升政府工作能力和效率的重要手段。因此，准确划分重大突发事件社会舆情责任的管理对象，是正确运用政府应急管理职责的基础。此外，还要及时完善政府应急管理责任内容。

2. 科学认定上下级政府责任

在重大突发事件社会舆情治理过程中，职责分工不明确会导致跨部门、跨地区的重大突发事件联合应对中，出现多方管理、无人负责的情况。这就需要调动政府的积极性，敢作为、敢担当，在应对重大突发事件社会舆情时，敢于冒风险去及时应对，如果在应对过程中出现问题，也要敢于承担责任。改变过去向上级部门请示汇报，等待上级部门指示后才开始应对事件的情况。

3. 建立责任风险防范和管理机制

科学识别重大突发事件社会舆情治理管理责任，是建立政府责任风险防范和管理机制的重要内容。比如，国务院应急管理部门在其他有关部门的协助下，分别负责一类或几类重大突发事件的舆情防范和处置，一些部门形成了部际协调机制。因此，要在明确重大突发事件社会舆情治理管理责任的前提下，完善政府的责任风险防范及相应的管理机制，充分发挥政府重大突发事件社会舆情治理的管理制度优势，科学分散责任风险。

（三）明晰重大突发事件社会舆情治理责任管理的对象与范围

要解决权责对象混乱、追责范围较窄的问题，重大突发事件社会舆情治理问责需明晰权责的具体对象，扩大权责的范围，让问责行为能够常态化进行。

1. 明晰权责对象

目前，重大突发事件社会舆情治理过程中，哪些主要领导该承担哪些责任，还没有具体的界定，使得相关部门和人员互相推诿，无人来担责。按照相关规定，无论其级别、地位和权力如何，都应无一例外地成为问责对象，任何组织和个人都无权免除责任。因此，要进一步明确重大突发事件社会舆情行政问责对象的责任体系，建立层次分明的问责制度。

2. 扩大权责范围

地方政府应对重大突发事件社会舆情治理行政问责应从以往的只追究“有过”，向既追究“有过”又追究“无为”转变；其中，重大突发事件社会舆情治理问责主要包括应急预案编制是否科学可行、重大突发事件社会舆情治理工作是否到位、事后平息是否合格等。

3. 建立重大突发事件社会舆情治理责任连带制度

在重大突发事件社会舆情公共安全责任管理中，既要追究直接责任人，也要建立责任连带制度，对徇私枉法、姑息养奸的责任人追究连带责任，并追究违法违规重新启用责任者的领导责任，这样更加能够在应对重大突发事件中强化责任意识，实现横向责任与纵向责任一体化。

四、健全重大突发事件社会舆情治理问责管理实践途径

（一）强化异体问责，拓宽问责途径

异体问责是一种可信度更高的问责方式，在重大突发事件社会舆情治理过程中，要充分发挥不同主体的作用，共同监督相关部门的行为。

1. 强化人大问责

一方面，要让人大充分发挥其监督的权利。制定相应的法律法规，明确不同级别人民代表大会对行政机关及其公务员在重大突发事件社会舆情治理中的问责程序，将人大的监督问责作用提高到最大化。另一方面，适量增加具有专业知识的人大代表人数。人大代表所具备专业知识水平的高低，影响着其监督问责的能力，不断提高人大代表的专业知识和素养，可以有效提高人大在重大突发事件社会舆情治理过程中的问责质量。

2. 加强媒体问责

要让媒体能够畅所欲言，提高其新闻报道的自由程度。政府部门要保证新闻媒体及时报道重大决策过程和效果，特别是负面事件。比如，政府应允许相关新闻媒体及时报道重大突发事件社会舆情治理过程中的决策失误和事态发展的实际情况。

3. 完善网络问责

一方面，我们应该培养公民的责任感。网络问责监督是一种自下而上的问责方式。要加大宣传力度，让公民了解自己的问责权利，提升公民的责任感，让公民意识到问责和自己息息相关，通过公民与政府部门间多渠道的互动，让政府的治理行为更加公开。另一方面，拓宽公民问责渠道，应该逐步推进公民在互联网上的问责制。通过互联网，公民可以有效地监督和问责政府官员的行为，这将有助于提高公民问责的效率和效果①。

① 万军，汪军：《应急管理中的政府责任和权力综述》，《兰州学刊》，2004 年第 4 期，第 217—220 页。

（二）完善法律责任，强化法律约束

单纯依靠“问责风暴”来治理重大突发事件社会舆情，根本解决不了问题。必须通过法律对其进行约束，才能够让相关责任主体主动进行问责。

1. 健全行政问责的实质性立法

需要在现有法律法规的基础上，以应对重大突发事件社会舆情为重点，创新立法措施，从立法实践路径、从地方到中央政府逐步完善立法，然后创建适用于重大突发事件社会舆情问责的易于实践开展的法律法规，不断完善重大突发事件社会舆情治理行政问责的主体、对象、范围、程序、责任制度。

2. 强化异体问责的法律依据

为了实现行政问责的合法化，在处理重大突发事件社会舆情时，我们必须加强异体问责的法律基础，提高问责主体的监督权利，如对人大、司法机关、新闻媒体、民主党派、社会组织和公民，应在行政问责的基础上，通过立法来规范重大突发事件社会舆情的治理，并赋予他们问责的权利。

（三）健全配套制度，创新问责方式

问责制度的高效落地，需要一系列配套制度予以辅助支撑，如此才能确保重大突发事件社会舆情治理行政问责的正常有序运行。

1. 推进政务信息公开制度

一方面，制定切实可行的信息披露法律势在必行①。另一方面，推进政府信息公开和政务公开。重大突发事件社会舆情的治理，需要各级政府向公众披露政府官员的应急行为，如披露政府支出和处理相关责任人员的详细信息。

2. 健全政府绩效评估机制

一方面，将行政问责与行政监督、审计等措施结合起来，向人大、司法机关、新闻媒体、民主党派和公民公布问责的原因、结果和对象。另一方面，将绩效考核结果与各级公务员晋升制度相结合。比如，将公务员在重大突发事件社会舆情治理中的表现作为其晋升的重要依据。

3. 完善行政问责救济制度

第一，对重大突发事件社会舆情管理负有责任的人员，要充分保障其合法权益。第二，要完善干部回流机制，消除高调问责、低调复出，一地失职、易地为官的弊端。第三，有关部门要密切关注离岗责任人动态，提高负有责任的人员复出的透明度。第四，要对复职人员继续进行跟踪和监督，引导和鼓励舆论监督。

---

① 中国新闻网：《专家：问责官员复出不能“雾里看花”》，2009 年 4 月 6 日。

第四节　重大突发事件社会舆情治理心理救助体系

重大突发事件社会舆情引发公众和群体性的恐慌，无影无形，却是持续时间长、影响范围广、打击力度深的重度伤害，走出灾难性恐慌的心理重建将是重要的一步。因此，有必要建立和完善重大突发事件社会舆情治理心理救助体系，利用“社会安全阀”的减压和排气作用，对社会舆情产生的负面影响进行有效疏导。以当下“防疫”为例，此次“战疫”是重大突发事件中公共卫生领域的问题，其主要结果指标是医学指标，如感染率、境外输入率、死亡率、治愈率等，但从重大突发事件来看，每一次重大突发公共卫生事件都可能伴随着心理的“疫情”，医疗部门在生命线上“战疫”，相关部门与一众谣言“战疫”。相较于病毒感染的人群，谣言“感染”的人群基数更大、覆盖面更广，如何让个体戴上“心理口罩”、让组织拥有稳固的心理安全感、让心理“不感染”、让社会提升重大突发事件社会舆情防范意识，都是重大突发事件社会舆情治理心理救助工作中不可或缺的关键环节。重大突发事件社会舆情治理心理救助体系是一整套相对完善的应对重大突发事件引发的社会舆情所带来的心理危机的救助操作指南，是重大突发事件社会舆情治理心理救助的实践依据和基本要求，也是评价心理救助工作的指标体系，本体系主要从四个方面开展建设：一是从个体而言，构建个体情绪宣泄体系，发挥个体“排气孔”作用。二是从组织而言，构建社区心理帮扶体系，增强公众的归属感和互助感。三是从形式而言，构建群体心理危机干预体系，提高心理救助工作的效率。四是从教育而言，构建心理救助知识全员普及体系，提升公众的心理应激能力。

一、构建个体情绪宣泄体系

在重大突发事件社会舆情不断增加的情况下，人们的心理处于应激状态，往往会出现各种各样的情绪，适当的情绪压力是好的，有助于我们识别和摆脱危险，但过度的负面情绪对我们的心理健康和身体健康都会有所伤害。情绪是人们心理的重要组成部分，它会随着居住环境和居住条件的变化而变化，重大突发事件的发生将不可避免地导致居住环境和居住条件的破坏和恶化，从而人的情绪也就必然地会在重大突发事件发生之后出现不同程度的变化。德国著名精神学家林德曼通过对火灾遇难者家属的调查和分析，得出“哀伤作业”的理论，他指出经历过灾难的人们及其家属需要一段时间来发泄内心的痛苦，才能逐步面对现实。重大突发事件社会舆情结束后，人们应该反对压抑，学会宣泄内心的负面情绪，一旦刻意抑制心中正常的悲伤情绪，则会加重人们的心理危机。因此，“自助型”的个人情绪宣泄在一定程度上能够使公众在短时间内缓解内心的压力，初步达到心理平衡。

（一）重大突发事件不同阶段当事者的心理特点

在不同的发展阶段，重大突发事件的发展会对当事者的心理产生不同的影响。当事者的心理往往会从最初的应激反应逐步发展为心理危机。总体而言，经历重大突发事件后的当事者心理常常呈现出以下几个特点：

1. 事件发生之初的恐惧心理

在重大突发事件发生之初，往往会造成看得见的、有形的破坏和损失，当事者猛地直面这种冲击时，一般会产生正常的应激反应，如恐惧、焦虑、躁动、抑郁、注意力不集中、呕吐等生理、心理反应。

2. 事件发展过程中的盲从心理

在重大突发事件的发展过程中，由于当事者无法全面、完整地了解和把握整个事件的发展态势，他们所掌握的事件发展情况，大多是“以部分看整体”，并且重大突发事件发展过程中难免会出现信息不对称的现象。因此，一旦出现类似官方平台的主流信息或符合自身心理需要的信息，当事者就会暂时失去客观理性的判断，而产生盲从心理。

3. 事件结束后的悲观痛苦心理

在重大突发事件结束之后，其所造成的负面影响是巨大且持久的，绝大多数事件会导致自然环境受到严重破坏、生存环境遭到重大威胁。可想而知，往昔的生活家园被无情摧毁，极易引发当事者的不良心理反应。通常来说，当事者内心深处悲观、失望、痛苦的心理阴影会在重大突发事件结束后甚至更长的时期，长久地影响着当事者的心理、认知和行为。

（二）重大突发事件不同阶段当事者情绪的主要表现

重大突发事件发生后，当事者个体在生理、情绪、认知、行为方面会出现多种心理反应。就情绪方面而言，普遍会出现焦虑、恐惧、怀疑、绝望、孤单、烦闷、自责、过分敏感等情绪①。根据重大突发事件发生的不同阶段将当事者个体的情绪表现主要总结为三个方面：

1. 紧急期的恐慌情绪

重大突发事件发生后的前三天，一般属于紧急期。在亲身经历或目睹重大突发事件后，当事者的压力会急剧上升，一旦超过了人类平时正常的生理和心理极限，就会使压力在人体内不断积聚，导致陷入难以控制的失衡状态中。这种恐慌情绪是当事者

① 张维平：《建立和完善突发公共事件社会心理干预机制》，《中国公共安全（学术版）》，2006 年第 4 期，第 7—17 页。

丧失了对当前环境的掌控能力所产生的应激性反应①。如不及时干预，帮助他们释放这些情绪，当事者的心理压力会越来越大。

2. 发生期的焦虑情绪

发生期是指重大突发事件从发生到结束的这段时间。这一段时期，正是当事者内心混乱、情绪失落的时期。在关于地震灾后人群焦虑情绪的社会学研究中发现，大部分的灾民在地震后多少都会出现焦虑感②。灾民因为自身能力有限、应对经验的缺乏，无法利用“武器”自救，当事者被迫面对潜在的生命威胁、环境秩序混乱、食物不充足、居住环境差等问题，长此以往必然会影响灾区群众的身心健康。

3. 灾后期的哀伤情绪

灾后期是指重大突发事件结束之后，一直影响着当事者生活的很长一段时间。就大多数自然灾难而言，随着时间的推移和后期的重建家园工作的推进，大多数当事者的心理症状会恢复正常，但依然有部分当事者的症状是不断增多的，这些症状可能表现为创伤后应激障碍（PTSD），它是由不同于寻常的灾难性心理创伤，而导致延迟出现和长期患有的持续性精神障碍，常引起明显的心理和社会功能损害，对个体的社会家庭生活和职业功能造成长期破坏性影响③。这种不良情绪不仅直接影响到人的健康、工作和人际交往等方面，还有可能产生心理、精神类疾病。最近几年中，我国患抑郁症的人数逐渐增加，而精神抑郁症是自杀的主要根源。如一项调研数据估算出，“北京市大学生抑郁症患病率达到了23.66%”④，患有抑郁症的学生可能会出现学习动机下降甚至自杀等诸多心理问题，亟须重视当代大学生的心理卫生健康情况，摆脱“隐形杀手”。

（三）当事者个体情绪合理宣泄的保障措施

情绪的合理宣泄是一种不可替代的社会功能。不论是个人还是社会方面的情绪排解，都需要选择正确可行的方式，及时有效地宣泄负面情绪。

1. 营造具有安全感的环境

正确有效地宣泄负面情绪，需要为其营造一个有安全感的环境，保持与他们的密切接触和联系，得到他们的信任，以便更好地进行救助。以共情、倾听、鼓励等方式，让当事者及其家属感受到安全感和信任感，并与他们建立密切的联结，让他们毫无顾忌地接受心理救助。

2. 引导当事者自我疏导情绪

正确有效地宣泄负面情绪，可以通过引导当事者采取以下方式宣泄个人情绪。首

---

① 慕丽娜：《突发事件之后，怎样疏导公民的恐慌心理》，《人民论坛》，2017年第5期，第84—85页。

② 张胜康：《灾难心理危机及其社会干预——关于地震灾后人群焦虑情绪的社会学研究》，《中共四川省委省级机关党校学报》，2009年第2期，第16—19页。

③ 皮红英，张黎明：《创伤后应激障碍的护理支持》，《解放军护理杂志》，2004年第5期，第49—51页。

④ 央广网：《我国抑郁症患者超5400万人，抑郁症已成高校学生“隐形杀手”》，2018年10月12日。

先，尝试自我调节，即与自己对话，可以通过自言自语、阅读、看电影、听音乐、写日记等形式与自己相处，了解自己的内心深处，也可以通过大哭、大笑等形式打开内心情绪的窗口等等，例如，可以采用激情宣泄技术使人们降低心理压力，具体操作方法是，心理救助人员或当事者所信赖的人发出指令后，令其活动四肢，作几次深呼吸，使全身放松，通过喊出“啊！……”“喂！……”等感叹词，尽情地发泄，甚至可以在喊叫中利用挥舞拳头、不断奔跑等身体活动，无所顾忌地把内心的负面情绪宣泄出来，解除情绪对肌体的不良束缚作用，体验轻松感并逐步消除灾难带来的心理压力[①]；其次，可以与他人聊天、说笑话或倾诉等，通过对话的形式转移负面情绪的影响力；最后，可以主动寻求心理咨询，选择医学中适合当下自身负面情绪的治疗方法进行针对性疏导。

3. 创建有效的情绪宣泄方式

正确有效地宣泄负面情绪，一方面可以通过建立民意沟通机制，在重大突发事件社会舆情治理中保持民意的顺畅沟通、信息的有效传播，坚持公开透明才能够杜绝公众对重大突发事件社会舆情的恐慌性心理；另一方面，可以为当事者及其家属建立情绪发泄室，为他们创造和提供发泄负面或不良情绪的空间和工具。2020年初始，突如其来的新冠肺炎疫情让人们的生活暂时陷入停摆，这是一场阻击战，也是一场心理战。随着确诊人数的不断增加，人们开始恐慌害怕，有些人总是担心自己被传染，精神过度紧绷。“学习强国”App联合人民网、人民好医生和壹心理在“学习强国”App中的健康频道推出了“新冠肺炎疫情防控期间个人心理健康自评量表”，人们可以通过这个测试了解自己目前的心理状态，如存在一些心理问题，也可以有针对性地去解决，选择一个适合当前情绪宣泄的方式，避免不必要的资源浪费，尽快恢复心理健康。

二、构建社区心理帮扶体系

社区是人们生活和成长的地方，也是人们休闲、彼此联系、守望相助的场所，尽管社区可能在重大突发事件中受到重创甚至被破坏，但人们最终还是会重新回到社区里来[②]。因此，心理帮扶工作融入社区是重大突发事件社会舆情治理心理救助体系中不可或缺的内容。

（一）完善社区心理帮扶组织机构建设

1. 建立社区心理帮扶组织机构

2004年，新疆克拉玛依区建立了我国西部地区第一个专业开展心理卫生工作的政

① 龚瑞昆，王绍玉，顾建华，张世奇：《灾时应急心理救助技术与方法（1）——激情宣泄技术》，《城市与减灾》，2003年第3期，第13—14页。

② 王丽莉：《重大突发事件后的社区心理援助协作探讨——基于组织间网络理论的视角》，《安徽大学学报（哲学社会科学版）》，2017年第2期，第142—148页。

府职能中心。2006 年，杭州市建立了国内第一个社区心理卫生服务四级模式，即社区级、街道级、区级、市级四级心理服务机构，值得一提的是，其对重性精神疾病的监护率达到了 99% 以上。2016 年，湖南省成立了首个社区心理服务机构——长沙市启园心理援助与发展中心。2019 年，北京市海淀区在其铁西社区建立了社会心理服务中心，在服务中心还设置了“心释小吧”，为社区居民提供一些缓解压抑情绪的“释压手段”，如击打仿真人、沙袋等。截至 2019 年年底，北京市社区医疗机构中已有 112 家机构专设了心理门诊。除此之外，受英国文化的影响，1982 年我国香港地区已开展社区心理卫生服务，为当事者及其家属提供了优质完整的、连续的社区心理服务①。

2. 成立社区心理帮扶专家咨询委员会

社区心理帮扶专家咨询委员会的成立需以党和政府为主导，由专家队伍、专业管理人员及心理医生等具有相关专业知识的人员组成。专业的社区心理帮扶工作人员要利用其专业的知识储备和能力，全面掌握社区的各种情况，解决社区居民各种具体的心理困难，建立社区心理帮扶方案。成立社区心理帮扶专家咨询委员会不仅能为社区打造“量身定制”的社区心理帮扶体系指导方针、具体实施计划和操作流程等，还能提高社区心理帮扶工作的规范性和有效性。

（二）全方位管理社区心理帮扶人员队伍

社区心理帮扶工作队伍的专业素养，是有效开展社区心理帮扶工作的有力保障，人员的匮乏和专业化的限制，势必会影响社区心理帮扶工作的有效开展，因此，亟须对我国社区心理帮扶工作队伍加强管理，促进队伍专业化、规范化。

1. 合理配置社区心理帮扶人员

社区心理帮扶人员应包括专业的心理咨询师、精神科医师、护士、心理学研究专家、志愿者等，他们是社区心理帮扶工作中的行动主体。社区心理帮扶人员要深入基层，通过各家各户的走访掌握全面且具体的社区情况，为党和政府在社区心理帮扶工作上的部署提供基础的数据支持；还要不断扩大帮扶工作的范围，如上门提供心理帮扶工作等。“战疫”期间，铁岭市调兵山市兀术街街道站前社区对从武汉返乡的 25 位重点人员，进行上门心理帮扶工作，不仅为他们测量体温、送口罩、送温度计，还不断与这些重点人员沟通交流，使他们感受到了社区无微不至的关怀，并在抗击疫情期间结下了深厚的情谊。此外，社区心理帮扶队伍除了专家与专业队伍的组建外，还离不开经过专业培训、具有心理帮扶知识的志愿者们，他们身处“金字塔式”心理帮扶队伍的底座，是庞大又坚实的存在，往往很多社区心理帮扶工作需要他们完成。在国外，那些热衷于公共卫生服务事业的志愿者必须接受为期 1 年的有关精神病学、心理

---

① 周慧军，顾玲：《香港地区精神疾病患者的社区康复护理人员设置及其工作模式》，《中国临床康复》，2005 年第 40 期，第 84 + 121 页。

学、法律常识、沟通技巧等各种内容的培训，随后会进行3个月的实习考核，评选合格后，才有资格成为一名合格的志愿者，从而为公众服务。

2. 定期开展社区心理帮扶人员业务培训

1988年修订的《精神健康条例》，强调要加强治疗环节来弥补心理疾患引起的社会功能的缺失，明确为其提供全方位的医疗干预、教育和训练、社区康复等服务①。在国外的发达国家，每3000位居民必配有1名心理咨询师，通过专业的心理教育和心理培训后，只有理论知识过硬、临床经验丰富的人才能承担服务和解决社区居民心理卫生健康问题的重任。定期开展社区心理帮扶人员的培训，邀请高校的研究者或医院中的专家对社区心理帮扶工作人员进行系统的培训，采用教学与实践相结合的培训方式，既加强专业知识的教育，同时也提供更多的实践机会，提高社区心理帮扶工作人员专业技能和操作水平。在培训内容上，侧重加强实操技能的培训，主要包括心理咨询、心理危机干预、康复训练的知识储备和专业技能等。另外值得注意的是，重大突发事件发生之后，仅仅依靠专业的心理治疗师是不够的，还需要培养一大批的志愿者，因此，对申请参与重大突发事件社会舆情治理社区心理帮扶工作的志愿者进行筛选以及资格审查非常必要，经过前期筛选后的志愿者，必须具备健康的身体条件和良好的心理素质，经过后期专业培训后的志愿者必须具备必需的基础知识和专业技能。

（三）加大社区心理帮扶宣传力度

通过对社区居民的心理帮扶和宣传教育活动，打造和谐的社区心理帮扶环境，提升社区居民的获得感、幸福感和对社区工作的满意度，稳步建成和谐社区。

1. 创建社区心理帮扶文化

创建社区应对重大突发事件社会舆情的心理帮扶文化，有助于营造良好的社区心理帮扶氛围。一方面，通过文化来强调个人的责任意识，社区中的每位居民都肩负着维护社区安定团结的责任，在重大突发事件社会舆情中居民要懂得保护自己，避免受到严重的心理创伤，社区心理帮扶队伍也要积极引导居民形成互帮互助的价值观念；另一方面，社区心理帮扶文化还是一种预防文化，提醒着每位居民在日常生活中应对心理危机的必要性。另外，要试着引入各种技术来推动社区心理帮扶文化的建设，例如，可以引入先进的心理帮扶技术工具，“战疫”期间，宁波市安丰社区在其微信公众号中上线了一个“心灵驿站”机器人，社区居民通过这个机器人既能学习到一系列解决心理问题的方法，还可以与它“谈心”，该机器人成为社区居民调节心理情绪的疗愈工具。

2. 开展多形式的社区心理帮扶活动

基层组织在社区心理帮扶工作中具有贴近群众的先天优势，因此，要发挥好社区的作用，在社区各个角落体现社区心理帮扶活动的存在感，并加强宣传，如设立固定

① 豆丁网：《港英政府卫生福利科．康复政策及服务白皮书》，2011年10月2日。

宣传栏或利用居民微信群进行宣传，让居民了解社区心理帮扶的涵义和作用；邀请心理学专家或专业的心理治疗师举办心理卫生健康教育的讲座，普及心理帮扶知识；开设社区心理咨询热线，方便居民们随时随地进行心理求助。除了提供具体的社区心理帮扶活动之外，还应该引导社区居民拥有健康良好的生活方式，如加强健身，国家已将每年的 8 月 8 日定为“全民健身日”，其目的是倡导全民健身，提高自身的身体素质；还应提倡健康饮食，虽然新型冠状病毒是否来自“野味”还并不确定，但已经凸显出了某些地区的饮食习惯是不可取的，不妨以积极的社区文化引领健康的饮食方式，推动实现健康中国的目标。以上这些举措看似好像和社区心理帮扶工作并无太大关系，但是身体健康与心理健康同等重要，心理如果出现了某种问题，往往在身体上也会有某种程度的反映，因此，鼓励和引导社区居民拥有良好的生活方式，对其心理的健康也十分重要。

三、构建群体心理危机干预体系

虽然重大突发事件社会舆情中的群体是“乌合之众”，但他们往往会自发地采取统一的行动，形成统一的组织。集体行为会引起情绪感染，使得个体将他人的情绪在自己身上重现，并将这种情绪传递给更多的人，如同新型冠状病毒一样，传播快、感染力强且伤害大。群体心理危机干预体系是为了某些共同的目标，将这些个体集中起来进行的心理危机干预，帮助个人在群体内的人际交往中更好地认识自我、认识他人、分析自我、分析他人、接纳自我、接纳他人，改善和调整目前的人际关系，从而更好地融入当下的生活。

（一）健全心理危机干预专项法律法规

目前，世界上绝大多数的国家都通过法律形式，确保重大突发事件社会舆情治理中心理危机的问题得到充分重视和有效解决。党和国家所制定的相关法律规章制度是重大突发事件社会舆情治理中心理危机干预工作的制度保障。

1. 完善法律法规内容

2002 年，我国制定了《中国精神卫生工作规划（2002—2010 年）》，提出要建立国家重大灾害后的精神卫生干预试点，对受灾人群开展心理应激救助工作；2004 年，国务院办公厅转发的卫生部等部门《关于进一步加强精神卫生工作的指导意见》进一步提出要积极开展重大灾难后受灾人群的心理干预和心理应急救助工作；2012 年，国家颁布了《中华人民共和国精神卫生法》，规定以心理危机干预工作为重点内容，突出了心理危机干预工作的重要性，并确定了心理咨询和治疗的具体范围。自 2014 年习近平总书记提出“总体国家安全观”后，党和国家一直十分注重提高保障社会公共安全和应对重大突发事件社会舆情的能力。党的十九大报告提出，要加强社会心理服务体系建设，要培育理性平和、自尊自信、积极向上的社会心态。这一系列法律规章的颁布及实施，说明了我国政府已开始将心理危机干预纳入到重大突发事件社会舆情治理的心理救助工作中来，为我国重大突发事件社会舆情治理心理危机干预工作提出了明确的目标和要求。另外，其法律规章的内容还应明确各级政府及部门在重大突发事件社会舆情治理心理救助中的职责，使得各相关部门在心理危机干预工作中职责明确，避免混乱无序的情况出现。特别亟须对重大突发事件社会舆情治理中心理危机干预工作的相关权力和责任界定提供相应的法律规章支持，以解决在心理救助过程中，因有限的心理救助资源和不到位的管理工作，而导致重大突发事件社会舆情治理心理危机干预工作效果微弱的情况。

2. 制定专门应对预案

心理危机干预预案应该是以重大突发事件社会舆情应急处理为基础，以应对重大突发事件社会舆情中的当事者、救助者等个体或群体可能出现或已经出现心理危机的人员为目标，有组织、有计划、有分工的心理危机干预与心理救助的应急规划。一是明确心理危机干预工作的级别、启动干预工作的条件、干预工作的重点对象等。根据《突发公共卫生事件分级标准》确定突发事件的级别，以此来确定启动哪一级别的干预工作，继而对心理危机干预工作进行不同程度的分级。二是明确重大突发事件社会舆情治理心理危机干预工作的组织架构及具体职责。三是明确现场的心理危机干预工作的流程及细节。近些年来，我国越来越重视重大突发事件社会舆情治理中的心理危机干预工作，2002 年，辽宁大连“5·7”空难发生，受难者家属接受了专业心理医疗队伍的心理危机干预，通过专业的心理疏导，部分受难者家属的心理已经逐步恢复了平静。随后，政府在 2003 年 SARS 爆发、2008 年汶川地震、2009 年“7·5”事件、2013 年雅安地震、2015 年天津港爆炸事件等重大突发事件社会舆情治理中越来越重视心理危机干预工作，专家学者不仅及时地为受灾群众进行心理疏导，还不断地收集各种资料，增加且丰富了我国重大突发事件社会舆情治理心理危机干预工作的理论成果。近年来，我国各地区已陆续建立了一些专门的心理危机干预机构，如杭州市在 2000 年成立了杭州心理危机研究与干预中心、广东省在 2006 年成立了精神卫生研究所等。

（二）加大心理救助与社会救助的协作力度

将心理救助纳入重大突发事件社会舆情治理体系内，这意味着作为独立的体系，心理救助必须与其他救助密切合作，集聚各救助主体的力量。

1. 充分发挥心理救助工作组间的协作作用

多次参与和指挥我国重大突发事件心理救助工作的专家曾提出，加强与其他部门、其他团体的协作对于重大突发事件心理救助工作的顺利开展有着很重要的作用。2008 年汶川地震后，国家减灾委在《关于加强自然灾害社会心理援助工作的指导意见》中提出心理救助工作与其他救助工作“同时部署、同时组织、同时开展、同时推进”的指导原则。党的十九大报告提出在省市县对职能相近的党政机关探索合并设立或合署办公的重要观点，我国重大突发事件社会舆情治理心理救助工作组可以以此观点为协作工作的切入点，在党和政府的领导下，着手开展心理救助工作组的合署办公，制定相关细则，规范各组的工作职责，同时加强组与组间的协作，尽可能满足遭遇重大突发事件后的当事者及其家属的各种合理的生理和心理上的需求，从而减少他们因重大突发事件而造成的各种心理问题，这对维护社会公共秩序，保证和谐社会的安定团结同样具备重要的意义。

2. 积极加强与社会工作服务机构的合作力度

重大突发事件社会舆情治理的心理救助与日常心理问诊不同，不是在诊所中坐等当事者及其家属挂号、上门求助，而是需要心理救助人员扮演社会工作者的角色，以下列形式开展工作：深入现场，与各类社会服务组织或机构进行合作，包括参与到他们的工作中去，如参与日常宣传工作、组织观看电影、带小朋友做游戏、发放救灾物资等。社会工作服务机构因其个性化、细节化的服务特点，在很大程度上能够帮助重大突发事件社会舆情的当事者从细小的突破口走出心理危机带来的困扰，因此，积极加强与社会工作服务机构的合作力度，有利于救助工作不留死角地全面展开。

（三）运用群体心理危机专业干预技术

重大突发事件社会舆情治理心理救助需要专业的技术人员来进行，其必须具备很强的专业基本知识和技能，尽管在实际过程中，有许多心理救助志愿者有着充沛的热情，但如果缺乏科学的、实用的方式方法，就起不到应有的作用。当重大突发事件社会舆情中的当事者及其家属遇到心理危机时，可以对其进行适度干预，沟通技术、心理支持技术和干预技术是心理危机干预中常用的技术手段。

1. 运用沟通技术打开当事者心房

在干预过程中，通过建立和保持心理危机干预工作人员与当事者之间的良好沟通关系，达成双方之间的互相信任，有利于当事者从良好的人际关系中恢复自信，减少对当前生活的绝望感和无力感，保持心理稳定。值得注意的是，在沟通过程中，心理危机干预工作人员应采用通俗易懂的话语进行交谈，必要时，配合使用当地方言，这样的方式可以增进彼此间的关系，让当事者感受到亲近感和熟悉感。同时，在交流过程中也应避免给予当事者过多的保证，而要抓住更多的机会，改善他的自我认知，增强他的自信。

2. 运用心理支持技术增强当事者勇气

在干预过程中，心理危机干预工作人员应该抱有同情心、怜悯心，聆听当事者遭遇过的一切以及目前的困境，给予当事者适当的支持与鼓励，为其打气加油，提高当事者击退心理危机的信心。另外，在重大突发事件中各色信息可能铺天盖地地袭来，当事者由于缺乏某些知识，或欠缺一定的信息分辨能力，会造成其产生一些烦恼，心理危机干预工作人员也要在这一层面给予当事者帮助，为其提供正确的知识分享，减少当事者的烦恼。

3. 运用干预技术帮助当事者直面未来

在干预过程中，心理危机干预工作人员通过与当事者的会谈，加深当事者对心理危机的正确认识，在理解的层面解决问题，从而帮助当事者正视当下，直面未来。心理危机干预工作人员在会谈过程中应逐步让当事者认识和了解心理危机究竟是如何形成的、心理危机是如何发展的、如何正确面对心理危机、如何解决心理危机等，循序渐进地引导当事者在其中学会自己应对心理危机的各种方式，帮助他们向未来的美好生活迈出坚实的第一步。

四、构建心理救助知识全员普及体系

重大突发事件社会舆情应对知识的科普与心理健康知识的科普由于不同部门管理的因素，目前基本上分开进行，这在很大程度上影响了重大突发事件社会舆情心理预防的效果。构建系统化的心理救助知识全员普及体系，能够在一定程度上提高公众对重大突发事件社会舆情的心理应激能力，降低心理危机的发生率。

（一）加大心理救助知识融入教育的力度

在重大突发事件社会舆情中，公众心理危机产生的原因，很大程度是基于当事者认为个人能力和当前应对机制无法解决重大突发事件社会舆情带来的困境，而产生的恐慌、焦虑等负面情绪。如果当事者认为自己足以应对眼前的困难，那么重大突发事件社会舆情带来的心理失衡就能够很快得到调整。重大突发事件社会舆情治理的心理救助教育不同于普通的心理卫生健康教育，它更侧重于从提升人们自身的能力角度去应对重大突发事件社会舆情，因此，要从不同层面开展教育工作。

1. 加强教育中的心理救助意识培养

培养心理救助意识要从娃娃抓起，相关部门需要督促各类学校积极开展重大突发事件社会舆情治理心理救助意识的相关教育课程。在国外，许多发达国家以及一些重视重大突发事件应急教育的国家，从幼儿园教育阶段就开展了相关安全知识的教育课程和特色演习，当重大突发事件袭来时，学生可以采取基本措施保护自己。在我国，这种意识培养也应该被纳入到中小学甚至是幼儿园的课程教育当中去，把这种意识教育贯穿于每个公民的终身教育之中，从小培养公众对重大突发事件社会舆情治理心理救助的意识，使其拥有基本的应对能力。

2. 拓宽心理救助知识的普及渠道

普及各类应急防护与自救的知识，应成为重大突发事件社会舆情治理心理救助工作中心理危机预防的第一步。不仅应普及具有实操性的基本防护手段和避险、避难等相应知识，还应向公众普及如何应对重大突发事件社会舆情可能带来的各种心理创伤，在初期学会自我调整心态。2020 年的初始，一场突如其来的新冠肺炎疫情以迅猛之势，席卷了全国。在党和国家的领导下，在医护人员的救助下，许多患者走出了医院，回到了自己的家庭。除了生命安全之外，新冠肺炎疫情也影响着人们的心理安全，加重了公众的心理压力。在国家卫生健康委员会疾病预防控制局（现已撤销）的指导下，中国心理卫生协会组织专家撰写了《新型冠状病毒感染的肺炎公众心理自助与疏导指南》，该指南的颁布为公众重建了心理"抗疫"的屏障。重大突发事件社会舆情治理心理救助应开启各种知识普及渠道，既可以在官方媒体频道上进行宣传教育，将官方指南复印成册，并在社区范围内，以家庭为单位进行发放；也可以在电视、微信、微博等渠道，播放关于心理救助的各种纪录片、案例等等。总之，要通过线上、线下各种渠道让公众知晓关于心理救助的各种知识和实际情况。

（二）实现心理救助教育的全覆盖

心理救助并不是个临时性、任务性、分散性的工作，而是要将重大突发事件社会舆情治理心理预防与公众的生活、工作紧密结合起来，增加科普宣教的社会参与度，实现心理救助教育的全覆盖。

1. 学校全覆盖

除了上文所提到的社区心理帮扶的覆盖之外，学校作为重大突发事件社会舆情治理心理救助教育的重要阵地，应该加强重大突发事件社会舆情治理心理救助教育的投入，才能真正增加公众对心理救助工作的认识程度，感知其重要性。健全学校重大突发事件社会舆情治理心理救助教育体系，应尽快落实《关于加强心理健康服务的指导意见》对教育系统的要求：在每所高等院校中必须设立心理健康教育与咨询中心（室），并按照师生比不少于1∶4000的比例配备从事心理辅导与咨询服务的专业教师，在各地中小学中设立心理辅导室以及在学前教育和特殊教育机构中配备专（兼）职心理健康工作人员等，2019年12月，《健康中国行动——儿童青少年心理健康行动方案（2019—2022年）》提出，在2022年底，儿童青少年对心理健康核心知识的知晓率要达到80%。

2. 单位全覆盖

相比社区与学校，各工作单位的重大突发事件社会舆情治理心理救助教育最为薄弱，因此亟须建立并完善机关、事业、企业等工作单位的重大突发事件社会舆情治理心理救助教育机制。尽管工作单位是大部分人群工作和停留的地方，但是由于忙于各种工作事务，人们似乎很少将重大突发事件与自身联系起来，所以社会一旦发生重大突发事件，大部分人缺乏应对重大突发事件的防护知识，心理应激能力也较低，导致不能尽快地自救或互救，容易造成严重的心理创伤。受新冠肺炎疫情影响，各地暂时"停工停产"，在党和国家的领导下，新冠肺炎疫情形势逐步趋缓，复工复产成为经济社会发展的紧迫任务，如何调整复工返岗的心态也成了各单位需要重视的一方面。各单位可以以复工复产为契机，将重大突发事件社会舆情治理心理救助教育纳入到员工培训体系中来，组织本单位人员系统地学习心理救助知识，并将培训成绩与绩效考核联系起来，提高其参与心理救助教育培训的积极性。

3. 社会全覆盖

有效应对各种重大突发事件社会舆情，不仅在于是否有强有力的统一管理机构和完备的应急预案，还在于全体公民是否具有足够应对重大突发事件社会舆情可能造成的心理危机的意识和能力。日本等国家高度重视国民安全的教育和培训，使国民树立起防范各种重大突发事件和重大突发事件社会舆情的忧患意识，并储备一系列保护生命的救助工具，掌握基本的应对技能，一旦发生重大突发事件和重大突发事件社会舆情，这种条件反射般的应对能力可能将重大突发事件带来的负面影响消除于起步阶段，还可以减少不必要的损失，更能有力地支持政府当下的各种管理工作，形成社会整体合力。要实现社会全覆盖，一是要政府部门适应好重大突发事件状态下和日常工作状态下不同的管理方式，使全体公民自觉适应重大突发事件中的各种管理，形成较高的配合度；二是要利用好各种媒体在教育普及中影响力广、传播速度快的优势，普及各种重大突发事件社会舆情治理心理救助的相关知识，使公民掌握一定的生理和心理两个维度的自救方法，还可以充分利用微信公众号、微博推送相关的内容，增强公民的关注度。

（三）强化对救助者的关心救助

参与重大突发事件救援的医护人员、警察、消防队员、部队官兵、基层干部、志愿者等人群是心理救助知识全员普及体系中的重点教育对象，因为他们在重大突发事件中必须直面事发现场，心理受到的冲击较大，是被干预的次级人群，但同时也是第一时间能够实施心理救助的人群。

1. 注重心理培训的实战化演练

为确保重大突发事件救援人员具备一定的战斗力，既要把重点放在他们专业技能的培训上，同时也不能忽视平时或事前对其进行心理承受能力的实战化培训。如消防队员在火场中救援时，由于火场情况瞬息万变，层出不穷的突发情况在作战部署中无法一一详尽地考量到，这种情况会对消防队员的心理产生重大影响，有可能因为心理压力导致意外情况的发生，一项调查结果表明，63%的消防队员在得知或目睹战友牺牲时会产生恐惧心理①。因此，要注重救助者的心理承受能力培训等实战化演练，如在实战训练中，尽可能多地设置各种险况、疑况，使消防队员在相对陌生的环境中完成训练。这种训练既有助于消防队员在实战中保护自己的生命安全，还有助于消防队员在遇到各种险情时，因训练扎实而内心无所畏惧、冲锋向前。

2. 做好救助者的心理疏导工作

一线救助人员总是冲在重大突发事件的最前线，可“哪有什么岁月静好，不过是有人替你负重前行”，是这些“逆行者”为我们的生命安全绑好“安全绳”，是他们的一往无前，为社会恢复正常运行提供了保障。在此次新冠肺炎疫情中，许多“90后”，

① 李梦雅：《一线战斗员心理压力干预措施》，《科教导刊（中旬刊）》，2015年第11期，第156—158页。

甚至“00后”的医护人员走向了这次“战疫”，“哪有什么白衣天使，不过是一群孩子换一身衣服”这句话深深地感动了我们每一个人，这场“战疫”中的每一个救助者的名字都值得被记住。正因为如此，更要在高强度、高压力的工作环境下，做好每一位救助者的心理疏导工作，精准聚焦、关爱一线救助人员。一是要成立重大突发事件社会舆情心理小组，对在一线工作环境中出现心理异常的工作人员提供及时的专家评估、治疗和跟踪调查；二是建立一线救助人员的心理档案，并做好详细的档案记录，心理档案的建立有助于专家在心理救助时尽快了解工作人员的背景资料、心理特征及之前所接受过的心理救助情况等，有针对性地快速展开此次救助工作；三是可以采用一些新型技术对一线救助人员进行心理疏导，如此次新冠肺炎疫情中，山东大学杨承磊教授团队为淄博武警支队的一线救助人员提供“VR放松减压训练系统”以放松心理压力，该系统主要是通过VR技术、专业心理放松训练技术、心理疏导方式三者的有效结合，促使武警人员在虚拟现实环境中缓解负面情绪和释放压力。

第五节　重大突发事件社会舆情应急平台建设策略

在重大突发事件社会舆情的治理过程中，独立的部门或组织往往难以了解应急所涉及的各个方面。顶层设计的日渐完善、应急平台的初步设立、监控技术的逐步提高都推动着重大突发事件社会舆情应急平台的发展。我国重大突发事件社会舆情应急平台的建设，正面临着历史性机遇。

一、重大突发事件社会舆情应急平台建设基础理论

从理论角度对重大突发事件社会舆情应急平台建设的相关问题进行梳理、总结和归纳，主要包括平台的构成要素、平台在应对重大突发事件社会舆情中的特殊作用、平台建设的影响因素等，为构建重大突发事件社会舆情应急平台提供相应理论支持和理论准备。

（一）重大突发事件社会舆情应急平台的构成要素

在明确政府应急平台建设的顶层设计和体系框架的前提下，构建重大突发事件社会舆情应急平台就需要明确平台的基本构成要素。关于重大突发事件社会舆情应急平台的构成要素以及如何完善政府应急平台的架构，学术界有不同的看法。

1. 危机处理过程

危机处理分为潜伏期、发生期、善后恢复期，在危机潜伏期，预测预警模块是应急平台重点构成要素；在危机发生期，应急处理模块是应急平台重点构成要素；在危机善后期和恢复期，应急善后模块则构成了重大突发事件社会舆情应急平台的重点要

素。因此，重大突发事件社会舆情应急平台的功能结构总体上可分为事前的预防与准备平台、事发的监测与预警平台、事中的应急处置与救援平台、事后的恢复与重建平台等四大部分。

2. 信息生命周期

信息有一个产生、保护、读取、更改、迁移、存档、回收、再次激活以及退出的生命周期①，重大突发事件社会舆情应急平台建设的构成要素是以完整的信息生命周期过程为基础来设计的。依据信息处理的过程，重大突发事件社会舆情应急平台可分为信息收集和预处理平台、数据挖掘和知识管理平台、信息发布和决策支持平台三个层次。

3. 信息平台比较

通过对国内外各种应急平台和应急系统的结构进行系统综合比较，尤其是以美国NIMS（National Incident Management System，突发事件管理系统）、欧盟E－Risk（风险分析）系统、德国deNIS（German Emergency Planning Information System，危机预防信息系统）、日本灾害应急系统为重点比较对象，着重分析对比信息网络设备、信息系统类型、联动机制等方面，发现现有应急平台和应急系统的基本功能和构件。重大突发事件社会舆情应急平台包括我国各级政府、各职能部门的综合应急平台和应急指挥场所，基础支撑系统，数据库系统，综合应用系统和信息发布系统等应急系统（如图6－8所示）。

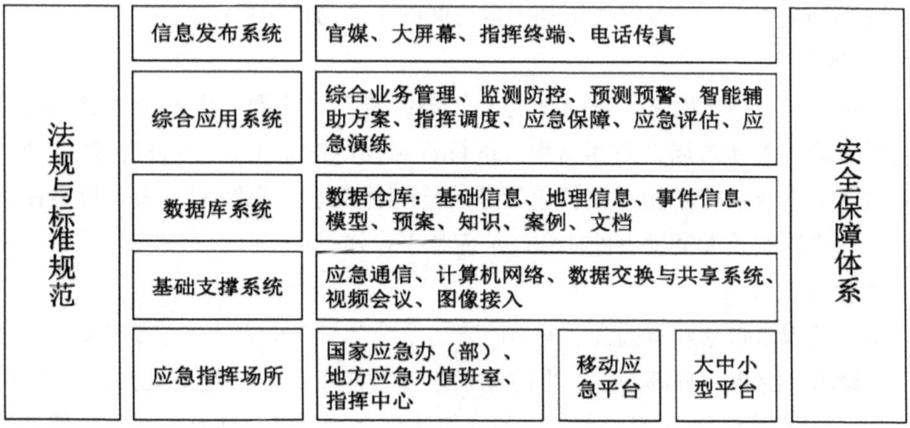

图6－8　应急平台基本构成图②

（二）应急平台在应对重大突发事件社会舆情中的特殊作用

应急平台在应对重大突发事件社会舆情过程中起着不可或缺的作用。具体来说，应急平台的特殊作用主要有以下三点：

1. 危机过程的业务管理功能

以重大突发事件社会舆情生命周期为主线的信息平台模型，覆盖重大突发事件社

① 殷占录等：《数字信息资源研究》，天津科学技术出版社2015年版，第54页。

② 豆丁网：国家应急平台体系技术要求（试行），2016年7月17日。

会舆情的潜伏、发生、发展和消亡这四个过程，具体包括预防和应急准备、监测与预警、应急处置与救援和事后恢复与重建。

2. 信息生命周期的信息管理功能

应急信息具有生命周期，一般由信息需求的确定以及信息资源的生产、采集、传播、处理、存储和利用等阶段所组成。基于信息生命周期的应急平台能够实现预测预警、信息采集、信息组织、信息存储、信息查询、信息分析、信息传递、信息共享、信息保存等基本信息功能。

3. 集成系统的综合应用与管理服务功能

重大突发事件社会舆情应急平台作为一个集成系统，除了需要完成办公、信息采集、预测预警、指挥调度、信息发布、决策支持等基本功能外，还应具有海量信息管理、信息共享、信息可视化处理、专家会诊与智能分析、集成指挥、协同管理与应急联动等综合应用与管理服务功能。

（三）重大突发事件社会舆情应急平台建设的影响因素

重大突发事件社会舆情应急平台既有自身的内部结构，又处于一定的外部环境之中。从系统论的角度探讨重大突发事件社会舆情应急平台建设的影响因素，包括内部因素、外部环境因素，以及这些影响因素之间的关系与作用机制。

1. 内部因素

内部因素包括技术因素、系统结构和管理因素三个方面，主要是通过包括建设理念、建设目标、总体布局、内部结构、运行机制在内的系统自身结构，拥有硬件设施和软件技术的系统独特功能，以及包括系统管理体制、组织结构、领导行为在内的系统内部关联来影响重大突发事件社会舆情应急平台建设。

2. 外部环境因素

外部环境因素包括政策因素、网络因素与系统环境三个方面，主要是从政府针对应急平台建设出台的相关政策制度，当前体系中针对应急事件信息采集报送、处理判研、共享公开、预警决策、监测导控等方面的法律法规保障，以及现有包括纵向信息平台和横向信息平台在内的外部资源等三个方面来影响重大突发事件社会舆情应急平台建设。

3. 影响因素之间的关系及作用机制

重大突发事件社会舆情应急平台建设遵循内部因素和外部环境之间形成的相互作用、相互影响的内在关联，涉及政策体系的建设、技术平台的应用、系统环境的优化等外部因素。内部因素的发展是重大突发事件社会舆情应急平台建设的基础，而外部环境的变化也受到平台内部建设的影响。当重大突发事件社会舆情应急平台现有的政策、技术、环境等难以满足平台系统优化和管理需求时，则必须做出适时的改变，以适应重大突发事件社会舆情应急平台发展的要求。内、外部因素共同构成的内在关联作用于重大突发事件社会舆情应急平台适时适度调整的同时，也推进了内外部因素的协同发展。

二、夯实重大突发事件社会舆情应急平台基础支撑

重大突发事件社会舆情应急平台的有效运行离不开顶层设计的完善、数据资源的支持和高效的信息处理能力。有了这些基础条件的保障，重大突发事件社会舆情应急平台的建设才得以开展。

（一）完善平台顶层设计

1. 统一领导，分级负责

重大突发事件社会舆情应急平台建设是在理清各级应急平台关系的基础上，建立一个独立的专业管理机构，来统一领导全国重大突发事件社会舆情应急建设工作，各省、市、县级政府应急管理部门分别负责各自行政辖区内的应急管理事务和应急平台建设。同时，管理机构必须明确各级应急机构的级别、职权与职能，明晰纵横各职能部门的关系，统领整个应急平台建设工程。

2. 整合资源，满足需求

重大突发事件社会舆情应急平台收集并整合全国范围内信息、物资、人力、资金等应急资源，实现高度统一、有效指挥、紧密配合、快速反应，最终形成应对重大突发事件社会舆情的整体合力，满足全国各级政府、相关职能部门、专家、公众、志愿者以及其他应急处置人员的应急需求，满足各类重大突发事件社会舆情应急平台的具体需求，特别是要因地制宜，满足应急信息输入、加工、输出等每个过程中的不同需求。

3. 优化布局，平战结合

制定统一的应急平台框架标准，优化基于信息处理流程、应急流程和重点专业领域的平台布局，实现全国关联集成，从逻辑上形成一个统一、完整的应急平台。重大突发事件社会舆情应急平台还应做到在平时（预防准备阶段）状态下可以用于训练应急人员的技能和普及重大突发事件社会舆情应急知识，在战时（响应恢复阶段）状态下能够快速反应、协调指挥。

（二）打造平台数据资源体系

1. 逐步完善数据资源需求体系

在充分整合我国现有应急资源的基础上，借助数字中国数据资源，运用地理遥感、数字测绘、现代统计等先进科技集成各类应急数据资源，将全国各级政府、各职能部门、各类专业领域等各种专门应急预案融入重大突发事件社会舆情应急平台的预案信息数据库；要加快引进应急资源布局模型、应急资源调度优化模型、应急响应信息模型等先进成熟的数学模型，建立应急平台的模型信息数据库；应充分发挥人才优势，

从各科研院校、相关应急单位和企业选取各类应急专家，形成应急平台的专家信息数据库。

2. 合理规划数据资源

对全国应急数据资源采用集中规划、集中设计、统一制定数据管理维护标准的策略，保证应急数据的完整性、一致性，实现多个数据副本的同步，并依政务信息资源目录体系与交换体系，统一数据交换标准，满足全国各地各层级应急平台与其他社会公共服务系统之间数据交换的需求。

3. 着力规范数据资源处理

通过引入数据采集软件等举措将相关的数据进行整合，统一数据资源标准。制定各类应急数据资源处理过程的标准，在国家应急平台体系规范的基础上，明确应急数据输入输出的格式和类型，并采用数据整合方式与应用整合方式，实现重大突发事件社会舆情应急平台海量数据信息处理规范化。

（三）构建多需求支持系统

应急决策需要信息的快速响应和支持，必须根据不同主体的信息需求快速进行相关信息的处理，这需要在平台主体布局基础上，考虑不同信息需求特点，从信息处理流程角度优化平台的布局，以确保决策信息处理过程中的相应功能模块协同工作，为应急决策提供高效的信息保障。基于多主体的重大突发事件社会舆情应急支持系统可分为三个层次：信息收集和预处理，数据挖掘和知识管理，信息发布和决策支持。一般来说，应急信息加工和利用的深度与管理层次有密切联系。因此，多需求的重大突发事件社会舆情应急支持系统可以用一个流程图来表示，满足不同需求用户的需要。如图 6－9 所示：

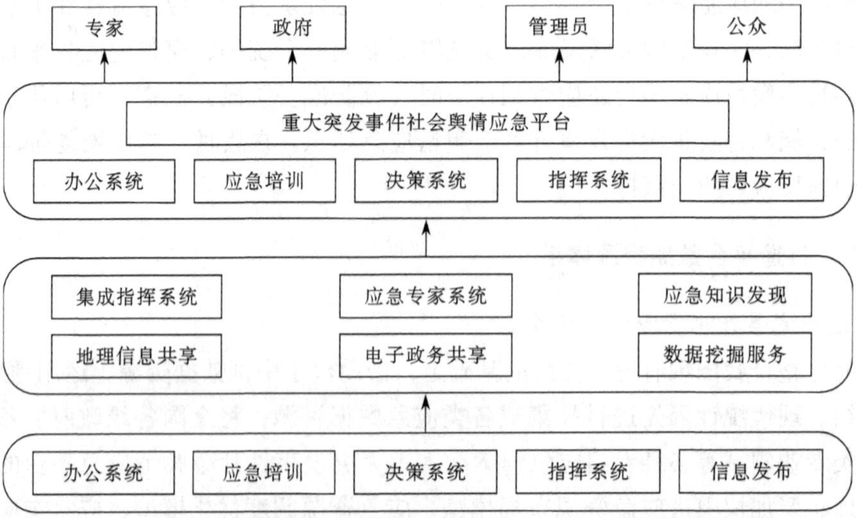

图 6-9　多需求的重大突发事件社会舆情应急支持系统

1. 信息收集和预处理

重大突发事件社会舆情应急平台的采集功能可以分为平时和战时两种模式：平时需要捕捉监测信息，收集整理各种基础信息，例如遥感信息、社会信息、地理信息、经济信息以及其他基础信息；战时需要收集舆情事件的图像信息、空间信息、保障资源信息及其他辅助信息。预处理主要将采集的信息进行标准化处理，以便于异构系统之间交换信息。

2. 数据挖掘和知识管理

利用底层平台采集的实时数据，结合有关的历史数据，开发专家系统和决策支持系统，为相关部门的决策提供支持。在海量信息中找到对决策有价值的知识，需要结合不同决策主体和决策阶段的需求，研究应对重大突发事件社会舆情海量信息的数据挖掘技术，加强知识管理，提高决策的质量和效率。

3. 信息发布和决策支持

该平台面向终端用户，对于决策者来说，决策支持平台为重大突发事件的解决提供方法支持和决策建议，具体功能包括预案库管理、安全培训和演习、资源优化配置方案的形成、评估和预警分析、应急评估、为重大突发事件社会舆情处置提供决策资料和决策建议等等。对于普通公众来说，该平台能及时发布与重大突发事件社会舆情及其处置有关的最新、最权威的信息，引导社会舆论，避免社会恐慌。

三、重大突发事件社会舆情应急平台建设的战略重点

重大突发事件社会舆情应急平台建设的战略重点应以实现统筹协调、规范数据资源、满足共性需求、提高应急水平为目标，重点建设技术体系、信息服务等内容，综合集成管理平台、资源平台、技术平台与服务平台于一体，并对重大突发事件社会舆情应急平台的应急能力和成效进行检验。

（一）重大突发事件社会舆情应急平台技术支持

1. 研发云计算架构

利用国家超级计算中心技术优势，推动云计算关键技术研发，对重大突发事件社会舆情应急平台进行云计算架构，在实现海量信息存储的同时，实时通过网络联通应急部门，并进行统一协调应急行动。其总体架构如图 6－10 所示。

（1）云计算数据存储技术。为保证应急信息平台分布式存储于各级政府部门的数据能同时满足大量用户的需求，并行地为大量用户提供服务，可采用具有高吞吐率和高传输率特点的云计算数据存储技术：GFS①、HDFS②。GFS 和 HDFS 都是为大型分布

① GFS 也就是 Google File System，Google 公司为了存储海量搜索数据而设计的专用文件系统。

② Hadoop 分布式文件系统（HDFS）被设计成适合在通用硬件（commodity hardware）上运行的分布式文件系统。

式数据密集型计算提供可扩展的分布式文件系统。

（2）云计算数据管理技术。为高效管理应急信息平台的大数据集，在大规模数据源中实施定位，可采用列存储的方式管理数据。

（3）云计算编程模型。为让应急信息平台不同的服务对象利用该编程模型编写简单的程序来实现特定的目的，需采用简单的编程模型，MapReduce① 实现大型数据集的并行运算，以解决大量搜索请求并发时的响应效率问题，是用于编写客户服务平台内部松耦合、高度并行化的程序。

图 6-10　云计算总体架构

2. 研发综合应用系统

建设综合业务管理系统等各类综合应用系统，应按照我国政府应急管理工作常态和非常态的需要，实现日常接报应急信息，进行综合研判和预测预警；当重大突发事件社会舆情发生时，贯穿整个应急业务流程，高效实施应急指挥，辅助领导科学决策。

（1）研发辅助决策、指挥时的关键支撑技术，包括从海量异构数据源中为指挥者提供准确有效信息的快速搜索和定位技术、形成智能辅助方案的异构数据源的数据融合与数据挖掘技术、面向案例的推理技术、应用系统智能化技术、为领导提供重大突发事件实时动态的快速图像接入技术、色斑图技术等。

（2）研发事件监控时的关键支撑技术，包括明确突发事件位置的地理信息（GIS-T）技术、提高突发事件监测准确率的全程监视和基于射频（RFID）的专用短程通信技术（DSRC）等。

（3）研发信息发布的关键支撑技术，重大突发事件社会舆情应急平台运用嵌入式视频 Web 服务器的形式，实现实时多任务操作系统。

① MapReduce 是一种编程模型，用于大规模数据集（大于 1TB）的并行运算。

3. 完善平台技术实施方案

在重大突发事件社会舆情应急平台的总体技术框架和关键支撑技术研究的基础上，以应对重大突发事件社会舆情集成服务共性需求分析为依据，设计技术实施方案，主要包括：第一，构建中心数据库系统、数据仓库所需的数据库软硬件等重大突发事件社会舆情应急平台的基本设施。第二，优化重大突发事件社会舆情发生时的信息处理系统。第三，完善智能化应对重大突发事件社会舆情决策支持系统。

（二）重大突发事件社会舆情应急平台信息服务

1. 完善信息上报

应严格遵照应急管理部各项规定，在重大突发事件社会舆情应急平台上畅通信息报送渠道，明确报送内容、时限等，以恰当的途径、合理的形式与标准的程序，及时、准确上报重大突发事件社会舆情情况，提升重大突发事件社会舆情决策速度和应对能力。第一，重大突发事件社会舆情信息报送范围，包括发生在敏感地区、敏感时间、敏感人群的信息和尚未发生但可能引发重大突发事件社会舆情的苗头性信息以及重大隐患信息等。第二，重大突发事件社会舆情信息报送途径，包括内网系统、手机、固定电话、传真、邮件和书面报告等。第三，重大突发事件社会舆情信息报送形式，包括各级政府及其职能部门向上级报告重大突发事件社会舆情信息，专业机构和监测网点向所在地政府及其有关职能部门报告重大突发事件信息，获悉重大突发事件社会舆情信息的公民、法人或其他组织向所在地政府及其有关职能部门以及专业机构报告重大突发事件信息。

2. 保障信息安全

通过提供重大突发事件社会舆情应急平台信息安全的维护管理、技术支持、人才培养和法治环境等服务，加快开发信息安全保障的软实力和硬实力，提升应急信息安全防范能力。第一，完善重大突发事件社会舆情应急平台维护管理，实现平台检修、使用与管理相结合，定期对重大突发事件社会舆情应急平台的设备和性能进行巡查和检查，不定期地对平台联动功能进行检查。第二，完善信息安全技术支持。着重研发加密与认证技术、数据备份与灾难恢复技术、防火墙与网络隔离技术、安全检测技术、访问控制与审计技术等，针对病毒泛滥、黑客入侵、恶意软件、信息失控等复杂的应用环境制定相应的防御措施，避免我国政府在应对重大突发事件社会舆情中信息和应急信息系统被未经授权的访问、使用、泄露、中断、修改和破坏。第三，完善人才培养。着重通过应急意识的强化、技术技能的培训、应急实战的演练、专业知识的辅导、应急专家的交流等方式培养专业人才。第四，完善应急信息安全法规环境，加强重大突发事件社会舆情应急平台法规与章程的建设，优化平台建设与运行的法治环境。

3. 优化信息反馈

通过重大突发事件社会舆情应急平台中的跟踪反馈系统，根据后续信息及时调整重大突发事件社会舆情应对方案，恰当地修正目标。同时，明确政府和个人的具体责任，完善责任追究制度，提升应急管理的自我优化能力。一方面，完善舆情反馈与决策修正。定期收集与分析公众对重大突发事件发表的舆情信息，并对网络舆情及时反馈，防止负面舆论向谣言和事实背面转化。根据反馈跟踪信息进行有效的应急决策制定与执行，恰当地修正应急目标。另一方面，完善应对重大突发事件社会舆情信息公开责任追究制度，明确政府和个人在重大突发事件信息公开方面的具体责任，并对违反重大突发事件信息公开相关规定的单位和个人进行责任追究等。

四、完善重大突发事件社会舆情应急平台建设的具体策略

重大突发事件社会舆情应急平台不仅仅是一个技术平台、管理平台、服务平台、应用平台，更是一个综合平台、集成平台。

（一）创新重大突发事件社会舆情应急平台

通过建立专业的技术工作站、依靠政府科技发展计划，大力推动技术创新，结合技术服务外包的形式，使重大突发事件社会舆情应急平台能够更加智能化地提供决策。

1. 建立专业的技术工作站

要依托科研院所、高等院校和检测检验机构，组建一批具备应急快速检测检验能力、科学实验和模拟仿真计算能力的应急技术支撑实验室，逐步建立国家、省、市（州）三级应急实验室网络，提高应急领域科技研发能力。建立应急平台技术工作站，建设国家应急管理科学技术研发机构和舆情应急技术研发机构，加强云计算、人工智能、安全保障等核心技术的研发。要重视利用信息化技术，开展应急平台关键技术攻关、设备研制、系统建设和应用开发工作。

2. 依靠政府科技发展计划

认真落实《“十四五”国家应急体系规划》，通过政府科技计划、基金等，对应急平台的科研开发给予支持，推动科技成果转化。加强具有各部门、地区地域特色的各种应急平台功能系统的研发，比如加强社情民意监测预警系统的研发与建设，尤其是关于医疗卫生、社会保障、教育公平、收入分配等社会民生问题的舆情预警等。

3. 健全技术服务外包制度

重大突发事件社会舆情应急平台建设需要应用各种新技术，维护保障工作量巨大，不可能也没必要全部由政府机构来承担应急平台的技术开发、技术建设、技术维护保障等工作，应制定相关技术服务外包规定，规范政府应急平台技术服务外包的内容、方式、程序及责任等。根据政府采购法律法规的规定，可以通过签订技术外包服务协议或长期合同、招投标方式把重大突发事件社会舆情应急平台部分或全部的技术服务外包给信息技术服务商，并由政府应急办督查企业提供技术服务保障。常见的信息技术外包涉及信息技术设备的引进和维护、通信网络的管理、数据中心的运作、信息系

统的开发和维护、备份和事后恢复、信息技术培训等。技术服务外包能持续降低各级政府应急平台信息技术服务的成本，提高服务效率，有利于弥补信息技术人才的不足，加快信息技术人员的迅速成长等。

（二）强化重大突发事件社会舆情应急平台资源整合

强化重大突发事件社会舆情应急平台资源整合应完善重大突发事件社会舆情应急平台的标准化建设和管理，并构建基于知识产权保护的平台数据资源共建与共享机制。

1. 统筹各级平台建设

各级政府应结合自身实际制定相应的应急平台体系建设规划，加强应急能力建设。重点建设省市县三级政府应急平台，统一规划和完善各专业应急平台。在现有专业信息与指挥系统的基础上，建设省、市（州）、县（区）三级应急平台，实现资源共享，提高信息综合研判、指挥调度、辅助决策和总结评估等能力，形成完整、统一、高效的应急平台体系①。

2. 准确定位职能权责

应急管理通常是跨部门、跨地域、跨行业的，任何一个部门的管理机构或人员都无法独立胜任，而各级政府依托应急办成立应急管理工作小组（委员会），分别负责领导各自行政辖区内的应急管理事务和应急平台建设。同时，应根据应急平台制度建设方面的专门法规，明确各级应急机构的级别、职权与职能，明晰纵横各职能部门的关系。各级政府平时应当做好信息的收集、分析工作，定期向上级机关报告相关信息，对可能出现的重大突发事件社会舆情作出预测和预警，编制重大突发事件社会舆情应急预案，组织应急预案的演练和对公务员及社会大众进行应急知识培训。对于在平台建设中不履行职责、行政不作为的公务人员，要对其进行批评教育，必要时需对其进行法律责任追究。

3. 整合应急信息资源库

搭建我国重大突发事件社会舆情应急平台互联虚拟专网，使各级政府及其直属职能部门应急平台均成为重大突发事件社会舆情应急平台的节点或端口，从而实现纵向各级垂直部门、横向各个行业系统异构资源库的资源整合与共享。

（三）分期推进重大突发事件社会舆情应急平台建设

1. 遴选平台建设试点

遴选国内基础条件好、具有代表性的省（市、区）政府和直属部门作为重大突发事件社会舆情应急平台建设的试点。由于广东省应急平台体系建设、“数字广东”建设推进较快，因此，选择广东作为省级重大突发事件社会舆情应急平台建设试点，重点

① 曾建军：《城市轨道交通应急管理模式初探》，《都市快轨交通》，2011 年第 4 期，第 74—77 + 85 页。

实现风险隐患监测防控、信息报告、综合研判和指挥调度等功能。由于遵义市自然灾害应急指挥平台系贵州省首个市级指挥平台，要推动其实现自然灾害应急指挥信息化基础平台、避难场所信息化统一管理、灾害现场情况实时快速反馈、三维模型优势助推全局指挥、提供灾害应急快速响应手段、多级指挥平台无缝对接六大目标。由于我国公共卫生类重大突发事件社会舆情影响较大，选择卫生健康委员会作为直属部门应急信息平台建设试点，侧重于专业领域的应急工作，配合其他重大突发事件社会舆情应急平台实现专业领域的应急管理。

2. 建立管理监督机制

建立完善的重大突发事件社会舆情应急平台建设管理监督机制，其目的在于确保重大突发事件社会舆情应急平台建设管理活动的正常运行，保障各项建设资金执行到位，推动重大突发事件社会舆情应急平台建设项目顺利完成。重大突发事件社会舆情应急平台建设管理监督机制主要分为三个部分：一是招投标监管，主要通过完善平台建设项目招投标监督体系和法治建设，规范招投标行为，强化项目招投标审计监督，发挥工程监理作用；二是资金监管，主要通过加大各级政府和职能部门应急平台建设资金投入，完善平台建设资金的使用和管理，提高建设资金系统配置，加强各级政府财政制度建设；三是建设养护监管，构建重大突发事件社会舆情应急平台市场化运行管理机制，设立重大突发事件社会舆情应急平台管理维护的专用资金账户，建立专业的重大突发事件社会舆情应急平台维护管理小组。

3. 建立运营维护制度

建立重大突发事件社会舆情应急平台运营维护制度是为了规范重大突发事件社会舆情应急平台的运行维护管理工作，保障应急平台的安全可靠运行，提升维护效率，降低维护成本。重大突发事件社会舆情应急平台运营维护制度是通过实时监控平台运行状态，保证平台各类运行指标符合相关规定，并迅速而准确地定位和排除平台的各类故障，确保所承载的各类应急应用和业务正常，通过对平台安全进行管理，保证平台的运行安全和信息的完整、准确。其内容主要包括故障管理、问题管理、变更管理、维护作业计划管理、巡检管理、技术档案和资料管理、备份及日志管理、机房管理、安全保密管理等方面。

第六节　重大突发事件社会舆情应对绩效评估研究

随着重大突发事件的频繁发生，由重大突发事件所引发的舆情持续时期延长、危害水平加大，公众对事件处置的预期日益增强，然而我国的现状是问题解决所耗费的人力、财力和物力各个方面都越来越多，这在很大程度上与缺乏绩效评估制度有关。现有的社会舆情平台体系各系统之间模型与数据库相对独立，未能有效集成，模型参数更新不及时和基于云计算的开放式软件体系的研究较少；针对灾害信息收集、传送方面的研究较多，关于海量信息资源挖掘的研究少。近年来，学界尽管也展开了重大舆情治理的绩效评估研究，但仅限于一些初步的、浅层面的探讨，缺乏针对性的重大突发事件社会舆情应对绩效评估的研讨。

一、重大突发事件社会舆情应对绩效评估的价值取向

（一）政治层面

1. 民主政治的需求

在现如今民主国家，政府机关的行政首长们会不停息地承受立法机关的质询、答复媒体的各种发问、协调社会各利益群体的差异性要求。诸如此类的要求会促使各地区行政长官对其管辖部门的绩效做出评价。

2. 公民参与的需求

公民的参与是现代民主国家公共管理的重要手段之一。公民参与的进程必然会激发公民对社会公共事务知情权和评议权的需要。因而，在政府绩效评估中引入公民参与机制，不单使公民参与的模式愈加有效，更促使公民了解政府的相关工作。

（二）管理层面

1. 战略执行的需求

战略管理是如今各国政府机构着重发展的一个重要成果。战略管理包括了战略制定、战略执行和战略改良三大核心。在“战略传递”过程中，由于缺乏有效的执行工具而使得战略目标发生转移扭曲，而绩效评估工具不光可为政府的战略制定指明方向，并且还可经过监控和评价手段，为战略执行和战略改良提供明晰的“路线图”，从而进一步提升政府的行政执行力。

2. 人事决策的需求

人事决策的需求是传统的绩效评估工具的首要功用。从人力资源管理的角度来看，针对个人或岗位的绩效评估能够为人力资源管理的诸多环节提供有价值的依据，如基层干部的提拔任用、公务员的奖惩机制、公务员职业生涯规划布局，甚至是部门单位的年度评级。这种绩效评估也可称之为“人员导向”的绩效评估。

（三）以人为本

坚持以人为本，就要把人民利益作为谋发展、促发展的出发点和落脚点，做到发展为了人民①。十七大报告从理论上阐述了以人为本，而此次新冠肺炎疫情的暴发，我

① 孙莉：《我国地方政府绩效评估中的价值取向研究》，南昌大学硕士学位论文，2008 年，第 36 页。

国政府也以实际行动彰显了这一理念的精髓。中央政府在第一时间派中央调查组赶赴现场指导相关工作，不惜一切代价、尽最大可能拯救生命。从全力救治病人，到加强卫生防疫、防止次生灾害，从确保湖北人民有足够的医疗资源、举全国之力驰援武汉，再到重视群众的心理干预，政府各项工作始终坚持以人为本，切实把群众利益放在第一位，体现了我国政府所做出的巨大努力，实践丰富着以人为本的理念。政府在制定政策、确定价值指标的时候要以群众利益为重，尽可能满足群众的需要和希冀。总而言之，绩效评估制度的制定和执行要以表现出人民群众的根本利益为根本出发点，要根据广大人民的根本利益来考虑问题和制定相关政策法规，把为人民服务这一理念落实和体现在政府绩效评估实践当中。在地方政治机构的业绩评价中，不仅要发展地区经济，同时也要充分考虑地区居民的利益，这无疑是经济社会发展的长期战略目标。社会发展应当与提高人民生活水平相结合，实现人民的即时和长期利益。首先，绩效评估系统的主体选择、索引和权重的设计、评估方法和顺序都是基于人们的需求，并且必须代表人们的利益。其次，人民价值取向还要求群众的满意是政府绩效评估的最基本尺度。政府应该把人民的满意度作为绩效评估的价值对象，把满足人民的需要作为评估的价值取向，实现评估的价值。这也意味着，政府须回应社会的需求，提供公共服务和公共产品，根据公众对此类服务和产品的满意度来评价公共治理的绩效，并决定公共责任机制和运营机制。最后，以人为本理念的价值取向应体现在各级公职人员的思想和行动中。要改良领导办法和领导思维，转变思想作风和工作作风，权为民所用、保持情为民所系、利为民所谋。

二、重大突发事件社会舆情应对绩效评估体系设计

对各地区政府社会舆情管理进行绩效评估是按照既定的标准对政府处置舆情事件程度的评估，经过考核后能够发现治理过程中存在的不稳定要素，从而进一步提升政府舆情管理水平。评估指标体系不但需要表现政府所倡议的价值理念，还需要体现出整个评估进程的科学性和公正性。

（一）层次分析法的应用

层次分析法是由匹兹堡大学的萨蒂教授在20世纪70年代提出的。它主要用于分析和解决复杂情况下的经济、管理和技术领域问题。它将一个复杂的问题进一步分解，根据目标水平构成一个多目标、多层次的模型，并将问题的处理转化为层次思维结构。通过每个元素比较确定各因素的绝对重要性，并赋值一个正比例，最后对各因素进行总体比较，赋值一个最终比例，确定权重，使指标的权重被用来反映各个指标的重要性。通过一系列定性和定量分析，构造了判别矩阵，各层次之间的指标为权重的排序，最终确定了各指标的绝对重要性，使指标权重更加准确、科学、合理。

（二）绩效评估指标的选取

1. 核心指标选取的原则

重大突发事件舆情管理绩效评估指标体系是根据突发事件舆情治理理论，联结其外部相关性和内部构造而梳理的一套描绘和剖析的工具。要使这种测度工具有用可信，测评结论不主观、不片面地反映舆情治理绩效的实践程度与发展趋向，使得舆情管理具备现实性、测度性和应用性，重大突发事件舆情管理绩效评估指标的遴选应该恪守以下两项准则：

（1）可操作性准则。评估指标体系构建的结果将应用于绩效评估。业务准则包括两个方面，一个是数据资料的可用性，应通过审查国家和地方统计年鉴以及各种方式尽可能获取数据资料。该专业年鉴可通过简短处理和梳理现有资料，或通过分发调查表和对研究对象进行现场采访来获得。二是在数据可以量化时，量化指标的数据应确保其真实性和可靠性，而定性指标和历史指标应尽可能少使用，或尝试选择可以由专家分配或衡量的指标。

（2）可比性准则。了解评估指标体系中每个指标的含义，更好地了解评估结果和评估水平，力争达到统一的路径、时间、地点以及相关领域，掌握不同阶段政府绩效差异的实际水平和变化趋势。同时，为保证评估的可比性，应尽量采用相对指标，尽可能采取科学措施将定性指标转化为定量指标，而后者可以采用部分数学方法来获得定量值。因此，它们不必使用相同的方法和值。在重大突发事件舆情管理绩效的评估过程中，由于紧急舆论管理绩效评估是一项非常复杂的任务，如果评估工作既涵盖事件的时间，又包含整个事件空间的全面概括，则需要基于过程管理评估指标和绩效管理指标体系，筛选、修正、合并对评估结果影响较小或类似的评估指标，以达到评估目的。

2. 指标体系的建构

George&Jones（1997）指出，绩效评估的结论主要用于两个目的，一是将员工发展作为首要目的，如帮助公职人员制定职业生涯计划；二是决策的目的，如决定提拔公务员。从长期评估的角度来看，全面分析和厘清评估者的发展需求之后，绩效评估将重点放在评估者未来的绩效上。因此，评估应以评估者可能需要改进的专门知识、其潜能的开发为最终目标，这种评估往往与公务员的职业规划和管理的连续性有关。

从以上可以看出，在构建绩效评估指标体系时，绩效评估目的不同就会有不同的指标体系考量。发展性评估侧重于分析“为什么他们不同”，而评价性评估则侧重于寻找“什么将会不同”“如何不同”等问题的答案。根据绩效评估的目的，有两种方法可以形成一个评估指标体系。一个是选择“特征、行为和结果”的路径，另一个是选择“知识、技能、天赋、奉献和外部条件”的路径。如果仅从“特征、行为和结果”方法的一个方面来构建绩效评估指标体系，则可能出现更大的倾向问题（见表6－1）。解决这一问题的较好方法是折中处理，即将评估的维度打上“特征”的标签，而维度的定义和尺度锚点的选择则是采取工作和行为导向的措施。然而，这种任务行为“特征”的操作性定义并不能完美地解决问题本身，而是比单纯依赖特征或单纯依赖行为更好。

表 6－1　特征、行为、结果三种评估指标比较

	特征作为评量指标	行为作为评量指标	结果作为评量指标
适用范围	适用于选择和作为未来工作成功与否的预测指标	当任务所必需的结论可通过单一方式或一整套程序依次实现时可用	当任务所需要的结论可通过两种及两种以上的方式实现时可用
不足	（1）缺乏思考情境的作用，通常是较差的绩效预测指标；（2）不可有效区分实际工作过程中的表现，易引起纠纷，进一步使得公职人员感到不适和不公；（3）对改良绩效效用不大，将着重点放在短期内难以扭转的特征	（1）不可有效区分达到统一结果的不同措施中的哪组才真正符合组织的需求；（2）当公职人员认定其实现的活动不重要时，意义不大	（1）结论的好与坏有时并不在个体、组织、集体的管制领域内；（2）结果的导向使个体到组织可能为达目的不择手段

（三）舆情治理评估的框架与价值标准研究

借鉴国际公认、权威、通用的信息系统审计标准（COBIT），从重大突发事件社会舆情的政府应对模式、重大灾害舆情应对治理支持系统角度，研究重大突发事件社会舆情治理绩效评估体系的整体框架，包括评估价值取向，如重大突发事件社会舆情应对的政府决策的以公平为核心的效率价值取向、以人为本的社会发展价值取向、以和谐为基础的社会生态价值取向，重大突发事件社会舆情应对决策支持系统的有效性、高效性、完整性、可靠性；找出影响重大突发事件社会舆情管理的重要影响要素，探讨重大突发事件社会舆情治理绩效评估体系构建等。

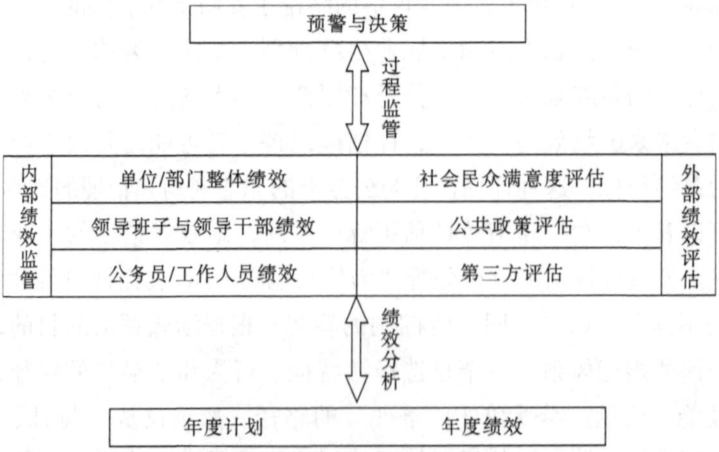

图 6-11　重大突发事件社会舆情治理绩效评估体系构建

（四）重大突发事件社会舆情治理绩效评估体系框架结构

重大突发事件社会舆情治理绩效评估指标的设定，首先在时间上就必须涵盖重大突发事件社会舆情治理的整体进程，这是舆情应对能力建立内容设定的事实依据。客观存在的空间上必须包含信息基础管理系统、决策部署系统、舆情预案系统、舆情处理系统、资源保障系统等理论支撑因素。按照重大突发事件社会舆情治理绩效评估指标体系的构建准则和评估指标的筛选方式，联合国内外重大突发事件社会舆情治理绩效评估的研讨成效，构建了重大突发事件社会舆情治理绩效评估模型和指标体系。

1. 确定指标体系

在针对社会舆情所具有的特殊根源性、潜伏性、可补偿性及其所承受的不均衡性等各种特性基础上，运用德尔菲法、层次分析法，设计一套由分项指标、单项指标构成的多层次、多向度、体现对象属性的重大突发事件社会舆情治理绩效评估指标体系（如表6－2所示）

表6－2　重大突发事件社会舆情治理绩效评估指标体系

一级指标	二级指标	三级指标
政府治理效能	治理效果	预案体系的完整性、舆情演练的熟练程度、舆情防范意识的强弱、监测预警设备的齐全程度、舆情物资与设施的充足程度、队伍建设的专业性等
	治理效益	舆情预防的有效性、紧急处置的科学性、善后处理的妥善性、舆情损失的控制程度、保障体系的完善性
	治理业绩	舆情防治的组织机构健全度、社会参与度、妥善处理死亡受伤人员数、政府美誉度、媒体正面评价比例、受害人恢复时长、处理造谣人员数
政府治理成本	办公费用	舆情管理部门办公经费总额、舆情管理部门在岗职工年工资总额
	管理经费	预防、处置各类社会舆情经费支出，舆情信息数据仓库、决策模型库、应对决策模拟系统的建设成本、维护频率、人力成本、维护差额、物力成本等
	公共投入	重大社会舆情监测、预警系统开发投入，舆情风险源监测设备投入，舆情治理基础设施投入
政府内部管理流程	治理及时性	警情、警兆的识别及时程度，舆情响应的及时性，舆情信息上报速度，预案启动和舆情治理决策处置的及时程度，舆情信息发布与引导的及时性，舆情损失公布速度，发现谣言、辟谣的及时性
	治理精准性	舆情发生的概率、强度、原因、性质、过程以及所导致的社会稳定、人员伤亡、经济损失和社会影响等信息公布准确程度，舆情走势的预测研判精准度，舆情治理决策的精准度，舆情损失评估准确程度
	治理协同性	上下级政府协同程度，同级政府不同部门的协同程度，政府与媒体、社会的协同水平，舆情治理信息透明度，舆情治理现场统一指挥协调程度

续表

一级指标	二级指标	三级指标
治理支持系统水平	整体功能	城市灾难事件社会舆情决策支持功能，社会灾害舆情的监测与预警功能，应对城市灾难事件社会舆情的资源调配、舆情防治预案、指挥协调功能，舆情信息识别、采集、加工、分析、传播等功能
	系统性能	城市灾难事件报警信息的可靠性，舆情等级划分与舆情预案生成的智能性，人员心理救助、舆情风波平息措施的合理性，舆情风险调控模型的有效性，决策治理系统的科学性、可操作性
	技术运用	地理信息技术、遥感监测技术等技术的应用，数据自动采集、智能分析、深度挖掘、充分共享技术的应用程度，舆情信息传递与交换技术的先进性，舆情基础数据仓库、专业数据仓库、综合数据仓库等的信息利用率
	学习培训	舆情治理中上层管理人员参与大数据管理技能培训人数，普通员工人均大数据等先进技术培训时间、人均费用，与其他城市合作交流次数

2. 重大突发事件社会舆情治理绩效评估指标的定量化分析

重大突发事件社会舆情应对绩效评估采用标准化评分法，有必要对评估指标体系中的各项指标进行定量处理。重大突发事件社会舆情治理绩效评估指标体系中既囊括客观的定量指标又涵盖了主观的含糊指标，因而必须对模糊性指标实行量化处理。

第一步整合评估指标的准确数据。重大突发事件社会舆情治理绩效评估指标数据绝大多数能够从统计部门的统计资料中梳理出来，另一些可以从其余部门收纳整合。收集的数据应准确可靠，统计周期应保持一致，以使所获得的评估结论具有实际价值。

第二步定量指标的无量纲化处理。由于指标体系中各个指标的统计维度不同，单位不同，指标数量不同，因此直接评估没有可比性。就此应该对收集的具有不同计量单位的指标进行无量纲化处理，以消除尺寸差异。无量纲化是指使用某种计算公式将原始数据转换为可直接应用于运算和比较的标准化索引值的过程。本研究采用直线无量纲化方法进行处理，公式如下：

$$y_i = x_i - x_{\min}/x_{\max} - x_{\min}$$

$$y_i = x_{\max} - x_i/x_{\max} - x_{\min}$$

式中，x_i 代表指标值，$x_{\max}$ 代表指标最大值，$x_{\min}$ 代表指标最小值。第一个等式为正指标无量纲化公式，第二个等式为负指标的无量纲化公式①。以此确定处置系统绩效评估指标定量值。

① 焦俊波：《突发事件舆论引导机制研究》，华中科技大学博士学位论文，2013 年，第 152—160 页。

表 6－3　决策指挥系统绩效评估指标

二级指标	三级指标	指标分值确定
突发事件舆情机构日常管理	机构设置	有常设机构，有常驻人员，有充足经费，得分 5 分 有常设机构，有常驻人员，无经费，得 4 分 有常设机构，无常驻人员，无充足经费，得 3 分 有相关组织，无常设机构，得 2 分 无机构，得 1 分
	职能配置	设置合理，分工明确，有专业人员配备，得 5 分 有设置，分工明确，得 4 分 有设置，无专业人员，得 3 分 有设置，无人员，得 2 分 无设置，得 1 分
	突发事件治理内容	满足 90% 或以上，并具备相应的工作才能的，得 5 分 满足 80% 或以上，并具备相应工作才能的，得 4 分 满足 70% 或以上，并具备相应工作才能的，得 3 分 满足 60% 或以上，并具有相应工作才能的，得 2 分 未满足 60% 的，得 1 分
	预案制定、调整和执行	突发事件舆情预案是结合本地实际修订的 突发事件舆情预案的内容在组织上得到落实、各项工作有指定人员 根据组织发展和认识变动对突发事件舆情预案进行及时修改 满足 3 项，得 5 分；满足 2 项，得 3 分；满足 1 项，得 1 分

三、优化重大突发事件社会舆情应对绩效评估指标体系的实现机制

重大突发事件舆论引导效果关系到是否能有效解决突发事件，有效地引导重大突发事件舆论可以使社会舆论关系走向良性，有利于社会和个人方向的发展，公众之间的利益关系可以得到满足，最终影响政治、经济和社会发展。重大突发事件的舆论引导不仅需要执政党和政府部门的参与，还需要大众媒体和公众的参与。同时，我们还需要一些法律和制度上的保证，以便重大突发事件发生后，舆论引导能够顺利进行，取得良好的效果。这包括建立评估机制，在第三方的参与下对紧急事件中的舆论提供指导，完善紧急情况下舆论引导的有关法律，加强政府、媒体和公众的素养等。

（一）考评主体多元化

考评的主体是政府绩效评估的执行者。任何一个考评主体都会针对本身的特质，从本身角度确定评估尺度。政府应该成立专门的舆情治理绩效评估干部小组，全方面对舆情事件处置状况实行绩效评估。绩效评估主要着眼于负责处理民意事件的部门是否采取合理有效的方式来最大限度地减少民意的负效益。绩效考核是上级部门对下级

部门执行职务情况和任务效率的考核，是对干部决策的评价。政府须利用评价组织和第三方评估机构，对其下属部门应对舆论的效率进行考核，争取做到全方位评估。政府的绩效评估主体过于简单，且是一种自上而下的官方评价，缺少部门内部的自我评价，民众参与的评价也较少。让重大突发事件的处置者来当绩效评估的主要考评者，这本身是相互矛盾的，由于其中一方作为考评主体，他们熟知任务流程，熟悉工作业务，在评价任务时具有不能代替的优点，但是与此同时，因为他们的双重特质，他们在评价时不可能公正地看待本部门在处理舆情时所采取的措施，存在必然的为难情绪，很难精确反映工作绩效①。

（二）完善工作目标设定

各地区基层政府，尤其是县一级地方政府，是贴近公众最近的地方，同时也是面对重大突发事件的首要责任人，工作目的设置能否具备科学性直接关系着整个评价体系的运转，政府在设定重大突发事件社会舆情治理绩效评估工作目标时主要依据当地城市的战略规划，待专家组评议后，将任务通过重大突发事件应急处理小组办公室下发到各个分支治理小组。工作目标首要考核的是各个相关联的突发事件处置是否及时有效，但缺少了对突发预案的考评。因为社会的持续发展，重大突发事件也比以往更加繁杂，部分工作目的已无法适应新的工作实际需求，而且在目标设定上存在主观性较强的矛盾，这样的不科学性也将导致评估结论发生偏颇②，所以急需完善工作目标的设定。

（三）重大突发事件中问责的法律保障

近些年，行政问责是伴随各类突发事件呈现的高频词汇，尤其是面对重大突发事件，行政问责的对象、范围、形式等往往成为社会和公众的关注焦点。所谓行政问责制是一种调查公务员未履行职责并对其追究责任的方法，其目的是改善行政系统，促进形成责任型政府、服务型政府和法治型政府。在应对重大突发事件中，实施问责不仅要坚持实事求是的原则，而且更要依法依纪、合情合理。然而，就我国现行的有关重大突发事件行政问责的法律法规来看，有些法规条例里虽有所提及，但整体上仍有问责事项欠缺。问责随意性大、问责法律依据混乱、问责法律条款不统一等问题在重大突发事件问责过程中依旧存在③。鉴于这种情况，要进一步完善重大突发事件问责的法律法规体系，亟待为重大突发事件的问责提供必要法律保障。首先，在立法过程中应构建全方位的问责主体体系。在保留和完善原有内部问责机制的同时，通过畅通新

① 张雯：《舆情应对中我国政府与媒体的互动关系研究》，武汉大学硕士学位论文，2017 年，第 166 页。

② 祝江斌，王超：《我国重大突发事件的政府预警管理模式研究》，《武汉理工大学学报（社会科学版）》，2007 年第 4 期，第 425—429 页.

③ 吕桂玲：《我国行政问责制面临的主要问题及其对策》，《行政论坛》，2009 年第 4 期，第 13 - 16 页。

闻媒体和公众监督等外部渠道，还原重大突发事件的真相与原委。其次，要明确定义问责对象。问责的对象是被追究者的责任，法律对此没有明确规定，在紧急情况的责任制中，通常是寻找替罪羊，甚至出现“只射击苍蝇而不是老虎”的情形。可以说，重大突发事件中相关责任人的及时问责是舆论引导的关键，也是法治社会和服务型政府的体现。因此，重大突发事件的问责立法应当本着“谁主管谁负责、谁负责谁承担责任”的原则，划分有责和无责的边界，确定承担责任的对象。明确的问责内容和范围能够对重大突发事件对症下药，解决问责中的弊政；而规范的问责过程是能够在重大突发事件中正当行使问责权利的根本，是避免问责随意性、扭曲性的法律保障。

（四）完善监督体系

政府虽成立了一个督查小组承担监督工作，但是并未形成监督体系，督查小组由市委督查室和市政府督查室组成，负责对评估结果的监督，对各部门在舆情事件处置时能否及时有效进行跟进。但重大突发事件社会舆情治理绩效评估涉及的主客体是全方面、各层级的，仅仅依赖于政府部门的监管是不够全面的，评估结论也没有反映出大众的全部意见。在评估过程中为保障评估的透明、公平、公开，监督体系应包括政府部门、群众代表、各媒体部门等多方监督主体。

（五）确定定量考评方法

评估方式主要有定性评估和定量评估两种，因为重大突发事件具备突发性，关于重大突发事件社会舆情治理的绩效评估多为活期考评，所以基层政府在绩效评估时多采取定性评估办法。除此以外，政府还在评估中使用定量评估。政府的许多职能是无形的和困难的，要使用量化标准来衡量，绩效评估中需要对工作结果进行评估，也需要对政府服务效率进行评估，这些评估不仅需要详细的评估指标，还需要相应的数据支持，使得样本的评估令人信服。在实践中，评估通常基于经验评估，后者基于主观印象从而忽略了数据分析在绩效评估中的作用。在评估方法中，使用定性评估或定量评估将有一定的弊端，完全依靠定性评估没有定量评估的评估方法不完善，缺乏定性评估会导致评估结果出现偏差，影响评估结果的可信度。因此，有必要将定性评估与定量评估相结合，以确保评估结果的准确性和全面性。

附件：

重大突发事件社会舆情治理调研报告

一、重大突发事件社会舆情治理的背景与意义

（一）研究背景

近年来，我国各类重大突发事件频发，如“7·23”甬温线动车追尾事故、2012年“毒胶囊”事件、2013年H7N9禽流感事件、“12·31”上海外滩拥挤踩踏事件等。尤其是近五年以来，河南平顶山养老院“5·25”特大火灾事故、天津滨海新区“8·12”爆炸事件以及新冠疫情等重大突发事件，给国家和人民带来了难以估量的损失。更值得注意的是，伴随重大突发事件而来的社会恐慌极易导致舆情的升级与扩散，进而引发社会危机，使得社会舆情鼎沸和不断演化之势成为中国现实社会中的一种常态。日本9.0级大地震引发的福岛核泄漏导致中国民众抢购食盐风潮、兰州重大水污染事件使得城区及周边居民疯抢矿泉水、“毒疫苗”事件带来的恐惧导致社会公众拒绝接种疫苗，诸如此类的闹剧深刻地警示我们，把握社会舆情演化规律、加强重大突发事件社会舆情管理、正确防范社会舆情引发的各类社会风险刻不容缓。

当前，我国处于经济社会深刻转型、矛盾凸显的发展阶段，我国政府坚持以人为本，始终把保护公众的生命财产安全放在第一位，把引导社会舆情健康发展纳入党和政府工作的重中之重。2017年10月，十九大报告明确提出：“坚持正确舆论导向，高度重视传播手段建设和创新，提高新闻舆论传播力、引导力、影响力、公信力。”2018年8月21日至22日，在全国宣传思想工作会议上，习近平总书记再次强调要把握正确舆论导向，提高新闻舆论传播力、引导力、影响力、公信力，巩固壮大主流思想舆论。可见，加强公共安全应急管理，尤其是加强社会舆情治理工作，是形势所迫、大势所趋。

近年来，尽管在舆情治理方面，我国已初步取得了一定成效，如舆情治理意识普遍提高、舆情治理程序逐步完善、舆情应对经验不断增多等等，但我们也要清醒地认

识到，我国对重大突发事件产生的社会舆情应对工作还存在一些亟待加强的薄弱环节：对社会舆情的生成条件认识不够、对社会舆情的防范意识不高、对社会舆情的预警预控体系尚不健全、对社会舆情的引导能力不强、应对社会舆情的政府决策常常滞后等。所以，加强重大突发事件社会舆情治理研究很有必要而且迫在眉睫。

（二）研究意义

不寻常的时代背景昭示我们，加强重大突发事件社会舆情治理，是新时期我国经济社会转型过程中急需破解的一个重大课题，其相关研究具有非常重要的理论意义与现实价值。具体表现在：

第一，加强社会舆情应对策略研究是贯彻落实科学发展观和习近平总书记系列重要讲话精神的一项新的战略任务，是一项关系党和国家事业发展全局的重要工作。通过总结归纳我国社会舆情呈现出的新常态与挑战，把握与发现其应对过程中取得的成效与存在的问题，有利于帮助我们深入了解现阶段社会舆情的总体态势，且能够为接下来深入应对社会舆情提供思路及目标。

第二，加强重大突发事件社会舆情预警预控研究，构建全方位、全时段警源分析、警兆监测和风险预报运行机制，有利于提升党和政府对社会舆情的引导、预控能力。目前，在我国的社会舆情应急实践中，重应对、轻预防现象较为严重，其原因主要是社会舆情的预防存在难度：警源不易识别、警兆监测缺乏可靠技术支撑、舆情预报存在风险。通过社会舆情内生警源、外生警源、境外警源分析，对重大突发事件社会舆情警源研判，把大数据技术与民间舆情相结合，以更好地对社会舆情警兆进行监测。运用风险雷达舆情监测、专家预报等方法进行社会舆情预警信息发布，能够为后续党和政府的社会舆情引导与预控提供清晰的思路与方法。

第三，探讨运用新的信息技术对政府应对流程进行设计，不断优化完善重大突发事件社会舆情治理的运行机制，有利于提升党和政府对重大突发事件社会舆情的应对能力。党和政府在重大突发事件社会舆情的应对实践中，存在着预案启动较为落后、应急决策科学性较低、指挥调度协调性差、联动协作不到位、信息发布不规范等问题，严重影响政府舆情处置的效果。借助大数据、云计算、新媒体传播等现代信息技术，不断设计和优化政府应对社会舆情的流程，从而有效提高舆情处置的科学性、有效性。

第四，加强重大突发事件社会舆情善后治理研究，健全善后治理与保障体系，有利于提升党和政府应对重大突发事件社会舆情的综合保障能力。我国传统的各级党委和政府在社会舆情治理的善后阶段，通常缺乏事后的总结、归纳与学习，导致重要环节易被忽略，心理救助、责任管理、应急平台等体系和绩效评估体系建设均存在薄弱之处，同样的问题多次重复出现，导致政府应对疲劳麻木，从而极大影响了治理效果。通过明确责任对象与范围，对公众心理进行有效疏导，有利于推进重大突发事件社会舆情治理规范化和制度化，提升党和政府社会舆情治理综合保障能力。

二、重大突发事件社会舆情治理取得的成效与新常态分析

为全面、客观、科学地掌握政府部门在重大突发事件社会舆情治理中取得的成效、存在的问题，课题组于2016年5月到2019年8月在江西省南昌市、四川省凉山彝族自治州、江苏省东台市、湖南省衡阳市、福建省厦门市、广东省广州市与深圳市、黑龙江省哈尔滨市、云南省玉溪市等开展实地调研，召开了多场座谈会，参加的人员主要是当地的宣传、应急、公安、政法、信访等单位主要负责人。通过发放问卷、深度访谈，比较精准地把握了我国市县级政府社会舆情治理的基本现状，也为后续有力对策建议的提出打下了基础。以湖南衡阳“9·12”恶性驾车伤人案、云南通海发生5.0级地震、“3·30”四川木里县森林火灾和江苏东台血透患者感染丙肝事故为例：

（一）湖南衡阳“9·12”恶性驾车伤人案

简介：2018年9月12日19时35分，湖南省衡东县发生一起故意驾车伤人恶性案件，犯罪嫌疑人阳赞云先是驾驶越野车撞击人群，后又下车砍伤群众。截至9月15日晚，已致12死43伤（重伤16人，其中高危3人）。9月13日，该案件及其嫌疑人成为舆论关注的焦点，相关舆情量达到顶峰。

1. 案情梳理

9月12日，晚上7时35分，阳赞云驾驶越野车冲入衡东县城洣江广场，猛烈撞击人群后，下车持械砍伤现场群众，造成9人死亡，46人受伤（当日死伤人数）。衡东县委、县政府迅速启动应急预案，组织相关部门抢救伤员，进行现场处置，并控制住犯罪嫌疑人。

9月13日，湖南省委副书记、省长许达哲赶赴衡东县人民医院，看望慰问受伤群众。湖南省检察院党组成员、副检察长丁维群带队，组织侦查监督、公诉等部门的骨干，赶赴衡东县对案件进行现场指导。

9月14日，阳赞云因涉嫌以危险方法危害公共安全罪，被检察机关依法批准逮捕。阳赞云对犯罪事实供认不讳。

截至9月15日晚，该案件已造成12人死亡，43人受伤（重伤16人，其中高危3人）。

2. 舆情趋势

该事件的舆情量自9月12日晚开始，立刻引起舆论关注，舆情呈爆发式增长，于9月13日达到顶峰。@衡阳发布持续公布伤员救治及善后处置工作的具体信息，引发网民关注与热议。@鲁国平先生、@今日衡阳、@战争史研究WHS等“大V”博主转发案件的报道内容、为受伤者祈福、推测作案动机等，也引发网民跟帖评论。9月14日，随着阳赞云被捕，舆情热度呈波动式趋势下降，最终舆论归于平静。

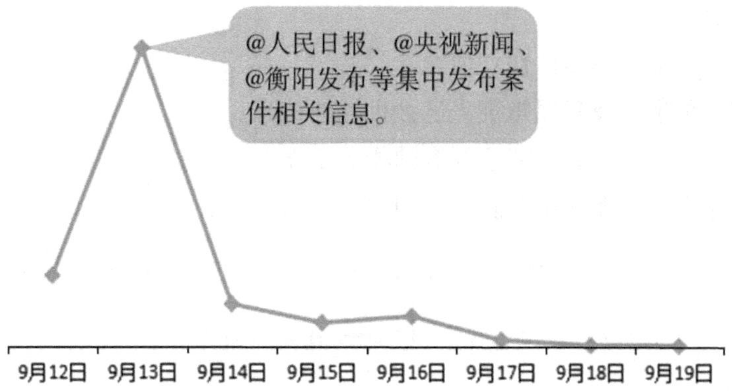

附图－1　“湖南衡阳‘9·12’恶性驾车伤人案”舆情趋势图

3. 传播平台

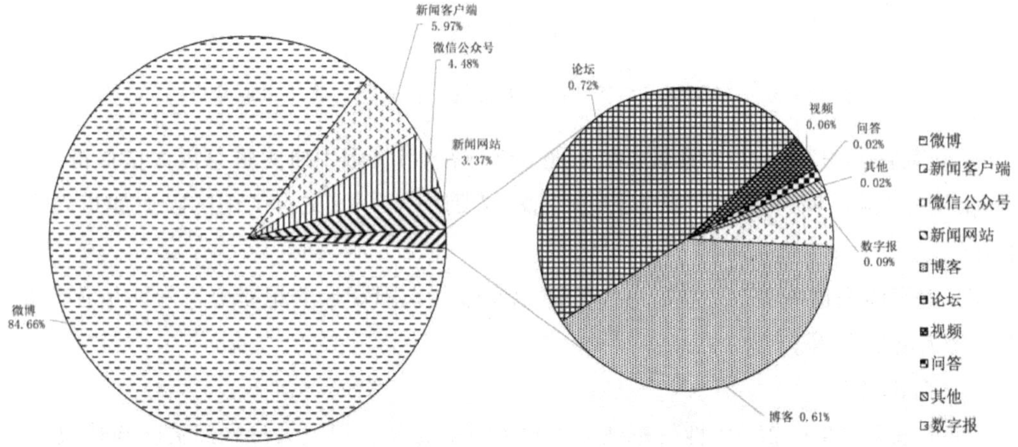

附图－2　“湖南衡阳‘9·12’恶性驾车伤人案”信息图

由上图可知，在有关“湖南衡阳‘9·12’恶性驾车伤人案”的信息中，微博凭借互动性强、社交灵活、受众广泛的优势，在传播平台中排名第一，信息量占比84.66%。在事件发生后，@人民日报、@新浪新闻、@凤凰网、@衡阳发布等媒体和政务微博迅速传播案发消息和犯罪嫌疑人的资料，引发大量网民关注；@湖南公安、@最高人民检察院等官方微博陆续发布案件后续情况；@战争史研究WHS、@邓学平律师、@八大山债人等网络“大V”就此事发布博文表达自己的观点，引发网民转评。

新闻客户端和微信公众号在传播平台中排名第二、第三，占比分别为5.97%和4.48%。这两个平台内容同质化比较严重，主要内容多为客观地报道相关案情和犯罪嫌疑人的信息，也有部分对此事进行评析和科普公共安全的文章，如《湖南衡东“9·12”恶性案：一不小心我们就成了垫背的》《湖南衡东事件致12死43伤，这个世界不需要你来报复》《如果你在衡东驾车伤人恶性案件现场，该怎么办?》等，进一步提高了舆情热度。

4. 媒体报道

35% 的媒体报道聚焦案件伤亡情况。

28% 的媒体报道涉及犯罪嫌疑人已被批捕的信息。

18% 的媒体报道关注政府部门开展的相关工作。

12% 的媒体报道传播衡阳医院临床用血紧张的消息。

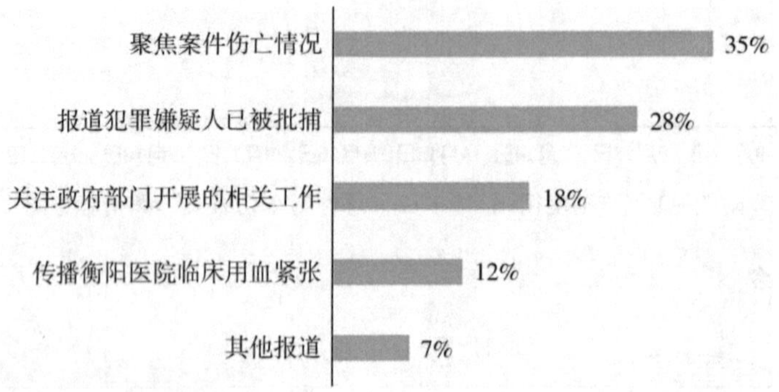

附图 - 3 “湖南衡阳‘9·12’恶性驾车伤人案”媒体报道分析图

“北京青年报”发文《因湖南衡东伤人案 衡阳市临床用血紧张急需大量血液》，经“新浪网”“网易网”等众多媒体转发传播，“闽南网”发文对衡阳的献血地点做了详细介绍。

其他媒体报道占 7%，主要为“关注犯罪嫌疑人阳赞云的犯罪史”“剖析犯罪嫌疑人的杀人动机”等。

5. 网民话题

湖南衡阳“9·12”恶性驾车伤人案致 12 死 43 伤，引发大量网民关注与热议。

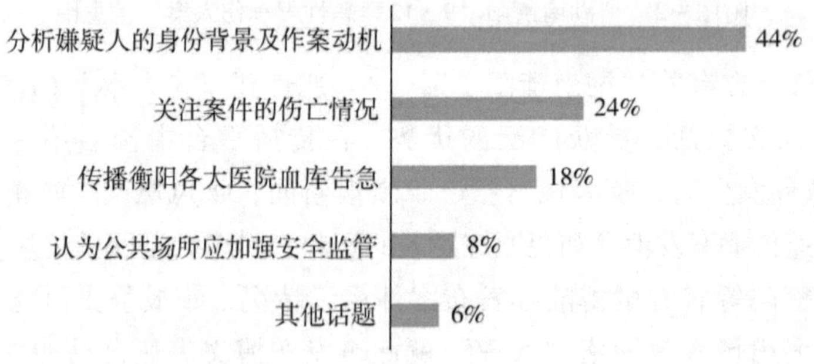

附图 - 4 “湖南衡阳‘9·12’恶性驾车伤人案”网民话题分析图

44% 的网民言论分析嫌疑人的身份背景及作案动机，有网民爆料，肇事者阳赞云曾因贩毒、盗窃、故意伤害等多次入狱，此次事件系其报复社会行为。另有网民猜测阳赞云由于身患绝症，情绪偏激从而引发他报复社会的冲动，目前他的经济来源主要靠收取高利贷等。

24% 的网民言论关注案件的伤亡情况，“9 死 46 伤”“11 死 44 伤”“12 死 43 伤”……案件的伤亡人数一直牵动着网民的心，不少网民纷纷发帖为衡东洣江广场遇难同胞祈福、安慰遇难者家属等。

18%的网民言论传播衡阳各大医院血库告急，湖南衡东县因故意驾车伤人恶性案件，急需大量血液抢救病人，衡阳临床用血紧张。此消息一经发出，便得到了许多关注，也为医院用血提供了保障。

8%的网民言论认为公共场所应加强安全监管，有网民质疑，为什么事发地人员集中却没有警察巡逻？现场为什么没有一个人挺身而出与歹徒搏斗？另有网民建议，为了避免这样的悲剧再次发生，全国的公共场所应该配备警务站，加强警察巡逻。

此外，还有6%的网民言论主要为“指责阳赞云人品恶劣”“反思中国的教育方式”“八卦阳赞云的婚史”等。

6. 舆情小结

截至9月15日晚，“湖南衡阳‘9·12’恶性驾车伤人案”已致12死43伤，该案件的嫌疑人阳赞云因涉嫌以危险方法危害公共安全罪，于9月14日被检察机关依法批准逮捕。近年来以危险方法“报复社会”的案件频发，公众安全受到了极大的威胁。如何防范此类事件的发生，成为人们所关注的话题之一，也成了一个亟待破解的法治课题。

（1）政府：推动公共安全治理的转型发展。政府维护公共安全应该在完善现有体制的基础上，进一步提升防范措施。比如，在治安保障上，除了可以提高对学校、广场、人口密集路段的治安巡逻密度，也应进一步完善公共安全社区建设标准，保障公众的居住安全。

此外，对于公共安全应急机制的完善尤为重要。一方面要提升对公共安全问题的预期力，有效应对现实生活和网络社会带来的风险；另一方面要完善应急管理体制，进一步做到管理分类、权责明确。

（2）媒体：发挥舆论导向作用。面对公共安全事件，新闻媒体应充分发挥其舆论引导作用，确保相关信息真实、及时地发布，如事件起因、进展、最终结果等等，以安抚民众不安情绪。这是因为媒体报道能够塑造“媒介真实”，即通过对新闻和信息的选择、加工和报道，构建人们对客观真实环境的认识。这样的认识往往也会对现实世界产生影响。

（3）公众：提升公共安全应急响应水平。公共安全的维护，公众的力量必不可少。一方面，公众可加入志愿者组织，积极参与基层应急管理。另一方面，公众还需要认识到公共安全的重要意义，自觉遵守规章制度，形成安全互助和相互监督的良好习惯。

（资料来源于鹰眼舆情观察室）

（二）云南通海发生5.0级地震

简介：2018年8月13日凌晨1时44分，云南省玉溪市通海县（北纬24.19度、东经102.71度）发生5.0级地震，次日3时50分再度发生5.0级地震。截至8月14

日11时30分，地震造成6.96万人受灾，24人受伤，8000余户房屋受损。

1. 事件回顾

8月13日1时44分，云南省玉溪市通海县（北纬24.19度、东经102.71度）发生5.0级地震，震源深度7千米。

3时15分，通海消防大队、支队全勤指挥部救援力量全部到达震中四街村现场进行搜救排查工作。

6时左右，公安、消防、卫计、通信等有关部门共计250余人已赶赴通海灾区开展抢险救灾工作。

8月14日3时50分，云南省玉溪市通海县（北纬24.19度，东经102.71度）再次发生5.0级地震，震源深度6千米。

2. 传播分析

（1）舆情趋势。“中国地震台网”率先发布地震消息，接着，新浪、凤凰网等转发此消息，引发网民关注。此外，通海县持续发生多次余震，时刻牵动着网民的心，@人民日报、@春城晚报、@央视新闻等媒体官微纷纷发布有关“云南通海发生5.0级地震”的消息，引发大量网民转发评论。之后，随着各项抗震救灾工作展开，舆情声量整体呈下降趋势。

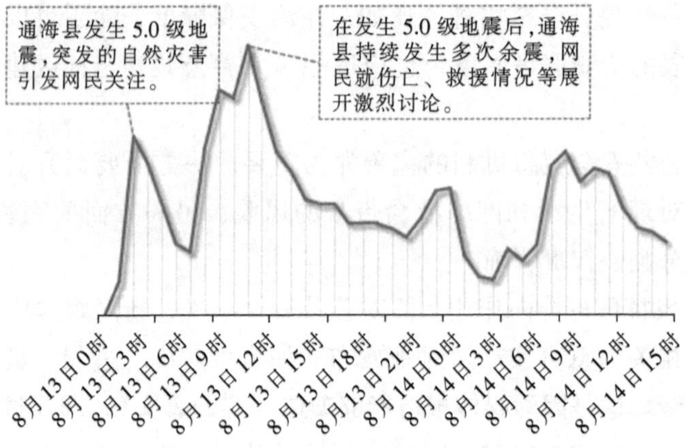

附图-5 “云南通海发生5.0级地震”的舆情信息图

（2）传播平台。由附图-6可以看出，有关“云南通海发生5.0级地震”的舆情信息中，传播量位居首位的平台为微博。云南通海发生地震后，@人民日报、@中国青年网、@云南网等媒体官微及@北京热门搜罗、@成都热门搜罗、@广州热门排行榜等极具影响力的资讯类博主纷纷发布有关通海发生地震的消息，引发大量网民转评。

新闻网站凭借其权威性、准确性、及时性成为传播量第二的平台。“新华网”“中国日报网”“央广网”等新闻网站不断更新报道通海地震最新情况，如人员伤亡情况、抗震救灾情况等。此外，这些新闻网站也对不实信息及时进行辟谣。

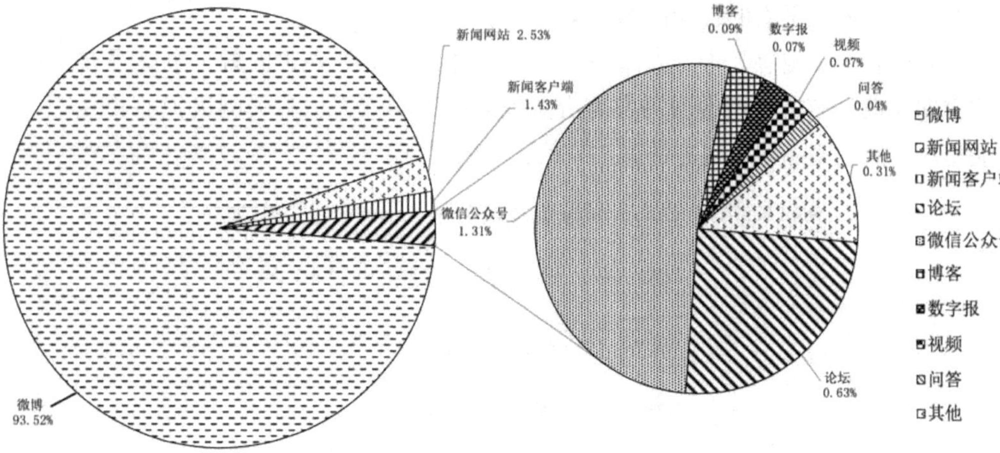

附图－6　“云南通海发生5.0级地震”的舆情信息图

传播量位居第三位的平台为新闻客户端，主要是“凤凰网”“今日头条”“中国新闻网”等发布了大量有关“地震伤亡情况”“爱心护士用身体护住婴儿避难”的文章。

3. 倾向性分析

（1）媒体报道分析。8月13日凌晨1时44分以及次日3时50分云南省玉溪市通海县两次发生5.0级地震，新闻媒体第一时间聚焦云南省通海县地震的震级、震源深度、造成人员伤亡等情况，此类新闻占比达71%。

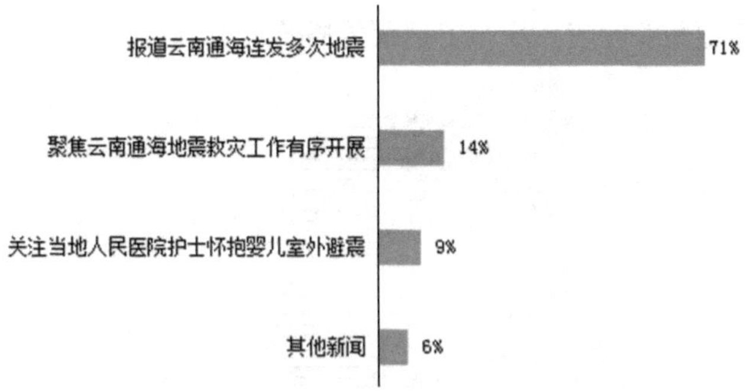

附图－7　“云南通海发生5.0级地震”媒体报道分析图

“云南日报”发文《通海地震发生后消防队员第一时间展开救援》称，通海地震发生后，省公安消防总队立即启动地震应急救援预案，就近调集昆明、红河、楚雄等地各1支重型搜救队共147人，根据灾情随时增援。

围绕对该区域地震情况的跟踪以及如何应对地震来袭等话题的报道占6%。

（2）网民言论分析。云南通海在8月13日和14日凌晨两次发生5.0级地震，同一地点在短时间内发生两次地震引发网民关注，传播通海连续两天发生5.0级地震的言论占36%。

此次地震导致云南数万人受灾、多人受伤，给当地人民生命财产造成了极大的损失。关注云南各地受灾情况的网民言论占17%。

有关祈祷灾区平安的言论占 12%。

此外，有网民抱怨几十万人露宿街头避震却没有得到妥善安置，也有冒充“中国地震台网速报”官方微博的网民发表有关地震的不实谣言，有关网民抱怨相关部门工作缺位、散播地震谣言等内容的其他言论占 6%。

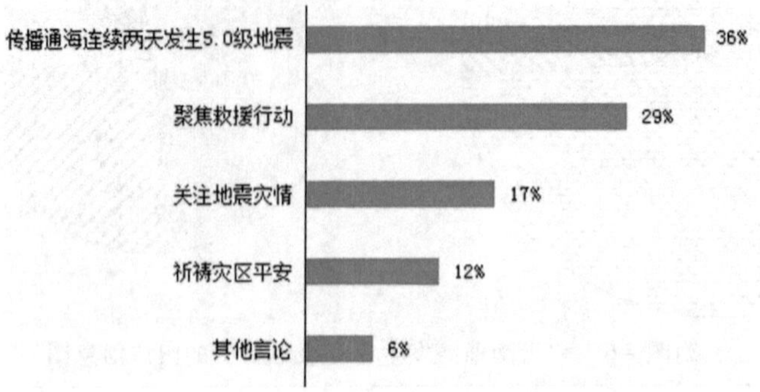

附图 -8 “云南通海发生 5.0 级地震”网民言论分析图

4. 关注人群分析

（1）原创及转发分析。由附图 -9 可知，全网有关“云南通海发生 5.0 级地震”的言论中，有 15.8% 的网民借由网络平台发表原帖表达观点，主要为传播地震造成的损失及救援情况、为地震灾区祈福等。33.6% 的网民评论了此事件，主要是询问救灾物资是否到达灾区以及地震为何无法提前预报等。50.6% 的网民转发原帖内容，扩大了网民对于这一话题的关注度，增强了话题传播效果。

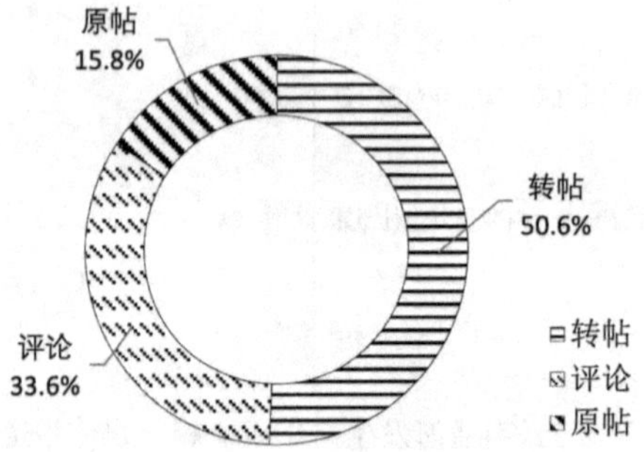

附图 -9 “云南通海发生 5.0 级地震”原创及转发分析图

（2）关注人群地域分析。网民关注度排名前三的地区依次为云南、北京、广东。此次事件的事发地是云南玉溪，所以云南人对此关注度最高。由于属地在北京的“人民日报”对“云南通海发生 5.0 级地震”进行了及时的跟踪报道，@北京热门搜罗等微博“大 V”传播了此事，在一定程度上提高了北京网民的关注度。同时，北京网民基数大，网民之间的交互频繁，故北京网民关注度比较高。广东省同时期地震频发，6 月 3 日阳江市发生 3.0 级地震，云南的地震再次引发了广东网民的讨论，故广东网民关注度也比较高。

（3）社会情绪分析。在全网有关“云南通海发生 5.0 级地震”的言论中，正面言论居多，占62.6%，主要是点赞地震中保护新生儿的护士、点赞政府的及时救援。负面言论占27.3%，主要是质疑救灾物资是否已到达灾区人民手中。中立言论占10.1%，主要是传播云南抗震救灾情况、科普如何避震等相关信息。

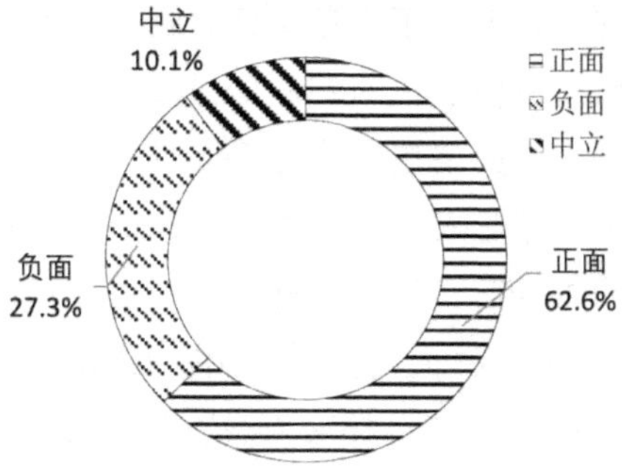

附图－10　“云南通海发生5.0级地震”社会情绪分析图

5. 舆情研判

（1）第一时间发布信息，舆情响应及时。据“中国地震台网”监测，通海县地震发生时间为13日1时44分，官方微博@中国地震台网1时45分发布消息称通海县附近发生4.5级左右地震，并通报称最终结果以正式速报为准；1时57分、1时58分，中国地震局官网发布震情速递。从信息发布时间可以看到，官方网站、官方微博信息发布快速、准确，为政府抗震和救灾工作提供参考，为后续应对提供了便利。

（2）注重网络监测，及时遏制谣言传播。地震等地质灾害，因其事发突然，往往容易滋生谣言。地震发生当日，有消息发布者用假新闻和微博的头像拼图仿冒@中国地震台网速报发布通海地区还将有6级强震的假消息，企图误导群众，制造恐慌。后@中国地震台网迅速发博辟谣澄清。

（三）“3·30”四川木里县森林火灾

简介：2019年3月，全国发生了多起森林火灾事件，其中“3·30”四川木里县森林火灾事件影响面最广，造成的人员伤亡最大（31名救援人员牺牲），全网对救火英雄进行哀悼致敬的同时，也间接促使这起火灾事件成了当时最热的社会话题。4月7日，木里县森林山火复燃再次引发了舆论的关注。相关舆情量于4月2日达到顶峰。

1. 火灾事件盘点

（1）森林火灾事件盘点

◆3月19日，云南西双版纳傣族自治州森林火灾：13时30分，西双版纳傣族自治州景洪市勐龙镇勐宋村委会阿克村小组发生森林火灾。3月20日8时21分，云南省森林消防总队版纳大队紧急派出45名森林消防员前往扑救。同日17时30分，明火全部扑灭，经初步核实，过火面积约80公顷。

◆3月29日，山西长治沁源县森林火灾：13时30分许，山西沁源县王陶乡王陶村发生森林火灾，由于当地正值大风天气，火势迅速蔓延。截至19时，火灾过火面积达360公顷，无人员伤亡。山西省委、省政府迅速成立森林灭火前线指挥部，指挥救援，共转移9149人，其中集中安置2308人。4月2日上午，火场北线东段官滩乡一带火情危急，消防人员迅速支援，大火于4月3日清晨被扑灭。

◆ 3月30日，北京密云森林火灾：12时23分，北京密云区东邵渠镇太保庄地区发生森林火灾。由于风势较大，火情迅速向平谷方向蔓延。北京市委、市政府启动应急响应机制，现场共600多名专业人员进行紧急扑救。截至15时30分，密云区境内明火已基本扑灭，过火面积约40亩，无人员伤亡。

◆ 3月30日，四川木里县森林火灾：18时许，四川省凉山彝族自治州木里县雅砻江镇立尔村发生森林火灾。31日下午，扑火人员在转场途中突遇山火爆燃，30名人员失联。截至4月1日17时，过火面积达15公顷左右。同日18时30分，已确认遇难人数达30人。4月2日牺牲人员遗体被安置，公布牺牲英雄人员名单。4月4日西昌市人民政府设立哀悼日，并举行追悼仪式。同日新发现一名牺牲扑火人员。4月5日，起火原因确认为雷击火。4月7日上午，凉山山火复燃，近800名消防人员参与扑救。

（2）传播趋势分析

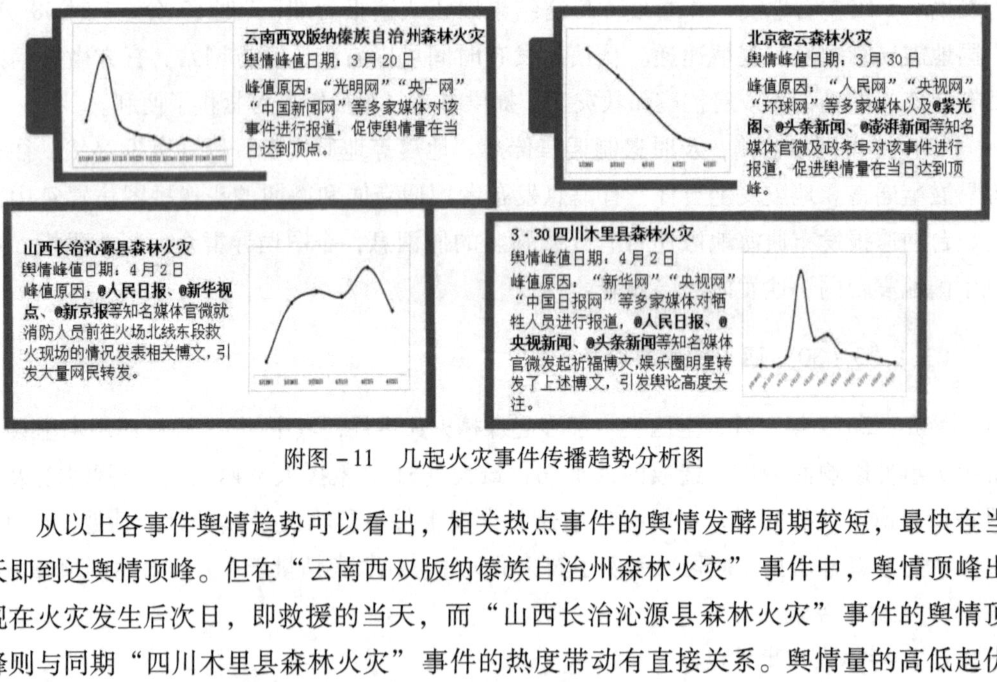

附图－11　几起火灾事件传播趋势分析图

从以上各事件舆情趋势可以看出，相关热点事件的舆情发酵周期较短，最快在当天即到达舆情顶峰。但在“云南西双版纳傣族自治州森林火灾”事件中，舆情顶峰出现在火灾发生后次日，即救援的当天，而“山西长治沁源县森林火灾”事件的舆情顶峰则与同期“四川木里县森林火灾”事件的热度带动有直接关系。舆情量的高低起伏和火情、救援进展以及有无人员伤亡有着极强的相关性，其主要原因在于舆论对救援进展和救火人员人身安全的普遍关注。当火势得到控制且并无人员伤亡、次生灾害等发生时，舆论关注度则显著下降。

相较于其他森林火灾事件，舆论对“四川木里县森林火灾”事件表示出高度关注。这一方面在于31位救援人员因此牺牲，“为英雄祈福”类相关话题热度较高，另一方面亦在于政府有关部门就此举行了各类悼念活动，部分媒体以及微博“大 V”对上述活动持续性关注，引发舆论关注。如西昌市人民政府将 4 月 4 日设为哀悼日，并举行追悼仪式，@人民日报、@央视新闻、@共青团中央等知名媒体博主及政务号发布相关博文，带动了当日舆情量显著上升。此外，值得注意的是，知名人士尤其流量明星的关注对相关信息的传播有较强的推动作用。

2. 舆论关注点

纵观全网舆论观点，可以发现媒体与网民关注焦点呈现较为一致的倾向，即都将 31 名牺牲的救援人员（27 名消防战士，4 名地方扑火人员）作为报道或讨论的主要内容。不过，媒体方面主要对牺牲者名单、救援过程、消防战士生前故事、家属善后情况进行客观报道；而以量级优势占据舆论场主体地位的网民言论，则主要表达了对牺牲英雄的致敬与哀悼。另外“质疑救火举措不合理”“呼吁政府进行反思与善后”的相关言论虽然总体占比较少，但也在舆论场掀起一定波澜。

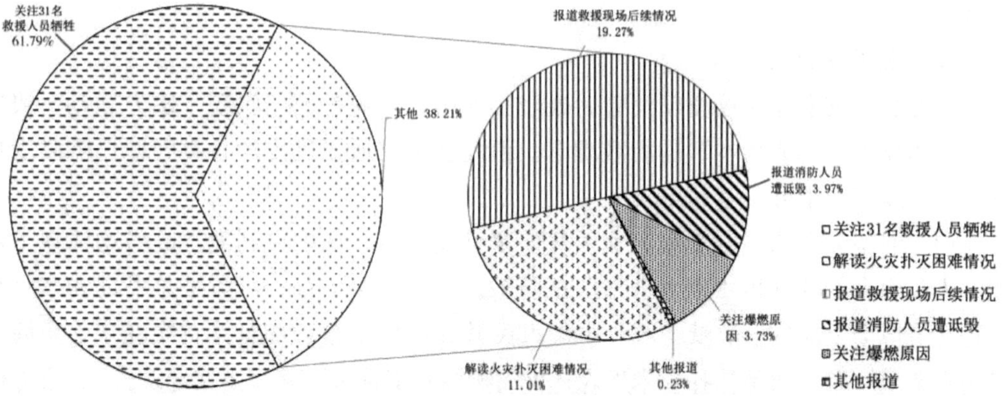

附图 – 12　“‘3 · 30’四川木里县森林火灾”媒体报道分析图

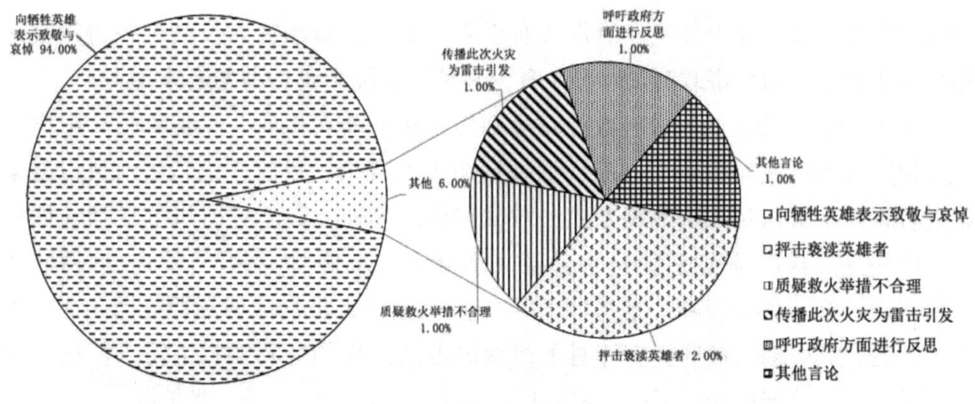

附图 – 13　“‘3 · 30’四川木里县森林火灾”网民观点分析图

（1）明星“大 V”纷纷发文致敬牺牲英雄，对舆论导向起积极作用。当红娱乐圈明星纷纷在社交媒体平台转发相关信息，同时表示对牺牲英雄的致敬与缅怀，引发网民高度关注，大量粉丝纷纷跟帖表示“致敬英雄”“愿英雄一路走好”。

（2）普通网民质疑救火举措不当，媒体、“大 V”客观解读。面对众多年轻消防员的牺牲，部分网民在惋惜、痛心的同时，也对救火举措产生怀疑，指挥是否得当、策略是否恰当等都成为网民集中讨论的话题。但伴随部分媒体、政务自媒体账号、公职人员“大 V”等群体如@人民日报、@紫光阁、@江宁婆婆的客观解读，质疑声音占比开始逐步下降。

（3）理性声音呼吁政府反思，安全保障、专业程度、宣传方式等皆有提及。火灾带来的重大伤亡除让舆论震惊之外，也促使了不少网民对事件进行反思。在安全保障方面，舆论认为应该进一步完善消防人员安全设备、提升救火硬件设备水平、引进新的科学方法；在专业程度方面，部分舆论关注到当下中国消防员职业化刚刚起步，消防员待遇水平有限，后勤支持尚不完善，专业人员培养与部署还需引起重视；在宣传内容方面，则有少数网民对“赞美牺牲”产生反感情绪，认为鼓励安全比鼓励勇敢更重要。

3. 舆情应对总结

在此次火灾事件的救援以及善后处理工作中，政府各部门实现了多方联动、快速应对，彰显了“以人为本”的行政理念。但此次火灾所显现出的各类问题仍需高度重视，在后续工作中可参考。

（1）悼念牺牲人员，彰显人文关怀。事件发生后，从中央到地方政府均体现了对牺牲人员生命的尊重和“以人为本”的行政理念。中央方面，习近平总书记和李克强总理在追悼会上向烈士敬献花圈。中华人民共和国应急管理部官网首次变灰，微博账号主页置顶“魂归故里！扑救木里森林火灾牺牲烈士骨灰回家家乡父老迎接”，官方微信账号在同步更进救援最新进展、回应舆论关切时，对牺牲人员表示出莫大的悼念和致敬。此外，其还在追悼会现场宣读评定 27 名英勇扑火战士为烈士、追记一等功、追认中共党员等决议。凉山彝族自治州政府于 4 月 2 日公布牺牲人员名单并将牺牲人员申报评定为烈士，西昌市政府设 4 月 4 日为哀悼日、降半旗、举办追悼会。

（2）积极应对快速处理，有效制止负面舆情进一步扩散。“百度贴吧”用户“龙卷风等你”在网上发布数条侮辱凉山牺牲消防员的言论，目前，该违法人员尹某某已在福建省泉州市被抓获，当地警方依法对其拘留。此外，安徽省宿州市王某（微博账号名为@快手二磊）、陕西省商洛市孙某（懂球帝 App 昵称“sjf7855”）、广西壮族自治区梧州市钟某（微信昵称“地势坤 18”）等 20 余名人员均因辱骂牺牲消防人员被当地警方查处，其中多人被刑拘。针对上述全国各地出现的辱骂牺牲消防人员的不当言论，有关部门在接到群众举报后快速处理，制止了负面舆情的进一步扩散。

（3）整改力度以及森林救火的现代化、专业化建设存在不足。此次火灾救援显示出官方在应对森林火灾方面的不足。首先，整改力度需加大。早在 3 月 12 日，四川省森林草原火灾案件调查复核工作组就对木里县森林草原防火工作存在的问题提出了九条整改意见，然而上述意见并没有得到全部贯彻落实。其次，森林救火的现代化、专业化建设存在不足。这一方面体现在现代化监控指挥系统存在不足，火情预警、执行任务的程序及保障措施需进一步完善，另一方面体现在牺牲的消防员年龄普遍偏小、专业扑救知识有待提高等方面。

4. 专家回应质疑点

舆论对31名救援人员的牺牲表现出了极大的关切，相关舆情量在很短的时间内迅速上升。除了对遇难者表示哀悼之外，舆论对消防灭火能力、能否直升机灭火等问题提出了质疑，中国消防救援学院教研室主任白夜及江苏省南京市公安局江宁分局网安大队副大队长王海丁（@江宁婆婆）对质疑进行了一定回应，下述即为综合两人的回应所得：

（1）国外专业消防队没有遇到过重大伤亡，此次牺牲31名救火队员，是否因为消防能力不足？

答：世界上森林覆盖率高的国家都不可避免会遇到火灾，救火是一个世界性难题。此次造成伤亡的原因是风向的突变，与专业无关。美国、加拿大等国在扑火过程中也存在发生爆燃、伤亡惨重的情况。

（2）为何不出动直升机进行灭火？

答：出动了。灭火过程中，南方航空护林总站西昌站出动3架K－32直升机从空中洒水灭火。但由于它们需要飞到距离着火点几公里处的雅砻江去取水，并且一次只能取2.5吨水，因此灭火效率有限。

5. 事故反思

四川森林草原火灾成因分为石头撞击引发、雷击（闪电）引发、人为点燃等几种，雷击火发生次数虽然相对较少，但更加难以预防。此次，"'3·30'四川木里县森林火灾"便是因为闪电击中一棵位于山脊的云南松，点燃树底的腐殖质层，继而引发大火。

相对于原因，舆论更加关注扑火过程中牺牲的救援队员。各级政府对这次牺牲的英雄们给予了很大程度的褒奖，全民悼念救火英雄也成为一时间的热潮。但是我们对于事件不能只停留在追悼英雄的层面，同时也应该进行深刻反思，总结教训，避免悲剧重演。另外，一些相关的争议事件也值得我们去思考，如辱骂火灾牺牲英雄、借牺牲英雄之名做商业推广等。

（1）增强火灾多发区域应急基础设施建设，严格执行调查复核工作。据"南方周末"报道，此次火灾事发前，四川省森林草原火灾案件调查复核工作组对木里县森林草原防火工作存在问题提出了九条整改意见和建议，整改意见的第二条是"专（半专）业扑火队伍建设不规范、力量不足、信息不符、管理弱化等现象存在"。

此次火灾发生地木里县为国家一级重点防火区，近年来发生了多起火灾。此处丰富的森林资源带来了巨大的防火压力，据资料记载2005年至2009年期间全县共发生森林火灾42次。因为火灾频发，木里县对火灾的重视程度也远高于全国其他区县。但由于木里县同时又是国家级贫困县，该县的经济发展处于较低水平，应急基础设施不完善，专业扑火队员建设不够充分，对于特大型火灾的扑救能力要求有较大欠缺，而这所带来的消防隐患是难以估算的，因此，联合社会力量加强此类火灾多发区域应急基础设施建设应当及时提上政府工作日程，为火灾多发区域增加一份安全保障。另外，调查复核工作也应该更加严格地执行，消除一切能够预知的风险。

（2）完善网络监管制度，维护社会正义。2018 年第十三届全国人大常委会第二次会议通过了《中华人民共和国英雄烈士保护法》，保护了英雄烈士的肖像权、名誉权等各项权利。木里县森林火灾事件中牺牲的扑火队员得到了全民的尊重，同时也被政府追认为烈士，然而仍然有些网民对其抱有极其不尊重的态度，在网络平台上对其进行辱骂、嘲讽，目前发布辱骂言论的唐某、姜某等人已被依法给予行政或刑事拘留。另外，浦发银行信用卡借助牺牲扑火队员姓名进行商业宣传遭到网民炮轰也值得引起注意，这一做法与中国传统习俗中死者为大、敬重死者的理念相悖，虽然此后浦发银行发布了道歉信，但仍造成了一定的不良影响。

网络社交平台发展的初期依靠匿名性获得了大量用户，网络也成了人们生活的新常态。因此，如何保护公民在网络上的权益也成了一个值得思考的问题。法律部门一直在宣传网络不是法外之地，但是相关法律的推进才是真正将网络纳入法网之中的有效措施。火灾中牺牲的英雄遭到网络暴力时，有《中华人民共和国英雄烈士保护法》予以保护是法律的进步，但只有网络中的普通人也能得到法律的保护，才能使社会正义真正得到维护。

（四）江苏东台血透患者感染丙肝事故

简介：2019 年 5 月 26 日 21 时许，媒体披露江苏省盐城市东台市人民医院血透患者发生 69 人之多的大规模院内丙肝感染。27 日，东台市人民政府发布情况通报，公布事发原因及处理结果，引发舆论热议。相关舆情量在 5 月 27 日达到顶峰。

1. 事件回顾

5 月 26 日，江苏省盐城市东台市人民医院发生责任事故，致 69 名血透患者院内感染丙肝的事件被媒体曝光。

5 月 27 日，东台市人民政府发布对该事件的调查处置通报：造成该事件的原因是医院院内感染管理制度落实不到位。同时，给予东台市人民医院党委书记、院长和分管副院长免职处理，给予其他相关责任人严肃处理。

5 月 28 日，69 名感染者病情稳定，服药期间无不良反应。之前东台市人民医院已对 69 名感染者制定了治疗方案。

5 月 29 日，东台市卫健委、人民医院回应：（1）感染原因无法定位到具体环节，否定民众质疑管路复用的疑问。（2）院方给出的治疗方案治愈率可以达到 95%，先免费治疗负责到底，后依法依规赔偿。（3）血透设备采购费用均由医院自己承担，不存在与供货商合作的情况，但院方暂未提供采购明细。（4）发生感染事件的血透室将进行彻底重建。

2. 传播趋势

5 月 26 日 21 时许，媒体率先曝出江苏省东台市人民医院爆发院内丙肝感染，由于该时段接近信息受众的休息时间，因此，事件当日只引起小范围舆论关注。27 日上午，东台市人民政府发布对该事件的调查处置通报，该通报被主流媒体及官微账号报道传播，由于丙肝具有传染性，涉事单位又是医院，故事件引发舆论广泛关注，并于当日 9 时达到舆情顶峰。随着对涉事负责人的问责及对感染病人的妥善处理，舆情讨论量逐渐下降。29 日 8 时许，东台市卫健委、人民医院针对该事件进行回应，引发舆情量小幅波动后趋于平稳。

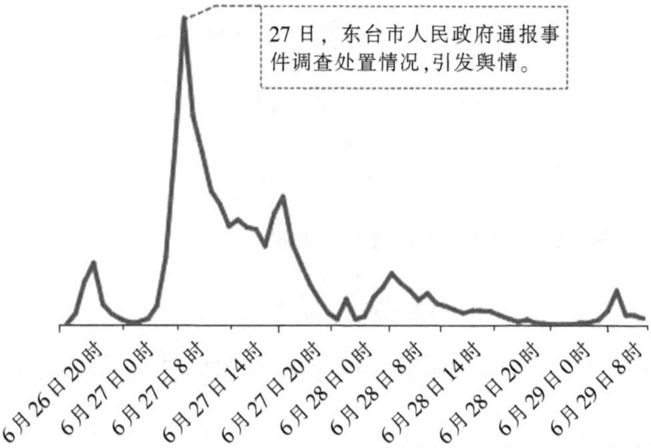

附图-14 "江苏东台血透患者感染丙肝事故"的舆情信息图

3. 传播平台

由下图可以看出，全网有关"江苏东台血透患者感染丙肝事故"的舆情信息中，平台传播量居于前三的依次为微博、新闻客户端、新闻网站。

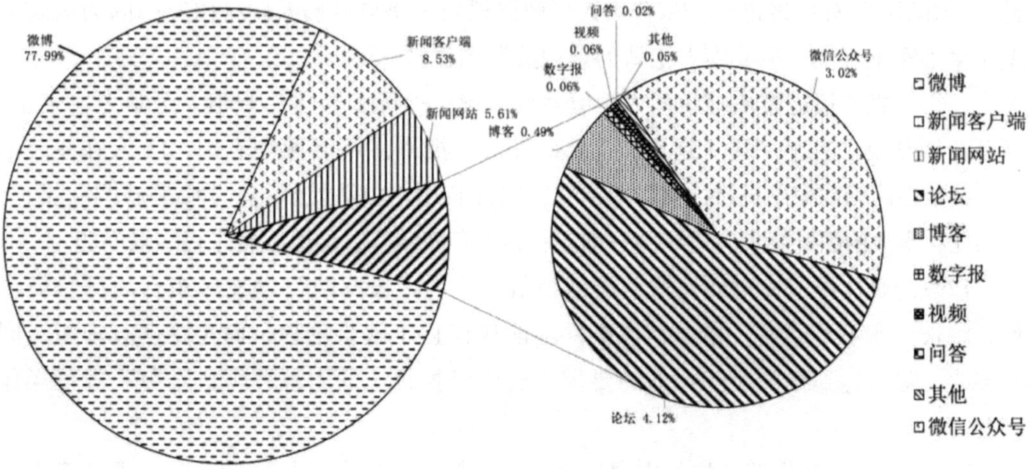

附图-15 "江苏东台血透患者感染丙肝事故"的舆情信息图

平台传播量排第一位的是微博，占比为 77.99%。在@央视新闻、@财新网、@新京报等媒体官微的带动传播下，网民对相关消息进行大量转发，同时对事故原因、医院管理漏洞、感染患者雪上加霜等内容展开激烈讨论，促使微博平台成为该事件讨论的主阵地。第二、三名分别是新闻客户端和新闻网站，占比分别为 8.53%、5.61%。

4. 媒体报道

41%的媒体报道传播事故的发生及进展。“财新网”发文披露江苏省东台市人民医院 69 名血透患者感染丙肝事故之后，“中国新闻周刊”“央视网”“新华社”等媒体陆续关注此事件。当东台市 16 名相关责任人被严肃问责后，“新京报网”“重庆晨报”等媒体对该信息进行了报道。

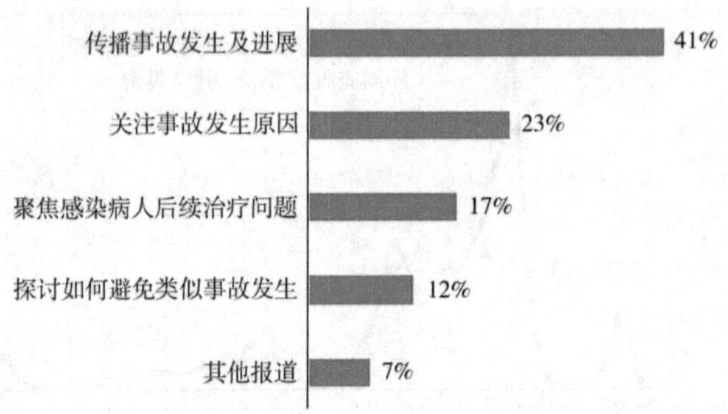

附图 – 16　“江苏东台血透患者感染丙肝事故”媒体报道分析图

23%的媒体报道关注事故发生原因。“新京报网”在《69 人院内感染丙肝，规则失守是最大敌人》一文中指出，规则失守是这起事件发生的主要原因，同时该医院并未按时上报疫情，导致了疫情的扩大；“央广网”在《江苏东台 69 人医院内感染丙肝知情人揭行业内幕》一文中指出，血透机超负荷运转是很多医院面临的实际情况，加之每个病人的纯利润仅为 70 ~ 80 元，医院为了降低成本，可能会重复使用一次性耗材；“财新网”有关报道称，东台市人民政府通报中将血透病人感染丙肝归因为医院管理制度落实不到位，但业内人士认为该说法避重就轻。

17%的媒体报道聚焦感染病人后续治疗问题。“新京报网”报道，医学专家表示，丙肝及早发现、治疗，可以治愈。“北京头条”报道，69 名感染者中，11 人在住院治疗，其余在门诊或家中进行抗病毒等治疗，治疗费用均由医院承担。“澎湃新闻”报道，一名此次事故的丙肝感染者表示，目前正在接受免费治疗，但医院暂未提赔偿问题。

12%的媒体报道探讨如何避免类似事故发生。“长城网”发文《东台丙肝感染事件，院长免职不是终点》指出，该事件不能仅仅止于就事论事，而是要彻查根源，同时整改，除了达到相关规范标准的要求，还应设置相应的阻隔程序，避免不规范操作问题。

7%的其他媒体报道关注的内容主要有：解析血透患者感染丙肝路径、聚焦病人索赔方法等。

5. 网民言论

33% 的网民言论指责该医院管理制度混乱。部分网民认为丙肝属于传染性比较弱的血液传染病，但却造成 60 多人感染，不管感染的原因是一次性耗材被重复使用还是机器被混用，都说明这家医院透析操作人员没按规程操作，存在严重失职，也必定存在管理混乱的问题。此外，部分东台市市民从自身经历出发，爆料该医院发生过的医疗事故。

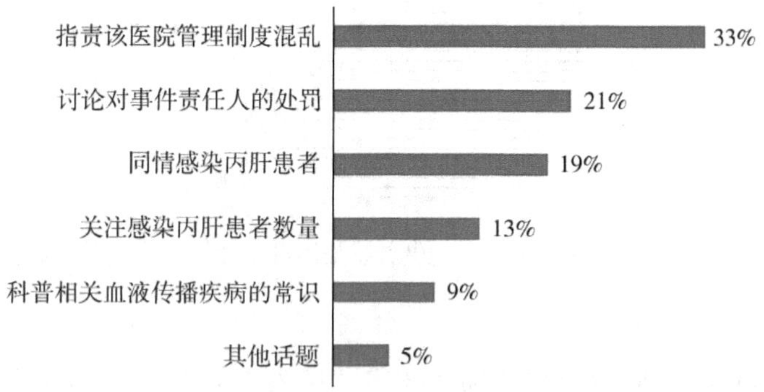

附图 - 17 “江苏东台血透患者感染丙肝事故”网民话题分析图

21% 的网民言论讨论对事件责任人的处罚。部分网民就院长被免职一事展开讨论，一部分网民称，免职只意味着被免职人不再担任原职务，相比撤职或者开除，不具有惩罚性，希望追究其法律责任；其余认为，院长虽对医院和病人负有责任，但其过错为监管不力，免职的处分已经够严厉。此外部分网民号召当地相关部门，严肃处罚其他关键人员，并号召从省级卫生部门层层追责。

19% 的网民言论同情感染丙肝患者。部分网民对感染患者的遭遇表示同情，认为病人在进行血透治疗已经说明其身体状况不良，而在进行血透治疗时又感染丙肝，再一次给患者的精神、身体、经济带来沉重的负担，对病人而言无疑是雪上加霜。此外，部分网民认为，医院应该对病人积极治疗，并给予合理赔偿。

13% 的网民言论关注感染丙肝患者数量。一部分网民对此事件中感染丙肝患者的数量为 69 名表示震惊，并希望感染人数不再上升。另外一部分网民则猜测此事件可能存在瞒报的情况，或许感染丙肝者数量不止 69 名。

9% 的网民言论科普相关血液传播疾病的常识。

此外，5% 的其他网民言论关注的主要内容有：希望相关部门撤销该医院三甲资质、盘点全国发生的其他类似事件、指责部分网民借此攻击无偿献血造成疾病传染的可能等。

6. 社会情绪分析

由附图 - 18 可以看出，全网有关“江苏东台血透患者感染丙肝事故”的言论中，负面情感占 83.7%，主要是谴责涉事医院及医务人员、对于类似医感事故表示愤怒、忧心医疗安全等。11.1% 的中立情感主要是传播事件进展、呼吁加强医疗安全管理制度的落实力度。正面情感占5.2%，主要是点赞政府，认为相关部门及时安排患者后续治疗，安抚了患者及家属。

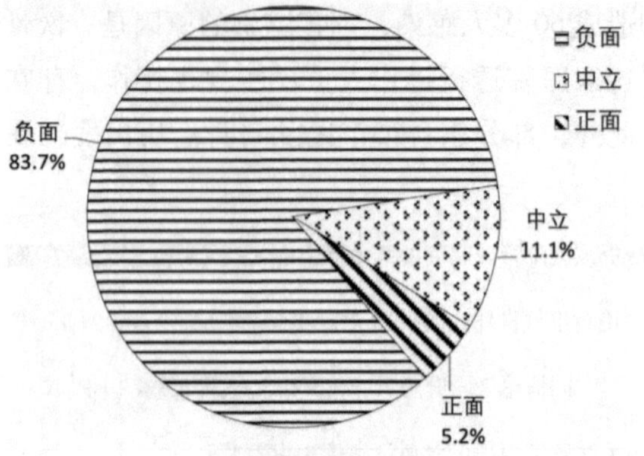

附图-18 “江苏东台血透患者感染丙肝事故”社会情绪分析图

7. 舆情总结

“感染者是在4月到5月间陆续被发现”“感染人数不低于60人”，5月26日，事故发生后，引发舆论广泛关注。

（1）“规则失守”成为涉事医院的通病之一。近年来医感事故频发，有数据表明，1996年至2016年间国内共发生17起丙肝感染爆发事件，主要是由医院管理漏洞及操作过程不规范所导致的。

“江苏东台血透患者感染丙肝事故”中，据媒体报道，感染者在4月到5月份间就陆续被发现，但直到当月13日，医院才向当地卫健委报告。俨然涉事医院未遵守《中华人民共和国传染病防治法实施办法》，未在规定时间内上报疫情，从而导致疫情的进一步扩大，发生69例感染的严重医疗事故。比起传染病，感染管理的“规则失守”更加容易引发社会恐慌。

（2）官方通报是决定舆情应对效果的关键因素之一。“江苏东台血透患者感染丙肝事故”中，直到5月27日，东台市人民政府新闻办公室才在微信公众号发文回应，回应的通告中，简短的几句话用于概述事实、明确感染人数、宣布对责任人的处置外，冗长地宣传了当地政府对该事件的重视及所做工作，而对于舆论关心的核心议题事故原因，却只用了“管理制度落实不到位”来总结，这让该事件舆论陷入“自说自话”“无效回应”的怪圈。医感事故牵动着公众的敏感神经，官方回应在准确性、严肃性上一旦出现纰漏，极易造成舆论矛头的转移，引发次生舆情。因此，有关部门可针对舆论疑问进行回应或在线答疑，传达权威、准确的声音，澄清误读，将有利于修复政府公信力。

（五）重大突发事件社会舆情治理取得的成效

近年来，我国各级政府对重大突发事件社会舆情越来越重视，设立了一系列关于社会舆情的监控、治理工作机构，运用重大突发事件网络舆情技术监控系统，加强对网站、论坛、博客等信息源的监控，积累了不少行之有效的经验，取得了一系列可圈可点的成效。

1. 舆情治理意识普遍提高

随着互联网特别是移动互联网的深入发展，政府领导层与普通工作人员的舆情应对意识都得到了前所未有的提高，舆情治理的工作力度持续增强。一方面，各级党委、政府纷纷在平时加大对社会热点、敏感话题的关注，及时回应社会关切，期望从源头上消除舆情事件。另一方面，当重大突发事件爆发后，社会舆情急剧上升，舆情管理部门会高度重视，并在第一时间对重大突发事件引发的舆情进行引导和规范，推动社会舆情向良性方向发展。2016 年山东非法疫苗案事件中，有关政府部门第一时间启动响应，回应有关事件信息，并且在事件报道后第二天，山东省食药监局就面向大众公布了涉及假疫苗的省份和买卖人员的名单分别为 24 和 300 个，使公众的知情权得到了尊重和满足。

在日常的舆情治理实践中，各级政府舆情治理的态度十分明确，其重视程度得到了很大的提升。如，南昌市新修订了突发事件的应急预案，增设了“新闻报道与发布”等内容，突发事件发生后，南昌市新建区应急办必须在 2 小时内以书面或口头的形式通知区委宣传部，区委宣传部在 2 小时内上报市委宣传部，区委宣传部需将每天整理的舆情报告上报区委领导。如南昌市新建区一农妇到北京进行上访，新建区信访局在接到相关部门电话之后，立即前往北京进行处理，在面对新闻记者和网络媒体质疑时，信访局干部将随身准备好的材料与记录，包括上访时间、领导接访、上访问题、最终答复一一呈现出来。同时在长期的信访工作中，信访局工作人员积累了丰富的经验：态度诚恳，注意自身形象和言行举止，注意信访办事流程，对接待时间、接待人员、问题答复进行记录，接受群众与媒体的监督，等等，各项工作深深植入广大信访工作人员的潜意识中，成为他们的行为自觉。

2. 舆情治理机构普遍设立

2002 年 3 月，国务院及相关部门增设了互联网的管理机构。2000 年国务院新闻处成立网络宣传管理局，并在各地区下设网络新闻管理处。2011 年 5 月，主管社会舆论的国家互联网信息办公室经由国务院批准成立。2014 年 2 月，中央网络安全和信息化领导小组成立，为网络管理和舆情治理指明了方向。目前，我国的主流媒体网络舆情检测机构主要有人民网舆情数据中心、新华网舆情在线等。以暨南 - 红麦舆情研究实验室为代表的高校与企业、政府与企业合作类舆情机构，为政府、企业、社会组织及个人提供舆情信息服务。在外部强大的舆情治理机构支持下，我国各级党政机关逐渐形成了以宣传部门和公安系统的网监部门为核心的舆情治理机构。例如，南昌市在县区一级政府成立网络安全领导小组，由书记担任组长。新建区区委宣传部目前已经成立了网络文化中心，工作职责主要包括：在中国江西网、南昌新闻网、区政府网及官方微博、微信发布信息；对舆情进行采集、分析、研判，将舆情报告报送区委相关领导；对负面舆情产生源头进行反馈，并做好网上信息发布；针对突发事件，信息发布坚持及时、准确。同时南昌市应急联动指挥平台的成立，也很好地实现了对各类信息的有效整合，为信息的发布和舆情的回应提供了有利条件。

3. 舆情治理程序逐步完善

在长期的宣传工作中，多地政府宣传部门或舆情信息监测机构逐渐摸索出了一系列科学的、较为完整的、具有鲜明特色的舆情监测与治理程序，舆情治理方式方法逐步得到完善。南昌市在实践中实行“三上三下”舆情治理程序，具体包括六个工作环节：网上监测（了解舆情具体情况）、网下判断（研判舆情发展情况）、网下施查（联系相关单位了解具体实情）、网上发布（利用微信、微博等新媒体与传统媒体进行调查情况发布）、网上引导（对舆情发展进行正向引导）、网下处理（对舆情事件进行处理）。该套舆情治理程序在当前的热点事件舆情监测与治理方面取得了明显的成效。2014 年 12 月 21 日，南昌市经开区九曲村村民在村口水渠旁发现 22 瓶杀虫剂空瓶，水渠里鱼虾大量死亡，疑有人投毒溪水且流入新建区乐化水库。因乐化镇居民的饮用水全部来自乐化水库，该事件造成一定的社会恐慌。在得知消息后，新建区区委、副区长组织相关职能部门，包括安全、农业、环保以及当地政府等紧急召开了调度会并采取了一系列措施。首先是水库供水管理站紧急切断水源，停止供水。其次以文件通知、政务微博微信、广播电视媒体、张贴告示等形式向下级乡镇、社会群众发布乐化水库疑遭“投毒”污染，暂停供水，同时寻找其他供水渠道，保证当地居民正常用水。紧接着组织环保、公安等相关部门对事件进行调查，并将乐化水库水体样本送交省公安厅进行检查。再次开展水源排查工作，对恶意放毒人员进行严厉打击，对随意乱扔农药瓶的农民进行教育。最后，公布送检结果，恢复水源正常供水。南昌市环保局和新建区卫生监督所发布水质检测报告水质正常的通知，新建区乐化镇水厂恢复供水。

“切实做好应急预案、持续发布应急信息、组织媒体现场采访”在深圳山体滑坡事件中得到较好贯彻。2015 年 12 月 20 日，深圳市光明新区凤凰社区恒泰裕工业园发生山体滑坡，造成 69 人死亡，8 人失踪，33 栋房屋受损。在事故发生的四天内，深圳市救援指挥部多次召开新闻发布会，把事件相关信息及时对外公布，并允许多家境外媒体记者现场采访，使得灾害信息与救援进展相关信息能够第一时间得到共享，最大限度抑制了谣言的产生及传播。“快速处置、及时发布、设置议题”，在昆明火车站事件中得到了充分的运用。2014 年 3 月 11 日，当昆明火车站事件发生后，当地警方立刻赶往现场，权威媒体@人民日报也迅速发布消息。其余各主流媒体、电视台也都持续关注该事件，对其进行了跟踪报道，有效安抚了公众情绪，同时也掌握了舆论的主导权，避免了虚假信息的传播。

4. 舆情监控技术逐步成熟

目前国内舆情监测技术和监测系统日趋完善，各类舆情监测软件繁多，尽管关注角度有所不同，处理的业务和关注点也存在一定的差异，却都能够对门户网站、微博等信息源进行实时监测、数据抓取、信息处理、舆情分析，为政府、企业、社会组织或个人提供专业的舆情服务。南昌市主要是通过配置内存庞大的搜索引擎终端来监控所辖区域的网络舆情内容，采用各大网络运营商和网站提供的智能网管、防火墙等软件、硬件装置，对网络信息内容进行全天候的监控管理，能够基本满足本地区舆情监测与治理的需求。新建区宣传部每天派工作人员专门在网上搜集信息，把正面、负面舆情进行分类汇总，第一时间上报区委领导，对负面舆情进行监控、研判和分析，通过江西问政、民声通道、网络发帖等渠道第一时间进行回应。

近年来，随着物联网、云计算、大数据、移动互联网的快速发展，特别是随着微信、微博、新闻客户端的广泛使用，各种巨量的结构化、半结构化和非结构化的数据井喷式地涌现，舆情的传播速度更快，舆情的监测与发现也因此需要更为快捷、精准的数据分析与处理技术支撑。大数据时代的舆情监测采用比较多的是 Apache 软件基金会提出的 Hadoop 分布式计算系统基础框架，其核心技术主要有分布式计算模型 MapReduce、分布式文件系统 HDFS、数据仓库工具 Hive 和分布式数据库 Hbase，其中的分布式计算模型 MapReduce 提供高效率的数据挖掘与分析能力，能够实现对网络舆情的重点监测、数据分析、趋势分析和跟踪预警，对舆情收集发挥着关键作用；分布式文件系统 HDFS 提供高吞吐量的数据存取能力，实现硬件资源和存储资源的有效利用与管理；数据仓库工具 Hive 使用基于非结构化数据存储的数据库 Hbase 实现不同类型数据的兼容和分布式存储，从而加快数据查询、数据挖掘和索引建立。

5. 舆情应对经验不断增多

近年来，各级政府积极应对网络舆情，着手做了许多有益的实践和探索，积累了不少经验。西山庙会、龙舟赛、南昌“骗”小孩等突发事件中，“领导靠前指挥”“加强源头治理”“抢占舆情制高点”“主动发声”“网上网下联动”等一系列经验总结，让南昌市领导和舆情治理人员从容应对各项突发事件。其中，2013 年 9 月 21 日发生的姐妹爬入洗衣机被绞死案，尤其值得一提。南昌市樵舍镇一对年幼的小姐妹在玩耍时，不幸爬入洗衣机被绞死。此事一经报道，便得到了许多网友的关注，同时也招来了各种质疑的声音，一场舆论风波正在发酵。对此，南昌警方反应迅速，专门成立了“9 · 21”工作调查组，邀请相关方面专家，进行了一系列系统详细的调查，并针对调查结果发布了通报，最终用翔实的证据排除了两女童系他杀的可能，终使得一场舆论风波平息。

2016 年 7 月 19 日至 20 日，北京遭遇了比“7 · 21”暴雨更强的一轮降雨，北京政务官微利用各媒体平台，实时发布最新路况信息，给予市民积水断路位置等提示，并倡议大家错峰上下班等，起到了很好的效果。

（六）重大突发事件社会舆情治理新常态分析

当前，我国正处于社会转型期，各样矛盾复杂多变，各种灾害经常看似毫无征兆地暴发。特别是随着网络新媒体的发展，与灾害结伴而行、“铺天盖地”而来的社会舆情，呈现出鲜明的新常态化特征。

1. 舆情敏感度高、燃点低、易发高发

当前，我国社会关系复杂，各种矛盾日益加剧，这为舆情的量变到质变创造了条件，人们内心的不安感加剧，敏感度极高。当这些情绪交织、汇聚，就会引发对某一社会问题的讨论；然后再被加以“推己及人”的联想，就极易在人群中引起共鸣，此时，舆情的燃点极低，民众的情绪也将异常脆弱，往往“一触即发”。此种情况下，任何一件微不足道的社会事件都有可能触发民众情绪，导致舆情的爆发。例如 2007 年的厦门 PX（即对二甲苯）事件，PX 项目遭到百名政协委员联名反对后，在短时间内成为厦门人街头巷尾热议的话题，相关议题充斥着当地论坛和博客空间，该项目最终以市民抵制而另迁地址结束。但是接下来两年内接连两起的爆炸仍使民众对其忧虑不已。

中国社科院连续多年发布的《社会蓝皮书》显示，新世纪以来，我国各类群体性事件多发，引起了广泛的关注。2011 年“9・21”乌坎村事件中，400 多名乌坎村村民因土地等问题到陆丰政府打砸；2014 年“10・14”昆明晋宁冲突事件中，因与企业施工人员发生冲突，8 名村民死亡、18 名村民受伤。同样的，2014 年广东裕元鞋厂大罢工事件、2015 年“华三风波”下的新型劳资纠纷，一次次挑动国人敏感的神经。2012 年大年初一、初二，南昌市新建区西山万寿宫庙会吸引了来自全国各地的十多万香客。县政府为了保证其中残疾人员的人身安全，以免发生踩踏事件，在现场设立围栏将这类人员隔离开来，并为这类人员送饭送水。但是有些网友用手机拍照将现场传到网上，附称把他们关起来了，并经网友转发、评论，无意把事件放大，造成了非常恶劣的影响。

2. 舆情变化快、监测难、导控难度大

互联网因其虚拟、便利等特点越来越受欢迎，公众也开始借助于微博、微信、论坛等平台来表达自己的诉求，进行信息的传递，这大大提高了舆情监测的难度。目前，我国舆情监测技术尚不成熟，大多还是由人工完成，因此，很难及时、全面、准确地收集并分析舆情信息，这也给相关舆情监测机构和部门带来了极大的压力。况且，舆情发生的概率很低，但是发布平台遍布全球，如果监测人员没能把握舆情发生之初的最佳时机，那么后续的导控工作将会十分困难。

近年来，微信公众号、微博、快手、抖音等自媒体平台的兴起，为广大网民参与重大突发事件提供了便利。但与此同时，新媒体复杂多变的特点，也为公共危机发展态势的可控性造成了极大的阻碍。公共危机的爆发属于典型的“蝴蝶效应”，因此，它很难被控制。2014 年广东茂名 PX 事件、2017 年趣店数百万学生信息被卖等重大突发事件一经引爆，舆情信息迅速膨胀，极大地刺激了公众的眼球，在短短几个小时内便引起了极大的反响。

3. 舆情传播时效性更强、影响面更广

中国互联网络信息中心（CNNIC）发布的第42次《中国互联网络发展状况统计报告》显示，截至2018年6月，中国网民规模达8.02亿，互联网普及率达到57.7%。其中，以社交网站、博客、微博等为代表的第四媒体对舆情的形成与发展起着重要的作用，网络舆情也成了社会舆情的重要组成部分。新兴的快手、抖音、秒拍等新媒介也直接促进了一些社会事件在短时间内的传播。网络传播的快速、便捷使得许多社会事件能够迅速得到关注，并演化为舆情热点。现代发达的信息传播使得舆情传播的速度越来越快，时效性也显著提高。如2015年5月20日，载有乘客的公交车在建设地铁的工地旁边撞上了一辆私家车后，冲入了地铁的基坑中，幸而被坑内钢筋所拦，并未造成危险。事发时正值下班高峰期，又位于市区，关注的人群比较多。宣传部的副部长及记者到达了现场，进行现场办公，现场形成稿件，现场发布。但是仍比群众的微博发送速度慢了一步，事件信息迅速扩散。

4. 媒介技术成为舆情演化主要推动力

传统媒体凭借其权威性和专业性优势，在舆论引导中占据重要的地位。近年来，随着信息技术的发展，以互联网为代表的新兴媒体也迅速在舆论引导中抢得一席之地。因此，加强传统媒体与网络媒体的融合，对于舆情热点的引导至关重要。在一些舆情热点问题中，有些是先由传统媒体报道出来，进而在网络上引起广泛关注，但更多的是先被网络言论爆料出来，接着吸引传统媒体的关注介入，从而使其上升为社会的焦点。正是因为新老媒体的有效融合，才使得传播的效果达到最佳，从而对社会舆情热点的生成和舆论格局的走向产生直接而有力的推动作用。南昌市新建区教育局利用“家校通”这一平台，通过定制短信加强学校与家长的联系，诸如安全教育的温馨提示等会及时定时发送给5万至8万名家长手中。但这一平台也不时导致重大突发事件，引发“病毒式”社会舆情传播。有一次，有几个学生发烧，疑似感染了H7N9，有位老师当时就把这则信息通过“家校通”发到每个家长手上，但是发送的信息宣称已经有学生感染了H7N9，全校放假。这则信息被家长用微信转发，引起了很大的负面影响。2018年5月，空姐李某珠被滴滴司机杀害案件引起了广泛的关注。其涉及的网约车监管、女性安全、隐私侵权等话题一时成为讨论的热点问题。虽然此事件被公众知晓是缘于河南电视台的报道，但其在微博上得到了进一步的发酵，也引发了众多“大V”的关注。比如@王大伟发文指出“女孩乘车的4条铁律”一度被转发8.82万次，@良心评测发文号召“请滴滴移除乘客评价功能”被转发2.2万次，而@平安郑州、@河南网警巡查执法等官方账号的回应，也吸引了网民的关注。此外，天天快报、今日头条、百度新闻等新闻客户端的大量发文及推送，也对事件的进一步发酵起到了一定的推动作用。

5. 社会舆情多主体协同治理成为共识

重大突发事件具有蔓延性、扩散性和放大性等特点，导致社会舆情的扩散和传播往往突破地域限制，使得一部门或一地区常常在重大突发事件应对和社会舆情治理中力不从心。因此，整合信息资源，加强各单位协同合作的工作格局得到广泛认可并付诸实践，尤其是加强政府与媒体在应急信息披露、应急传播等方面的合作与沟通成为大家的共识。南昌市因其防洪系统薄弱，内涝十分严重。每当下大雨，应急办早上6时30分到7时就要和交警联系，由上岗的交警告知哪里被淹了、水大不大，然后进行通报，并与媒体取得联系，通过媒体提前预警。接下来通知所在的县区，组织防汛指挥部、市水务局、公安、城建部门、城管等相关人员去排涝，通过长期的协同联动，提升了城市应急能力与水平。2018年，长春长生疫苗事件的爆发，引起了众怒，刺破了公众安全感的底线，给国内整个疫苗行业的信誉带来了极大的挑战，也引发了官方媒体、自媒体以及网民对此疫苗问题的全面“围剿”。舆情发生后，“央广网”“人民网”“中国青年报”等多家央媒报道，国家药监局以及山东、吉林两省纪委监委、人民检察院依法介入调查。@张艺瀚、@BeforeCheung等“大V”点赞支持总理，呼吁国家严厉打击疫苗造假企业。各地卫生部门、疾控中心和食药监部门迅速行动起来，进行详细调查，及时发布权威信息，用事实与真相纾解大众焦虑。

三、重大突发事件社会舆情治理存在的问题及成因

（一）重大突发事件社会舆情治理存在的问题

1. 政府对舆情生成条件认识不够

重大突发事件发生后，社会舆情往往接踵而至，其原因主要来自两方面。一方面，重大突发事件造成的严重物质损失和人员伤亡，触发社会恐慌心理，直接破坏社会的稳定和团结，引发社会高度关注，导致社会舆情出现、蔓延；另一方面，地方政府、企业、非营利组织、灾民等不同涉事主体的应对行为，尤其是一些不当干预活动也会导致社会舆情的产生，甚至加剧重大突发事件社会舆情演化。值得注意的是，一些政府对上述舆情生成条件认识不够，特别是对社会舆情爆发的临界点确定方法，社会舆情内生、外生及境外警源缺乏清晰的判断，导致重大突发事件社会舆情从源头失守。在2011年7月23日的甬温线特别重大铁路交通事故中，相关部门在危机应对过程中延时发布事件信息，并存在对群众关切的问题回应模糊等问题，在新闻发布会上发言人王勇平也因为荒唐的言论成为舆论热议的对象。乐化水库死鱼事件中，当时环保、公安等几个部门，都在讨论鱼类死亡是什么原因造成的？归哪个部门管，归哪个部门来负责？无形中加剧了水库周边老百姓恐慌程度，加大了社会舆论压力。

2. 政府对舆情监控范围不全面

全面的舆情监控范围有助于相关部门收集更为完善的舆情事件相关信息，有利于政府部门及时采取措施对舆情进行治理。但是，目前我国对舆情的监控范围还有待完

善，主要还存在着相关部门对消退时期的舆情监控不足、对各路媒体发布的舆情相关内容监控不足、对境外产生的舆论监控不足等问题。具体表现在：一是对消退期的舆情监控不足。在政府对舆情进行监控的过程中，往往立足于怎样解决已经发生的舆情，或怎样将这些舆情带来的影响降至最低点。对舆情爆发期的监管工作顺利完成后，往往会放松警惕，认为最大的危机已经度过，就放松了对后续消退期舆情的监控。二是对媒体发布内容监控不足。每当有重大突发事件发生，各路媒体总是会抢先发布事件相关内容，但在其中存在这样一种情况，即有些发布的内容与现实情况有出入，但在发布时由于监管不足，这些不实内容也被发布出去，进而引发广泛的舆论关注，加大了舆情治理工作的难度。三是对境外产生舆论监控不足。在重大突发事件发生后，一部分境外势力便会插手舆论场，发布与重大突发事件相关的错误信息，他们通常会对某个话题挑起议论，散布谣言，借此来影响事件发展，在一定程度上影响我国政府部门对事件本身及其引发舆情的治理工作的开展。

3. 政府对舆情紧急处置应对不当

近年来，重大突发事件的责任主体积极探索，在舆情回应速度方面取得了极大突破。但在舆情应对方式方面，仍存在诸多问题：一是在重大突发事件的应对过程中，政府部门依旧存在着事件责任落实模糊不清且互相推脱的现象。由于重大突发事件社会舆情危机应对经验与积极性的缺乏，导致对重大突发事件的处置不当引爆舆情，事后相关涉事机构互相推诿的情况屡见不鲜。二是部分地方政府或有关部门担心舆情报道会危及自身利益，担心引起公众的怀疑，导致事件真相无法全部公开，为舆情的爆发埋下了伏笔。例如 2016 年 10 月的云南省丽江市女游客被殴事件，对于事件的缘由、调查进展、伤情鉴定等舆论关注的焦点问题，官方消息缺乏有说服力的解释，尤其对“警方渎职”“抢劫情节”等关键问题的描述多有语焉不详之处，官方信息通报与舆论关注点之间形成割裂，产生了大面积的质疑声音，引发了更大的舆论危机。三是涉事单位对网络管理重视度不够，消极应对舆情事件，反应不够迅速、方法不够科学合理，难以解决当下矛盾，甚至演化成舆情危机。例如 2016 年 8 月发生在兰州交通大学博文学院的教师患病缺勤被开除事件，该学院一名教师因身患癌症未按时出勤被校方开除，这一事件经媒体曝光后线上线下舆论一度高涨。然而学院对该情况消极应对、校领导态度傲慢、在开除患癌教师文件上签名的院长不接电话等行为不仅没有平息舆情，也导致自身形象受损。

4. 政府对舆情善后治理措施不力

社会舆情淡化的缓解期和平息消退期是社会舆情朦胧阶段，是社会舆情发展最为扑朔迷离的阶段，一些政府部门对此放松了监管，措施不到位。一是社会舆情风波平息修复路径不全面。不少地方政府只注重对重大突发事件的善后处置，而对社会舆情平息修复则相对轻视，社会舆情危机的负面影响难以得到正视，从而使社会舆情出现“卷土重来”的威胁。又因为缺乏对此次事件的总结反思，往往导致社会舆情应对存在

“虎头蛇尾”“有始无终”等问题，使社会舆情反映的矛盾冲突难以得到根本的解决，成为下次社会舆情危机的催化剂和火药桶。二是社会舆情治理政府公信力提升策略较为薄弱。由于信息公布不及时、不规范、不协同，没有形成完善的区域信息公布机制，使得政府在社会舆情的对话沟通、原因公布、真相披露等方面难以让媒体和社会公众完全信服。再加上相关的责任体系、职能部署不健全，使得舆情应对存在追责不力、追责不清、追责不深等问题。三是社会舆情治理心理救助措施较为匮乏。社会舆情对受害人的伤害不仅存在于物质上，更多是对精神层面的打击，但是目前很多地方政府对社会舆情的善后多停留于物质补偿层面，缺乏社区心理帮扶体系、专家介入干预等心理救助措施。

例如 2015 年 10 月，某游客在青岛市一饭店吃饭前曾向老板确认了 38 元为一份大虾的价格，但不承想饭后老板表示大虾价格为 38 元一只。该事件一出，迅速引发网民关注，对往日“好客山东”的形象造成不可逆转的重创。舆情发酵后，当地政府深入调查，发现该大虾店存在价格欺诈现象，责令其按照标价偿还了游客资金，同时以违反明码标价与侵害消费者权益规定为由立案进行调查，这样的结果也使得舆论有所平复。但“天价虾”事件进入舆情消退期之后，当地官员仍没有对餐饮行业做出规范，加之旅游城市大多没有城市形象管理机构，事后的反馈不及时，一些基层政府常常不去反思类似事件的价值，使得旅游城市无法在舆情危机中充分吸取教训，从而导致重蹈覆辙的现象时有发生。事后反馈的不及时又会拖延后续规整政策的出台，在类似事件发生时，往往因无迹可寻而使得政府管理处于被动，次生舆情频繁出现，导致局面更难控制。

5. 政府对舆情治理绩效考核不严

重大突发事件社会舆情应对效果的考量，需要认真总结并深入反思，这必然要求对社会舆情治理的绩效进行评估，但现实中政府对舆情治理绩效考核并不严格。一是社会舆情治理绩效考核的价值标准出现偏差。社会舆情的平息和修复是一个较为长期的过程，但是目前一些地方政府对社会舆情的绩效考核往往止于应对处置阶段，没有将善后处置纳入绩效考核的范围，善后处置的权重不能起到相应的促进和监督作用。“重应对、轻预防”的社会舆情治理绩效考核的价值标准，难以对社会舆情的预防工作起到很好的促进和激励作用。二是社会舆情治理绩效考核的方式不够开放。政府制定社会舆情治理绩效考核体系时，没有充分吸收和汇聚民意民智，难以被社会公众广泛认同，且考核的过程中又因缺乏第三方的参与和监督，其结果的权威性和公信力难以得到有效保障。三是社会舆情治理绩效考核“指挥棒”作用难以发挥。近年来，一些地方政府对社会舆情治理绩效考核在政府考核体系所占比例下降，存在“考而不核”的形式主义，使社会舆情治理的绩效考核面临沦为形象工程的威胁，加之相应的奖惩制度落实不到位，社会舆情治理绩效考核无法起到约束与激励的作用。

（二）重大突发事件社会舆情治理存在问题的成因分析

1. 舆情治理理念较为保守

当前，重大突发事件社会舆情治理已成为影响社会稳定的重要因素，是推进国家应急体系和能力现代化治理的重要指标。然而，不同地方政府之间对于重大突发事件社会舆情治理的认知度和重视度存在较大差异。就舆情治理理念而言，一些地方政府仍然未从本质上认识到社会舆情是社会矛盾冲突的“发酵场”和“风向标”。一是可有可无的态度。部分领导干部认为重大突发事件社会舆情是少数公众发泄牢骚而致，并不代表多数群众的真正意见，这种“漫不经心”“视而不见”的松散态度，极易错失部分重大突发事件社会舆情的初期研判的黄金时间，进而导致舆情演化速度加快。二是畏难惧怕的态度。部分领导认为社会舆论力量过于强大，尤其是面对重大突发事件社会舆情的网络传播迅猛态势，致使他们对舆情治理产生“多一事不如少一事”的忌惮心理，更担心处置不当而被卷入舆论旋涡。三是压制控制的态度。个别领导干部认为重大突发事件社会舆情并不可怕，并处在自己的掌控范围之内，即使出现重大社会舆情，也能完全控制。这种“官本位”的观念容易遏制媒体和阻止在线新闻信息报道来追求表面的平静，致使重大突发事件的权威信息难以及时向公众公布。四是无可奈何的态度。部分领导干部认为仅凭一己之力的解释无法回应铺天盖地的舆论质疑，反而可能因为自己的干预而造成越描越黑的情况，甚至会引起更为广泛的关注，引发更大的舆论风波，无奈之下产生逃避心理，选择忽视公众舆论和社会公众意见。显然，这些认知态度和工作倾向直接影响了重大突发事件社会舆情治理工作的开展，使得舆情治理效果大打折扣。

2. 舆情防范治理体制还需完善

在我国重大突发事件社会舆情应急管理体系中，部分地方政府对互联网舆论的风险了解较少，缺乏风险预防的意识，往往使用简单或粗略的方法快速升级网络舆情事件，提高了风险效率并触发真实的群体事件和公共危机；一些政府密切关注紧急情况，并采取积极措施应对危机。在这些部门中普遍存在条块分割、职能交叉的现象，权责体系未能理顺，纵向维度“大联动”、横向维度“大协作”的政府与媒体的联动协作机制还没完全建立起来，协同应对体系尚未形成和完善，从而常常导致一些部门无法第一时间掌握到社会舆情的发展动态，最终在社会舆情应对中落于被动。同时，目前我国很多地方党委和政府的社会舆情防范治理主要是由宣传部和应急办来承担，但是社会舆情防范涉及各个部门、各个行业以及各个领域，如何合理分配相关责任、如何将责任落实到人，还需进一步考察。

3. 舆情应对处置机制亟待改进

目前在重大突发事件社会舆情应对处置过程中，我国各级政府尤其是地方政府及其职能部门在管理方式上相对零散，没有建立一套完整联动、执行效率高效的舆情危机应对机制，主要体现在以下四个方面：一是快速决策机制薄弱。一些地方政府领导既没有相关经验，也没有组建专家智库，决策思维、决策流程、决策治理结构、协同决策等亟待突破，难以形成快速决策。二是信息发布机制滞后。一些地方政府对媒体格局把握不准，对媒体特别是自媒体的管理和引导缺乏行之有效的方法和手段，信息发布要求和标准、流程与程序、范围与内容、方式与方法不规范，导致一些媒体滥发相关舆情信息，使一些真实信息被刻意地“断章取义”，最终演变为网络谣言。三是风波平息修复机制缺失。重大突发事件社会舆情进入消退阶段，但舆情态势的逐渐减弱并不意味着舆论风波的平息，不能忽视卷土重来的可能性。四是政府公信力提升机制不畅。社会舆情风险事件发生后，往往会给当地政府的公信力带来直接的不良影响，需要从口头公关、原因分析、关系修复、制度建设等方面寻找突破口。

4. 舆情治理保障体系相对滞后

重大突发事件社会舆情治理是一个复杂的工程，不但涉及系统的舆情治理体系构架、高水平高技术的人员配备，也离不开配套的保障体系来支撑。但目前我国重大突发事件社会舆情治理的保障体系构建还存在问题：一是责任管理体系构建滞后。建立科学、明确的应急责任管理体系，需要将责任明确到部门、落实到人，进一步明确或界定责任主体的权力与责任、责任管理的对象与范围、责任连带制度、行政问责途径等。二是心理救助体系滞后。充分利用舆情治理心理救助体系“社会安全阀”的减压和排气作用，有效疏导社会舆情产生的负面影响，需要进一步健全心理危机干预机制、心理支持体系、情绪宣泄体系和全社会救灾知识普及体系。三是应急平台体系滞后。对社会舆情信息的搜集整理、动态跟踪并及时加以智能处理，都离不开应急平台的支持，需要进一步强化重大灾害社会舆情治理的数据库、模型库、决策库的系统模型构建。四是绩效评估体系滞后。构建科学的社会舆情治理绩效评估体系，是促进重大突发事件社会舆情应对常规化、制度化、优质化的重要保障。因此，需要进一步加强社会舆情治理评估的框架与价值标准研究、绩效评估指标体系研究、绩效评估方法模型研究、绩效评估实施机制研究等。

5. 舆情监控监管能力有待提高

经过多年的实践，我国各地方政府社会舆情监控监管能力普遍得到提高，但客观地看仍存在薄弱环节，主要体现在以下几方面。一是现代专业技能较低。当前我国不少地方政府面临着舆情治理人才紧缺的困境，仅“网络舆情分析师”目前全国岗位缺口达 200 万人。我国现有舆情监控队伍中，拥有现代专业技能的技术型人才极其匮乏，难以充分利用专业系统来准确、快速地监控和引导社会舆情。同时，一些地方政府没有专业舆情人才队伍，造成相关工作人员流动性较大，舆情监控工作衔接不畅，难以保障社会舆情监控的连续性。二是总体调控能力不够。在舆情收集整理方面，往往要在舆情爆发一段时间之后才会进行，工作开展很被动；在舆情引导预控方面，常常错失时机，导致社会舆情异常放大，给后续危机治理增加难度；在舆情决策处置方面，资源整合不够、信息化手段不多、指挥调度效率低下。三是公关能力技巧较差。部分政府官员缺乏应对新媒体的公关素养，缺乏运用新技术来引导社会舆情、善用媒体来进行新闻发布的能力，在重大突发事件的敏感问题上应对不够恰当。

四、重大突发事件社会舆情治理的对策思考

（一）提高思想认识，强化组织领导

1. 进一步强化领导干部靠前指挥

重大突发事件社会舆情治理中，领导干部靠前指挥是最大限度地降低群众的恐慌、愤怒、不满等情绪，取得公众的认可与支持的首要前提。一是重视靠前指挥。充分发挥各级党组织的核心领导作用，党政领导班子和领导干部务必在思想方面高度重视重大突发事件社会舆情的危机应对工作，组建专门班子人员、制定预案规章、抓好技能培训等，做到在危急时刻拥有不退缩，且冷静应对的胆识气魄，用最短的时间赶赴事件的第一现场，压缩舆情发酵时间空间。二是科学严谨应对。相关部门的领导干部需要具备快速决策能力，指挥调动应急资源，最大限度减少重大突发事件带来的损失。实时汇总研判舆情形势，做好重大突发事件社会舆情相关内容的信息收集、新闻报道、舆论引导等组织协调工作。三是亲自严格督查。相关部门的领导干部要从严管理，严格监督所有工作责任到人，明确各单位、各部门在舆情治理中的职责。从严考核，坚持在舆情治理中考察、识别、使用干部。从严追责，对舆情治理工作不力、工作失职的干部进行问责处理。

2. 进一步抓实应急办的职能

应急办作为处理重大突发事件社会舆情的主体部门，在舆情治理方面同样承担着重要的责任。针对各地应急办普遍存在的编制岗位较少、权职范围模糊、权威性有待提升、与其他部门协调联动不够等问题，应进一步抓实应急办的职能。首先，需要明确各级应急办的部门职责边界，将其建设成一个独立于各职能单位的垂直领导部门。目前多数应急办主要工作范畴是各类会议的安排与接待等，在少数紧急情况下参与舆情信息的应急管理，不过也仅限于应急事件的值守、舆情信息的报送等简单事务工作。因此，需要调整应急办仅限于议事协调职能的工作现状，使其成为各级政府舆情信息应急管理职权的实际执行部门，尤其要赋予其应急资源整合的权力。其次，适当提升应急办行政级别，为其管理作用的发挥奠定基础。当前我国市级应急办一般为副处级或正科级内设机构，县级应急办一般为副科级内设机构，遇突发事件协调能力有限，应急效果大打折扣。因此，要适当提高应急办的行政级别，将市、县应急办的机构设计分别提升至正处级和正科级。最后，应当适当增设大数据技术监测与舆情信息化管理人员岗位，大力引进国内外的专业人才，采取定期职能培训的方式，提升相关工作人员对数据的敏感程度和信息化应急处理水平。

3. 进一步抓细网宣办的工作

近年来，各级网宣办在重大突发事件社会舆情的监测、收集和研判工作上，尤其是在引爆线上线下的热门敏感问题的危机应对和舆论引导上颇有成效。随着社会舆情治理进入新常态，网宣办工作愈发重要，需要进一步抓细网宣办的工作，将舆情工作细分，从执行标准、责任分工、人员调度、时效把控等方面出发，做到一个舆情事件一套应对策略。具体而言：一是细致舆情监测监控。安排专人通过关注新华网、凤凰网一类的官方媒体信息发布与广大网友的实时评论，从而获取国内的热点舆情与国民思量方向；通过关注环球网、联合早报一类的主流媒体网站，提炼海外媒体以及网民对待我国重大事件的态度与评析，从而把握国际舆情动态。除此之外，也要积极关注博客、论坛以及街头巷尾、田间地头的民众谈论的社会热点问题，倾听周边百姓所说、所想，发现倾向性、苗头性问题，做好归纳。二是筛查舆情、仔细回复。将收集的正负方面舆情整理好，第一时间报送给相关领导，按照领导制定的决策快速处置。当网宣办收集到负面的舆情之后，需要对其进行跟踪监控、筛查研判，能答复的消息应当在第一时间给予答复。三是精细舆情预警预控。遵循“统一口径、报道真实、回应及时”的原则，积极主动回复群众质疑并引导其情绪走向平缓理性、客观公正的方向，推动舆情事态向有利于妥善处置的方向发展。当舆情表达是通过激进方式进行时，可以采取有效的技术手段对不良的社会舆情信息进行屏蔽、禁言，或者对一些不利社会稳定的帖子进行删帖等。

4. 进一步加大相关考核力度

为改变当前舆情治理中干部责任心不强、处置不力等问题，要通过进一步加大突发事件舆情治理考核力度，强化“指挥棒”功能。一是提高政务考核中应急管理和舆情治理工作的比重。例如，南昌市政务考核中原来是100分里应急管理占3分，后来省级相关部门领导对考核体系进行了修改，将考核总分提高到了360分，而应急管理方面还是原来的3分，“指挥棒”暂时失效。因此，建议将应急和舆情治理的分值提高到10分。二是用好专职人员年度考核。在实现精准考评、确保考核客观公正的基础上，依据不同的考核对象和目的，真正把绩效考核评价与舆情治理工作人员的提拔重用、绩效工资、奖励工资挂钩。三是加强专职人员的日常考核。明确平时考核在年度考核中的影响力与权重比，规定日常考核的合格分值，其中未能达到合格分值的人员年度考核、评定称职等受到影响。同时根据职员的德、能、勤、绩、廉等表现，尤其是工作中涉及舆情信息监测、舆情走势引导和舆情应对处置等表现情况，加强对职员日常动态的监督管理，存在工作不力的情况要及时给予批评教育和诫勉谈话。

5. 进一步健全追责问责机制

对于在舆情治理过程中因工作失误，造成损失的，要追究相关人员的责任。一是明确问责的基本规定。在公布舆情治理相关部门权力责任清单的基础上，通过集中学习、个人自学和组织讨论等形式让各级各部门的领导干部明确在重大突发事件社会舆情应对过程中的职责，知晓问责的情形、问责的方式、问责的程序等各项规定。二是严格执行问责条例。各地要以《中国共产党干部问责条例》为准绳，结合本地的实际，制定重大突发事件社会舆情治理行为规范问责办法，对于践行条例行为敷衍、忽视时效和执行懈怠的行为，应当给予严肃的批评教育和适当的处分。三是严格规范问责行为。政府在追责过程中要严谨和慎重，不可包庇内部人员和内部行为，避免引起群众的不满，防止政府形象扫地和损伤。四是强化监督专责。强化各个单位部门间的联动监督职责，严格执行问责条例，切实做到严肃查处违反重大突发事件社会舆情治理有关规定的失职行为，联动各相关部门把具体职责落实到位。

（二）注重源头治理，主动提前介入

加强重大突发事件社会舆情前端治理，主动提前介入，是从源头上减少重大突发事件社会舆情发生概率，将舆情控制、消除在萌芽状态的根本途径。

1. 畅通群众诉求表达渠道

一是推进重大事项信息公开。重大事项信息公开既是政府“透明度”建设的基本要求，也是社会民众参政议政的前提条件。地区基础建设、民生工程、环境保护、经济发展等重大社会事项作出决策之前，要提前做好论证研究，召开听证会、社会民意座谈会，网上网下及时公示。设立民意联络处、专用邮箱、联系方式，了解社会民众的基本想法和需求，避免决策不当或是决策失误。二是丰富群众诉求表达渠道。线下采取设立民情意见箱、确定领导接待日、干部下访和约访、开展民情恳谈、记录民情日记等方式收集群众意见、建议和各种诉求。线上大力推行“互联网＋政务服务”，积极搭建各类社会服务平台，推进网上投诉与“网上信访”，设立电话热线、电子邮件、信访信箱、网民留言、民生微博等群众诉求表达通道，建立以区领导信箱、部门领导信箱、人民建议征集为主要内容的“网上信访服务平台”，使群众随时随地反映问题，逐步实现群众诉求网上受理、办理、反馈，做到“应上尽上、全程在线”，实现诉求表达“零时间”“零障碍”，变“群众跑路”为“信息跑路”，打通群众诉求“最后一公里”。三是构建“大调解”工作新格局。群众诉求实行“一站式”接访、“会诊式”处理、“全程式”督办的工作新模式。对于涉及多个部门的事项，明确牵头部门和主要负责人，牵头部门和配合部门要坚持主动作为，对相关法律规定、接访程序、接访值班表等方面的内容全部进行公示，通力协作，形成合力，让办事的群众一目了然，让群众少走弯路，共同解决好群众诉求。健全法院、公安、司法、信访、综治等“五位一体”的联动协作工作机制，构建联动互通、协作衔接的舆情处置工作新格局，从而实现群众“理有讲处、怨有诉处、难事有反映处、问题有解决处”。

2. 扎实开展矛盾纠纷排查

坚持“处早、处小、处了”的原则，开展矛盾纠纷排查，提前预防矛盾的恶化，使社会舆情在萌芽状态下得以解决。一是健全矛盾纠纷排查机制。一方面要确定排查

责任落实到人。排查工作的具体执行需采用“属地管理、分级负责”的分级管理方式，由主要领导总牵头，其他分管领导各司其职、协作共管，积极构建上下级监管到位的矛盾纠纷排查工作领导责任体系，同步实行辖区负责制，并将矛盾纠纷排查工作纳入日常考核中。另一方面明确矛盾纠纷排查中各项事例，对矛盾纠纷排查原则、程序、方式、事项、工作人员以及排查次数、重点、难点作出说明。二是坚持日常排查与专项排查相结合。一方面要加强矛盾纠纷日常排查。信访局工作人员和社区人民调解员深入村落和街道社区开展全方位、全覆盖的日常矛盾纠纷排查工作。另一方面加大矛盾纠纷专项排查的力度，对信访问题突出的住房建设、土地征用、教育、交通、医疗等社会民生重点领域开展专项排查，对重点对象、要害单位和高危人群进行重点排查，多“串家走户”，与民众多拉家常，了解民众内部、民众与社会单位、民众与政府之间可能存在的矛盾或对立面，对一时难以解决的可能引发群体性事件的问题制定相应预案，明确纠纷调解负责人，及时了解矛盾发展动态，做到早预防、早解决、低危害，确保矛盾纠纷及时有效化解。三是排查过程要重视矛盾调解。矛盾纠纷排查过程中要严格落实矛盾纠纷排查报告制度，对矛盾纠纷是否已调解、矛盾纠纷解决轻缓程度、已解决矛盾纠纷效果评分进行登记，以便随时查阅和开展规律总结。

3. *做细重大突发事件应急预案*

各级政府要健全以综合应急、专项应急、现场应急、单项应急为主体的舆情信息应急体系，各单位要针对单位性质制定本单位应急预案，从带有规律性与普遍性的源头上做起，建章立制、落实执行。一方面，进一步完善专项应急预案。地方政府要因地制宜，针对本地自然条件、经济建设、社会生产、教育文化、食品卫生、交通城建等因素，制定突发性灾害、重大事故、公共管理和社会治安等专项应急预案，如在防洪抗旱、生产安全事故、公共管控危机、突发环境应急等方面分类处理，各专项预案内容主要包括应急组织机构与职责、风险预警机制、应急决策响应、善后安抚工作、应急保障措施和协调监督管理等方面，并协调好牵头部门和配合部门。另一方面，进一步健全基层单位应急预案。一要按照基层单位类型制定和完善相应的社区应急预案、乡（镇）应急预案、学校应急预案、企业应急预案和单位应急预案。二要加强政府各职能单位和企事业单位应急预案，如宣传部制定突发事件信息发布与舆情应对应急预案、农业农村局制定农业环境污染应急预案、新闻媒体制定突发事件新闻报道应急预案，该类预案有利于各单位快速进入应急角色，提高其应急处置能力。

4. *动态监测舆情警兆信息*

社会重大突发事件随时爆发，伴随而来的舆情信息也难以预测，实现舆情信息的动态监测，实时掌握信息流转方向和进展，是进行重大突发事件社会舆情治理的有效手段。第一，利用大数据技术实现全方位的实时跟踪。大数据的技术优势能够全方位对社会舆情警兆进行监测，对网络媒体与各大交互平台实施全面的舆情信息监测和数据实时更新，确保舆情监测的效用最大化；对网络平台发布的各类文字、视频和图像等数据信息进行实时分析处理，做到舆情信息监测的覆盖最大化；用图文形式表示舆情信息涉及的时态走势、范围分布、主题分类、热度聚焦等舆情信息有效分析结果，实现舆情信息数据的展示可视化；实现对舆情信息背后涉及人物关系网络、核心媒体机构的智能化展示，实现舆情信息意见阵营分析的有效性。第二，汇集民间社会舆情信息。舆情信息往往是反映群众内心思想的最直观表现，从民间获取舆情信息是了解民意、倾听民声的最有效渠道之一。这个过程要求舆情信息工作人员自身具有强烈的民本意识和高度的社会责任感，能深入社会的各个阶层，与广大人民群众建立稳定且亲密的联系，有高度的职业素养与敏锐的观察力，能够从各种传遍大街小巷的热议话题、小道消息，甚至谣言的升温发酵过程中捕捉舆情信息点，从而分析群众的思想情绪。第三，健全舆情信息采集分析机制。舆情信息的收集渠道主要包括实地走访、重点访谈、各网站平台、微信微博热点话题等。重视各大官方团体以及各级党政组织在舆情信息汇集中的主导作用，针对收集到的不同类别的舆情信息，应当构建专门的舆情信息分析研判机制，组建专家团队对汇集分类后的舆情信息进行加工处理。

5. *主动出击严惩炒作行为*

造谣炒作已经成为一种严重的网络乱象和社会公害。一是开展专项治理行动。公安部门联合宣传、政法、网信等相关部门，深入开展“清朗”行动，集中打击整治网络谣言炒作，依法严惩线上组织大规模造谣的不法分子，查处违规实施网络造谣炒作的幕后推手，依法关闭一批网络违法犯罪活动平台，严厉查处一批违法违规网络服务商，坚决遏制网络造谣炒作违法经营活动，清除、规避各类网络谣言和恶意炒作信息，切实打造清朗网络空间。二是深度清理违法信息。全面清理整治网上造谣炒作有害信息，切实加大互联网服务单位管理力度，实行网络有害信息自查制度，加强对QQ、微博、微信等各类网络平台监管力度。三是加大有害舆情信息举报力度。鼓励广大群众通过官方的举报电话、举报链接与举报邮箱检举互联网违法和不良信息，对提供有效线索的群众加大奖励力度，形成全社会共同抵制有害舆情信息的合力。

（三）着力及时响应，突出联动协作

重大突发事件社会舆情一旦转化为现实，政府相关部门必须进行及时响应、快速决策与紧急处置，以减轻并消除重大突发事件社会舆情的不良影响，该环节相关工作因此成为重大突发事件社会舆情治理的关键。

1. *严厉管控事发现场*

经验表明，在发生重大突发事件的时候，现场的管控、与媒体的沟通是合理应对社会舆情的基石。在重大突发事件发生后，公安部门或其他应急部门接到重大突发事件信息后应当在最短时间内到达，严厉管控事发现场，并抢时间重点做好三个方面的工作。一是进行先期处置。公安部门等到达现场后，要迅速组织各方力量营救受害人员，疏散周边群众，妥善安置可能受威胁的有关人员，做到积极应对处置。封锁现场，

实行交通管制，迅速查出危险源头并控制事态，消减次生灾害发生的可能性。二是对信息发布渠道进行管控。信息化时代，媒体行业的竞争尤为激烈。在一些重大突发事件现场，媒体为争取第一时间发布相关重大突发事件的新闻头条，速度十分快，更有围观民众为取得报酬，甚至会先告知媒体，再拨打110，通知相关政府部门进行处理。为预防媒体记者在相关部门还没有反应过来时就抵达现场，随意发布信息，制造巨大轰动，造成民众恐慌，导致后续社会舆情的处理非常棘手，因此，对信息发布渠道进行管控是应对社会舆情的重中之重。三是做好现场群众解释工作。在做好事故现场人群管控工作的同时，对群众想要了解的信息，能答复的及时做好答复，不能答复的，亮明政府的态度，宣讲相关政策，求得群众理解与支持。

2. 紧急启动应急预案

当社会舆情不断发酵、热度不断高涨时，涉事政府单位的舆情信息应急管理部门应在第一时间启动应急预案，集结资源成立涉及事件的处置应对小组。一是启动社会舆情分级响应机制。政府对重大突发事件社会舆情监控实施分级响应是在重大突发事件社会舆情扩散期间有效引导、把控事态走势的关键。涉事政府部门对收集到的舆情信息进行研判分析，根据舆情信息的性质、影响程度以及所涉范围等核心因素，将重大突发事件社会舆情划分为普通的社会民意、负面的社会舆情和重大紧急社会舆情等不同类别的舆情，依据影响程度启动与之相对应的舆情应对级别，有效引导和控制重大突发事件社会舆情。二是启动社会舆情应急“双处置”机制。做到媒体新闻回应、舆论危机应对双管齐下，第一时间启动舆情信息引导应急预案，事件应急处置时要实行“双处置”和“双进入”原则，具体需要做到事件处置和舆论处置同时进行，事件处置小组和临时新闻中心同时进入，在危机应急处置过程中确定发言人与联络人，确保应对处置能有序进行。三是启动社会舆情信息专项指挥部。根据重大突发事件社会舆情信息所对应的级别，筛选确定相应的预案，做出对应的应对处置，当地政府部门负责统一指挥调度，有条例、抓重点地组织开展舆情应急处置工作来控制事态发展。在根据总预案实施部署工作的同时，迅速通知各下级单位部门启动分级预案，各级分管领导需要立即赶赴现场，并成立由重大突发事件专项指挥部、相关委办和属地政府组成的现场指挥部。四是集结社会舆情应对资源。迅速启动社会舆情风险应急预案，整合各方力量第一时间参与到应急工作中。应急办要安排人员全天候值班，保持信息联络畅通；网络舆情监控工作人员全天候不间断对各类网站、网页贴吧、即时通信工具、网络评论、个人微博进行监控；公安武警严阵以待，快速形成全民动员、全民应急的格局，并急速调配人员、物资、设备等到达事发现场。

3. 快速决策处置方案

社会舆情进入扩散期，预案启动后，政府部门的快速决策成为重大突发事件社会舆情高效应对的关键。一是充分发挥集体决策的力量。优化政府舆情决策治理的主体结构，构建以政府单位为核心、社会组织为辅助的上下联动的多元决策结构，科学采纳政府之外各主体的意见，快速形成应急方案。二是充分发挥应急平台的功能。科学、正确地应对重大突发事件社会舆情，建立在大量的信息收集、整理加工、挖掘分析等基础之上。而社会舆情信息的收集整理、动态跟踪并及时加以智能处理，这些工作都离不开应急平台的支持。三是充分发挥专家智库的作用。专家学者往往具备了大量的专业性知识或具有丰富的实践经验，能够对重大突发事件社会舆情管理应对的各方面给予专业的分析。故应当引入高校和科研院所的专家、企事业单位拥有的较高职业素养的编辑和记者等专家智库资源，利用他们高水平的专业性来深度剖析重大突发事件舆情的各方面内容，并积极听取他们的专业性建议，以便能更快更好地进行决策，快速形成有效的处置方案。

4. 统一进行指挥调度

当前，重大突发事件往往涉及多个领域、多个部门，这就要求各个单位必须展开紧密合作，共同应对重大突发事件社会舆情。在这种情势下，统一的指挥调度就显得尤为关键。一是理顺舆情信息管理部门的核心职责。针对重大突发事件社会舆情应急管理中普遍存在的各部门间协调力不够、应对效力低下、应急力量分散等情况，应当建立健全党委领导下的舆情应急安全机制。在原有部门职责组合基础上，理顺应急管理部门的核心职责、主要职能及其他功能，妥善划分新组建的应急管理部门与现有其他部门的职责界限，以避免职责不清、权限不明、责任模糊所带来的一系列问题，进而促进应急管理部门功能的正常发挥。二是强化行政首长舆情应急指挥权力。借鉴发达国家经验，强化行政首长舆情应急指挥的权力。政府领导在公共安全委员会领导下肩负起社会舆情公共安全应急管理的总指挥责任，在舆情事件公共安全管理和舆情事件决策处置方面发挥总指挥作用，客观有效地披露舆情事件公共安全的预警状态，并在报公共安全委员会同意或备案后下达各种紧急处置命令。三是实施“1+1+N”集中指挥机制。第一个“1”是新组建的应急管理部门，主要负责协助应急总指挥开展针对舆情的应急指挥协调工作；第二个“1”是负主要责任的专项指挥部，其承担了现场或专业的舆情应急指挥协调职责；“N”是在不同情况下的相关合作部门，根据舆情事件等级的不同安排舆情应急领导小组、工作小组和协调小组，由舆情应急指挥中心进行集中统一的指挥，接着由专项指挥部开展专业的救援，同时相关委办局需要及时联动，达到各级政府和相关部门间的协调互通。

5. 联动协作形成合力

在重大突发事件社会舆情中，良好的指挥是应对处理的前提，而联动协作就是应对处理的关键。一是建立纵向维度“大联动”格局。重大突发事件社会舆情处置和引导往往涉及多层级、多部门，相关部门层级间的职责划分紊乱，导致舆情处置过程中角色定位不清晰、上下层级权限不对等、管理体制不健全。纵向联动格局是由隶属的相关职能部门形成的网状结构。社会舆情应对的纵向分布基于党政机关部门的职级层次，上级职能机关指导下级职能机关的实时业务工作，下级职能机关为上级职能机关报送经过整合分类的社会舆情信息。要打破梗阻，实现重大突发事件社会舆情应对的上下贯通，必须依托各基层单位建立舆情联动应对机制，着力构建重大突发事件社会舆情应对组织管理体系，建成覆盖国家、省、地、县四级应急通信平台，实现链接中央、省、市、区、镇、街道的六级“大联动”格局。二是建立横向维度“大协作”格局。舆情的引导与回应相关工作，不只是各级单位宣传部门的职责，各部门协同配合、联合发力的工作格局势在必行，要着力健全重大突发事件社会舆情治理的横向维度“大协作”格局。但在网络舆情研判中可能存在事件的个性化问题，纷繁复杂的舆情信息整合兼容性值得深思。因此，舆情处置的横向“大协作”体系需要建立一套执行性强的制度来发掘并强化个案事件之间的联系，推动横向研究得以规范化运作，以信息为核心资源整合，实现政府各职能部门助力互推。三是构建基层社会舆情应对网络。完善社会舆情应对的联动协作机制可着力通过“抓面”“密线”“扩点”“定人”几个方向入手，建立宣传文化系统社会舆情联动网络，扩展舆情信息直报点网络与舆情信息队伍建设，从而构建高效互通的区域舆情工作网络。

（四）抢占舆情高地，还原事实真相

在重大突发事件应对过程中，作为社会公众对事件所持有态度和主观认知的“集合体”，舆情信息常常呈现“以偏概全”“曲解事实”“主次不分”“颠倒因果”等情形。因此，面对海量的舆情信息和复杂的治理过程，主流媒体抢占舆情高地，第一时间还原事实真相，及时回应社会公众的关切诉求尤为重要。

1. 通过网络媒体及时发声

随着信息化和经济全球化进程的深入，中国互联网迎来了前所未有的技术和产业变革机遇，给当前舆论引导工作带来了新的机遇和挑战。现实的舆论生态要求的多元化、全方位、多层面舆论引导新格局正在形成并不断完善，网络媒体的舆论引导成为健全我国当前舆论新格局的关键一步、重要一环。一方面，加强与民众的沟通，对传播的方式、途径等进行管理可以有效地化解社会危机；加强部门间的联动性与分工协作，并建立信息传输机制；发挥网络“大 V”的优势，做好舆论的引导工作，政府部门应与部分“大 V”建立良好合作关系，尤其是在重大突发事件发生后，可主动向他们提供相关信息，利用他们的影响力引导舆论；完善网络舆情的依法治理，充分保障人民群众的权益，坚持平等、自由、开放的原则，确保每一个人的言论自由。另一方面，应明确各个部门的职责，并对未履行好职责的相关部门工作人员进行行政问责，以确保每个人都能按照法律法规的规定来进行舆论的引导工作。最后，要依法规范网民的行为，对恶意散布虚假消息、侵犯他人权益、危害国家利益、违反相关网络管理规范的行为，有关部门要依据情节的轻重缓急与所导致的后果依法追究其法律责任，为和谐社会的构建创造良好的网上舆论环境。

2. 借助主流媒体有力发声

在整个舆论引导格局中，主流媒体一直占据着主导和核心地位。在长期的舆论引导实践中，以中央电视台、人民日报、新华社等为代表的国家主流媒体，与政府就重大突发事件的报道角度、形式等具体细节展开协商，在保证不隐瞒、不欺骗的前提下，第一时间发布辟谣信息和开设专题栏目，对重大突发事件进展进行随时报道、专题报道，取得了良好的首因效应。首先，在重大突发事件发生后，主流媒体应当把握时机及时进行舆论的正向引导，在保证“不遮掩、不隐瞒”的前提下，如实向公众说明重大突发事件的情况，帮助公众理清事实真相，避免舆情的滋生与扩大。其次，为了有效提升主流媒体的舆论引导力并确保其主导地位，相关工作人员应对其报道风格以及报道内容等进行进一步的加工完善，使之更易被公众接受。在对重大突发事件报道的过程中，相关编辑人员要注意用词的可行性及灵活性，要打破传统生硬的“说教式”“硬灌式”报道风格，用更加通俗易懂、鲜活简练的语言对事件信息及进展进行报道。在内容上，也应精准反映公众关切，要注意重点得到突出，可读性得到提高，从而吸引公众的眼球。最后，将主流媒体与新媒体二者结合起来，使其共同发挥优势至关重要。在对重大突发事件的舆论进行引导时，主流媒体应“吃透两头”，使其党性和人民性得到高度统一。在引导过程中，主流媒体既要做到及时向公众传达党和政府的态度及决策，也应及时把民声、民意反馈给政府，使政府能够更好地满足公众诉求。此外，主流媒体应借助新媒体的作用，利用其即时性、互动性等特点，共同推进舆情引导工作。微博、微信、公众号等作为典型新兴媒体，有着极强的影响力与号召力，主流媒体也应把握机会，对其加以有效利用，有效推动舆论的引导工作。

3. 利用大众媒体高效发声

大众媒体是舆论引导的有效载体，因此利用好大众媒体的力量，采取措施充分发挥其作用，对舆论进行正向引导至关重要。首先，重大突发事件发生后，政府可以通过引导大众媒体的应对流程设置来影响舆情，进而得到公众的理解与支持。一方面，应当加强政府与大众媒体的有效沟通，在重大突发事件发生后，立即选择具有代表性的大众媒体到现场进行采访，并为其提供各类所需信息及政府决策。另一方面，大众媒体应重视议程设置的严谨性，针对重大突发事件，大众媒体应在充分了解事件真相的基础上，科学严谨地设置议题。其次，应提高新闻工作者素质水平。一方面，新闻工作人员需要树立法治理念，知道什么能做，什么不能做。另一方面，对新闻专业的在校大学生或研究生也应开设相关的法律课程，使他们尽早树立法律意识。最后，大众媒体在报道的过程中，应高度重视人文关怀，并将其有效融合到报道当中，以起到安抚公众、引导舆论的作用。大众媒体在对重大突发事件报道的过程中，应充分尊重报道对象，要与被采访对象平等交流，无论是位高权重的政府官员，还是默默无闻的寻常百姓，都应做到一视同仁，真心实意地与之进行沟通，保证每个人都能拥有一个良好的心理状态，以使舆论能够往一个好的方向发展。

4. 依托专家智库权威发声

目前，在我国的舆论引导机制中，中国特色新型专家智库作为一种新的传播主体，地位还较为缺失。特别是在重大突发事件发生后，公众希望专家智库能够给出专业、权威的意见时，通常不能如愿。因此，为了积极推动智库引导舆论，发挥正能量，应健全智库舆论引导机制。专家学者因知识储备和实践经验充足，能够对重大突发事件予以解释分析，给出科学的决策建议，并凭借其专业性与权威性，赢得公众信任。在应对重大突发事件引发的舆情时，专家学者应主动梳理出公众与舆论群体关注的问题，并提出建议，作出科学引导。以新冠疫情为例，相关专家们就公众关心的话题，给出了科学有效的建议，提高了公众的意识，稳定了民心，为我们正确对抗新冠疫情提供了有效的保障。

5. 加强与公众互动沟通

重大突发事件发生后，加强与公众的互动沟通，对于智库正向引导舆情至关重要。在舆情引导中，专家智库不应只充当决策方，单纯地向社会公众发布决策信息，更应通过第三方平台如微博等与公众沟通，聆听公众意见，鼓励公众发表建议看法，切实了解公众需求，使人民群众参与到决策中来。专家智库也应在与公众交流中赢得民心、与公众沟通中达成共识。此外，专家智库还应注意信息传递的准确性、及时性。只有第一时间给公众呈现最有价值的信息，才能赢得公众的信任，从而增强专家智库的专业性与权威性。不仅如此，我们应该完善信息披露机制，及时、真实地向公众传达信息，切实向公众说明哪些是我们已经掌握的信息、哪些是正在研究中的信息以及哪些是之前判断错误的信息，要做到对公众不隐瞒、不乱报。只有这样，才能增强公众的信任感，使公众愿意沟通，主动参与到决策中来，最终使舆论流向有利于社会发展的方向。

（五）抓实舆情跟踪，推进善后治理

重大突发事件社会舆情演变是动态变化的过程，重大突发事件社会舆情治理须遵循重大突发事件社会舆情内在演化规律。舆情风波常常与重大突发事件相伴而生，舆情风波是否继续滋生扩展，甚至大爆发，很大程度上取决于政府应对舆情风波的处置方式，尤其是如何修复舆情风波。重大突发事件社会舆情在历经生成、扩散阶段后，随着政府的积极干涉，得到妥善处置，社会舆论随着事件的解决逐步平息，进入减弱阶段。然而，舆论逐渐下降并不意味着完全消失，政府的舆情风波平息修复机制建设扮演着重要角色。

1. 抓好社会舆情后期跟踪

我国各级党委和政府在社会舆情善后治理过程中缺乏持续跟踪工作，使得治理效果大打折扣。首先，建立重大突发事件社会舆情定点定位服务机制。定点定位的服务更具有针对性、指向性，对舆情的后期治理起着决定性作用。其次，完善重大突发事

件社会舆情定向定期追踪机制。舆情发生后，政府应定向追踪到底。定向定期追踪是舆情平息的基本要求，舆情发生后，引起轩然大波，政府部门若只是应付了事，必然会掀起另一个舆论热潮，导致政府公信力下降。定向定期追踪舆情的处置情况、进展状况，再如实反映给群众，才能得到群众的理解，从而平息舆情。最后，健全重大突发事件社会舆情网络净化与监控机制。政府相关部门要想成功应对网络舆情危机，必须建立健全一套舆情管理机制，舆情网评员要把握网络舆情理念，时刻关注舆情动态，发现突发情况及时反馈，并在信息平台进行权威发布，使突发事件信息透明化，并且要持续关注网络技术发展趋势，运用学到的技术拓展新领域，及时联系网络媒体做好跟踪报道、深入报道。

2. 抓好社会舆情风波平息

促使社会舆情风波平息是各级政府应对重大突发事件社会舆情最关键、最重要的工作内容。一是要健全重大突发事件的舆情管控，对重大突发事件的新闻报道来说，政府的管控工作作为舆情应对处置的重要环节十分艰巨而紧迫。依托主流网络媒体，及时掌握话语权，第一时间与公众进行有效沟通，抢占舆论阵地是风险社会下媒体应对重大突发事件社会舆情的应有之义。二是从利益相关者角度出发，发布政府信息、意见等的集合的所有方面。为抢占重大突发事件社会舆情消息的主动发布权，政府及官方媒体、记者应在突发事件发生后若干小时内及时设置舆情议题专题网站，避免网民、事件当事人通过各种途径、渠道散播谣言而导致政府失去对舆论情况的控制，有效把控言论主导权。三是政府需要及时果断地对舆情事件形成的原因、造谣者等进行深入调查，对舆情事件的罪魁祸首必须严肃处理，建立相应问责惩处机制，对整个舆情处置中的不当失职行为要严肃查处，降低受害群众的矛盾与不满，从而缓解风波。

3. 抓好社会舆情影响修复

舆情平息阶段，政府应重视企业危机中负面舆情对社会经济秩序和公众心理发展产生的消极影响，可以及时通过权威媒体和舆论领袖向公众传递正面的消息，而且要引导公众通过官方渠道参与其中。一方面，发挥重大突发事件社会舆情主流媒体主导作用。有正确权威的领导，就会将公众引向正确的道路。权威媒体在公众心目中一直都有引导力、公信力，通过权威媒体发声对社会公众的引导无疑有领导性、决定性的作用。因此，建立权威媒体主导机制对舆情影响修复具有重要作用，要加强主流媒体的公信力建设，建立重大突发事件社会舆情舆论领袖引导机制。另一方面，健全重大突发事件社会舆情民主对话沟通。通过平等对话、沟通意见和平等协商交流，倾听他们的实际困难和后顾之忧，有效地解决基层的切身利益问题，有效提升社会管理水平。

4. 抓好社会舆情总结反思

当社会突发性舆情危机出现后，必须将此次社会舆情应对过程中暴露出来的问题汇总成深刻的总结报告，或以此次舆情作为实践的参考，总结修改方案，思考下一步工作如何进行，为今后舆情处置提供经验借鉴。一是在突发事件网络舆情危机解决后，政府要总结经验教训，正确分析原因，按照传播规则，加强沟通、预防、应对、修复舆情，提高管理和应对危机的能力，针对每个公共危机事件总结经验教训，在反省中发现制度的盲点和不当之处，及时改善制度，制定预防措施，最大限度地减少新危机的发生，为下一次的舆情处置提供经验借鉴。二是以此为契机，推动政府改革创新。通过明晰责任对象和责任范围，改革组织运营意识，特别是通过建设社会舆情治理应急平台和开展绩效评估，实现应对重大突发事件综合治理的重要保障，是提升党和政府社会舆论治理综合保障能力的重要举措。三是舆情事件平息后，有必要对舆情预警机制失效的原因和改进方法进行深刻总结，既要消除网络舆情带来的负面影响，又要提高网络舆情管理人员的能力。最好以此次舆情事件为案例进行重新评估，并总结经验，为今后发生的重大舆情事件提前做好预案准备，提高地方政府应对重大突发事件社会舆情的能力。

5. 抓好政府公信力的提升

社会舆情风险事件发生后，往往会给当地政府的公信力带来不良影响，而及时的反应和高明的应对策略，也常常能使政府公信力得到提升，起到转危为机、绝处逢生的效果。一是政府应对重大突发事件社会舆情时，要把握回应时机，及时回应事件发生始末，信息公开适度透明化，也要综合公众意见进行回应，使舆情趋于平缓。在厘清事件全部情况后，政府要采取调查公众意见、咨询专家意见来广泛听取意见，或通过政府网站、政务微博、政务微信等与公众互动的形式深入回应公众心声，或通过线上调查的方式公开征求公众意见，并时刻关注舆论导向，分析公众对该事件的看法。二是构建网络监测体系，把控舆论实时风向。从时空上进行监测，从时间和空间地域上调查网络舆情事件、话题和现象等的关联度，重点关注重要的时间和敏感区域；监测公众在各种途径进行的意见表达，分析与舆情事件相关的主流媒体报道、网民的热议倾向、涉事人员的言谈举止等方面；监测相关舆情事件的社会反响，对网络舆情进行深入研究和判断，关注最新的网络舆情事件、话题或现象。三是重大突发事件救援工作结束后，政府应彻查事故原因，及时公布调查结果，给公众一个交代。社会舆情风波过后，政府要组织业内专家对事故发生的来龙去脉进行彻底调查，要交出一份经得住历史和人民检验的调查报告，坚决杜绝刻意隐瞒事件原因的诊断过程行为，保证社会舆情事件调查公开透明且及时高效，并通过新闻发布会、主要新闻媒体、政府网络平台等披露事件真相，消除公众疑惑。

参考文献

[1] 崔鹏. 面向突发公共事件网络舆情的政府应对能力研究 [M]. 北京：经济科学出版社，2018.

[2] 中国网络社会治理研究报告 [M]. 北京：社会科学文献出版社，2019.

[3] 严利华. 面向非常规突发事件的网络舆情应急联动研究 [M]. 武汉：武汉大学出版社，2018.

[4] 蔡皖东. 网络舆情分析技术 [M]. 北京：电子工业出版社，2018.

[5] 陈旭. 突发事件舆情引导理论与实务 [M]. 成都：西南财经大学出版社，2018.

[6] 本书编委会. 应急管理典型案例研究报告 2018 版 [M]. 北京：社会科学文献出版社，2018.

[7] 李伟权. 地方政府对网络公共舆论的应对管理与回应机制建设研究 [M]. 北京：社会科学文献出版社，2018.

[8] 陈璟浩. 突发公共事件网络舆情演化研究 [M]. 北京：知识产权出版社，2018.

[9] 王国华. 网络舆情热点事件案例汇编 2007 - 2011 年 [M]. 武汉：华中科技大学出版社，2017.

[10] 王国华. 突发事件网络舆情的动力要素及其治理 [M]. 武汉：华中科技大学出版社，2017.

[11] 方付建. 把脉网络舆情 突发事件网络舆情演变研究 [M]. 武汉：华中科技大学出版社，2017.

[12] 余秀才. 重大突发公共事件中的微博舆论传播与引导 [M]. 北京：社会科学文献出版社，2017.

[13] 刘洋. 突发事件舆论引导实务 [M]. 成都：四川大学出版社，2017.

[14] 官建文. 突发公共事件舆情应对研究 [M]. 北京：中国社会科学出版社，2016.

[15] 刘鹏飞，周亚琼. 网络舆情热点面对面 突发公共事件舆情案例库 [M]. 北京：新华出版社，2016.

[16] 朱国圣. 突发事件网络舆情应对策略 [M]. 北京：新华出版社，2015.

[17] 喻国明. 中国社会舆情蓝皮书系列 中国社会舆情年度报告 2015 [M]. 北京：人民日报出版社，2015.
[18] 林爱珺. 舆情与社会管理黄皮书 舆情信息工作手册 [M]. 北京：经济日报出版社，2015.
[19] 霍良安. 突发事件发生后不实信息的传播问题研究 [M]. 北京：企业管理出版社，2015.
[20] 邹鸿强. 领导干部网络舆情工作指南 [M]. 北京：人民日报出版社，2015.
[21] 方兴东，熊剑. 网络舆情蓝皮书 2013 - 2014 [M]. 北京：电子工业出版社，2015.
[22] 孙玲. 新媒体时代突发事件应急管理、危机公关案例与启示 [M]. 北京：人民出版社，2014.
[23] 舆情研究所. 网络舆情及突发公共事件危机管理典型案例 最新版 [M]. 北京：中共中央党校出版社，2014.
[24] 张玉亮. 面向优化管理的突发事件网络舆情信息流导控研究 [M]. 北京：中国社会科学出版社，2014.
[25] 杨绍辉. 舆情概论 [M]. 辽宁：东北大学出版社，2014.
[26] 陈毅. 风险、责任与机制 责任政府化解群体性事件的机制研究 [M]. 北京：中央编译出版社，2013.
[27] 曾胜泉. 突发事件舆情应对指南 第 3 版 [M]. 广州：南方日报出版社，2013.
[28] 杨兴坤. 网络舆情研判与应对 [M]. 北京：中国传媒大学出版社，2013.
[29] 石国亮. 新媒体时代公关案例 直面新媒体的公关艺术分析 [M]. 北京：研究出版社，2012.
[30] 聂方红. 涉政公共事件 地方政府行为新挑战 [M]. 北京：人民出版社，2012.
[31] 曾胜泉. 突发事件舆情应对指南 [M]. 广州：南方日报出版社，2012.
[32] 王国华，曾润喜，方付建. 解码网络舆情 [M]. 武汉：华中科技大学出版社，2011.
[33] 王宏伟. 舆情信息工作策略与方法 [M]. 北京：中国人事出版社，2011.
[34] 徐正. 传播的博弈 数字媒体环境下的舆论引导研究 [M]. 杭州：浙江大学出版社，2011.
[35] 古斯塔夫 · 勒庞. 乌合之众—大众心理研究 [M]. 戴光年，译. 第二版. 北京：新世界出版社，2011.
[36] 王培祥. 资源型城市群体性突发事件应急处置探讨 [M]. 北京：中国石化出版社，2011.
[37] 中国传媒大学网络舆情研究所. 网络舆情与突发公共事件危机管理经典案例 [M]. 北京：中共中央党校出版社，2010.

[38] 陈月生. 群体性突发事件与舆情 [M]. 天津：天津社会科学院出版社，2005.

[39] Cvetkovich. A. Public Feelings. South Atlantic Quarterly [M], summer 2007.

[40] Augustine, N. N. R., Harvard Business Review on Crisis. Management [M]. Boston: Harvard University Press, 2003.

[41] 杨阳，王杰. 情绪因素影响下的突发事件网络舆情演化研究 [J]. 情报科学，2020，38 (03).

[42] 阳长征. 网络突发事件中信息级联对受众认知偏差的影响研究 [J]. 情报杂志，2020，39 (02).

[43] 夏立新，毕崇武，梅潇，陈健瑶，叶光辉. 基于事件链的网络舆情事件演化研究 [J/OL]. 情报理论与实践.

[44] 储节旺，汪敏，郭春侠. 云平台驱动的应急决策情报工程架构研究 [J]. 图书情报工作，2019 (16).

[45] 祁越，李连东. 成立国家灾害信息发布中心. 引导灾害信息舆论传播 [J]. 中国应急管理，2019 (08).

[46] 张鹏，兰月新，李昊青，周颖. 突发事件网络谣言危机预警及模拟仿真研究 [J]. 现代情报，2019，39 (12).

[47] 李丽华，韩思宁. 暴恐事件网络舆情传播机制及预防研究——英国典型案例的实证分析 [J]. 情报杂志，2019，38 (11).

[48] 赖胜强，张旭辉. 网络舆情危机事件对网民情绪传播的影响机理——基于 D&G 辱华事件的扎根理论研究 [J]. 现代情报，2019，39 (09).

[49] 何春雨. 基于传统媒体的突发事件信息传播行为研究 [J]. 情报科学，2019，37 (08).

[50] 王超. 我国突发性网络舆情事件的关联网络结构分析 [J]. 现代情报，2019，39 (12).

[51] 樊岚，李永福. 网络舆情传播的影响及其应对策略 [J]. 编辑之友，2019 (11).

[52] 于晓虹，楼际通，楼文高，宿子顺，程金福. 突发事件网络舆情风险评价的投影寻踪建模与实证研究 [J]. 情报科学，2019，37 (11).

[53] 李勇，蒋冠文，毛太田，蒋知义. 基于情感挖掘和话题分析的旅游舆情危机演化特征——以"丽江女游客被打"事件为例 [J]. 旅游学刊，2019，34 (09).

[54] 曾子明，方正东. 基于熵理论的突发事件舆情演化研究 [J]. 情报科学，2019，37 (09).

[55] 孙江，李婷. 风险建构视域下突发事件网络舆情治理研究 [J]. 中国行政管理，2019 (09).

[56] 任中杰，张鹏，兰月新，张琦，夏一雪，崔彦琛. 面向突发事件的网络用户画像情感分析——以天津"8·12"事故为例 [J]. 情报杂志，2019，38 (11).

[57] 刘雅姝，张海涛，徐海玲，魏萍．多维特征融合的网络舆情突发事件演化话题图谱研究［J］．情报学报，2019，38（08）．
[58] 李明，曹海军．面向突发公共事件的网络舆情风险评估研究——以“3·21”响水化工企业爆炸事件为例［J］．当代经济管理，2019，41（12）．
[59] 于鹏，邱燕妮．全媒体时代公共危机舆情传播路径与演化机理研究［J］．中国行政管理，2019（08）．
[60] 张曙光．传播要素视角下网络衍生舆情成因的多维分析［J］．北京行政学院学报，2019（04）．
[61] 杨茂青，谢健民，秦琴，王舒可．基于RF算法的突发事件网络舆情演化预测分析［J］．情报科学，2019，37（07）．
[62] 吕静．突发公共事件网络舆情搜集研判应对策略［J］．新闻爱好者，2019（06）．
[63] 马宁，刘怡君，廉莹．突发事件舆情风险研究文献综述［J］．情报杂志，2019，38（06）．
[64] 金占勇，田亚鹏，白莽．基于长短时记忆网络的突发灾害事件网络舆情情感识别研究［J］．情报科学，2019，37（05）．
[65] 李燕凌，刘科呈．突发事件网络舆情的嬗变与政府干预最优策略——基于“红黄蓝幼儿园虐童事件”的仿真分析［J］．湖南农业大学学报（社会科学版），2019，20（02）．
[66] 李燕凌，彭明珠，李诗悦．网络舆情分众化差异化演变及其发展趋势研究［J］．图书与情报，2019（02）．
[67] 林振．突发公共事件网络舆情治理研究的取向与进路［J］．情报杂志，2019，38（04）．
[68] 连芷萱，连增水，张秋波，马民，夏一雪，张鹏．面向突发事件的网络衍生舆情预警模型与实证研究［J］．情报杂志，2019，38（03）．
[69] 王林，王可，吴江．社交媒体中突发公共卫生事件舆情传播与演变——以2018年疫苗事件为例［J］．数据分析与知识发现，2019，3（04）．
[70] 吴洋．突发事件舆情引导的“大学问”［J］．人民论坛，2019（10）．
[71] 林振．突发公共事件网络舆情协同治理机制建构研究［J］．华中科技大学学报（社会科学版），2019，33（02）．
[72] 张鹏，崔彦琛，兰月新，吴立志．基于扎根理论与词典构建的微博突发事件情感分析与舆情引导策略［J］．现代情报，2019，39（03）．
[73] 朱晓霞，孟建芳，宋嘉欣．突发公共事件社会舆情治理选择——基于爆炸渗流理论［J］．情报科学，2019，37（03）．
[74] 陈思菁，李纲，毛进，巴志超．突发事件信息传播网络中的关键节点动态识别研究［J］．情报学报，2019，38（02）．

[75] 郭慧，雷智博. 建立和完善突发事件舆论引导策略新格局 [J]. 行政管理改革，2019 (02).
[76] 陈昊，李金秋. 融媒体时代舆论引导的策略研究 [J]. 中国编辑，2019 (02).
[77] 任中杰，张鹏，李思成，兰月新，夏一雪，崔彦琛. 基于微博数据挖掘的突发事件情感态势演化分析——以天津 8·12 事故为例 [J]. 情报杂志，2019，38 (02).
[78] 王志英，杨淼，王念新，葛世伦. 信息安全突发事件情感领袖群际效应研究 [J]. 管理科学，2019，32 (01).
[79] 唐明伟，苏新宁，王昊. 突发事件应急响应情报体系案例解析——以公共安全事件为例 [J]. 情报科学，2019，37 (01).
[80] 叶琼元，夏一雪，张鹏，兰月新，王强. 面向舆情大数据的突发事件民意系统演化机理与仿真研究 [J]. 情报科学，2019，37 (01).
[81] 贾瑞雪，李卫东. 基于社交网络演化的政府形象认知传播机制——以上海“12·31”外滩拥挤踩踏事件为个案 [J]. 公共管理学报，2018，15 (02).
[82] 宋珂，胡余波. 突发事件舆情回应的“时度效” [J]. 人民论坛，2018 (11).
[83] 黄星，刘樑. 突发事件网络舆情风险评价方法及应用 [J]. 情报科学，2018，36 (04).
[84] 谢春妮. 网络舆情突发事件如何有效治理 [J]. 人民论坛，2018 (09).
[85] 贾丹，黄志文. 政府应急管理体系建设的几个着力点 [J]. 人民论坛，2018 (08).
[86] 唐明伟，苏新宁，张艳琼. 面向大数据的突发事件物联网情报采集 [J]. 情报科学，2018，36 (03).
[87] 黄微，徐烨，肖维泽. 基于知识图谱的国内网络舆情危机响应研究的可视化分析 [J]. 情报科学，2018，36 (03).
[88] 崔鹏，张巍，何毅，齐婧. 突发公共事件网络舆情演化及政府应对能力研究 [J]. 现代情报，2018，38 (02).
[89] 杨志，祁凯. 基于“情景—应对”的突发网络舆论事件演化博弈分析 [J]. 情报科学，2018，36 (02).
[90] 熊萍. 重大突发事件政务“舆情回应”存在的问题及应对路径 [J]. 湖南社会科学，2018 (01).
[91] 蔡瑶，吴鹏，王佳敏，张晶晶. 基于 ACT－R 理论模型的微博网民负面情感认知决策过程研究 [J]. 情报科学，2018，36 (01).
[92] 张玉亮，贾传玲. 面向优化处置的突发事件网络舆情应对启动研究 [J]. 情报理论与实践，2018，41 (04).
[93] 胡婷婷. 突发事件网络舆情的演化要素及治理策略研究 [J]. 现代情报，2018，

38 (10).
[94] 梁冠华，鞠玉梅．基于舆情演化生命周期的突发事件网络舆情风险评估分析 [J]．情报科学，2018，36 (10).
[95] 罗闯，安璐，徐健，李纲．突发事件网络舆情关注点演化研究——基于利益相关者视角 [J]．图书馆学研究，2018 (16).
[96] 王佳敏，吴鹏，沈思．突发事件中意见领袖对网民的情感影响建模研究 [J]．情报杂志，2018，37 (09).
[97] 李天龙．突发事件舆情的阶段应对策略 [J]．情报杂志，2018，37 (12).
[98] 蔡瑶，吴鹏，沈思．突发事件中网民负面情感研究综述 [J]．信息资源管理学报，2018，8 (03).
[99] 刘勇，黄杨森．网络话语权与重大群体事件网络舆情引导策略研究 [J]．行政论坛，2018，25 (04).
[100] 唐庆鹏，康丽丽．当前我国网络突发公共事件的发展新态势及其治理转型 [J]．求实，2018 (04).
[101] 种大双，孙绍荣．基于传染病模型的重大突发事件舆情传播与控制 [J]．情报理论与实践，2018，41 (05).
[102] 宋建国．面对突发事件，如何引导网络舆论 [J]．人民论坛，2018 (14).
[103] 孔建华．国内网络舆情治理研究综述 [J]．电子政务，2018 (12).
[104] 金占勇，田亚鹏，张洋．突发灾害事件网络舆情特征分析——以 6 · 23 盐城龙卷风事件为例 [J]．吉首大学学报（社会科学版），2018，39 (S2).
[105] 庞静泊．政府公信力的构成因素及提升途径研究 [J]．内蒙古大学学报（哲学社会科学版），2018，50 (05).
[106] 陈婷，曲霏，陈福集．突发事件网络舆情扩散的政府应对仿真描述 - - 基于三方博弈视角 [J]．图书馆杂志，2017，36 (02).
[107] 王旭，孙瑞英．基于 SNA 的突发事件网络舆情传播研究——以“魏则西事件”为例 [J]．情报科学，2017，35 (03).
[108] 王治莹，李勇建．政府干预下突发事件舆情传播规律与控制决策 [J]．管理科学学报，2017，20 (02).
[109] 陈业华，郭宏博．突发事件社交网络舆情的扩散与控制 [J]．系统工程，2017，35 (01).
[110] 林荧章．网络舆情的“事件化”取向刍议 [J]．新闻界，2017 (01).
[111] 瞿志凯，兰月新，夏一雪，刘媛，刘冰月．大数据背景下突发事件情报分析模型构建研究 [J]．现代情报，2017，37 (01).
[112] 谭春辉，曾娟．基于五类数据源的国内情报学 2015 年研究动态可视化分析 [J]．情报科学，2017，35 (01).

[113] 王晰巍，邢云菲，王楠阿雪，李师萌. 新媒体环境下突发事件网络舆情信息传播及实证研究——以新浪微博“南海仲裁案”话题为例 [J]. 情报理论与实践，2017，40（09）.
[114] 储节旺，朱玲玲. 基于大数据分析的突发事件网络舆情预警研究 [J]. 情报理论与实践，2017，40（08）.
[115] 王晰巍，邢云菲，张柳，李师萌. 社交媒体环境下的网络舆情国内外发展动态及趋势研究 [J]. 情报资料工作，2017（04）.
[116] 丁晓蔚. 大数据、情绪分析和风险管理：舆情研究的现状评析和态势展望 [J]. 南京社会科学，2017（06）.
[117] 夏一雪，兰月新，李昊青，吴翠芳，张秋波. 面向突发事件的微信舆情生态治理研究 [J]. 现代情报，2017，37（05）.
[118] 孙振良，宋绍成. 突发事件舆情信息生态链系统的协同演化机理研究 [J]. 情报科学，2017，35（05）.
[119] 汪明艳，陈梅. 社交媒体网络舆情传播影响力研究综述 [J]. 情报科学，2017，35（05）.
[120] 薛可，何佳，余明阳. 突发公共事件中用户生成内容的差异化研究：基于舆论场域的视角 [J]. 西南民族大学学报（人文社科版），2017，38（04）.
[121] 范闻冬. 浅析央视新闻与腾讯新闻重大突发事件报道特点 [J]. 电视研究，2017（04）.
[122] 杨长春，袁敏. 基于交互关系的突发事件热度预测研究 [J]. 现代情报，2017，37（03）.
[123] 童兵. “互联网+”环境下政府应急传播体系再造 [J]. 当代传播，2017（02）.
[124] 王宇. 重大突发事件社会舆情应对效能评价及考核制度的探索 [J]. 当代传播，2017（02）.
[125] 唐凯麟，李诗悦. 突发事件网络舆情的伦理困境与秩序重建 [J]. 湘潭大学学报（哲学社会科学版），2017，41（06）.
[126] 陈洪连，李广民. 网络舆情突发事件：治理困境与破解之道 [J]. 东岳论丛，2017，38（11）.
[127] 于德山. 新媒体舆情场域互动与社会共识建构 [J]. 社会科学战线，2017（11）.
[128] 凌晨，冯俊文，杨爽，吴鹏. 突发事件中网民负面情绪的应急响应研究综述 [J]. 情报科学，2017，35（11）.
[129] 胡亚云. 风险社会突发事件舆情应对理论与实践——评《突发公共事件舆情应对研究》[J]. 传媒，2017（20）.
[130] 杜洪涛，王君泽，李婕. 基于多案例的突发事件网络舆情演化模式研究 [J].

情报学报，2017，36（10）.
[131] 左蒙，李昌祖. 网络舆情研究综述：从理论研究到实践应用［J］. 情报杂志，2017，36（10）.
[132] 王长峰，庄文英，于长钺. 基于改进 SIR 模型的群体意见竞争演化研究［J］. 情报杂志，2017，36（10）.
[133] 吴志敏. 新媒体视域下城市突发公共事件的风险治理［J］. 甘肃社会科学，2017（05）.
[134] 叶琼元，兰月新，王强，夏一雪，杨谨铖. 面向突发事件的网民情绪演化系统动力学模型研究［J］. 情报杂志，2017，36（09）.
[135] 张玉亮，杨英甲. 基于 4R 危机管理理论的政府网络舆情危机应对手段研究［J］. 现代情报，2017，37（09）.
[136] 杨一帆，马少龙. 高校突发事件网络舆情引导机制探究［J］. 学校党建与思想教育，2017（24）.
[137] 王炎龙. 大数据背景下城市灾难事件舆情治理研究及路径转向［J］. 西南民族大学学报（人文社科版），2017，38（12）.
[138] 毛宇锋. 新媒体视阈下高校突发事件网络舆情"蝴蝶效应"机制研究［J］. 江苏高教，2017（12）.
[139] 肖文涛，曾煌林. 突发事件政务舆情回应：面临态势、困局与对策思路［J］. 中国行政管理，2017（12）.
[140] 安璐，欧孟花. 突发公共卫生事件利益相关者的社会网络情感图谱研究［J］. 图书情报工作，2017，61（20）.
[141] 陆学莉. 网络表达的基本建构模式及反思——基于相关案例的综合分析［J］. 求索，2017（11）.
[142] 傅昌波，郭晓科. 基于层次分析法的舆情风险评估指标体系研究［J］. 北京师范大学学报（社会科学版），2017（06）.
[143] 邓春林，何振，杨柳. 基于 SIS 模型的网络群体性事件传播及防控研究［J］. 情报杂志，2016，35（05）.
[144] 张倩生，谢柏林，张新猛. 网络舆情突发事件的应急群决策方法［J］. 统计与决策，2016（10）.
[145] 王高飞，李明. 我国网络舆情研究的回顾与展望［J］. 现代情报，2016，36（05）.
[146] 陈璟浩，李纲. 突发社会安全事件网络舆情演化的生存分析——基于 70 起重大社会安全事件的分析［J］. 情报杂志，2016，35（04）.
[147] 王睿，张恩普，李婷. 基于微博的突发事件网络舆情对策研究［J］. 情报科学，2016，34（04）.

[148] 钟慧玲，李伟，张冠湘．“邻避”冲突事件网络舆情演化研究［J］．情报杂志，2016，35（03）．
[149] 丁利，雷宇晶．突发公共事件的网络舆情演变及行政问责制实证研究——基于128个相关样本数据的分析［J］．现代情报，2016，36（02）．
[150] 夏莉霞．浅析突发事件的网络舆论传播机制［J］．编辑学刊，2016（01）．
[151] 周广艳，张亦工．网络舆情突发事件治理：国际视野与中国路径［J］．山东社会科学，2016（01）．
[152] 张玉亮，路瑶．协商民主视角下突发事件网络舆情导控目标及实现策略［J］．广州大学学报（社会科学版），2016，15（10）．
[153] 王高飞，李明，李梅．基于系统动力学的移动社交网络舆情应对策略研究［J］．情报科学，2016，34（10）．
[154] 朱颖．突发公共事件中的网民心理与风险沟通［J］．暨南学报（哲学社会科学版），2016，38（09）．
[155] 储节旺，朱玲玲．情报视角下的网络突发事件应急管理研究［J］．情报杂志，2016，35（09）．
[156] 张玉亮，张昊苏．突发事件网络舆情平衡导控模式多维解析［J］．天津行政学院学报，2016，18（05）．
[157] 殷辂．网络公共事件舆情失真问题及其治理［J］．中州学刊，2016（09）:．
[158] 徐占品．灾害事件中的政府应急传播研究——以河北邢台“7．19”洪灾为例［J］．新闻界，2016（15）．
[159] 宋宁，刘婵君．过程与要素视角下的突发事件网络舆情演化规律研究综述［J］．图书情报工作，2016，60（15）．
[160] 赵亿．突发性事件中地方政府舆情回应机制和构建［J］．编辑学刊，2016（04）．
[161] 蒋宇，兰月新，刘冰月，瞿志凯．面向舆情预测的突发事件首发信息风险评估研究［J］．图书与情报，2016（03）．
[162] 兰月新，王芳，张秋波，刘冰月，张鹏．大数据背景下网络舆情主体交互机理与对策研究［J］．图书与情报，2016（03）．
[163] 郑万军．突发危机事件与网络舆情疏导——“6．1”长江沉船事件和“8．12”天津爆炸案的比较［J］．情报杂志，2016，35（06）．
[164] 张敏，霍朝光，霍帆帆．突发公共安全事件社交舆情传播行为的影响因素分析——基于情感距离的调节作用［J］．情报杂志，2016，35（05）．
[165] 张爱军．社会突发事件网络舆情演化规律及其治理［J］．社会科学研究，2016（06）．
[166] 陈世英，黄宸，陈强，杨兰蓉，徐晓林．突发事件中地方政务微博群信息发布

策略研究——以“8·12”天津港特大火灾爆炸事故为例［J］. 情报杂志，2016，35（12）.
［167］孙瑞英，王旭. 突发事件网络舆情传播的实证研究［J］. 现代情报，2016，36（12）.
［168］许志强，曹三省. 全媒体视域下突发公共事件智能媒体应急平台研究［J］. 现代传播（中国传媒大学学报），2016，38（12）.
［169］刘冰. 疫苗事件中风险放大的心理机制和社会机制及其交互作用［J］. 北京师范大学学报（社会科学版），2016（06）.
［170］叶光辉，李纲. 网络信息流与现实信息流交互下的突发事件衍生方式分析［J］. 图书馆，2015（12）.
［171］熊光清. 中国网络社会治理与国家政治安全［J］. 社会科学家，2015（12）.
［172］陈福集，黄江玲. 突发事件网络舆情演化传播模型研究［J］. 情报科学，2015，33（12）.
［173］景琦，李尧远. 突发事件信息传播的渠道、过程与舆情管理［J］. 西安电子科技大学学报（社会科学版），2015，25（06）.
［174］贾峰，何蓓琦，杨珂，阳平坚. 环境群体事件前期预防和舆情引导机制构建［J］. 环境保护，2015，43（22）.
［175］李晚莲. 衍生型突发事件网络舆情引导机制研究［J］. 理论探讨，2015（06）.
［176］张玉亮. 突发事件网络舆情信息流风险模糊综合评价研究［J］. 情报科学，2015，33（11）.
［177］尚明生，邱晓刚. 社会网络及其上的传播动力学集成研究［J］. 系统工程理论与实践，2015，35（10）.
［178］黄远，沈乾，刘怡君. 微博舆论场：突发事件舆情演化分析的新视角［J］. 系统工程理论与实践，2015，35（10）.
［179］李彤，宋之杰. 基于模型集成的突发事件舆情分析与趋势预测研究［J］. 系统工程理论与实践，2015，35（10）.
［180］袁国平，许晓兵. 基于系统动力学的关于突发事件后网络舆情热度研究［J］. 情报科学，2015，33（10）.
［181］刘泉，荣莉莉，李若飞. 面向网络舆情的区域社会脆弱性评价模型及应用［J］. 情报杂志，2015，34（09）.
［182］高天. 新媒体时代下应对网络突发群体性事件研究［J］. 山东社会科学，2015（09）.
［183］王朝霞，姜军，高红梅，陈德利，罗龙兵. 网络舆情“蝴蝶效应”的预警机制研究——以群体性突发事件为例［J］. 新闻界，2015（16）.
［184］万旋傲，谢耘耕. 网络舆情传播对公共政策的影响研究［J］. 编辑之友，2015

(08).
[185] 张军辉，刘洋. 突发公共事件网络舆情研究的脉络与趋势 [J]. 安徽师范大学学报（人文社会科学版），2015，43（04）.
[186] 王兰成. 基于网络舆情分析的突发事件情报支援研究 [J]. 情报理论与实践，2015，38（07）.
[187] 马颖，丁周敏，张园园. 食品安全突发事件网络舆情演变的模仿传染行为研究 [J]. 科研管理，2015，36（06）.
[188] 张宁熙. 大数据在突发公共事件网络舆情信息工作中的应用 [J]. 现代情报，2015，35（06）.
[189] 刘人境，孙滨，刘德海. 网络群体事件政府治理的演化博弈分析 [J]. 管理学报，2015，12（06）.
[190] 兰月新，董希琳，苏国强，瞿志凯. 大数据背景下微博舆情信息交互模型研究 [J]. 现代图书情报技术，2015（05）.
[191] 张宇，王建成. 突发事件中政府信息发布机制存在的问题及对策研究——基于2015年"上海外滩踩踏事件"的案例研究 [J]. 情报杂志，2015，34（05）.
[192] 王治莹，李勇建. 舆情传播与应急决策的结构化描述及其相互作用规律 [J]. 系统工程理论与实践，2015，35（08）.
[193] 周凤丽，伍永豪. 互联网突发事件中的舆情进化机制和信息监管 [J]. 情报杂志，2015，34（04）.
[194] 王国华，魏程瑞，杨腾飞，钟声扬，王戈. 突发事件中政务微博的网络舆论危机应对研究——以上海踩踏事件中的@上海发布为例 [J]. 情报杂志，2015，34（04）.
[195] 陈福集，陈婷. 舆情突发事件演化探析——基于意见领袖引导作用视角 [J]. 情报资料工作，2015（02）.
[196] 尉永清，杨玉珍，朱振方，任敏. 自媒体环境下突发事件网络舆情应急策略研究 [J]. 西藏大学学报（社会科学版），2015，30（01）.
[197] 唐庆鹏. 论突发事件的网络舆论引导：理性审视、现实困境及政策趋向 [J]. 电子政务，2015（02）.
[198] 陈璟浩，李纲. 突发公共事件网络舆情传播过程研究——以网络组织为视角 [J]. 情报杂志，2015，34（02）.
[199] 杨兴坤. 网络舆情引导方法与技巧 [J]. 电子政务，2015（01）.
[200] 张玉亮. 突发事件网络舆情信息流导控机制创新研究 [J]. 湘潭大学学报（哲学社会科学版），2015，39（01）.
[201] 张耀峰，肖人彬. 群体性突发事件的舆情演化模型与仿真 [J]. 计算机应用研究，2015，32（2）.

[202] 陈璟浩，李纲．突发公共事件网络舆情在网络媒体中的传播过程［J］．图书情报知识，2015（01）．
[203] 刘德海，陈静锋．环境群体性事件“信息－权利”协同演化的仿真分析［J］．系统工程理论与实践，2014，34（12）．
[204] 陈婷，胡改丽，陈福集．论坛舆情演化趋势预测和政府最佳干预点选择的研究［J］．情报杂志，2014，33（12）．
[205] 张玉亮．基于多案例事件的突发事件网络舆情信息流传导特征研究［J］．现代情报，2014，34（12）．
[206] 刘毅，李桂凤．新媒体时代网络突发事件的传播及舆情引导［J］．社会科学论坛，2014（12）．
[207] 张丽军，吴鹏．突发事件中网民群体行为仿真综述［J］．情报科学，2014，32（12）．
[208] 方付建．突发事件网络舆情社会影响研究［J］．情报杂志，2014，33（11）．
[209] 李勇建，王治莹．突发事件中舆情传播机制与演化博弈分析［J］．中国管理科学，2014，22（11）．
[210] 兰月新，何永红，王慧，郑楠．网络谣言传播模式与应对策略研究［J］．现代情报，2014，34（10）．
[211] 汤天甜，张露瑶．社会视阈下政府信息公开对微博舆论的消解与强化——基于“招远事件”的实证研究［J］．中国出版，2014（19）．
[212] 林萍，黄卫东．基于LDA模型的网络突发事件话题演化路径研究［J］．情报科学，2014，32（10）．
[213] 谭九生，任蓉．网络公共事件的演化机理及社会协同治理［J］．吉首大学学报（社会科学版），2014，35（05）．
[214] 王国华，陈飞，曾润喜，钟声扬，杨腾飞．重大社会安全事件的微博传播特征研究——以昆明“3·1”暴恐事件中的@人民日报新浪微博为例［J］．情报杂志，2014，33（08）．
[215] 张玉亮，张昊苏．突发事件网络舆情主体静态博弈分析及相关政策建议［J］．情报杂志，2014，33（08）．
[216] 彭辉，姚颉靖．我国政府应对网络舆情的现状及对策研究——基于33件网络舆情典型案例分析［J］．北京交通大学学报（社会科学版），2014，13（03）．
[217] 田依林，辛立艳，张宏伟．突发事件信息传播中的网络信源地位关系研究［J］．情报科学，2014，32（07）．
[218] 强韶华，吴鹏．突发事件网络舆情演变过程中网民群体行为仿真研究［J］．现代图书情报技术，2014（06）．
[219] 殷辂．突发事件的网络变异及其规制［J］．中州学刊，2014（06）．

[220] 易臣何，何振. 突发事件网络舆情的生成演化规律研究 [J]. 湘潭大学学报（哲学社会科学版），2014，38（02）.
[221] 曹学艳，宋彦宁，刘海涛，李仕明. 基于最小二乘法的突发事件网络舆情演化规律研究 [J]. 图书情报工作，2013，57（24）.
[222] 王沙骋. 突发事件网络舆论的情报对策研究 [J]. 情报杂志，2013，32（12）.
[223] 许典利. 基于突发公共事件的网络舆情研究 [J]. 学术论坛，2013，36（12）.
[224] 袁赛男. 涉农突发事件舆论引导的路径选择 [J]. 传媒，2013（11）.
[225] 谢海华，李三凤. 网络社群危机信息传播影响因素分析 [J]. 新世纪图书馆，2013（10）.
[226] 杨斌成，李方海. 构建舆情监测预警机制 提升社会风险应对能力 [J]. 中国出版，2013（19）.
[227] 杨娟娟，杨兰蓉，曾润喜，张韦. 公共安全事件中政务微博网络舆情传播规律研究：——基于"上海发布"的实证 [J]. 情报杂志，2013，32（09）.
[228] 王洪亮，周海炜. 突发自然灾害事件微博舆情蔓延规律与控制研究 [J]. 情报杂志，2013，32（09）.
[229] 吕美琛. 建立群体性事件舆论引导机制探析 [J]. 学术论坛，2013，36（09）.
[230] 袁志坚，李风. 突发事件中媒体微博引导舆论的原则与方法 [J]. 中国编辑，2013（05）.
[231] 汝绪华. 微博意见领袖场域下突发公共事件治理的政府失灵研究 [J]. 河南大学学报（社会科学版），2013，53（05）.
[232] 董永亮，方付建，王国华. 多主体参与下突发事件网络舆情演变研究——以方舟子遇袭事件为例 [J]. 电子政务，2013（07）.
[233] 张小明. 基于网络舆情研判的突发事件应急舆论引导 [J]. 新视野，2013（04）.
[234] 孙帅，周毅. 政务微博对突发事件的响应研究——以"7・21"北京特大暴雨灾害事件中的"北京发布"响应表现为个案 [J]. 电子政务，2013（05）.
[235] 兰月新，曾润喜. 突发事件网络舆情传播规律与预警阶段研究 [J]. 情报杂志，2013，32（05）.
[236] 李勇，陈刚，田晶晶. 网络突发舆论事件的传播特征与应急管理对策研究 [J]. 重庆大学学报（社会科学版），2013，19（03）.
[237] 毕宏音. 重大突发公共事件中的新媒体传播 [J]. 重庆社会科学，2013（04）.
[238] 兰月新. 突发事件网络衍生舆情监测模型研究 [J]. 现代图书情报技术，2013（03）.
[239] 王平，谢耘耕. 突发公共事件网络舆情的形成及演变机制研究 [J]. 现代传播（中国传媒大学学报），2013，35（03）.
[240] 汝绪华，汪怀君. 突发公共事件治理中的政府执行力与舆论话语权——以湖南

永州唐慧事件为例 [J]. 四川大学学报（哲学社会科学版），2013（01）.
[241] 陈强，曾润喜. 微博谣言：概念、功能与治理 [J]. 电子政务，2013（01）.
[242] 王君泽，马静，杜洪涛. 微博舆情分析平台的框架与支撑技术研究 [J]. 电子政务，2013（01）.
[243] 谌楠，王恒山，武澎. 基于尖点突变的非常规突发事件网络舆情状态的研究 [J]. 电子政务，2012（12）.
[244] 金鑫，李小腾，朱建明. 突发事件网络舆情的演变机制及其情感性分析研究 [J]. 现代情报，2012，32（12）.
[245] 刘林沙，陈默. 突发事件中的微博意见领袖与舆情演变 [J]. 电子政务，2012（10）.
[246] 赵振宇，焦俊波. 系统论视野下的突发事件舆论引导框架构想 [J]. 现代传播（中国传媒大学学报），2012，34（10）.
[247] 李鹏. 公共危机事件的网络传播与舆情治理 [J]. 东岳论丛，2012，33（09）.
[248] 方丽荣，赵振宇. 应对群体突发事件舆论引导研究——以湖北荆门“出租车事件”为例 [J]. 湖北大学学报（哲学社会科学版），2012，39（05）.
[249] 康伟. 基于 SNA 的突发事件网络舆情关键节点识别——以“7 · 23 动车事故”为例 [J]. 公共管理学报，2012，9（03）.
[250] 兰月新. 突发事件网络谣言传播规律模型研究 [J]. 图书情报工作，2012，56（14）.
[251] 徐敬宏，蒋秋兰. 党政机构微博在网络舆情引导中的问题与对策 [J]. 当代传播，2012（04）.
[252] 方付建，汪娟. 突发网络舆情危机事件政府回应研究——基于案例的分析 [J]. 北京理工大学学报（社会科学版），2012，14（03）.
[253] 董希琳，付丽秋. 网络舆情应对策略探讨 [J]. 现代情报，2012，32（05）.
[254] 王娟. 提高官员政务微博媒介素养的策略研究 [J]. 现代传播（中国传媒大学学报），2012，34（04）.
[255] 王国华，方付建. 突发舆情危机事件衍生效应研究 [J]. 天津社会科学，2012（01）.
[256] Garcia D，RiméB. Collective emotions and social resilience in the digital traces after a terrorist attack [J]. Psychological Science，2019：0956797619831964.
[257] Pfefferbaum B，Tucker P，Newman E，et al. Terrorism media effects in youth exposed to chronic threat and conflict in Israel [J]. Current Psychiatry Reports，2019，21（4）.
[258] Kim J，Bae J，Hastak M. Emergency Information Diffusion on Online Social Media During Storm Cindy in U. S [J]. International Journal of Information Management，

2018 (40).

[259] Yu L, Li L, Tang L. What can mass media do to control public panic in accidents of hazardous chemical leakage into rivers? Amulti – agent – based online opinion dissemination model [J]. Journal of Cleaner Production, 2017, 143.

[260] Xie Y, Qiao R, Shao G, et al. Research on Chinese social media users'communication behaviors during public emergency events [J]. Telematics and Informatics, 2017, 34 (3).

[261] Kwon K H, Bang C C, Egnoto M, et al. Social media rumors as improvised public opinion: Semantic network analyses of twitter discourses during Korean saberrattling 2013 [J]. Asian Journal of Communication, 2016.

[262] AllenK C, Subervi F. Prevention of Post – Disaster Sequelae Through Deficient Communication Planning; Analysis of Information – Seeking Behaviours in Montana and Alabama [J]. Public Health, 2016, 140 (10).

[263] Huo L, Jiang J, Gong S, et al. Dynamical behavior of a rumor transmission model with Holling – type II functional response in emergency event [J]. Physica A: Statistical Mechanics and its Applications, 2016, 450.

[264] Hasegawa A, Ohiray T, Maeda M, et al. Emergency Responses and Health Consequences After the Fukushima Accident; Evacuation and Relocation [J]. Clinical Oncology, 2016 (28).

[265] Deyoung S E, Wachtendorf T, Farmer A K, et al. NOAA Radios and Neighbourhood Networks: Demographic Factors for Channel Preference for Burricane Evacuation Information [J]. Journal of Contingencies and Crisis Management, 2016, 24 (4).

[266] Liu D, Wang W, Li H. Evolutionary mechanism and information supervision of public opinions in internet emergency [J]. Procedia Computer Science, 2013, 17.

[267] Xifra, Huertas, Blogging PR: An Exploratory Analysis of Public Relations Weblogs [J]. Public Relations Review, 2008, 34 (3).

[268] Zhou Y, Moy P. Parsing Framing Processes: The Interplay Between Online Public Opinion and Media Coverage [J]. Journal of Communication, 2007, 57 (1).

[269] Jeanne M. Managing disasters: The role of local government [J]. Public Administration Review, 2007, 67.

[270] Fischer P, Jonas E, Frey D, et al. Selective exposure to information: The impact of information limits [J]. European Journal of Social Psychology, 2005, 35 (4).

[271] Moreland, United Airlines and American Airlines Online Crisis Communication Following the September 11 terrorist Attacks [J]. Public Relations Review, 2003, 29 (4).

[272] Theodore, Chaoslike states can be expected before and after logistic growth [J]. Technological Forecasting&Social Change, 2001 (41).

[273] Bart W. Edes. "The role of govenunent information officers" [J]. Journal of Government Information, 2000 (23).

[274] 孔建华. 当代中国网络舆情治理：行动逻辑、现实困境与路径选择 [D]. 吉林大学, 2019.

[275] 周芳检. 大数据时代城市公共危机跨部门协同治理研究. [D] 湘潭：湘潭大学, 2018.

[276] 翟羽佳. 以事件为中心的网络舆情演化研究 [D]. 南开大学, 2017.

[277] 邓春林. 网络群体性事件的演化规律及防控机制研究 [D]. 湘潭大学, 2016.

[278] 段振东. 行政同体问责制研究 [D]. 长春：吉林大学, 2014.

[279] 汪浩. 中国政府责任建设研究 [D]. 上海：复旦大学, 2016.

[280] 易臣何. 突发事件网络舆情的演化规律与政府监控 [D]. 湘潭：湘潭大学, 2014.

[281] 殷志诚. 药品市场监管的行政法问题研究 [D] 北京：中国政法大学. 2006.

[282] 中华人民共和国应急管理部. 应急管理部发布 2019 年全国自然灾害基本情况 [EB/OL]. (2020-01-16) [2020-02-15]. https：//www. mem. gov. cn/xw/bndt/202001/t20200116_ 343570. shtml.

[283] 中国政府网.《关于全面推进政务公开工作的意见》[EB/OL]. (2020-02-17) [2020-02-17], http：//www. cngy. gov. cn/artic/show/20200217163304873. html

[284] 中华人民共和国中央人民政府. 中华人民共和国国务院令第 711 号 [EB/OL]. (2019-04-15) [2019-07-12]. http：//www. gov. cn/zhengce/content/2019-04/15/content_ 5382991. htm.

[285] 新浪舆情通. 浏阳烟花厂爆炸瞒报事件网络舆情传播数据报告 [EB/OL]. (2019-12-26)[2019-12-30]. http://www. yuqingsina. com/news/302. cshtml.

[286] 人民网. 被指论文抄袭。翟天临"博士"人设崩塌? [EB/OL]. (2019-02-11) [2019-12-02]. http：//zj. people. com. cn/n2/2019/0211/c189774-32621521. html.

[287] 人民网. 北大、北影公布"翟天临涉嫌学术不端"等问题调查进展 [EB/OL]. (2019-02-14) [2019-12-02]. http：//edu. people. com. cn/n1/2019/0214/c1006-30674285. html.

[288] 新京报网. 无锡高架桥侧翻：官方回应舆情能打几分?[EB/OL]. (2019-10-11) [2019-12-02]. http://www. bjnews. com. cn/2019/10/11/635048. html.

[289] 人民网. 无锡高架桥面侧翻事故舆情聚焦与应对分析 [EB/OL]. (2019-10-12) [2019-12-02]. http：//yuqing. people. com. cn/n1/2019/1012/c429781-

31395432. html.

[290] 中华人民共和国应急管理部. 应急管理部、国家减灾委办公室发布2018年全国自然灾害基本情况 [EB/OL]. (2019 - 01 - 08) [2019 - 12 - 02] . http: //www. mem. gov. cn/xw/bndt/201901/t20190108_ 229817. shtm.

[291] 海外网.《2019海外华文新媒体影响力报告》发布 [EB/OL]. (2019 - 07 - 09) [2019 - 12 - 02]. http: //m. haiwainet. cn/middle/3544314/2019/0709/content_ 31589269_ 1. html.

[292] 东方网. 删帖成"产业链",网络监管不能"掉链" [EB/OL]. (2019 - 01 - 24) [2020 - 02 - 17]. http: //pinglun. eastday. com/p/20190124/u1ai1 2193919. html.

[293] 央广网. 我国抑郁症患者超5400万人,抑郁症已成高校学生"隐形杀手" [EB/OL]. (2018 - 10 - 12) [2020 - 03 - 02]. https: //baijiahao. baidu. com/s? id = 1614109144423126243&wfr = spider&for = pc. html.

[294] 人民网. 基于对新媒体时代新闻真实性维护的思考 [EB/OL]. (2018 - 05 - 17) [2019 - 12 - 02]. http: //media. people. com. cn/n1/2018/0517/c419722 - 29996922 - 2. html.

[295] 人民网. 泰国普吉发生翻船事故,乘客多为中国游客 [EB/OL]. (2018 - 07 - 06) [2019 - 12 - 02]. http: //world. people. com. cn/GB/8212/191606/420490/index. html.

[296] 中华人民共和国中央人民政府. 22部门印发《关于加强心理健康服务的指导意见》[EB/OL]. (2017 - 01 - 24) [2019 - 11 - 02]. http: //www. gov. cn/xinwen/2017 - 01/24/content_ 5162861. html.

[297] 中国应急服务网. 2016年全国突发事件年度分析报告 [EB/OL]. (2017 - 03 - 10) [2019 - 09 - 23]. http: //www. 52safety. com/yjsgzh/4951. jhtml.

[298] 中国环境网. 把握有利时机占得舆论主动 [EB/OL]. (2017 - 02 - 08) [2019 - 12 - 02]. https: //www. cenews. com. cn/public/yqdjt/201702/t20170208_ 820635. html.

[299] 中国环境网. 把握有利时机占得舆论主动 [EB/OL]. (2017 - 02 - 08) [2019 - 12 - 02]. https: //www. cenews. com. cn/public/yqdjt/201702/t20170208_ 820635. html.

[300] 人民网. 真相未明,舆情不止:"杭州保姆纵火案"的大V之战 [EB/OL]. (2017 - 08 - 07) [2019 - 11 - 12]. http: //yuqing. people. com. cn/n1/2017/0807/c209043 - 29454484. html.

[301] 中华人民共和国中央人民政府. 国务院办公厅关于在政务公开工作中进一步做好政务舆情回应的通知 [EB/OL]. (2016 - 08 - 12) [2019 - 09 - 14]. http: //www. gov. cn/zhengce/content/2016 - 08/12/content_ 5099138. htm.

[302] 人民网. 追踪常州"毒地"事件,寻找背后真相 [EB/OL]. (2016 - 01 - 04) [2019 - 12 - 02]. http: //js. people. com. cn/GB/360446/362723/376006/index.

html.

[303] 人民网. 常州政府坚称“毒地”没问题。到底该信谁的? [EB/OL]. (2016-04-18) [2019-12-02]. http://js.people.com.cn/n2/2016/0418/c360299-28171499.html.

[304] 人民网. 习近平在网络安全和信息化工作座谈会上的讲话 [EB/OL]. (2016-04-26) [2019-11-15]. http://politics.people.com.cn/n1/2016/0426/c1024-28303544.html.

[305] 新京报网. 最高人民法院再审改判聂树斌无罪 [EB/OL]. (2016-12-02) [2019-12-02]. http://www.bjnews.com.cn/news/2016/12/02/425706.html.

[306] 国务院办公厅. 国务院办公厅关于在政务公开工作中进一步做好政务舆情回应的通知 [EB/OL]. (2016-08-12) [2019-12-02]. http://www.gov.cn/zhengce/content/2016-08/12/content_5099138.htm.

[307] 人民网. 全国政务舆情回应成效显著提升，迈入新常态 [EB/OL]. (2016-12-23) [2019-12-02]. http://yuqing.people.com.cn/n1/2016/1223/c408627-28972701.html.

[308] 新华网. 揭开“维权事件的黑幕” [EB/OL]. (2015-07-11) [2020-03-02]. http://www.xinhuanet.com/politics/2015-07/11/c_128010249.html.

[309] 中央人民政府门户网站. 关于加强中国特色新型智库建设的意见 [EB/OL] (2015-01-20) [2019-09-23]. http://www.gov.cn/xinwen/2015-01/20/content_2807126.htm.

[310] 新华网. 习近平主持中共中央政治局第二十三次集体学习 [EB/OL]. (2015-05-30) [2019-11-15]. http://www.xinhuanet.com/ttgg/2015-05/30/c_1115459659.htm.

[311] 人民网. 新媒体给生活带来巨大变革 网络化数字化实时化 [EB/OL]. (2015-10-11) [2020-03-02]. http://media.people.com.cn/n/2015/1011/c40606-27683785.html.

[312] 观察网. 人民网舆情监测室：天津爆炸新闻发布会哪里出了问题? [EB/OL]. (2015-08-17) [2019-12-02]. https://www.guancha.cn/society/2015_08_17_330911.shtml.

[313] 中国江苏网. 中荣金属制品厂发生爆炸事故 [EB/OL]. (2014-08-02) [2019-12-13]. http://js.xhby.net/system/2014/08/02/021529598.shtml.

[314] 人民网. 我国进一步加强政府信息公开 [EB/OL]. (2013-10-16) [2019-07-15]. http://cpc.people.com.cn/n/2013/1016/c87228-23215420.html.

[315] 宣讲家. 河南灵宝警方跨省追捕王帅事件 [EB/OL]. (2013-01-29) [2019-12-13]. http://www.71.cn/2013/0129/703006.shtml.

[316] 中国文明网. 全国宣传部长会议在北京召开（2002 年）[EB/OL].（2012 - 02 - 20）[2019 - 12 - 25]. http：//www. wenming. cn/ziliao/huiyi/jigou/zhongxuanbu/201202/t20120220_ 510947. shtml.

[317] 燕赵都市报，陕西安监局长杨达才“一笑”丢官 [EB/OL].（2012 - 09 - 23）[2020 - 02 - 17] . http：//news. sina. com. cn/o/2012 - 09 - 23/005925231917. shtml.

[318] 港英政府卫生福利科. 康复政策及服务白皮书 [EB/OL].（2011 - 10 - 02）[2019 - 11 - 11]. http：//www. docin. com/p - 26943938. html.

[319] 新华网. 网络不能成为构建和谐的薄弱一环 [EB/OL].(2008 - 01 - 08)[2019 - 01 - 08]. http://news. xinhuanet. com/theory/2008 - 01/08/content_ 7364689. html.

[320] 人民网. 政治局第 38 次学习—胡锦涛：以创新的精神加强网络文化建设和管理 [EB/OL] .(2007 - 01 - 24)[2019 - 11 - 15] . http：//politics. people. com. cn/GB/1024/5324153. html.

[321] 中央人民政府. 中华人民共和国突发事件应对法 [EB/OL].(2007 - 08 - 30)[2019 - 12 - 25]. http://www. gov. cn/ziliao/flfg/2007 - 08/30/content_ 732593. htm.

[322] 中国网. 温家宝作政府工作报告 [EB/OL].（2004 - 03 - 05）[2019 - 11 - 15]. http：//www. china. com. cn/zhuanti2005/txt/2004 - 03/05/content_ 5510794. htm.

后 记

伴随互联网技术的高速发展和新媒体传播的迅猛拓展，重大突发事件不再是一个单纯的随机事件，其引发的社会舆情常常成为各种社会矛盾交织的“聚散地”、社会价值观冲突的“发酵场”、社会稳定与否的“风向标”。党的二十大报告鲜明提出了“推进国家安全体系和能力现代化”的总体要求，重大突发事件社会舆情治理既是国家应急管理体系和能力现代化的重要组成部分，又是推进我国新发展格局下经济社会高质量发展的必然要求。从 2016 年申报国家社科基金重点项目“重大突发事件社会舆情演化规律及应对策略研究”并立项（批准号：16ATQ006）以来，我们项目组团队一直致力于重大突发事件社会舆情问题的研究。

近年来，项目组先后赴湖南省应急厅、省公安厅、省卫健委以及益阳、湘潭、怀化、郴州、衡阳等地市应急局开展调研数十次，公开发表 30 余篇学术论文（CSSCI 源刊 13 篇）。完成政策咨询报告 5 篇，2016 年被中共中央办公厅《观点摘编》采用 1 篇，呈报中央领导阅；湖南省发改委和编办采纳 1 篇，并于 2018 年荣获第二届湖湘智库研究“十大金策”暨优秀成果奖；湖南省委政策研究室资政内参《送阅件》采用 1 篇，报湖南省委省政府研阅；中共湖南省委资政专刊《湖南工作》刊载 1 篇，呈报省级领导干部等。完成的专项调研报告《重大突发事件社会舆情治理调研报告》，对我国重大突发事件社会舆情演变及应对理论研究与实践探索产生了积极的影响。2020 年 12 月，本项目结项被全国哲学社会科学工作办公室鉴定评为“优秀”等级。

在本项目结项的后续研究中，《积极推进湖南省应急体系和能力现代化》载中共湖南省委宣传部主管的湖南智库成果专刊、省领导交办课题专刊《决策参考》2021 年第 6 期，受到湖南省委副书记、省长毛伟明、副省长陈飞肯定性批示，阶段成果《全面提升农村应急能力》被中国共产党湖南省第十二次代表大会“迎接党代会 谱写新篇章”建言献策活动办公室《简报》单篇刊发，系列成果被湖南省社会科学成果评审委员会鉴定为“省内领先”，并荣获 2023 年第四届湖湘智库研究“十大金策”优秀成果奖。以上成果均为本著作的最终出版奠定了基础。

本书基于灾害学、管理学、社会学、系统科学等多学科视角，围绕重大突发事件社会舆情演化规律及应对策略这一主题提出以问题为导向、“提出问题－分析问题－解决问题”的逻辑思路，在具体研究中强调系统分析、调查研究、量化分析、实证分析、跨学科移植等方法的综合应用，试图化解重大突发事件社会舆情治理的理论难题和实践难点。重点是聚焦重大突发事件社会舆情新常态与应对现状，创新性提出了重大突发事件社会舆情的动态跟踪与预警预控、快速响应与及时引导、治理创新与综合保障等理论指导与实践方案。

从项目的申报、立项、调查、研究、结项，到本著作的撰写、完善和出版，得到了各方面的支持和帮助。感谢国家社科规划办的规划处、成果处对项目的立项支持，感谢湖南省应急厅等部门提供的调研支持，感谢国家社科基金重点项目结项匿名评审专家提出的宝贵意见。全书共计77万余字，我负责策划、组织、协调，撰写导论与第三章至第六章的主要内容，完成撰写任务近30万字，并负责统稿。其他成员完成撰写任务近50万字，其中张晓慧副教授参与第二章撰写，彭海艳博士参与导论及第三章第二节撰写，蒋纯纯博士参与第四章第一节撰写，卢坤博士参与第五章第二节撰写，杨志伟博士参与第六章第五节撰写，谭优参与第三章第三节撰写，李鑫参与第六章第三节撰写，郑重宇参与第三章第五节撰写，朱佳煊参与第四章第二节撰写，周丹妮参与第五章第三节撰写，王天晴参与第六章第六节撰写，吴佩嘉、李则霖、刘修军、李雅妮、王芳、邹懿、黄灵灵、王策明、曾子玲、陈慧君、张馨艺、成迪、扈浩、刘雨馨、向宇凌、虞鹏凯、陈甜甜、黄膺竹、李诗语、张婧怡、任婷、梁文超、唐芝琳、龙治慧等做了一定的实践调研、讨论、课题阶段性研究以及资料收集工作，彭海艳、杨志伟、蒋纯纯等做了大量的校稿工作。

由于水平有限，本书的研究内容难免有不妥之处，真诚地欢迎读者批评指正。

何 振
2023年12月17日

版权所有 侵权必究

图书在版编目（CIP）数据

重大突发事件社会舆情演化规律及应对策略研究 /
何振等著. -- 湘潭 : 湘潭大学出版社, 2023.12 (2024.7 重印)
ISBN 978-7-5687-0950-7

Ⅰ. ①重… Ⅱ. ①何… Ⅲ. ①突发事件—舆论—风险
管理—研究—中国 Ⅳ. ①G219.2

中国版本图书馆 CIP 数据核字 (2022) 第 234869 号

重大突发事件社会舆情演化规律及应对策略研究

ZHONGDA TUFA SHIJIAN SHEHUI YUQING YANHUA GUILǓ JI YINGDUI CELǗE YANJIU

何振 张晓慧 杨志伟 彭海艳 蒋纯纯 等著

责任编辑：张 蔚 牛敬丹
封面设计：李 平
出版发行：湘潭大学出版社
社 址：湖南省湘潭大学工程训练大楼
电 话：0731-58298960 0731-58298966（传真）
邮 编：411105
网 址：http://press.xtu.edu.cn/
印 刷：长沙创峰印务有限公司
经 销：湖南省新华书店
开 本：787 mm×1092 mm 1/16
印 张：35
字 数：775 千字
版 次：2023 年 12 月第 1 版
印 次：2024 年 7 月第 2 次印刷
书 号：ISBN 978-7-5687-0950-7
定 价：115.00 元

国家社科基金重点项目结项鉴定评为“优秀”成果

湖南城市学院“双一流”学科学术文库“优秀”成果

重大突发事件社会舆情演化规律及应对策略研究

何　振　张晓慧　杨志伟　彭海艳　蒋纯纯◎等著

湘潭大学出版社
XIANGTAN UNIVERSITY PRESS